제 1 교 시

홀수형

2025학년도 법학적성시험

언어이해 문제지

성 명	

수험번호							

- **수험번호 끝자리**가 **홀수**인 응시자는 **홀수형** 문제지로, **짝수**인 응시자는 **짝수형** 문제지로 응시해야 합니다. 문제지가 자신에게 맞는 문제유형인지 확인하십시오.
- 답안지의 ‘문제유형 표기란’에 문제지 문제유형(홀수형, 짝수형)을 표기하십시오.
- 이 문제지는 **30문항**으로 구성되어 있습니다.
- **시험 시간은 09 : 00 ~ 10 : 10 (70분)입니다.**
- 문제지에 성명과 수험번호를 정확하게 기재하십시오.
- 답안지는 반드시 컴퓨터용 사인펜을 사용하여 답을 표기하여야 합니다.
- 답안지의 ‘필적확인란’에 제시된 문구를 정확히 정자로 기재하여야 합니다.

※ 시험이 시작되기 전에는 표지를 넘기지 마십시오.

메가로스쿨

언어이해

제 1 교시

성명 | 수험번호 | **홀수형**

○ 이 문제지는 **30문항**으로 구성되어 있습니다. 문항 수를 확인하십시오.

○ 문제지의 해당란에 성명과 수험번호를 정확히 쓰십시오.

○ 답안지에 수험번호, 문제유형, 성명, 답을 표기할 때에는 '답안 작성 시 반드시 지켜야 하는 사항'에 따라 표기하십시오.

○ 답안지의 '필적확인란'에 해당 문구를 정자로 기재하십시오.

[1~3] 다음 글을 읽고 물음에 답하시오.

문학이 사회와 그 구성원의 삶을 반영한다는 명제는 법의 영역에도 적용된다. 문학적 서사는 한 시대의 법인식과 정의관을 비추는 거울이다. 문학 속의 법은 비윤리나 무질서와 대비되는 규범·규율의 상징, 또는 '언제 열릴지 모르지만 열리길 기다릴 수밖에 없는 문' 같은 대상으로 그려진다. 문학의 감성적 호소력은 독자를 일정한 행위 방향으로 이끌어 법의 제·개정을 추동하기도 한다. 1830년대 영국에서 유행한 범죄소설은 이러한 법과 문학의 상호작용을 잘 보여 준다. 범죄자 처형기록부인 『뉴게이트 캘린더』에서 인물과 소재를 차용해 '뉴게이트 소설'이라 불린 이 시기 범죄문학 장르는 재판 관행 및 행형 실태 개선을 촉구하는 캠페인의 산물이었다. 그것은 동시에 당대의 지배적 범죄 담론에 대한 대항 담론을 선전·유포하여 형법 개혁의 원동력이 되기도 했다.

불워-리턴의 『폴 클리퍼드』는 뉴게이트 소설 열풍의 서막을 연 작품이다. 그 서두에서 작가는 소설 집필의 동기가 영국 형법의 두 가지 근본적 야만성, 즉 수감자를 교화하기보단 타락하게 만드는 행형, 그리고 단순 절도범마저 공동체로 복귀할 기회를 박탈하는 ㉠ 피에 굶주린 형법전에 대한 교정임을 밝혔다. 범죄자가 들끓는 술집에서 유년기를 보낸 클리퍼드는 소매치기 누명으로 체포되어 수감 생활을 겪는다. 법정에 선 그는 죄 없는 소년으로 감옥에 갔던 자신이 법을 깨뜨릴 준비가 된 남자로 그곳을 나왔다며, "당신들의 법이 나를 지금의 나로 만들더니 이젠 죽이려든다."라는 항변으로 독자의 공감을 유발한다. 법은 범죄자를 만드는 계급과 처벌하는 계급만을 위해 존재할진대, 생존의 막다른 골목에 놓인 빈민을 ㉡ 자연의 제일법칙에 입각한 선택지만 남은 상황으로 내몬 다음 그 선택지를 집었다는 이유로 교수형에 처하는 것이 과연 정의일 수 있는지 소설은 질문한다.

뉴게이트 소설은 범죄자를 신비화하고, '참회하는 자'와 '자비를 베푸는 자' 또는 '추궁당하는 자'와 '추궁하는 자'의 역할을 전도시키는 데까지 나아갔다. 불워-리턴의 후속작 『유진 아람』엔 주인공의 범행 사실을 밝혀낸 자가 도리어 공동체의 지탄을 받고 주인공의 용서를 청하는 장면이 나온다. 대중적 인기를 끌었던 에인즈워스의 『룩우드』 또한 영웅의 일대기처럼 범죄 서사를 구성하고 노상강도의 삶을 낭만적으로 묘사한다. 범죄자에 대한 온정적 묘사나 형법 개혁의 메시지에 대해선 평가를 유보했던 지배계급은 이런 전복적 설정에 대해서는 ㉢ 교수대에 낭비된 감수성이라 격렬히 비난했다. 소설이 연극으로 만들어져 중산계급에서 노동계급으로 수용층이 넓어지자 불온한 열광에 대한 우려는 증폭되었다.

작가는 ㉣ 문학적 공범자가 되어선 안 되며 무뢰한의 타락상을 정확히 보여 줘야 한다고 주장한 새커리는 『뉴게이트 캘린더』에서 한 여성 범죄자를 발굴하여 『캐서린』을 집필했다. 범죄자를 주인공으로 하여 개인사를 부여한 지점까지 이 소설은 뉴게이트 소설의 통상적인 문법을 따랐다. 하지만 범죄의 사회경제적 요인을 찾고자 인물의 유년기를 조명했던 앞선 작가들과 달리, 새커리는 범죄성이 개인의 병증이나 타고난 악함에 의한 것임을 밝혀 독자의 공감을 차단하려 했다. 주인공의 처형 장면은 기사 인용 형태로 건조하게 기술되었다. 처벌은 악인의 참회와 독자의 눈물을 위한 최소한의 유예를 허락하지 않은 채 가해짐으로써 ㉤ 봉쇄된 정의를 실현했다. 하지만 작가의 손을 떠난 작품은 독자에 의해 매 순간 새롭게 읽히기 마련이다. 수전노로 악명 높은 남편과의 결혼생활을 끝내고 사랑하는 사람과 결합하고자 살인을 조력한 주인공의 욕망은 독자에게 뜻밖의 호소력이 있었다. 범죄에 대한 구토를 유발하고 사회의 건강을 회복시킬 약물을 투입하겠다는 작가의 기획은 온전한 성공을 거두진 못했다.

비슷한 시기에 출간된 디킨스의 『올리버 트위스트』 역시 범죄소설의 자장 안에서 읽힌다. 범죄자의 삶을 세밀히 묘사하는 작법은 여기서도 사용되었으며, 익살스럽고 입체적인 악역들은 오락적 요소를 배가했다. 악인 대신 어린 올리버가 주인공으로 설정됐으며, 그 주변 인물인 소매치기들은 자기 삶을 '로맨스와 열정이 가득한 유쾌한 것'이라 말하지만 실상 그 삶이 교수대에 가까이 있음을 감지하고 있다. 반면 올리버는 구빈원에서 단지 죽을 더 달라고 했다는 이유로 예비 범죄자로 낙인찍혔음에도 탁월한 통제력으로 범죄 유혹을 물리쳤고 마침내 사회로부터 보상받는다. 뉴게이트 소설의 시대가 저문 후에도 이 소설이 꾸준히 읽힌 데엔 법의 부정의를 고발하되 해학과 권선징악이라는 안전장치를 두어 법질서 자체를 교란하지는 않았던 작가적 선택이 한몫했을지도 모른다.

1. 윗글의 내용과 일치하지 않는 것은?

① 형법 개혁 운동은 범죄소설 열풍의 계기이자 성과였다.

② 뉴게이트 소설은 범죄를 질병으로, 형벌을 치료로 이해한 당대 범죄 담론을 강화했다.

③ 『캐서린』에 대한 독자들의 반응은 문학작품이 항상 작가의 의도대로 읽히는 것은 아님을 보여 준다.

④ 기득권층은 뉴게이트 소설의 대중적 전파력 확대가 기존 사회체제의 안정을 저해할 것이라 여겼다.

⑤ 『폴 클리퍼드』의 경우와 달리 『올리버 트위스트』는 범행 착수의 기로에 선 개인의 선택과 의지력을 강조했다.

2. ㉠~㉤에 대한 이해로 적절하지 않은 것은?

① ㉠은 죄에 비해 과한 형을 구형하거나 사형 선고를 남발하는 현상을 가리킨다.

② ㉡은 살아남기 위해 주어진 계급적 위치와 역할에 순응해야 하는 운명을 가리킨다.

③ ㉢은 범죄자와 유대감을 형성하여 범법과 준법의 경계를 허물려는 감수성을 가리킨다.

④ ㉣은 대중의 기대에 따라 범죄자를 이상화하는 방식으로 그려내는 작가를 가리킨다.

⑤ ㉤은 범죄자에 대한 독자의 감정이입을 차단한 상태에서 구현되는 정의를 가리킨다.

3. 윗글에서 추론한 것으로 가장 적절한 것은?

① 디킨스는 법의 부조리에 대한 비판과 범죄의 해악에 대한 훈계를 한 작품에서 동시에 수행할 수 없다고 보았을 것이다.

② 불워-리턴과 디킨스 모두 뉴게이트 소설의 작법에 따라 범죄자에게 자기 정당화의 기회를 많이 주었을 것이다.

③ 에인즈워스와 새커리 모두 범죄소설의 목적은 범죄자의 교화나 참회를 통해 독자에게 교훈을 주는 것이라고 보았을 것이다.

④ 불워-리턴은 개인의 잠재된 범죄 성향을 찾기 위해, 그리고 에인즈워스는 영웅적 면모를 강조하기 위해 범죄자의 유년기를 다루었을 것이다.

⑤ 불워-리턴은 새커리와 달리 범죄자와 독자 대중의 심정적 거리를 좁히고자 했을 것이다.

[4~6] 다음 글을 읽고 물음에 답하시오.

동서양의 전설에 나오는 귀신 중 흡혈귀는 문학의 소재로 오래 활용되었다. 특히 흡혈귀는 슬라브 또는 헝가리의 전설에 자주 등장하는데, 이런 전설이 생겨난 원인 중 하나로 포르피린증이라는 질환이 종종 언급된다. 혈액 안의 적혈구가 가지고 있는 단백질인 헤모글로빈은 산소와 결합할 수 있는 분자인 헴(heme)을 가지고 있는데, 헴은 여러 단계의 복잡한 생합성 경로에 의해 만들어진다. 이 헴 합성 경로에 관여하는 효소의 이상으로 포르피린으로 통칭되는 헴 합성 중간물질 및 부산물들이 적혈구, 체액, 간에 축적되는 질환이 포르피린증이다.

헤모글로빈 같은 단백질은 아미노산이 연결되어 만들어지는데, 아미노산만으로는 주어진 단백질의 기능을 완성하기 어려울 때 보철그룹이라 부르는 아미노산 이외의 다른 분자를 단백질에 추가로 결합시킨다. 헴은 단백질의 대표적인 보철그룹으로, 적혈구 안에서 산소를 운반하는 데 참여하는 헤모글로빈뿐 아니라 근육에 존재하는 미오글로빈, 미토콘드리아에 많이 존재하는 시토크롬 등의 단백질에서도 산소와 결합하는 능력을 부여하는 보철그룹으로 작용한다. 운동을 통해 근육이 수축될 때 산소가 많이 필요하므로 미오글로빈은 헤모글로빈과 마찬가지로 산소를 결합하고 있다가 필요할 때 방출한다.

포르피린증은 돌연변이로 이상이 나타난 헴 합성 경로의 효소가 무엇이냐에 따라 여러 종류로 나뉜다. 그중 하나인 '선천성 조혈기성 포르피린증'은, 헴 합성 경로 효소 중 하나의 결함으로 생겨난 유로포르피리노겐Ⅰ이 다음 단계 효소의 작용을 통해 전환되어 생성된 코프로포르피리노겐Ⅰ에 의해 발생한다. 코프로포르피리노겐Ⅰ은 환자의 몸에 축적되는데, 치아에 자외선을 비추면 붉은색 형광이 나타나게 하고 피부를 자외선에 민감하게 만들어 햇빛에 노출될 경우 발진을 발생시킨다. 또한 소변으로 배출되어 소변을 붉은색으로 변하게 한다.

선천성 조혈기성 포르피린증 환자는 불면증이 있으며 햇빛을 피하려 주로 밤에 활동하고 피를 마신 것처럼 붉은색 소변을 본다. 그래서 선천성 조혈기성 포르피린증 환자는 공통된 증세를 보이는 흡혈귀 전설의 모델이 되었다는 것이다. 하지만 흡혈귀 전설이 유행하였던 18세기 유럽에서 선천성 조혈기성 포르피린증은 아주 희귀한 질병이었으므로 포르피린증과 흡혈귀의 연관성을 논하는 것은 무리라는 의견도 있다.

포르피린증과 관련된 또 하나의 논란은 영국 왕 조지 3세와 관련한 것이다. 매캘파인과 헌터는 문헌 사례 조사를 통해 발표한 연구에서 조지 3세의 성격이상, 불면증, 정신이상이 포르피린증의 하나인 '혼합 포르피린증'과 관련이 있을 것이라고 주장하였다. 하지만 이러한 보고는 동시대 의사들에게 널리 받아들여지지 않았고 양극성 장애가 좀 더 가능성 있는 설명이라는 의견도 많았다.

조지 3세의 질환과 관련된 논란이 계속되자 콕스는 조지 3세의 모발을 분석하여 헴 합성과 연관된 유전자의 결함을 찾으려고 하였으나 유전자 분석에 성공하지는 못했다. 하지만 그는 모발에서 고농도의 비소를 발견하였고, 비소가 헴 대사를 저해한다는 사실에 착안하여 다시 조지 3세의 포르피린증 관련 논란을 촉발시켰다. 그럼에도 조지 3세가 정말 포르피린증 환자였다는 증거는 충분하지 않다는 의견도 많다.

4. 윗글의 내용과 일치하지 않는 것은?

① 코프로포르피리노젠Ⅰ은 포르피린의 한 종류이다.
② 미오글로빈과 시토크롬은 헴을 보철그룹으로 가지고 있는 단백질이다.
③ 근육의 미오글로빈도 혈액의 헤모글로빈과 마찬가지로 산소와 결합한다.
④ 전설 속 흡혈귀의 특징과 공통점이 있는 포르피린증은 혼합 포르피린증이다.
⑤ 유로포르피리노젠Ⅰ에서 코프로포르피리노젠Ⅰ을 만드는 효소에 일어난 결함은 선천성 조혈기성 포르피린증의 원인이 아니다.

5. 윗글에서 추론한 내용으로 가장 적절한 것은?

① 미오글로빈은 적혈구 안에서 산소를 운반하는 데 참여할 것이다.
② 미토콘드리아의 시토크롬에 존재하는 헴은 산소와 결합할 수 없을 것이다.
③ 매캘파인과 헌터의 연구 결과에 의하면 비소는 헴의 대사를 저해할 것이다.
④ 조지 3세는 불면증과 정신이상을 보였지만 붉은색 소변은 보지 않았을 것이다.
⑤ 콕스는 조지 3세의 모발에서 비소 대사와 관련된 효소 유전자의 결함을 찾고자 하였을 것이다.

6. <보기>를 바탕으로 본문을 이해할 때, 가장 적절한 것은?

<보 기>

헴 합성은 (가)와 같은 다단계 효소 촉매 과정에 의하여 일어난다. 효소는 '기질'의 화학적 구조를 변화시키는 반응을 촉매하여 '산물'을 만드는데, 특정 효소가 저해되면 다단계 효소 촉매 과정에서 특정 효소의 기질이 축적되어 전체 반응이 저해될 수 있다. 헴 합성 다단계 효소촉매 과정에 관여하는 효소와 그 기질과 산물, 그리고 그 효소에 이상이 생겼을 경우 발병하는 포르피린증의 종류를 (나)의 표에 표시하였다. 단, 효소 ㉢에 이상이 생겨 효소 ㉢의 기질인 포르피린 B가 포르피린 C로 전환되지 못하면, 축적된 포르피린 B는 자발적인 반응을 통해 유로포르피리노젠Ⅰ로 바뀐다.

(가) 델타아미노레불린산 → 포르피린 A→포르피린 B → 포르피린 C → 포르피린 D → 포르피린 E → 포르피린 F → 헴

(나)

효소	기질	산물	효소 결핍 시 발병하는 포르피린증
㉠	델타아미노레불린산	포르피린 A	도스포르피린증
㉡	포르피린 A	포르피린 B	급성 간헐성 포르피린증
㉢	포르피린 B	포르피린 C	선천성 조혈기성 포르피린증
㉣	포르피린 C	포르피린 D	만발성 피부 포르피린증
	유로포르피리노젠Ⅰ	코프로포르피리노젠Ⅰ	
㉤	포르피린 D	포르피린 E	유전성 코포르피린증
㉥	포르피린 E	포르피린 F	혼합 포르피린증
㉦	포르피린 F	헴	조혈기성 프로토포르피린증

① 효소 ㉠, ㉡의 산물은 도스포르피린증 환자의 체내에 축적될 것이다.
② 효소 ㉢의 산물이 코프로포르피리노젠Ⅰ로 전환되는 반응은 만발성 피부 포르피린증 환자의 체내에서 원활히 이루어질 것이다.
③ 효소 ㉣과 ㉤이 결핍되어도 흡혈귀와 공통점이 있는 포르피린증의 원인 물질이 만들어지지 않을 것이다.
④ 효소 ㉥의 산물은 조혈기성 프로토포르피린증 환자의 체내에 축적되지 않을 것이다.
⑤ 효소 ㉦의 기질은 매캘파인과 헌터가 조지 3세가 앓았을 것으로 추정한 포르피린증 환자의 몸에 많이 축적될 것이다.

[7~9] 다음 글을 읽고 물음에 답하시오.

기존의 역사가들이 민주주의, 노예제와 같은 정치·사회제도의 모델을 찾기 위해 고대 그리스와 로마에 주목했다면, 최근에는 성(性)의 역사라는 맥락에서 서양 고대사를 다루는 경향도 있다. 그중 일부 학자는 혐오스러운 아동 학대라고 할 수 있는 소년애에 대해 고대 그리스와 로마 사회가 비교적 관용의 태도를 보였다는 점에 주목한다.

그리스어 파이데라스티아는 파이스(pais, 소년)와 에란(eran, 사랑하다)의 합성어로 소년애를 뜻한다. 소년애 관계에서 사랑의 대상인 자유민 소년은 에로메노스로 불리며, 이들의 나이는 17세 이하였다. 소년의 연인은 에라스테스로 불리며, 흔히 18~30세 사이의 남성이 이 역할을 수행했다. 고전기 아테네 사람들은 소년을 육체적 아름다움의 추구 대상이자 동시에 지적 대화의 동반자라고 생각했다. 플라톤도 "소년을 사랑하는 사람들은 아무 소년이나 사랑하는 것이 아니라 이성(理性)을 갖기 시작한 나이의 소년들만을 사랑한다."라고 서술한다. 실제로 그리스인들은 소년을 대상으로 한 교육과 육체적 쾌락이 양립할 수 있다고 믿었다. 그렇기에 파이데라스티아는 육체적 탐미와 사회적 교육, 우정의 조합이라 간주되었다. 아테네의 노예제와 동성애를 연구한 골든이 주장하듯이, 에라스테스와 에로메노스의 육체적 관계도 소년의 명예와 존엄을 배려하는 성격을 띠고 있었다.

스파르타에서는 에로메노스의 역할이 30세까지 지속되었다. 크세노폰은 남성과 소년이 친구가 될 수는 있지만 "남성이 명백히 소년의 육체에 매혹되었다면, 이는 불명예스러운 것"이라고 비판했다. 플루타르코스도 에라스테스와 에로메노스 사이의 관계는 교육적이며, 정신적 사랑의 의미가 더 크다고 보았다. 현대의 역사가 카틀리지는 소년애가 지녔던 정치적 엘리트 충원 역할에 주목했다. 그에 따르면, 세력 있는 집안 출신인 소년의 에라스테스가 된다는 것은 소년의 가장 가깝고 믿을 만한 조언자, 동료가 된다는 것을 뜻하였다. 물론 이런 해석들은 파이데라스티아의 본질인 '육체적 아름다움에 대한 매혹'을 과소평가한 것이다.

로마 공화정 후기인 기원전 3세기에서 기원전 1세기까지 동성애를 원하는 자유민 남성들에게 '준비된 손쉬운 사랑'의 대상은 주로 노예였다. 호라티우스의 시구에 등장하는 "난 준비된 손쉬운 사랑을 좋아하거든"이라는 표현은 상류층의 노예주가 노예 남녀를 성욕 충족의 도구로 삼는 데 아무런 장애가 없었음을 보여준다. 이 경우 노예주들은 종종 미소년을 찾는 경향을 보였는데, 그러한 소년 노예는 델리카투스라 불렸다. 하지만 기원전 6~5세기의 아테네와 달리 기원전 2세기의 로마는 성인 남성과 자유민 소년과의 관계를 처벌하고 있었다. 이에 대해 로마사가 폴 벤느는 로마인이 시민의 능동성과 남성성에 대해 결벽적이었기 때문에 장차 시민이 될 소년과의 관계를 거부한 것이라고 설명했다. 나아가 미셸 푸코는 소년애를 억제한 결과 신분에 구애받을 필요가 없는 젊은 노예들과의 동성애가 로마에서 널리 행해졌다고 주장하였다.

로마 제정 초기인 기원전 1세기에서 서기 1세기까지 로마에는 그리스의 생활 방식을 숭상하는 헬레니즘이 번져 있었다. 그 일환으로 소년애가 로마에 흘러든 것은 결코 놀라운 일이 아니다. 당대의 지식인 키케로가 "이 우정의 사랑이란 대체 무엇인가? 내가 보기에 이 습속은 그리스인들의 김나시움에서 생겨난 듯하다."라고 논평했듯이, 로마의 지식인들은 젊은 남성들이 연무장에서 벗은 몸으로 운동하는 것을 의심에 찬 눈초리로 바라보았다. 로마사 연구자 윌리엄스는 로마인이 그리스인에게 소년애를 배울 필요가 없었다고 하지만, 여러 정황을 고려하면 로마의 소년애는 그 뿌리가 그리스에 있는 것으로 보인다. 그런데 다른 풍토에 이식된 문화는 원산지에서와는 다르게 생장하는 법이다. 로마의 소년애도 그랬다. 구애의 절차와 관계의 목표 모두 그리스에서와는 달리 명예로운 편이 아니었다. 소년들을 육체적으로 정복하고자 하는 욕망의 충족이 소년애의 궁극적 목표였으며, 이는 잠재적 시민의 명예에 대한 배려와는 거리가 멀었다.

7. 윗글에 대한 이해로 적절하지 않은 것은?

① 플라톤은 파이데라스티아의 대상을 일정한 지적 성장 단계의 소년으로 한정했다.

② 크세노폰은 에라스테스를 소년의 육체를 차지하려는 불명예스러운 자로 한정했다.

③ 플루타르코스는 성년 남자와 자유민 소년 간의 관계에서 정신적인 것을 중시했다.

④ 호라티우스의 시구에는 공화정 후기 로마인들과 델리카투스 사이의 성 풍속이 암시되어 있다.

⑤ 키케로는 헬레니즘을 통해 확산된 소년과의 그리스적 우정에 대해 비판적이었다.

8. 윗글로 보아 다음 설명 중 가장 적절한 것은?

① 아테네와 스파르타에서는 모두 이십 대 청년이 에로메노스에서 배제되었다.

② 아테네에서와 달리 스파르타에서의 에라스테스는 소년과의 육체적 관계를 거부했다.

③ 그리스에서와 달리 공화정 후기의 로마에서는 자유민 소년과의 소년애가 억제되었다.

④ 그리스에서와 달리 제정 초기의 로마에서는 소년애가 수행하는 사회화 기능에 주목했다.

⑤ 공화정 후기의 로마에서와 마찬가지로 제정 초기의 로마에서 소년애는 소년의 명예를 배려하였다.

9. 윗글과 <보기>를 연결하여 평가할 때, 가장 적절한 것은?

<보 기>

고대 그리스 도자기에 묘사된 소년애 장면은 이성애 장면에 비해 훨씬 덜 노골적이다. 이는 자유민 소년이 성적 권력관계에서 욕망의 대상으로만 인식되는 것에 대해 그리스 사회가 지닌 거부감을 보여 준다. 한편, 기원전 2세기 로마의 상류사회에서 노예는 성적 대상이기도 했다. 법적 보호를 받을 수 없었던 노예 소년과의 관계를 즐기는 문화가 확산되자 시민들은 자칫하면 자기 자식도 소년애의 대상이 될 수 있다는 생각에 불안해했다. 거리에서 미성년 남성에게 치근덕거리는 행위를 금했던 공화정 후기의 성추행 관련 칙령은 이런 불안감의 결과였다. 공화정이 붕괴하고 평화의 시기가 도래하자 그리스적 사랑이 확산되었다. 로마의 현실을 일정하게 반영하고 있는 연가(戀歌) 역시 그리스적 사랑의 이식을 잘 보여 주었다.

① 도자기에 그려진 장면은 에로메노스와 에라스테스 관계에 대한 골든의 해석과 상충하는군.

② 그리스 도자기의 소년애 장면은 소년애를 정치 엘리트 충원 기능과 연결하는 카틀리지의 해석과 상충하지 않겠군.

③ 그리스인이 느낀 '거부감'과 로마인이 지닌 결벽적 태도가 상충한다는 점에서 벤느의 해석은 비판받을 수 있겠군.

④ 젊은 노예의 법적 지위는 노예를 상대로 한 동성애 확산으로 인해 소년애가 줄었다는 푸코의 주장을 뒷받침할 만하군.

⑤ 제정 초기 로마의 연가는 소년애가 그리스로부터 유입된 것이 아니라는 윌리엄스의 주장을 뒷받침할 만하군.

[10～12] 다음 글을 읽고 물음에 답하시오.

사법심사는 다수주의의 예외로 간주되기도 한다. 민주적 절차로 선출된 의회나 행정부의 결정이 합헌 여부를 기준으로 무효화될 수 있기 때문이다. 게다가 사법심사의 주체가 임명직이라는 점에서 정통성 문제가 대두된다. 반대로 사법심사는 민주주의의 내재적 한계를 극복하려는 고육지책이라는 옹호론도 있다. 사회적 약자에 해당하는 소수자 집단은 다수결 논리에 의해 형성되거나 해체되는 의회나 행정부로부터 보호받기 어렵다는 것이다.

위의 논의들은 사법심사의 정치적 독립성을 전제하지만, 현실정치에서의 완전한 독립은 늘 의심받는다. 이에 로버트 달은 미국의 연방대법원이 반다수주의를 추구하는 사법심사 기구가 아니라 대통령, 의회와 함께 지배 연합의 필수불가결한 부분으로 작동한다고 분석했다. 의회의 힘 있는 입법 다수가 최근에 제정한 법률을 연방대법원이 뒤집는 경우는 거의 없다는 것이다. 선출직 의원들은 재선 때문에 여론에 민감하게 반응하고 의회 내 입법 다수는 전국 여론의 축소판이어서, 이에 영향을 받는 사법심사는 원래 취지와 달리 소수의 이익을 보호하지 못하는 다수주의적 난제에 직면한다. 사법심사가 반다수주의적 난제를 떠안았다는 기존의 견해를 뒤집은 달의 이런 주장은 여론조사 기법의 발달로 대중의 선호가 사법적 판단에 미치는 영향에 대한 연구가 본격화되면서 설득력이 커졌다. 그중에는 사법심사 결과와 여론조사 결과가 60% 이상 일치한다는 연구 결과도 있었다. 즉 정책 영역에 따라 일치도의 차이는 있지만, 연방대법원 역시 대체로 의회나 대통령처럼 여론에 반응한다는 것이다.

반대로 사법심사의 결과가 여론에 영향을 미치는 방향도 상정할 수 있다. 즉, 사법심사 결정 후 그 결정에 찬성하는 여론이 증가 혹은 감소할 수도 있고, 여론이 양분되거나 사법심사 결정에도 불구하고 여론에 변동이 없는 경우도 예상할 수 있는 것이다. 미국 정치를 배경으로 한 기존 연구는 이 상황을 크게 네 가지 모델로 구분해 설명한다.

우선 '긍정적 반응 모델'이다. 이 모델은 어떤 사안에 대해 반대 의견을 가졌던 사람들도 연방대법원의 결정이 나온 후에는 기존 의견을 수정해 그 결정을 수용하는 경우가 많다는 현상에 주목한다. 이때 찬반 의견의 변경은 그 사안에 대해 대중의 관여도가 비교적 낮아 발생한 것으로 설명된다. 대중은 대체로 연방대법원의 전문성과 공정성을 신뢰하고, 그 결과 연방대법원의 결정은 미국 사회에서 안정적으로 수용된다. 자신과 특별한 이해관계가 없는 한, 대중은 연방대법원의 결정을 수용하는 방향으로 여론을 형성하게 되므로 이 모델은 많은 사례를 잘 설명할 수 있다고 평가된다.

'반발 모델'은 사법심사 결과에 불복하는 그룹들이 반대 의사를 적극 표출하고 이것이 전체 여론으로 확산하는 현상에 주목한다. 연방대법원이 동성혼을 합헌으로 결정하자 동성혼에 대한 지지는 물론 성적 소수자를 포용하는 여론이 도리어 감소했음을 밝혀낸 연구가 그 사례이다. 한편, 사법심사 결과에 대한 반발은 시간 경과에 따라 줄어드는 경우가 있어 이 모델은 내구성이 약하다고 평가되기도 한다. 일시적 반발이 잠잠해지면 사법심사의 결과를 수용하는 방향으로 여론 변화가 나타나기 때문이다.

'양극화 모델'은 여론의 주목을 받지 못하던 사안들이 사법심사를 계기로 본격적인 쟁점으로 전환되어 대중의 찬반 여론이 극명하게 갈리는 현상에 주목한다. 낙태 이슈에 대한 사법심사 결정이 오히려 미국 사회의 갈등을 증폭한 것이 그 예이다. 실제로 사법심사 결정은 특정 집단 내에서 여론의 강도를 높이는 경우가 있다. 특정 사안에 관심이 없거나 태도가 모호했던 대중이 사법심사 결정 이후 양극단에 집결하고 응집도도 높아지기 때문이다. 앞에서 말한 낙태 이슈는 사법심사 과정에서 대중에게 전달되는 관련 정보를 증가시켰고 이 정보에 노출된 대중은 기존의 모호한 태도를 버리고 특정 입장에 집결하고 세력화하였다.

마지막으로 '무반응 모델'은 사법심사 결정 후에도 기존의 여론 지형도가 지속되는 무반응 현상에 주목한다. 사법심사가 의회의 결정을 지지하는 경우, 언론의 주목도나 여론의 관심도는 대체로 낮다. 주로 폭넓은 사회적 합의가 있었거나 대중의 관심도가 낮았던 특정 사안이 의회에서 입법화되고 사법심사가 이를 추인한 것이기 때문이다. 이런 점에서 '무반응 모델'은 미국의 정치 현실을 폭넓게 설명할 수 있는 모델로 평가될 만하다.

10. 네 가지 모델에 대한 설명으로 가장 적절한 것은?

① 긍정적 반응 모델은 연방대법원의 전문성과 공정성에 대한 대중의 불신을 반영한다.

② 연방대법원의 결정을 여론이 즉각 수용할 경우, 반발 모델은 설득력이 커진다.

③ 반발 모델이 예상하는 반응은 시간이 지나면서 긍정적 반응 모델이 예상하는 반응으로 수렴되는 경향이 있다.

④ 낮았던 여론의 관심도가 사법심사 결정 이후 높아졌다면, 양극화 모델은 설득력이 줄어든다.

⑤ 의회의 결정을 수용하는 연방대법원의 결정에 대해 여론의 관심이 높을 경우, 무반응 모델로 이를 설명할 수 있다.

11. 윗글에서 추론한 내용으로 적절하지 않은 것은?

① 반다수주의자들은 사법심사권자를 선거로 뽑는 것에 대해 우려를 제기할 것이다.

② 로버트 달의 견해는 입법 다수가 대중의 선호를 제대로 반영한다는 것을 전제로 도출되었을 것이다.

③ 소수자 보호에 적극적인 사람이라면, 사법심사와 입법 활동 모두 대중의 여론을 있는 그대로 반영해야 한다는 주장에 찬성할 것이다.

④ 의회 결정 무효화가 부당하다고 보는 사람은, 사법심사로 인해 민주주의가 다수주의적 난제에 직면했다는 의견에 동의하지 않을 것이다.

⑤ 사법심사의 대상이 된 법률을 입법했던 의회 다수당이 선거에서 패배했다면, 달은 그 사안에 대한 연방대법원의 위헌 결정 가능성이 높아진다고 예상할 것이다.

12. 윗글을 바탕으로 <보기>의 X국 상황을 평가할 때, 적절하지 않은 것은?

<보 기>

X국의 사법심사를 담당하는 연방대법원은 최근 두 건의 사법심사 결과를 발표했다.

(가) 의회가 개정한 선거법은 위헌이다.
(나) 의회가 개정한 국기법(國旗法)은 합헌이다.

사법심사 결정의 전 단계에서 언론은 (가)의 법에 대해 집중 보도했고, 상대적으로 (나)의 법에 대해서는 주목하지 않았으나 결정 이후 보도량을 대폭 늘렸다. 아래 그림은 관련된 여론 변화를 나타낸다.

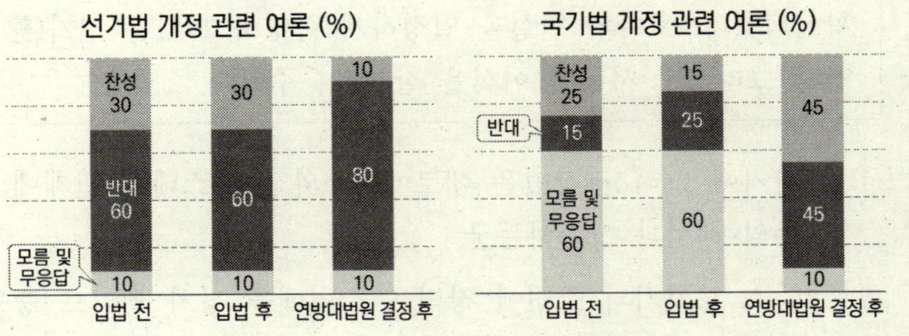

① '선거법 개정'과 관련한 찬반 구성의 변화 추이가 연방대법원에 대한 X국 국민의 신뢰를 반영한다는 점에서, 긍정적 반응 모델로 (가)에 대한 대중의 반응을 설명할 수 있겠군.

② 반발 모델로는 (가)의 결정 직후 대중이 '선거법 개정'에 반발한 점을 설명할 수 있지만, 관여도가 낮았던 대중이 (나)의 결정 직후 입법 찬성으로 선회한 점은 설명할 수 없겠군.

③ '국기법 개정'에 대한 반응이 연방대법원 결정 이후의 시점에 팽팽한 찬반 대립으로 나타났다는 점에서, 양극화 모델로 X국의 사회적 갈등의 증폭을 설명할 수 있겠군.

④ (가)와 (나) 두 사안에 대해 '모름 및 무응답' 비율의 변화 추세가 다르다는 점에서, 양극화 모델로 정보 제공량과 대중의 관심도 간의 양의 상관관계를 설명할 수 있겠군.

⑤ 무반응 모델로는 (가)와 (나)로 인한 여론 추이를 설명하기 힘들지만, 사회적 합의가 부족한 상태에서 의회가 입법 활동을 했음을 지적할 수는 있겠군.

[13～15] 다음 글을 읽고 물음에 답하시오.

공리주의에서 도덕적으로 옳은 것은 공리를 극대화하는 결과를 산출하는 것이다. 반인권적인 행위나 제도라도 결과적으로 더 많은 공리를 산출한다면, 공리주의는 그것을 지지해야 한다. 가령 병원에 건강 검진을 받으러 온 한 사람을 죽여 다섯 명의 환자에게 장기를 이식하는 경우, 더 많은 공리는 산출되겠지만 한 명의 생명이 갖는 권리를 침해하게 된다.

도덕적 권리들이 존재하는 것이 틀림없다고 전제하는 피시킨은 이 권리들을 인정하지 않는 윤리 이론은 거부되어야 한다고 주장한다. '무엇이 공리를 극대화하는 결과를 낳을 것인가'는 경험적인 문제이므로, 권리에 적대적인 행위가 권리를 존중하는 것보다 더 많은 공리를 산출한다는 이유로 지지되는 공리주의는 권리의 확실한 토대를 제공할 수 없다고 주장한다. 위의 행위가 허용되면 사람들이 공포를 느끼고 의료 시스템에 대한 신뢰가 무너지는 등 나쁜 결과가 초래될 것이므로, 공리주의자도 그 행위를 반대할 것이다. 그러나 피시킨은, 무작위 추첨에 의한 반자의적 장기 기증 시스템에서는 사람들이 강제 기증자가 될 위험에 대한 공포보다 자신들도 수혜자가 될 수 있다는 기대가 더 크다면 공리주의자는 공리 극대화의 한 방법으로 그 시스템을 승인할 것이라고 비판한다.

공리주의는 '권리의 규범적 힘'을 인정할 수 없기에 권리를 수용하기 어렵다고 라이언스는 비판한다. 그에 따르면 내가 어떤 것을 할 권리를 가진다는 사실은 타인의 간섭에 반대하는 근거를 제공할 뿐만 아니라, 권리 침해를 옹호하는 논변이 넘어야 하는 '논증의 문턱'을 제공한다. 그런데 공리주의는 행위의 도덕적 평가에서 일관되게 공리의 극대화를 기준으로 삼기 때문에, 권리의 규범적 힘을 인정할 수 없다.

한편, 반공리주의 논변에 맞서 브란트는 공리주의와 권리 사이의 부정합성은 단지 행위 공리주의에만 있을 뿐, 규칙 공리주의에는 없다고 주장한다. 개별 행위의 공리를 계산하는 행위 공리주의와 달리, 규칙 공리주의는 한 사회의 도덕률은 그것을 채택하지 않았을 때보다 채택했을 때 더 큰 공리를 산출하는 경우에만 옳으며, 어떤 개별 행위는 그 도덕률에 의해 정당화될 때 도덕적으로 옳다고 본다. 이때 도덕률 위반 행위가 공리를 증가시키더라도 그 도덕률은 준수되어야 한다. 이처럼 브란트는 규칙 공리주의가 권리의 규범적 힘을 수용할 수 있다고 주장한다. 하지만 라이언스는 규칙 공리주의도 권리들의 규범적 힘을 수용하지 못한다고 주장한다. 공리주의에서는 공리에 대한 위협 없이 규칙을 위반하는 것이 가능하기에, 공리주의적 정당화는 공리주의자에게 규칙 유지의 이유를 제공할 수는 있어도 그 규칙을 준수해야 할 이유는 제시하지 못한다는 것이다.

헤어는 공리주의와 권리의 도덕적 힘 사이의 부정합성은 '직관적 수준'과 '비판적 수준'으로 이루어진 자신의 두 수준 공리주의 이론을 따를 때 해소된다고 주장한다. 직관적 수준의 사유란 우리가 이미 주어진 것으로 간주하고 의문을 제기하지 않는 마음의 습관이나 원리 등을 개별적 사안에 적용할 때의 사유로서, 규칙 공리주의적으로 사유하는 것을 가리킨다. 이에 견줘 비판적 수준의 사유는 행위 공리주의적으로 사유하는 것이다. 헤어는 직관적 사유를 이끄는 간단하고 일반적인 도덕 원리는 그것을 위반했을 때 죄의식이나 회한 같은 도덕적 감정을 수반한다고 본다. 이는 규칙을 과거의 경험에서 일반화한 일종의 '대략의 규칙'으로 보는 행위 공리주의의 생각과 다르다. 헤어에 의하면 권리는 일반적 도덕 원리의 일종이다. 직관적 사유가 다룰 수 없는 특수한 상황에서는 비판적 사유가 적용될 것이다. 그 결과, 권리 침해가 최적의 행위라고 결론이 난다면, 일관된 공리주의자의 입장에서는 권리의 침해가 도덕적으로 옳다. 그러나 여기서 헤어는 인간의 오류 가능성과 한계를 언급하면서, 신중한 공리주의자는 직관을 저버리기보다는 따르는 것이 최선이 될 가능성이 크다고 여길 것이라고 주장한다.

13. 윗글의 내용과 일치하는 것은?

① '논증의 문턱'을 넘으면 권리 침해가 용인된다.

② 행위 공리주의자는 '대략의 규칙'을 인정하지 않는다.

③ 규칙 공리주의자는 개별적 행위의 옳고 그름을 판단하지 않는다.

④ 공리와 권리 간의 부정합성은 '비판적 수준'에서는 발생하지 않는다.

⑤ 반공리주의자는 반자의적 장기 기증 시스템이 유발하는 공포를 인정하지 않는다.

14. 윗글에 제시된 입장들을 이해한 내용으로 적절하지 않은 것은?

① 피시킨은 경험이나 결과에 의존하지 않고도 권리가 존재한다고 전제할 수 있느냐고 비판받을 수 있을 것이다.

② 피시킨은 권리를 보호하는 규칙의 효용성이 경험적으로 드러나더라도 그 규칙은 권리의 확실한 토대를 제공할 수 없다고 주장할 것이다.

③ '규칙 준수의 이유를 제시하더라도 규칙 공리주의는 결과를 계산하지 않는 권리론과 다를 바 없다.'라고 주장하는 사람은 라이언스의 브란트 비판에 동조할 것이다.

④ 규칙의 규범적 힘을 공리의 극대화를 통해 수용할 수 있다면 규칙 유지는 결국 규칙 준수와 다르지 않다고 브란트는 주장할 수 있을 것이다.

⑤ 헤어는 권리가 가지는 논증의 문턱이 직관적 수준에서는 규범적 힘을 발휘하기에 너무 높다고 비판받을 것이다.

15. 윗글을 바탕으로 다음 <보기>를 이해할 때, 적절하지 않은 것은?

<보 기>

인간을 궁극적으로 행복하게 만들어서 최종적으로 인간에게 평화와 안식을 줄 목적으로 네가 인간 운명의 기본 구조를 만들고 있다고 상상해 봐. 그러나 작은 아기를 죽을 때까지 고문하고 그 아기의 한 서린 눈물 위에 그 구조물을 세우는 것이 필수적이고 불가피하다고 상상해 봐. 너는 이런 조건에서 그것의 건설에 동의하겠니?

- 도스토옙스키, 『카라마조프가의 형제들』 -

① 행위 공리주의자는 '상상'을 실현할 수 있다면 '아기'의 권리에 대한 침해에 동의할 것이다.

② '아기'의 권리가 선험적으로 확실하다면, 피시킨은 '아기'의 고통과 인간들의 '평화와 안식'을 저울질하는 것이 무의미하다고 생각할 것이다.

③ '아기'를 고문함으로써 더 많은 이익이 생긴다고 할지라도, 라이언스는 '아기'가 '한 서린 눈물'을 흘리지 않도록 고문이 금지되어야 한다고 생각할 것이다.

④ '아기'의 '행복'을 존중하는 규칙을 채택하는 것보다 채택하지 않는 것이 더 큰 공리를 산출하더라도, 브란트는 '아기'의 권리는 존중되어야 한다고 생각할 것이다.

⑤ '구조물'의 건설이 실제로 공리를 극대화할지 판단할 확실한 정보가 없다면, 헤어는 '아기'의 권리를 보호해야 한다는 직관을 따라야 한다고 생각할 것이다.

[16~18] 다음 글을 읽고 물음에 답하시오.

한 사회의 소비나 인프라 수준은 생산 능력에 달려있기 때문에, 생산 능력의 장기적인 변동으로 정의되는 경제성장은 경제학자와 정책입안자의 중요한 관심 사항이다. 솔로우 성장모형은 저축과 인구의 변동, 기술의 진보가 시간의 흐름에 따라 생산과 소비에 어떤 영향을 주는지를 동태적으로 분석하는 대표적인 성장모형이다. 인구와 기술 수준의 변동을 고려하지 않는 '단순한' 솔로우 성장모형에서 생산량(y)은 자본량(k)의 증가 함수이다. 단, 자본이 한 단위 증가할 때 생산이 늘어나는 정도는 자본 수준이 높아질수록 작아진다고 가정한다. 자본을 이용하여 만들어진 생산은 소비(c)나 자본재 구입을 위한 투자(i)로 사용될 수 있다. 따라서 '생산량 = 소비량 + 투자량'의 관계가 언제나 성립한다.

생산에서 소비하지 않고 남은 부분, 즉 저축이 투자의 재원이 되므로 투자와 저축은 언제나 일치한다. 저축률(s)은 저축이 생산에서 차지하는 비율로 정의되며 0과 1 사이의 값을 갖는 상수이다. 감가상각은 자본 사용 정도에 비례하여 자본재의 일부가 마모되어 더 이상 사용할 수 없게 되는 것으로, 감가상각량은 자본량과 0과 1 사이의 값을 갖는 상수인 감가상각률(d)의 곱으로 결정된다. 생산량을 비롯하여 저축량, 감가상각량, 투자량 등은 총량을 고정된 인구수로 나눈 1인당 개념이다.

솔로우 성장모형에 따르면 자본량의 변동은 다음과 같은 <식>으로 표현된다.

$$\Delta k = i - dk$$

여기서 Δ는 경제 변수가 전기 대비 변동하는 크기를 나타내는 기호이다. 이 식은 자본량의 변동 방향을 결정하는 두 요인을 설명하는데, 신규 투자는 자본량을 늘리는 반면 감가상각은 자본량을 줄이는 방향으로 작용하게 된다. 앞선 논의를 종합하면 솔로우 성장모형에서 생산량, 저축량, 감가상각량은 다음 <그림>과 같이 궁극적으로 자본량 수준에 의해 결정된다.

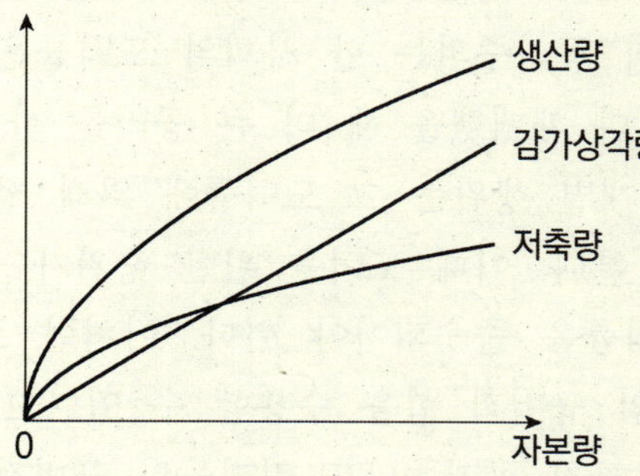

솔로우 성장모형에서 중요한 개념인 '정태상태'는 투자량과 감가상각량이 정확하게 일치하여 자본량의 변화가 없는 상태를 일컫는다. 자본량의 변동이 없으므로 생산량의 변동도 없고 저축과 소비도 일정하게 유지된다. 정태상태에 있지 않은 경제는 시간이 지남에 따라 정태상태로 이동하는 특성을 갖는다. 예를 들어, 만약 투자량이 감가상각량을 상회하고 있다면 <식>에 의해 자본량은 시간이 지남에 따라 증가하게 된다. 자본량이 늘어나면 생산량이 늘어나고 생산량의 일정 비율인 투자도 증가한다. 또한 자본량의 일정 비율인 감가상각량도 늘어난다. 다만, 감가상각량의 증가 속도는 자본량의 변화 속도와 언제나 같은 반면 투자량의 증가 속도는 차츰 감소하는데, 이는 자본이 늘어남에 따라 생산이 늘어나는 속도가 줄어들기 때문이다. 이러한 원리로 결국 어느 시점에서는 투자량과 감가상각량이 같아지면서 경제가 정태상태에 도달하게 되며, 이후에 다른 외생적인 변화가 없다면 경제는 이 정태상태를 그대로 유지하게 된다. 경제가 도달하는 정태상태 자본량은 각 경제의 기초여건인 저축률 및 감가상각률 수준과 생산함수에 의해 결정된다.

[A] 솔로우 성장모형에서는 소비가 최대가 되는 정태상태 자본량 수준을 최선의 자본량이라는 의미에서 황금률 자본량이라고 부른다. 생산함수와 감가상각률이 고정되어 있다고 하면, 저축률 변동을 통해 경제가 황금률 수준의 자본량을 달성하거나 또는 황금률에 보다 가까운 수준의 자본량을 보유하도록 경제상태를 이동시킬 수 있다. 예를 들어, 정태상태에 있는 어느 경제의 자본량이 황금률 수준을 하회하고 있는 상태에서 저축률을 상승시키는 경제 정책이 시행되었다고 하자. 정책이 시행된 시점에는 저축률 상승으로 인해 소비가 즉각 줄어든다. 그러나 시간이 지나면서 투자와 자본량 증대가 생산 수준을 점차 더 높이게 된다. 따라서 생산의 일정 비율인 소비도 점차 증가하여 궁극적으로는 정책 변경 이전보다 높은 수준으로 수렴하게 된다. 이러한 정책의 결과로 새로운 정태상태에서 미래 세대는 정책 변경이 없었던 경우와 비교하여 더 높은 수준의 소비를 누릴 수 있으므로 효용이 증가한다. 반면 현재 세대, 특히 기대 잔여 수명이 얼마 남지 않은 고령층의 경우에는 미래 시점에서의 소비 증가 혜택을 얻을 가능성은 낮으나 현재의 소비 감소로 인한 효용 감소는 분명하므로 청년층에 비해 이와 같은 정책에 반대할 가능성이 높다.

16. 윗글에 대한 이해로 적절하지 않은 것은?

① 생산함수는 정태상태에 영향을 주지 않는다.

② 투자와 감가상각이 다르다면 자본량은 변동한다.

③ 자본량이 늘어나면 생산량은 필연적으로 증가한다.

④ 저축이 투자를 상회하는 경우는 결코 발생할 수 없다.

⑤ 자본이 한 단계 증가할 때 생산 증가의 폭은 자본 수준이 높을수록 작아진다.

17. 윗글에서 추론한 것으로 적절하지 않은 것은?

① 저축률을 비롯한 기초여건은 동일하지만 초기 생산량이 다른 두 국가 경제는 소비 격차가 좁혀지지 않는다.

② 저축률을 변경시키는 정책에 대한 찬반 여부는 세대 간 기대 잔여 수명의 차이에 영향을 받는다.

③ <그림>에 의하면 자본 마모 속도가 빨라지는 경우 저축량과 감가상각량이 일치하는 자본량은 작아진다.

④ <그림>에 의하면 저축률의 상승은 투자량과 감가상각량이 일치하는 자본량을 확대시킨다.

⑤ 황금률 자본량을 보유하고 있는 경제의 생산량은 다른 조건의 변화가 없다면 변동하지 않는다.

18. [A]를 바탕으로 <보기>의 X국 경제 정책을 평가할 때, 적절하지 않은 것은?

<보 기>

현재 X국에서는 투자량과 감가상각량이 일치하며, 자본량이 황금률 수준을 상회하고 있다. 이에 주목한 정부는 황금률 자본량을 달성하기 위해 국민의 소비를 장려하는 정책을 시행하였다. (단, 다른 조건의 변동은 없다.)

① 정책 시행 이후 현재 세대 중 고령층과 청년층 모두의 효용 수준은 높아진다.

② 정책 시행 이후 새로운 정태상태에 도달할 때까지 소비는 점차 증가한다.

③ 미래 세대의 효용 수준은 정책이 시행되지 않는 경우보다 높아진다.

④ 감가상각량은 정책 시행 이전보다 낮은 수준으로 수렴한다.

⑤ 자본량은 정책 시행 이전보다 낮은 수준으로 수렴한다.

[19~21] 다음 글을 읽고 물음에 답하시오.

보조생식술의 발전에 따라 난임 부부도 자기 생식세포를 이용한 체외수정으로 배아를 생성한 뒤 이를 모체에 이식하여 임신할 수 있게 되었다. 이 발전은 시술 뒤에 남은 배아를 어떻게 처리할 것인지에 대한 윤리적 논란도 유발하였다. 잔여 배아를 예외 없이 폐기해야 한다는 견해와, 난치병 연구를 위해 사용할 수 있게 해야 한다는 견해가 맞서고 있는 것이다.

이와 관련하여 독일에서는 배아보호법을 제정하였다. 이 법은 대다수 국가의 법령들처럼 임신을 목적으로 하지 않는 배아의 생성을 애초에 불허하고 있지만, 다른 나라의 입법례와는 달리 가급적 잔여 배아 자체가 만들어지지 않게 하는 것이 최선이라는 시각을 반영한 ㉠ 엄격한 기준을 규정하여 배아 생성자의 자기결정권을 제한한다. 이에 따르면 1회의 시술 주기 내에 난자를 3개까지만 수정시킬 수 있고, 같은 시술 주기 내에 배아를 3개까지만 이식할 수 있다. 게다가 1회의 시술 주기 내에 이식할 배아의 수보다 많이 난자를 수정시켜서는 안 되고, 이식 후 배아의 온전한 착상 전에 그것을 채취해도 안 된다.

임신 성공률을 높이려면 가급적 많은 배아를 확보해야 하는 까닭에 잔여 배아가 생긴다. 그런데도 독일 법은 결국 한 번의 시술로 이식할 만큼만 수정하게 하고, 수정 후에는 남김없이 이식하게 하며, 심지어 배아를 회수할 목적으로 착상을 방해할 가능성마저 없애고 있다. 배아 보존 자체는 금지하지 않지만 보존될 배아가 애초에 거의 생기지 않게 하려는 것이다.

그러나 이 배아보호법으로 인해 오히려 배아가 죽게 되는 역설적 상황이 초래되었다. 이 상황은 배아를 이용한 체외수정 시술의 특수성에서 비롯된다. 체외수정 시술을 위해서는 가장 건강한 배아 하나만을 골라 이식하는 '선택적 단일 배아 이식', 몇 개의 배아를 동시에 이식한 뒤 살아남은 배아를 성장시키는 '다배아 이식' 등의 방법이 사용된다. 임신 확률을 높이려면 배아의 건강 상태, 산모의 나이, 다태아 출산의 위험성 등에 비추어 가장 적합한 시술 방식을 선택해야 한다. 그런데 이 법을 따르면 선택적 단일 배아 이식의 방식을 취하기가 어렵게 된다. 하나를 제외한 나머지 배아에 모두 결함이 있어 불가피하게 배제될 경우가 아니라면, 충분히 건강한 한두 개의 배아를 다음 시술 시기를 위해 남겨 두지 못하기 때문이다. 그 결과 모든 배아를 일단 착상시킨 후 가장 건강한 하나만을 남기고 나머지 한두 개는 모체에서 제거하는 일이 종종 일어난다. 그래서 법제 개선을 촉구하는 독일 학술원의 성명에서는 잔여 배아 보존이 가능하게 하고 배아 생성자가 그 기간을 결정하도록 하자고 제안하였다.

한국 법에서도 출산을 목적으로 할 때만 생식세포를 제공하여 배아를 생성할 수 있다. 일단 배아가 생성되면, 이식 횟수의 결정, 배아의 보존 여부, 난치병 연구를 위한 사용 여부 등에 대해 배아 생성자에게 의사 결정을 맡긴다. 다만 배아의 보존 기간은 5년 이내로만 정할 수 있고, 이 기간이 지나면 잔여 배아는 배아 생성자의 의사와 무관하게 원칙적으로 폐기해야 한다. 한편, 배아 생성자의 자기결정권을 제한하는 것에 대한 헌법소원심판도 있었는데, 헌법재판소는 배아가 배아 생성자의 기본권으로부터 도출되는 자기결정권의 대상이라고 판단했다. 배아는 비록 기본권의 주체는 아니지만 특별한 헌법적 지위를 가지는 존재이기에 그 배아의 보호를 위해 배아 생성자의 기본권을 제한할 수 있다는 등의 이유를 들어, 보존 기간의 제한은 합헌이라고 본 것이다.

19. 윗글의 내용과 일치하는 것은?

① 잔여 배아란, 착상된 후 의학적 판단에 따라 제거된 배아를 말한다.
② 독일학술원 성명에는 잔여 배아 발생을 억제하기 위한 제안이 담겨 있다.
③ 다배아 이식 시술은 선택적 단일 배아 이식 시술보다 임신 성공 확률이 높다.
④ 한국 법과 독일 법은 모두 배아를 보존하는 것 자체를 금지하지는 않고 있다.
⑤ 잔여 배아를 무조건 폐기하도록 강제하는 것은 비윤리적이라는 데 견해가 일치되어 있다.

20. ㉠에 대한 해석으로 가장 적절한 것은?

① 1회의 시술 주기 내에는 3개의 한도 내에서 이식할 배아의 수만큼만 난자를 수정시킬 수 있다.
② 배아 생성자의 요청이 있어도 이미 착상된 배아를 모체에서 분리하는 것이 엄격히 금지된다.
③ 생성한 배아를 동일 시술 주기 내에 이식할 수 없는 경우에는 반드시 폐기해야 한다.
④ 생성할 배아의 수보다 더 많은 난자를 채취하여 보관하는 것을 금지하고 있다.
⑤ 생성한 배아의 수보다 적게 이식하는 것은 어떤 경우에도 허용될 수 없다.

21. 윗글을 바탕으로 <보기>를 이해할 때, 적절하지 않은 것은?

<보 기>

갑과 을 부부는 자신들의 생식세포를 이용하여 배아를 인공적으로 생성한 후, 이 배아를 아내인 을에게 이식하기 위한 시술을 1회 진행하였으나 착상에는 이르지 못하였다. 모든 시술은 정상적으로 진행되었으며, 배아에는 결함이 없었다.

① 독일 법이 적용되는 경우, 한국 법이 적용되는 경우와 달리 갑과 을이 원하더라도 착상 전에는 배아가 채취되지 못했겠군.
② 독일 법이 적용되는 경우, 한국 법이 적용되는 경우와 달리 갑과 을은 배아의 생성에 관한 문제에 대해 자기결정권을 행사할 수 없겠군.
③ 독일 법이 적용되는 경우, 갑과 을이 다시 배아 이식 시술을 받으려면 한국 법이 적용되는 경우와 달리 난자를 수정시키는 시술을 다시 진행해야 하겠군.
④ 한국 법이 적용되는 경우, 독일 법이 적용되는 경우와 달리 갑과 을 부부의 남은 배아를 연구 목적을 위해 사용할 수 있겠군.
⑤ 한국 법이 적용되는 경우, 독일 법이 적용되는 경우와 달리 갑과 을의 의사에 따라 남은 배아를 보존하지 않도록 결정할 수 있겠군.

[22~24] 다음 글을 읽고 물음에 답하시오.

플라톤의 두 작품 『소크라테스의 변론』(이하 『변론』)과 『크리톤』에 대해서는 해석상의 문제가 있다. 『변론』에서 소크라테스는 국가가 자신에게 철학적 활동을 그만두라고 명령한다면 사형에 처해지더라도, 그 명령에 불복하겠다고 강변한다. 그래서 소크라테스는 국가권력에 대해 개인 양심이 우선함을 주장한 철학적 순교자이자 시민불복종 정신의 선례로 이해된다.

그런데 『크리톤』에서 소크라테스는 탈옥을 종용하는 친구 크리톤에게 자신이 국가의 명령에 복종하여 사형을 받아들여야 함을 논증한다. 소크라테스는 부정의한 일을 하는 것이 어떤 상황에서도, 심지어 부정의한 일을 당한 경우에도 올바르지 않다는 원칙에 동의하는지 크리톤에게 묻고, 그 원칙에 따라 탈옥은 판결이 부당했더라도 부정의하다고 설파한다. 국민으로서 자신을 태어나고 자랄 수 있게 한 국가의 명령에 불복하는 것은 국가의 존립 근거를 해치는 부정의한 일이며, 따라서 국가의 명령이 비록 부당하더라도 복종하는 것이 옳다는 것이다. 여기서 국가의 명령이 부당하다는 것은 법률의 내용이 아니라 판결이 부당함을 뜻한다. 만약 국가의 명령에는 무조건 복종해야 한다는 권위주의적 주장을 『크리톤』의 소크라테스가 하는 것이라면, 『변론』의 소크라테스와는 상치된 주장을 하는 셈이다.

일관성의 문제는 『크리톤』 내부에 대해서도 제기될 수 있다. 크리톤이 논변의 중요 대목에서 소크라테스의 말을 이해하지 못하겠다며 대답을 회피하자, 돌연 소크라테스는 의인화된 아테네 법률을 등장시켜 그 입을 빌려 탈옥 반대 논증을 이어간다. 후반부의 이런 방식의 대화 진행은 『크리톤』의 독특한 전개 방식이다. 전반부에 제시된 논증의 전제들이 소크라테스가 여러 대화편에서 일관되게 주창해왔던 원칙들인 반면, 후반부에는 권위주의적 주장으로 읽힐 내용이 많다. 그래서 후반부 논증이 과연 소크라테스 자신의 견해를 나타낸다고 이해해야 할지가 문제시된다.

이에 대해 다양한 해석이 존재한다. 먼저 두 작품에 개진된 각각의 입장 사이에 해소될 수 없는 모순이 있다고 주장하며 한 입장을 옹호하고 다른 입장을 비판하는 견해가 있다. 베트남 전쟁에 반대해 징집에 불복한 청년들을 옹호했던 하워드 진은 『변론』의 소크라테스가 영웅적으로 보여주었던 비판과 저항의 정신을 『크리톤』의 소크라테스는 포기했다고 주장하면서 우리는 전자를 본받아야 한다고 역설했다.

그로트는 텍스트상의 모순을 플라톤의 저술 동기를 통해 설명한다. 『변론』의 소크라테스는 자신을 아테네 법 위에 놓는 오만한 자라는 인상을 주는데, 이는 그가 국법을 무시하도록 조장했다는 고발의 내용을 확증해 주는 것이었다. 따라서 플라톤은 『크리톤』에서 소크라테스를 애국심에 대한 호소로 충만한 법의 수호자로 묘사하여 부정적 인상을 불식시키고자 했고, 바로 여기서 모순이 생겼다는 것이다.

한편 개리 영은 소크라테스의 철학 방법론에 주목하여 모순을 설명한다. 소크라테스의 대화법에서 논의 수준은 대화 상대자에 따라 조절되는데, 철학적 영민함을 갖추지 못한 크리톤을 엄밀한 이성적 방식으로 설득하는 데 실패하자 소크라테스가 후반부에는 '법률'을 내세워 그를 단지 감동시키고 있다는 것이다. 이 해석에 따르면 『크리톤』 후반부의 논증은 소크라테스 자신이 받아들이지 않는, 단지 크리톤 같은 사람들을 설득하기 위한 맞춤 논증일 뿐이다.

반면 앨런은 『크리톤』에서의 소크라테스의 논증을 자세히 분석하면 『변론』과의 모순은 실제로는 존재하지 않는다고 주장한다. '부정의를 저지르는 것', 즉 윤리적 원칙에 의거해 절대적으로 하지 말아야 하는 것과, '부정의를 감수하는 것', 예컨대 소크라테스의 경우 잘못된 판결의 해악을 감수하는 것을 개념적으로 구별하면서 텍스트를 읽으면, 『크리톤』 후반부도 권위주의적 주장과는 거리가 먼 것으로 해석될 수 있다는 것이다.

유벤도 『크리톤』이 『변론』과는 상충되는 권위주의적 주장을 대변하지 않고 오히려 철학과 정치 간의 갈등을 극적으로 드러낸다고 본다. 소크라테스가 "부정의를 저지르기보다는 당하는 편이 낫고 어떤 경우라도 타인에게 의도적으로 해를 가해서는 안 된다."라는 자신의 가르침이 진리임을 입증하고자 적극적으로 죽음을 받아들였다는 것이다. 탈옥하지 않고 국가의 명령에 복종하여 사형을 감내하는 것이 불완전한 현실 국가에서 살아가는 철학자가 오히려 도덕적 우위에 서서 부당한 권력에 저항하는 방식이라는 것이다.

22. 윗글의 내용과 일치하는 것은?

① 소크라테스의 작품 내 일관성에 대한 논란은 『변론』에 한정된다.

② 『크리톤』의 후반부는 소크라테스가 의인화된 존재에게 말을 건네는 형식으로 진행된다.

③ 『크리톤』의 소크라테스는 법에 대한 복종의 근거를 법률의 구체적 내용에서 찾고 있다.

④ 시민불복종을 지지하는 사람들은 일반적으로 『변론』과 『크리톤』의 소크라테스를 모범으로 삼는다.

⑤ 『변론』과 『크리톤』에 대한 논란은 국가의 권위에 대한 소크라테스의 태도가 비일관적으로 보인다는 것에서 기인한다.

23. 윗글에 제시된 해석들에 대한 평가로 적절하지 않은 것은?

① 『크리톤』의 소크라테스도 부당한 권력에 저항한 것으로 판명된다면, 하워드 진의 『크리톤』 해석은 출발점에서부터 철회되어야 하겠군.

② 다른 작품에 나오는 소크라테스의 대화 상대자들과 크리톤 사이에 철학적 능력 면에서 명확한 차이가 없다면 개리 영의 해석은 설득력을 잃겠군.

③ '부정의를 감수하는 것'이 결국 '부정의를 저지르는 것'이라고 여기는 사람에게는 앨런의 해석은 설득력이 없겠군.

④ 그로트의 해석과 달리 유벤의 해석은 새로운 근거가 추가 제시되지 않으면 단지 추측에 바탕을 둔 것이라고 비판될 수 있겠군.

⑤ 그로트는 텍스트 외부 인물의 동기에, 개리 영은 텍스트 내부 인물의 동기에 천착하여 각각 텍스트상의 모순을 설명할 방법을 제시하고 있군.

24. 윗글을 바탕으로 <보기>를 설명할 때, 가장 적절한 것은?

<보 기>

X국은 전쟁에 필요한 재원 마련을 위해 특별세를 부과했다. 갑은 이 전쟁이 정의롭지 않고 특별세 납부는 간접적 참전이라고 여겨 특별세를 내지 않았다. X국은 특별세를 내지 않는 사람을 구류에 처했고, 갑은 구류를 사느라 특별세 금액보다 더 큰 경제적 손해를 보게 되었다. 갑의 친구 을은 갑을 반(反)애국적이라고 비난하는 우중(愚衆)에게 갑의 결정은 국가가 잘못된 방향으로 가는 것을 막으려는 애국적 결정이었다고 두둔했다.

① 하워드 진은, 특별세 납부 대신 구류를 선택한 갑의 결정을 국가에 대한 저항 정신을 포기한 것이라고 비판할 것이다.

② 타인들에게 갑을 변호하기 위해 갑의 동기를 언급한 을은, 소크라테스를 변호하기 위해 소크라테스의 동기를 언급하는 그로트에 비견된다.

③ 개리 영은, 경제적 손해를 감수하는 것이 애국심을 보여 주는 증거라는 을의 논증을 어리석은 사람을 설득하고자 노력하는 소크라테스의 논증과 대비된다고 볼 것이다.

④ 앨런은, 갑의 결정이 『변론』에서의 소크라테스뿐만 아니라 『크리톤』에서의 소크라테스의 태도와도 상치된다고 볼 것이다.

⑤ 유벤은, 특별세 납부는 거부했지만 순순히 구류를 산 갑의 결정이 불복종 행위의 도덕적 순수함을 보여 주었다고 평가할 것이다.

[25~27] 다음 글을 읽고 물음에 답하시오.

최근 빅데이터, 소셜 네트워크 서비스 등 대용량 웹서비스를 제공하기 위해 비관계형 데이터베이스가 도입되고 있지만, 정형 데이터를 안정적으로 처리하기 위해서 가장 많이 활용되고 있는 것은 관계형 데이터베이스이다. 관계형 데이터베이스 및 정보시스템 개발 과정에서 데이터베이스의 체계적 관리를 위한 소프트웨어인 DBMS가 어느 것인지에 상관없이, 데이터를 관리할 수 있도록 표준 질의언어인 SQL이 활용되고 있다.

데이터베이스 트랜잭션은 계좌이체, 주문 처리 등과 같이 한꺼번에 처리해야 하는 논리적 업무 단위를 말한다. 트랜잭션에는 SQL의 조회·삽입·삭제·갱신 등의 작업이 포함된다. 조회작업으로만 구성된 트랜잭션은 데이터베이스 내용을 변화시키지 않는다. 트랜잭션의 개념은 데이터베이스의 안전성을 유지하는 데 필수적이다. 예를 들어 계좌이체의 경우, 도중에 오류가 발생하여 출금 계좌에서 돈이 빠져나갔지만 입금 계좌에는 돈이 안 들어온 상황이 발생해서는 안 된다. 입출금 작업이 모두 성공적으로 종료되어야 이를 완전한 거래로 승인하여 '완료'하고, 일부라도 오류가 발생했을 때는 거래를 아예 진행하지 않은 상태로 '롤백'하여 거래의 안전을 확보해야 하는 것이다.

트랜잭션이 반드시 충족해야 하는 특성으로 원자성·일관성·격리성 등이 있다. 원자성은 계좌이체의 예에서 설명한 바와 같이 트랜잭션의 모든 작업이 성공적으로 완료되거나 아예 아무것도 실행되지 않아야 한다는 특성을 말한다. 일관성은 트랜잭션의 실행 전과 후 모두 데이터베이스에 정의된 무결성 제약조건을 충족하여 논리적으로 일관된 상태를 유지해야 함을 의미한다. 격리성은 둘 이상의 트랜잭션을 동시에 실행할 때 상호 간섭에 의한 문제를 일으키지 않는 성질로, 이를 만족한다면 트랜잭션의 동시 실행의 결과는 트랜잭션을 순차적으로 실행하였을 때의 결과와 같다.

㉠ <u>트랜잭션의 동시성 제어</u>는 다중 사용자 환경에서 트랜잭션의 일관성과 격리성을 보장하기 위해 DBMS가 제공하는 기능이다. 동시성 제어를 하지 않으면 트랜잭션이 서로 충돌하여 갱신 분실 문제와 모순된 읽기 문제가 발생할 수 있다. 두 트랜잭션이 동일 데이터를 동시에 갱신할 때 한 트랜잭션의 갱신이 다른 트랜잭션이 갱신한 내용을 덮어 쓸 수 있는데, 이를 갱신 분실이라 한다. 모순된 읽기에는 오염된 읽기·반복 불가능한 읽기·팬텀 읽기가 있다. 오염된 읽기는 두 트랜잭션이 동시에 같은 데이터에 접근할 때 한 트랜잭션이 데이터를 갱신한 후 이를 완료하기 전에 다른 트랜잭션이 이 데이터를 읽었으나 이후 데이터 갱신작업을 롤백할 경우 발생하는 문제이다. 반복 불가능한 읽기는 한 트랜잭션 내에서 같은 데이터를 여러 번 조회하는 도중에 다른 트랜잭션이 해당 데이터값을 갱신한 후 완료하면 같은 질의의 결과가 서로 달라지는 문제를 말한다. 팬텀 읽기는 한 트랜잭션에서 질의를 통해 레코드 세트를 읽었지만 다른 트랜잭션이 레코드를 삽입한 후 같은 질의를 반복할 때, 이전과 다른 레코드 세트를 조회하는 현상을 말한다.

한편 SQL에서는 트랜잭션의 동시성 제어를 위한 네 단계의 격리성 수준을 정의한다. 가장 낮은 단계인 미완료 읽기는 완료되지 않은 데이터도 읽을 수 있어 모든 유형의 모순된 읽기가 발생할 수 있다. 다음으로 완료 읽기는 미완료 데이터를 읽지 못하도록 하여 오염된 읽기를 막을 수 있다. 세 번째 단계인 반복 가능 조회는 한 트랜잭션에서 하나의 스냅숏만 사용하도록 하여 오염된 읽기와 반복 불가능한 읽기는 발생하지 않으나, 팬텀 읽기를 막을 수는 없다. 마지막 단계인 직렬화 가능 실행은 2단계 잠금과 같은 기법을 사용하여 트랜잭션의 순차적 실행을 보장함으로써 최고 수준의 격리성을 제공한다. 잠금의 기본 원리는 한 트랜잭션이 자신이 먼저 접근한 데이터를 잠가 다른 트랜잭션의 접근을 막고, 작업을 마치면 이를 풀어 다른 트랜잭션이 사용할 수 있도록 하는 것이다. 이러한 기본 방식의 잠금은 데이터의 독점적 사용으로 인해 동시성을 현저히 저해하며, 또한 트랜잭션의 직렬화 가능 실행을 보장하지 못한다. 이 두 문제를 해결하기 위해 등장한 2단계 잠금은 항상 직렬화 가능 트랜잭션 실행을 보장한다. 일반적으로 격리성 수준이 높을수록 트랜잭션의 독립성이 강해지지만, 성능 및 동시성은 저하된다.

25. 윗글의 내용과 일치하는 것은?

① 조회작업으로 구성된 두 트랜잭션이 동시에 진행되면 모순된 읽기는 발생하지 않는다.

② 트랜잭션의 격리성 수준을 완료 읽기로 설정하면 트랜잭션의 원자성을 충족할 수 있다.

③ SQL 표준을 사용하여 형태가 정해지지 않은 대용량 데이터를 체계적으로 관리할 수 있다.

④ DBMS는 트랜잭션의 원자성을 보장하기 위해 제약조건을 위배하는 트랜잭션을 거부해야 한다.

⑤ 두 트랜잭션이 동일 데이터 영역을 넘나들며 진행되어도 모순된 읽기 문제는 발생하지 않는다.

26. ㉠에 대한 추론으로 적절하지 <u>않은</u> 것은?

① 격리성 수준을 가장 높게 설정하면 갱신 분실 문제가 발생하지 않는다.

② 격리성 수준 중 동시성이 가장 높은 단계는 모순된 읽기를 방지할 수 없다.

③ 격리성 수준을 직렬화 가능 실행에서 미완료 읽기로 변경하면 독립성이 약해진다.

④ 갱신작업으로만 구성된 두 트랜잭션이 동시에 진행할 경우 팬텀 읽기는 발생하지 않는다.

⑤ 데이터를 독점적으로 사용하는 잠금 기법을 적용함으로써 완전한 격리성을 보장할 수 있다.

27. 윗글의 내용을 바탕으로 <보기>를 이해할 때, 적절하지 <u>않은</u> 것은?

<보 기>

다음 그림의 각 상황에서 트랜잭션 A는 읽기작업을, 트랜잭션 B와 C는 쓰기작업을 표시된 번호 순서대로 수행한다.

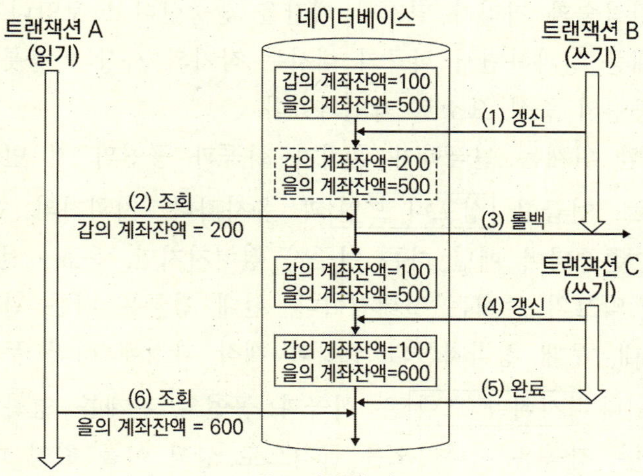

〈상황 1〉

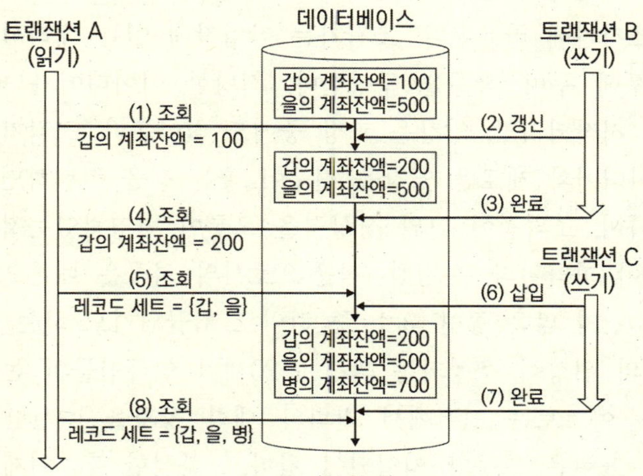

〈상황 2〉

① <상황 1>에서 트랜잭션 A가 조회한 갑의 계좌잔액은 오염된 값이나, 을의 계좌잔액은 오염된 값이 아니다.

② <상황 1>의 모순성을 방지하려면 트랜잭션 A가 미완료 데이터를 조회하는 것을 허용해서는 안 된다.

③ <상황 1>, <상황 2>에서 확인할 수 있는 모순된 읽기의 유형은 모두 3가지이다.

④ <상황 2>는 세 트랜잭션을 순차적으로 실행하여 발생한 모순된 읽기를 보여 준다.

⑤ <상황 2>의 모순성을 방지할 수 있도록 격리성 수준을 설정하면 <상황 1>의 모순성도 발생하지 않는다.

[28~30] 다음 글을 읽고 물음에 답하시오.

역사적으로 희곡과 공연의 관계에 대한 탐색은 연극의 고유한 특성에 대한 물음과 이어져 있다. 아리스토텔레스는 비극은 단지 읽기만 해도 그 성질을 알 수 있다는 전제에서 비극의 창작술을 플롯을 중심으로 논했다. 다만 비극의 또 다른 요소인 '볼거리'는 비록 창작술과 거리가 멀지만 쾌감을 산출한다고 보았다. 고전주의 시대를 경과하면서 희곡의 대사는 작가의 사상과 플롯을 집약하는 공연의 중심 요소로 각인되었다.

이러한 위계는 연극학자 혼비가 희곡과 공연의 첫 번째 관계 유형으로 언급한 [심포니 모델]과 유사하다. 지휘자와 연주자의 개성이 존중되며 매번 다른 연주가 펼쳐지지만, 음표·선율 등을 지시한 악보의 존재는 절대적이다. 현대 연극은 다른 관계를 모색하는데, 무대 창작자들의 위상과 제작 과정에 따라 두 유형으로 나뉜다. [시네마 모델]은 희곡과 공연의 관계를 영화 제작에 비유한다. 감독은 시나리오를 골격으로 삼되 이를 촬영 대본으로 고친다. 영화는 리허설 상황, 현장 여건, 스태프의 요구 등을 고려하여 대본을 조금씩 수정하며 제작된다. [조각 모델]에서 연출가는 조각가에 비유된다. 조각가는 작업장에 있는 대리석 덩어리를 염두에 두며 작품을 구상한다. 적당한 아이디어가 떠오르면 작업이 시작되지만, 영감은 과정 중에도 찾아온다. 조각가는 애초의 아이디어와 새로운 영감을 견주어 좋은 점을 선택하면서 작업해 나가며, 조각품이 그의 상상력을 오롯이 반영하였는지는 마지막에서야 파악된다. 온전한 '작품'으로서의 희곡은 대본으로 대체되거나 단지 많은 공연 요소 중 하나로 취급되기도 하는 셈이다.

희곡의 위상이 조정되는 과정은 20세기 연극인들의 논의에 힘입었다. 아르토는 연극에서 발화와 대화 상황을 우선한 나머지 연극적 표현은 그동안 억압되어 왔다고 분석한 후, 이제 연극의 독자적인 표현 수단을 회복하여야 하며 대사 역시 무대효과와 무대적 규칙 등과 유기적으로 연결해야 한다고 주장하였다. 이 주장은, '글로 쓰인 자료'에서 출발하여 무대에 실제 구축되는 '기호들의 두께', 혹은 제스처·어조·공간의 간격·오브제·조명 등에 대한 총괄적 지각을 가리키는 '연극성'에 대한 바르트의 논의와도 상통한다.

일반적으로 대사는 몸짓·어투·말소리의 크기와 같은 다양한 표현 안에 놓여 있고, 무대·조명·음향·소품 등은 희곡 안에 응축되어 있다. 그런 까닭에 독자들은 희곡만 읽어도 연극성을 확인할 수 있다. 하지만 앞의 연극성 논의는 극의 대사나 무대지시문이 불러일으키는 상상이 무대적 전이보다 우선되는 '문학성 풍부한 희곡'이나 사실주의 연극관과 마찰하면서 논의의 지평을 넓혔다.

그렇다면 연극성은 희곡의 무대화 과정에서 어떻게 창조되는가. 현대 연출가들은 현실을 모형화하거나 상황과 감정의 본질적 특성들을 압축시켜 일정한 형식으로 표현하는 '양식화'에 대해 깊이 고민한다. 희곡의 플롯에 대한 분석을 토대로 극작가가 제안한 메시지를 무대에 구현하는 방식을 우선하는 ㉠ <u>해석적 연출가</u>와 달리, ㉡ <u>창조적 연출가</u>는 자신만의 미적 원칙 또한 중요하게 고려한다. 그래서 해석적 연출가는 희곡의 역사·사회적 맥락과 극작가의 사상 속에서 희곡을 검토하고 무대 기호의 확장을 고민하지만, 창조적 연출가는 플롯 이면의 숨겨진 의미나 이중의 메시지에도 관심을 둔다. 두 부류의 연출가들은 연극적 표현을 구체화하기 위해 여타 무대 창작자들과 함께 희곡을 양식화 안에서 재차 분석한다. 해석적 연출가는 통합적 무대 기호의 사용을 우선하지만, 창조적 연출가는 희곡의 지시 사항에서 다소 자유로운 표현에 대한 의견에 귀를 기울이며 공연 요소의 상호작용도 검토한다. 창조적 연출가의 작업에서 플롯의 전개와 호응하는 연극적 표현은 양식화의 원리와 충돌하지 않으면 일순 변형될 수 있고, 무대와 관객 간의 약속 또한 장면 안에서 재구축할 수 있다. 특정한 무대 기호를 부각하거나 무대 기호들의 의미가 서로 충돌하여 연출가의 관점과 극작가의 관점이 긴장하는 장면 역시 시도될 수 있다.

28. 윗글에 대한 이해로 적절하지 <u>않은</u> 것은?

① 고전주의 연극에서는 극사건의 전개를 효과적으로 재현하는 것이 중요시되었다.

② 대사 전달을 중시한 희곡을 읽을 때에도 무대 구성의 상상은 존중되어야 한다.

③ 아리스토텔레스는 볼거리가 창작술과 거리가 있으나 플롯을 구성하는 일부라 보았다.

④ 바르트는 희곡 안의 언어도 연극성을 구현하는 기호의 두께를 드러내는 요소로 보았다.

⑤ 아르토는 대사 행위와 연결되지 않은 공연 요소를 축소하려는 시도에 대해 부정적이었다.

29. [심포니 모델], [시네마 모델], [조각 모델]에 대한 추론으로 적절하지 <u>않은</u> 것은?

① 심포니 모델에서 지시문에 기술된 인물의 감정은 연기 창조를 제약하는 요소이다.

② 시네마 모델에서 대사는 조명, 음향, 무대장치의 구성에 참조하는 요소이다.

③ 시네마 모델에서 고전 희곡은 극장 규모를 고려하여 내용을 각색하여 공연될 수 있다.

④ 조각 모델에서 무대지시문에 기술된 '작가의 말'은 연출적 구상에서 확고한 지침이 된다.

⑤ 조각 모델에서 연출가에게 영감을 주는 배우의 즉흥적 몸짓은 공연용 대본의 재구성에 활용될 수 있다.

30. <보기>의 무대화를 구상할 때, 윗글의 내용으로 보아 적절하지 않은 것은?

<보 기>

[앞부분의 줄거리 : 황야의 망루. 위에서 '이리떼다!'라고 외치면 아래의 파수꾼은 양철북을 쳐야 한다. '나'는 외로움 끝에 새로 충원을 요청했고 '다'가 유일한 지원자였다.]

황혼이 점점 짙어진다. 해설자, 슬그머니 등장, 마분지로 만든 초승달을 하늘에 걸어놓고 퇴장. 두 파수꾼은 어깨를 나란히 하고 앉아 있다.

나 : 야, 하늘 곱다. 그지?

다 : 네.

나 : 어제 저녁 네가 올 때도 이랬다. 난 평생 그 광경을 잊지 못할 거다. (잠시 침묵) 어떠냐, 너 양철북 치는 방법을 배우지 않을래?

다 : 배우겠어요.

나 : 그러면서도 넌 망루 위만 바라보는구나. 그렇게도 올라가고 싶으냐?

다, 고개를 떨군다.

나 : 양철북 치는 것두 괜찮은 거란다. 소리가 요란하긴 하지만 귀에 익으면 그 재미를 알게 된다. 자아, 우선 여러 가지 박자 만드는 법을 가르쳐 주마. (그는 강약을 두어 양철북을 두드린다) 재미있지? 이 박자치기에 맛 들이면 어느새 이리떼같은 건 다 잊어버린다. 자, 너도 쳐보아라.

다 : (나를 따라 양철북을 치다가 갑자기 겁에 질려서 나의 등 뒤에 숨는다) 저기, 저기…….

나 : 왜 그러니?

다 : 이리가 오구 있어요.

해설자, 식량 운반인이 되어 등장. 이리 껍질을 썼다. 유모차 비슷한 작은 손수레를 밀며 들어온다.

- 이강백, 「파수꾼」 -

① ㉠과 ㉡은 모두 불그스름한 조명과 '나'의 대사, 황야의 바람 소리를 동시에 연출하여, 희곡에 등장하는 시공간을 풍요롭게 표현할 수 있겠군.

② ㉠과 ㉡은 모두 '침묵'을 무대화할 때 '망루'를 보는 '다'와 '다'를 보는 '나'의 시선을 어긋나게 배치하여, 인물의 지향이 서로 어긋나 있음을 보여줄 수 있겠군.

③ ㉠이라면 '다'의 '양철북' 소리를 기계 음향으로 대체하고, '손수레'가 등장할 때까지 점차 빨라지는 북소리를 연출하여 희곡 속의 불안과 긴장감을 고조할 수 있겠군.

④ ㉡이라면 '해설자'가 관객을 인도하여 '초승달'을 걸게 하는 장면을 연출하여, 공연은 관객과 배우 사이의 약속된 놀이라는 관점을 드러낼 수 있겠군.

⑤ ㉡이라면 '손수레'를 고급 승용차처럼 꾸며 무대 위에 연출하여, 희곡에서 다루지 않았던 새로운 의미망을 조직할 수 있겠군.

* 확인 사항

○ 문제지와 답안지의 해당란에 필요한 내용을 정확하게 표기했는지 확인하십시오.

※ 시험이 시작되기 전에는 표지를 넘기지 마십시오.

제 1 교 시

홀수형

2024학년도 법학적성시험

언어이해 문제지

성 명	

수험번호							

- **수험번호 끝자리**가 **홀수**인 응시자는 **홀수형** 문제지로, **짝수**인 응시자는 **짝수형** 문제지로 응시해야 합니다. 문제지가 자신에게 맞는 문제유형인지 확인하십시오.
- 답안지의 '문제유형 표기란'에 문제지 문제유형(홀수형, 짝수형)을 표기하십시오.
- 이 문제지는 **30문항**으로 구성되어 있습니다.
- **시험 시간은 09 : 00 ~ 10 : 10 (70분)입니다.**
- 문제지에 성명과 수험번호를 정확하게 기재하십시오.
- 답안지는 반드시 컴퓨터용 사인펜을 사용하여 답을 표기하여야 합니다.
- 답안지의 '필적확인란'에 제시된 문구를 정확히 정자로 기재하여야 합니다.

※ 시험이 시작되기 전에는 표지를 넘기지 마십시오.

메가로스쿨

제 1 교시 언어이해

성명 | 수험번호 | 홀수형

- 이 문제지는 **30문항**으로 구성되어 있습니다. 문항 수를 확인하십시오.
- 문제지의 해당란에 성명과 수험번호를 정확히 쓰십시오.
- 답안지에 수험번호, 문제유형, 성명, 답을 표기할 때에는 '답안 작성 시 반드시 지켜야 하는 사항'에 따라 표기하십시오.
- 답안지의 '필적확인란'에 해당 문구를 정자로 기재하십시오.

[1~3] 다음 글을 읽고 물음에 답하시오.

규범교의적 학문을 자처하는 법학은 학문성에 관한 논쟁에 시달려 왔다. 입법자의 권력 행사로 법전의 한마디가 바뀌면, 오랫동안 가꾼 해석의 축적이 순식간에 무용지물이 되기 때문이다. 이에 대한 도전으로서 알베르트는 경험적 반증가능성을 강조하는 비판적 합리주의에 입각하여 법학의 학문성을 새롭게 이해하고자 한다.

알베르트는 우선 법학의 은폐된 특징을 신학과의 비교를 통해 문제 삼는다. 법학은 당국의 고시(告示)에서 진리를 얻어내는 점에서 신학과 구조적 유사성을 가지기 때문이다. 신학이 경전의 해석을 통해 권위를 확보하듯, 법학은 법전을 확인하고 문제 해결과 관련하여 이를 해석한다. 이때 경전이나 법전은 학문적 비판이나 성찰의 대상이 아니라 해석적 권위의 원천이자 근거가 될 따름이다. 그가 보기에 법학이 신학과의 구조적 유사성을 탈피하려면, 해석에서 자연법이냐 사회학이냐의 양자택일을 감수해야 한다. 선택의 결과는 자명하다. 절대성을 가진 규범적 현실에 의해 실정법이 구성되고 또 구속된다고 보는 견해는 신적인 힘으로 설립된 세계를 믿는 관점에 의해서만 유지될 수 있기 때문이다. 알베르트는 법을 인간의 문화적 성취로 간주하고, 사회적 삶의 사실 중 사회 구성원의 상호 행위 조종의 영역에 속하는 것으로 본다.

물론 이 경우에도 법을 현실주의적으로 보느냐, 규범주의적으로 보느냐의 문제는 남는다. 알베르트는 법을 사회적 사실로, 법학을 경험과학으로 볼 것을 주장한다. 그에 따르면 규범에 관한 법학적 언명은 규범 자체와 다르게 규범성이 없으며, 이 구별을 무시한다면 규범의 인식적 파악이라는 이념은 사라지게 된다. 그는 법률 문언의 규범성은 인정하지만, 그 문언에 관하여 의미를 밝히는 법학은 다르다고 말한다.

법학에 대한 알베르트의 현실주의적 파악에는 곤란해 보이는 점도 있다. 예컨대, 법률 문언에 흠결이 존재하여 적극적으로 법을 형성하는 것이 불가피할 때가 그렇다. 이처럼 법형성의 과제를 앞에 두고 알베르트는 법형성의 실태에 주의를 기울인다. 법형성에서 규범주의자들이 법해석이 따라야 할 목적을 가리키면서 가치적 관점을 내세울 때, 그는 이를 반대하지 않는다. 하지만 알베르트는 그 목적이나 가치적 관점은 일반적인 평가가 가능하도록 명시되어야 한다고 요구한다. 적용될 규범이나 제안될 해석이 사회생활에 미칠 작용에 관한 고려에 대해서도 마찬가지이다. 법률이나 그 해석은 규범 체계에 작용하기에 법형성 과정에는 규범 체계의 논리적 지식도 동원해야 한다고 알베르트는 본다.

결국 알베르트가 제안하는 법학은 ㉠ <u>일정한 가치적 관점에 정향된 사회공학</u>이다. 이는 가설적으로 전제된 관점 밑에서, 현행법에서 승인된 규범 명제에 대한 해석 제안, 규범 충돌의 제거를 위한 현행법 체계의 변형 제안, 입법을 통한 새로운 규범 체계의 형성 제안을 합리적으로 작성하는 것을 목표로 삼는다.

이상과 같은 알베르트의 도전에 대하여 사비니는 여전히 규범교의적 학문으로서 법학을 정당화하고자 한다. 그에 따르면, 규범적 교의는 법률의 해석을 위해서 결정의 근거지움에 사용하는 법률 바깥의 법명제이며, 법률과 함께 법체계를 형성한다. 이러한 법체계 속에서 법률 문언은 정당한 법명제로 인식되고, 법률 바깥의 법명제 역시 정당한 것으로 추정된다. 요컨대 규범적 교의는 법체계 수립에 필수적이며 이를 다루는 법학도 전통적이고 직관적인 학문 개념을 충족시킨다고 사비니는 주장한다.

이러한 입장에서 사비니는 알베르트의 주장을 반박한다. 법학의 계시모델성에 관해서는 법학이 규범적 교의를 가지고 어떻게 하면 최선에 이를 수 있을지를 모색하면서 비판적 검토를 법체계 안으로 수용한다고 해명한다. 자연법과 사회학의 해석적 양자택일에 관해서는 법학의 모든 논의가 자연법적인 것도 아니고, 모든 자연법적 논의가 비합리적인 것도 아니라고 응수한다. 법학적 언명의 권위성에 관해서도 법률에 관련된 메타 언명으로부터 규범성을 완전히 박탈하는 것이 가능한지에 의문을 표하는 동시에 도대체 왜 법학으로부터 수락할 만한 해석의 제안권을 박탈해야 하느냐고 반문한다.

사비니는 경험적 인식만을 과학적 인식으로 보면서 규범적 인식을 학문 세계에서 배척하는 태도를 문제로 지적하고, '규범적/경험적'의 구분을 '비학문적/학문적'의 구분과 동일시해서는 안 된다고 주장한다. 이는 규범교의적 학문으로서 법학의 토대를 확보하는 차원을 넘어 비판적 합리주의에 대하여 성찰을 요구하는 것이기도 하다.

1. 윗글을 바탕으로 ㉠을 이해할 때, 적절하지 <u>않은</u> 것은?

① 법학은 법전의 의심할 수 없는 권위를 인정하는 한 규범교의적 학문에서 벗어나지 못한다고 비판한다.

② 법을 인간의 문화적 성취로 간주하고 사회적 삶의 사실 중 사회 구성원의 상호 행위 조종의 영역에서 바라본다.

③ 법의 해석·변형·형성에 관한 제안을 법체계에 제도화된 가치적 관점에서 합리적으로 작성하는 것을 목표로 삼는다.

④ 법형성 과정에서 목적이나 가치적 관점에 반대하지 않지만, 이를 반드시 명시하여 일반적 판단을 가능하게 한다.

⑤ 현실주의적 관점에서 법을 사회적 사실로 법학을 경험과학으로 보고, 규범 자체와 규범에 관한 법학적 언명을 구분한다.

2. '알베르트'와 '사비니'에 대한 설명으로 적절하지 않은 것은?

① 알베르트는 법학과 신학의 구조적 유사성은 법전과 경전이 학문적 비판이나 성찰의 대상이 아니라 해석의 근거와 원천이 된다는 점에서 찾을 수 있다고 본다.

② 알베르트는 법의 해석에서 자연법 대신 사회학을 선택하더라도 법을 현실주의적으로 볼 것인지 규범주의적으로 볼 것인지의 문제는 여전히 남는다고 본다.

③ 알베르트는 법률이나 그 해석은 규범 체계에 작용하여 변화를 가져오기 때문에 법형성 과정에는 규범 체계의 논리적 지식도 동원해야 한다고 본다.

④ 사비니는 법률 문언에 흠결이 존재하여 이를 보완하기 위한 적극적인 법형성이 불가피할 때, 법학은 부득이 규범주의를 포기할 수밖에 없다고 본다.

⑤ 사비니는 자연법의 이념에 따라 법을 해석하더라도, 이에 관한 법학의 모든 논의가 자연법적인 것은 아니며, 모든 자연법적 논의가 비합리적인 것도 아니라고 본다.

3. 윗글을 바탕으로 '사비니'의 입장에 대해 추론한 것으로 적절한 것만을 <보기>에서 있는 대로 고른 것은?

<보 기>

ㄱ. 전통적이고 직관적인 학문이론의 관점에서 규범교의적 법학의 학문성을 옹호하면서, 경험적 인식만을 과학적 인식으로 보는 비판적 합리주의에 대하여 성찰을 요구한다.

ㄴ. 법률의 해석을 위해서 결정의 근거지움에 사용하는 법률 바깥의 법명제로 규범적 교의를 이해하면서, 이를 통해 법학이 법체계 바깥에서 비판적 검토를 수행한다고 본다.

ㄷ. 법률만이 아니라 규범적 교의도 법체계의 필수적 구성 요소로 인정하면서, 법률에 관한 메타 언명으로서 법학적 언명에는 법률에 관한 수락할 만한 해석의 제안권이 있다고 주장한다.

① ㄱ ② ㄴ ③ ㄱ, ㄷ
④ ㄴ, ㄷ ⑤ ㄱ, ㄴ, ㄷ

[4~6] 다음 글을 읽고 물음에 답하시오.

금융, 마케팅, 의료 등 다양한 분야에서 생성되는 빅데이터는 많은 경우 개인정보를 포함하고 있어 데이터를 활용하는 과정에서 민감한 개인정보가 유출될 가능성이 있다. 따라서 빅데이터 구축 과정에서 개인정보의 전부 또는 일부를 삭제하거나 대체함으로써 개인의 신원이 드러나지 않도록 하면서도 해당 데이터의 활용성을 최대한 유지할 수 있도록 하는 개인정보 비식별화 기술을 사용한다.

데이터 집합에서 정보를 표현하는 최소 단위를 속성이라고 하고 다양한 속성들의 조합으로 표현된 하나의 정보를 레코드라고 한다. 데이터 집합은 이 레코드들의 집합이다. 비식별화 기술은 속성을 식별자, 준식별자, 일반속성, 민감속성으로 구분한다. 주민번호와 같이 그 자체만으로도 누구인지 식별 가능한 속성이 식별자이다. 반면에 성별, 연령, 주소와 같이 개인에 대한 직접적인 식별은 불가능하지만 이들 속성이 결합하면 개인에 대한 식별이 가능해지는 속성을 준식별자라고 한다. 성별, 이름, 연령으로 구성되어 있는 원본 데이터 집합이 있을 때, 이름에서 성씨만을 남겨 비식별 데이터 집합을 만들었다고 하자. 비록 이름은 성만 남기고 가려져 있지만 '남성'이 유일하거나 성이 '이씨'이면서 '35세'인 사람이 유일하다면, 원본에 이 두 사람이 포함된 사실을 알면서 이들 각자의 유일한 속성값 조합을 미리 알고 있는 사람은 특정 개인을 재식별할 수 있다. 일반적으로 개인정보는 개인의 여러 속성과 결합하여 사용된다. 익명 데이터라도 여러 속성과 결합하면 유일한 속성값 조합이 새로 생기게 되며 이에 따라 특정 개인이 재식별되는 불완전한 비식별 데이터 집합이 된다.

k-익명성은 특정 개인을 추정할 가능성을 1/k 이하로 낮추는 비식별화 기술로 원본 데이터 집합의 식별자나 준식별자 속성에 대해서만 마스킹, 범주화 등을 수행하여 유사한 준식별자 속성값들을 동일하게 만드는 작업을 수행한다. 마스킹은 '홍길동'을 '홍**'로 바꾸는 것이고 범주화는 '35세'를 '30대'로 바꾸는 식이다. 이렇게 만든 비식별 데이터 집합에서 준식별자 속성값들이 모두 동일한 레코드들의 집합을 동질집합이라고 하며 이때 레코드들의 수를 동질집합의 크기라고 한다. k-익명성은 비식별 처리로 만들어진 동질집합의 크기가 k개 미만인 동질집합을 모두 삭제하여 동질집합의 크기가 k개 이상 될 수 있도록 만든다. k≥2일 때 원본 데이터 집합에 있는 특정 개인의 준식별자를 미리 알고 있어도 비식별 데이터 집합만을 보고 원본의 특정 개인을 재식별하는 것은 불가능하다. 그러나 개인 추정 가능성은 존재한다. 즉 특정하고자 하는 개인이 속한 동질집합의 크기가 k일 때 이 특정 개인이 k명 중의 한 명임을 추정할 수 있으므로 1/k의 확률로 개인 추정이 가능하다.

k-익명성은 한 동질집합에 속하는 모든 레코드에서 준식별자 속성이 아닌 민감속성의 값이 모두 동일할 경우 해당 정보가 유출되는 단점이 있다. 민감속성은 병명, 수입 등 개인의 사생활과 관련된 속성을 의미한다. 예를 들어 동질집합이 3명의 레코드를 갖고 있고 이 3명이 모두 위암이라면, 홍길동이 동질집합의 3명 중 한 명이라는 사실을 아는 사람은 그중 누가 홍길동인지는 몰라도 홍길동이 위암이라는 사실을 정확히 알 수 있다. 이러한 k-익명성의 단점을 보완하기 위해 ℓ-다양성을 추가로 적용한다.

ℓ-다양성은 동질집합에서 민감속성이 최소 ℓ개의 서로 다른 속성값들을 갖도록 한다. 이 조건을 만족하지 못하는 동질집합은 비식별 데이터 집합에서 삭제한다. 앞의 예에서 동질집합의 병명 속성은 모두 '위암' 값만을 가지므로 ℓ-다양성을 만족하지 못하기 때문에 이 동질집합은 삭제된다.

비식별화 기술은 개인 식별 가능성은 낮출 수 있지만 정보 손실을 유발하기 때문에 구축된 빅데이터를 활용하는 측에서는 데이터의 가치가 낮아진다. 원본 유사도는 비식별 데이터 집합의 활용성을 나타내는 지표이며 원본 데이터 집합과 이를 비식별 처리한 비식별 데이터 집합이 얼마나 유사한지를 나타낸다. 이 지표는 레코드 잔존율과 레코드 유사도로 측정한다. 레코드 잔존율은 원본 데이터 집합의 총 레코드 수 대비 비식별 데이터 집합의 총 레코드 수를 백분율로 나타낸 지표이다. 한편 레코드 유사도는 원본 데이터 집합의 한 원본 레코드가 비식별 데이터 집합에 남아 있을 경우 원본 레코드와 비식별 레코드 쌍 간의 통계적 유사성을 0과 1 사이의 값으로 표현한 지표이다.

4. 윗글의 내용과 일치하지 않는 것은?

① 휴대전화 번호는 일반적으로 식별자에 해당한다.
② 민감속성은 범주화와 마스킹으로 비식별 처리를 한다.
③ 레코드 유사도가 높을수록 개인정보 식별 가능성은 커진다.
④ 준식별자들의 조합만으로도 특정 개인이 식별되는 경우가 있다.
⑤ 레코드는 식별자와 준식별자 이외에도 다양한 속성으로 구성된다.

5. [k-익명성]에 대한 추론으로 가장 적절한 것은?

① k를 낮추면 재식별 가능성과 레코드 잔존율 모두 감소한다.
② k를 낮추면 동질집합의 수는 증가하고 동질집합은 서로 크기가 같아진다.
③ k를 높이면 재식별 가능성은 증가하고 동질집합의 레코드 수는 감소한다.
④ k를 높이면 동질집합의 수는 감소하고 동질집합의 민감속성값은 모두 같아진다.
⑤ k를 변경했더니 레코드 잔존율이 증가했다면 동질집합의 크기들 중 최솟값은 작아진다.

6. 윗글을 바탕으로 <보기>의 사례를 이해할 때, ㄱ~ㄷ 중 맞는 것만을 있는 대로 고른 것은?

<보 기>

다음 표는 한 쇼핑몰의 고객 관리 원본 데이터 집합이다. 여기서 우편번호, 연령, 성별은 준식별자이고, 구매 수준은 민감속성이다. (a)와 (b) 방식으로 각각 비식별화 기술을 적용하고자 한다.

No.	우편번호	연령	성별	구매 수준
1	15093	25	남	상
2	15002	28	남	상
3	15000	21	여	중
4	15090	22	남	중
5	13851	45	여	하
6	13852	42	남	상

(a) 우편번호를 1509*, 1385*, 1500*로 표시하고, 연령은 40세 미만과 40세 이상으로 나누고, 성별은 마스킹한 후 k-익명성과 ℓ-다양성을 적용한다.
(b) 우편번호를 150**, 138**로 표시하고, 연령은 40세 미만과 40세 이상으로 나누고, 성별은 마스킹한 후 k-익명성과 ℓ-다양성을 적용한다.

ㄱ. (a)보다 (b)의 레코드 잔존율이 크고 (a)와 (b)의 k 값이 같고 (a)와 (b)의 ℓ 값도 같다면, (a)의 동질집합의 수는 0이다.
ㄴ. (a)와 (b)의 레코드 잔존율이 100%라면, (a)와 (b)는 k 값이 같고 ℓ 값도 같으며 동질집합의 수도 같다.
ㄷ. 레코드 잔존율이 (a)는 100%이고 (b)는 50% 이상 100% 미만이라면, (a)의 k 값이 (b)의 k 값보다 작고, (a)와 (b)의 ℓ 값은 서로 같다.

① ㄱ ② ㄴ ③ ㄱ, ㄷ
④ ㄴ, ㄷ ⑤ ㄱ, ㄴ, ㄷ

[7~9] 다음 글을 읽고 물음에 답하시오.

투표 참여에 대한 설명은 유권자가 투표에 참여하기 위해 치르는 비용에 주목한다. 예를 들어 투표소가 거주지와 가깝거나 이동하기 쉬운 곳에 있을수록 유권자들이 더 쉽게 투표할 수 있다. 또한 투표 참여 비용의 큰 부분을 차지하는 것이 ㉠ <u>선거와 후보에 대한 정보를 획득하고 처리하는 비용</u>이다. 일반적으로 사회경제적 지위가 높은 유권자들이 그렇지 않은 유권자들에 비해 더 열심히 투표에 참여하는 이유는 전자가 이러한 비용을 더 낮게 체감하기 때문이다.

선거일 날씨도 투표 참여를 결정하는 데 있어 비용의 구성 요소가 될 수 있다. 비가 오는 날에는 투표소에 가거나 줄을 서서 차례를 기다리는 것이 불편한 일이기 때문이다. 따라서 기존 연구들은 궂은 날씨가 유권자가 투표하러 가는 것을 망설이게 한다는 데 동의한다. 다만 지금까지 학문적 관심의 초점은 궂은 날씨로 인한 비용 증가가 실제로 투표율을 낮출 만큼 큰 문제인가에 맞춰져 왔다. 어떤 학자들은 날씨가 유발하는 비용 증가는 미미하다고 주장하지만, 다른 학자들은 작은 불편으로 인한 추가 비용도 상당수 유권자 사이에서 투표와 기권의 선택을 뒤바꿀 수 있다고 본다.

미국 대통령선거를 대상으로 한 최근 연구에 따르면 주 단위에서 강수량과 투표율을 비교했을 때, 강수량이 평년보다 1인치 증가할 때 투표율은 약 2.4% 포인트 감소했다. 다만 이 연구는 ㉡ <u>주별 강수량을 측정하기 위해 그 주에서 가장 큰 도시의 선거 당일 강수량을 대리지표(proxy)로 활용</u>했다는 점에서 비판의 대상이 되었다. 그러나 이러한 문제를 교정한 다른 연구에서도 강수량의 증가가 투표율 감소를 가져온다는 증거가 제시되었다.

그런데 투표와 관련된 비용에는 투표에 참여하는 데 필요한 직접비용뿐 아니라, ㉢ <u>투표에 참여하느라 다른 선택을 포기하는 데서 오는 기회비용</u>도 포함된다. 예를 들어 투표 참여를 위해 근무 중 자리를 비워야 한다면, 근무하지 못하는 데서 발생하는 손해가 투표의 기회비용이 된다. 따라서 선거일이 공휴일로 지정된 한국과 비교할 때, 미국 유권자들은 투표 참여를 위해 대체로 더 높은 기회비용을 지불하는 셈이다. 선거일을 공휴일로 지정하거나 사전투표제를 도입하는 것은 이러한 비용을 낮춰 투표율을 진작하려는 대표적인 제도이다.

투표 참여에 따르는 기회비용을 고려한다면, 날씨가 투표율에 미치는 영향력은 한국과 미국 사이에서 다르게 나타날 수 있다. 미국처럼 선거일이 공휴일이 아닌 경우 근무 시간 중에 투표해야 하는 직장인들이 치르는 기회비용은 비가 오건 오지 않건 유사하다. 만약 비가 와서 투표에 소요되는 시간이 늘어난다면, 기회비용 역시 증가하기 때문에 직접비용과 기회비용을 구분하는 것이 중요하지 않을 수 있다. 반면에 선거일이 공휴일로 지정된 한국에서는 날씨에 따라 선택 가능한 대안이 달라질 수 있다. 날씨가 맑을 경우 야외 여가 활동을 계획하고 있는 유권자를 생각해 보자. 이들에게는 투표 참여로 인해 여가 활동에 제약을 받을수록 투표의 기회비용이 증가하게 된다. 반면에 투표 당일 비가 와서 여가 활동 대신 집에 머물게 될 경우, 투표의 기회비용은 날씨가 맑을 때보다 작아진다. 결과적으로 이런 유권자들은 맑을 때보다는 흐릴 때 오히려 투표 참여 가능성이 높아지는 것이다.

투표율에 관심을 두는 이유는 누가 투표하는가에 따라 선거 결과가 달라질 수 있기 때문이다. 공화당과 민주당이 경쟁하는 미국 선거에서 "공화당원은 선거일에 비가 내리게 기도해야 한다."는 말이 종종 언급되곤 한다. 선거일에 비가 내리면 전체 투표율이 하락하는데, 이러한 참여 감소가 주로 주변부 유권자들(peripheral voters)의 기권에 기인하기 때문이다. 즉 선거일의 우천은 청년층, 유색 인종, 저소득층 등과 같이 애초에 투표 참여를 위한 비용을 지불할 의지와 능력이 약한 주변부 유권자들의 투표 장벽을 높이는 경향이 있다.

세대에 따라 정치적 지지가 엇갈리는 최근 한국의 선거에서는 연령대에 따라 선거 당일 날씨에 대한 반응이 다를 수 있다. 우선 궂은 날씨로 인한 투표의 직접비용 증가는 나이 든 유권자에게 더 큰 영향을 미칠 가능성이 크다. 나이 든 유권자일수록 젊은 유권자에 비해 이동에 더 큰 제약을 받기 때문이다. 날씨가 기회비용 구조에 미치는 영향력도 연령대에 따라 다를 수 있다. 나이 든 유권자보다는 젊은 유권자가 여가 활동에 대한 선호도가 높다는 점을 고려하면, 궂은 날씨로 인한 투표의 기회비용 감소는 젊은 세대에서 투표율의 증가로 나타날 가능성이 크다.

7. 윗글의 내용에 대한 이해로 적절하지 <u>않은</u> 것은?

① 미국 선거에서 투표율이 상승할수록 민주당의 득표율이 증가할 수 있다.
② 고소득층 유권자일수록 저소득층 유권자에 비해 투표율이 높은 경향이 있다.
③ 한국 선거에서 선거일에 비가 오면 특정 정당에 불리하게 작용할 수 있다.
④ 언론이 주요 후보의 공약을 비교하여 공개하는 것은 투표율 상승에 기여할 수 있다.
⑤ 사전투표제를 도입한 취지는 투표 참여에 소요되는 직접비용을 절감하려는 데에 있다.

8. ㉠~㉢에 대한 평가로 적절한 것만을 <보기>에서 있는 대로 고른 것은?

<보 기>

ㄱ. 다른 조건이 같다면, 현역 의원이 같은 지역구에서 재선에 도전할 때에는 처음 출마했을 때에 비해 ㉠의 감소로 인해 투표율이 높아질 수 있다.
ㄴ. 지리적으로 큰 주일수록 ㉡은 날씨의 영향력에 대한 예측에 더 큰 왜곡을 가져올 수 있다.
ㄷ. 직장인들의 투표율과 시간당 임금 사이에 음의 상관관계가 발견된다면 투표율 예측에서 ㉢을 고려할 필요가 줄어든다.

① ㄴ ② ㄱ, ㄴ ③ ㄱ, ㄷ
④ ㄴ, ㄷ ⑤ ㄱ, ㄴ, ㄷ

9. 윗글을 바탕으로 <보기>를 이해한 내용으로 적절하지 않은 것은?

<보 기>

$R_{맑음}$과 $R_{비}$는 각각 날씨가 맑을 때와 비가 올 때 개인이 투표 참여로부터 얻을 수 있는 보상, B는 유권자의 지지 후보가 당선되었을 경우 얻을 수 있는 혜택, P는 유권자 자신의 투표로 인해 지지하는 후보가 선거에서 승리할 확률, S는 투표 행위 자체가 가져올 수 있는 만족감(심리적 효용)을 각각 의미한다. 그리고 DC와 OC는 각각 유권자가 투표하기 위해 부담하는 직접비용과 기회비용을 뜻한다. 결과적으로 R이 증가할수록 투표할 확률이 증가한다.

$$R_{맑음} = P \times B + S - (DC_{맑음} + OC_{맑음})$$

$$R_{비} = P \times B + S - (DC_{비} + OC_{비})$$

$$R_{맑음} - R_{비} = (DC_{비} - DC_{맑음}) + (OC_{비} - OC_{맑음})$$

① 기존 연구에 따르면 $DC_{비} - DC_{맑음}$은 양(+)의 값을 갖는다.

② 거주지 근처에 투표소가 추가로 설치된다면 $DC_{비}$는 감소한다.

③ $R_{맑음} - R_{비} > 0$이라면 선거일에 비가 올 때에는 투표할 가능성이 낮아진다.

④ 선거일이 공휴일로 지정되면 $OC_{비} - OC_{맑음}$은 음(-)의 값을 가질 수 있다.

⑤ 일반적으로 미국에서 $DC_{비} - DC_{맑음}$은 흑인 유권자가 백인 유권자보다 작게 느낀다.

[10~12] 다음 글을 읽고 물음에 답하시오.

토마스 아퀴나스를 통해 보편화된 고전적 정식에 따르면 '진리'는 '사물과 지성의 일치'인데, 그 맹아는 이미 플라톤에게서 보인다. 그런데 진리를 가리키는 플라톤의 용어 '오르토테스'와 '알레테이아', 그리고 토마스 아퀴나스의 '베리타스' 사이에는 중요한 유사점과 차이점이 있다. 명제뿐 아니라 하나의 단어도 이미 참 또는 거짓일 수 있다고 한 『크라틸로스』에서와 달리 『소피스테스』에서 플라톤은 말은 그것이 명제일 때, 즉 주어-술어 연결을 통해 사실성을 주장하는 언표일 때 비로소 진릿값을 가질 수 있다고 본다. 먼저 '테아이테토스는 앉는다.'와 같은 참 명제에서는 ('테아이테토스'와 '앉는다'의) 존재하는 연결이 존재하는 것으로, 또는 존재하지 않는 연결이 존재하지 않는 것으로 언표된다. 반면 '테아이테토스는 난다.'와 같은 거짓 명제에서는 ('테아이테토스'와 '난다'의) 존재하지 않는 연결이 존재하는 것으로, 또는 존재하는 연결이 존재하지 않는 것으로 언표된다. 오르토테스란 명제가 참임으로써 성립하는 진리를 가리킨다.

『국가』에서 플라톤은 알레테이아 곧 '비은폐성'을 진리의 또 다른 국면으로 제시한다. 태양 없이는 가시계의 사물들은 비가시적이고 감추어져 있어서 우리는 아무것도 볼 수 없다. 태양 덕분에 비로소 사물들은 보일 수 있다. 이와 유사하게 '좋음의 이데아' 없이는 가지계(可知界)의 이데아들은 인식될 수 없고 감추어져 있어서 우리 이성은 그것들을 인식할 수 없다. 좋음의 이데아 덕분에 비로소 이데아들은 인식될 수 있다. 태양 빛이 사물들의 가시성과 우리의 시각을 연결하듯, 좋음의 이데아는 이데아들의 가지성과 우리의 인식 능력을 연결한다. 즉 좋음의 이데아는 이데아들의 알레테이아와 그것들에 대한 우리 인식의 오르토테스를 가능케 한다.

이후 토마스 아퀴나스가 제시한 '사물과 지성의 일치'로서의 베리타스는 '지성에 사물이 일치함'과 '사물에 지성이 일치함', 즉 서로 대칭적 방향성을 지닌 사태적 진리와 명제적 진리로 나뉘는데, 존재론적 차원의 진리와 인식론적 차원의 진리가 함께 거론된다는 점에서 그의 진리론은 플라톤의 관점을 계승했다고 할 수 있다. 그러나 진리가 '본래적으로'는 인간이 명제 형식으로 수행하는 인식에서 성립한다고 보는 점에서 유의미한 편차를 보이는 것도 사실이다. 이는 사물이 신의 지성의 실천적 현시이기에 원칙적으로 이 세계에서 참되지 못한 것은 없으며, 참과 거짓의 문제가 발생하는 장은 주로 인간 지성의 영역이기에 진리는 결국 인간의 참인 인식에서 완전히 성취된다는 세계관에서 기인하는 것이다. 이후의 철학사에서는 베리타스의 두 차원 중 명제적 진리가 담론의 주된 논제가 되는 경향이 종종 보인다. 이에 대해서는, 철학의 과제가 세계에 대한 '참인' 인식뿐 아니라 세계를 '참된' 것으로 이끄는 것에도 있는데 진리의 그러한 의미 한정은 철학 본연의 향도적 기능의 제한으로 이어진다는 비판이 제기될 수 있다.

그런데 진리 담론의 범위를 명제 차원에 한정하더라도 고전적 정식에서는 중대한 구조적 난점이 발견된다. 칸트에 따르면 어떤 명제 즉 인식의 참 또는 거짓을 따지려면 그 명제와 객관적 사실을 비교하여 일치 여부를 판별해야 하는데, 이때 불가피한 무한소급이 발생한다. 진위 판단의 기준인 사실을 '알고' 있어야 어떤 인식과 사실을 비교할 수 있는데, 그렇다면 인식-사실의 비교는 기실 인식-인식의 비교가 되며, 두 번째 인식은 또 다른 사실과 비교되어야 한다. 그러나 또 다른 사실 또한 필연적으로 또 다른 인식이며, 이에 진리의 기준으로서의 '객관적 사실'에는 영원히 다다를 수 없다. 칸트는 이 무한소급의 근원을 우리 인식의 불가피한 순환 구조, 즉 주관성으로부터의 이탈 불가능성에서 찾는다. 우리가 '사물'이라고 부르는 모든 것은 '우리'가 경험하는 바의 사물, 즉 '현상'일 뿐, 결코 존재하는 그대로의 '사물 자체'가 아니며, 따라서 과학이 밝히는 자연법칙도 자연 자체의 법칙이 아니라 경험의 조건으로서의 우리 심성의 내적 구조일 뿐이라는 것이다.

10. 윗글에 대한 이해로 가장 적절한 것은?

① 진리에 관한 고전적 정식은 토마스 아퀴나스에 의해 그 최초의 맹아가 마련되었다.

② 말의 진위 여부는 명제의 차원에 한정된 문제라는 것이 플라톤의 일관된 입장이었다.

③ 플라톤의 진리관에서 좋음의 이데아는 이데아들과 인간의 인식 능력이 일치한 결과로 여겨진다.

④ 고전적 정식에서, 진리의 존재론적 차원에서 판정 기준이 되는 것이 인식론적 차원에서는 판정 대상이 된다.

⑤ 사태적 진리가 진리 담론에서 경시되는 철학사적 과정은 철학의 향도적 기능이 점차 강조되어 왔음을 보여 준다.

11. '오르토테스', '알레테이아' 및 '베리타스'를 설명한 것으로 가장 적절한 것은?

① '지성에 사물이 일치함'을 성취하지 못하는 사물도 오르토테스를 성취하는 명제의 주어일 수 있다.

② '국가의 이데아'는 우리의 이성 자체의 힘만으로 인식될 수 있으므로 알레테이아를 성취할 수 있다.

③ '삼각형의 꼭짓점은 네 개이다.'라는 말은 존재하는 연결을 존재하지 않는 것으로 언표하므로 오르토테스일 수 없다.

④ '이 몸이 새라면 어떻게 될까.'라는 말은 주어와 술어의 연결을 포함하므로 오르토테스 여부를 판별하는 대상일 수 있다.

⑤ '지고의 신적 지성의 설계에 따라 만들어진 완벽한 이 세계'는 '사물에 지성이 일치함'의 경우가 아니므로 베리타스를 성취할 수 없다.

12. 윗글에 따라 칸트의 입장을 추론한 것으로 가장 적절한 것은?

① 『국가』에서 플라톤이 제시한 '진리의 또 다른 국면'에 대해서는 진위 판별이 가능하다고 생각할 것이다.

② 토마스 아퀴나스의 정식에 대해 '사물에 지성이 일치함'으로서의 진리만이 그 성취 여부를 판별할 수 있다고 여길 것이다.

③ 『소피스테스』에서 개진된 플라톤의 진리관에 대해 인식과 사물의 비교에서 나타나는 필연적 결과가 발견되는 경우라고 판단할 것이다.

④ 고전적 정식의 중대한 구조적 난점은 자연법칙에 대한 부단한 탐구를 통해 더 이상 반박할 수 없는 최종 근거가 제시될 때 해결될 것이라고 기대할 것이다.

⑤ 인간과는 다른 감각 능력을 지닌 생명체에게는 동일한 사물이 전혀 다른 방식으로 지각된다는 사실은 인식의 순환 구조에 대한 주장을 약화시킨다고 평가할 것이다.

[13～15] 다음 글을 읽고 물음에 답하시오.

고전학파 경제학자들은 재화 생산에 투입된 노동량에 의해 가격이 결정된다는 '객관적 가치론'을 주창했다. 이러한 가치론은 노동의 존엄과 생산적 활동을 중시하는 당대의 가치 규범 위에 세워졌다. 그러나 오늘날에는 가치의 핵심을 소비자의 욕구 충족에서 찾고, 재화의 유용성에 관한 각자의 판단을 중시하는 '주관적 가치론'이 대세가 되었다. 이는 시장에 의해 수요자의 욕구 및 공급자의 비용에 관한 정보가 가격으로 표출되고, 시장 참여자들이 이를 신호등 삼아 의사결정을 하는 과정에서 각자의 욕구가 충족되고 자원이 효율적으로 배분되는 현상에 주목한다.

그러나 가격기구(price mechanism)에 의한 자원배분에는 한계도 있다. 시장 거래 과정에는 거래 쌍방의 편익과 비용에 더해 제3자의 편익과 비용도 발생하는 '외부성'이 존재한다. 그리고 공급자가 요구하는 가격을 지불할 능력이 없는 사람은 시장에서 배제되는 현상도 발생한다. 이러한 시장실패에 더해 시장의 힘이 커지면서 가격이 가치 규범과 괴리를 보이고 그 규범에 부정적 영향을 미치는 현상까지 빚어진다. 투기적 활동이 높은 가격을 부여받는다면 사람들은 생산적 기여 없이 돈을 버는 행위를 꺼리지 않게 되고 가격이 매겨지지 않는 덕목들을 무가치한 것으로 인식하게 될 것이다. 미국발 금융위기를 전후로 '사회적 가치'에 대한 관심이 전세계적으로 커지고 있는 것도 이러한 맥락에서 이해될 수 있다.

그런데 사회적 가치에 대해서는 서로 다른 관점이 존재한다. '사회학적 관점'에서는 가치를 인간의 삶에서 궁극적으로 바람직한 것으로 이해하며 규범으로서의 가치를 강조한다. 이 관점에서는 공정·평등·삶의 질·지속가능성 등의 가치 규범에 비춰 시정이 필요한 사회 현상을 사회 문제로 규정하고, 이를 해결해 다수가 바람직하다고 판단하는 결과를 낳는 것을 사회적 가치로 이해하는 흐름을 보인다. 반면, '경제학적 관점'에서는 시장실패 현상에 주목해, 외부성으로 인해 누군가의 욕구를 충족시켰으나 그 비용이 회수되지 못한 편익과 지불 능력 부족으로 인해 기존의 시장을 통해서는 채워지지 못했던 편익을 사회적 가치로 이해하는 흐름을 보인다.

최근에는 사회 문제 해결을 촉진하고 시장실패를 교정해 자원 배분의 효율성을 높이기 위한 노력이 사회성과(social impact)라는 개념을 중심으로 펼쳐지고 있다. [사회성과]란 기업 활동의 경제적 결과인 '재무성과'에 상응해 기업이 창출한 사회적 가치를 측정하기 위한 개념이다. 이때, 사회성과는 사회 문제를 해결하려 한다는 점에서 '사회학적 관점'을 반영하고, 시장의 가격기구에 반영되지 않거나 비용이 회수되지 못한 편익에 초점을 맞추고 화폐 단위로 측정가능한 결과와 인센티브를 강조한다는 점에서 '경제학적 관점'을 반영한다.

사회성과의 구체적인 측정 방법에는 기업활동으로부터 편익을 제공받거나 그 활동 비용을 부담한 이해관계자별로 계정을 만든 후, 각자의 편익과 비용을 기입하고 합산하는 방법이 있다. 이에 따르면 정부·공익재단·시민 등이 사회 문제를 해결하는 다양한 형태의 경제 활동 조직에 제공한 지원금은 이들 조직의 비용을 보전시켜 주므로 해당 이해관계자 계정에서 비용으로 처리해 사회성과 계산에서 차감한다. 사회적 가치 창출에 적극적인 기업 조직 중 하나인 사회적기업을 대상으로 사회성과가 어떻게 측정되는지 살펴보자.

사회적기업이 취약계층을 고용해 근로소득 150만 원을 제공하고 정부로부터 50만 원의 고용지원금을 받는다면, 먼저 취약계층 계정에서 150만 원의 편익이 발생한다. 이는 근로자의 삶의 질이 개선된 효과를 나타낸다. 다음으로 정부는 50만 원의 지원금을 지불하므로 정부 계정에 비용으로 50만 원이 기입된다. 이때 사회성과는 두 이해관계자의 비용과 편익을 합산한 순편익으로 그 측정값은 100만 원이다.

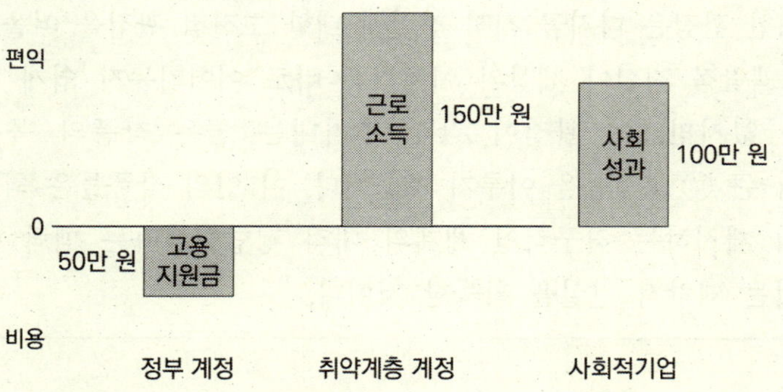

<그림> 이해관계자를 고려한 사회성과 측정

사회 문제 해결 활동과 관련한 편익과 비용을 실제로 측정하는 데는 한계도 적지 않다. 그렇지만 그 편익을 화폐 단위로 환산하고 화폐화된 성과에 대한 평가를 토대로 기존 이해관계자들을 통해 회수되지 못한 부분에 대한 금전적 보상, 곧 '사회성과 보상'이 다양한 수단들로 활성화된다면, 사회적 가치를 달성하는 활동들은 가격을 본격적으로 부여받게 된다. 이 과정에서 기업과 비영리조직으로 더 많은 자금이 유입되고, 이들 조직이 효율적인 경영을 통해 더 높은 성과를 거두도록 동기가 부여되며, 가격과 사회의 가치 규범도 다시 정렬될 것이다. 이러한 흐름은 오늘날 사회공헌채권이나 임팩트투자 등으로 구체화되고 있다.

13. 윗글에 대한 이해로 가장 적절한 것은?

① '객관적 가치론'은 가격에 의한 가치 규범의 변화에 대해 비판적 입장을 취할 것이다.

② '주관적 가치론'은 소비자의 욕구를 중시한 결과 공급자의 비용을 부차적인 문제로 취급할 것이다.

③ '사회학적 관점'은 가치의 문제를 사람들의 욕구 충족이라는 측면에서 판단할 것이다.

④ '경제학적 관점'은 가치와 가격의 괴리 현상이 존재하지 않는다고 볼 것이다.

⑤ 취약계층을 고용하는 기업에 제공되는 고용지원금은 '외부성'을 강화해 '사회적 가치'를 제고할 것이다.

14. 사회성과와 관련한 다음의 추론 중 가장 적절한 것은?

① 정부 지원금은 기업의 사회적 가치 창출에 대한 보상의 성격이 있으므로 사회성과 보상에 포함되어야 할 것이다.

② 영리기업은 기업 활동의 결과로 발생한 이윤을 주주에게 배당하므로 사회성과 보상의 대상이 될 수 없을 것이다.

③ '경제학적 관점'에서는 사회성과 보상이 가격기구에 영향을 주지 않으면서 사회 문제를 해결하려는 시도이므로 사회성과 측정에 찬성할 것이다.

④ 사회성과 보상이 사회적 가치 제고라는 본연의 목적에 충실하기 위해서는 화폐화된 성과로 측정할 수 없는 편익도 평가할 수 있는 보완책이 필요할 것이다.

⑤ '사회학적 관점'에서는 사회성과 측정이 사회구성원들이 중요시하는 가치 규범을 반영할 수 없다고 여겨 사회성과 측정에 기초한 사회적 가치 촉진 정책에 반대할 것이다.

15. 윗글을 바탕으로 <보기>의 병원 활동을 설명한 것으로 적절하지 않은 것은?

<보 기>

A 병원은 2021년에 취약계층의 삶의 질 개선을 목적으로, 일반 환자에게 10만 원에 제공하는 진료 서비스를 지역 거주 취약계층 노인들에게는 회당 2만 원을 받고 총 100회를 제공하였다. 이때 지방자치단체는 회당 3만 원을 지원하였다. 한편, 2022년에는 이 병원의 사회 공헌 활동이 널리 알려지면서 지역의 뜻있는 주민들과 기업들도 동참해, 각각 회당 1만 원과 3만 원의 후원금을 지원했고, 이 병원의 취약계층 노인 대상 진료 서비스는 총 150회로 늘어났다. (단, 다른 조건에는 변화가 없다.)

① 2022년에 취약계층 노인들이 이 병원을 통해 얻은 편익은 전년도에 비해 500만 원 증가했다.

② 2022년에 이 병원이 취약계층 노인을 위해 창출한 편익 중 가격기구를 통해 그 비용을 회수한 금액은 전년도에 비해 100만 원 증가했다.

③ 2021년부터 2년 동안 이해관계자 계정의 비용 총액은 1350만 원이다.

④ 2022년에 이 병원이 창출한 사회성과는 전년도에 비해 350만 원 감소했다.

⑤ 2021년의 사회성과를 보상하기 위해서는 500만 원이 필요하다.

[16~18] 다음 글을 읽고 물음에 답하시오.

문학은 개연성을 가진 사건, 즉 세상의 이치에 따라 일어날 법한 일을 그리지만, 역사는 우연적이고 일회적으로 일어난 사실을 다룬다. 따라서 문학이 역사보다 더 보편적인 진실을 이야기한다는 것은 문학의 허구성에 대한 비판에 맞서 시적 진실을 옹호하는 고전적 관점이다. 그럼에도 작가들은 오랫동안 역사가들 앞에서 ㉠ 자격지심을 느끼곤 했었던 것 같다. 실제 일어난 사실과 들어맞지 않는 것은 진실일 수 없다는 통념이 여전했기 때문이다. 유럽의 초기 근대소설 작가들이 자기들의 작품을 실화나 역사라고 주장하곤 했던 사실은 이 통념이 얼마나 뿌리 깊었는지를 잘 보여 준다.

20세기에 들어와 시적 진실의 개념은 실증주의 추종자들에게 다시 의심을 받았다. 이들은 명제의 진위는 논리 법칙에 의한 증명 또는 경험적 검증으로 판단될 수 있으며, 판단 가능성을 가지지 못한 명제는 의미가 없다고 보았다. 이 입장에서 문학적 진술은 대개 거짓이거나 무의미한 진술에 불과하다. 이를테면 이육사의 「절정」에 나오는 "겨울은 강철로 된 무지개"는 같을 수 없는 것을 같다고 우기는 거짓말이거나, 보여 주지도 못하면서 그저 있다고 우겨대는 ㉡ 헛소리에 가깝다.

리처즈는 이에 맞서 시적 진실을 변호했다. 그는 언어의 '과학적 사용'과 '정서적 사용'을 구분한다. 이때 과학적으로 사용된 언어의 진실성은 증명이나 검증을 통해 판정되지만, 정서적으로 사용된 언어의 진실성은 수용자의 주관적 정서와 태도에 미치는 효과에 의해 결정된다. 리처즈는 시의 언어는 정서적 사용의 언어이며, 시의 진술은 '우리의 충동과 태도를 방출하거나 조직함에 있어 그 효과에 의해 정당화되는 말의 형태'로서의 의사(疑似) 진술이라고 말한다.

리처즈의 견해는 시적 진실을 주관적 효과의 문제로 환원하는 한계가 있지만, 문학 언어의 특수성에 주목하여 시적 진실에 대한 ㉢ 알리바이를 제공한다. 실제로 서양의 고전 운문에서 통용되었던 시적 허용은 일반적 언어관습이나 사실에서 일탈할 수 있는 창조적 자유를 작가에게 부여했다. 시적 허용은 운율과 같은 특정한 미적 효과를 위해 규범적 어법으로부터의 일탈을 허용하는 것으로 알려졌지만, 실은 보다 넓게 역사적·지리적 사실에도 적용되었다. 작가는 악의 없는 거짓말에 대한 일종의 ㉣ 면책특권을 누렸던 셈이다.

신비평 이론가들이 시 언어의 근본적 속성으로 강조하는 역설 또한 문학 언어의 진실성이 논리적 언어와는 다른 방식으로 인정될 수 있음을 보여 준다. 역설은 표면적으로 모순적인 것처럼 보이지만 실은 진실을 새롭게 드러내는 진술이다. 이를테면 김소월의 「진달래꽃」의 화자가 떠나는 님에게 자신이 뿌린 꽃을 "사뿐히 즈려밟고" 가라고 말하는 것은 얼핏 모순적으로 보인다. 하지만 이별의 순간에 종종 느끼는 원망과 자책, 미련과 체념의 복합된 감정은 바로 이런 역설을 통해서만 드러나기도 한다. 우리의 복잡다단한 경험과 거기서 말미암은 인식과 감정이 때때로 논리적 규범을 넘어선 역설을 통해서만 드러날 수 있음은 시적 진실의 또 다른 가능성을 잘 보여 준다.

그렇다고 사실과의 불일치나 논리적 모순이 늘 시적 진실로 용인되는 것은 아니다. 중요한 것은 작품 전체의 맥락에서 이런 진술들이 무리 없이 받아들여질 수 있는가의 문제이다. 「절정」에서 "겨울은 강철로 된 무지개"가 진실로 받아들여지는 것은 "매운 계절의 채찍에 갈겨/마침내 북방으로 휩쓸려" 온 뒤, "하늘도 그만 지쳐 끝난 고원" 위에 "한발 재겨 디딜 곳조차" 없이 선 화자의 절박한 상황이 이미 제시되었기 때문이다. 시적 진실은 일종의 맥락적 진실이며, 문학적 진술의 진실성은 작품 전체의 맥락에서 가지는 일관성과 설득력에 의해 판단된다. 이렇게 보면 순전한 상상이나 환상에 대해서도 그 진실성을 이야기할 수 있는 길이 열린다.

이러한 관점은 다시금 시적 진실에 대한 고전적 관점을 떠올리게 한다. 맥락적 진실이 세상의 이치와 곧바로 이어지는지 쉽게 단언할 수 없지만, 두 관점이 각각 추려내는 좋은 작품의 목록은 상당히 큰 ㉤ 교집합을 이루기 때문이다. 이 안의 작품들은 최소한 작품이 제시하는 허구적인 세계의 내적 정합성이라는 맥락 아래 승인되는 맥락적 진실을 획득할 것이다.

16. 윗글의 내용과 일치하지 않는 것은?

① 과학적으로 사용된 언어의 진실성은 실증주의와 유사한 방법으로 판단될 수 있다.

② 신비평 이론가들은 문학의 언어를 통해서만 표현할 수 있는 진실이 있다고 생각했다.

③ 근대 초기 유럽소설은 허구에 대한 통념을 비판하기 위해 사실적인 요소를 강조하였다.

④ 허구적인 문학은 오랜 기간 역사와 대비되었지만 근대 이후에는 과학과도 대비되고 있다.

⑤ 문학의 허구성에 대한 고전적 옹호론과 비판적 통념 모두 허구와 사실을 대립시켜 주장을 펼친다.

17. ㉠~㉤에 대한 이해로 적절하지 않은 것은?

① ㉠은 허구를 역사보다 열등한 것으로 여기는 풍조 속에서 시적 진실에 대한 자기 확신을 가지지 못했던 작가들의 태도를 나타낸다.

② ㉡은 경험적으로 반증할 수 있는 사례를 찾을 수 있기 때문에 무의미한 것으로 여겨지는 진술을 의미한다.

③ ㉢은 문학적 진술이 과학적 진술과는 다른 방법으로 진실성을 인정받을 근거가 있음을 비유하는 말이다.

④ ㉣은 분명한 예술적 효과를 가진 경우, 문학작품과 역사적 사실의 불일치가 용인될 수 있음을 말한다.

⑤ ㉤은 진술이나 사건들이 작품의 전체적인 구조 속에서 충분한 개연성을 가지고 제시되는 작품들로 구성된다.

18. 윗글을 바탕으로 <보기>를 평가한 것으로 적절하지 않은 것은?

<보 기>

「메밀꽃 필 무렵」은 장돌뱅이 허 생원과 그가 우연히 마주친 동이가 사실 부자 관계라는 점을 서사 진행을 통해 조금씩 암시한다. 두 사람이 서로의 처지를 이해하며 동질감을 느끼는 과정은 작품 전체의 치밀한 구성을 통해 드러난다. 특히 작품 후반부에서 섬세한 문체로 묘사되는 메밀꽃 핀 달밤의 서정적 풍경은 허 생원의 스산한 삶을 아름다운 것으로 재발견하는 동시에 두 인물의 관계를 밝히기 위한 적절한 배경으로서 기능한다. 작품의 결말은 동이가 허 생원과 마찬가지로 왼손잡이임을 드러내어 둘의 관계를 분명히 한다. 이러한 결말은 왼손잡이의 유전 여부와 관련하여 약간의 논란이 있지만, 헤어진 아들과의 상봉을 감동적으로 그려내는 한편 벗어나기 어려운 혈연적 숙명이라는 인간적 진실을 형상화한다.

① 두 인물이 '부자 관계'라는 예상할 수 없는 결말로 독자의 놀라움을 유발하도록 했다는 점에서 작품의 결말을 일종의 의사 진술로 파악할 수 있겠군.

② '왼손잡이의 유전'은 과학적 사실과 맞지 않더라도 '헤어진 아들과의 상봉'으로 독자에게 감동을 불러일으킨다면 시적 허용의 대상이 될 수 있겠군.

③ '달밤의 서정적 풍경'은 '허 생원의 스산한 삶'을 역설적인 아름다움으로 드러낸다는 점에서 시적 진실의 가능성을 보여주는 사례라고 할 수 있겠군.

④ '치밀한 구성'과 '섬세한 묘사'가 작품 전체의 맥락에서 효과적으로 결합되었다는 점에서 작가가 창조한 세계의 내적 정합성이 확인된다고 할 수 있겠군.

⑤ 장돌뱅이 허 생원의 삶에 대한 허구적 이야기를 통해 '혈연적 숙명'이라는 보편적 주제를 제시했다는 점에서 작가가 추구한 시적 진실을 짐작할 수 있겠군.

[19~21] 다음 글을 읽고 물음에 답하시오.

인조의 비(妃) 인열왕후가 낳은 첫째 아들이 소현세자요, 효종이 둘째 아들이다. 적자(嫡子)로서 종통(宗統)을 잇는 맏아들이 장자(長子)이니 효종은 차자여서 차장자(次長子)라고들 한다. 장자였던 소현세자가 갑자기 죽자, 인조는 중자(衆子) 가운데 어진 이를 택하고자 효종을 세자로 세웠으니, 그 신성함과 자식을 알아보는 밝음은 종묘사직이 억만년 무궁하게 이어갈 터를 이룬 것이다. 그리하지 않았다면 어찌 이 나라가 오늘날 안팎으로 우환이 없고 위아래로 편안할 수 있겠는가. 더구나 신성한 왕손들이 보위를 계승하여 찬란한 광채가 이처럼 성대할 수 있겠는가.

효종이 세상을 떠나니 당시 대왕대비인 인조의 계비(繼妃) 자의대비는 어머니로서의 상복을 입어야 했다. 이에 논자들은 저마다 주장을 펼치며 치열하게 다투었다. ⓐ 갑설은 "차장자라 함은, 비록 애초에는 장자가 아니었으나 장자의 죽음으로 말미암아 차자가 후사를 이어 장자가 됨으로써 그 명칭이 붙은 것이니, 삼년복(三年服)을 입어야 한다."라고 하였다. ⓑ 을설은 "차장자가 중자라는 사실은 어찌할 수 없으니, 비록 장자가 죽어 차자가 후사를 이은 것이라 해도 원래 장자가 아니므로, 중자의 기년복(朞年服)을 입어야 한다."라고 하였다. 이처럼 하나의 설을 같이하면서 특별히 복제에서만 두 설로 갈라져 시끄러이 다투며 서로 끊임없이 배척하니 ⓒ 내 생각으로는 사뭇 괴이하다.

복(服)을 올리고 내리고가 어찌 종통에 영향이 있겠는가. 효종은 인조의 차자로서 적통을 이어 만백성에 군림하고 온 세대에 종통을 드리웠으니, 효종을 인조의 장자라 한다고 해서 어찌 선왕의 빛을 더하겠으며, 효종을 인조의 중자라 한다고 해서 또 어찌 선왕의 덕이 바래겠는가. 지금은 그저 효종이 인조의 차자라는 이유로 이렇듯 어지러이 다투는 결론 없는 분쟁이 있는 것이다. 이미 대통(大統)을 이었으면 둘째 아들인지 넷째나 다섯째 아들인지는 전혀 구별할 것 없는 일이다.

옛날 한(漢)의 문제(文帝)는 궁 밖에서 미앙궁으로 들어가 제위(帝位)를 받았다. 이때 스스로가 "짐은 황제의 측실에서 난 아들이다."라고 말하였고, 가의(賈誼)가 문제에게 "참여시킬 만한 측실의 인맥이 있지 않다."라고 말한 적도 있다. 당시에는 위에서도 스스로 서자(庶子)였던 사실을 숨기지 않았고 아래에서도 임금을 위해 숨기려 하지 않았다. 하물며 문제는 그 후사가 수십 대에 이어졌고 당 태종처럼 지금까지도 성군으로 칭송되는데, 누가 그런 것을 문제 삼는가. 더욱이 우리 효종과 인조는 주(周)의 ㉠ 무왕과 문왕에 비견되는데, 무왕이 문왕의 장자가 아니라는 것은 어린아이들도 안다. 그리하여 후세 사람들은, 문왕은 자식을 가리는 밝음이 있고 무왕은 뜻을 잇는 효가 있어서 주나라 팔백 년을 여는 대업을 이루고 대통을 전하였다고 여긴다. 이런 일은 무왕과 달리 적자였던 백읍고가 이었으면 못 했을 것이라고 모두가 한결같이 말한다. 광명이 빛나고 만세를 비추는 이 사실은 어인 일이란 말인가.

무왕이 붕어하고 그 어머니인 태사가 아직 살아 있다고 가정할 때 무왕을 위해 상복을 꼭 3년 입었을지 2년도 안 입었을지는 아무도 모른다. 그러나 복을 입지 않았다고 해서 무왕을 깎아 먹겠으며 복을 입었다고 해서 그 빛을 더하겠는가. 당시에 종통이 불명하다는 따위의 이야기가 있었을까. 똑똑한 사람은 판단할 수 있을 것이다. 무릇 인조가 효종에게 물려주고 효종이 인조를 이은 것은 충분히 주나라 무왕과 문왕의 경우와 같으니, 복제가 오르고 내리거나 가볍고 무겁거나 하는 것은 무슨 상관이겠는가. 차장자도 장자라는 이름이 붙으니 올려서 삼년복을 입어야 한다는 것도 하나의 주장이고, 차장자도 중자일 수밖에 없으니 내려서 1년의 기년복을 입어야 한다는 것도 하나의 주장이다. 고례(古禮)에도 그에 관한 정문(正文)이 없어서 주석들도 같고 다름이 있으니, 한때의 예(禮)는 실정을 참작하여 정하면 된다. 갑설을 따라도 을설을 적용해도 되는 것이다.

복을 올리고 내리고가 종통이 밝아지고 않고에 관계된다고는 인정할 수 없다. 왜냐하면 대왕대비가 기년복을 입어도 효종은 결국 인조의 종통을 이은 것이고, 대왕대비가 삼년복을 입어도 효종은 역시 결국 인조의 종통을 이은 것이기 때문이다. 종통이 여기에 있는데 어디로 가겠는가. 위로 삼백 년의 터전을 이어받고 아래로 몇천 년의 토대를 전할 명철한 일대 중흥 군주로 우뚝 섰으며 종묘가 인정하고 자손이 지키는데도, 복을 올리고 내리는 것을 가지고 종통이 밝아지지 않는다고 간주하려는가. 그러니 오늘날 전례(典禮)를 다투면서 종통이 뚜렷하지 못하다는 주장을 고집하는 것은 매우 어질지 못하다. 그것은 또한 흥분하여 일부러 빌려 온 주장이다. 그것은 또한 공격을 위해 꾸어 온 명분이다. 그 마음이야말로 위태롭고 위험하도다.

- 박세당, 「예송변」 -

19. 윗글의 내용과 일치하는 것은?

① 장자가 아니면서 종통을 계승할 수 있는지에 대하여 찬반이 갈린다.

② 전해 오는 예법에 규정된 차장자 관련 복제에 대한 해석에 논란이 있다.

③ 장자가 사망하였을 때 그 어머니의 상복은 삼년복이라는 데 대해 다툼이 있다.

④ 측실 소생이라는 사실은 황제로서의 종통 승계에 흠이 되는 요소라서 가려야 한다.

⑤ 대왕대비는 자신이 낳은 아들이 죽으면 종통에 상관없이 1년 이상 상복을 입어야 한다.

20. ㉠의 사례를 인용한 글쓴이의 의도로 볼 수 있는 것은?

① 국왕이 된 이상 장자의 지위는 자연스럽게 따라붙게 된다는 원리를 예를 들어 설명한다.

② 무왕의 어머니인 태사의 복제를 따짐으로써 효종의 어머니가 입을 상복의 종류를 결정한다.

③ 효종을 주의 문왕에 견줌으로써 효종이 적자가 되어 적법하게 종통을 계승하였다는 것을 밝힌다.

④ 인조가 밝은 덕으로 보위를 튼튼히 하고 후대에 이어가도록 한 것을 강조하여 종통의 본질을 환기한다.

⑤ 차장자로서 종묘사직의 기초를 닦은 중국의 실례를 들어 국가의 종통을 확고히 해야 한다는 지향을 드러낸다.

21. 윗글과 비교하여 <보기>를 이해한 것으로 적절하지 않은 것은?

<보 기>

집안의 적자 가운데 첫째 아들로서 종통을 이어받을 사람만을 장자라 하는 것은 변함없는 원칙입니다. 그가 죽었을 때 부모가 삼년복을 입는 것은 종통을 잇는 뜻을 중히 여기기 때문입니다. 장자가 종통을 계승할 자격을 잃거나 중자 중에서 종통을 잇도록 정한 경우에는, 이들이 죽었을 때 아버지나 어머니는 삼년복을 입지 않습니다. 왕가에서는 서자라도 세자로 책봉되면 임금이 될 때까지는 장자와 같이 대우해야 마땅합니다. 고례에서 말하는 장자란 종통을 계승하지 못한 경우에 따져 보도록 하는 것입니다. 마침내 대통을 계승하는 보위에 올랐다면, 그때에도 여전히 어머니가 있다고 하여 그저 아들일 뿐 임금이 아니라고야 할 수 있겠습니까.

① 효종에 대한 상복은 종통 승계를 우선하는 원칙으로 결정해야 하고 그에 따라 정해지는 기준은 나라 안 모든 질서에서 일관된다고 보는 점에서는 ⓐ와 일치한다.

② 효종은 중자로서 세자가 되었다는 사실이 바뀔 수 없는 것이라서 어찌해도 장자일 수 없다고 보는 점에서는 ⓑ와 일치한다.

③ 임금이 된 효종에 대해서는 장자인지를 문제 삼을 필요가 없다고 보는 점에서는 ⓒ와 일치한다.

④ 세자 시절의 효종이 장자의 대우를 받아야 한다고 보는 점에서는 ⓐ와 일치하고, 장자는 첫째 아들이어야 한다고 보는 점에서는 ⓑ와 일치한다.

⑤ 효종이 적실의 소생이 아니라면 차장자라 할 여지가 없다고 보는 점에서는 ⓐ, ⓑ, ⓒ와 일치한다.

[22~24] 다음 글을 읽고 물음에 답하시오.

20세기 초에 약학자 타파이너는 ㉠ 아크리딘 색소가 침착된 원생동물이 번개에 노출되자 죽는 현상을 우연히 관찰했고, 이어 피부 종양에 형광물질의 하나인 에오신을 바르고 빛을 쪼여 종양에 반응이 있음을 확인했다. 이후 연구자들은 빛과 화학물질 및 산소의 상호작용으로 세포가 죽는다는 것을 보였고, 타파이너는 이 현상을 산소 의존성 광반응 현상이라고 보고하면서 광역학 치료라는 용어를 최초로 사용하였다.

광역학 치료에는 빛 에너지, 감광제, 산소가 필수적이다. 외부에서 특정 파장의 빛을 쪼이면 감광제가 세포 및 조직 주변에 존재하는 산소와 반응하여 활성산소종을 짧은 시간 안에 국소적으로 발생시키고, 이들은 생체분자들을 산화시켜 기능을 파괴함으로써 세포를 사멸시킨다. 여기서 감광제의 종류에 따라 활성산소종을 최대로 발생시키는 빛의 파장, 즉 색깔이 다르다는 것이 주목된다. 특정 감광제는 특정 파장의 빛에 가장 효율적으로 반응하기 때문이다. 감광제가 어떤 파장의 빛에 의해 활성화되면 주변 산소에 전자 혹은 에너지를 전달하여 활성산소종을 생성시킨다. 활성산소종은 세포의 대사 과정에서도 일부 발생하는 것으로, 극소량으로 존재할 때는 생화학 반응에 도움을 주기도 하지만 과량으로 생성된 활성산소종이 오랫동안 지속될 경우 독성이 있어 활성산소종을 제거하는 항산화제의 투여가 필요한 경우도 있다. 감광제에 빛을 쪼여 발생한 활성산소종은 반감기가 약 0.05 μs 이하이기 때문에 생성 후 빨리 소멸되고, 그 영향이 미치는 유효거리는 발생점에서 약 20 nm까지여서 감광제와 매우 가까운 주변부에서만 국소적 반응을 일으킨다.

광역학 치료에 사용하는 감광제는 포르피린계 화합물과 기타 형광 염색 시약으로 나눌 수 있다. 여드름균은 포르피린을 스스로 합성하는데 이 때문에 특정 파장의 빛을 쪼이면 여드름균만 사멸되어 효과적인 치료를 할 수 있다. 많은 형광 염색 시약들도 활성산소종 방출 능력을 가지고 있어 감광제로 사용할 수 있지만, 광노출 시 활성산소종이 충분히 방출되어야 하고, 빛이 없을 경우에는 독성이 낮아야 하며, 생체 외부로 배출되는 능력도 커야 한다. 광역학 치료는 외부 빛이 체내 깊숙이 투과하지 못 할 경우 치료 효과의 제한이 있으며, 감광제의 농도, 빛의 세기와 노출 시간, 조직 내 산소 농도 등에 의해 치료 효율이 다르다. 또한 세포 안에는 특정 파장의 빛을 받고 그보다 긴 파장의 빛을 내어 놓는 형광물질이 존재할 수 있으므로, 이들에 의한 간섭효과를 감안하여 감광제와 이를 활성화하는 빛의 파장의 선택도 고려해야 한다. 높은 농도의 감광제를 주입할 경우 알레르기를 유발할 수 있고 완전히 분해 혹은 배출되지 않은 감광제가 잔류되었을 경우 햇빛 노출에 의해 피부세포가 손상될 수 있기 때문에, 잔류 감광제가 완전 분해되기까지 빛 차단을 위한 관리가 필요하다.

광역학 치료는 현재 각종 피부질환 치료에 널리 사용되고 있으며, 암 치료에도 효과가 있는 것으로 알려져 있다. 암 치료 시에는 감광제가 암 조직에 선택적으로 축적되는 기전을 이용한다. 정맥주사로 투여되는 감광제는 대부분 물에 녹지 않기 때문에 혈액의 저밀도 지질단백질(LDL)과 강하게 결합한다. 암세포의 세포막에는 LDL과 결합하는 LDL 수용체가 많이 존재하기 때문에 정상세포에 비해 암세포에 감광제가 다량으로 축적된다. 광역학 치료 과정에서 암 조직에 손상을 주어 염증을 유발하면 암세포에 대한 면역반응을 활성화할 수 있어 치료 효율을 높일 수 있다. 항암제와 방사선 치료는 강한 독성 때문에 심각한 부작용을 초래하지만 감광제는 암 조직에만 선택적으로 축적되고 빛을 쪼여 준 부위에서만 국소적인 독성을 나타내므로 대안적 암 치료법으로 고려되고 있다.

22. 윗글의 내용에 대한 이해로 가장 적절한 것은?

① 포르피린을 합성하는 여드름균 때문에 생긴 여드름을 치료하려면 빛의 차단이 필요하다.

② 빛이 없이 세포독성을 유발하는 형광시약은 면역반응을 활성화하기 때문에 광역학 치료에 사용한다.

③ 감광제가 정상 피부 조직에 잔류하였을 경우 외부 빛이 체내 깊숙이 투과되지 않으면 알레르기가 발생하지 않는다.

④ 광역학 치료 시 발생하는 활성산소종은 반감기와 유효거리가 짧아, 암세포에서 멀리 떨어져 위치한 정상세포에 미치는 영향이 적다.

⑤ 감광제를 이용한 암 치료 시 감광제는 산소가 부족한 암 조직에 선택적으로 축적되므로 LDL과 결합할 수 있는 항산화제의 병행 투여가 필요하다.

23. ㉠을 바탕으로 수행한 <보기>의 실험 결과에 대해 평가한 것으로 적절하지 않은 것은?

<보 기>

어떤 원생동물을 빛이 차단된 조건에서 충분한 산소를 공급하면서 배양한 후 다음과 같은 처리를 하고 일정 시간 후 원생동물의 생존율을 조사하였다. (−는 없음, +는 있음을 뜻한다.)

광원	감광제	항산화제	생존율(%)
−	−	−	100
		+	100
	A	−	80
		+	80
	B	−	100
		+	100
자외선	−	−	0
		+	40
	A	−	0
		+	32
	B	−	0
		+	40
녹색 빛	−	−	100
		+	100
	A	−	0
		+	80
	B	−	70
		+	100
적색 빛	−	−	100
		+	100
	A	−	80
		+	80
	B	−	0
		+	100

① A는 활성산소종의 생성과는 무관한 독성을 가지고 있다.
② A는 적색 빛보다 녹색 빛에 의해 더 적은 양의 활성산소종을 발생시킨다.
③ B는 적색 빛뿐 아니라 녹색 빛에 의해서도 활성산소종을 발생시킨다.
④ A와 B는 빛이 존재하지 않으면 활성산소종을 발생시키지 않는다.
⑤ 자외선에 의하여 유발되는 활성산소종은 A나 B로부터 발생한 것은 아니다.

24. 윗글을 바탕으로 신물질 X, Y, Z를 이용한 <보기>의 실험 결과에 대해 추론한 것으로 가장 적절한 것은? (단, 실험에 사용된 X, Y, Z의 양은 모든 실험에서 동일하다.)

<보 기>

- X가 있는 용액에 녹색 빛을 쪼이면 활성산소종이 발생하지 않았으나 강한 적색 형광의 방출이 관찰되었고 적색 빛을 쪼이는 것은 아무 영향이 없었다.
- Y가 있는 용액에 적색 빛을 쪼이면 형광의 방출이 관찰되지 않았으나 활성산소종이 발생했고 녹색 빛을 쪼이는 것은 아무 영향이 없었다.
- X는 쪼이는 빛의 유무나 빛의 색깔과 무관하게 암세포를 100% 사멸시켰고, Y는 적색 빛을 쪼인 경우에만 암세포를 100% 사멸시켰다.
- Z가 감광제에 의해 발생한 활성산소종 용액에 존재하는 경우, Z는 활성산소종을 50% 제거했다.
- X, Y, Z 사이에 빛, 활성산소종, 항산화제를 매개하지 않는 직접적인 상호작용은 없었다.

① X, Z 혼합용액에 녹색 빛을 쪼이면 Y, Z 혼합용액에 적색 빛을 쪼인 경우보다 적색 형광이 많이 방출되고 활성산소종도 많이 발생하겠군.
② Y, Z 혼합용액에 녹색 빛을 쪼이면 X, Y, Z 혼합용액에 녹색 빛을 쪼인 경우보다 적색 형광이 적게 방출되고 활성산소종도 적게 발생하겠군.
③ X, Z 혼합용액에 녹색 빛을 쪼이면 X, Y, Z 혼합용액에 적색 빛을 쪼인 경우보다 적색 형광이 적게 방출되고 활성산소종은 많이 발생하겠군.
④ X, Z를 동시에 암세포에 가하고 녹색 빛을 쪼이면 Y, Z를 동시에 가하고 녹색 빛을 쪼인 경우보다 적색 형광이 많이 방출되고 암세포가 적게 사멸하겠군.
⑤ Y, Z를 동시에 암세포에 가하고 적색 빛을 쪼이면 X, Z를 동시에 가하고 녹색 빛을 쪼인 경우보다 적색 형광이 적게 방출되고 암세포가 많이 사멸하겠군.

[25~27] 다음 글을 읽고 물음에 답하시오.

당위 명제는 존재 명제에서 도출될 수 없다는 흄의 주장은 현대 도덕철학에 큰 영향을 미쳤다. 도덕 판단이 사실에 관한 참/거짓인 명제임을 부정하며 도덕적 지식은 존재할 수 없다고 주장하는 도덕철학자들에게 흄의 주장은 성서처럼 여겨진다. 하지만 흄의 주장이 진정으로 의미하는 바가 무엇인지에 대해서는 논쟁이 이어지고 있다.

매킨타이어는 흄의 주장이 모든 존재 명제가 아니라 일부의 존재 명제만을 겨냥하고 있다고 본다. 흄은 도덕 판단이 영원한 합목적성이나 신의 의지에 대한 신학적 명제에서 도출되는 것에 대해서만 그 불가능성을 인정한다는 것이다. 신학적 명제는 인간의 필요나 이익과 무관해서 신학적 명제와 도덕적 명제 간에는 간격이 있을 수밖에 없기 때문이다. 결국 매킨타이어는 인간의 필요나 이익과 진정으로 관련되는 존재 명제에서만 당위 명제를 도출할 수 있다고 보는 것이 흄의 진의라고 생각했다. 이런 생각은 흄이 도덕성을 인간에게 정념이나 정서를 불러일으키는 필요나 이익과 관련된 자연적 현상이라고 확신했다는 점에서 도출된다. 매킨타이어는 그 근거로, 흄이 정서에 관해 논의할 때 사회적 규칙이 어떻게 공공의 이익을 증진하는가의 문제와 관련해서 수많은 인류학적, 사회학적 사실을 인용했던 점을 제시한다.

이런 맥락에서 매킨타이어는 '연결 개념'을 제안한다. 이 개념에는 욕구와 필요, 쾌락 등이 포함되는데, 이것들은 사실적인 것인 동시에 도덕적 개념과 밀접하게 연결된 인간 본성의 여러 측면과도 관련된다. 매킨타이어는 연결 개념이 사실들을 그것들과 관련된 도덕적 요구에 연결한다고 보고, 이것이 곧 흄이 실제로 행한 바라고 주장한다.

헌터도 흄이 존재 명제에서의 당위 명제 도출을 전적으로 부정하지는 않았다고 해석한다. 흄은 도덕 판단을 존재 명제처럼 사실적 주장으로 인식했고 따라서 사실적 주장으로서의 도덕 판단은 다른 사실적 주장에서 도출될 수 있다고 생각했다는 것이다. 헌터는 "당신이 어떤 행위나 특성을 사악하다고 말할 때, 이는 당신이 당신의 본성에 의해 그것에 대한 비난 또는 경멸의 느낌이나 정서를 가지게 된다는 사실을 의미할 뿐이다."라는 흄의 언급에 주목한다. 흄의 이 언급은 인간 정서의 사실적 진술에 관한 것이며, 이 사실적 진술은 어떤 행위나 특성에 대한 관찰과 그것에 대한 느낌 간의 인과적 연결을 기술하는 것이다.

결국 헌터의 해석에 따르면, 흄의 당위 명제는 특정한 존재 명제, 즉 이성의 관계들이나 독립적인 외부의 대상들에 관한 명제에서는 도출될 수 없지만, 인간 정서와 관련된 사실적 진술로서의 존재 명제에서는 도출될 수 있다. 이 입장에서는 만일 도덕 판단이 정서의 기술이라면, 그것은 참이거나 거짓이 되며 도덕적 지식을 산출할 수 있을 것이라고 볼 수 있다. 이러한 지식의 내용이 주관적인 것이라 해도 그렇다.

플류와 허드슨은 매킨타이어와 헌터의 흄 해석을 비판하면서, 흄은 도덕 판단을 인간 정서에 관한 사실적 진술이 아니라 정서의 표현으로 보았다고 주장한다. 만일 플류와 허드슨의 주장이 옳다면, 흄은 정서주의의 직접적인 선구자가 될 것이다. 정서주의에서는 흄처럼 사실의 기술과 정서의 표현을 구별하며, 도덕 판단을 시인과 부인의 표현으로 간주하기 때문이다. 이 입장에서 도덕 판단은 정서적 의미를 지닐 뿐이고 단지 발화자의 태도를 표현하는 것에 불과하며, 사실의 기술에서 도출될 수 없다. 따라서 정서주의는 도덕적 논증의 타당성이나 도덕적 지식이 존재할 수 없다고 주장한다. 도덕 판단이 정서의 표현이라면, 그 판단은 참이거나 거짓일 수는 없고 기껏해야 솔직하거나 솔직하지 않은 것일 뿐이기 때문이다. 결국 플류와 허드슨에 따르면, 흄은 존재 명제에서의 당위 명제 도출을 부정하고 도덕적 지식의 불가능성을 주장하는 정서주의자로 해석될 수 있다.

25. 윗글의 내용과 일치하지 <u>않는</u> 것은?

① 도덕철학에서 흄의 주장은 도덕적 지식의 불가능성을 주장하는 철학자들에게 주된 근거로 활용되고 있다.
② 매킨타이어는 흄이 영원한 합목적성이나 신의 의지에 대한 신학적 명제를 존재 명제로 보았다고 해석한다.
③ 헌터는 흄이 존재 명제와 당위 명제를 모두 사실적 주장으로 보았다고 이해한다.
④ 플류와 허드슨은 흄이 인간 정서를 사실적 진술의 대상이 아니라고 보았다고 해석한다.
⑤ 정서주의는 인간 정서가 솔직하게 표현된다면 이를 근거로 존재 명제에서 당위 명제를 이끌어낼 수 있다고 본다.

26. 윗글을 바탕으로 철학자들의 판단을 이해한 것으로 적절한 것만을 있는 대로 고른 것은?

<보 기>

ㄱ. 매킨타이어에 따르면, 공익을 증진하는 사회적 규칙은 우리에게 쾌락을 유발한다면 도덕성을 지닌다는 것이 흄의 생각이다.
ㄴ. 헌터에 따르면, 인간 정서는 주관적이기 때문에 인간 정서에 대한 사실적 진술에서 도출된 도덕 판단은 도덕적 지식이 될 수 없다는 것이 흄의 생각이다.
ㄷ. 플류와 허드슨에 따르면, 도덕 판단은 정서의 표현이기 때문에 도덕적 지식이 될 수 없다는 것이 흄의 생각이다.

① ㄴ ② ㄷ ③ ㄱ, ㄴ
④ ㄱ, ㄷ ⑤ ㄱ, ㄴ, ㄷ

27. 윗글을 바탕으로 <보기>를 해석할 때, 가장 적절한 것은?

<보 기>

사악한 것으로 인정된 행위, 예를 들면 고의적 살인을 생각해 보자. 이 행위를 모든 측면에서 검토해 보라. 그리고 여기서 당신이 악덕이라고 부를 수 있는 어떤 사실 또는 진정한 존재를 발견할 수 있는지를 살펴보라. 당신이 그 행위를 어떤 방식으로 검토하든 간에 당신은 오직 어떤 정념과 동기, 의욕과 사고를 발견할 뿐이다. 당신이 그 행위를 대상으로 생각하는 한 그러한 행위에서는 악덕을 전혀 포착할 수 없을 것이다. 당신이 그 행위를 당신의 가슴으로 느껴서 그 행위에 대해 당신 안에 생겨나는 거부의 감정을 발견하기 이전에는 당신은 악덕을 발견할 수 없다. 이때 하나의 사실이 생기는데, 이것은 이성의 대상이 아니라 느낌의 대상이다. 그리고 이것은 당신 자신 안에 있는 것이지 대상에 있는 것이 아니다.

- 흄, 『인간 본성에 관한 논고』 -

① 헌터는 '고의적 살인'에 대한 도덕 판단이 사람들에게 불러일으킨 부정적 정서의 진술에서 도출된 것이라고 생각하겠군.

② '악덕'이라는 도덕 판단의 근거를 매킨타이어는 인간의 타고난 성질에서 찾겠지만, 헌터는 시인과 부인의 표현에서 찾겠군.

③ 플류와 허드슨은 '악덕'에 대해 '고의적 살인'이 어떤 사람에게 유발한 불쾌감을 기술한 것으로 간주하겠군.

④ 매킨타이어와 달리 헌터는 '거부의 감정'이 사실적 측면과 도덕적 요구를 연결하는 개념이라고 생각하겠군.

⑤ 매킨타이어는 '당신 자신 안에 있는 것'을, 플류와 허드슨은 '대상에 있는 것'을 도덕 판단으로 간주하겠군.

[28~30] 다음 글을 읽고 물음에 답하시오.

부부가 이혼할 때 한쪽이 양육친으로서 미성년 자녀에 대한 양육권을 행사하면 다른 쪽은 비양육친으로서 면접교섭권을 가진다. 양육권자는 합의로 정하며 합의가 되지 않은 때에는 법원의 재판으로 정한다. 부부의 국적이 다른 경우, 이 재판은 자녀가 생활하던 나라의 법원에서 진행되고, 대개 그 나라 국민인 사람이 양육친으로 지정된다. 자녀가 원래 살던 나라에서 그대로 살 수 있게 해 주는 것이 '자녀의 복리 원칙'에 부합하기 때문이다.

비양육친은 양육권을 가져오기 위해 자녀를 데리고 다른 나라에 가서 다시 재판을 받으려 할 수 있다. 이런 상황에 대처하기 위해 국제 협약이 마련되었다. 이 협약은 양육친과 비양육친의 국적이 같은 경우나 비양육친이 자신의 본국 아닌 제3국으로 자녀를 데려간 경우에도 적용되는데, 자녀의 생활환경 급변을 방지하는 한편 비양육친이 유리한 재판을 받을 때까지 자녀를 데리고 국제적 이동을 반복하는 것을 억제하기 위해서이다.

협약은 16세 미만인 자녀에 대한 위법한 국제적 이동이 발생한 경우에 자녀를 신속하게 반환시키는 것을 목적으로 한다. 양육친의 의사에 반해 자녀를 다른 나라로 이동시키면 양육권을 침해하여 위법한 행위가 된다. 비양육친이 양육친의 동의하에 귀국을 전제로 자녀를 국제적으로 이동시킨 후 자녀를 반환하기를 거부하는 경우 위법성이 인정된다. 이 협약에 특유한 전담기관 제도와 반환재판 제도가 모두 효과적으로 작동하므로 이 협약은 성공적으로 운영되고 있다고 평가된다. 다만 양육친과 비양육친의 본국이 모두 협약 가입국이어야만 적용되며, 면접교섭권이 침해되는 경우에는 전담기관의 지원을 받을 수 있을 뿐 그 구제를 위한 재판제도를 두지 않았다는 한계가 있다.

위법한 국제적 이동이 발생한 경우, 자녀를 반환시키려면 양육친은 재판에서 승소하여 강제집행 절차까지 마쳐야 한다. 양육친이 외국에서 이 절차를 진행하는 데 곤란을 겪을 경우, 전담기관의 지원을 받을 수 있다. 협약 가입국은 하나 이상의 전담기관을 지정해야 한다. 전담기관은 자녀의 소재 탐지, 반환재판 진행, 승소 후의 강제집행 절차에 이르는 전반적인 과정에서 양육친을 지원한다. 또한 양육친과 비양육친이 합의로 자녀의 반환 방법을 결정하도록 주선하고, 합의가 성립하면 그 실행을 지원한다. 협약에는 가입국들의 전담기관들 간 공조 체계도 마련되어 있어서 양육친은 자국 전담기관을 매개로 비양육친과 자녀가 머무는 외국의 전담기관의 지원을 받거나 외국 전담기관에 직접 지원을 신청할 수 있다. 물론 직접 외국의 법원에 반환재판을 청구할 수도 있다.

협약에 따르면, 자녀에 대한 위법한 국제적 이동 사실이 인정되면 법원은 자녀를 돌려보내도록 결정한다. 이때 부모 중 누가 양육권자로서 더 적합한지는 판단하지 못하도록 하고 있다. 이는 반환재판의 지연을 방지하고 자녀가 원래 살던 나라에서 양육권자를 정하는 재판을 하도록 하기 위해서이다. 다만 반환 예외 사유가 인정되면 법원은 반환청구를 받아들이지 않을 수 있다. 자녀가 1년 이상 체류 중인 나라에서의 생활에 적응한 경우나 자녀에게 위해가 발생할 중대한 위험이 있는 경우가 그 예이다. 위해에는 신체적 위해뿐 아니라 정신적 위해도 포함되므로 양육친이 비양육친에게만 폭력을 행사해도 자녀에게 정신적 위해가 발생한다고 볼 수 있다.

반환재판 사례가 축적되면서 협약 제정 당시 예상하지 못했던 현상이 나타났다. 비양육친이 양육친의 가정폭력으로 인해 양육친

몰래 자녀를 데리고 외국으로 도피하는 사례가 많아졌다. 이 경우 법원은 중대한 위험이 인정됨을 이유로 반환청구를 받아들이지 않을 수 있지만, 협약의 입법 취지가 무의미해지는 것을 방지하기 위해 자녀 보호에 필요한 조치를 명하면서 반환청구를 인용할 수도 있다.

28. 윗글에 대한 이해로 가장 적절한 것은?

① 전담기관 제도는 반환재판 제도와는 달리 효과적으로 작동하고 있다.

② 양육친이 반환재판에서 승소하더라도 그것만으로는 자녀의 반환이 실현되지 않는다.

③ 법원의 재판으로 양육권자가 정해지면 그 나라의 재판으로는 이를 번복할 수 없다.

④ 양육친과 비양육친의 합의로 반환 방법이 정해지면 전담기관은 더 이상 상황에 개입할 수 없다.

⑤ 양육친과 비양육친의 국적이 서로 다르면 전담기관은 타국 국민에 대해서는 지원을 제공하지 않아도 된다.

29. 윗글에서 추론한 내용으로 가장 적절한 것은?

① 협약의 목적은 양육권자 결정에 관한 재판이 자녀가 현재 머무는 나라에서 진행되게 하는 것이다.

② 협약 제정 당시의 예상과 달리, 신속한 반환이 자녀의 복리에 부합한다고 보기 어려운 사례가 늘고 있다.

③ 양육친과 비양육친의 국적이 같으면 비양육친이 위법하게 자녀를 국제적으로 이동시켜도 협약이 적용되지 않는다.

④ 비양육친의 본국만 협약에 가입한 경우에도 양육친은 비양육친의 본국에서 협약상의 지원 신청과 반환재판 청구를 할 수 있다.

⑤ 비양육친이 양육친의 동의하에 자녀를 외국으로 데려간 경우라면 이후의 상황 변화와 상관없이 적법한 국제적 이동으로 인정된다.

30. 윗글을 바탕으로 <보기>를 평가한 것으로 가장 적절하지 않은 것은?

<보 기>

X국 국적자인 갑과 Y국 국적자인 을이 X국에서 함께 살던 중 이들 사이에서 자녀 병이 태어났다. 갑과 을은 병이 8세 되던 해 이혼하였다. 그때 갑과 을이 병의 양육권에 관하여 합의에 이르지 못하여 X국 법원은 갑을 양육권자로 지정하고 을이 면접교섭권을 행사하여 병을 방학 기간 동안 Y국으로 데려갈 수 있도록 하였다. 현재 병의 나이는 10세이고 을은 병을 데리고 출국하려고 한다. X국과 Y국은 모두 협약 가입국이다.

① 을이 갑의 동의 없이 병을 협약 가입국인 Z국으로 데려간 직후 갑이 Z국에서 반환재판을 청구하는 경우, Z국 법원은 병을 X국으로 돌려보낼 수 있다.

② 을이 갑의 동의 없이 병을 Y국으로 데려간 직후 갑이 Y국에서 반환재판을 청구하는 경우, 을이 양육권자 변경을 주장하더라도 Y국 법원은 을의 주장을 판단할 권한이 없다.

③ 을이 갑의 동의 없이 병을 Y국으로 데려간 후 3년이 지나도 병이 생활 적응에 실패한 상황에서 갑이 곧바로 Y국 법원에 반환청구를 하는 경우, Y국 법원은 갑의 반환청구를 받아들일 수 있다.

④ 을이 방학을 맞은 병을 Y국으로 데려가려 했으나 갑이 병의 소재를 알려주지 않는 경우, 을은 면접교섭권 행사에 대해 Y국에서 전담기관의 지원을 받을 수 없다.

⑤ 갑의 폭력 성향 때문에 을이 병을 Y국으로 데려간 직후 갑이 Y국에서 반환재판을 청구하는 경우, 병에 대한 위해가 발생할 중대한 위험이 인정되어도 Y국 법원은 갑의 반환청구를 받아들일 수 있다.

* 확인 사항
○ 문제지와 답안지의 해당란에 필요한 내용을 정확하게 표기했는지 확인하십시오.

※ 시험이 시작되기 전에는 표지를 넘기지 마십시오.

제 1 교 시

홀수형

2023학년도 법학적성시험

언어이해 문제지

성 명	

수험번호							

- **수험번호 끝자리**가 **홀수**인 응시자는 **홀수형** 문제지로, **짝수**인 응시자는 **짝수형** 문제지로 응시해야 합니다. 문제지가 자신에게 맞는 문제유형인지 확인하십시오.
- 답안지의 '문제유형 표기란'에 문제지 문제유형(홀수형, 짝수형)을 표기하십시오.
- 이 문제지는 **30문항**으로 구성되어 있습니다.
- **시험 시간은 09 : 00 ~ 10 : 10 (70분)입니다.**
- 문제지에 성명과 수험번호를 정확하게 기재하십시오.
- 답안지는 반드시 컴퓨터용 사인펜을 사용하여 답을 표기하여야 합니다.
- 답안지의 '필적확인란'에 제시된 문구를 정확히 정자로 기재하여야 합니다.

※ 시험이 시작되기 전에는 표지를 넘기지 마십시오.

메가로스쿨

2023학년도 법학적성시험

1

제 1 교시

언어이해

성명 | 수험번호 | 홀수형

◦ 이 문제지는 **30문항**으로 구성되어 있습니다. 문항 수를 확인하십시오.

◦ 문제지의 해당란에 성명과 수험번호를 정확히 쓰십시오.

◦ 답안지에 수험번호, 문제유형, 성명, 답을 표기할 때에는 '답안 작성 시 반드시 지켜야 하는 사항'에 따라 표기하십시오.

◦ 답안지의 '필적확인란'에 해당 문구를 정자로 기재하십시오.

[1~3] 다음 글을 읽고 물음에 답하시오.

판사에게 진솔함이 요구되는가 하는 문제가 논의되고 있다. 현대의 민주국가는 판사가 내리는 판결에 강제력을 부여하지만, 사법권의 행사에 민주적 통제가 미치도록 판결에 이유를 밝힐 것을 요구한다. 이때 판사는 판결의 핵심적인 근거에 관해 허위나 감춤 없이 자신이 믿는 바와 판단 과정을 분명히 드러내야 한다. 이에 대해서는 '반대론'이 있다. 법원은 사회적 갈등과 긴장의 해소를 임무로 하므로 사형이나 낙태 문제와 같이 논란이 큰 사안을 다룰 때는 판사들의 의견이 일치된 것처럼 보이는 편이 바람직하며, 필요하면 내심의 근거와 다른 것을 판결 이유로 들거나 모호하게 핵심을 회피하는 편이 낫다는 견해가 대표적이다. 이런 반대론은 시민들이 진실을 다룰 능력이 부족하다고 전제하고 있어 민주주의 원리에 반하므로 동의하기 어렵다. 다만 판사도 거짓말을 선택해야 할 예외 상황이 존재한다는 주장은 검토해 볼 만하다.

법과 양심에 따라 재판해야 하는 판사에게 양심은 곧 법적 양심을 의미하므로 법과 양심이 충돌할 일은 거의 없다. 하지만 노예제도가 인정되던 시절에 노예제를 허용하지 않는 주(州)로 탈출한 노예에 대해 소유주가 소유권을 주장하는 것처럼 법적 권리와 도덕적 권리가 충돌할 뿐 아니라 법적 결론이 지극히 부정의한 결과를 초래하는 상황에서는 사정이 다르다. 이런 사안에서는 법적 권리를 무효로 할 근거는 찾기 어렵고, 그렇다고 법을 그대로 적용하는 것은 도덕적으로 옳지 않다. 판사는 도덕적 양심에 반해 법률을 적용하거나 도덕적 양심을 우선해 법률을 적용하지 않을 수 있을 것이다. 그러나 전자는 판사의 양심을 부정하고, 후자는 판사의 직업상 의무를 위반한다. 사임하는 것은 누구에게도 도움이 되지 않으므로 도덕적 권리를 지지하는 판사에게 남은 선택은 그 법적 권리를 자신이 믿는 바와 다르게 당사자에게 표명하는 것밖에 없다. 즉, 판사는 법적으로 인정되는 권리임을 부인할 수 없음에도 다른 합법적인 법해석을 만들어내고는 그런 법해석의 결과로 법적 권리가 부정되는 것처럼 판결함으로써 은밀하게 곤경에서 벗어나는 것이다.

하지만 이런 논의가 판사의 진솔 의무를 부정하지는 못한다. 오늘날 법과 도덕의 극단적인 괴리 현상은 드물며, 진실을 분별하고 지지하는 민주사회라면 판사가 묘책을 찾아야 하는 상황을 만들어내지 않을 것이다. 하지만 법-도덕의 딜레마와 진솔 의무는 노예제와 함께 완전히 사라지지 않았다. 판사가 특정 법률에 도덕적 저항감을 느끼는 일은 현대에도 계속되고 있다. 여기서 판사의 선택은 정의와 민주주의, 사법의 정당성에 지속적으로 영향을 미친다.

진솔함의 중요성은 최근에는 다른 차원에서 제기되고 있다. 먼저 판사의 진솔함은 사법의 정당성을 수호하는 중요한 방책이 된다. <u>㉠ 어떤 판사는 법이 모호하고 선례도 없어 판단이 매우 어려운 사안에서 창의적인 법해석을 한 경우에도 그런 사정을 감춘다.</u> 이때 판사는 자신이 진정으로 믿는 법해석을 근거로 판결한 것이지만, 패소한 당사자를 설득하기 위해 판사들 사이의 상투적 표현법을 써서 이렇게 말하는 편이 더 좋다고 생각한다. "판사는 법을 만들지 않으며, 법을 발견하고, 법률을 기계적으로 적용할 뿐이다." 더 심각한 것은 판사가 법 외적인 사정에 무관심하고 오직 법의 문언에 충실한 결과인 듯 판결 이유를 제시하지만, 실제로는 어떤 결과를 도출할 것인지 먼저 선택한 다음에 자신이 선호하는 결과를 보장하는 해석론을 개발해 제시하는 경우이다. 이때도 판사는 으레 동일한 표현법을 활용한다.

하지만 이런 방편에는 큰 위험이 도사리고 있다. 판사의 거짓말은 국민을 자율적 판단 능력을 갖춘 시민으로 존중하지 않음을 의미하며, 사법적 판단 과정의 실상이 드러나는 순간 사법의 권위와 정당성은 실추될 것이다. 법원이 이런 위험에서 벗어나는 길은 진솔함으로 국민을 대하는 것이다. 이런 인식을 바탕으로 법-도덕 딜레마 상황에서 거짓이 정당화된다는 견해도 재검토되고 있다. 거짓으로 이룰 수 있는 것은 진솔함으로도 이룰 수 있다.

1\. 윗글의 내용과 일치하지 <u>않는</u> 것은?

① 판사의 진솔함은 법-도덕 딜레마와 민주주의를 서로 연결 짓는다.

② 판사의 진솔 의무를 지지하는 견해는 판사가 판결에 이르는 과정에서 법 외적인 요소들을 고려하는 것을 허용한다.

③ 법-도덕 딜레마 상황에서 거짓말하기를 선택한 판사는 정의를 위해 행동하는 듯하지만, 사실은 법을 위해 법에 더 충실한 선택을 한다.

④ 판사의 진솔함이 사법의 정당성을 뒷받침한다는 견해에 의하면 법-도덕 딜레마 사안에서 판사는 더 이상 거짓말하기를 선택해서는 안 된다.

⑤ 판사가 판결 이유를 밝혀야 한다는 것과 판결 이유를 진솔하게 작성해야 한다는 것은 별개이지만 모두 민주주의 원리에서 공통의 근거를 찾을 수 있다.

2. ㉠에 대한 설명으로 가장 적절한 것은?

① 판사의 법해석은 법적 판단이 어렵다는 사정 때문에 상당한 재량이 행사된 결과이지만, 판사는 공식적으로는 그렇게 말하지 않을 것이다.

② 판사의 법해석은 기존 판례의 답습이 아니라 새로운 해석을 통한 것이며, 또한 판사도 공식적으로 그렇게 말할 것이다.

③ 판사의 법해석은 합법적인 해석 권한을 벗어난 것이지만, 판사는 공식적으로는 벗어나지 않았다고 말할 것이다.

④ 판사의 법해석은 선례의 도움 없이도 충분히 가능한 법 발견이었으며, 또한 판사도 그렇게 말할 것이다.

⑤ 판사의 법해석은 법률을 기계적으로 적용한 결과이며, 또한 판사도 공식적으로 그렇게 말할 것이다.

3. <보기>의 입장에서 윗글에 대해 추론한 것으로 적절하지 않은 것은?

<보 기>

미국의 사법적 판단 과정을 설명하는 대표적인 이론으로 '법형식주의'와 '법현실주의'가 거론된다. 전자에 의하면 판사는 중립적 심판자로서 사안에 법을 그대로 적용할 뿐이다. 여기에는 어떤 정치적 고려의 여지가 없으며, 판사에게는 엄격하게 법을 적용할 의무만 있다. 후자에 의하면 법은 곧 정치이고 판사는 법복 입은 정치인이다. 판사는 재판 중에 법 외적 고려에 따라 자신이 만든 법을 적용한다. 하지만 이런 표현은 판사가 판결에 이르기까지 실제 사법적 판단 과정의 양면을 극단적으로 단순화한 것이며, 실제의 과정을 제대로 설명할 수 없다. 문제는 판사들이 사법의 권위와 정당성을 중립적 재판기구라는 점에서 찾으면서 단순화된 이론이 표방하는 문구를 그대로 사용한다는 점이다. 판사의 진술함이 판사의 권력 남용을 저지하는 필수불가결한 요소라고 보는 '비판론자'는 판사들이 실제 사법적 판단 과정을 사실대로 말한 것이 아니라는 점을 지적하기 위해 그런 문구를 '고상한 거짓말'이라고 비판한다.

① 사법적 판단 과정도 민주적 통제의 대상이 된다고 보는 입장에서는 대중이 사법적 판단 과정의 실제를 정확하게 알아야 한다고 볼 것이다.

② 법현실주의자는 특정한 정치적 성향이 밝혀진 판사가 특정한 사건에서 어떤 판결을 내릴지 예상되는 것을 자연스럽게 여길 것이다.

③ 법형식주의자는 판사의 기본적 역할이자 임무는 도덕의 지배가 아닌 법의 지배를 관철하는 것이라고 보는 견해를 지지할 것이다.

④ 비판론자는 결과를 먼저 선택한 다음 이를 지지하는 법해석을 찾아내는 판사가 사용한 표현 문구에 대해 '고상한 거짓말'이라고 비판할 것이다.

⑤ 비판론자는 타당한 결과를 도출했더라도 이를 감추기 위해 거짓을 선택하는 것을 법의 왜곡과 법 발전의 정체가 초래되지는 않는다는 이유로 수긍할 것이다.

[4~6] 다음 글을 읽고 물음에 답하시오.

도덕 공동체의 구성원은 도덕적 고려의 대상이 되는 존재로서 도덕 행위자와 도덕 피동자로 구분된다. 도덕 행위자는 도덕 행위의 주체로서 자신의 행위에 따른 결과에 대해 책임질 수 있는 존재이다. 반면에 도덕 피동자는 영유아처럼 이성이나 자의식 등이 없기에 도덕적 행동을 할 수 없는 존재이다. 그럼에도 영유아는 도덕적 고려의 대상이라는 것이 우리의 상식인데, 영유아라고 해도 쾌락이나 고통을 느끼는 감응력이 있기 때문이다. 쾌락이나 고통을 느끼기에 그것을 좇거나 피하려고 한다는 도덕적 이익을 가지고 있으므로 도덕적 고려의 대상이 되어야 한다는 것이다.

싱어와 커루더스를 비롯한 많은 철학자들은 이러한 이유로 감응력을 도덕적 고려의 기준으로 삼는다. 싱어는 영유아뿐만 아니라 동물도 감응력이 있으므로 동물도 도덕 공동체에 포함해야 한다고 주장한다. 반면에 커루더스는 고차원적 의식을 감응력의 기준으로 보아 동물을 도덕 공동체에서 제외하는데, 이 주장을 따르게 되면 영유아도 도덕적 고려의 대상에서 제외되고 만다. 영유아는 언젠가 그런 의식이 나타날 것이므로 잠재적 구성원이라고 주장할 수도 있다. 그러나 문제는 그런 잠재성도 없는 지속적이고 비가역적인 식물인간의 경우이다. 식물인간은 고차원적 의식은 물론이고 감응력도 없다고 생각되는데 그렇다면 도덕적 공동체에서 제외되어야 하는가?

식물인간을 흔히 의식이 없는 상태라고 판단하는 것은 식물인간이 어떤 자극에도 반응하지 못한다는 행동주의적 관찰 때문이다. 이런 관찰은 식물인간이 그 자극에 대한 질적 느낌, 곧 현상적 의식을 가지지 않는다고 결론 내린다. 어떤 사람이 현상적 의식이 없는 경우 그는 감응력이 없을 것이다. 그런데 거꾸로 감응력이 없다고 해서 꼭 현상적 의식을 가지지 못하는 것은 아니다. 즉, 현상적 의식과 감응력의 개념은 일치하지 않는다. 외부 자극에 좋고 싫은 적극적인 의미가 없어도 어떠한 감각 정보가 접수된다는 수동적인 질적 느낌을 가질 수 있기 때문이다. 반면 감응력은 수동적인 측면을 넘어서 그런 정보를 바라거나 피하고 싶다는 능동적인 측면을 포함한다. 이것은 자신이 어떻게 취급받는지에 신경 쓸 수 있다는 뜻이므로, 감응력을 도덕적 고려의 기준으로 삼는 철학자들은 여기에 도덕적 고려를 해야 한다고 생각하는 것이다. 행동주의적 기준으로 포착되지 않는 심적 상태는 도덕적 고려의 대상으로 여기지 않는 것이다.

그렇다면 감응력이 없고 현상적 의식만 있는 식물인간은 도덕적 고려의 대상이 아닐까? 도덕적 고려는 어떤 존재가 가지고 있는 도덕적 속성으로 결정되는 것이 아니라, 도덕적 행위자가 그 존재와 맺는 구체적 관계에 의해 결정된다는 주장도 있다. 다양한 존재들은 일상에서 상호작용하는데, 도덕 공동체의 가입 여부는 그러한 관계에 따라 정해진다는 것이다. 그러나 이런 관계론적 접근은 우리와 더 밀접한 관계를 갖는 인종이나 성별을 우선해서 대우하는 차별주의를 옹호할 수 있다. 그리고 똑같은 식물인간이 구체적 관계의 여부에 따라 도덕 공동체에 속하기도 하고 속하지 않기도 하는 문제도 생긴다. 결국 식물인간을 도덕적으로 고려하려면 식물인간에게서 도덕적으로 의미 있는 속성을 찾아야 한다.

감응력이 전혀 없이 오직 현상적 의식의 수동적 측면만을 가진 사람, 즉 '감응력 마비자'를 상상해 보자. 그는 현상적 의식을 가지고 있기는 하지만 못에 발을 찔렸을 때 괴로워하거나 비명을 지르지는 않는다. 그러나 안전한 상황에서 걸을 때와는 달리 발에 무언가가 발생했다는 정보는 접수할 것이다. 이런 상태는 얼핏 도덕적 고려의 대상이 되기에 무언가 부족해 보인다. 하지만 감응력 마비자는 사실상 감응력이 있는 인간의 일상생활의 모습을 보여 준다. 예컨대 컴퓨터 자판을 오래 사용한 사람은 어느 자판에 어느 글자가 있는지를 보지 않고도 문서를 작성할 수 있다. 이 사람은 특별한 능동적인 주의력이 필요한 의식적 상태는 아니지만, 외부의 자극에 대한 정보가 최소한 접수되는 정도의 수동적인 의식적 상태에 있다고 해야 할 것이다. 정도가 미약하다는 이유만으로는 그 상태를 도덕적으로 고려할 수 없다는 주장은 설득력이 부족하다. ㉠ 이와 마찬가지로 식물인간이 고통은 느끼지 못하지만 여전히 주관적 의식 상태를 가질 수 있다면, 이는 도덕 공동체에 받아들일 수 있는 여지가 있다는 것을 보여 준다.

4. 윗글에 대한 이해로 적절하지 않은 것은?

① 도덕적 행위를 할 수 없는 존재도 도덕 공동체에 들어올 수 있다.
② 도덕 피동자는 능동적인 주의력은 없지만 수동적인 의식적 상태는 있다.
③ 관계론적 접근에서는 동물이 도덕적 고려의 대상이 아닐 수도 있다.
④ 식물인간이 고통을 느끼지 못한다고 판단하는 것은 자극에 반응이 없기 때문이다.
⑤ 식물인간은 도덕 공동체의 구성원이 되어도 스스로 책임질 수 있는 존재는 아니다.

5. 현상적 의식과 감응력에 대해 추론한 것으로 가장 적절한 것은?

① '감응력 마비자'는 현상적 의식을 가지고 있지 못하다.
② 감응력은 정보 접수적 측면은 없지만 능동적 측면은 있다.
③ 현상적 의식과 달리 감응력은 행동주의적 기준으로 포착되지 않는다.
④ 커루더스는 현상적 의식이 있지만 감응력이 없는 존재를 고차원적 의식이 없다고 생각한다.
⑤ 싱어는 감응력 없이 현상적 의식의 상태에 있는 대상에게 위해를 가하는 것을 비윤리적이라고 주장할 것이다.

6. ㉠에 대한 비판으로 가장 적절한 것은?

① 감응력이 있는 현상적 의식을 가진 존재만을 도덕적으로 고려하면 고통과 쾌락을 덜 느끼는 사람을 차별하게 되지 않을까?
② 도덕 피동자가 책임질 수 있는 도덕적 행동을 할 수 없더라도 도덕 행위자는 도덕 피동자에게 도덕적 의무를 져야 하는 것 아닐까?
③ 외부의 자극에 대한 수동적인 의식적 상태는 자신이 어떻게 취급받는지에 신경 쓰지 않는다는 뜻인데 여기에 도덕적 고려를 할 필요가 있을까?
④ 식물인간의 도덕적 고려 여부는 식물인간이 누구와 어떤 관계를 맺느냐가 아니라 어떤 도덕적 속성을 가지고 있느냐를 보고 판단해야 하지 않을까?
⑤ 일상에서 특별한 능동적인 주의력이 필요한 의식 상태라고 하는 것도 알고 보면 외부 자극에 대한 정보가 최소한 접수되는 정도의 의식적 상태가 아닐까?

[7~9] 다음 글을 읽고 물음에 답하시오.

세포는 현미경으로 관찰하면 작은 물방울처럼 보이지만 세포 내부는 기름 성분으로 이루어진 칸막이에 의해 여러 구획으로 나누어져 있다. 서랍 속의 칸막이가 없으면 물건이 뒤섞여 원하는 것을 찾기 힘들어지듯이 세포 안의 구획이 없으면 세포 안의 구성물, 특히 단백질이 마구 섞이게 되어 세포의 기능에 이상이 생길 수 있다. 그러므로 각각의 단백질은 저마다의 기능에 따라 세포 내 소기관들, 세포질, 세포 외부나 세포막 중 필요한 장소로 수송되어야 한다.

세포 외부로 분비된 단백질은 호르몬처럼 다른 세포에 신호를 전달하는 역할을 하고, 세포막에 고정되어 위치하는 단백질은 외부의 신호를 안테나처럼 받아들이는 수용체 역할을 하거나 물질을 세포 내부로 받아들이는 통로 역할을 수행한다. 반면 세포 내 소기관으로 수송되는 단백질이나 세포질에 존재하는 단백질은 각각 세포 내 소기관 또는 세포질에서 수행되는 생화학 반응을 빠르게 진행하도록 하는 촉매 역할을 주로 수행한다.

단백질은 mRNA의 정보에 의해 리보솜에서 합성된다. 리보솜은 세포 내부를 채우고 있는 세포질에 독립적으로 존재하다가 mRNA와 결합하여 단백질 합성이 개시되면 세포질에 머물면서 계속 단백질 합성을 진행하거나 세포 내부의 소기관인 소포체로 이동하여 소포체 위에 부착하여 단백질 합성을 계속한다. 리보솜이 이렇게 서로 다른 세포 내 두 장소에서 단백질 합성을 수행하는 이유는 합성이 끝난 단백질을 그 기능에 따라 서로 다른 곳으로 보내야 하기 때문이다. 세포질에서 독립적으로 존재하는 리보솜에서 완성된 단백질은 주로 세포질, 세포핵·미토콘드리아와 같은 세포 내 소기관으로 이동하여 기능을 수행한다. 반면 소포체 위의 리보솜에서 합성이 끝난 단백질은 세포 밖으로 분비되든지, 세포막에 위치하든지, 또는 세포 내 소기관들인 소포체나 골지체나 리소솜으로 이동하기도 한다. 소포체·골지체·리소솜은 모두 물리적으로 연결되어 있으므로 소포체 위의 리보솜에서 만들어진 단백질의 이동이 용이하다. 또한 세포막에 고정되어 위치하거나 세포막을 뚫고 분비되는 단백질은 소포체와 골지체를 거쳐 소낭에 싸여 세포막 쪽으로 이동한다.

소포체 위의 리보솜에서 완성된 단백질은 소포체와 근접한 거리에 있는 또 다른 세포 내 소기관인 골지체로 이동하여 골지체에서 추가로 변형된 후 최종 목적지로 향하기도 한다. 이 단백질 합성 후 추가 변형 과정은 아미노산이 연결되어서 만들어진 단백질에 탄수화물이나 지질 분자를 붙이는 과정으로서 아미노산만으로는 이루기 힘든 단백질의 독특한 기능을 부여해준다. 일부 소포체에서 기능하는 효소는 소포체 위의 리보솜에서 단백질 합성을 완료한 후 골지체로 이동하여 변형된 다음 소포체로 되돌아온 단백질이다.

과연 단백질은 어떻게 자기가 있어야 할 세포 내 위치를 찾아갈 수 있을까? 그것을 설명하는 것이 '신호서열 이론'이다. 어떤 단백질은 자기가 배송되어야 할 세포 내 위치를 나타내는 짧은 아미노산 서열로 이루어진 신호서열을 가지고 있다. 예를 들어 KDEL 신호서열은 소포체 위의 리보솜에서 합성된 후 골지체를 거쳐 추가 변형 과정을 거친 다음 소포체로 되돌아오는 단백질이 가지고 있는 신호서열이다. 또한 NLS는 세포질에 독립적으로 존재하는 리보솜에서 합성되어 세포핵으로 들어가는 단백질이 가지고 있는 신호서열이고 NES는 반대로 세포핵 안에 존재하다가 세포질로 나오는 단백질이 가지고 있는 신호서열이다. 그리고 세포질에 독립적으로 존재하는 리보솜에서 만들어진 단백질을 미토콘드리아로 수송하기 위한 신호서열인 MTS도 있다.

이러한 신호서열 이론을 증명하는 여러 실험이 수행되었다. ㉠<u>KDEL 신호서열을 인위적으로 붙여준 단백질은 원래 있어야 할 곳 대신 소포체에 위치하는 것으로 관찰되어</u> KDEL이 소포체로의 단백질 수송을 결정하는 신호서열이라는 결론이 내려졌다. ㉡<u>소포체에 부착한 리보솜에서 만들어진 어떤 단백질이 특정한 신호서열이 있어서 세포 밖으로 분비되는 것인지, 아니면 그 단백질이 신호 서열을 전혀 가지고 있지 않아서 세포 밖으로 분비되는 것인지 확인하는 실험</u>도 수행되었는데 세포의 종류에 따라 각기 다르다는 결론이 내려졌다. ㉢<u>세포 내 특정 장소로 가기 위한 신호서열을 가지고 있지 않은 단백질이 어떻게 특정 장소로 이동하는지를 확인하는 실험</u>을 한 결과 특정 장소로 수송하기 위한 신호서열을 가지고 있는 단백질과의 결합을 통해 신호서열이 지정하는 특정 장소로 이동할 수 있다는 결론을 얻었다.

7. 윗글의 내용과 일치하지 <u>않는</u> 것은?

① 세포막에서 수용체 역할을 하는 단백질은 소포체 위의 리보솜에서 합성된 것이다.

② 세포질 안에서 사용되는 단백질은 세포질에 독립적으로 존재하는 리보솜에서 합성된 것이다.

③ 골지체에서 변형된 후 소포체로 돌아온 단백질은 소포체 위의 리보솜에서 합성된 것이다.

④ 세포핵으로 수송되는 단백질은 세포 밖으로 분비되는 단백질과 다른 곳에 위치한 리보솜에서 합성된 것이다.

⑤ 미토콘드리아로 수송되는 단백질과 세포막에 위치하는 단백질은 같은 곳에 위치한 리보솜에서 합성된 것이다.

8. 윗글을 바탕으로 추론한 것으로 적절하지 않은 것은?

① KDEL 신호서열을 가지고 있는 단백질은 NLS가 없을 것이다.
② KDEL 신호서열을 가지고 있는 소포체로 최종 수송된 단백질은 골지체에서 변형을 거쳤을 것이다.
③ NLS가 없는 세포핵 안에 존재하는 단백질은 NLS가 있는 다른 단백질과 결합하여 세포핵 안으로 수송되었을 것이다.
④ NLS가 있으나 NES가 없는 단백질은 합성 후 세포핵에 위치한 다음 NES가 있는 단백질과 결합하면 다시 세포핵 밖으로 나갈 수 있을 것이다.
⑤ NLS와 NES를 모두 가졌으나 세포 외부에서 발견되는 단백질은 세포질에 독립적으로 존재하는 리보솜에서 합성된 단백질과 결합하여 세포 외부로 이동하였을 것이다.

9. ㉠~㉢에 대한 평가로 적절한 것만을 <보기>에서 있는 대로 고른 것은?

<보 기>

a. KDEL 신호서열이 있는 어떤 단백질의 KDEL 신호서열을 인위적으로 제거하면 소포체로 이동하지 않는다는 실험 결과는 ㉠의 결론을 강화한다.
b. NLS를 가진 어떤 단백질의 NLS를 인위적으로 제거하면 세포 밖으로 분비된다는 실험 결과는 ㉡의 결론을 강화한다.
c. MTS가 없는 어떤 단백질이 MTS가 있는 단백질과 결합하여 미토콘드리아에서 발견된다는 실험 결과는 ㉢의 결론을 강화한다.

① a ② b ③ a, c ④ b, c ⑤ a, b, c

[10~12] 다음 글을 읽고 물음에 답하시오.

농업 중심의 사회를 벗어나면서 급속한 산업화와 도시화에 따른 갈등이 나타나고 있던 19세기 말 미국에서는 터너가 이끌었던 혁신주의 역사학이 대두했다. 혁신주의 역사학의 특징은 역사의 핵심을 갈등이라고 본 점에 있다. 예컨대, 야만과 문명이 공존하는 프런티어야말로 미국 발전의 근원이라고 주장한 터너는 산업이 발달한 북부와 농업이 지배적인 남부 사이의 갈등을 강조했다. 혁신주의 역사가 베커는 미국혁명이 과세를 둘러싼 아메리카 식민지와 모국 간의 투쟁임과 동시에 상층 상인과 지주를 비롯한 보수적이고 봉건적인 식민지 유력자와 하층 수공업자 및 노동자 사이에서 벌어진 권력 다툼이었다는 사실을 밝혀냄으로써 이중혁명론을 제시했다. 혁신주의 역사학은 헌법을 금융업자, 상인 등으로 구성된 동산소유집단과 채무에 시달리던 소농 출신의 부동산 소유집단 사이의 싸움에서 전자가 승리하면서 만들어진 비민주적 문서로 파악하였다. 혁신주의 역사학은 1940년대까지 미국 역사학의 주류를 이루었다.

제2차 세계대전 이후에 나치 독일의 인권 탄압과 공산주의의 팽창에 놀란 보수적 미국인들은 혁신주의 역사학이 비판했던 미국적 가치, 즉 사유재산의 신성시, 개인주의, 경제적 자유주의에 대해 재평가하기 시작했다. 게다가 냉전질서에서 미국의 정체성을 보존하기 위해서는 국민적 단결이 필요했다. 이러한 배경에서 합의사학이 등장했는데, 그것의 특징은 미국사를 합의와 연속성의 시각에서 이해했다는 점이다. 혁신주의 역사가는 보수적인 유산자들과 하층민 간의 극적인 투쟁으로 미국혁명을 파악했으나, 합의사학을 대변하는 호프스태터는 미국적 가치를 공동이념으로 삼은 미국인들은 사회적 동질성을 유지하면서 갈등을 극소화했다고 주장했다. 이처럼 미국사는 기본적으로 혁명으로 인한 단절이나 중단 없이 연속성을 보여주었다는 데 합의사학은 주목하였다. 그러므로 미국혁명은 상당히 제한적인 것이라고 평가되었다. 하츠가 미국에는 봉건적 과거가 없다는 토크빌의 지적에 공감하면서 주장하듯이, 구세계의 봉건적 압제로부터 도피한 사람들은 자유롭게 태어난 사람들이기에 자유로운 세계를 만들기 위해 굳이 혁명을 일으킬 필요는 없었기 때문이다. 비어드와 같은 혁신주의 역사가가 헌법의 제정을 계급적인 갈등으로 파악했다면, 합의사학은 헌법 제정이 중산층의 합의를 통해 이루어졌다는 데 보다 많은 주의를 기울였다. 합의사학은 제헌의회에 참가한 대표들의 경제적 이해관계보다는 그들의 합의를 강조한 셈이다. 부어스틴은 미국인의 관대함과 타협의 정신을 프런티어에서 찾기도 했다. 개혁 사상에 대해 비판적인 태도를 유지하면서 미국의 자유주의적 전통과 국민적 합의를 강조한 합의사학은 50~60년대 미국 사학계를 주도했다.

1960년대 중반 이후 미국은 베트남전쟁과 민권운동으로 대변되는 이념적 격동기를 맞이했다. 이 같은 현실은 합의사학이 제시했던 미국의 밝은 과거상과 현재상에 대해 회의심을 갖게 했다. 합의사학과는 달리, 하지만 혁신주의 역사학과 마찬가지로 갈등과 빈곤에 주목한 경향이 등장했는데, 이를 신좌파 역사학이라고 한다. 이러한 움직임을 선도한 역사가로는 외교사가 윌리엄스를 꼽을 수 있다. 합의사학은 정책 결정자들이 19세기 말엽 이후에는 제국주의적 팽창정책으로부터 거리를 두었다고 보면서 1898년 식민지를 둘러싼 미국-스페인 전쟁을 "거대한 일탈"이라고 규정했다. 윌리엄스는 이런 해석을 비판하며 정치인들이 국내의 분열을 호도하기 위해 혹은 자본의 이익을 위해 문호개방이라는 이름으로 해외 팽창정책을 주도했다고 주장했다. 하워드 진과 같은 신좌파 역사가는 혁신주의 역사학에 동조하면서 역사학을 이데올로기적 요구에도 부응해야 하는 학문으로 보았다. 하지만 혁신주의 역사학과 달리 신좌파 역사학은 역사를 물질적인 조건이나 계급 갈등으로 환원시키지는 않았다. 미국혁명과 헌법에 대한 연구에서 다수의 신좌파 역사가들은 유산계급과 무산계급 사이의 갈등 이외에도 민중의 역사와 권력관계에 주목했다. 흑인들의 민권운동과 소수민족인 아메리카 원주민, 여성, 빈민들의 운동을 배경으로 태동했던 신좌파 역사학은 이러한 피지배집단이 혁명전쟁과 헌법 제정 과정에서 행한 능동적인 행위를 복원하는 데 주의를 기울였다.

10. 윗글의 내용과 일치하지 <u>않는</u> 것은?

① 19세기 후반 미국은 농업 중심의 사회에서 산업화 사회로의 이행이 진행되고 있었다.

② 19세기 말 국외로 세력을 확장하려는 미국의 정책은 스페인과 무력 충돌을 일으켰다.

③ 제2차 세계대전 직후에 보수 성향의 미국인들은 미국의 전통적 가치를 부활시키고자 했다.

④ 베트남전쟁은 미국인들이 경제적 자유주의에 대한 보편적 합의를 이루는 역사적 계기가 되었다.

⑤ 1960년대 이후 미국에서는 다양한 소수집단과 관련된 연구가 대두하였다.

11. 윗글을 바탕으로 추론한 것으로 가장 적절한 것은?

① 터너는 부어스틴과 마찬가지로 프런티어가 미국 역사 발전에서 긍정적인 역할을 하였다고 볼 것이다.

② 베커는 하츠와 달리, 혁신주의적 개혁을 위한 국민적 합의가 미국사의 원동력이라고 볼 것이다.

③ 호프스태터는 유력 세력이 혁명에서 승리함으로써 갈등이 극소화되었다고 볼 것이다.

④ 윌리엄스는 19세기 말 미국의 국제적 영향력 행사를 예외적 현상으로 파악할 것이다.

⑤ 하워드 진은 윌리엄스와 마찬가지로 역사적 분석범위를 넓히면서 역사학의 정치화를 경계했을 것이다.

12. 윗글을 바탕으로 <보기>를 평가한 것으로 적절하지 <u>않은</u> 것은?

<보 기>

영국이 시행한 인지세법 등에 맞서 1774년 식민지 대표들이 필라델피아에 모여 제1차 대륙회의를 개최하면서 영국에 대한 조직적인 저항이 시작되었다. 당시 식민지 뉴욕의 정치는 상층 상인과 지주들과 같은 유력자들이 장악하고 있었는데, 독립전쟁은 하층 수공업자와 노동자 출신의 급진주의자들이 정치의 장으로 들어가도록 문을 열어 주었다. 독립전쟁은 1781년 뉴욕 요크타운 전투에서 영국군이 패배하면서 막을 내리게 되었다. 전쟁 이후 미국은 1787년 필라델피아에 모여 헌법의 제정을 논의하기에 이르렀다. 당시 가장 중요한 전제는, 강력하지만 동시에 주정부의 권리를 침해하지 않는 연방정부를 수립하는 것이었다. 필라델피아 제헌의회에는 해밀턴, 매디슨 등 소위 연방주의자와 제퍼슨 등의 반연방주의자 간의 대립이 있었고, 현상적으로는 연방주의자들의 승리로 볼 만했다.

① 혁신주의 역사학자라면, 필라델피아 제헌의회는 새로운 헌법에 의해 경제적 이익을 받을 수 있는 집단이 지배하고 있었다는 사실을 덧붙이려 하겠군.

② 합의사학자라면, 제1차 대륙회의와 요크타운 전투에 대해 봉건적 체제를 타파하는 시민혁명에서 미국의 가치와 동질성이 실현되는 과정이었다고 파악하겠군.

③ 합의사학자라면, 제퍼슨, 매디슨, 해밀턴 사이의 차이를 과장하지 않고, 헌법 제정에 대하여 연방주의자들의 승리라기보다는 정치적 합의를 도출한 사건으로 보겠군.

④ 신좌파 역사학자라면, 독립전쟁 당시 하층민들의 급진주의적 정치에서 여성이 차지한 역할을 새롭게 규명할 필요성을 제기하겠군.

⑤ 혁신주의 역사학자나 신좌파 역사학자라면, 독립혁명에서 식민지 뉴욕의 상층 부르주아지와 하층 수공업자들의 대립을 주요하게 취급하는 데 대하여 반대하지 않겠군.

[13~15] 다음 글을 읽고 물음에 답하시오.

나이의 정치적 효과를 분석하는 데 있어 가장 중요한 쟁점은 생애주기 효과(A), 기간 효과(P), 코호트 효과(C)를 구분하는 것이다. APC 효과의 관점에서 보면, 개인이 특정 시점에 갖는 정치 성향은 그가 속한 코호트, 조사 시점의 정치 사회 환경, 그리고 나이가 들며 변화해 가는 생애주기 효과에 의해 종합적으로 구성된다.

우선 생애주기 효과는 "나이가 들수록 보수화된다."는 가설에 기반한다. 생애주기 효과가 말하는 보수화에는 비단 정치적 보수화뿐만 아니라 인지적 경직성과 권위주의적 성향의 증가도 포함된다. 트루엣은 약 30,000명의 버지니아 주민들을 대상으로 생애주기별 보수주의 점수를 측정하면서 50세 이후에는 보수화 성향이 지속되는 것을 확인하였다. 그에 따르면 성별, 거주지별, 교육수준별로 약간의 차이는 있지만 20~30대에는 낮은 보수주의 점수가 안정적으로 이어지는 반면, 30~40대를 거치면서 이 점수가 급격히 높아지며, 50세 이후부터 생애주기의 끝까지 높은 보수주의 점수가 유지된다.

다음으로 기간 효과는 특정 조사 시점의 영향을 받아 나타나는 차이를 의미한다. 즉, 특정 시점에 발생한 역사적 사건이나 급격한 사회변동이 전 연령 집단의 사고방식이나 인식에 포괄적, 보편적 영향을 미치는 효과이다. 특정 시기의 사회화 과정이나 일부 세대에서 나타나는 효과가 아니라, 1987년 민주화나 1997년 IMF 구제금융 사례처럼 전 세대가 공유하는 경험에 따른 태도 변화를 지칭한다.

그리고 코호트 효과는 정치사회화가 주로 이루어지는 청년기에 유권자들이 특정한 역사적 경험을 공유하면서 유사한 정치적 성향을 형성하고 그 독특성이 해당 연령 집단을 중심으로 이후에도 유지되는 현상을 의미한다. 이렇게 형성된 정치 세대, 즉 코호트란 유사한 정치적 태도를 보이고 이념 성향을 공유하는 연령 집단을 의미한다. 정치사회화 과정에서 형성된 정치적 세대 의식은 나이가 들면서 완고성이 증가하여 큰 변화 없이 지속되게 된다. 이는 중장년기보다 성년 초기 시점이 사회 변화나 역사적 사건들로부터 영향을 받기 더 쉽다는 사실을 전제로 한다. 예컨대, 영국에서 2차 세계대전 이후 노동당 지지 성향이 강한 진보적 코호트가 등장하였다면 1980년대에는 대처 총리 집권기의 영향을 받아 보수적 코호트가 형성되었다는 연구들이 존재한다. 한편 국내 선행 연구에 따르면, 한국전쟁 직후 등장한 소위 전후세대는 여타 코호트 집단에 비해 권위주의적 성향과 보수적 정치 성향이 더 강하다고 알려져 있으며, 한국 민주화 운동의 대명사라 할 수 있는 86세대나 탈권위를 유행시켰던 X세대의 경우 나이가 들어서도 보수화되는 경향이 상대적으로 완만한 것으로 나타났다.

이 세 효과는 개념적으로는 쉽게 구분되지만, 경험적으로는 이들을 구별하기 어렵다. 세 개념 자체가 밀접하게 연관되어 있고, 독립적으로 개별 효과를 측정할 지표 역시 충분히 갖고 있지 않기 때문이다. 이러한 근본적 제약 속에서 나이 관련 변수들이 만들어내는 합성 효과를 구별하는 것이 지금까지 사회과학적 세대 연구의 핵심 과제였고 이를 해결하기 위한 다양한 연구 방법들이 고안되었다. APC의 합성 효과를 구분해 개별 효과를 비교하기 위해서는 동일 코호트의 시간 흐름에 따른 태도 차이를 측정하는 종단면 디자인, 동일 시점에서 정치 세대 간의 태도 차이를 측정하는 횡단면 디자인, 다른 시점의 동일 연령대 집단의 태도 차이를 측정하는 시차 연구 디자인의 조합이 필요하다.

일반적으로 연령 집단은 조사 당시 나이, 기간 효과는 조사 연도, 코호트는 출생 연도와 같은 변수들로 측정된다. 그러나 연구의 난관은 우리가 혼재된 나이 효과를 구별하는 데 있어 식별 문제에 직면하게 된다는 것이다. 즉, 셋 중 두 정보로부터 다른 항의 값이 자동 도출되므로, 3개의 미지수(효괏값)와 3개의 정보(변수)가 있는 듯 보이지만, 실제로는 정보 하나가 부족한 셈이 된다. 위의 연구 디자인을 적용하여 APC 효과를 통제된 하나의 개별 효과와 나머지 두 개가 이루는 합성 효과로 나누어 파악할 수는 있지만, 3개의 개별 효괏값으로 명확하게 구분해 내기 어렵다. 이러한 한계가 나이와 정치 성향의 관계에 대한 경험적 연구를 오랜 기간 가로막아 왔다. 기술적으로 완전한 극복 방안은 없으며, 불완전하나마 여러 가지 수단을 통해 이 관계를 엿볼 수 있었을 뿐이다. 대부분 추정 모형에 일정한 제약을 가해서 문제를 피해 갔다. 부가정보를 이용해 세 효과 중 하나를 제외하거나, 아니면 한 효과가 고정되도록 설정하여 개입을 통제하는 방식으로 이 문제에서 벗어날 수 있다. 그 밖에도 세 변수 중 하나를 다른 대리변수로 대체하는 방법도 있다. 하지만 이러한 방법 모두 임기응변일 뿐이고, 매우 특수한 조건에서만 활용 가능해 주의가 필요하다.

13. 윗글의 내용과 일치하지 않는 것은?

① 조사 시기와 조사 당시 연령을 알면 코호트 집단을 특정할 수 있다.

② 트루엣의 연구에 따르면 생애주기 효과는 개인의 사회경제적 배경과는 무관하다.

③ 식별 문제의 해결을 위한 방편으로 추정 모형에 제약 조건을 적용하기도 한다.

④ 문제 해결을 위해 세 변수 중 하나를 다른 대리변수로 대체하는 방법을 사용하기도 한다.

⑤ 나이와 정치 성향과의 관계 연구에서 APC의 개별 효과를 각각 구분해 내는 방법은 아직 없다.

14. 윗글을 바탕으로 추론한 것으로 적절한 것만을 <보기>에서 있는 대로 고른 것은?

<보 기>

ㄱ. 한국 유권자들을 대상으로 2022년 7월 24일에 정치의식 조사를 실시한다면, X세대의 권위주의 성향 점수가 한국 전후 세대보다 평균적으로 낮게 나올 것이다.

ㄴ. 1980년대에 50대였던 영국 전후 세대와 비교해 2010년대에 같은 50대가 된 대처 세대가 평균적으로 더 진보적 정치 성향을 드러내는 조사 결과가 존재한다면, 기간 효과가 주요하게 작용했다고 판단해 볼 수 있다.

ㄷ. 영국의 대처 세대가 30대 때였던 1990년도 조사에서보다 50대가 되어서인 2010년 조사에서 이념적으로 덜 보수적이라는 결과가 나왔다면, 2010년 조사 당시 영국의 다른 정치 코호트들 또한 진보적 분위기의 시대적 영향을 받았을 수 있다.

① ㄱ　② ㄷ　③ ㄱ, ㄴ
④ ㄴ, ㄷ　⑤ ㄱ, ㄴ, ㄷ

15. 윗글을 바탕으로 <보기>의 내용을 이해한 것으로 가장 적절한 것은?

<보 기>

아래 그림은 나이의 정치적 효과를 측정하기 위한 연구 디자인을 도식화한 것이다. 조사는 t1, t2의 시점에 이루어졌다. A(t1)와 B(t1)는 각각 t1 기준 청년 코호트와 중년 코호트를 나타내며, 시간이 경과한 t2에는 각각 중년기와 노년기에 이르게 된다.

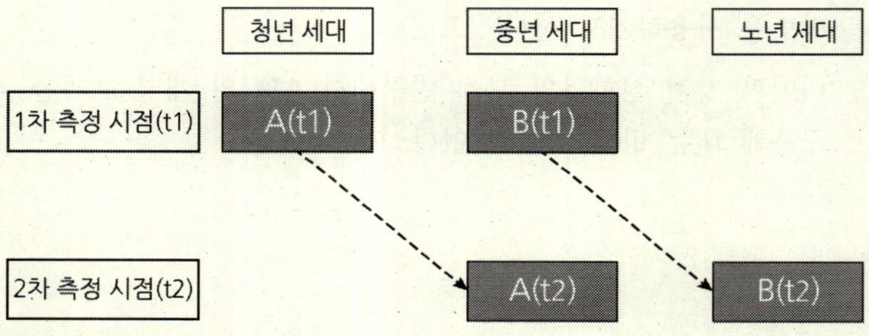

① A(t1)와 A(t2)의 차이는 코호트를 고정한 채 도출해 낸, 기간 효과와 코호트 효과의 합성 효과이다.

② A(t1)와 B(t1)의 차이는 동일 시간대의 다른 코호트 간 차이를 측정하는 종단면적 연구 디자인을 적용하여 알 수 있다.

③ A(t2)와 B(t2)의 차이는 조사 시점을 고정하여 얻은 코호트 간 차이로서 생애주기 효과의 개입이 통제되고 있다.

④ B(t1)와 A(t2)의 차이는 다른 시점의 동일 연령대 집단의 태도 차이를 비교하는 시차 연구 디자인을 적용하여 알 수 있지만, 기간 효과와 코호트 효과를 구분하기 어렵다.

⑤ B(t1)와 B(t2)의 차이는 동일 연령대 집단의 태도 차이를 측정하는 시차 연구 디자인을 적용하여 알 수 있다.

[16～18] 다음 글을 읽고 물음에 답하시오.

(가)

1960년대 근대화 담론은 해방과 분단으로 공고화된 민족주의를 경제성장의 동력으로 동원한다. 민족주의에 기반한 근대화를 비판하는 것이 용인되지 않았던 분위기에서, 김자림의 희곡 「이민선」(1964)은 이민과 여성을 매개로 시대의 단층을 드러낸다.

당시 브라질 영농 이민은 경제성장뿐 아니라 인구 억제를 위해 산업화 과정에서 도태된 국민들을 겨냥하고 있었다. 「이민선」의 중심 서사를 이루는 창수네 일가를 살펴보자. 창수에게 브라질은 사탕무를 심어 부를 일구는 미래다. 해방을 맞아 귀국하던 감격을 잊지 못하는 창수댁은 이민으로 고향을 떠나야 하는 회한에서 쉽게 벗어나지 못한다. 아들 만세는 농업에는 관심이 없고 이민을 통해 예술로 “세계 속에 한국을 이해시키는 정신적 지주”가 되기를 바란다. 딸 소라는 성인임에도 원숭이 인형을 들고 다니며 유년기의 감상에서 벗어나지 못한 인물로, 이민을 ‘속일 줄도 속을 줄도 모르는 그대로의’ 존재인 인형의 고향에 가는 여정으로 생각한다. 창수의 처남 덕보는 제대 후 실업자로 있다가 속이고 미워하는 아수라장 같은 이 땅에 지쳐 이민을 결심한다. 이민단의 다른 가족도 사정이 있다. 득찬은 실업 상태를 견디다 못해 아내와 자식, 아버지와 동생까지 데리고 왔다. 월남민 피양댁은 이민을 위해 깡패 물개와 복덕방 영감을 끌어들여 가족을 급조하고 돈으로 좌지우지한다. 피양댁의 친딸 보비도 이민단에 동참하나 조국에서 추방되는 듯하여 소극적이다.

세 일가가 부산에 도착해 이민을 축하하는 파티까지 열었지만, 창수네 일가는 빚보증 때문에, 피양댁 일가는 물개에 얽힌 투서 때문에 이민선을 타지 못하고 보름 가량을 보낸다. 그동안 보비는 만세의 포부에 감동하고 그의 연인이자 이민의 지지자가 된다. 창수는 피양댁의 요구대로 헐값에 땅을 팔려 하나 무산되었다. 이민선이 출항하기 전날, 창수는 다른 해결의 실마리를 찾았고, 소라는 그녀를 백치로 여기던 물개에게 겁탈당한 뒤 바다에 투신한다. 이에 이민을 포기하려 했던 만세는 이상을 포기하지 말라는 보비의 독려로 의지를 회복하지만, 창수댁은 이민선 탑승 직전 소라의 버려진 인형을 발견하고 착란을 일으켜 지금을 해방 후 귀국하던 날로 안다. 애국가의 주악 소리를 배경으로 창수 일가는 착란 상태의 창수댁을 부축하여 승선한다.

「이민선」은 근대화를 이민으로 은유하면서도 여성에 대한 억압과 배제의 모습을 출항하는 이민선의 얼룩처럼 남겨둔다. 개인들의 합의를 유보한 채 미래의 환상을 내세워 이민을 이끌어가는 남성들의 강박이 암시되는 것이다. 여성인물들은 전쟁을 거치며 요구되었던 가정과 국가에 헌신하는 ‘좋은’ 여성의 상과, 비난의 대상이던 성적 만족과 이익을 좇다 파멸하는 ‘나쁜’ 여성의 상 사이의 다양한 빛깔로 남아 있다. 그럼에도 작품에서 여성인물들은 자기 안에 잠재된 사회·역사적 비판의 가능성을 충분히 펼치지는 못했다. 창수댁의 정신 착란이나 소라의 인형 등이 얼룩처럼 남지만 이민선은 가족을 태우고 출항한다. 바로 여기에서 여성인물을 통해 당대를 문제시하면서도, 한편으로 그에 대한 회의를 접어두고 근대화 논리에 수긍하는 여성 극작가의 모순된 정체성을 읽을 수 있다.

(나)

[부산에 도착한 첫날 밤 세 가족은 파티를 연다.]

창수댁 : (한쪽이 터진 트렁크를 들고) 여보, 이것 좀 보세요. 뚜껑을 덮으니까 또 터지겠죠. (돌아보지 않는 창수를 보고) 아니 여보, 당신은 남의 것을 보듯 거들떠보지도 않는구려. (창수, 외면하고 서 있다.)

창　수 : 인젠 제에발 그 구질구질한 짐짝을 끌구 다니지 말자구 했잖소. [……] 바다 깊이 때 묻은 과거를 수장해 버리란 말요. 새로운 옷을 입으려거든 낡은 것을 미련 없이 벗어 버려야 하는 거야.

창수댁 : (트렁크를 뺏으며) 안 돼요. 하나두 버릴 수 없어요. 이것들은 지난 세월을 말해 주는 웃음과 울음과 한숨이 섞여 부서진 감정의 파편들이에요.

창　수 : (끌어 올리며) 지지리 못난 여편네야. (점점 흥분된 어조로) 우리는 내일 새벽 떠나는 거야. 우리의 이민선 쨍카호를 타고 신천지를 향해 저 푸른 바다를 뚫구 나가는 거야. 예수가 죽음에서 부활하듯이 우리도 다시 사는 거야. (돌아보며) 그러니 그 구질구질한 과거는 저 바다에 처넣으란 말이야. (광적인 몸부림으로) 자 여러분 술, (컵을 들고) 이 번쩍이는 소망에 행운이 있으라.

모　두 : (술잔을 쳐들고) 브라보!

창수댁 : 만세야, 이 노끈으로 같이 얽어매 보자. 손을 빌어라.

득　찬 : 자 누구든지 나와 춤을 춰요, 소리두 하구.

영　찬 : 내 소리 한 마디 하겠어요.

모　두 : 여-(좋아라 박수를 친다.)

영찬, 장타령*을 하며 신나게 엉덩이춤을 춘다. 모두들 손뼉으로 박자를 맞춘다.

창　수 : 여보게들, 우리 이다음엔 상파울루 제일가는 호텔에서 만나세. 거기서 우린 샴페인을 펑펑 터뜨리구 갓 구운 칠면조 고기를 뜯으면서 우리들의 성공담을 신나게 지껄여 보세나, 하하 …….

일동, 왁자지껄 웃어 댄다.

덕　보 : (불쑥 튀어나오더니 목멘 소리로) 그, 그만들 하슈, 그만. (괴로운 듯 머리를 움켜쥐며) 제에발 부탁이오. [……] 그렇지 않아도 우린 거, 거지 떼……. (영찬, 천천히 일어선다.)

모　두 : 뭐?

덕　보 : (고개를 쳐들며) 유쾌한 거지 떼지 뭡니까?

- 김자림, 「이민선」 -

* 장타령 : 동냥하는 사람이 돌아다니며 구걸을 할 때 부르는 노래

16. 윗글의 내용에 대한 이해로 적절하지 않은 것은?

① 만세는 이민선에 오를 때까지 적극적인 이민 의지로 일관한 반면, 보비는 이민에 소극적인 태도를 지녔다가 변화한다.

② 창수는 브라질에 대한 환상을 바탕으로 이민의 현실을 낙관하는 반면, 덕보는 이민의 현실을 비관적으로 본다.

③ 덕보는 사회의 비정함을 비판하며 이민에 접근하는 반면, 소라는 순수함을 동경하며 이민에 접근한다.

④ 창수는 경제적인 성공이 이민의 목표인 반면, 만세는 예술을 통한 국위 선양이 이민의 목표이다.

⑤ 피양댁은 이민을 위해 가족을 새로 구성하는 반면, 득찬은 기존의 가족 관계를 유지한다.

17. 여성인물을 형상화하는 극작가의 관점을 추론한 것으로 적절하지 않은 것은?

① 경제적 이해타산을 중시했던 피양댁을 통해 남성중심적 근대화가 요구하는 '좋은' 여성상을 형상화한다.

② 물개에게 폭력을 당한 소라를 통해 남성중심적 근대화에서 희생되는 전후 여성의 현실을 형상화한다.

③ 이민을 함께 하지 못하게 된 소라를 통해 성장 지향의 근대화에서 낙오된 전후 여성의 일면을 형상화한다.

④ 민족적 열정을 지닌 남성 주체와 관계를 맺고 있는 보비를 통해 근대화의 논리에 젖어드는 전후 여성의 양상을 형상화한다.

⑤ 정신 착란에 빠진 채 이민선에 타게 되는 창수댁을 통해 근대화 과정에 강제로 참여할 수밖에 없었던 전후 여성의 모습을 형상화한다.

18. (가)를 바탕으로 (나)를 감상할 때 가장 적절한 것은?

① '한쪽이 터진 트렁크'는 과거의 경험에 대한 등장인물들의 유사한 태도를 보여주는군.

② '바다'는 등장인물이 육체적 죽음을 극복하고 정신의 재생을 꿈꾸는 공간이군.

③ '이민선'은 격정적인 기억 속의 '신천지'로 등장인물을 인도하는 상징이군.

④ '노끈'은 등장인물의 파편화된 기억을 원래대로 복원하려는 의지를 보여주는군.

⑤ '장타령'은 낙관적인 기대에 부푼 등장인물들이 현재의 처지를 환기하도록 하는 계기이군.

[19~21] 다음 글을 읽고 물음에 답하시오.

제도의 선택에 대한 설명에는, 합리적인 주체인 사회 구성원들이 사회 전체적으로 가장 이익이 되는 제도를 채택한다고 보는 효율성 시각과 이데올로기·경로의존성·정치적 과정 등으로 인해 효율적 제도의 선택이 일반적이지 않다고 보는 시각이 있다. 효율성 시각은 어떤 제도가 채택되고 지속될 때는 그만한 이유가 있을 것이라는 직관적 호소력을 갖지만, 전통적으로는 특정한 제도가 한 사회에 가장 이익이 되는 이유를 제시하는 설명에 그치고 체계적인 모델을 제시하지는 못했다고 할 수 있다. 이런 난점들을 극복하려는 제도가능곡선 모델은, 해결하려는 문제에 따라 동일한 사회에서 다른 제도가 채택되거나 또는 동일한 문제를 해결하기 위해 사회에 따라 다른 제도가 선택되는 이유를 효율성 시각에서도 설명할 수 있게 해준다.

바람직한 제도에 대한 전통적인 생각은 시장과 정부 가운데 어느 것을 선택해야 할 것인가를 중심으로 이루어졌다. 그러나 제도가능곡선 모델은 자유방임에 따른 무질서의 비용과 국가 개입에 따른 독재의 비용을 통제하는 데에는 기본적으로 상충관계가 존재한다는 점에 착안한다. 힘세고 교활한 이웃이 개인의 안전과 재산권을 침해할 가능성을 줄이려면 국가 개입에 의한 개인의 자유 침해 가능성이 증가하는 것이 일반적이라는 것이다. 이런 상충관계에 주목하여 이 모델은 무질서로 인한 사회적 비용(무질서 비용)과 독재로 인한 사회적 비용(독재 비용)을 합한 총비용을 최소화하는 제도를 효율적 제도라고 본다.

가로축과 세로축이 각각 독재 비용과 무질서 비용을 나타내는 평면에서 특정한 하나의 문제를 해결하기 위한 여러 제도들을 국가 개입 정도 순으로 배열한 곡선을 생각해 보자. 이 곡선의 한 점은 어떤 제도를 국가 개입의 증가 없이 도달할 수 있는 최소한의 무질서 비용으로 나타낸 것이다. 이 곡선은 한 사회의 제도적 가능성, 즉 국가 개입을 점진적으로 증가시키는 제도의 변화를 통해 얼마나 많은 무질서를 감소시킬 수 있는지를 나타내므로 ㉠ <u>제도가능곡선</u>이라 부를 수 있다. 이때 무질서 비용과 독재 비용을 합한 총비용의 일정한 수준을 나타내는 기울기 −1의 직선과 제도가능곡선의 접점에 해당하는 제도가 선택되는 것이 효율적 제도의 선택이다. 이 모델은 기본적으로 이 곡선이 원점 방향으로 볼록한 모양이라고 가정한다.

제도가능곡선 위의 점들 가운데 대표적인 제도들을 공적인 통제의 정도에 따라 순서대로 나열하자면 1) 각자의 이익을 추구하는 경제주체들의 동기, 즉 시장의 규율에 맡기는 사적 질서, 2) 피해자가 가해자에게 소(訴)를 제기하여 일반적인 민법 원칙에 따라 법원에서 문제를 해결하는 민사소송, 3) 경제주체들이 해서는 안 될 것과 해야 할 것, 위반 시 처벌을 구체적으로 명기한 규제법을 규제당국이 집행하는 정부 규제, 4) 민간 경제주체의 특정 행위를 금지하고 국가가 그 행위를 담당하는 국유화 등을 들 수 있다. 이 네 가지는 대표적인 제도들이고 현실적으로는 이들이 혼합된 제도도 가능하다.

무질서와 독재로 인한 사회적 총비용의 수준은 곡선의 모양보다 위치에 의해 더 크게 영향을 받는데, 그 위치를 결정하는 것은 구성원들 사이에 갈등을 해결하고 협력을 달성할 수 있는 한 사회의 능력, 즉 시민적 자본이다. 따라서 불평등이 강화되거나 갈등 해결 능력이 약화되는 역사적 변화를 경험하면 이 곡선이 원점에서 멀어지는 방향으로 이동한다. 이러한 능력이 일종의 제약 조건이라면, 어떤 제도가 효율적일 것인지는 제도가능곡선의 모양에 의해 결정된다. 그런데 동일한 문제를 해결하기 위한 제도가능곡선이라 하더라도 그 모양은 국가나 산업마다 다르기 때문에 같은 문제를 해결하기 위한 제도가 국가와 산업에 따라 다를 수 있다. 예컨대 국가 개입이 동일한 정도로 증가했을 때, 개입의 효과가 큰 정부를 가진 국가(A)는 그렇지 않은 국가(B)에 비해 무질서 비용이 더 많이 감소한다. 그러므로 전자가 후자에 비해 곡선의 모양이 더 가파르고 곡선상의 더 오른쪽에서 접점이 형성된다.

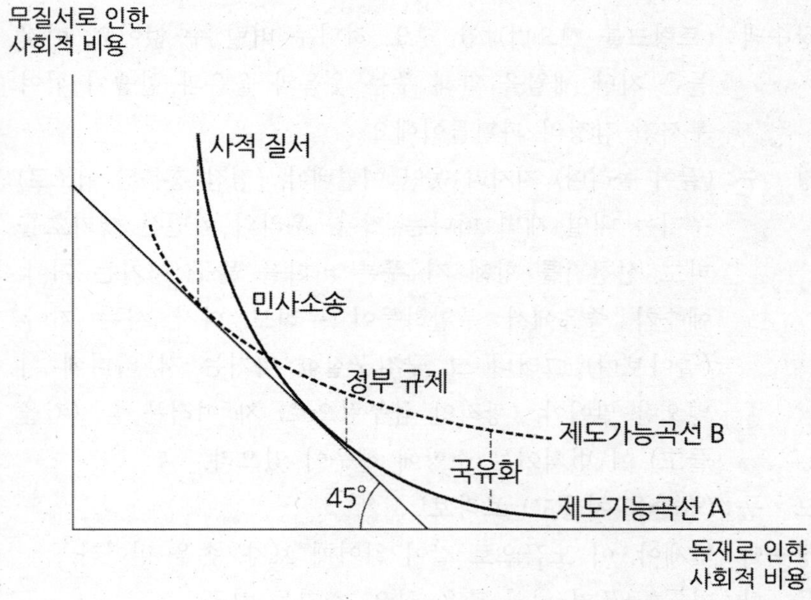

제도가능곡선 모델의 제안자들은 효율적 제도가 선택되지 않는 경우도 많다는 것을 인정한다. 그러나 자생적인 제도 변화의 이해를 위해서는 효율성의 개념을 재정립한 제도가능곡선 모델을 통해 효율성 시각에서 제도의 선택에 대해 체계적인 설명을 제시하는 것이 중요하다고 본다.

19. 윗글의 내용과 일치하는 것은?

① 제도가능곡선 모델은 시장과 정부를 이분법적으로 파악하는 전통에서 탈피하여 제도의 선택을 이해한다.

② 제도가능곡선 모델에 따르면 어떤 제도가 효율적인지는 문제의 특성이 아니라 사회의 특성에 의해 결정된다.

③ 제도가능곡선 모델 제안자들은 항상 효율적 제도가 선택된다고 보아 효율적 제도의 선택에 대한 설명에 집중한다.

④ 제도가능곡선 모델은 특정한 제도가 선택되는 이유를 설명하지만, 제도가 채택되는 일반적인 체계에 대한 설명을 제시하지는 않는다.

⑤ 제도가능곡선 모델은 효율성 시각에 속하지만, 사회 전체적으로 가장 이익이 되는 제도가 선택된다고 설명하지는 않는다는 점에서 효율성 개념을 재정립한다.

20. ㉠에 대한 설명을 바탕으로 추론한 것으로 적절하지 않은 것은?

① 민사소송과 정부 규제가 혼합된 제도가 효율적 제도라면, 민사소송이나 정부 규제는 이 제도보다 무질서 비용과 독재 비용을 합한 값이 더 클 수밖에 없다.

② 시민적 자본이 풍부한 사회에서 비효율적인 제도보다 시민적 자본의 수준이 낮은 사회에서 효율적인 제도가 무질서와 독재로 인한 사회적 총비용이 더 클 수 있다.

③ 정부에 대한 언론의 감시 및 비판 기능이 잘 작동하여 개인의 자유에 대한 침해 가능성이 낮은 사회는 그렇지 않은 사회보다 곡선상의 더 왼쪽에 위치한 제도가 효율적이다.

④ 교도소 운영을 국가가 아니라 민간이 맡았을 때 재소자의 권리가 유린되거나 처우가 불공평해질 위험이 너무 커진다면 곡선이 가팔라서 접점이 곡선의 오른쪽에서 형성되기 쉽다.

⑤ 경제주체들이 교활하게 사적 이익을 추구함으로써 평판이 나빠져 장기적인 이익이 줄어들 것을 염려해 스스로 바람직한 행위를 선택할 가능성이 큰 산업의 경우에는 접점이 곡선의 왼쪽에서 형성되기 쉽다.

21. 제도가능곡선 모델을 바탕으로 <보기>에 대해 반응한 것으로 적절하지 않은 것은?

<보 기>

19세기 후반에 미국에서는 새롭게 발달한 철도회사와 대기업들이 고객과 노동자들에게 피해를 주고 경쟁자들의 진입을 막으며 소송이 일어나면 값비싼 변호사를 고용하거나 판사를 매수하는 일이 다반사로 일어났다. 이에 대한 대응으로 19세기 말~20세기 초에 진행된 진보주의 운동으로 인해 규제국가가 탄생하였다. 소송 당사자들 사이에 불평등이 심하지 않았던 때에는 민사소송이 담당했던 독과점, 철도 요금 책정, 작업장 안전, 식품 및 의약품의 안전성 등과 같은 많은 문제들에 대한 사회적 통제를, 연방정부와 주정부의 규제당국들이 담당하게 된 것이다.

① 철도회사와 대기업이 발달하면서 제도가능곡선이 원점에 더 가까워지는 방향으로 이동했군.

② 철도회사와 대기업이 발달하기 전에는 많은 문제의 해결을 민사소송에 의존하는 것이 효율적이었군.

③ 규제국가의 탄생으로 인해 무질서 비용과 독재 비용을 합한 사회적 총비용이 19세기 후반보다 줄었군.

④ 규제국가는 많은 문제에서 제도가능곡선의 모양과 위치가 변화한 것에 대응하여 효율적 제도를 선택한 결과였군.

⑤ 철도회사와 대기업이 발달한 이후에 소송 당사자들 사이의 불평등과 사법부의 부패가 심해짐에 따라 제도가능곡선의 모양이 더욱 가팔라졌군.

[22~24] 다음 글을 읽고 물음에 답하시오.

헤겔에게서 '낭만'은 일차적으로는 예술의 형식과 역사 및 장르를 유형학적으로 단계화하는 미학적 맥락에서 등장하지만, 그 실질적 내용 면에서는 ㉠그의 정신철학 전체의 핵심을 적확하게 드러내는 개념이라 할 수 있다. 이 개념은 그 명칭이 주는 익숙함으로 인해 종종 오해를 불러일으킨다. 따라서 정확한 이해를 위해서는 이 개념을 '낭만적인 것'이라는 범주로 좀 더 엄밀하게 규정하고, 이것이 특히 예술적 내지 사상적 노선으로 공인된 '낭만주의'와 어떤 관계를 지니는지를 밝혀야 한다. 주목할 것은, '낭만적인 것'이 일차적으로 그 단어적 인접성에서 보이듯이 낭만주의를 하나의 하위범주로 포괄하지만, 궁극적으로는 낭만주의와 대립 관계를 보이기까지 한다는 점이다.

이성주의의 가장 강한 형태의 판본을 구축하려는 헤겔의 관점에서 볼 때 무한한 상상력과 감수성이 핵심인 낭만주의는 응당 극복되어야 할 전형적인 지적 미성숙의 상태이다. 그런데 흥미롭게도 그는 인간 지성이 정점에 이른 단계에 대해서도, 즉 엄밀한 개념에 의거하여 최고도의 사유를 수행하는 사변적 이성 및 그러한 이성의 활동장인 철학까지도 종종 '낭만적'이라고 부를 뿐 아니라, 사변적 이성과 철학을 가장 완전한 의미에서 '낭만적인 것'이라고 평가한다. '낭만적인 것'의 정점은 낭만주의의 대척인 이성적 사변인 반면, 낭만주의는 그 명칭이 무색하게 오히려 '낭만적인 것'의 저급한 미완 단계로 평가되는 것이다.

이러한 착종된 용어법을 이해하기 위해서는 그가 몇몇 지점에서 '낭만적인 것'을 '기독교적인 것'과 같은 의미로 사용하고 있다는 점에 유의해야 한다. '낭만적인 것'과 낭만주의의 관계에서와 유사하게, '기독교적인 것'은 비록 언어적으로 종교적 색채를 풍기기는 하지만, 제도화된 신앙 및 교리 체계로서의 기독교를 넘어서는 정신철학적 범주이다. 그에 따르면 정신의 가장 저급한 단계는 객체에 대한 주체의 의존성이 가장 지배적인 감각적 지각의 단계이며, 가장 고급한 단계는 그러한 대상 의존성을 완전히 극복한 정신적 주체의 순수하고 내면적인 재귀적 작동인 '반성', 즉 이성적 사유이다. 이는 절대자, 곧 '신'이 어떤 인격체가 아니라 세계의 근본적 존재 구조 내지 원리로서의 '이성'이라고 보는 그의 절대적 관념론에 의거한다. 절대자 그 자체가 완전한 이성적 구조, 즉 개념의 엄밀하고도 완전한 자기 운동 체계이므로, 그것에 호응하는 인간 지성의 형식 역시 개념적 사유 능력인 이성이어야 한다는 것이다. 여기서 '기독교적인 것'이란, 어떤 물리적 대상을 매개로 절대자와 만나려는 원시적 지성성을 극복하여 순수한 내면적 정신성을 성취하는 지성의 단계를 통칭한다. 따라서 가장 완전한 의미에서 '기독교적인 것'은 순수한 개념적 반성을 통해 진리를 인식하는 철학에서 달성된다. 반면 기독교는 자연적 대상의 숭배 또는 매개를 넘어섰다는 점에서 '기독교적인 것'이기는 하지만, 개념적 반성을 필요조건으로 하는 지성의 완전한 순수 내면성에는 미치지 못하기에, '기독교적인 것'의 불완전한 단계로 평가된다. 이상을 근거로 할 때 '기독교적인 것'은 '내면적 지성성'으로 바꾸어 부를 때 그 본질적 의미가 제대로 드러난다. 내면적 지성성에는 여러 단계가 있고 그 완전한 단계는 개념적 사유를 통한 철학인 한에서, '기독교적인 것'은 '기독교'와 단순 등치될 수 없는 것이다.

'기독교적인 것'을 이렇게 이해할 때 '낭만적인 것'과 낭만주의의 관계가 밝혀진다. 감성과 상상력의 무제한적 발산, 즉 '가슴속의 모든 것을 표출할 수 있는 자유'를 지향하는 낭만주의가 주어진 경험 세계를 넘어서는 지적 주체의 내면적 작동을 중심 원리로 하는 것은 분명하기에 낭만주의는 의심할 바 없이 '낭만적인 것'의 하나이다. 그러나 낭만주의가 달성하는 정신의 내면성은 개념적 반성성에 의거한 철학적 사유의 내면성에는 아직 이르지 못한 열등한 것이며, 이에 낭만주의는 '낭만적인 것'의 완전한 전형이 될 수 없다. 진정으로 '낭만적인 것'은 철학적 사유에서 비로소 성취된다.

22. 헤겔의 관점을 이해한 것으로 가장 적절한 것은?

① '낭만주의'와 '기독교'는 서로 바꾸어 쓸 수 있는 동의어이다.

② '기독교'는 정신적 작동 방식의 측면에서 '낭만적인 것'에 속한다.

③ '낭만주의'와 '기독교'는 모두 완전한 형태의 내면적 지성성을 획득한다.

④ 최고도의 '기독교적인 것'은 예술사조로서의 '낭만주의'를 통해 성취된다.

⑤ '낭만적인 것'과 '기독교적인 것'은 모든 단계에서 순수한 개념적 반성을 통해 수행된다.

23. ㉠에 대해 추론한 것으로 가장 적절한 것은?

① 정신의 재귀적 작동은 신앙과 예술의 영역에서 최고도로 이루어진다고 생각할 것이다.

② 참된 인식의 수행 방식은 인식의 궁극적 대상의 존재 구조에 대응해야 한다고 생각할 것이다.

③ 개념의 연쇄를 통한 논리적 추론보다는 구체적 현실에 대한 체험을 인식의 출처로 평가할 것이다.

④ 절대적 진리에 대한 최고의 인식은 인격화된 절대자의 존재를 증명하는 데서 이루어진다고 여길 것이다.

⑤ 구체적 경험보다는 정신 내면의 자유로운 상상력의 작동에서 최고의 지적 탁월성이 달성된다고 여길 것이다.

24. 윗글을 바탕으로 <보기>를 해석한 것으로 가장 적절한 것은?

<보 기>

헤겔은 회화를 '낭만적' 예술 장르로 분류한다. 이는 일반적 장르 구분 관행과 큰 차이를 보이는 것으로서, 통상 건축·조각과 함께 조형예술 영역에 편성되던 회화를 음악·시문학과 동일한 장르군으로 위치 이동시킨 것이다. 그는 특히 17세기의 네덜란드 장르화를 높이 평가한다. 장르화에는 위대한 정신성, 즉 자연의 위협을 극복하고 외세의 침공을 격퇴하고 종교와 사상의 자유를 위해 투쟁하는 등의 역사적 과정을 통해 형성되고 강화된 네덜란드인들 고유의 자기 확신과 자유 지향성이 평범한 일상의 사실적 묘사 속에 깊이 스며듦으로써 '인간적인 것 그 자체'가 형상화되고 있다고 보기 때문이다. 이에 따라 양식적으로 사실주의 미술의 하나로 분류되는 네덜란드 장르화가 그에게서는 '낭만적인 것'으로 기술된다.

① 어떤 예술 장르를 '낭만적'이라고 부르는 것은 예술이 철학적 사변의 한계를 넘어섬으로써 '낭만적인 것'을 더욱 높이 추동시킨다는 생각에서 비롯된다.

② 네덜란드 장르화에서 '인간적인 것 그 자체'가 형상화된다는 진술은 인간의 본질을 세속의 미시적 현실에서 찾아야 한다는 인식의 전환을 사상적 모태로 한다.

③ 양식상 사실주의로 분류되는 장르화를 '낭만적인 것'으로 부르는 것은 일상의 사실적 묘사 속에 기독교의 교리가 확고부동한 삶의 규범으로 함축되어 있다는 판단에서 비롯된다.

④ 회화를 '낭만적' 장르로 분류하는 방식은 회화적 표현이 근본적으로 주체의 정신적 내면성에 의거한다는 점에서 건축·조각보다는 음악·시문학과 더 동질적이라는 생각을 근거로 한다.

⑤ 네덜란드 장르화를 '낭만적인 것'으로 설명하는 것은 상상력의 무제한적 발산을 추구하는 낭만주의의 미적 전략이 이 부류의 회화 작품에 가장 모범적으로 작용하고 있다는 평가에 바탕을 둔다.

[25~27] 다음 글을 읽고 물음에 답하시오.

블랙홀 쌍성계와 같은 천체에서 발생한 중력파가 지구를 지나가는 동안, 지구 위에서는 중력파의 진행 방향과 수직인 방향으로 공간이 수축 팽창하는 변형이 시간에 따라 반복적으로 일어난다.

<그림 1>

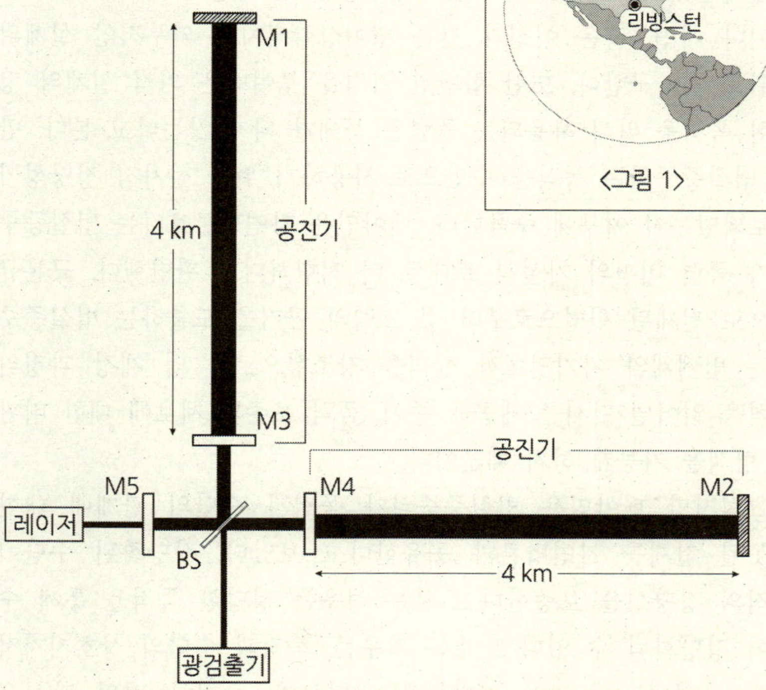

<그림 2>

최초로 중력파를 검출한 '라이고(LIGO)'는 <그림 1>과 같이 미국 핸퍼드와 리빙스턴에 위치하며, <그림 2>와 같은 레이저 간섭계를 사용한다. 레이저에서 나온 빛은 빔가르개(BS)에 의해 두 개의 경로로 나뉘고 각 경로의 끝에 있는 거울(M1, M2)에 의해 반사되어 되돌아와 다시 BS에 의해 각각 두 갈래로 나뉘며 광검출기에서 서로 중첩된다. 두 경로 사이에 미세한 길이 차이가 발생하면 중첩된 빛의 세기에 차이가 발생하는데, 간섭계가 놓인 면을 중력파가 통과하며 공간의 수축과 팽창이 반복되면 빛이 지나는 두 경로의 길이 차가 시간에 따라 변화하고 광검출기에서 측정되는 빛의 세기가 그에 따라 변화한다. 이를 측정하면 중력파의 세기와 진동수를 알아낼 수 있다.

중력파는 공간을 일정한 비율로 변형시키므로 간섭계의 경로 길이를 되도록 크게 하는 것이 길이의 변화량을 크게 할 수 있어 유리하지만 약 4 km가 건설할 수 있는 한계이다. 이를 극복하기 위해 라이고에서는 기본적인 간섭계에 두 개의 거울(M3, M4)을 추가하여 '공진기'를 구성하고 각 공진기의 두 거울 사이를 빛이 여러 번 왕복하도록 함으로써 유효 경로 길이를 늘리는 방법을 사용하였다. <그림 2>에서 M1과 M3, M2와 M4 사이에 공진기가 형성되고, M1과 M2의 반사율은 100%인 반면 M3, M4는 약 1%의 투과율을 갖도록 하여 빛이 출입할 수 있도록 하였다. 이 경우 공진기 밖으로 나온 빛은 두 거울 사이를 수백 번 왕복한 셈이고 따라서 유효 길이가 1,000 km 이상에 이른다. 하지만 유효 길이의 변화량은 여전히 원자 크기의 십만분의 일 정도에 불과한데, 어떻게 중력파의 검출이 가능하였던 것일까?

원자의 크기보다도 한참 작은 미세한 길이 변화의 측정이 가능한 이유는 여러 번 측정하여 평균을 취하면 측정값의 정확도를 향상할 수 있다는 사실에 있다. 간섭계는 결국 광검출기에서 빛의 세기를 측정하는 것인데 양자 물리에서 빛은 '광자'라고 부르는 입자로 여겨지며 이때 빛의 세기는 광자의 개수에 비례한다. 즉, 광검출기는 광자의 개수를 측정하는 것이며 측정할 때마다 무작위로 달라지는 광자 개수의 요동이 간섭신호의 잡음으로 나타나게 되는데 이를 '산탄 잡음'이라고 한다. 빛의 세기 측정에서 신호의 크기는 광자의 개수 N에 비례하고, 광자 개수의 요동에 의한 잡음은 N의 제곱근($\sqrt{N}$)에 비례한다. 따라서 '신호대잡음비(신호크기/잡음크기)'는 $\sqrt{N}$에 비례하여 증가한다. 예를 들어 광자의 개수가 1개일 때에 비해 100개일 때, 신호는 100배 증가하지만 잡음은 10배만 증가하므로 신호대잡음비는 10배 증가하게 된다. 따라서 광자의 개수를 늘리면 산탄 잡음에 의한 신호대잡음비를 증가시킬 수 있는데 공진기는 그 안에 레이저 빛을 가둠으로써 간섭계 내부의 광자 개수를 증가시키는 역할도 한다. 하지만 이 정도로는 원하는 신호대잡음비를 얻기에 부족하고 레이저의 출력을 높이는 데에 한계가 있다. 이를 해결하기 위해 <그림 2>에서와 같이 BS에서 레이저 쪽으로 되돌아가는 빛을 반사하여 다시 간섭계로 보내는 출력 재활용 거울(M5)을 설치하여 간섭계에 사용되는 유효 레이저 출력을 원하는 수준으로 높인다.

빛의 입자적 성질은 간섭신호에 '복사압 잡음'이라고 불리는 또 다른 잡음을 일으키는데, 광자가 거울에 충돌하며 '복사압'이라는 힘을 작용하여 거울이 미세하게 움직이기 때문이다. 광자 개수의 요동이 거울의 요동과 그에 따른 간섭계 경로 길이의 요동을 유발하여 간섭신호의 잡음으로 나타나는데, 거울의 질량이 클수록 거울의 요동이 작아진다. 그러므로 복사압 잡음에 의한 신호대잡음비는 광자 개수의 요동이 작을수록, 거울의 질량이 클수록 커진다. 또한 거울의 요동은 힘이 작용하는 시간이 길수록 더 커지므로 복사압 잡음에 의한 신호대잡음비는 진동수가 작을수록 급격히 감소하며, 산탄 잡음에 의한 신호대잡음비는 진동수가 클수록 완만히 감소한다. 따라서 두 잡음의 합으로 결정되는 신호대잡음비가 가장 크게 되는 진동수 대역이 존재하며, 중력파의 진동수가 이 영역에 들어올 때 중력파가 검출될 확률이 가장 높다.

25. 윗글의 내용과 일치하지 않는 것은?

① 중력파는 레이저 간섭계의 경로 길이 변화로 감지한다.
② 공진기는 간섭계 내부에서 빛의 세기를 증가시키는 역할을 한다.
③ 산탄 잡음에 의한 신호대잡음비는 레이저 출력이 클수록 작아진다.
④ 복사압 잡음은 광자 개수의 요동 때문에 발생한다.
⑤ 복사압 잡음에 의한 신호대잡음비는 진동수가 클수록 커진다.

26. 윗글을 바탕으로 추론한 것으로 적절한 것만을 <보기>에서 있는 대로 고른 것은?

<보 기>

ㄱ. 중력파가 검출될 때, 광검출기에서 측정되는 빛의 세기는 일정하다.
ㄴ. 출력 재활용 거울의 반사율을 감소시키면 간섭신호에서 복사압 잡음이 감소한다.
ㄷ. 각 공진기를 구성하는 두 거울 사이의 거리를 늘리면 중력파에 의한 경로 길이 변화량이 늘어난다.

① ㄱ ② ㄴ ③ ㄷ
④ ㄱ, ㄴ ⑤ ㄴ, ㄷ

27. <보기>에서 특정한 물리량에 해당하는 것만을 있는 대로 고른 것은?

<보 기>

다음 그래프는 어떤 중력파검출기의 민감도(1/신호대잡음비)를 진동수에 따라 나타낸 것이다. 여기서 신호대잡음비는 산탄 잡음과 복사압 잡음 모두에 의한 것이다. 특정한 물리량을 증가시킴으로써 현재 실선으로 나타난 민감도를 점선과 같은 민감도로 개선하고자 한다.

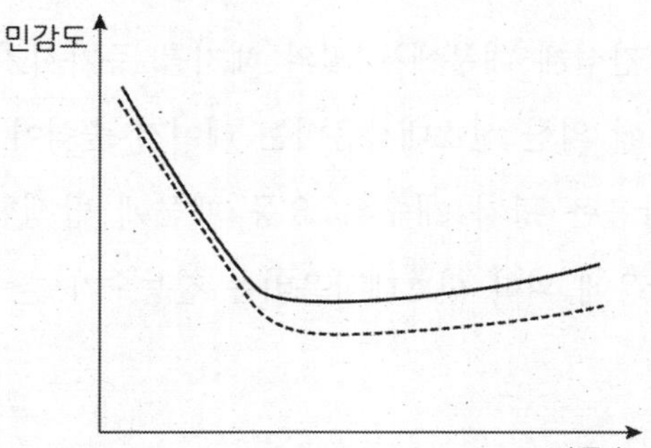

ㄱ. 거울의 질량
ㄴ. 레이저의 출력
ㄷ. 출력 재활용 거울의 투과율

① ㄱ ② ㄷ ③ ㄱ, ㄴ
④ ㄴ, ㄷ ⑤ ㄱ, ㄴ, ㄷ

[28~30] 다음 글을 읽고 물음에 답하시오.

벤야민은 폭력이 모든 합법적 권력의 탄생과 구성 과정에 개입함을, 그리고 그것이 금지하고 처벌하는 방식뿐만 아니라 법 자체를 제정하고 부과하며 유지하는 방식으로도 작동함을 밝히고자 했다. 「폭력 비판을 위하여」에서 그는 목적의 정의로움과 수단의 정당성에 대한 ㉠ 자연법론과 ㉡ 법실증주의의 입장 차이를 논의의 출발점으로 삼았다.

벤야민에 따르면, 고전적인 자연법론은 법 창출과 존속의 근거를 신이나 자연, 혹은 이성과 같은 형이상학적이고 외부적인 실체의 권위로부터 구한다. 또한 합당한 자격을 부여받은 외적 실체의 정당한 목적을 위해 사용되는 폭력은 문제가 되지 않는다고 본다. 반면 법실증주의는 폭력을 수단으로 사용하기 위한 절차적 정당성이 확보되었는지 여부에 주목한다. 벤야민은 자연법론보다는 법실증주의가 폭력 비판의 가설적 토대로 더 적합하다고 판단했다. 근본규범으로 전제된 헌법으로부터 법 효력의 근거를 도출하는 법실증주의는 법체계의 자기정초적 성격을 강조함으로써 법 제정 과정의 폭력을 읽어낼 단서를 제공해 주어, 폭력 보존의 계보에 대한 비판적 탐색을 가능케 하기 때문이다.

그렇지만 벤야민은 법실증주의가 목적과 수단의 관계에 대한 잘못된 전제를 자연법론과 공유한다고 보았다. 정당화된 수단이 목적의 정당성을 보증한다고 보는 경우든 정당한 목적을 통해 수단이 정당화될 수 있다고 보는 경우든, 목적과 수단의 상호지지적 관계를 전제로 폭력의 정당성을 판단한다. 그러나 법의 관심은 이러저러한 목적 혹은 수단을 평가하는 데 있는 것이 아니라 법의 폭력 자체를 수호하는 데 있다고 파악했다. 또한 법이 스스로 저지르는 폭력만을 정당한 '강제력'으로 상정하고 다른 모든 형태의 폭력적인 것들은 '폭력'으로 치부하는 문제에 관해 양편 모두 충분한 관심을 두지 않아 왔음을 지적했다.

벤야민은 자연법과 법실증주의가 감추어 온 법의 내재적 폭력성을 설명하기 위해 법정립적 폭력과 법보존적 폭력을 새롭게 개념화했다. 전자의 사례로 무정부적 위력이나 전쟁 등을, 후자의 사례로 행형제도와 경찰제도 등을 제시한 점에서 이들이 각각 근대국가의 입법 권력과 행정 권력에 대응하는 한정된 개념으로 사용되었다고 보기 어렵다. 법정립적 폭력은 법 목적을 위한 강제력이 정당화된 폭력의 위치를 독점하는 과정을 보여준다. 여기서 폭력은 법 제정의 수단으로 복무하지만, 목적한 바가 법으로 정립되는 순간 퇴각하는 것이 아니라 자신의 도구적 성격을 넘어서 힘 자체가 된다. 그렇기에 법과 폭력의 관계는 목적과 수단의 관계 또는 선후관계로 편입될 수 없다. 한편 법보존적 폭력은 이미 만들어진 법을 확인하고 적용하고자 하는, 그리고 이로써 법의 규율 대상에 대한 구속력을 유지하고자 하는 반복적이고 제도화된 노력들이다. 법은 구속적인 것으로 확언됨으로써 보존되며, 그 보존을 통한 재확언이 다시금 법을 구속하는 것이다. 더 나아가 그는 법정립과 법 보존의 이러한 순환 회로를 신화적 폭력이라 명명하면서 그것을 신적 폭력과 구별 짓는다. 신적 폭력은 법을 허물어뜨리는 순수하고 직접적인 폭력이다. 벤야민은 이것이 신화적 폭력의 순환 회로를 폭파하고 새로운 질서로 나아가게끔 하는 적극적 동력임을 주장한다.

출간 당시엔 크게 주목받지 못한 「폭력 비판을 위하여」가 반세기 넘게 지나 법과 폭력의 관계를 규명하려는 연구자들의 관심을 끌게 된 데에는 데리다의 비판적 독해가 주요한 계기를 제공했다. 데리다는 「법의 힘」에서 합법화된 폭력을 소급적으로 정립하는 법의 발화수반적 힘을 분석했다. 그는 법 언어 행위를 통해 적법한 권력과 부정의한 폭력 사이의 경계가 비로소 그어진다고 설명했다. 또한 법보존적 폭력은 법정립적 폭력에 이미 내재되어 있다고 보았다. 정립은 자기보존적인 반복에 대한 요구를 내포하며, 자신이 정립했다고 주장하는 것을 보존하기 위해 재정립되어야 하기 때문이다. 더 나아가 그는 법을 정립하고 보존하는 신화적 폭력과 법을 허물어뜨리는 신적 폭력이 뚜렷이 구분될 수 없으며, 만일 후자를 벤야민이 지지했던 방식으로 이해할 경우 자칫 메시아 주의로 귀결되거나 전체주의에 복무하는 것으로 해석될 여지가 있음을 지적했다.

28. 윗글의 내용과 일치하는 것은?

① 벤야민은 법정립적 폭력을 신화적 폭력에, 법보존적 폭력을 신적 폭력에 각각 속하는 것으로 규정한다.

② 벤야민은 신적 폭력이 도래함으로써 법 정립과 법 보존의 순환 회로가 더 강고해질 수 있음을 우려한다.

③ 벤야민은 법의 수단으로 사용되는 폭력은 자신의 목적을 달성하는 순간 힘을 상실하여 소거된다고 주장한다.

④ 데리다는 폭력의 적법성이 법 언어 행위를 통해 사후적으로 정립되지 않는다고 본다.

⑤ 데리다는 법을 보존하기 위한 반복적이고 제도화된 폭력들이 법정립적 폭력에 포함되어 있다고 이해한다.

29. 윗글을 바탕으로 ㉠과 ㉡을 이해한 것으로 적절하지 <u>않은</u> 것은?

① ㉠은 정당성 판단의 준거가 될 법적 권위를 법 바깥에서 구한다.

② ㉡은 수단의 절차적 정당화 여부에 따라 법의 폭력성을 판단해야 한다고 주장한다.

③ ㉠과 ㉡은 목적이나 수단 중 어느 한쪽이 정당화되면 다른 쪽의 정당성도 보증된다고 전제한다.

④ ㉠보다 ㉡이 법의 정립과 보존 과정에 내재된 폭력을 발견하는 데 더 유용하다.

⑤ ㉠과 달리 ㉡은 법적으로 승인된 폭력이 자신을 법 바깥의 폭력들과 차등화하는 문제에 주목한다.

30. 윗글을 바탕으로 <보기>를 평가한 것으로 가장 적절한 것은?

<보 기>

A : 민주적 정치체제에서 법 제정 권력을 다룰 때, 논의 대상은 의회의 입법권으로 좁혀져야 한다. 정치적 자유의 행사를 통해 구성된 권력이 아닌 강제적 힘에 의해 정초된 법은 처음부터 불법이다. 따라서 국가법이 제정되고 유지되는 과정에 폭력이 난입할 여지는 없다.

B : 국가법은 불법체류자 등을 법적 보호로부터 배제하는 동시에 바로 그 배제를 통해 규율 대상으로 포획한다. 이때 법과 폭력은 안과 바깥이 구분되지 않는 '뫼비우스의 띠' 안에서 무한히 순환한다. 우리는 더 나은, 혹은 덜 나쁜 법의 정립을 입법권의 자장 안에서 고민하기보다는 신화적 폭력을 넘어서 국가법 자체를 탈정립할 신적 폭력을 지지할 필요가 있다.

① A는 법 정립 과정에 폭력이 개입하지 않는다고 본 데서, 벤야민과 관점을 같이한다.

② A는 적법한 강제력과 적법하지 않은 폭력이 처음부터 다른 기원을 가진다고 주장한 데서, 벤야민과는 견해를 달리하고 데리다와는 견해를 같이한다.

③ B는 법과 폭력의 순환 고리를 끊어낼 순수하고 직접적인 폭력을 지지한 데서, 벤야민과 입장을 같이한다.

④ B는 신적 폭력과 신화적 폭력의 구분을 전제한 데서, 벤야민과는 견해를 달리하고 데리다와는 견해를 같이한다.

⑤ A와 B는 모두 법 정립 권력을 입법 권력에만 한정 지은 데서, 벤야민과 입장을 같이한다.

* 확인 사항

○ 문제지와 답안지의 해당란에 필요한 내용을 정확하게 표기했는지 확인하십시오.

※ 시험이 시작되기 전에는 표지를 넘기지 마십시오.

제 1 교 시 **홀수형**

2022학년도 법학적성시험

언어이해 문제지

성 명	

수험번호							

- **수험번호 끝자리**가 **홀수**인 응시자는 **홀수형** 문제지로, **짝수**인 응시자는 **짝수형** 문제지로 응시해야 합니다. 문제지가 자신에게 맞는 문제유형인지 확인하십시오.
- 답안지의 ‘문제유형 표기란’에 문제지 문제유형(홀수형, 짝수형)을 표기하십시오.
- 이 문제지는 **30문항**으로 구성되어 있습니다.
- **시험 시간은 09 : 00 ~ 10 : 10 (70분)입니다.**
- 문제지에 성명과 수험번호를 정확하게 기재하십시오.
- 답안지는 반드시 컴퓨터용 사인펜을 사용하여 답을 표기하여야 합니다.
- 답안지의 ‘필적확인란’에 제시된 문구를 정확히 정자로 기재하여야 합니다.

※ 시험이 시작되기 전에는 표지를 넘기지 마십시오.

2022학년도 법학적성시험

1

제 1 교시

언어이해

성명		수험번호	

홀수형

○ 이 문제지는 **30문항**으로 구성되어 있습니다. 문항 수를 확인하십시오.

○ 문제지의 해당란에 성명과 수험번호를 정확히 쓰십시오.

○ 답안지에 수험번호, 문제유형, 성명, 답을 표기할 때에는 '답안 작성 시 반드시 지켜야 하는 사항'에 따라 표기하십시오.

○ 답안지의 '필적확인란'에 해당 문구를 정자로 기재하십시오.

[1~3] 다음 글을 읽고 물음에 답하시오.

5·16 군사쿠데타 이후 집권세력은 '부랑인'을 일소하여 사회의 명랑화를 도모한다는 명분 아래 사회정화사업을 벌였다. 무직자와 무연고자를 '개조'하여 국토 건설에 동원하려는 목적으로 <근로보도법>과 <재건국민운동에 관한 법률>을 제정·공포했다. 부랑인에 대한 사회복지 법령들도 이 무렵 마련되기 시작했는데, <아동복리법>에 '부랑아보호시설' 관련 규정이 포함되었고 <생활보호법>에도 '요보호자'를 국영 또는 사설 보호시설에 위탁할 수 있음이 명시되었다.

실질적인 부랑인 정책은 명령과 규칙, 조례 형태의 각종 하위 법령에 의거하여 수행되었다. 특히 ㉠ <u><내무부훈령 제410호></u>는 여러 법령에 흩어져있던 관련 규정들을 포괄하여 부랑인을 단속 및 수용하는 근거 조항으로 기능했다. 이는 걸인, 껌팔이, 앵벌이를 비롯하여 '기타 건전한 사회 및 도시 질서를 저해하는 자'를 모두 '부랑인'으로 규정했다. 헌법, 법률, 명령, 행정규칙으로 내려오는 위계에서 행정규칙에 속하는 훈령은 상급 행정기관이 하급 기관의 조직과 활동을 규율할 목적으로 발하는 것으로서, 원칙적으로는 대외적 구속력이 없으며 예외적인 경우에만 법률의 위임을 받아 상위법을 보충한다. 위 훈령은 복지 제공을 목적으로 한 <사회복지사업법>을 근거 법률로 하면서도 거기서 위임하고 있지 않은 치안 유지를 내용으로 한 단속 규범이다. 이를 통한 인신 구속은 국민의 자유와 권리를 필요한 경우 국회에서 제정한 법률로써 제한하도록 규정한 헌법에 위배되는 것이기도 하다.

1961년 8월 200여 명의 '부랑아'가 황무지 개간 사업에 투입되었고, 곧이어 전국 곳곳에서 간척지를 일굴 개척단이 꾸려졌다. 1950년대 부랑인 정책이 일제 단속과 시설 수용에 그쳤던 것과 달리, 이 시기부터 국가는 부랑인을 과포화 상태의 보호시설에 단순히 수용하기보다는 저렴한 노동력으로 개조하여 국토 개발에 활용하고자 했다. 1955년부터 통계 연표에 수록되었던 '부랑아 수용보호 수치 상황표'가 1962년에 '부랑아 단속 및 조치 상황표'로 대체된 사실은 이러한 변화를 시사한다.

이 같은 정책 시행의 결과로 부랑인은 과연 '개조'되었는가? 개척의 터전으로 총진군했던 부랑인 가운데 상당수는 가혹한 노동 조건이나 열악한 식량 배급, 고립된 생활 등을 이유로 중도에 탈출했다. 토지 개간과 간척으로 조성된 농지를 분배 받기를 희망하며 남아 있던 이들은 많은 경우 약속된 땅을 얻지 못했으며, 토지를 분배 받은 경우라도 부랑인 출신이라는 딱지 때문에 헐값에 땅을 팔고 해당 지역을 떠났다. 사회복지를 위한 제도적 기반이 충분히 갖추어져 있지 않은 상황에서 사회법적 '보호' 또한 구현되기 어려웠다. <아동복리법 시행령>은 부랑아 보호시설의 목적을 '부랑아를 일정 기간 보호하면서 개인의 상황을 조사·감별하여 적절한 조치를 취함'이라 규정했으나, 전문적인 감별 작업이나 개별적 특성과 필요를 고려한 조치는 드물었고 규정된 보호 기간이 임의로 연장되기도 했다. 신원이 확실하지 않은 자들을 마구잡이로 잡아들임에 따라 수용자 수가 급증한 국영 또는 사설 복지기관들은 국가보조금과 민간 영역의 후원금으로 운영됨으로써 결국 유사 행정기구로 자리매김했다. 그중 일부는 국가보조금을 착복하는 일도 있었다.

국가는 <근로보도법>과 <재건국민운동에 관한 법률> 등을 제정하여 부랑인을 근대화 프로젝트에 활용할 생산적 주체로 개조하고자 하는 한편, 그러한 생산적 주체에 부합하지 못하는 이들은 <아동복리법>이나 <생활보호법>의 보호 대상으로 삼았다. 또한 각종 하위 법령을 통해 부랑인을 '예비 범죄자'나 '우범 소질자'로 규정지으며 인신 구속을 감행했다. 갱생과 보호를 지향하는 법체계 내부에 그 갱생과 보호의 대상을 배제하는 기제가 포함되어 있었던 것이다.

국가는 부랑인으로 규정된 개개의 국민을 경찰력을 동원해 단속·수용하고 복지기관을 통해 규율했을 뿐만 아니라, 국민의 인권과 복리를 보장할 국가적 책무를 상당 부분 민간 영역에 전가시킴으로써 비용 절감을 추구했다. 당시 행정당국의 관심은 부랑인 각각의 궁극적인 자활과 갱생보다는 그가 도시로부터 격리된 채 자활·갱생하고 있으리라고 여타 사회구성원이 믿게끔 하는 데에 집중되었던 것으로 보인다. 부랑인은 사회에 위협을 가하지 않을 주체로 길들여지는 한편, 국가가 일반 시민으로부터 치안 관리의 정당성을 획득하기 위한 명분을 제공했다.

1. 윗글의 내용과 일치하는 것은?

① 부랑인 정책은 갱생 중심에서 격리 중심으로 초점이 옮겨갔다.

② 부랑아의 시설 수용 기간에 한도를 두는 규정이 법령에 결여되어 있었다.

③ 부랑인의 수용에서 행정기관과 민간 복지기관은 상호 협력적인 관계였다.

④ 개척단원이 되어 도시를 떠난 부랑인은 대체로 개척지에 안착하여 살아갔다.

⑤ 부랑인 정책은 치안 유지를 목적으로 하여 사회복지 제공의 성격을 갖지 않았다.

2. ㉠에 대한 비판으로 적절하지 않은 것은?

① 상위 규범과 하위 규범 사이의 위계를 교란시켰다.
② 근거 법령의 목적 범위를 벗어나는 사항을 규율했다.
③ 법률을 제정하는 국회의 입법권을 행정부에서 침해하는 결과를 초래했다.
④ 부랑인을 포괄적으로 정의함으로써 과잉 단속의 근거로 사용될 여지가 있었다.
⑤ 부랑인 단속을 담당하는 하급 행정기관이 훈령을 발한 상급 행정기관의 지침을 위반하도록 만들었다.

3. <보기>의 내용을 윗글에 적용한 것으로 적절하지 않은 것은?

<보 기>

국가는 방역과 예방 접종, 보험, 사회부조, 인구조사 등 각종 '안전장치'를 통해 인구의 위험을 계산하고 조절한다. 그 과정에서 삶을 길들이고 훈련시켜 효용성을 최적화함으로써 '순종적인 몸'을 만들어내는 기술이 동원된다. 이를 통해 정상과 비정상, 건전 시민과 비건전 시민의 구분과 위계화가 이루어지고 '건전 사회의 적'으로 상정된 존재는 사회로부터 배제된다. 이는 변형된 국가인종주의의 발현으로 이해할 수도 있다. 고전적인 국가인종주의가 선천적이거나 역사적으로 구별되는 인종을 기준으로 이원 사회로 분할하는 특징이 있다면, 변형된 국가인종주의는 단일 사회가 스스로의 산물과 대립하며 끊임없이 '자기 정화'를 추구한다는 점에서 차이가 있다.

① 부랑인을 '우범 소질'을 지닌 잠재적 범죄자로 규정한 것은 한 사회의 '자기 정화'를 보여준다고 할 수 있다.
② 부랑인을 '개조'하여 국토 개발에 동원하고자 한 것은 삶을 길들이고 훈련시키는 기획을 보여준다고 할 수 있다.
③ 부랑인을 생산적 주체와 거기에 이르지 못한 주체로 구분 지은 것은 변형된 국가인종주의의 특징을 보여준다고 할 수 있다.
④ 치안관리라는 명분을 위해 부랑인의 존재를 이용한 것은 건전 시민과 비건전 시민의 구분과 위계화를 보여준다고 할 수 있다.
⑤ 부랑인의 갱생을 지향하는 법체계에 배제의 기제가 내재된 것은 '순종적인 몸'을 만들어내는 기술과 '안전장치'가 배척 관계임을 보여준다고 할 수 있다.

[4~6] 다음 글을 읽고 물음에 답하시오.

현대의 환경 위기는 인류의 생존 문제일 뿐 아니라 근대 이후 구현되어 온 인본주의적 가치들을 위협할 수 있는 요인이기도 하다. 즉 그것은 '생존'을 빌미로 하는 신유형의 독재나 제국주의를 유발함으로써 자유, 인권, 평등의 가치에 근거한 민주주의나 세계 시민주의 등의 이념들을 위기에 처하게 할 수 있다는 점에서도 문제인 것이다. 환경 위기는 특히 '철학적 근대'에 관한 담론에서 중요 주제로 부각된다. 이 위기는 자연과 인간을 근본적으로 차별하는 세계관을 사상적 토대로 하고, 또한 그러한 세계관은 인간의 이성적 주체성을 전면에 등장시킨 근대의 철학적 혁명에서 비롯되었기에, 사상사적 맥락에서 가장 큰 책임을 져야 하는 것이 바로 철학적 근대라고 지적되기 때문이다. 그러나 철학적 근대는 경시할 수 없는 미덕을 동시에 지니기 때문에, 그대로의 수용도 원천적 거부도 선택할 수 없는 딜레마적 문제이다. 저 숭고한 인본주의적 가치들은 무엇보다도 인간의 지성적·실천적 자율성을 주창한 철학적 근대를 통해 정초되었기 때문이다.

철학적 근대는 ㉠ 데카르트주의의 발흥 및 완성의 과정으로 이루어진다는 것이 일반적 통념이다. 이성적 사유 주체의 절대적 확실성을 철학의 제1 원리로 논증하는 이 사상 체계에서 자연은 주체에 대해 근본적 타자로서, 그 어떤 자기 목적이나 내면도 없는 단적인 물질적 실체, 즉 '길이, 넓이, 깊이로 연장된 것'이라는 열등한 존재로 인식된다. 인간과 자연의 이러한 위계적 이원화는 인간의 자연 지배를 정당화하는 토대가 되거니와, 기계론적으로 양화되는 연장의 영역으로 정위된 자연은 인간 마음대로 사용할 수 있는 유용한 자재 창고로 여겨지게 된 것이다.

자연과학적 실험의 보편화는 더욱 과격화된 철학적 자연관의 출현을 촉발한다. 자연은 '인식'과 '사용'의 대상이던 것에서 나아가 '제작'의 대상으로까지 여겨지게 된다. 진리를 발견되는 것이 아니라 만들어지는 것으로 보는 이러한 노선은 ㉡ 칸트주의에서 특히 전형적으로 대두한다. 즉 의지의 규범인 도덕 준칙과 마찬가지로 지성의 대상인 자연 법칙 또한 그 입법권이 자율적 주체인 인간에게 부여되는 것이다. 자연은 한낱 조야한 질료로서 주어질 뿐, 그 구체적 존재 형식은 인식 주체로서의 인간의 지적 틀에 의해 결정된다는 것이다. 물론 이 사상에서 자연의 자기 목적이 중요한 화두로 제기되기도 하지만, 이 역시 세계를 대하는 인간의 심적 태도의 차원에서 상정될 뿐이다.

이러한 추이로부터 짐작하면, 철학적 근대의 완성판이라 불리는 객관적 관념론은 어떤 노선보다도 강한 이성주의적 면모를 지니는 까닭에, 자연에 대한 억압적 지배를 정당화하는 궁극의 사조라는 죄명을 뒤집어쓸 개연성이 클 것이다. 하지만 이 철학 사조는 그러한 혐의가 근본적 몰이해에서 비롯된 것이라고 항변할 수 있는 상당한 근거를 지니는데, 흥미롭게도 그 근거는 이 사조가 철학적 근대의 핵심 원리인 '이성'의 위상을 극한으로 강화한다는 점에 있다. 객관적 관념론은 문자 그대로 관념의, 구체적으로는 이성의 객관적 진리치를 정당화하고자 한다. 중요한 것은 여기서 '이성'이 이전의 근대 철학에서와는 사뭇 다른 층위의 의미를 지닌다는 점이다. 즉 '이성'은 단지 지적 능력의 특정한 형식이나 단계를 지칭하는 것에서 나아가 근본적으로는 존재론적·형이상학적 위상까지 지니는 최상위의 범주 또는 섭리를 가리킨다. '모든 것은 개념, 판단, 추론이다'라는 헤겔의 말처럼, 이성은 '세계의 모든 것에 선행하면서 동시에 그 모든 것을 가능케 하는 조건', 즉 '삼라만상의 선험적인 논리적 구조 내지 원리'라는 절대적 위상을 지니며, 이에 모든 자연사와 인간사는 이러한 절대적 이성이 시공간의 차원으로 외화한 현상적 실재로 설명된다. 즉 자연은 절대적 이성에 따라 존재하고 변화하는 사물 양태의 이성이고, 지성적 주체인 인간은 절대적 이성에 따라 사유하고 성숙하여 절대적 이성의 인식에 도달해 가는 의식 양태의 이성이기에, 양자는 본질적으로 동근원적이라는 것이다.

객관적 관념론은 오히려 최고도로 강화된 이성주의를 통해 철학적 근대의 딜레마에 대한 해결을 모색할 수 있음을 보여준다. 그것은 이성적 주체의 위상을 정당화하면서도 동시에 무분별한 자연 지배를 경계할 수 있는 논거를 제시한다. 그 때문에 현대의 환경 철학 담론에서 근대를 원천적으로 거부하는 포스트모더니즘이 상당한 공감을 얻고 있는 와중에도 객관적 관념론에 기반을 둔 자연철학의 계발이 주목을 받는 것이다.

4. 윗글에 대한 이해로 가장 적절한 것은?

① 가장 강화된 이성주의는 인간에 대한 자연의 형이상학적 우위를 정초한다.

② 현대의 환경 위기는 새로운 억압적 정치 체제의 대두와 함께 도래한 것이다.

③ 포스트모더니즘은 철학적 근대의 딜레마를 이성에 근거하여 해소하고자 한다.

④ 인본주의적 이념들의 사상적 토대를 제공한 것은 철학적 근대의 주목할 만한 성과이다.

⑤ 인간의 이성적 주체성을 옹호하는 철학사적 흐름은 억압적 자연관으로 귀결될 수밖에 없다.

5. ㉠과 ㉡을 비교한 것으로 적절하지 <u>않은</u> 것은?

① ㉠은 ㉡과 달리 자연의 자기 목적을 이성적 인식의 기준으로 설정한다.

② ㉡은 ㉠과 달리 인간을 자연 법칙을 수립하는 주체로 승인한다.

③ ㉠과 ㉡은 모두 자연을 인식과 사용의 대상으로 생각한다.

④ ㉠과 ㉡은 모두 자연에 대한 인간 이성의 우위를 주장한다.

⑤ ㉠과 ㉡은 모두 환경 위기에 대한 철학적 책임이 있는 것으로 평가된다.

6. [객관적 관념론]에 대해 추론한 것으로 적절하지 <u>않은</u> 것은?

① 자연 법칙을 탐구하는 자연과학은 의식 양태의 이성이 사물 양태의 이성을 인식하는 것이라고 여길 수 있을 것이다.

② 이성의 위상을 지고의 형이상학적 차원까지 높임으로써 자연 법칙도 인간 의식의 투영을 통해 만들어지는 것으로 여길 것이다.

③ 삼라만상이 절대적 이성의 발현이므로 반이성으로 보이는 어떤 것도 궁극적으로는 이성 영역에 포섭된다고 설명할 수 있을 것이다.

④ 이성이 절대적 진리치를 지닌다는 관점에 의거하여 모든 역사적 사건도 이성의 법칙에 따라 진행되는 것으로 이해할 수 있을 것이다.

⑤ 억압적 자연 지배의 책임을 져야 한다는 비판이 제기된다면 자연과 인간의 동근원성을 강조하는 일원론적 관점을 근거로 반박할 수 있을 것이다.

[7~9] 다음 글을 읽고 물음에 답하시오.

소설을 읽는다는 것은 이야기를 하는 누군가의 목소리를 듣는다는 것을 뜻한다. 독자에게 특정한 배경 속에서 여러 인물들이 펼치는 사건에 대해 '말하는 주체'를 우리는 화자라고 부른다. 그래서 독자는 항상 화자의 목소리를 통해서 허구 세계에 대한 정보를 얻는다. 가령 등장인물의 대화가 직접화법으로 표현된 장면을 떠올려보자. 드라마가 화자 없이 등장인물의 대사로 진행된다는 점에서 이 장면도 드라마와 유사하게 느낄 수 있겠지만, 사실은 화자가 의도적으로 간접화법 대신 직접화법을 채택한 것이어서 독자에게 대화를 직접 듣는다는 착각을 이끌어내려는 책략이라고 보아야 한다. 독자는 화자가 자신의 말로 바꾸었는가 혹은 그렇지 않았는가 상관없이 언제나 그의 목소리를 들을 뿐이다.

화자가 사건에 대해 말하기 위해서는 먼저 사건을 보는 것이 필요하다. ㉠ 브룩스와 워렌은 순전히 화자가 보는 위치를 기준으로 일인칭과 삼인칭을 구분한 뒤, 목격자로서 사건을 관찰하는지 그렇지 않으면 탐구자로서 사건을 분석하는지에 따라 일인칭 주인공 시점과 일인칭 관찰자 시점, 작가 관찰자 시점과 전지적 작가 시점으로 구분한다. 그렇지만 이들의 논의는 삼인칭 시점에서 '화자'의 시점을 '작가'의 시점으로 치환하였고, 특정 인물의 내면을 그려내는 것과 모든 인물의 내면을 그려내는 것을 전지적 작가 시점으로 뭉뚱그렸다는 비판을 받았다.

'보는 주체'로서의 화자의 역할에 대한 또 다른 접근은 ㉡ 랜서에 의해 이루어졌다. 그는 화자의 역할을 이야기의 내용이나 주제와 결합시켰다. 기존 논의가 '시점'이라는 말에서 짐작할 수 있듯이 사건을 보는 위치에 치중했던 것을 반성하고, 사건을 보는 입장도 고려하고자 했다. 화자가 다른 공간적 위치에 서거나 다른 이념적 입장을 가질 때, 같은 사건도 다르게 인식되어 다르게 재현된다는 것이다. 그래서 랜서는 화자를 작가가 창조한 세계를 보여주는 인식틀이라고 언급했다. 독자가 화자를 통해서 이야기를 접한다는 점을 고려할 때, 독자가 바라볼 수 있는 시선과 들을 수 있는 목소리는 항상 화자에 의존한다는 것을 알려준 셈이다.

이와 관련하여 화자가 작품에 개입하는 것과 독자에게 진실을 전달하는 방식을 둘러싼 ㉢ 플라톤의 고전적인 문제제기는 흥미롭다. 그는 모방을 논하면서 영혼의 진정성 문제를 연결시킨다. 화자의 개입을 최소화하여 독자들이 실재와 가상을 착각하게 만들수록 진정성을 의심한 반면, 주관적인 논평을 섞는 방식으로 화자를 떠올리게 할수록 좀 더 진정성을 지닌 것으로 평가했던 것이다. 이러한 관점을 소설에 비추어 보면 화자를 이야기에 개입하여 객관성을 훼손하는 존재로 바라보던 태도에서 벗어나야 한다는 것을 시사한다. 즉 소설은 화자 때문에 객관성에 도달할 수 없는 것이 아니라 화자 덕분에 다른 양식과 구별되는 독자성을 획득할 수 있었던 것이다.

이렇듯 소설의 화자에 대해 지금까지 다양한 논의가 진행되었지만, 수많은 소설작품을 포괄할 만큼 충분히 정교하지 못한 것은 사실이다. 그리고 개별 작품의 경우에도 하나의 시점을 처음부터 끝까지 유지한 작품을 찾는 것이 쉽지 않다. 우리가 훌륭하다고 손꼽는 작품들 또한 그러하다. 따라서 화자의 위치나 입장, 역할 등을 이론적으로 따지기보다 구체적인 작품 감상과 결부시키는 편이 훨씬 현명하다. 작가 또한 메시지를 전달하는 데 가장 효과적인 방법이 무엇인지를 고민하는 것이다. 소설을 읽는 것을 등장인물, 화자, 독자가 정보량을 둘러싸고 벌이는 일종의 게임으로 바라보자는 견해가 바로 그것이다. 이 견해에 따르면 동일한 사건이라도 누가 정보를 더 많이 갖느냐에 따라 다른 이야기로 변주될 수 있다. 가령 화자가 등장인물이 모르는 정보를 독자에게 제공하는 경우, 자신이 처한 위기를 모르는 등장인물을 지켜보며 독자는 마음을 졸일 수밖에 없다. 하지만 등장인물과 독자가 동일한 정보를 공유하는 경우, 독자는 인물과 같은 수준으로 작중의 상황을 이해하고 함께 퍼즐을 풀어가는 기분으로 사건을 경험할 것이다. 그리고 등장인물이 독자에게 공개하지 않은 비밀을 숨기고 있는 경우, 독자는 결말에 이르러서야 사건의 전모를 파악하면서 반전의 효과를 체험할 수도 있다. 이처럼 어떤 메시지를 전달하는 데 어울리는 화자를 창조하는 일은 작품의 성공과 실패를 가르는 첫걸음이다.

7. 윗글의 내용과 일치하는 것은?

① 독자가 소설을 감상하고자 할 때, 독자와 접촉하며 정보를 제공하는 존재는 화자이다.

② 소설이 진행되는 동안 하나의 시점을 유지하는 것이 예술적으로 성공하는 지름길이다.

③ 소설에서 등장인물의 대화를 직접화법으로 묘사할 때에는 화자의 목소리가 개입하지 않는다.

④ 드라마에서는 통상 등장인물의 목소리뿐만 아니라 '말하는 주체'의 목소리도 관객에게 직접 들린다.

⑤ 이야기되는 사건이 같다면 작가가 화자의 위치나 입장, 독자와의 관계를 변화시켜도 다른 소설로 만들기 어렵다.

8. ㉠~㉢에 대한 이해로 적절하지 않은 것은?

① ㉠은 현실에 존재하는 작가와 작가가 창조한 화자를 개념적으로 구분하지 않고 있다.

② ㉡은 화자에 대해 이야기를 수용하는 독자의 입장에 영향을 미치는 인식틀로 작용한다고 보고 있다.

③ ㉢은 독자들이 실재와 가상을 혼동하지 않도록 하는 것이 진정성 있는 태도라고 판단하고 있다.

④ ㉠과 ㉡은 '말하는 주체'에 선행하는 '보는 주체'로서의 화자의 역할을 소설의 내용적 측면에서 분석하고 있다.

⑤ ㉡과 ㉢은 화자를 통해서 작가의 입장이나 태도를 파악할 수 있다고 믿고 있다.

9. 윗글을 바탕으로 <보기>를 평가한 것으로 적절하지 않은 것은?

<보 기>

시내에 나갔다 왔다. 그사이 누군가가 집에 다녀간 흔적이 있다. 조심스러운 손길이었지만 분명히 집을 뒤졌다. 몇몇 물건들은 도저히 찾을 수가 없다. 가져간 것이 분명하다. 도둑일까? 집에 도둑이 든 일은 지금껏 없었다.

저녁에 퇴근한 은희에게 집에 도둑이 들었다고 말했다. 은희는 딱한 얼굴로 나를 바라보며 그런 일은 없었다고 한다. 뭐가 없어졌느냐고 묻는데 생각이 나지 않았다. 그러나 분명히 뭐가 없어졌다. 느낄 수 있다. 그런데 입 밖으로 꺼내 말할 수가 없다.

"치매에 걸리면 다들 그런대요. 며느리도 도둑이라고 하고 간호사도 도둑이라고 하고"

그래, 그걸 도둑망상이라고들 하지. 나도 그건 알아. 그런데 이건 망상이 아니야. 분명히 뭔가 없어졌다고. 일지와 녹음기는 몸에 지니고 있으니 무사했지만 다른 무언가가 사라졌다.

"그래, 개가 없어졌다. 개가 없어졌어."

"아빠, 우리 집에 개가 어디 있어요?"

이상하다. 분명히 개가 있었던 것 같은데.

- 김영하, 『살인자의 기억법』 -

① 화자가 주인공과 동일한 인물이기 때문에, 독자들은 주인공의 내면 변화를 파악할 수 있겠군.

② 화자가 다른 등장인물과 함께 허구세계에 있기 때문에, 독자들은 사건의 전모를 모른 채 상황이 발생할 때마다 긴장감을 경험할 수 있겠군.

③ 주인공과 화자와 독자의 정보가 일치하기 때문에, 독자들은 주인공과 등장인물들에 대한 화자의 정보를 객관적 사실로 받아들일 수 있겠군.

④ 주인공인 화자가 다른 등장인물의 내면을 파악할 수 없기 때문에, 독자들은 자신의 상황을 정확히 알지 못하는 주인공을 안타깝게 느낄 수 있겠군.

⑤ 모든 등장인물에 대한 정보가 화자의 시선과 목소리로 전달되기 때문에, 독자들은 다른 등장인물의 진실이 뒤늦게 알려지면 이야기의 흐름이 달라지리라 기대할 수 있겠군.

[10~12] 다음 글을 읽고 물음에 답하시오.

개체의 생존을 위해서는 움직이는 물체의 시각 정보를 효율적으로 처리하는 것이 중요하다. 예를 들어 숲 속을 걸을 때 특별한 주의를 기울이지 않았음에도 복잡한 형태의 나무들 사이에서 작은 동물의 움직임을 재빨리 알아챌 수 있다. 나무는 움직이지 않으므로 시간차를 두고 획득한 두 이미지의 차이를 통해 그 움직임을 간단히 알아챌 수 있을 것 같지만, 실제로는 가만히 한곳을 응시하더라도 안구가 끊임없이 움직이고 있어 망막에 맺히는 이미지 전체가 시간에 따라 변하므로 더 정교한 정보 처리가 필요하다. 최근 미세전극이 일정한 간격으로 촘촘히 배열된 마이크로칩을 이용하여 망막에서 발생하는 전기적 신호를 실시간으로 관찰할 수 있게 되면서 이러한 고차원 시각 정보 처리가 뇌에서 전적으로 이루어지는 것이 아니라 망막에서 시작된다는 증거들이 발견되었다.

망막은 어떻게 전체 이미지가 흔들리는 속에서 작은 동물의 움직임에 대한 정보를 골라내는 것일까? 망막에는 빛에 반응하는 광수용체세포와 일정한 영역에 분포한 여러 광수용체세포에 연결되어 최종 신호를 출력하는 신경절세포가 존재한다. 신경절세포 가운데 특정 종류는 각 세포가 감지하는 부분이 이미지 전체의 이동 경로와 같은 경로를 따라 움직일 때는 전기적 신호를 발생하지 않고 다른 경로를 따라 움직일 때만 신호를 발생한다. 안구의 움직임에 의한 상의 떨림은 망막 위에서 전체 이미지가 같은 방향으로 움직이는 변화를 만드는데, 작은 동물의 상은 이와는 이동 경로가 다르므로 그 부분에 분포한 특정 종류의 신경절세포만이 신호를 발생하게 되어 작은 움직임도 잘 볼 수 있게 된다.

망막의 또 다른 신호 처리의 예로 움직이는 테니스공을 치는 경우를 생각해 보자. 충분한 밝기의 빛이 도달하더라도 망막에서 시각 정보가 처리되는 데 수십 분의 1초가 걸린다. 강하게 친 테니스공은 이 시간 동안 약 2 m를 이동할 수 있어서 라켓을 벗어나기에 충분한데도 어떻게 그 공을 정확히 쳐 낼 수 있을까?

이를 알아보기 위해 연구자들은 ㉠ <u>마이크로칩 위에 올려진 도롱뇽의 망막에 막대 모양의 상을 맺히게 하고 상의 밝기와 이동 속도 등을 변화시켜가며 망막에서 발생하는 신호를 측정</u>하였다. 폭이 0.13 mm인 막대 모양의 상을 1/60 초 동안만 맺히게 한 후에 상 아래에 위치한 하나의 신경절세포에서 출력되는 신호를 측정한 실험의 경우, 광수용체에서 전기 신호가 발생하고 여러 신경세포를 거치는 과정에서 시간 지연이 일어나므로, 상이 맺힌 순간부터 약 1/20 초 후에 신경절세포에서 신호가 발생하기 시작하여 약 1/20 초 동안 지속되었다. 상을 일정한 속도로 움직이며 상의 이동 경로에 위치한 여러 신경절세포에서 발생하는 신호를 측정한 실험의 경우, 실제 상이 도달한 위치보다 더 앞에 위치한 신경절세포에서 신호가 발생하기 시작하여 상의 앞쪽 경계와 같은 위치 혹은 이보다 앞선 위치에서 신호가 최대가 되었다.

개별 신경절세포의 시간 지연에도 불구하고 상의 앞쪽 경계에서 최대가 되는 모양의 신호를 만들기 위해서는 특별한 기제가 필요하다. 첫째는 신경절세포 반응의 시간 의존성이다. 즉, 밝기가 변화한 직후 신경절세포의 출력 신호가 최대가 되고 이후 점차 작아진다. 둘째, 신경절세포 신호증폭률의 동적 조절이다. 즉, 물체가 이동할 때 신경절세포는 물체의 이동 방향으로 가장 먼저 자극되는 광수용체의 신호를 크게 증폭하여 받아들이고 곧바로 증폭률을 떨어뜨려 신호의 세기를 줄여버린다. 상의 이동 경로에 위치한 신경절세포들에서 각각 이러한 기제에 따라 발생한 신호들이 합쳐져서 만들어지는 출력 신호는, 그 형태가 상의 앞쪽 경계면 혹은 그보다 앞선 지점에 대응하는 위치에서 그 세기가 최대가 되는 비대칭적인 모양이 된다.

물체와 주변의 밝기 차이가 작거나 속력이 너무 커서 증폭률의 변화가 물체의 이동 속력에 맞추어 재빨리 이루어지지 못하면, 이러한 기제가 잘 작동하지 못하여 시간 지연에 대한 보상이 잘 이루어지지 않는다. 어두울수록, 그리고 테니스공이 빠르게 움직일수록 정확하게 맞히기 어려운 이유도 이와 관련이 있다.

10. 윗글의 내용과 일치하는 것은?

① 신경절세포는 광수용체에서 발생한 전기적 신호를 원래 세기대로 출력한다.
② 한곳을 가만히 응시할 때는 망막에 형성된 이미지의 떨림이 발생하지 않는다.
③ 정지한 물체의 상에 대해 전기적 신호를 출력하지 않는 신경절세포가 존재한다.
④ 마이크로칩은 망막에 도달한 빛을 전기적 신호로 변환시켜 관찰 가능하게 만든다.
⑤ 빛의 밝기가 일정할 때 하나의 신경절세포에서 발생하는 신호의 세기는 일정하다.

11. <보기>의 실험에 대한 설명으로 적절한 것만을 있는 대로 고른 것은?

<보 기>

다음 그림은 ㉠의 실험에서 어느 순간 망막에 형성된 빛의 밝기 분포와 신경절세포의 출력 신호를 위치에 따라 나타낸 것이다. 그래프 a, b, c는 각각 서로 다른 조건에서 측정한 결과로서, b와 c는 속력이 같고 상과 주변의 밝기 차가 다르고, a는 속력이 다르다. a, b, c 모두 상의 이동 방향은 같다.

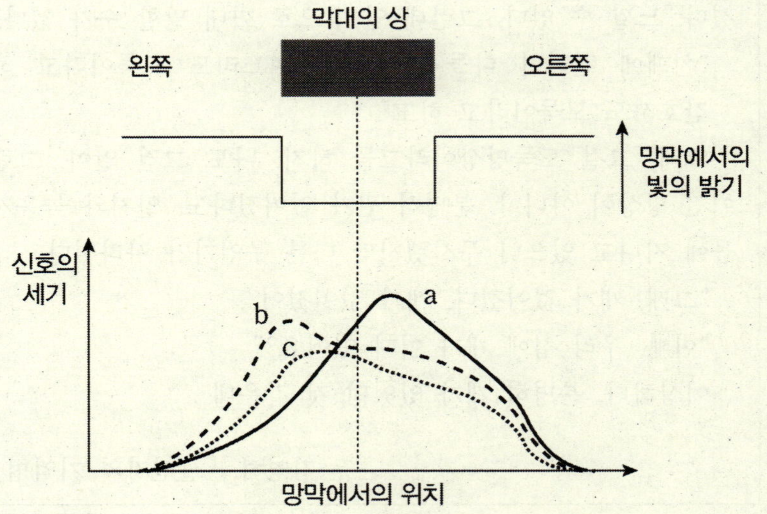

ㄱ. 상은 오른쪽에서 왼쪽으로 이동하고 있다.
ㄴ. 상의 속력은 a가 b보다 크다.
ㄷ. 상과 주변의 밝기 차는 b가 c보다 작다.

① ㄱ ② ㄴ ③ ㄷ
④ ㄱ, ㄴ ⑤ ㄴ, ㄷ

12. 윗글을 바탕으로 '도롱뇽이 파리를 응시하는 상황'을 이해한 것으로 가장 적절한 것은?

① 날아가는 파리가 속력을 줄이면 상이 맺힌 위치의 개별 신경절세포에서의 시간 지연이 감소한다.
② 아래위로 천천히 움직이는 물체 위에 앉아 있는 도롱뇽은 수평으로 날아가는 파리의 움직임을 알아채지 못한다.
③ 배경이 밝고 파리의 색이 어두울수록 상의 위치와 신경절세포의 출력 신호가 최대가 되는 위치 사이의 오차가 크다.
④ 망막에 맺힌 날아가는 파리의 상에서 머리 부분에서 발생하는 신호의 증폭률은 몸통 부분에서 발생하는 신호의 증폭률보다 작다.
⑤ 도롱뇽이 눈을 깜박일 때, 정지한 파리의 상이 1/60 초 동안 사라지면 파리의 상이 있던 위치의 신경절세포에서는 1/60 초보다 오래 신호가 지속된다.

[13~15] 다음 글을 읽고 물음에 답하시오.

파시즘을 규정하기란 쉽지 않다. 본디 파시즘은 1919년에서 1945년까지 무솔리니가 이끈 정치 운동, 체제, 이념만을 지칭하는 용어였다. 그러나 얼마 후 히틀러의 나치즘 역시 파시즘의 하나로 취급되었고, 점차 그 용어가 가리키는 대상도 다양해져 갔다. 이에 따라 파시즘에 대한 해석 및 정의는 용어의 대상만큼이나 넓은 스펙트럼을 가지게 되었다.

비교적 일찍 나타난 것은 기본적으로 계급투쟁 개념에 바탕을 둔 마르크스주의적 해석인데, 대표적인 것은 '코민테른 테제'이다. 이에 따르면, 파시즘이란 "금융 자본의 가장 반동적이고 국수주의적이며 제국주의적인 분파의 공공연한 테러 독재"이다. 즉, 파시즘이 자본주의의 도구이며, 대자본의 대리인이라고 파악한 것이다. 하지만 모든 마르크스주의자들이 이 해석을 받아들인 것은 아니다. 톨리아티는 파시즘이 소부르주아적 성격의 대중적 기반 위에 있었다고 파악했으며, 나아가 탈하이머와 바이다는 파시즘이 계급으로부터 상대적으로 자유로운 현상이라고 보았다. 그들에 따르면, 자본과 노동이 대립하면서 어느 한쪽이 절대 우위를 갖추지 못하면 제3의 세력이 등장하는데, 파시즘이 그 예라는 것이다. 이러한 마르크스주의적 해석에 대해 오늘날의 연구는 대체로 파시즘과 거대 자본 사이의 조화와 협력보다는 긴장과 갈등 국면을 강조한다. 또한 코민테른 테제는 지나친 단순화의 산물이라는 비판도 제기되었다.

한편 2차 대전 이후에는 냉전의 분위기 속에서 이탈리아의 파시즘, 독일의 나치즘, 소련의 스탈린주의를 뭉뚱그려 전체주의로 범주화하는 경향이 나타났다. 이 경향을 '전체주의 이론'으로 칭할 수 있는데, 이 이론은 전체주의의 특징을 메시아 이데올로기, 유일 정당, 비밀경찰의 테러, 대중 매체의 독점, 무력 장악, 경제의 통제로 꼽았다. 이는 전체주의를 '문제화'하고 그 위험성을 경고했다는 점에서는 의미가 있었으나, 파시즘과 스탈린주의는 전혀 다른 계급적 토대 위에서 서로 다른 목표를 추구하므로 동일한 범주로 묶일 수 없다는 비판이 제기되었다.

이와 같은 연구사적 전통 속에서 1970년대 이후에는 파시즘을 아예 개별적 사례로만 미시적으로 연구하는 경향이 나타났다. 그러다가 1990년대 말, ㉠ <u>그리핀</u>이 새로운 시각에서 일반화된 개념을 제시하여 각국의 유사한 사례들에 적용할 수 있게 했다. 그에 따르면, 파시즘은 근대적 대중 정치의 한 부류로서, 특정한 민족 혹은 종족 공동체의 정치 문화와 사회 문화에 대한 혁명적인 변화를 목적으로 삼는다. 그리고 '신화'를 수단으로 삼아 내적 응집력과 대중의 지지라는 추동력을 얻어낸다. 그 '신화'란 자유주의 몰락 이후의 질서라는 고난 속에서 쇠퇴의 위기에 처한 민족공동체가 새로운 엘리트의 지도 아래 부활한다는 것이다. 파시스트는 이 신화의 틀 내에서 민족공동체의 구성원을 적대적인 세력과 구분하고, 후자에 대해 폭력을 행사하는 것을 의무로 믿었다. 그들에게 폭력은 곧 죽어가는 민족의 '치유'였기 때문이다. 그러나 '치유'만으로는 부족했고, 신화가 실현되기 위해서는 구성원이 오직 역동성과 민족에 대한 헌신으로만 무장한 '파시즘적 인간'으로 거듭 나는 것이 필요했다. 그는 또 신화의 궁극적인 실현, 즉 '민족의 유토피아'를 건설하기 위해 자본주의 경제 질서를 수용하고 과학 문명의 성과를 환영하는 근대적 성격을 보여준 것에 주목하여 파시즘을 일종의 '근대적 혁명'이라고 보았다.

물론 그리핀의 주장에 동의하지 않는 연구자들도 있다. 예를 들어 ㉡ <u>팩스턴</u>은 파시즘이 근대적 혁명이라는 주장을 거부하면서, 파시즘을 전통적인 권위주의적 독재의 변종으로 규정한다. 그는 혁명으로 보이는 파시즘이 실은 기성 제도 및 전통적 엘리트 계층과 연합했다는 점을 중시하기 때문이다. 그는 '이중 국가' 개념을 파시즘 체제 분석에 적용시켰다. '이중 국가'는 합법성에 따라 관료적으로 움직이는 '표준 국가'가 당의 '동형 기구'로 만들어진 독단적 '특권 국가'와 갈등을 빚으면서도 협력 속에 공존한다는 개념이다. 이탈리아의 경우, 당 지부장은 임명직 시장에, 당 서기는 지사에, 파시스트 민병대는 군대에 해당했다. 팩스턴에 따르면, 파시즘 정권은 형식적 관료주의와 독단적 폭력이 혼합된 기묘한 형태였다. 세부적 차이가 있다면, 특권 국가가 결국 우위를 점한 나치와 달리 무솔리니는 표준 국가의 영역에 더 큰 권력을 허용하였다는 점이다. 최종적으로 1943년 7월 연합국의 진격으로 파시즘이 국가 이익에 더는 부합하지 않는다고 판단한 표준 국가는 '지도자' 무솔리니를 권좌에서 끌어내렸다.

13. 윗글의 내용과 일치하지 <u>않는</u> 것은?

① 마르크스주의자들의 해석 중에는 계급 간 대립을 부인하면서 파시즘을 해석하는 경우도 있다.

② 이탈리아와 독일, 소련의 억압적 체제들을 하나의 범주로 파악한 것은 냉전 상황을 배경으로 하고 있다.

③ 파시즘이라는 용어는 이탈리아에서 특정 시기에 있었던 정치 현상을 가리켰지만, 지시 대상이 점차 확장되었다.

④ 전체주의 이론은 파시즘과 스탈린주의의 서로 다른 기반과 목적을 간과하고 표면적 특징만을 추출했다는 비판을 받았다.

⑤ 파시즘을 국수주의적이며 제국주의적인 성향의 대자본이 폭력을 수단으로 정권을 유지하려 한 정치 체제로 보는 것이 마르크스주의의 대표적 해석이다.

14. ㉠과 ㉡에 대한 설명으로 적절하지 <u>않은</u> 것은?

① ㉠은 파시즘의 최종 목표가 '파시즘적 인간'을 완성해 내는 것이고, 폭력의 사용 및 자본과의 협력은 이를 위한 도구였다고 보았다.

② ㉠은 파시즘이 역사적 상황의 변화로 인해 맞이한 민족적 고난을 지도적 엘리트에 의해 극복한다는 '신화'를 세력의 단결과 체제 유지의 수단으로 삼았다고 보았다.

③ ㉡은 독일 나치즘에서는 독단적 폭력이, 이탈리아 파시즘에서는 형식적 관료주의가 두드러졌다고 보았다.

④ ㉡은 파시즘 치하에서 이중적 권력 기구가 갈등 속에서도 병존하는 현상을 권위주의적 독재에서 파생한 것이라고 파악하였다.

⑤ ㉠은 파시즘에서 나타난 근대적 성격에 주목하여 혁명적 성격을 가졌다고 파악했고, ㉡은 기득권층과의 연합에 주목하여 혁명적 성격을 가지지 않았다고 파악했다.

15. 윗글을 바탕으로 <보기>의 (가)~(다)의 입장을 추론한 것으로 가장 적절한 것은?

<보 기>

(가) 이탈리아 파시즘 치하에서 소유 관계와 계급 구조는 바뀌지 않았다. 그렇기에 파시스트 '혁명'을 굳이 혁명이라고 한다면 아마 문화 혁명 정도가 될 것이다. 동시에 파시즘이 전통문화와 타협하며 대중의 수동적 동의를 확보하려고 한 점을 보면, 그 문화 혁명이라는 것의 한계도 분명했다.

(나) 무솔리니 내각을 통상의 다른 행정부처럼 분석하는 사람도 있다. 그러나 파시즘은 사회 개혁의 실패, 즉 이탈리아 고유의 민족적 모순의 발현이며, 따라서 '민족의 자서전'이다. 투쟁과 경쟁을 통한 진보가 아니라, 나태하게 계급 협력이 가능하다고 믿는 민족은 존중받을 수 없기 때문이다.

(다) 파시즘은 소부르주아의 '정치적 육화'이다. 소부르주아는 의회를 파괴한 후에 부르주아 국가도 파괴하고 있다. 그것은 항상 더 큰 규모로 법의 권위를 사적 폭력으로 대체하고, 이 폭력을 혼란스럽게, 더 난폭하게 행사한다.

① (가)는 '소유 관계'와 '계급 구조'에 주목하는 것으로 보아 탈하이머와 바이다의 주장에 동의하는 입장을 보일 것이다.

② (가)는 '전통문화와 타협'하는 대중의 '수동적 동의'를 강조하는 것으로 보아 그리핀의 주장을 비판하는 입장을 보일 것이다.

③ (나)는 '사회 개혁'을 중시하고 '민족적 모순'을 언급하는 것으로 보아 그리핀의 주장에 동의하는 입장을 보일 것이다.

④ (다)는 '의회'와 '부르주아 국가'를 파괴한다는 점에 주목하는 것으로 보아 팩스턴의 주장에 동조하는 입장을 보일 것이다.

⑤ (다)는 '정치적 육화'라는 말로 '소부르주아'가 파시즘의 수단이라고 강조하는 것으로 보아 톨리아티의 주장을 비판하는 입장을 보일 것이다.

[16~18] 다음 글을 읽고 물음에 답하시오.

대규모 데이터를 분석하여 데이터 속에 숨어 있는 유용한 패턴을 찾아내기 위해 다양한 기계학습 기법이 활용되고 있다. 기계학습을 위한 입력 자료를 데이터 세트라고 하며, 이를 분석하여 유용하고 가치 있는 정보를 추출할 수 있다. 데이터 세트의 각 행에는 개체에 대한 구체적인 정보가 저장되며, 각 열에는 개체의 특성이 기록된다. 개체의 특성은 범주형과 수치형으로 구분되는데, 예를 들어 '성별'은 범주형이며, '체중'은 수치형이다.

기계학습 기법의 하나인 클러스터링은 데이터의 특성에 따라 유사한 개체들을 묶는 기법이다. 클러스터링은 분할법과 계층법으로 나뉘는데, 이 둘은 모두 거리 개념에 기초하고 있다. 가장 많이 사용되는 거리 개념은 기하학적 거리이며, 두 개체 사이의 거리는 n차원으로 표현된 공간에서 두 개체를 점으로 표시할 때 두 점 사이의 직선거리이다. 거리를 계산할 때 특성들의 단위가 서로 다른 경우가 많은데, 이런 경우 특성 값을 정규화할 필요가 있다. 예를 들어 특정 과목의 학점과 출석 횟수를 기준으로 학생들을 묶을 경우 두 특성의 단위가 다르므로 두 특성 값을 모두 0과 1 사이의 값으로 정규화하여 클러스터링을 수행한다. 또한 범주형 특성에 거리 개념을 적용하려면 이를 수치형 특성으로 변환해야 한다.

분할법은 전체 데이터 개체를 사전에 정한 개수의 클러스터로 구분하는 기법으로, 모든 개체는 생성된 클러스터 가운데 어느 하나에 속한다. <그림 1>에서 (b)는 (a)에 제시된 개체들을 분할법을 통해 세 개의 클러스터로 묶은 예이다. 분할법에서는 클러스터에 속한 개체들의 좌표 평균을 계산하여 클러스터 중심점을 구한다. 고전적인 분할법인 K-민즈 클러스터링(K-means clustering)에서는 거리 개념과 중심점에 기반하여 다음과 같은 과정으로 알고리즘이 진행된다.

1) 사전에 K개로 정한 클러스터 중심점을 임의의 위치에 배치하여 초기화한다.
2) 각 개체에 대해 K개의 중심점과의 거리를 계산한 후 가장 가까운 중심점에 해당 개체를 배정하여 클러스터를 구성한다.
3) 클러스터 별로 그에 속한 개체들의 좌표 평균을 계산하여 클러스터의 중심점을 다시 구한다.
4) 2)와 3)의 과정을 반복해서 수행하여 더 이상 변화가 없는 상태에 도달하면 알고리즘이 종료된다.

분할법에서는 이와 같이 개체와 중심점과의 거리를 계산하여 클러스터에 개체를 배정하므로 두 개체가 인접해 있더라도 가장 가까운 중심점이 서로 다르면 두 개체는 상이한 클러스터에 배정된다.

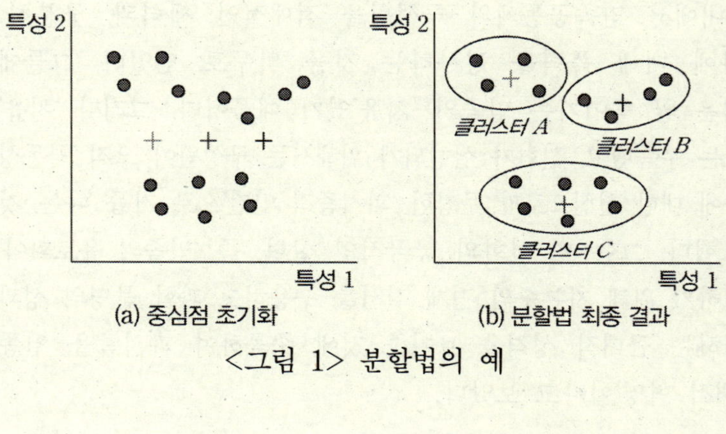

(a) 중심점 초기화 (b) 분할법 최종 결과

<그림 1> 분할법의 예

클러스터링이 잘 수행되었는지 확인하려면 클러스터링 결과를 평가하는 품질 지표가 필요하다. K-민즈 클러스터링의 경우 품질 지표는 개체와 그 개체가 해당하는 클러스터의 중심점 간 거리의 평균이다. K-민즈 클러스터링에서 K가 정해졌을 때 개체와 해당 중심점 간 거리의 평균을 최소화하는 '전체 최적해'는 확정적으로 보장되지 않는다. 알고리즘의 첫 번째 단계인 초기화를 어떻게 하느냐에 따라 클러스터링 결과가 달라질 수 있으며, 경우에 따라 좋은 결과를 찾는 데 실패할 수도 있다. 따라서 전체 최적해를 얻을 확률을 높이기 위해, 서로 다른 초기화를 시작으로 클러스터링 알고리즘을 여러 번 수행하여 나온 결과 중에 좋은 해를 찾는 방법이 흔히 사용된다. 그런데 K-민즈 클러스터링 알고리즘의 한 가지 문제는 클러스터의 개수인 K를 미리 정해야 한다는 것이다. K가 커질수록 각 개체와 해당 중심점 간 거리의 평균은 감소한다. 극단적으로 모든 개체를 클러스터로 구분할 경우 개체가 곧 중심점이므로 이들 사이의 거리의 평균값은 0으로 최소화되지만, 클러스터링의 목적에 부합하는 유용한 결과라고 보기 어렵다. 따라서 작은 수의 K로 알고리즘을 시작하여 클러스터링 결과를 구한 다음 K를 점차 증가시키면서 유의미한 품질 향상이 있는지 확인하는 방법이 자주 사용된다.

한편, 계층법은 클러스터 개수를 사전에 정하지 않아도 되는 장점이 있다. <그림 2>와 같이 개체들을 거리가 가까운 것들부터 차근차근 집단으로 묶어서 모든 개체가 하나로 묶일 때까지 추상화 수준을 높여가는 상향식으로 알고리즘이 진행되어 계통도를 산출한다. 따라서 계층법은 개체들 간에 위계 관계가 있는 경우에 효과적으로 적용될 수 있다. 계통도에서 점선으로 표시된 수평선을 아래위로 이동해 가면서 클러스터링의 추상화 수준을 변경할 수 있다.

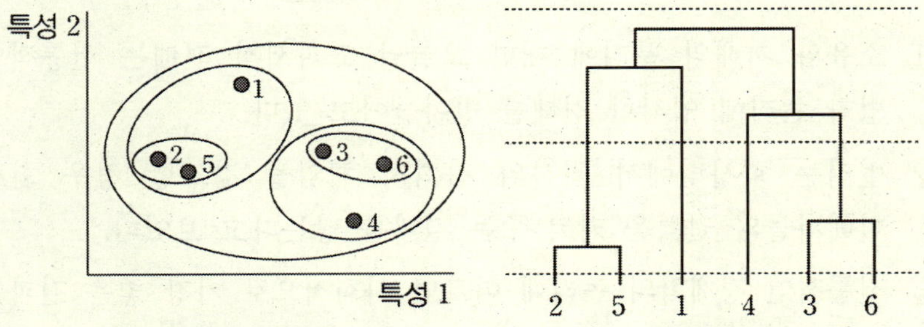

(a) 상향식 그룹화 (b) 계통도

<그림 2> 계층법의 예

16. 윗글의 내용과 일치하는 것은?

① 클러스터링은 개체들을 묶어서 한 개의 클러스터로 생성하는 기법이다.
② 분할법에서는 클러스터링 수행자가 정확한 계산을 통해 초기 중심점을 찾아낸다.
③ 분할법은 하향식 클러스터링 기법이므로 한 개체가 여러 클러스터에 속할 수 있다.
④ 계층법으로 계통도를 산출할 때 클러스터 개수는 미리 정하지 않는다.
⑤ 계층법의 계통도에서 수평선을 아래로 내릴 경우 추상화 수준이 높아진다.

17. [K-민즈 클러스터링]에 대해 추론한 것으로 적절하지 않은 것은?

① 특성이 유사한 두 개체가 서로 다른 클러스터에 배치될 수 있다.
② 초기 중심점의 배치 위치에 따라 클러스터링의 품질이 달라질 수 있다.
③ 클러스터 개수를 감소시키면 클러스터링 결과의 품질 지표 값은 증가한다.
④ 초기화를 다르게 하면서 알고리즘을 여러 번 수행하면 전체 최적해가 결정된다.
⑤ K를 정하여 알고리즘을 진행하면 각 클러스터의 중심점은 결국 고정된 점에 도달한다.

18. <보기>의 사례에 클러스터링을 적용할 때 적절하지 않은 것은?

<보 기>

○○기업에서는 표적 시장을 선정하여 마케팅을 실행하기 위해 전체 시장을 세분화하고자 한다. 시장 세분화를 위해 특성이 유사한 고객을 묶는 기계학습 기법 도입을 검토 중이다. 이 기업에서는 고객의 거주지, 성별, 나이, 소득 수준 등 인구통계학적인 정보와 라이프 스타일에 관한 정보 등을 보유하고 있다.

① 고객 정보에는 수치형이 아닌 것도 있어 특성의 유형 변환이 요구된다.
② 고객 특성은 세분화 과정을 통해 계통도로 표현 가능하므로 계층법이 효과적이다.
③ K-민즈 클러스터링 알고리즘을 실행하려면 세분화할 시장의 개수를 먼저 정해야 한다.
④ 나이와 소득수준과 같이 단위가 다른 특성을 기준으로 시장을 세분화할 경우 정규화가 필요하다.
⑤ 모든 고객을 별도의 세분화된 시장들로 구분하여 1:1 마케팅을 할 경우 K-민즈 클러스터링의 품질 지표 값은 0이다.

[19~21] 다음 글을 읽고 물음에 답하시오.

오늘날 교과서적 견해에서 '소유와 지배의 분리'라는 개념은 전문 경영인 체제의 확립을 가리키지만 그로 인한 주주와 경영자 사이의 이해 상충을 내포한다. 다시 말해 주식 소유의 분산으로 인해 창업자 가족이나 대주주의 영향력이 약해져 경영자들이 회사 이윤에 대한 유일한 청구권자인 주주의 이익보다 자신들의 이익을 앞세우는 문제의 심각성을 강조하는 개념이다. 그러나 ㉠ 벌리가 이 개념을 처음 만들었을 때 그 의미는 달랐다. 그는 '회사체제'라는 현대 사회의 재산권적 특징을 포착하고자 이 개념을 고안했다. 그에게 있어서 '소유', '지배', '경영'은 각각 (1) 사업체에 대한 이익을 갖는 기능, (2) 사업체에 대한 권력을 갖는 기능, (3) 사업체에 대한 행위를 하는 기능을 지칭하는 개념이지 각 기능의 담당 주체를 지칭하는 것이 아니다.

벌리에 따르면 산업혁명 이전에는 이 세 기능이 통합된 경우가 일반적이었는데 19세기에 많은 사업체들에서 소유자가 (1)과 (2)를 수행하고 고용된 경영자들이 (3)을 수행하는 방식으로 분리가 일어났다. 20세기 회사체제에서는 많은 사업체들에서 (2)가 (1)에서 분리되었다. 이제 (1)은 사업체의 소유권을 나타내는 증표인 주식을 소유하는 것, 즉 비활동적 재산의 점유가 되었고, (2)는 물적 자산과 사람들로 조직된 살아 움직이는 사업체를 어떻게 사용할지를 결정하는 것, 즉 활동적 재산의 점유가 되었다. 주식 소유가 다수에게 분산된 회사에서 (2)는 창업자나 그 후손, 대주주, 경영자, 혹은 모회사나 지주회사의 지배자 등 이사를 선출할 힘을 가진 다양한 주체에 의해 수행될 수 있다. 사기업에서는 통합되어 있던 위험 부담 기능과 회사 지배 기능이 분리되어 주주와 지배자에게 각각 배치됨으로써 회사라는 생산 도구는 전통적인 사유재산으로서의 의미를 잃게 되었다. 이런 의미에서 벌리는 소유와 지배가 분리된 현대 회사를 준공공회사라고 불렀다.

소유와 지배가 분리된 회사는 누구를 위해 운영되어야 하는가? 벌리는 이 질문에 대해 가능한 세 가지 답을 검토한다. 첫째, 재산권을 불가침의 권리로 간주하는 전통적인 법학의 논리에 입각한다면 회사가 오로지 주주의 이익을 위해서만 운영되어야 한다는 견해가 도출될 수밖에 없다. 그러나 자신의 재산에 대한 지배를 수행하는 소유자가 그 재산으로부터 나오는 이익을 전적으로 수취하는 것이 보호되어야 한다고 해서, 자신의 재산에 대한 지배를 포기한 소유자도 마찬가지로 이익의 유일한 청구권자가 되어야 한다는 결론을 도출하는 것은 잘못이다.

둘째, 전통적인 경제학의 논리에 입각하면 회사는 지배자를 위해 운영되어야 한다는 견해가 도출될 수밖에 없다. 왜냐하면 경제학은 전통적인 법학과 달리 재산권의 보호 자체를 목적으로 보는 것이 아니라 재산권의 보호를 사회적으로 바람직한 목적을 위한 수단으로 보기 때문이다. 재산권을 보호하는 이유가 재산의 보장 자체가 아니라 부를 얻으려는 노력을 유발하는 사회적 기능 때문이라면, 회사가 유용하게 사용되도록 하기 위해서는 회사를 어떻게 사용할지를 결정하는 지배자의 이익을 위해 회사가 운영되어야 한다. 그러나 위험을 부담하지 않는 지배자를 위해 회사가 운영되는 것은 최악의 결과를 낳는다.

셋째, 이처럼 법학과 경제학의 전통적인 논리를 소유와 지배가 분리된 회사체제에 그대로 적용했을 때 서로 다른 그릇된 결론들이 도출된다는 것은 두 학문의 전통적인 논리들이 전제하고 있는 19세기의 자유방임 질서가 회사체제에 더 이상 타당하지 않음을 보여준다. 자유방임 질서가 기초하고 있던 사회가 회사체제 사회로 변화된 상황에서는, 회사가 '지배자를 위해 운영되어야 한다'는 견해는 최악의 대안이고 '주주를 위해 운영되어야 한다'는 견해는 차악의 현실적인 대안일 뿐이다. 결국 회사체제에서 회사는 공동체의 이익을 위해 운영되어야 한다는 것이 벌리의 결론이다.

하지만 이를 뒷받침할 법적 근거가 마련되지 않거나, 이를 실현할 합리적인 계획들을 공동체가 받아들일 준비가 안 된 상황에서는, 회사법 영역에서 경영자의 신인의무의 대상, 즉 회사를 자신에게 믿고 맡긴 사람의 이익을 자신의 이익보다 우선해야 하는 의무의 대상을 주주가 아닌 다른 이해 관계자들로 확장해서는 안 된다고 벌리는 주장했다. 이 때문에 그는 회사가 주주를 위해 운영되어야 한다는 견해를 지지했던 것으로 흔히 오해된다. 그러나 회사법에서 주주 이외에 주인을 인정하지 않아야 한다고 그가 주장한 이유는 주인이 여럿이면 경영자들이 누구도 섬기지 않게 되고 회사가 경제적 내전에 빠지게 될 것이며 경제력이 집중된 회사 지배자들의 사회적 권력을 키워주는 결과를 낳을 것이라고 보았기 때문이다. 그는 회사법 영역에서 주주에 대한 신인의무를 경영자뿐 아니라 지배자에게도 부과하여 지배에 의한 회사의 약탈로부터 비활동적 재산권을 보호하는 것이 회사가 공동체의 이익을 위해 운영되도록 하기 위한 출발점이라고 보았다. 그리고 소득세법이나 노동법, 소비자보호법, 환경법 등과 같은 회사법 바깥의 영역에서 공동체에 대한 회사의 의무를 이행하도록 하는 현실적인 시스템을 마련하고 정착시킴으로써 사회의 이익에 비활동적 재산권이 자리를 양보하도록 만들 수 있다고 보았다.

19. 윗글의 내용에 비추어 볼 때 적절하지 <u>않은</u> 것은?

① 소유와 지배의 분리에 대한 오늘날 교과서적 견해는 전통적인 법학 논리에 입각한 견해를 받아들이고 있다.

② 벌리는 회사법에서 회사의 사회적 책임을 강조할 경우 회사 지배자들의 권력을 키워 주는 결과를 낳는다고 보았다.

③ 전통적인 경제학의 논리에 따르면 사회적으로 가장 좋은 결과를 낳을 수 있도록 재산권이 인정되는 것이 바람직하다.

④ 벌리에 따르면 주주가 회사 이윤에 대한 유일한 청구권자가 아니기 때문에 경영자의 신인의무 대상을 주주로 한정해서는 안 된다.

⑤ 벌리와 달리 오늘날 교과서적 견해에 따르면 대주주의 영향력이 강해지는 것이 소유와 지배의 분리에 따른 문제를 해결하는 데 도움이 될 수 있다.

20. 지배에 대한 ㉠의 생각으로 적절하지 않은 것은?

① 준공공회사에서는 공동체의 이익을 위해 수행되는 기능이다.

② 전통적인 의미의 사유재산에서는 소유자가 수행하는 기능이다.

③ 회사체제의 회사에서 이 기능의 담당자는 위험을 부담하지 않는다.

④ 회사체제의 회사에서는 활동적 재산을 점유한 자가 수행하는 기능이다.

⑤ '경영'의 담당자에 의해 수행될 수도 있다고 인정하지만 '경영'과 동일시하지 않는다.

21. <보기>의 '뉴딜'에 대해 ㉠이 보일 반응으로 적절하지 않은 것은?

<보 기>

금융개혁에 초점을 맞춘 1차 뉴딜은 경영자들과 지배자들에게 주주에 대한 신인의무를 부과함으로써 주주의 재산권을 엄격하게 보호하는 원칙을 확립했다. 노사관계와 사회보장 등의 분야로 개혁을 확장했던 2차 뉴딜은 노동조합을 통한 노동자들의 제반 권리를 합법화했고 실업수당의 보장 수준과 기간을 강화했으며 사회보장제도를 확립했다. 이러한 1차 뉴딜과 2차 뉴딜의 차이점 때문에 뉴딜은 흔히 체계적인 청사진 없이 임기응변식으로 마련된 일관성 없는 정책들의 연속이었다고 평가받는다.

① 1차 뉴딜은 지배에 의해 회사가 약탈되는 것을 막기 위한 회사법 영역의 개혁이라고 볼 수 있다.

② 1차 뉴딜은 주주의 이익을 위해 회사가 운영되도록 하는 원칙을 확립한 개혁이라고 볼 수 있다.

③ 2차 뉴딜은 주주의 재산권이 사회의 이익에 자리를 양보하도록 만드는 개혁이라고 볼 수 있다.

④ 2차 뉴딜은 회사가 공동체의 이익을 위해 운영되도록 하기 위한 회사법 바깥 영역의 개혁이라고 볼 수 있다.

⑤ 1차 뉴딜과 2차 뉴딜은 준공공회사로의 변화를 추구한다는 점에서 일관성이 있다고 볼 수 있다.

[22~24] 다음 글을 읽고 물음에 답하시오.

미국 헌법은 권력 기관 간 견제와 균형의 원리에 기초한 대통령제를 규정하고 있다. 이는 특정 정치인이나 집단이 권력을 독식하거나 남용하지 못하도록 하여 민주주의를 지키도록 설계된 것이다. 이러한 제도 설계는 미국 역사에서 상당 기간 성공적으로 기능했다. 그러나 헌법이라는 보호 장치는 그 자체로 민주주의 정치 체제를 지키기에 충분치 않다. 여기에는 헌법이나 법률에 명문화되지 않은 민주주의 규범도 중요한 역할을 해왔다.

민주주의 규범이 무너지면 민주주의도 위태로워진다. 민주주의 유지에 핵심적 역할을 하는 규범은 민주주의보다 오랜 전통을 가진 '상호 관용'과 '제도적 자제'이다. 상호 관용은 경쟁자가 권력을 차지할 권리를 나와 동등하게 가진다는 사실을 인정하는 것이다. 반면 상대를 위협적인 적으로 인식할 때는 모든 수단을 동원해 이기려 한다. 제도적 자제는 제도적으로 허용된 권력을 신중하게 행사하는 태도이다. 합법적 권력 행사라도 자제되지 않을 경우 기존 체제를 위태롭게 할 수 있다. 제도적 자제의 반대 개념은 '헌법적 권력의 공격적 활용'이다. 이는 규칙을 벗어나지 않으면서도 그것을 최대한 활용하여 경쟁자를 경쟁의 장 자체에서 제거하려는 태도를 의미한다.

이 두 가지 규범은 상호 연관되어 있다. 상대를 경쟁자로 받아들일 때, 제도적 자제도 기꺼이 실천한다. 제도적 자제의 실천은 관용적인 집단이라는 이미지를 갖게 함으로써 선순환이 이뤄진다. 반면 서로를 적으로 간주할 때 상호 관용의 규범은 무너진다. 이러한 상황에서 정치인은 제도가 부여한 법적 권력을 최대한 활용하려 하며, 이는 상호 관용의 규범을 잠식해 경쟁자가 적이라는 인식을 심화하는 악순환을 가져온다.

민주주의 규범이 붕괴하면 견제와 균형에 기초한 민주주의는 두 가지 상황에서 위기를 맞게 된다. 첫 번째 상황은 야당이 입법부를 장악하면서 행정부 권력과 입법부 권력이 분열되었을 때이다. 이 경우 야당은 대통령을 공격하기 위해 헌법에서 부여한 권력을 최대한 휘두른다. 두 번째는 여당이 입법부를 장악함으로써 권력이 집중되는 상황이다. 여당은 민주주의 규범을 무시하고 대통령의 권력 강화를 위해 노력하며, 야당을 제거하기 위한 대통령의 탄압적 행위를 묵인하기도 한다.

미국 민주주의는 건국 이후 두 번의 큰 위기를 겪는다. ㉠첫 번째 위기는 남북 전쟁으로 초래되었다. 노예제를 찬성한 남부의 백인 농장주들, 그리고 그들과 입장을 같이 한 민주당은 당시 노예제 폐지를 주장한 공화당을 심각한 위협으로 인식했다. 남부는 미국 연방에서 탈퇴했고 결국 내전이 일어났다. 민주주의 규범이 다시 형성되기 시작한 것은 북부의 공화당과 남부의 민주당이 인종 문제를 전후 협상 대상에서 제외하면서부터이다. 전쟁에서 승리한 북부는 연방의 유지 등 정치적 필요에 의해 남부에서 군대를 철수하고 흑인의 인권 보장 노력도 중단한다. 민주당은 남부에서 흑인 인권을 억누르면서 그 지역에서 일당 지배의 기반을 구축한다. 이러한 일련의 사건으로 공화당에 대한 민주당의 적대감은 완화되었고, 그 결과 상호 관용의 규범도 회복된다. 역설적이게도 남북 전쟁 이후의 민주주의 규범은 인종 차별을 묵인한 비민주적인 타협의 산물이었다. 그리고 오랜 기간 백인 중심으로 작동했던 민주주의를 유지하는 데 기여했다.

㉡두 번째 위기는 1960년대 이후 민주주의의 확대와 함께 일

어났다. 흑인의 참정권이 제도적으로 보장되었고, 대규모 이민으로 다양한 민족과 인종이 정치 체제로 유입되었다. 공화당과 민주당은 각기 다른 집단의 이익과 가치를 대변하게 되었다. 이후 양당 간 경쟁은 '당파적 양극화'로 치달았다. 보수와 진보 간 정책적 차이뿐만 아니라 인종과 종교, 삶의 방식을 기준으로 첨예하게 나뉘어 정당 간 경쟁이 적대적 갈등으로까지 확대되었다. 이러한 상황에서 인종 차별에 의존한 기존의 민주주의 규범은 한계를 보이면서 붕괴했다. 따라서 미국 민주주의가 건강하게 작동하기 위해서는 새로운 민주주의 규범을 확립할 필요가 있다.

22. 윗글의 내용과 일치하는 것은?

① 상호 관용이 강화되면 제도적 자제는 약화되고 상호 관용이 약화되면 제도적 자제는 강화된다.

② 대통령과 입법부의 권력 행사가 합법적인 한, 민주주의 정치 체제 보호에 긍정적으로 작용한다.

③ 민주주의 규범은 민주주의 이념으로부터 탄생한 것으로 민주주의 제도의 확립을 통해 발전된다.

④ 민주주의 규범은 헌법이나 법률로 성문화될 때 민주주의 정치 체제를 보호하는 효과가 극대화된다.

⑤ 견제와 균형의 원리를 통해 민주주의를 보호하고자 한 헌법의 목적을 실현 가능하게 한 것은 민주주의 규범이다.

23. ㉠, ㉡에 대한 설명으로 가장 적절한 것은?

① ㉠을 거치면서 상호 관용과 제도적 자제의 규범이 건국 이후 처음으로 형성되었다.

② ㉠ 이후 형성된 민주주의 규범은 인종 차별적 특성으로 인해 정치 체제를 안정시키는 역할을 하지 못했다.

③ ㉡은 민주주의의 확대로 촉발된 당파적 양극화가 기존의 민주주의 규범을 붕괴시켰다는 데 그 원인이 있다.

④ ㉡은 다양한 집단의 정치 참여를 제도적으로 보장하는 방향으로 민주주의가 확대되면서 점차 완화되었다.

⑤ ㉠에서는 ㉡에서와는 달리 정당별 지지 집단이 뚜렷이 구분되는 현상이 나타났다.

24. 윗글을 바탕으로 <보기>에 대해 반응한 것으로 적절하지 않은 것은?

<보 기>

칠레는 성공적인 대통령제 민주주의 국가였다. 좌파에서 우파에 이르기까지 다양한 정당이 있었지만, 20세기 초 이후 민주주의 규범이 자리 잡고 있었기 때문이다. 그러나 1960년대에 이념적 대립에 따른 ⓐ 당파적 양극화가 심화되었다. ⓑ 좌파와 우파 정당은 서로를 위협적인 적으로 인식했다. 대통령으로 선출된 좌파 정당의 아옌데는 사회주의 정책 추진을 위해 의회의 협조가 필요했으나 여당은 의회 과반 의석을 확보하지 못한 상태였다. ⓒ 그는 의회를 우회하여 국민투표를 실시하고자 했다. 이에 ⓓ 좌파 야당은 과반 의석을 바탕으로 불신임 결의안을 잇달아 통과시켜 장관들을 해임했다. 칠레 헌법은 의회가 불신임 결의를 극히 예외적인 상황에서만 사용하도록 규정하고 있었고, ⓔ 1970년 이전까지 그것이 사용된 적은 거의 없었다. 결국 1973년 8월 칠레 의회는 아옌데 행정부가 헌법을 위반했다는 결의안을 통과시켰고, 곧이어 군부 쿠데타가 발생함으로써 칠레 민주주의는 붕괴했다.

① ⓐ는 좌·우 이념을 중심으로 심화되었다는 점에서 1960년대 이후 미국에서 심화된 당파적 양극화와 성격이 다르군.

② ⓑ로 인해 1960년대 이후 칠레에서는 상호 관용의 규범이 붕괴되는 과정이 일어났겠군.

③ ⓒ로 볼 때, 아옌데 대통령은 권력을 법의 테두리 내에서 행사함으로써 제도적 자제 규범을 실천하고자 했었군.

④ ⓓ로 볼 때, 민주주의 규범이 붕괴된 상황에서 대통령 소속 정당이 의회 소수당인 경우 야당이 헌법적 권력을 공격적으로 활용할 가능성이 높군.

⑤ ⓔ로 볼 때, 1970년 이전의 칠레 정치인들은 민주주의 규범을 존중함으로써 민주주의 정착에 기여했겠군.

[25~27] 다음 글을 읽고 물음에 답하시오.

알파고가 인간 바둑 최고수를 꺾은 사건은 자연 세계에서 인간의 특권적 지위를 문제 삼고, 윤리학의 인간 중심적 전통에 도전한다. 우리는 이제 인간과 같은 또는 더 뛰어난 지능을 지닌 인공 지능도 도덕적 고려의 대상으로 인정해야 하느냐는 물음에 직면하는 것이다. 이 물음에 선뜻 동의하지 못하는 사람들은 인간성의 핵심을 지적인 능력이 아니라 기쁨과 슬픔, 공포와 동정심 등의 감정적인 부분에서 찾으려 한다. 예컨대 알파고는 경쟁에서 이겨도 승리를 기뻐하지 못하며, 우리도 알파고를 축하하며 함께 축배를 들 수 없다. 인간의 특정 작업이 인공 지능을 갖춘 로봇에 의해 대체되더라도 인간의 감정을 읽고 인간과 상호작용하는 작업은 대체되지 못하리라는 것이다.

하지만 최근에는 감정을 가진 로봇, 곧 인공 감정을 제작하려는 열망이 뜨겁다. 인간의 돌봄과 치료 과정을 돕는 로봇은 사용자의 세밀한 필요에 더 잘 부응할 것이다. 사람들은 인간과 정서적 교감을 하는 로봇을 점점 가족 구성원처럼 여기게 될지도 모른다. 그러면 로봇은 인간과 같은 감정을 가지고 인간과 상호작용하는 존재가 될 것인가? 로봇을 도덕 공동체에 받아들여야 하는가? 이 물음에 답하려면 인간에게 감정의 핵심적인 역할은 무엇인지 생각해 보아야 한다. 인공 지능의 연구도 그렇지만, 인공 감정의 연구도 인간의 감정을 닮은 기계를 만들려는 시도이면서 동시에 감정 과정에 대한 계산 모형을 통해 인간의 감정을 더 깊이 이해하는 과정이기도 하다.

감정은 인지 과정과는 달리 적은 양의 정보로도 개체의 생존과 항상성 유지를 가능하게 해 주는 역할을 한다. 또 무엇을 추구하고 회피할지 판단하도록 하는 동기의 역할을 한다. 한편 우리는 사회적 상호작용에서 서로의 신체 반응이나 표정을 통해 미묘한 감정을 읽어내고 그에 적절히 반응하며, 그런 정서적 교감을 통해 공동체를 유지한다.

그러나 로봇이 정말로 이러한 감정 경험을 하는지 판단하기는 쉽지 않다. 철학자들은 인공 지능이 인간과 똑같은 인지적 과제를 수행했다고 하더라도 그것은 의미를 이해하지 못하기 때문에 진정한 지능이 아니라고 주장했다. 인공 감정에 대해서도 마찬가지로, 감정을 입력 자극에 대한 적절한 출력을 내놓는 행동들의 패턴이 아니라 내적인 감정 경험으로 이해한다면 인공 감정이 곧 인간의 감정이라고 말할 수 없다. 인간만 보더라도 행동의 동등성은 심성 상태의 동등성을 함축하지 않기 때문에, 동일한 행동을 하는 두 사람이 서로 다른 감정을 느낄 수 있고 그 역도 가능하다. 로봇의 경우에는 행동의 동등성이 곧 심성 상태의 존재성조차도 함축하지 않는다.

로봇이 감정을 가지기 위해서는 감정을 인식하고 표현하는 데 그쳐서는 안 되고 내적인 감정을 생성할 수 있어야 한다. 그러나 거기에는 현실적으로 상당히 어려운 전제 조건이 만족되어야 한다. 첫째, 감정을 가진 개체는 기본적인 충동이나 욕구를 가진다고 전제된다. 목마름, 배고픔, 피로감 등의 본능이나 성취욕, 탐구욕 등이 없다면 감정도 없다. 둘째, 인간과 사회적으로 상호작용하기 위해 인간이 가지는 것과 같은 감정을 가지려면, 로봇은 최소한 고등 동물 이상의 일반 지능을 가지고, 생명체들처럼 복잡하고 예측 불가능한 환경에 적응할 수 있어야 한다. 그런데 복잡한 환경에 적응하여 행위할 수 있는 일반 지능을 가진 인공 지능에 도달하는 길은 아직 멀다. 현재 인공 지능이 제한적인 영역에서 주어진 과제를 얼마나 효율적으로 산출하는지 이외의 문제들은 부차적인 것으로 치부되고 있기 때문이다. 그렇다면 ㉠ <u>진정한 감정이 없는 로봇을 도덕 공동체에 받아들일 이유는 없다</u>.

25. 윗글에 대한 이해로 적절하지 <u>않은</u> 것은?

① 인공 지능과 인공 감정을 연구하면 인간의 지능과 감정까지 더 잘 알게 된다.

② 인공 지능에서 행동이 하는 역할은 인공 감정에서 내적인 감정 경험이 맡는다.

③ 인공 지능에 회의적인 철학자는 의미의 이해가 지능의 본질적 요소라고 생각한다.

④ 인간성의 핵심이 로봇에게도 있다면 로봇을 도덕적 고려의 대상으로 인정해야 한다.

⑤ 인공 감정은 현실적으로 만들기가 어렵고 만들어도 인간과 같은지 판단하기가 어렵다.

26. 윗글을 바탕으로 <보기>의 상황에 대해 추론한 것으로 적절하지 <u>않은</u> 것은?

<보 기>

> 로봇 A가 바둑에서 최고수를 꺾고 우승한 뒤 기뻐하는 모습을 보고 인간 B가 함께 기쁨을 표현했다.

① A에게 누군가를 이기려는 본능이 있다면 A의 기쁨이 진정한 감정일 가능성이 있겠군.

② A의 기쁨이 적절한 입력 자극과 출력에 의한 것이라면 A의 기쁨은 진정한 감정이라고 말할 수 있겠군.

③ A가 바둑 이외의 다양한 영역에서도 인간처럼 업무를 잘 수행한다면 A의 기쁨이 진정한 감정일 가능성이 있겠군.

④ A나 B 모두 기쁘지 않으면서도 겉으로는 기뻐하는 행동을 보일 수 있겠군.

⑤ B가 A의 기쁨을 알게 된 것은 A의 신체 반응이나 표정 때문이겠군.

27. ㉠에 대해 문제를 제기한 것으로 가장 적절한 것은?

① 로봇이 감정에 휩싸인다면 복잡하고 예측 불가능한 환경에 잘 적응할 수 없지 않을까?

② 인간처럼 감정을 인식하고 표현하는 인공 감정 연구는 이미 상당한 수준에 올라 있지 않을까?

③ 인공 지능도 인간의 감정을 이해하고 배려한다면 인공 지능이 도덕적 고려를 할 수 있지 않을까?

④ 도덕 공동체에 있으면 내적 감정을 갖겠지만, 내적 감정을 갖는다고 해서 꼭 도덕 공동체에 포함해야 할까?

⑤ 비행기와 새의 비행 방식이 다르듯, 로봇은 인간과 다른 방식으로 감정의 핵심 역할을 수행할 수 있지 않을까?

[28~30] 다음 글을 읽고 물음에 답하시오.

윤리규범과 법규범은 인간에게 요구되는 행위가 무엇인지를 단순히 기술하는 것이 아니라 그러한 행위로 나아갈 것을 지시하는 규정적 성격을 지닌다는 점에서 유사하다. 하지만 보다 구체적인 측면에서는 양자가 서로 명확하게 구별되는 특징을 지니고 있는 것도 사실이다. 칸트는 이 점을 매우 분명한 형태로 지적하고 있다. 그의 설명에 따르면 법규범은 윤리규범과 달리 행위의 외적인 측면에 대해서만 관여할 뿐, 행위자가 어떤 심정에서 그러한 행위로 나아간 것인지에 대해서는 상관하지 않는다. 법은 결국 모든 사람이 공존하는 가운데 각자의 의지가 자유로이 표출될 수 있게 보장하기 위한 외적인 형식에 관심이 있을 뿐이다.

㉠칸트의 설명 체계에 의하면 법규범에 대하여 다음과 같은 세 부 명제가 성립하게 된다. 첫째, 법규범은 사람들에게 무엇을 해야 하고 무엇을 하지 말아야 하는지를 지시해 주는 처방을 담고 있다는 규정성 명제, 둘째, 법규범은 사람들에게 오로지 외적으로 그것에 부합하게끔 행동할 것을 요구할 뿐, 그것을 따르는 것 자체가 행위의 이유가 될 것까지 요구하지는 않는다는 외면성 명제, 셋째, 법규범은 특정한 목적을 공유하는 사람만이 아니라 그 관할 아래 놓여 있는 모든 사람을 구속한다는 무조건성 명제가 바로 그것이다.

하지만 칸트의 설명 체계에서 외면성 명제는 심각한 역설을 유발하는 것으로 보인다는 지적이 있다. 이 점은 법규범이 어떤 종류의 명령으로 표현될 수 있을 것인지를 생각하는 과정에서 드러난다. 우선 법규범은 그것을 따르는 사람들의 실질적 목적이나 필요를 전제로 하지 않으며, 오로지 외적인 자유만을 전제로 한다는 점에서 무조건적이며 단적으로 효력을 지닌다. 따라서 일견 정언 명령만이 법규범을 표현할 수 있을 듯하다.

그런데 정언 명령에 복종하는 유일한 방식은 그것이 명령하고 있다는 이유에서 그것에 따르는 것이다. 명령이기 때문에 하는 행위와 그저 명령에 부합하는 행위는 구별되어야 한다. 가령 형벌의 두려움 때문에 어쩔 수 없이 정언 명령이 요구하는 행위로 나아갔다면, 이를 정언 명령에 복종한 것이라고 말할 수는 없다. 따라서 외면성 명제가 성립하는 한, 법규범이 정언 명령으로 표현된다는 것은 불가능할 것이다. 법규범은 그것을 따르는 내면의 동기까지 요구하지는 않는다는 점에서 윤리규범과 달라야 하기 때문이다.

그렇다면 법규범은 가언 명령으로 발하여질 것인가? 그렇지 않을 것이다. 가언 명령이란 "만일 당신이 강제와 형벌의 위험을 피하고자 한다면, 법이 지시하는 바를 행하라."와 같은 구조를 취하게 될 텐데, 이 경우 사실상 법규범은 강제와 형벌의 위험을 피하고자 하는 사람들에 대해서만 그것이 지시하는 바를 행하게 할 뿐이어서, 앞에서 살펴본 무조건성 명제에 반하게 되기 때문이다.

결국 윤리규범과 법규범에 대해 일견 통용되는 것으로 보이는 규정성 명제와 무조건성 명제 외에 법규범에 특유한 외면성 명제를 도입하는 순간, 법규범은 정언 명령으로도 가언 명령으로도 표현될 수 없게 됨으로써 종국적으로는 법규범에 한하여 규정성 명제를 인정할 수 없게 되는 역설적인 결과를 낳는다. 다시 말해서 법규범이 어떤 행위가 요구되고 어떤 행위가 금지되는지를 단순히 기술하는 수준에 머물지는 않는다 하더라도, 역설적이게도 그에 따라 행하도록 지시·명령·요구할 수는 없게 된다는 것이다.

하지만 윤리규범과 법규범의 차이를 오로지 법칙 수립 형식 내지 의무 강제 방식에서의 자율성과 타율성에서 찾는 칸트의 설명 체계에서 외면성 명제의 도입을 포기하기도 쉽지 않다. 그는 법칙 수립의 개념 자체를 규범과 동기라는 두 요소를 통해 정의하고 있기 때문에, 법규범에 관해서도 모종의 동기 자체는 제시될 수 있어야 한다. 그리고 그가 말하는 법규범에 어울리는 동기란 바로 타율적 강제라는 외적인 동기이다. 따라서 법규범은 윤리규범과 달리 누가 스스로 그것을 지키지 않을 때 그것을 지키도록 다른 사람이 강제할 수 있게 되는 것이다. 이렇듯 외면성이 법규범의 핵심적 징표를 이루고 있는 한, 칸트의 설명 체계에서 이를 무시하기는 어려울 것이며, 결국 외면성 명제의 도입에 따른 법적 명령의 역설도 쉽사리 해소될 수는 없을 것이다.

28. 외면성 명제에 관한 내용으로 적절하지 않은 것은?

① 외면성 명제는 윤리규범과 법규범의 차이를 나타내는 것이다.

② 외면성 명제가 법규범을 기술적 명제로 환원시키는 것은 아니다.

③ 외면성 명제와 규정성 명제를 유지하는 한 무조건성 명제를 유지하기 어렵다.

④ 외면성 명제와 무조건성 명제를 유지하는 한 규정성 명제를 유지하기 어렵다.

⑤ 외면성 명제에 따르면 법칙 수립 과정에서 윤리규범은 의무 강제와 결합하지 않게 된다.

29. ㉠에 대해 추론한 것으로 적절하지 않은 것은?

① 윤리규범과 법규범의 내용은 서로 동일할 수 있을 것이다.

② 규범의 규정적 성격은 명령의 형태로 표현되어야 할 것이다.

③ 정언 명령에 부합하는 행위를 아무 이유 없이 할 수는 없을 것이다.

④ 윤리적 이유가 아닌 다른 이유에서 법규범을 준수할 수 있어야 할 것이다.

⑤ 윤리규범과 법규범은 공동체의 모든 구성원에 대하여 효력을 지닐 것이다.

30. 윗글을 바탕으로 <보기>를 설명한 것으로 가장 적절한 것은?

<보 기>

칸트는 외면성 명제를 현실 세계의 법규범에 관한 실용적 지식이 아니라 법규범의 개념에 내재한 필연성을 밝히는 분석적 진리로서 의도한 것이었지만, 이후의 전체주의 체제에 대한 역사적 경험에 비추어 볼 때, 그것은 정당한 국가 권력이 갖춰야 할 실질적 조건을 의미하는 것으로 드러났다.

① 칸트의 외면성 명제는 법적 명령의 역설을 초래함으로써 국가 권력의 정당성 기반을 약화시켰다.

② 칸트의 외면성 명제는 국가 권력이 사람들의 내면의 자유에 개입하려 해서는 안 된다는 것을 함의한다.

③ 칸트는 법규범의 독자성을 인정하고 이를 국가 권력의 정당성을 확보하기 위한 정치적 지도 원리로 삼고자 했다.

④ 칸트에 의거할 때 사람들이 법에 대한 심정적 지지 없이 단지 법에 부합하는 행위만을 할 때 전체주의 체제가 도래할 위험이 있다.

⑤ 칸트에 의거할 때 국가 권력의 행사는 사람들이 실제로 어떠한 이유에서 법을 준수하거나 위반하는지를 정확히 파악한 토대 위에서 이루어질 필요가 있다.

* 확인 사항
  - 문제지와 답안지의 해당란에 필요한 내용을 정확하게 표기했는지 확인하십시오.

※ 시험이 시작되기 전에는 표지를 넘기지 마십시오.

제 1 교 시

홀수형

2021학년도 법학적성시험

언어이해 문제지

성 명	

수험번호							

- **수험번호 끝자리**가 **홀수**인 응시자는 **홀수형** 문제지로, **짝수**인 응시자는 **짝수형** 문제지로 응시해야 합니다. 문제지가 자신에게 맞는 문제유형인지 확인하십시오.
- 답안지의 '문제유형 표기란'에 문제지 문제유형(홀수형, 짝수형)을 표기하십시오.
- 이 문제지는 **30문항**으로 구성되어 있습니다.
- **시험 시간은 09 : 00 ~ 10 : 10 (70분)입니다.**
- 문제지에 성명과 수험번호를 정확하게 기재하십시오.
- 답안지는 반드시 컴퓨터용 사인펜을 사용하여 답을 표기하여야 합니다.
- 답안지의 '필적확인란'에 제시된 문구를 정확히 정자로 기재하여야 합니다.

※ 시험이 시작되기 전에는 표지를 넘기지 마십시오.

메가로스쿨

제 1 교시

언어이해

성명 | 수험번호 | 홀수형

◦ 이 문제지는 30문항으로 구성되어 있습니다. 문항 수를 확인하십시오.
◦ 문제지의 해당란에 성명과 수험번호를 정확히 쓰십시오.
◦ 답안지에 수험번호, 문제유형, 성명, 답을 표기할 때에는 '답안 작성 시 반드시 지켜야 하는 사항'에 따라 표기하십시오.
◦ 답안지의 '필적확인란'에 해당 문구를 정자로 기재하십시오.

[1~3] 다음 글을 읽고 물음에 답하시오.

비즈니스 프로세스는 고객 가치 창출을 위해 기업 또는 조직에서 업무를 처리하는 과정을 말한다. 업무 처리 과정을 업무흐름도로 도식화하는 과정을 프로세스 모델링이라 하며, 그 결과물을 프로세스 모델이라고 한다. 프로세스 모델은 업무 처리 활동 및 활동들 간의 경로로 구성된다. 프로세스 모델이 효율적으로 작동하고 있는지를 확인, 분석, 수정·보완, 개선하는 작업이 필요한데, 프로세스 마이닝은 그중 한 기법이다. 프로세스 마이닝은, 시뮬레이션처럼 실제 이벤트 로그 수집 이전에 정립한 프로세스 모델 중심 분석기법과, 데이터 마이닝처럼 프로세스를 고려하지 않는 데이터 중심 분석기법을 연결하는 역할을 한다.

프로세스 마이닝은 정보시스템을 통해 확보한 이벤트 로그에서 프로세스에 관련된 가치 있는 정보를 추출하는 것이다. 이벤트 로그란 정보시스템에 축적된 비즈니스 프로세스 수행 기록인데, 이것이 프로세스 마이닝의 출발점이 된다. 이벤트 로그는 행과 열로 표현되는 이차원 표 형태이다. 업무 활동으로 발생한 이벤트는 행으로 추가되며, 각 열에는 이벤트의 속성들이 기록된다. 이때 기록되는 속성으로 필수적인 것은 사례 ID, 활동명, 발생 시점이며, 다양한 분석을 위해 그 외 속성들도 추가될 수 있다. 이벤트 로그는 사용자에게 도움이 되는 정보를 직접 제공할 수 없는 원데이터이므로, 그것을 우리가 사용할 수 있는 정보로 변환해 주어야 한다. 프로세스 마이닝에는 프로세스 발견, 적합성 검증, 프로세스 향상의 세 가지 유형이 있다.

프로세스 발견이란 프로세스 분석가가 알고리즘을 통해 이벤트 로그로부터 프로세스 모델을 도출하는 것을 말하는데, 이때 분석가는 별다른 업무 지식 없이도 작업을 수행할 수 있다. 만일 도출된 프로세스 모델이 복잡하여 유의미한 분석이 곤란할 경우, 퍼지 마이닝이나 클러스터링 기법을 활용할 수 있다. 퍼지 마이닝은 실행 빈도가 낮은 활동을 제거 또는 병합하거나, 그 활동들 간의 경로를 제거함으로써 프로세스 모델을 단순화해 주는 기법이다. 이때 프로세스 모델에 나타난 활동과 경로에 대한 임곗값을 설정하여 모델의 복잡도를 조절할 수 있다. 클러스터링은 특성이 유사한 사례들을 같은 그룹으로 묶어주는 기법이다. 전체 이벤트 로그를 대상으로 프로세스를 도출할 때 복잡한 프로세스 모델이 도출될 경우, 이 기법을 적용하여 이벤트 로그를 여러 개로 나눌 수 있다. 이렇게 세분화된 이벤트 로그에 프로세스 발견 기법을 적용하면, 프로세스 모델의 복잡도가 줄어든다.

적합성 검증이란 기존의 프로세스 모델과 이벤트 로그 분석에서 도출된 결과를 비교하여 어느 정도 일치하는지를 확인하는 것이다. 이때 기존의 프로세스 모델과 이벤트 로그에서 도출된 결과물이 불일치하는 경우가 발생하는데, 먼저 기존의 프로세스 모델이 적절함에도 불구하고 업무 담당자가 이를 준수하지 않는 경우를 들 수 있다. 이 경우에는 현실 세계의 실제 업무 수행 실태를 교정해야 한다. 이와 달리 이벤트 로그의 분석 결과물이 더 적절한 것으로 판단되는 경우에는 기존의 프로세스 모델을 수정할 필요가 있다.

프로세스 향상에는 두 유형이 있다. 하나는 기존의 프로세스 모델을 '수정'하는 것이며, 다른 하나는 업무 수행 시간 및 담당자 등 이벤트 로그 분석에서 얻은 부가적 정보를 추가하여 발견된 프로세스 모델을 '확장'하는 것이다. 확장의 예로는 이벤트 로그로부터 도출된 프로세스 모델에 프로세스 내 병목지점과 재작업 흐름을 시각화하는 것을 들 수 있다.

프로세스 마이닝은 데이터 과학에 근거를 두고 프로세스 분석가가 업무 전문가와 협업하여 기업이 수행하는 비즈니스 프로세스에 대한 문제점을 진단하고 개선 방안을 도출하는 데 기여할 수 있다.

1. 윗글과 일치하는 것은?

① 이벤트 로그는 프로세스 마이닝의 출발점이지만 그 자체로는 유용한 정보라 할 수 없다.
② 업무 전문가의 충분한 지식 없이 이벤트 로그로부터 프로세스 모델을 도출하기는 어렵다.
③ 프로세스 발견은 프로세스에 내재된 업무 관련 규정을 이벤트 로그로부터 도출하는 것이다.
④ 클러스터링은 복잡한 프로세스 모델을 여러 개의 세부 프로세스 모델로 구분해 주는 기법이다.
⑤ 이벤트 로그에서 업무 담당자를 파악하여 기존의 프로세스 모델에 활동과 경로를 추가하는 것은 프로세스 수정이다.

2. '프로세스 마이닝'에 대해 추론한 것으로 적절하지 않은 것은?

① 프로세스 마이닝을 도입하면 내부 규정의 준수 여부에 대한 감독이 용이해진다.
② 프로세스 마이닝을 통해 기존의 프로세스 모델이 실제로 어떻게 수행되는가를 파악할 수 있다.
③ 프로세스 마이닝은 판에 박힌 단순한 업무뿐 아니라 비정형적인 업무 처리 과정의 분석에도 활용된다.
④ 프로세스 마이닝은 예상된 이벤트 로그에 적용할 프로세스 모델 중심의 업무 성과 분석 및 개선 기법이다.
⑤ 프로세스 마이닝은 기존의 프로세스 모델뿐 아니라 발견으로 도출된 프로세스 모델을 향상하는 데에도 활용된다.

3. <보기>의 사례에 프로세스 마이닝을 적용할 때 가장 적절한 것은?

<보 기>

○○병원에서는 외래 환자의 과도한 대기 시간을 줄이고 의료 서비스의 품질을 개선하기 위해 외래 환자 진료 프로세스를 분석하고자 한다. 이 병원에서는 질환별로 진행해야 하는 표준 진료 프로세스를 임상진료 지침으로 수립해 두고 있다. 프로세스 마이닝 도구를 사용하여 프로세스 모델을 도출하였더니 지나치게 복잡한 프로세스 모델이 도출되어 분석이 곤란한 상황이다. 또한 환자의 민감한 개인 의료정보가 저장된 이벤트 로그를 프로세스 분석가에게 제공할 경우 정보 보호 및 프라이버시 이슈가 존재하고, 병원의 기밀이 유출될 우려가 제기되어 이를 해결하고자 한다.

① 복잡도 문제를 해결하기 위해 연령 및 질환을 기준으로 이벤트 로그의 사례를 클러스터링 하려면 필수적 속성만 이벤트 로그에 있어도 된다.
② 적합성 검증 결과 기존의 프로세스 모델과 이벤트 로그 분석 결과가 불일치하면 의료진에 대한 제재 조치나 지침 재교육이 필수적이다.
③ 이벤트 속성의 임곗값을 조절하여 빈번하게 수행되는 진료 프로세스 수행 패턴을 파악할 수 있다.
④ 환자의 개인정보 보호를 위해 사례 ID를 제외하고 이벤트 로그를 작성해야 한다.
⑤ 외래 환자의 대기 시간 분석을 위해서는 프로세스 확장이 필요하다.

[4~6] 다음 글을 읽고 물음에 답하시오.

15세기 초 브루넬레스키가 제안한 선원근법은 서양의 풍경화에 큰 변화를 가져왔다. 고정된 한 시점에서 대상을 통일적으로 배치하는 기하학적 투시도법으로 인간의 눈에 보이는 대로 자연을 화폭에 담을 수 있게 된 것이다. 문학 비평가 가라타니 고진은 이러한 풍경화의 원리를 재해석한 '풍경론'을 통해 특정 문학 사조를 추종하는 문단의 관행을 비판했다.

고진에 따르면, 풍경이란 고정된 시점을 가진 한 사람에 의해 통일적으로 파악되는 대상이다. 내 눈 앞에 펼쳐진 풍경은 있는 그대로 존재하는 자연이 아니라 내가 보았기 때문에 여기 있는 것이며, 그런 점에서 모든 풍경은 내가 새롭게 발견한 대상이 된다. '풍경'은 단순히 외부에 존재해서가 아니라 주관에 의해 지각될 때 비로소 풍경이 된다.

고진은 이러한 과정을 '풍경의 발견'이라 부르고, 이를 근대인의 고독한 내면과 연결시켰다. 가령, 작가 구니키다 돗포의 소설에는 외로움을 느끼지만 정작 자기 주변의 이웃과 사귀지 않고 산책길에 만난 이름 모를 사람들이나 이제는 만날 일이 없는 추억 속의 존재들을 회상하며 그들에게 자신의 감정을 일방적으로 투사하는 주인공이 등장한다. 죽어갈 운명이라는 점에서는 모두가 동일하다면서, 주인공은 인간이란 누구든 다 친근한 존재들이라 말한다. 실제 이웃과의 관계 맺기를 기피한 채, 주인공은 현실적으로 아무 상관이 없는 사람들과 하나의 세계를 이루어 살고 있다. 고진은 인간마저도 하나의 풍경으로 취급해 버리는 주인공으로부터, 전도(顚倒)된 시선을 통해 풍경을 발견하는 '내적 인간'의 전형을 읽는다. 이로부터 고진은 "풍경은 오히려 외부를 보지 않는 자에 의해 발견된 것"이라는 결론을 얻는다.

고진의 풍경론은 한쪽에서는 내면성이나 자아라는 관점을, 다른 한쪽에서는 대상의 사실적 묘사라는 관점을 내세우며 대립하는 문단의 세태를 비판하기 위해 제시되었다. 주관의 재현과 객관의 재현을 내세우기에 마치 상반된 듯 보이지만 사실 두 관점은 서로 얽혀 있다는 것이다. 이미 풍경에 익숙해진 사람은 주관에 의해 배열된 세계를 벗어나지 못하고, 눈에 보이는 것이 본래적인 세계의 모습이라 믿는다. 풍경의 안에 놓여 있으면서도 풍경의 밖에 서 있다고 믿는 것이다. 고진은 만일 이러한 믿음에서 나온 외부 세계의 모사(模寫)를 리얼리즘이라 부른다면 그것이 곧 전도된 시선에서 비롯된 것임을 알아야 한다고 말한다. 리얼리즘의 본질을 '낯설게 하기'에서 찾는 러시아 형식주의의 견해 또한 마찬가지이다. 너무 익숙해서 실은 보고 있지 않은 것을 보게 만들어야 한다는 이 견해를 따른다면, 리얼리즘은 항상 새로운 풍경을 창출해야 한다. 따라서 리얼리스트는 언제나 '내적 인간'일 수밖에 없다.

물론 자신이 풍경 안에 갇혀 있다는 사실을 자각하는 이가 있을 수도 있다. 작가 나쓰메 소세키는 '문학이란 무엇인가'라는 질문을 던졌을 때, 자신이 참고해 온 문학책들이 자신의 통념을 만들고 강화했을 뿐이라는 사실을 깨닫고는 책들을 전부 가방에 넣어 버렸다. "문학 서적을 읽고 문학이 무엇인가를 알려고 하는 것은 피로 피를 씻는 일이나 마찬가지라고 생각했기 때문"이다. 고진은 소세키야말로 자신이 풍경에 갇혀 있다는 사실을 자각했던 것이라 본다. 일단 고정된 시점이 생기면 그에 포착된 모든 것은 좌표에 따라 배치되며 이윽고 객관적 세계의 형상을 취한다.

이 세계를 의심하기 위해서는 결국 자신의 고정된 시점 자체에 질문을 던지며 회의할 수밖에 없다. 이른바 '풍경 속의 불안'이 시작되는 것이다.

그렇다면 만일 선원근법에 의존하지 않는 풍경화, 예컨대 서양의 풍경화가 아닌 동양의 산수화를 고려한다면 고진의 풍경론은 달리 해석될까. 기하학적 투시도법을 따르지 않은 산수화에는 그야말로 자연이 있는 그대로 재현된 것처럼 보이니 말이다. 그러나 산수화의 소나무조차도 화가의 머릿속에 있는 소나무라는 관념을 묘사한 것이지 특정 시공간에 실재하는 소나무가 아니다. 요컨대 질문을 던지며 회의한들 그 외의 방식으로는 세계와 대면하는 방법을 알지 못하기에 막연한 불안이 생기는 사태를 막을 수는 없다. 그럼에도 불구하고 문학을 다루는 사람은 자신의 전도된 시선을 의심하는 일에 게을러서는 안 된다. 전도된 시선의 기만적 구도는 풍경 속의 불안을 느끼는 이들에 의해서만 감지될 수 있다. 이 미묘한 앞뒷면을 동시에 살피려는 시도가 없다면, 우리는 풍경의 발견이라는 상황을 보지 못할 뿐 아니라 단지 풍경의 눈으로 본 문학만을 쓰고 해석하게 될 것이다.

4. 윗글과 일치하지 않는 것은?

① 브루넬레스키의 선원근법은 풍경화에 사실감을 부여했다.
② 러시아 형식주의자들은 익숙한 세계를 새롭게 인식해야 한다고 주장했다.
③ 산수화와 풍경화는 기하학적 투시도법의 적용 여부에 따라 대상의 재현 양상이 대비된다.
④ 나쓰메 소세키는 문학 서적을 통해서 문학을 연구하는 작업이 자기 반복이라고 보았다.
⑤ 구니키다 돗포는 공적 관계를 기피하고 사적 관계에 몰두하는 인물을 소설의 주인공으로 삼았다.

5. '전도된 시선'을 설명한 것으로 가장 적절한 것은?

① 세계의 미묘한 앞뒷면을 동시에 살피는 것이다.
② 내면의 세계를 외부자의 시선으로 발견하는 것이다.
③ 현실을 취사선택하여 비현실적 세계를 만드는 것이다.
④ 실재로서 존재했지만 아무도 보지 못했던 풍경을 보는 것이다.
⑤ 주관적 시각을 통해 구성된 세계를 객관적 현실이라 믿는 것이다.

6. 윗글에 따를 때 고진의 관점에서 <보기>에 나타난 최재서의 입장을 해석한 것으로 가장 적절한 것은?

<보 기>

최재서는 내면성과 자아의 실험적 표현을 추구하는 이상의 소설을 사실적 묘사라는 관점에서 '리얼리즘의 심화'라고 비평한 바 있다. 이상의 「날개」에는 돈을 사용하는 법도 모르고 친구를 사귀지도 않으며 자신의 작은 방을 벗어나지 않는 주인공이 등장한다. 최재서에 따르면, 자폐적으로 자기 세계에 갇혀 지내는 사내의 심리에 주목한 「날개」는 특정 대상의 내면까지도 '주관의 막을 제거한 카메라'를 들이대어 투명하게 조망한 사례이다. 대상에 따라 관점은 이동할 수 있다는 것, 문학 작품의 해석에 미리 확정된 관점이나 범주란 없다는 것이 최재서의 결론이다.

① 대상에 따라 관점이 이동할 수 있다는 의견은, 고진에게는 작가의 머릿속에 있는 관념이 서양 풍경화의 방식으로 재현되는 것이라 해석되겠군.
② 작품 해석에서 미리 확정된 범주란 없다는 의견은, 고진에게는 주관이 외부를 적극적으로 파악하여 풍경 속의 불안을 벗어난 것이라 해석되겠군.
③ 내면성과 자아의 실험적 표현을 추구하는 작품도 리얼리즘에 속할 수 있다는 의견은, 고진에게는 풍경 안에 갇혀 있음을 자각한 것이라 해석되겠군.
④ 「날개」가 대상의 내면에 '주관의 막을 제거한 카메라'를 들이댔다는 의견은, 고진에게는 주관의 재현과 객관의 재현을 내세우며 대립하는 것이라 해석되겠군.
⑤ 이상이 「날개」에서 자폐적으로 자기 세계에 갇혀 지내는 사내를 그렸다는 의견은, 고진에게는 풍경을 지각하지 못하는 '내적 인간'의 전형을 그린 것이라 해석되겠군.

[7～9] 다음 글을 읽고 물음에 답하시오.

평등은 자유와 더불어 근대 사회의 핵심 이념으로 자리 잡고 있다. 인간은 가령 인종이나 성별과 상관없이 누구나 평등하다고 생각한다. 모든 인간은 평등하다고 말하는데, 이 말은 무슨 뜻일까? 그리고 그 근거는 무엇인가? 일단 이 말을 모든 인간을 모든 측면에서 똑같이 대우하는 절대적 평등으로 생각하는 이는 없다. 인간은 저마다 다르게 가지고 태어난 능력과 소질을 똑같게 만들 수 없기 때문이다. 절대적 평등은 개인의 개성이나 자율성 등의 가치와 충돌하기도 한다.

평등에 대한 요구는 모든 불평등을 악으로 보는 것이 아니라 충분한 이유가 제시되지 않은 불평등을 제거하는 데 목표를 두고 있다. '이유 없는 차별 금지'라는 조건적 평등 원칙은 차별 대우를 할 때는 이유를 제시할 것을 요구하고 있다. 이것은 어떤 이유가 제시된다면 특정한 부류에 속하는 사람들에게는 평등한 대우를, 그 부류에 속하지 않는 사람들에게는 차별적 대우를 하는 것을 허용한다. 그렇다면 사람들을 특정한 부류로 구분하는 기준은 무엇인가? 이것은 바로 평등의 근거에 대한 물음이다.

근대의 여러 인권 선언에 나타난 평등 개념은 개인들 사이의 평등성을 타고난 자연적 권리로 간주하였다. 하지만 이러한 자연권 이론은 무엇이 자연적 권리이고 권리의 존재가 자명한 이유가 무엇인지 등의 문제에 부딪히게 된다. 그래서 롤스는 기존의 자연권 사상에 의존하지 않는 방식으로 인간 평등의 근거를 마련하려고 한다. 그는 어떤 규칙이 공평하고 일관되게 운영되며, 그 규칙에 따라 유사한 경우는 유사하게 취급된다면 형식적 정의는 실현된다고 본다. 하지만 롤스는 형식적 정의에 따라 규칙을 준수하는 것만으로는 정의를 담보할 수 없다고 생각한다. 그 규칙이 더 높은 도덕적 권위를 지닌 다른 이념과 충돌할 수 있기에, 실질적 정의가 보장되기 위해서는 규칙의 내용이 중요한 것이다.

롤스는 인간 평등의 근거를 설명하면서 영역 성질(range property) 개념을 도입한다. 예를 들어 어떤 원의 내부에 있는 점들은 그 위치가 서로 다르지만 원의 내부에 있다는 점에서 동일한 영역 성질을 갖는다. 반면에 원의 내부에 있는 점과 원의 외부에 있는 점은 원의 경계선을 기준으로 서로 다른 영역 성질을 갖는다. 그는 평등한 대우를 받기 위한 영역 성질로서 '도덕적 인격'을 제시한다. 도덕적 인격이란 도덕적 호소가 가능하고 그런 호소에 관심을 기울이는 능력이 있다는 것인데, 이 능력을 최소치만 갖고 있다면 평등한 대우에 대한 권한을 갖게 된다. 도덕적 인격이라고 해서 도덕적으로 훌륭하다는 뜻이 아니라 도덕과 무관하다는 말과 대비되는 뜻으로 쓰고 있다. 그런데 어린 아이는 인격체로서의 최소한의 기준을 충족하고 있는지가 논란이 될 수 있다. 이에 대해 롤스는 도덕적 인격을 규정하는 최소한의 요구 조건은 잠재적 능력이지 그것의 실현 여부가 아니기에 어린 아이도 평등한 존재라고 말한다.

싱어는 위와 같은 롤스의 시도를 비판한다. 도덕에 대한 민감성의 수준은 사람에 따라 다르다. 그래서 도덕적 인격의 능력이 그렇게 중요하다면 그것을 갖춘 정도에 따라 도덕적 위계를 다르게 하지 말아야 할 이유가 분명하지 않다고 말한다. 그리고 평등한 권리를 갖는 존재가 되기 위한 최소한의 경계선을 어디에 그어야 하는지도 문제로 남는다고 본다. 한편 롤스에서는 도덕적인 능력을 태어날 때부터 가지고 있지 않거나 영구적으로 상실한 사람은 도덕적 지위를 가지고 있지 못하게 되는데, 이는 통상적인 평등 개념과 어긋난다. 그래서 싱어는 평등의 근거로 '이익 평등 고려의 원칙'을 내세운다. 그에 따르면 어떤 존재가 이익, 즉 이해관계를 갖기 위해서는 기본적으로 고통과 쾌락을 느낄 수 있는 능력을 갖고 있어야 한다. 그리고 그 능력을 가진 존재는 이해관계를 가진 존재이기 때문에 평등한 도덕적 고려의 대상이 된다. 이때 이해관계가 강한 존재를 더 대우하는 것이 가능하다. 반면에 그 능력을 갖지 못한 존재는 아무런 선호나 이익도 갖지 않기 때문에 평등한 도덕적 고려의 대상이 되지 않는다.

7. '평등'을 설명한 것으로 가장 적절한 것은?

① 형식적 정의에서는 차별적 대우가 허용되지 않는다.
② 조건적 평등과 달리 절대적 평등은 결과적인 평등을 가져온다.
③ 불평등은 충분한 이유가 있더라도 평등의 이념에 부합하지 않는다.
④ 규칙에 따라 유사한 경우는 유사하게 취급해도 결과는 불평등할 수 있다.
⑤ 인간의 능력은 절대적으로 평등하게 만들 수 있지만 자율성에 어긋날 수 있다.

8. 롤스와 싱어를 이해한 것으로 적절하지 <u>않은</u> 것은?

① 롤스에서 평등의 근거가 되는 특성을 가지지 못한 존재는 부도덕하다.
② 롤스에서 영역 성질은 정도의 차를 감안하지 않는 동일함을 가리킨다.
③ 싱어에서는 인간이 아닌 존재가 느끼는 고통과 쾌락도 도덕적으로 고려해야 한다.
④ 싱어에서는 도덕적으로 평등하다고 인정받는 사람들도 차별적 대우를 받을 수 있다.
⑤ 롤스와 싱어는 도덕에 대한 민감성이 사람마다 다름을 인정한다.

9. <보기>에 대한 반응으로 적절하지 않은 것은?

<보 기>

○ 갑은 고통을 느끼는 능력과 도덕적 능력을 회복 불가능하게 상실하였다.
○ 을은 도덕적 능력을 선천적으로 결여했지만 고통을 느낄 수 있다.
○ 병은 질병으로 인해 일시적으로 도덕적 능력을 상실하였다.

① 갑에 대해 싱어는 도덕적 고려의 대상이 아니라고 보겠군.
② 을이 도덕적 능력이 있는 사람보다 더 고통을 느낀다면 싱어는 더 대우를 받아야 한다고 생각하겠군.
③ 을이 도덕적 고려의 대상임을 설명할 수 있다는 점에서 싱어는 자신의 설명이 통상적인 평등 개념에 부합한다고 생각하겠군.
④ 병에 대해 롤스는 그 질병에 걸리지 않은 사람과 달리 평등하지 않게 생각하겠군.
⑤ 갑과 을에 대해 싱어는 롤스가 도덕적 인격임을 설명하지 못할 것이라고 보겠군.

[10～12] 다음 글을 읽고 물음에 답하시오.

살펴보건대, ㉠상고 시대 법에서 오형(五刑)은 중죄인에 대하여 이마에 글자를 새기고(묵형) 코나 팔꿈치, 생식기를 베어 내고(의형, 비형, 궁형), 죽이는(대벽) 형벌이었다. 다만 정상이 애처롭거나 신분과 공로가 높은 경우에는 예외적으로 오형 대신 유배형을 적용하였다. 나머지 경죄는 채찍이나 회초리를 쳤는데 따져볼 여지가 있는 경우에는 돈으로 대속할 수 있도록, 곧 속전(贖錢)할 수 있도록 하였다. 또 과실로 저지른 행위는 유배나 속전 할 것 없이 처벌하지 않았다. 그러나 배경을 믿고 범행을 저질렀거나 재범한 경우에는 유배나 속전 할 사유에 해당하더라도 형을 집행하였다.

형법은 선왕들이 통치에서 전적으로 믿고 의지하는 도구는 아니었지만 교화를 돕는 수단이었고, 백성들이 그른 짓을 하지 않도록 역할을 해 왔다. 그렇다면 신체를 상하게 하여 악을 징계한 것도 당시에는 고심 끝에 차마 어쩔 수 없이 행하는 하나의 통치였던 것이다. ㉡지금의 법을 보면, 유배형과 노역형이 간악한 이를 효과적으로 막지 못하고 있다. 그렇다고 해서 그보다 더 무거운 형벌로 과도하게 적용하면 죽이지 않아도 될 범죄자를 죽일 수 있어 적당하지 않다. 따라서 예전처럼 의형, 비형을 적용한다면, 신체는 다쳐도 목숨은 보전될 뿐만 아니라 뒷사람에게 경계도 되니 선왕의 뜻과 시의에 알맞은 일이다.

지금은 살인과 상해에 대하여도 속전할 수 있도록 하여, 재물 있는 이들이 사람을 죽이거나 다치게 하도록 만드니, 무고한 피해자에게는 이보다 더 큰 불행이 있겠는가? 그리고 살인자가 마을에서 편안히 살고 있으면, 부모의 원수를 갚으려는 효자가 어떻게 그대로 보겠는가? 변방으로의 유배를 그대로 집행하는 것이 양쪽을 모두 보전하는 일이다. 선왕들이 중죄인에 대하여 죽이거나 베면서 조금도 용서하지 않은 것은 그 죄인도 또한 피해자에게 잔혹히 했기 때문이니, 그 형벌의 시행이 매우 참혹해 보이지만 실상은 마땅히 해야 할 일을 집행한 것이다.

어떤 이가 말하기를, 신체에 가하는 형벌인 육형(肉刑)으로 오형만 있었던 상고 시대에 순임금이 그 참혹함을 차마 볼 수 없어서 유배, 속전, 채찍, 회초리의 형벌을 만들었다고 한다. 그렇다고 하면 요임금 때까지는 채찍이나 회초리에 해당하는 죄에도 묵형이나 의형을 집행했다는 말인가? 그러니 오형에 처하던 것을 순임금이 법을 바로잡아 속전할 수 있도록 하였다는 말은 옳지 않다. 의심스럽다든가 해서 중죄를 속전할 수 있도록 한다면, 부자들은 처벌을 면하고 가난한 이들만 형벌을 받을 것이다.

지금의 사법기관은 응보에 따라 화복(禍福)이 이루어진다는 말을 잘못 알고서, 죄의 적용을 자의적으로 하여 복된 보답을 구하려는 경향이 있다. 죄 없는 이가 억울함을 풀지 못하고 죄 지은 자가 되려 풀려나게 하는 것은 악을 행하는 일일 뿐이니 무슨 복을 받겠는가? 지금의 사법관들은 죄수를 신중히 살핀다는 흠휼(欽恤)을 잘못 이해하여서, 사람의 죄를 관대하게 다루어 법 적용을 벗어나도록 해 주는 것으로 안다. 그리하여 죽여야 할 이들을 여러 구실을 들어 대부분 감형되도록 한다. 참형에 해당하는 것이 유배형이 되고, 유배될 것이 노역형이 되고, 노역할 것이 곤장형이 되고, 곤장 맞을 것을 회초리로 맞게 되니, 이는 뇌물을 받아 법을 가지고 논 것이지 어찌 흠휼이겠는가?

인명은 지극히 중한 것이다. 만약 무고한 사람이 살해되었다면,

법관은 마땅히 자세히 살피고 분명히 조사하여 더는 의심의 여지가 없게 해야 할 것이다. 그리고 이렇게 한 뒤에는 반드시 목숨으로 갚도록 해야 한다. 이로써 죽은 자의 원통한 혼령을 위로할 뿐 아니라, 과부와 고아가 된 이가 원수 갚고자 하는 마음을 위로할 수 있으며, 또한 천리를 밝히고 나라의 기강을 떨치는 일이다. 보는 이들의 마음을 통쾌하게 할 뿐 아니라 후대의 징계도 되니, 또한 좋지 않겠는가.

지금은 교화가 쇠퇴하여 인심이 거짓을 일삼으며, 저마다 자신의 잇속만 챙기면서 풍속도 모두 무너졌다. 극악한 죄인은 죄를 받지 않고, 선량한 백성들은 자의적인 형벌의 적용을 면치 못하기도 한다. 또 강자에게는 법을 적용하지 않고 약자에게는 잔인하게 적용한다. 권문세가에는 너그럽고 한미한 집에는 각박하다. 똑같은 일에 법을 달리하고 똑같은 죄에 논의를 달리하여, 간사한 관리들이 법조문을 농락하고 기회를 잡아 장사하니, 그것은 단지 살인자를 죽이지 않고 형법을 방기하는 잘못에 그치는 일이 아니다. 이 통탄스러움을 이루 말로 다할 수 있겠는가.

- 윤기, 「논형법(論刑法)」 -

10. 글쓴이의 입장과 일치하는 것은?

① 교화를 중시하고 형벌의 과도한 적용을 삼가야 한다고 생각한다.

② 살인을 저지른 중죄인이 유배되는 일은 없어야 한다고 주장한다.

③ 인명이 소중하므로 사형과 같은 참혹한 형벌의 폐지에 찬성한다.

④ 형벌로 보복을 대신하려고 하는 응보적인 경향에 대해 반대한다.

⑤ 무고하게 살해된 피해자를 고려하면 의형은 합당한 처벌이라고 본다.

11. 윗글에 따라 ㉠, ㉡을 설명한 것으로 가장 적절한 것은?

① ㉠에서는 경미한 죄에도 오형을 적용하도록 되어 있었다.

② ㉠에서는 중죄에 대한 형벌을 육형으로 하는 것이 원칙이었다.

③ ㉡에서는 유배형도 정식의 형벌이므로 속전의 대상이 되지 않는다.

④ ㉠에서 오형에 해당하지 않는 형벌은 ㉡에서도 집행하지 않는다.

⑤ ㉠에서의 오형은 잔혹한 형벌이라 하여 ㉡에서는 모두 사라지게 되었다.

12. 윗글과 <보기>를 비교 평가한 것으로 적절하지 <u>않은</u> 것은?

<보 기>

상고 시대에 유배형은 육형을 가해서는 안 되는 관료에게 베푸는 관용의 수단으로서 공식적인 형벌이 아니라 임시방편과 같은 것이었다. 또 속전은 의심스러운 경우에 적용한 것이지 꼭 가벼운 형벌에만 해당했던 것도 아니었다. 여기서 속은 잇는다[續]는 데서 따다가 대속한다[贖]는 의미로 된 것이니, 육형으로 끊어진 팔꿈치를 다시 붙일 수 없는 참혹함을 받아들이지 못하는 어진 정치에서 비롯한 것임을 알 수 있다. 지금의 법에서 속전은 정황이 의심스럽거나 사면에 해당하는 경우에만 비로소 허용된다. 그에 해당하는 경우가 아니라면 부유함으로 처벌을 요행히 면해서는 안 되며, 해당하는 경우이면 가난뱅이는 속전도 필요 없다. 죽여야 할 사람을 끝없이 살리려고만 한다면 어찌 덕이 되겠는가. 흠휼은 한 사람이라도 죄 없는 자를 죽이지 않으려는 것이지 살리기만 좋아하는 것이 아니다.

① 법을 엄격하게 집행해야 한다고 보는 점은 두 글이 같은 태도이다.

② 속전의 남용에 대해 흠휼을 오해한 소치로 보는 점은 두 글이 같은 태도이다.

③ 상고 시대에 중죄를 속전할 수 있었는지에 대해서는 두 글이 서로 달리 보고 있다.

④ 중죄에 대한 속전이 부자들의 전유물이므로 폐지하자는 것에 대해서는 두 글이 다른 태도를 보일 것이다.

⑤ 유배의 효과가 없을 때 의형이나 비형을 되살릴 수 있다는 것에 대해서는 두 글이 같은 태도를 보일 것이다.

[13～15] 다음 글을 읽고 물음에 답하시오.

68혁명 이후 구조에서 차이로, 착취에서 자유나 배제로 문제 설정이 변화하고, 신자유주의적 반(反)정치의 경향이 강화되었던 1980년대에 르포르는 '정치적인 것'의 활성화를 제기하였다. 그에 앞서 아렌트가 고대 아테네의 시민적 덕성의 복원을 통한 정치적인 것의 활성화를 제기했다면, 르포르는 근대 민주주의 자체의 긴장에 주목하면서 '인권의 정치'를 통한 정치적인 것의 부활을 시도하였다. 그는 인권을 공적 공간의 구성 요소로 파악하면서 개인에 내재된 자연권으로 보거나 개인의 이해관계에 기반한 소유권적 관점에서 파악하려는 자유주의적 입장을 거부한다. 르포르는 자유주의가 인간의 권리를 개인의 권리로 환원시킴으로써 사회적 실체에 접근하지 못하고, 결국 민주주의를 개인과 국가의 표상관계를 통해 개인들의 이익의 총합으로서 국가의 단일성을 확보하기 위한 수단으로 볼 뿐이라고 비판한다.

르포르는 1789년 「인권선언」의 조항들이 '개인적 자유'보다 '관계의 자유'를 의미한다고 본다. 선언의 제4조에서 언급한 '타인에게 해를 끼치지 않는 모든 것을 할 수 있는 자유'는 사회적 공간이 권력에 대해 권리들의 자율성을 향유한다는 의미이자, 어떤 것도 그 공간을 지배할 수 없다는 의미이다. 그리고 제11조에서 언급한 '생각과 의견의 자유로운 소통의 자유' 역시 근대 사회의 시민이 자신의 생명과 재산에 대한 위협을 느끼지 않고 의견을 표현할 수 있는 권리를 의미한다. 르포르는 이러한 권리가 개인과 개인의 존엄성에 대한 보호라기보다는 개인들끼리의 공존 형태, 특히 권력의 전능으로 인해 인간 간의 관계가 침탈될 우려에서 비롯된 특정한 공존 형태에 대한 정치적 개념이라고 본다.

르포르는 ㉠ <u>권리와 권력의 관계</u>에 주목한다. 18세기에 형성된 인간의 권리는 사회 위에 군림하는 권력의 표상을 붕괴시키는 자유의 요구로부터 출현했다. 근대에 '인간의 권리'는 '시민의 권리'로서 존재해 왔다. 인간은 특정 국민국가의 성원으로서 국가권력에 의해 인정될 때, 즉 이방인이었던 아렌트가 포착했던 '권리들을 가질 수 있는 권리'가 전제될 때 비로소 권리를 향유할 수 있다. 하지만 르포르가 제기하는 것은 권력이 권리에 순응해야 한다는 점이다. 특히 저항권은 시민 고유의 것이지 결코 국가에게 그것의 보장을 요구할 수 없는 것이다. 그것은 권력에 대한 권리의 선차성이며, 권력이 권리에 어떤 영향도 미칠 수 없다는 것을 의미한다.

하지만 그의 비판자들은 권리가 권력을 통해서만 존재해 온 역사를 르포르가 간과하고 있다고 지적한다. 인권의 정치를 통한 권리의 확장은 권력의 동시적인 확장, 나아가 전체주의적 권력의 등장을 가져올 수 있다는 것이다. 근대 민주주의의 속성인 인민과 대표의 동일시에 따른 대표의 절대화를 통해 '하나로서의 인민'과 '사회적인 것의 총체로서의 당'에 대한 표상의 일치, 당과 국가의 일치, 결국 '일인' 통치로 귀결된 전체주의가 그 예라고 르포르를 비판한다.

물론 르포르도 새로운 권리의 발생이 국가권력을 강화시킬 수 있음을 인정한다. 따라서 국가권력에 대한 제어와 감시가 필요하며, 억압에 대한 저항으로서 정치적 자유가 강조된다. 공적 영역에서 실현되는 정치적 자유는, 시민들의 관계를 표현하는 장치이자 권력에 대한 통제 수단으로서 정치적인 것의 활성화를 통해 공론장과 같은 민주적 공간을 구성한다. 그러한 민주적 공간을 구성하는 권리로부터 법률이 형성된다. 따라서 권리의 근원은 그 누구에 의해서도 독점되지 않는 권력이어야 한다. 국가권력은 상징적으로는 단일하지만 실제적으로는 민주적으로 공유되어야 함에도, 이를 오해한 것이 전체주의이다.

결국 르포르는 권력이 제어할 수 있는 틀을 넘어 쟁의가 발생하는 장소로서 민주주의 국가를 제시함으로써 법이 인정하는 한에서 권리를 사유하는 자유주의적 법치국가의 한계를 넘어서고자 하며, 역사적으로 다양한 권리들이 권력이 정한 경계를 넘어서 생성되어 왔다는 점을 강조한다. 이때 인권의 정치는 차별과 배제에 대한 저항과 새로운 주체들의 자유를 위한 무기가 된다. 나아가 '권리들을 가질 수 있는 권리'라는 관념은 인간의 권리의 실현 조건으로서 국가권력이라는 틀 자체를 거부하면서, 자신이 거주하는 곳에서 권리의 실현을 요구하는 급진적 흐름으로서 세계시민주의의 가능성을 보여준다.

13. 윗글과 일치하지 <u>않는</u> 것은?

① 아렌트는 시민적 덕성의 복원을 통해, 르포르는 인권의 정치를 통해 공적 공간의 민주화에 대해 사유한다.

② 르포르는 근대 국가권력의 상징적 측면에서, 자유주의자들은 개인과 국가의 표상관계를 통해 권력의 단일성을 이해한다.

③ 자유주의자들은 자연권 혹은 소유권적 관점에서 개인의 권리를 파악하면서 민주주의를 개인의 권리들의 관계가 만들어 내는 쟁의의 공간으로 이해한다.

④ 전체주의는 근대 민주주의가 피통치자로서의 인민과 통치자로서의 대표를 동일시하는 경향이 극단화될 때 나타난다.

⑤ 세계시민주의는 인간의 권리가 실현되는 조건으로 국민국가의 성원이라는 전제를 거부할 필요가 있음을 주장한다.

14. 윗글에 따를 때 ㉠에 대한 르포르의 관점을 이해한 것으로 적절하지 않은 것은?

① 국가권력이 보장할 수 없는 시민 고유의 권리가 존재할 수 있다고 본다.
② 근대의 민주적 권력은 상징적 및 실제적 권력의 단일성에 근거하여 권리를 확장시켜 왔다고 본다.
③ 근대국가에서는 국가권력이 개인을 국민이라는 성원으로 인정하는 한에서 권리를 부여해 왔다고 본다.
④ 국가권력이 설정한 권리의 한계를 극복하면서 국민국가 초기에 인정되지 않았던 권리들이 인정받았다고 본다.
⑤ 권리를 사회적 관계의 산물로 이해함으로써 권리는 누구도 독점할 수 없는 민주적 공간을 구성하는 동력이 된다고 본다.

15. 르포르와 <보기>의 푸코를 비교한 것으로 가장 적절한 것은?

<보 기>

푸코는 개인의 삶 자체가 위험이라는 인식하에서 국가가 출생에서 죽음에 이르기까지의 개인의 삶 전체를 관리하는 '생명관리권력의 시대'가 등장하였다고 주장한다. 근대에 개인의 권리의 확대는 개인을 위험으로부터 보호하려는 문제의식에서 비롯되었지만, 그것은 동시에 국가가 더 깊이 개인의 삶에 침투하는 권력으로 전환되는 역설을 낳았다. 개인이 권력의 시선, 즉 규율을 내면화함으로써 권력이 만들어 낸 주체가 되어간다는 점에서, 근대의 자율적 주체는 사라져 버렸다. 푸코는 개인에 대한 억압을 강조했던 기존의 권력 관념을 대신하여 국가권력이 생산적 권력임을 강조한다.

① 르포르는 권리에 대한 권력의 종속을 비판했다면, 푸코는 개인의 삶에 침투하는 권력의 특성에 주목했다.
② 르포르는 인권의 정치를 통해 민주주의의 확장을 주장했다면, 푸코는 권리에 대한 요구를 통해 권력을 제한하려 했다.
③ 르포르는 권리의 확장이 가져올 수 있는 권력의 비대화 및 독점화를 우려했다면, 푸코는 자율적 주체에 의한 권리의 확장을 주장했다.
④ 르포르는 권력이 설정한 경계를 넘어 권리의 주체를 형성할 것을 주장했다면, 푸코는 국가권력이 권력의 시선을 내면화하는 주체를 생산하고 관리한다는 점에 주목했다.
⑤ 르포르는 전체주의가 될 위험에서 벗어나기 위한 해결책을 근대 민주주의 내에서 찾으려 했다면, 푸코는 권력으로부터 개인의 안전을 확보하기 위한 해결책을 권력 내에서 찾으려 했다.

[16~18] 다음 글을 읽고 물음에 답하시오.

18세기 후반 이후, 이슬람 세계는 제국주의 침략을 받기 시작했고, 이슬람 신자들은 그에 맞서 저항하였다. 그중 눈에 띄는 것은 수피 종단들이 여러 지역에서 군사적 저항을 주도했다는 점이다. 대표적인 것이 알제리, 리비아, 수단에서의 항쟁이었다. 어떻게 이들이 상당한 기간 동안 열강에 맞서 저항할 수 있었을까?

수피즘은 신과의 영적 합일을 통한 개인적 구원을 추구한다. 수피즘을 따르는 이들인 수피는 속세의 욕심에서 벗어나 모든 것을 신께 의탁하며, 금욕적으로 살고자 했다. 8세기 초에 수피즘이 싹텄고, 9세기에는 독특한 신비주의 의식이 나타났다. 수피가 걷는 개인적인 영적 도정은 길을 잃을 수도, 자아도취에 빠져 버릴 수도 있었기에 위험하기도 했다. 그 때문에 그들은 영적 선배들을 스승으로 모시게 되었고, 거의 맹목적으로 스승을 따라야 했다. 10세기 말 수피들은 종단을 구성하기 시작했다. 수피 종단은 지역과 시기에 따라 성쇠를 거듭했지만, 점차 많은 동조자를 얻었다.

북아프리카의 경우, 수피 종단들은 한동안 쇠락하다가 18세기 이후 강력하게 재조직되어 선교와 교육기관의 역할도 담당했고, 지역 밀착을 통해 생활 공동체를 형성하는 구심점이 되면서 항쟁에 필요한 기반을 이미 갖추고 있었다. 이 지역에서 수피즘 지도자들이 외세에 맞서 부족들 간 이견을 봉합하고 결집시킬 수 있었던 요인 중 하나는 종교적 권위였다. 특히 알제리 항쟁을 이끌었던 압드 알 카디르와 리비아 항쟁 지도자였던 아흐마드 알 샤리프가 성인으로 존경받은 것은 정치적 권위를 확보하는 데 큰 도움이 되었다.

수니파에서 가장 엄격한 와하비즘은 성인을 인정하지 않고, 심지어 은사를 받기 위해 예언자 무하마드의 묘소에서 기도하는 것도 알라 외의 신성을 인정하는 것이라고 보아 배격했다. 하지만 수피즘에서는 성인의 존재를 인정했다. 성인은 왈리라고 불리는데, 질병과 불임을 치료하고 액운을 막는 등의 이적을 행할 수 있다는 것이다. 성인들의 묘소는 순례의 대상이 되었고, 이를 중심으로 설립된 수피즘 수도원은 지역 공동체의 중심이 되는 경우가 많았다.

한편 북서 아프리카의 수피즘 신자들은 혈통을 중시하는 베르베르 토속 신앙의 영향을 짙게 받아 무라비트를 성인으로 숭배했다. 무라비트는 코란 학자, 종교 교사 등을 통칭하는 용어였지만, 이 지역에서는 특정 수피 종단을 이끄는 왈리를 가리킨다. 무라비트는 신의 은총인 바라카를 가졌다고 여겨져 존경을 받았다. 무라비트는 특정 가문 출신 중 영적으로 선택된 소수만이 될 수 있었는데, 대표적으로는 예언자 무하마드의 후손인 샤리프 가문이 있다. 압드 알 카디르와 아흐마드 알 샤리프는 모두 이 가문 출신의 무라비트였다.

북동 아프리카에서 일어난 수단 항쟁의 주역인 무함마드 아흐마드의 경우는 달랐다. 그는 성인 가문 출신은 아니었지만, 당시 만연한 마흐디의 도래에 대한 기대감을 충족시켜 종교적 권위를 얻고 이를 다시 정치적 권위로 전환시킴으로써 항쟁의 중심이 되었다. 이슬람교에서 마흐디란 종말의 순간 인류를 올바른 길로 인도하고 정의와 평화의 시대를 가져오는 구원자이다. 또한 마흐디는 부정의를 제거하고 신정주의 국가를 건설하는 개혁적 지도자이기도 하다. 마흐디 사상은 민간 신앙에서 출발하여 퍼진 것이었고, 특히 토속 신앙의 영향을 많이 받았던 수피들은 종단 지도자를 마흐디로 쉽게 받아들였다. 1881년, 무함마드 아흐마드는 자신이 예언자 무하마드의 생애와 사건을 재현하는 존재인 마흐디라고 선언했고, 이를 통해 여러 수피 종단과 부족 간의 갈등을 수습하여 외세에 맞서는 결속력을 만들었다.

더불어 수피즘의 의식에 참여한 이들 간에 생기는 형제애는 초국가적 조직망의 형성과 상호 협조를 가능하게 했다. 항쟁의 중심이었던 수피 종단들은 여러 나라에 수도원 중심의 조직을 가지고 있었다. 이들은 정보 교환, 물자 조달, 은신처 제공을 통해 항쟁을 뒷받침했다. 이처럼 영적 권위와 물질적 기반이 어우러져 비폭력 평화주의를 지향하던 종교 집단이 열강에 맞서 오랜 동안 저항할 수 있었던 것이다.

16. 윗글과 일치하지 않는 것은?

① 수피 종단들이 행했던 선교 활동은 알제리와 리비아, 수단에서 성공을 거두었다.

② 와하비즘 신봉자들은 예언자 무하마드를 특별한 존재로 받들면 일신교적 원칙을 어긴다고 보았다.

③ 수피들은 고유한 영적 의식의 참여를 통해 만들어진 연대 의식을 바탕으로 국제적 조직망을 구성했다.

④ 수피즘은 세속을 떠나 신에게 모든 것을 맡기는 삶을 추구하면서도 지역 공동체와의 협조를 중시했다.

⑤ 개인적 구원의 희구와 지도자에 대한 추종 간의 모순은 수피즘의 결과적 쇠락을 초래한 주요 원인이었다.

17. 마흐디에 대한 이해로 가장 적절한 것은?

① 수단의 수피즘에서 마흐디는 무하마드의 후손으로 받아들여지는 구원자를 의미했다.

② 마흐디는 신비주의적 의식을 통해 알라와 하나가 되는 경지에 이르렀을 때 완성된다.

③ 탁월한 군사적 능력을 지녀 외세를 막아 내는 국가 지도자로 존경받는 인물이 마흐디이다.

④ 마흐디가 신정주의 국가를 건설할 것이라는 개혁적 개념은 이슬람 경전에서 그 기원을 찾을 수 있다.

⑤ 무함마드 아흐마드가 마흐디로 인정받은 것은 당시가 종말의 시대로 여겨지고 있었음을 알려준다.

18. <보기>를 바탕으로 윗글에 관해 추론한 것으로 적절하지 않은 것은?

<보 기>

"창조주시여, 당신은 현세와 내세에서 나의 반려자이십니다." 라는 코란의 구절을 바탕으로 '알라의 반려자'라는 뜻의 왈리를 추앙하는 사상인 윌라야가 나타났다. 성인은 인류와 알라를 가로막는 욕망에서 초탈한 인물이어서 알라와 인류의 중재자로서 권능을 지닌다고 여겨졌고, 사후에도 권위가 남아 있었다. 묘소는 중립 지대였으며, 적대적 부족들도 함께 모이는 장터 역할도 했다. 일부 사람들은 최후의 심판일에 예언자 무하마드가 중재자로서 신도들을 구원할 것이라고 믿었다. 그가 예언자이면서 왈리라고 생각한 것이다.

① 초월적 능력은 지니지 않아도 무라비트가 될 수 있는 것은 예언자 무하마드의 혈통을 지녔기 때문일 것이다.

② 왈리가 특별한 능력을 시현한다고 믿어졌던 것은 윌라야에 의거해 신과 인간 사이에 중재자가 있다고 믿었기 때문일 것이다.

③ 왈리의 묘소를 중심으로 설립된 수피즘 수도원이 종종 지역 공동체의 중심이 된 것은 사후에도 권위가 남았기 때문일 것이다.

④ 압드 알 카디르가 부족 간의 이견을 봉합하고 결집할 수 있었던 것은 그가 욕망에서 초탈한 인물이라고 여겨졌기 때문일 것이다.

⑤ 샤리프 가문이 바라카를 지닐 수 있다고 인정되는 가문이 된 것은 예언자 무하마드가 최후의 심판에서 맡을 역할 때문일 것이다.

[19~21] 다음 글을 읽고 물음에 답하시오.

조선 시대를 관통하여 제례는 왕실부터 민간에 이르기까지 폭넓게 시행되었으며, 그 중심에는 유학자들이 있었다. 그런 만큼 유학자들에게 제사의 대상이 되는 귀신은 주요 논제일 수밖에 없었고, 이들의 귀신 논의는 성리학의 자연철학적 귀신 개념에 유의하여 유학의 합리성과 윤리성의 범위 안에서 제례의 근거를 마련하는 데 비중을 두었다.

성리학의 논의가 본격화되기 전에는 대체적으로 귀신을 인간의 화복과 관련된 신령한 존재로 여겼다. 하지만 15세기 후반 남효온은 귀신이란 리(理)와 기(氣)로 이루어진 자연의 변화 현상으로서 근원적 존재의 차원에 있지는 않지만 천지자연 속에 실재하며 스스로 변화를 일으키는 존재라고 설명하여, 성리학의 자연철학적 입장에서 귀신을 재해석하였다. 이에 따라 귀신은 본체와 현상, 유와 무 사이를 오가는 존재로 이해되었고, 이 개념은 인간의 일에 적용되어 인간의 탄생과 죽음에 결부되었다. 성리학의 일반론에 따르면, 인간의 몸은 다른 사물과 마찬가지로 기로 이루어져 있고, 생명을 다하면 그 몸을 이루고 있던 기가 흩어져 사라진다. 기의 소멸은 곧바로 이루어지지 않고 일정한 시간을 두고 진행된다. 흩어지는 과정에 있는 것이 귀신이므로 귀신의 존재는 유한할 수밖에 없었고, 이는 조상의 제사를 4대로 한정하는 근거가 되었다.

기의 유한성에 근거한 성리학의 귀신 이해는 먼 조상에 대한 제사와 관련하여 문제의 소지를 안고 있었기에 귀신의 영원성에 대한 근거 마련이 필요했다. 이와 관련하여 ㉠ 서경덕은 기의 항구성을 근거로 귀신의 영원성을 주장하였다. 모든 만물은 기의 작용에 의해 생성 소멸한다고 전제한 그는 삶과 죽음 사이에는 형체를 이루는 기가 취산(聚散)하는 차이가 있을 뿐 그 기의 순수한 본질은 유무의 구분을 넘어 영원히 존재한다고 설명하였다. 기를 취산하는 형백(形魄)과 그렇지 않은 담일청허(湛一淸虛)로 구분한 그는 기에 유무가 없는 것은 담일청허가 한결같기 때문이라 주장하였다. 나아가 담일청허와 관계하여 인간의 정신이나 지각의 영원성도 주장하였다. 이 같은 서경덕의 기 개념은 우주자연의 보편 원리이자 도덕법칙인 불변하는 리와, 존재를 구성하는 질료이자 에너지인 가변적인 기라는 성리학의 이원적 요소를 포용한 것이었으며, 물질성과 생명성도 포괄한 것이었다.

㉡ 이이는 현상 세계의 모든 존재는 리와 기가 서로 의존하여 생겨난다는 입장을 분명히 하는 한편, 귀신이라는 존재가 지나치게 강조되면 불교의 윤회설로 흐를 수 있고, 귀신의 존재를 무시하면 제사의 의의를 잃을 수 있다는 점에 주목하였다. 그는 불교에서 윤회한다는 마음은 다른 존재와 마찬가지로 리와 기가 합쳐져 일신(一身)의 주재자가 된다고 규정하였다. 마음의 작용인 지각은 몸을 이루는 기의 작용이기 때문에 그 기가 한 번 흩어지면 더 이상의 지각 작용은 있을 수 없다고 지적하여 윤회 가능성을 부정하였다. 아울러 그는 성리학의 일반론을 수용하여 가까운 조상은 그 기가 흩어졌더라도 자손들이 지극한 정성으로 제사를 받들면 일시적으로 그 기가 모이고 귀신이 감통의 능력으로 제사를 흠향할 수 있다고 보았다. 기가 완전히 소멸된 먼 조상에 대해서는 서로 감통할 수 있는 기는 없지만 영원한 리가 있기 때문에 자손과 감통이 있을 수 있다고 주장하였다. 하지만 감통을 일으키는 것이 리라는 그의 주장은 작위 능력이 배제된 리가 감통을 일으킨다는 논리로 이해될 수 있어 논란의 소지가 있는 것이었다.

이이의 계승자인 낙론계 유학자들은 귀신을 리와 기 어느 쪽으로 해석하는 것이 옳은가라는 문제의식으로 논의를 전개하였다. 김원행은 귀신이 리와 기 어느 것 하나로 설명될 수 없으며, 리와 기가 틈이 없이 합쳐진 묘처(妙處), 즉 양능(良能)에서 그 의미를 찾아야 한다고 주장하였다. 그는 양능이란 기의 기능 혹은 속성이지만 기 자체의 무질서한 작용이 아니라 기에 원래 자재(自在)하여 움직이지 않는 리에 따라 발현하는 것이라 설명하여 귀신을 리나 기로 지목하더라도 상충되는 것이 아니라고 보았다. 김원행의 동문인 송명흠도 모든 존재는 리와 기가 혼융한 것이라고 전제하고, 귀신을 리이면서 기인 것, 즉 형이상에 속하고 동시에 형이하에 속하는 것이라고 설명하였다. 그는 사람들이 귀신을 리로 보지 않는 이유는 양능을 기로만 간주하였기 때문이라 비판하고, 제사 때 귀신이 강림할 수 있는 것은 기 때문이지만 제사 주관자의 마음과 감통하는 주체는 리라고 설명하였다. 이처럼 기의 취산으로 귀신을 설명하면서도 리의 존재를 깊이 의식한 것은 조상의 귀신을 섬기는 의례 속에서 항구적인 도덕적 가치에 대한 의식을 강화하고자 한 것이었다.

19. 윗글에 대한 이해로 적절하지 않은 것은?

① 성리학적 귀신론은 신령으로서의 귀신 이해를 대체하는 것이었다.

② 조선 성리학자들은 먼 조상에 대한 제사가 단순한 추념이 아니라고 보았다.

③ 생성 소멸하는 기를 통해 귀신을 이해하는 것은 윤회설을 반박하는 논거였다.

④ 귀신의 기가 항구적인 감통의 능력을 가진다는 것은 제사를 지내는 근거였다.

⑤ 조선 성리학자들은 귀신이 자연 현상과 관계된 것이라는 공통적인 인식을 가졌다.

20. ㉠, ㉡에 대한 설명으로 가장 적절한 것은?

① ㉠은 형체의 존재 여부를 기의 취산으로 설명하면서 본질적인 기는 유와 무를 관통한다고 보았다.

② ㉠은 기를 형백과 담일청허로 이원화하여 삶과 죽음에 각각 대응시켜 인간과 자연을 일원적으로 구조화하였다.

③ ㉡은 생명이 다하면 기는 결국 흩어져 사라지기 때문에 제사의 주관자라 하더라도 결국에는 조상과 감통할 수 없게 된다고 보았다.

④ ㉡은 인간의 지각은 리에 근거한 기이지만 기는 소멸하더라도 리는 존재하기 때문에 지각 자체는 사라지지 않는다고 파악하였다.

⑤ ㉠과 ㉡은 모두 기의 취산을 통해 삶과 죽음의 영역을 구분하였기 때문에 귀신의 영원성에 대한 근거를 물질성을 지닌 근원적 존재에서 찾았다.

21. 낙론계 유학자들의 입장과 부합하는 진술을 <보기>에서 고른 것은?

<보 기>

ㄱ. 귀신을 기의 유행으로 말하면 형이하에 속하고, 리가 실린 것으로 말하면 형이상에 속하는 것이다.

ㄴ. 리가 있으면 기가 있고 기가 있으면 리가 있으니 어찌 혼융하여 떨어지지 않는 지극한 것이 아니겠는가.

ㄷ. 기가 오고 가며 굽고 펼치는 것은 기가 스스로 그러한 것이니 귀신이 없음에 어찌 의심이 있을 수 있겠는가.

ㄹ. 제사 때 능히 강림할 수 있게 하는 것은 리이고, 강림하는 것은 기이니, 귀신의 강림은 기의 강림이라 할 수 있지 않겠는가.

① ㄱ, ㄴ ② ㄱ, ㄷ ③ ㄴ, ㄷ
④ ㄴ, ㄹ ⑤ ㄷ, ㄹ

[22~24] 다음 글을 읽고 물음에 답하시오.

빈곤 퇴치와 경제성장에 관해 다양한 견해가 제시되고 있다. 빈곤의 원인으로 지리적 요인을 강조하는 삭스는 가난한 나라의 사람들이 '빈곤의 덫'에서 빠져나오기 위해 외국의 원조에 기초한 초기 지원과 투자가 필요하다고 주장한다. 그가 보기에 대부분의 가난한 나라들은 열대 지역에 위치하고 말라리아가 극심하여 사람들의 건강과 노동성과가 나쁘다. 이들은 소득 수준이 너무 낮아 영양 섭취나 위생, 의료, 교육에 쓸 돈이 부족하고 개량종자나 비료를 살 수 없어서 소득을 늘릴 수 없다. 이런 상황에서는, 초기 지원과 투자로 가난한 사람들이 빈곤의 덫에서 벗어나도록 해주어야만 생산성 향상이나 저축과 투자의 증대가 가능해져 소득이 늘 수 있다. 그런데 가난한 나라는 초기 지원과 투자를 위한 자금을 조달할 능력이 없기 때문에 외국의 원조가 필요하다는 것이다.

제도의 역할을 강조하는 경제학자들의 견해는 삭스와 다르다. 이스털리는 정부의 지원과 외국의 원조가 성장에 도움이 되지 않는다고 본다. 그는 '빈곤의 덫' 같은 것은 없으며, 빈곤을 해결하기 위해 경제가 성장하려면 자유로운 시장이 잘 작동해야 한다고 본다. 가난한 사람들이 필요를 느끼지 않는 상태에서 교육이나 의료에 정부가 지원한다고 해서 결과가 달라지지 않으며 개인들이 스스로 필요한 것을 선택하도록 해야 한다고 보기 때문이다. 마찬가지 이유로 이스털리는 외국의 원조에 대해서도 회의적인데, 특히 정부가 부패할 경우에 원조는 가난한 사람들의 처지를 개선하지는 못하고 부패를 더욱 악화시키는 결과만 초래한다고 본다. 이에 대해 삭스는 가난한 나라 사람들의 소득을 지원해 빈곤의 덫에서 빠져나오도록 해야 생활수준이 높아져 시민사회가 강화되고 법치주의가 확립될 수 있다고 주장한다.

빈곤의 원인이 나쁜 제도라고 생각하는 애쓰모글루도 외국의 원조에 대해 회의적이지만, 자유로운 시장에 맡겨 둔다고 나쁜 제도가 저절로 사라지는 것도 아니라고 본다. 그는 가난한 나라에서 경제성장에 적합한 좋은 경제제도가 채택되지 않는 이유가 정치제도 때문이라고 본다. 어떤 제도든 이득을 얻는 자와 손실을 보는 자를 낳으므로 제도의 채택 여부는 사회 전체의 이득이 아니라 정치권력을 가진 세력의 이득에 따라 결정된다는 것이다. 따라서 그는 지속적인 성장을 위해서는 사회 전체의 이익에 부합하는 경제제도가 채택될 수 있도록 정치제도가 먼저 변화해야 한다고 주장한다.

제도의 중요성을 강조한 나머지 외국의 역할과 관련해 극단적인 견해를 내놓는 경제학자들도 있다. 로머는 외부에서 변화를 수입해 나쁜 제도의 악순환을 끊는 하나의 방법으로 불모지를 외국인들에게 내주고 좋은 제도를 갖춘 새로운 도시로 개발하도록 하는 프로젝트를 제안한다. 콜리어는 경제 마비 상태에 이른 빈곤국들이 나쁜 경제제도와 정치제도의 악순환에 갇혀 있으므로 좋은 제도를 가진 외국이 군사 개입을 해서라도 그 악순환을 해소해야 한다고 주장한다.

배너지와 뒤플로는 일반적인 해답의 모색 대신 "모든 문제에는 저마다 고유의 해답이 있다."는 관점에서 빈곤 문제에 접근해야 한다고 주장하고 구체적인 현실에 대한 올바른 이해에 기초한 정책을 강조한다. 두 사람은 나쁜 제도가 존재하는 상황에서도 제도와 정책을 개선할 여지는 많다고 본다. 이들은 현재 소득과 미래 소득 사이의 관계를 나타내는 곡선의 모양으로 빈곤의 덫에 대한 견해들을 설명한다. 덫이 없다는 견해는 이 곡선이 가파르게 올라가다가 완만해지는 '뒤집어진 L자 모양'이라고 생각함에 비해, 덫이 있다는 견해는 완만하다가 가파르게 오른 다음 다시 완만해지는 'S자 모양'이라고 생각한다는 것이다. 현실 세계가 뒤집어진 L자 모양의 곡선에 해당한다면 아무리 가난한 사람이라도 시간이 갈수록 점점 부유해진다. 이들을 지원하면 도달에 걸리는 시간을 조금 줄일 수 있을지 몰라도 결국 도달점은 지원하지 않는 경우와 같기 때문에 도움이 필요하다고 보기 어렵다. 그러나 S자 곡선의 경우, 소득 수준이 낮은 영역에 속하는 사람은 시간이 갈수록 소득 수준이 '낮은 균형'으로 수렴하므로 지원이 필요하다. 배너지와 뒤플로는 가난한 사람들이 빈곤의 덫에 갇혀 있는 경우도 있고 아닌 경우도 있으며, 덫에 갇히는 이유도 다양하다고 본다. 따라서 빈곤의 덫이 있는지 없는지 단정하지 말고, 특정 처방 이외에는 특성들이 동일한 복수의 표본집단을 구성함으로써 처방의 효과에 대한 엄격한 비교 분석을 수행하고, 지역과 처방을 달리하여 분석을 반복함으로써 이들이 어떻게 살아가는지, 도움이 필요한지, 처방에 대한 이들의 수요는 어떠한지 등을 파악해야 빈곤 퇴치에 도움이 되는 지식을 얻을 수 있다고 본다. 빈곤을 퇴치하지 못하는 원인이 빈곤에 대한 경제학 지식의 빈곤이라고 생각하는 것이다.

22. 윗글과 일치하지 않는 것은?

① 지리적 요인의 역할을 강조하는 경제학자라면 외국의 원조에 대해 긍정적이다.

② 제도의 역할을 강조하는 경제학자라 하더라도 자유로운 시장의 역할을 중시하는 경우도 있다.

③ 제도의 역할을 강조하는 경제학자라면 정치제도 변화가 경제 성장을 위한 전제조건이라고 생각한다.

④ 제도의 역할을 강조하는 경제학자라 하더라도 외국이 성장에 미치는 역할을 중시하지 않는 경우도 있다.

⑤ 지리적 요인의 역할을 강조하는 경제학자만이 빈곤의 덫에서 빠져나오려면 초기 지원이 필요하다고 생각하는 것은 아니다.

23. [배너지와 뒤플로]의 입장을 설명한 것으로 가장 적절한 것은?

① 제도보다 정책을 중시한다는 점에서 애쓰모글루에 동의한다.

② 가난한 사람들의 수요를 중시한다는 점에서 이스털리에 동의한다.

③ 거대한 문제를 우선해서는 안 된다고 보는 점에서 콜리어에 동의한다.

④ 정부가 부패해도 정책이 성과를 낼 수 있다고 보는 점에서 삭스에 반대한다.

⑤ 빈곤 문제를 해결하는 일반적인 해답이 있다고 보는 점에서 로머에 동의한다.

24. 윗글을 바탕으로 <보기>를 이해한 것으로 적절하지 않은 것은?

<보 기>

아래 그래프에서 S자 곡선은 현재 소득과 미래 소득의 관계를 표시한 것이다(45°선은 현재 소득과 미래 소득이 같은 상태를 나타낸다). 특정 시기 t의 소득이 a1이라면 t+1 시기의 소득은 a2이고, t+2 시기의 소득은 a3임을 알 수 있다. S자 곡선에서는 복수의 균형이 존재한다. 여기서 '균형'이란 한 번 도달하면 거기서 벗어나지 않을 상태를 말한다. 물론 외부적 힘이 가해질 경우에는 균형에서 벗어날 수도 있다.

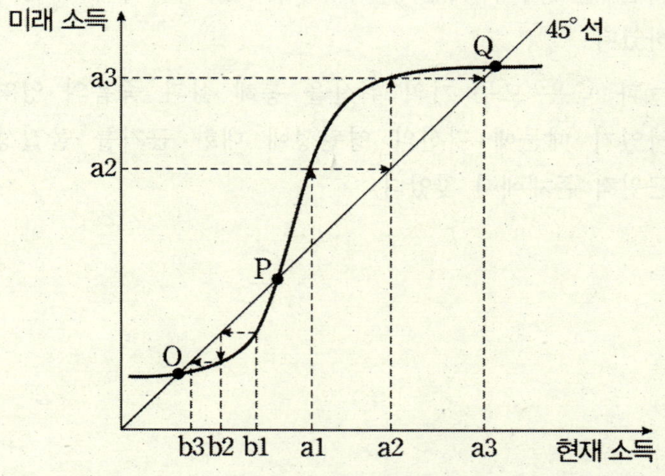

① 배너지와 뒤플로는 점 O를 '낮은 균형'이라고 보겠군.

② 삭스라면 지원으로 소득을 b3에서 b1으로 이동하도록 해야 한다고 보겠군.

③ 삭스라면 지원이 없을 경우에는 b3에서는 생산성이 향상되지 않는다고 보겠군.

④ 이스털리라면 점 P의 왼쪽 영역이 없는 세계를 상정하므로 점 P가 원점이라고 보겠군.

⑤ 이스털리라면 a1에서 지원이 이루어진다 해도 균형 상태의 소득 수준은 변하지 않는다고 보겠군.

[25~27] 다음 글을 읽고 물음에 답하시오.

암세포의 대사 과정은 정상 세포와 다른 것으로 알려져 있다. 오토 바르부르크가 발표한 '바르부르크 효과'에 따르면 암세포는 '해당작용'을 주된 에너지 획득 기전으로 수행하고 또 다른 에너지 획득 방법인 '산화적 인산화'는 억제한다.

세포는 영양분으로 섭취한 큰 분자를 작은 분자로 쪼개는 과정을 통해 ATP를 생성하는데 이 과정을 '이화작용'이라고 한다. 또한 ATP와 같은 고에너지 분자의 에너지를 이용하여 세포의 성장과 분열을 위해 작은 분자로부터 단백질, 핵산과 같은 거대 분자를 합성하는 과정을 '동화작용'이라고 한다. 이화작용을 통해 ATP를 생산하기 위해 세포는 영양 물질을 내부로 수송하는데, 가장 대표적인 영양 물질인 포도당은 세포 내부로 이동하여 해당작용과 산화적 인산화를 통해 작은 분자로 분해된다. 이론적으로 포도당 1개가 가지고 있는 에너지가 전부 ATP로 전환될 경우 36개 또는 38개의 ATP가 만들어진다. 이 중 2개의 ATP는 세포질에서 일어나는 해당작용을 통해, 나머지는 미토콘드리아에서 대부분 산화적 인산화를 통해 만들어진다.

해당작용과 산화적 인산화는 수행되는 장소도 다르지만 요구 조건도 다르다. 해당작용에는 산소가 필요하지 않지만, 산화적 인산화에는 필수적이다. 세포 내부에 산소가 부족하면 산화적 인산화는 일어나지 못하고 해당작용만 진행되며, 이 경우에는 해당작용의 최종 산물인 피루브산이 젖산으로 바뀌는 젖산 발효가 일어난다. 심폐 기능에 비해 과격한 운동을 하였을 때 근육 세포에서 생성된 젖산이 근육에 축적된다. 젖산 발효 과정은 해당작용에 필요한 조효소 NAD^+의 재생산을 위해 필수적이다. NAD^+로부터 해당작용의 또 다른 생성물인 조효소 NADH가 생성되기 때문이다. 해당작용에서 포도당 1개가 2개의 피루브산으로 분해될 때 NADH가 2개 만들어지고, NADH 1개당 3개의 ATP를 산화적 인산화를 통해 만들 수 있는데, 젖산 발효를 하는 세포는 NADH를 에너지가 낮은 상태인 NAD^+로 전환하는 손해를 감수한다.

바르부르크 효과는 산소가 있어도 해당작용을 산화적 인산화에 비해 선호하는 암세포 특이적 대사 과정인 '유산소 해당작용'을 뜻한다. 암세포가 더 빨리 분열하는 악성 암세포로 변하면 산화적 인산화에 대한 의존을 줄이고 해당작용에 대한 의존이 증가한다. 약물 처리 등으로 그 반대의 경우가 되면, 해당작용에 대한 의존이 줄고 산화적 인산화에 대한 의존이 증가한다. 유산소 해당작용을 수행하는 암세포는 포도당 1개당 ATP 2개만을 생산하는 효율이 떨어지는 해당작용에 에너지 생산을 대부분 의존하므로 정상 세포에 비해 포도당을 더 많이 세포 내부로 수송하고 젖산을 생산한다.

바르부르크 효과의 원인에 대해 다음 세 가지 설명이 있다. 첫 번째는 암세포의 빠른 성장 때문에 세포의 성장에 필요한 거대 분자를 동화작용을 통해 만들기 위해 해당작용의 중간 생성 물질을 동화작용의 재료로 사용하려고 해당작용에 집중한다는 것이다. 두 번째는 체내에서 암세포의 분열로 암 조직의 부피가 커져서 산소가 그 내부까지 충분히 공급되지 못하기 때문에 암세포가 산소가 없는 환경에 적응하도록 진화했다는 것이다. 세 번째는 미토콘드리아의 기능을 암세포가 억제하여 미토콘드리아에 의해 유발되는 세포 자살 프로그램의 실행을 방해함으로써 스스로의 사멸을 막으려 한다는 이론이다. 바르부르크는 이러한 암세포 특이적 대사과정의 변이를 발암의 원인으로 설명하였다. 그러나 최근의 연구에서는 발암 유전자의 활성화와 암 억제 유전자에 생기는 돌연변이가 주된 발암 원인이고, 바르부르크 효과는 암의 원인이라기보다는 그러한 돌연변이에 의한 결과로 발생하는 것으로 밝혀졌다.

25. 윗글과 일치하는 것은?

① 해당작용의 산물 중 NADH는 미토콘드리아에서 ATP를 추가로 생산하는 데 사용되지 않는다.
② 해당과정 중 소비되는 NADH의 재생산은 해당작용의 지속적 수행에 필수적이다.
③ 심폐기능에 비해 과격한 운동을 하면 근육에서 젖산은 늘어나고 NAD^+는 줄어든다.
④ 동화작용에서 거대 분자를 만들 때 해당작용의 중간 생성물이 사용된다.
⑤ 바르부르크 효과에 의해 암 억제 유전자의 돌연변이가 유발된다.

26. 윗글에서 추론한 것으로 적절하지 않은 것은?

① 미토콘드리아의 기능이 상실되면 NADH로부터 ATP를 만들지 못한다.
② 유산소 해당작용을 수행하는 암세포는 산소가 충분히 존재할 때에도 해당과정의 산물을 NAD^+와 젖산으로 전환시킨다.
③ 포도당 1개가 가지고 있는 에너지가 전부 ATP로 전환될 때 미토콘드리아에서 34개 또는 36개의 ATP가 만들어진다.
④ 포도당 1개가 피루브산 2개로 분해되었고 이때 생성된 조효소의 에너지도 모두 미토콘드리아에서 ATP로 전환되었다면, 이 과정에서 생성된 ATP는 모두 8개이다.
⑤ 암세포의 유산소 해당작용 과정 중 포도당 1개당 생산되는 ATP의 개수는 정상세포의 산소가 있을 때 수행되는 해당작용의 과정 중 포도당 1개당 생산되는 NADH의 개수보다 많다.

27. 윗글과 <보기>를 바탕으로 한 설명으로 가장 적절한 것은?

<보 기>

암을 진단하기 위해 사용되는 PET(양전자 방출 단층촬영)는 방사성 포도당 유도체를 이용하는 핵의학 검사법이다. 방사성 포도당 유도체는 포도당과 구조적으로 유사하여 암 조직과 같은 포도당의 흡수가 많은 신체 부위에 수송되어 축적되므로 단층 촬영을 통해 체내에서 양전자를 방출하는 방사성 포도당 유도체의 분포를 추적할 수 있다.

① 피루브산이 젖산으로 전환되는 양이 증가하면 방사성 포도당 유도체의 축적이 줄어들 것이다.

② 포도당이 피루브산으로 전환되는 양이 감소하면 방사성 포도당 유도체의 축적이 늘어날 것이다.

③ 세포 내부의 산소가 줄어들어도 동일한 양의 ATP를 생성하려면 방사성 포도당 유도체의 축적이 늘어날 것이다.

④ ATP의 생성을 해당작용에 좀 더 의존하도록 대사 과정의 변화가 일어난다면 방사성 포도당 유도체의 축적이 줄어들 것이다.

⑤ ATP의 생성을 산화적 인산화에 좀 더 의존하도록 대사 과정의 변화가 일어난다면 방사성 포도당 유도체의 축적이 늘어날 것이다.

[28~30] 다음 글을 읽고 물음에 답하시오.

법을 해석할 때 반드시 그 문언에 엄격히 구속되어야 하는가를 놓고 오랫동안 논란이 있어 왔다. 한편에서는 법의 제정과 해석이 구별되어야 함을 이유로 이를 긍정하지만, 다른 한편에서는 애초에 법의 제정 자체가 완벽할 수 없는 이상, 사안에 따라서는 문언에 구애되지 않는 편이 더 바람직하다고 본다.

전통적인 법학방법론은 이 문제를 법률 문언의 한계 내에서 이루어지는 해석 외에 '법률의 문언을 넘은 해석'이나 '법률의 문언에 반하는 해석'을 인정할지 여부와 관련지어 다루고 있다. 학설에 따라서는 이들을 각각 '법률내재적 법형성'과 '초법률적 법형성'이라 부르며, 전자를 특정 법률의 본래적 구상 범위 내에서 흠결 보충을 위해 시도되는 것으로, 후자를 전체 법질서 및 그 지도 원리의 관점에서 수행되는 것으로 파악하기도 한다. 하지만 이러한 설명이 완전히 만족스러운 것은 아니다. 형식상 드러나지 않는 법률적 결함에 대처하는 것도 일견 흠결 보충이라 할 수 있지만, 이는 또한 법률이 제시하는 결론을 전체 법질서의 입장에서 뒤집는 것과 별반 다르지 않기 때문이다.

한편 종래 법철학적 논의에서는 문언을 이루고 있는 언어의 불확정성에 주목하는 경향이 두드러졌다. 단어는 언어적으로 확정적인 의미의 중심부와 불확정적인 의미의 주변부를 지니며, 중심부의 사안에서는 문언에 엄격히 구속되어야 하지만 주변부의 사안에서는 해석자의 재량이 인정될 수밖에 없다고 보는 견해가 대표적이다. 가령 ㉠ 주택가에서 야생동물을 길러서는 안 된다는 규칙이 있을 때, 초원의 사자가 '야생동물'에 해당한다는 점에 대해서는 의문이 없지만, 들개나 길고양이, 혹은 여러 종류의 야생동물의 유전자를 조합하여 실험실에서 창조한 동물이 그에 해당하는지는 판단하기 어렵기 때문에 결국 해석자가 재량껏 결정해야 한다는 것이다.

[A] 그러나 이러한 견해에 대해서는 주변부의 사안을 해석자의 재량에 맡기기보다는 규칙의 목적에 구속되게 해야 할 뿐 아니라, 심지어 중심부의 사안에서조차 규칙의 목적에 대한 조회 없이는 문언이 해석자를 온전히 구속할 수 없다는 반론이 제기되고 있다. 인근에서 잡힌 희귀한 개구리를 연구·보호하기 위해 발견 장소와 가장 유사한 환경의 주택가 시설에 둘 수 있을까? 이를 긍정하는 경우에도 그러한 개구리가 의미상 '야생동물'에 해당한다는 점 자체를 부인할 수는 없을 것이다.

최근에는 기존의 법학방법론적 논의와 법철학적 논의를 하나의 연결된 구성으로 제시함으로써 각각의 논의에서 드러났던 난점을 극복하려는 시도가 이루어지고 있다. 이에 따르면 문언이 합당한 답을 제공하는 표준적 사안 외에 아무런 답을 제공하지 않는 사안이나 부적절한 답을 제공하는 사안도 있을 수 있는데, 이들이 바로 각각 문언을 넘은 해석과 문언에 반하는 해석이 시도되는 경우라 할 수 있다. 양자는 모두 이른바 판단하기 어려운 사안이라는 점에서는 공통적이지만, 전자를 판단하기 어려운 까닭은 문언의 언어적 불확정성에 기인하는 것인 반면, 후자는 문언이 언어적 확정성을 갖추었음에도 불구하고 그것이 제공하는 답을 올바른 것으로 받아들일 수 없어 보이는 탓에 판단하기 어려운 것이라는 점에서 서로 구별되어야 한다.

그렇다면 판단하기 어려운 사안에서는 더 이상 문언을 신경 쓰지 않아도 되는 것일까? 그렇지는 않다. 문언이 답을 제공하지 않기 때문에 해석을 통한 보충이 필요한 경우라 하더라도 규칙의 언어 그 자체가 해석자로 하여금 규칙의 목적을 가늠하도록 인도해 줄 수 있으며, 문언이 제공하는 답이 부적절하고 어리석게 느껴질 경우라 하더라도 그러한 평가 자체가 어디까지나 해석자의 주관이라는 한계 속에서 이루어지는 것임을 부정할 수 없기 때문이다. 뻔히 부적절한 결과가 예상되는 경우에도 문언에 구속될 것을 요구하는 것은 일견 합리적이지 않아 보일 수 있다. 그럼에도 불구하고 문언을 강조하는 입장은 '재량'이 연상시키는 '사람의 지배'에 대한 우려와, 민주주의의 본질에 대한 성찰을 배경으로 하는 것임을 이해할 필요가 있다. 법률은 시민의 대표들이 지난한 타협의 과정 끝에 도출해 낸 결과물이다. 엄밀히 말해 오로지 법률의 문언 그 자체만이 민주적으로 결정된 것이며, 그 너머의 것에 대해서는, 심지어 입법 의도나 법률의 목적이라 해도 동등한 권위를 인정할 수 없다. 이러한 입장에서는 법률 적용의 결과가 부적절한지 여부보다 그것이 부적절하다고 결정할 수 있는 권한을 특정인에게 부여할 것인지 여부가 더 중요한 문제일 수 있다. 요컨대 해석자에게 그러한 권한을 부여하는 것이 바람직하지 않다고 생각하는 한, 비록 부적절한 결과가 예상되는 경우라 하더라도 여전히 문언에 구속될 것을 요구하는 편이 오히려 합리적일 수도 있는 것이다.

28. 윗글과 일치하는 것은?

① 전통적인 법학방법론 학설의 입장에서는 결국 문언을 넘은 해석과 문언에 반하는 해석을 구별하지 않는다.

② 종래의 법철학 학설 중 의미의 중심부와 주변부의 구별을 강조하는 입장에서는 해석에 있어 법률의 목적보다 문언에 주목한다.

③ 민주주의의 본질을 강조하는 입장에서는 비록 법률의 적용에 따른 것이라도 실질적으로 부적절한 결과를 인정할 수는 없다고 본다.

④ 법률 적용 결과의 합당성을 강조하는 입장에서는 문언이 제공하는 답이 부적절한지 여부는 해석자의 주관에 따라 달라질 수 있다고 주장한다.

⑤ 법학방법론과 법철학의 논의를 하나의 연결된 구성으로 제시하는 입장에서는 언어적 불확정성으로 인해 법률이 부적절한 답을 제공하는 사안에 주목한다.

29. [판단하기 어려운 사안]에 대한 진술로 가장 적절한 것은?

① 법률의 문언이 극도로 명확한 경우에는 판단하기 어려운 사안이 발생하지 않는다.

② 판단하기 어려운 사안의 해석을 위해 법률의 목적에 구속되어야 하는 것은 아니다.

③ 문언을 넘은 해석은 문언이 해석자를 전혀 이끌어 주지 못할 때 비로소 시도될 수 있다.

④ 문언에 반하는 해석은 법률의 흠결이 있을 때 이를 보충하기 위한 것인 한 정당화될 수 있다.

⑤ 형식상 드러나 있는 법률의 흠결을 보충하기 위해서도 해당 법률의 본래적 구상보다는 전체 법질서를 고려한 해석이 필요하다.

30. [A]의 입장에서 ㉠을 해석한 것으로 가장 적절한 것은?

① 규칙의 목적이 야생의 생물 다양성을 보존하기 위한 것이라면, 멸종 위기 품종의 길고양이를 입양하는 것이 허용될 것이다.

② 야성을 잃어버린 채 평생을 사람과 함께 산 사자가 '야생동물'의 언어적 의미에 부합한다면, 그것을 기르는 것도 허용되지 않을 것이다.

③ 규칙의 목적이 주민의 안전을 확보하는 것이라면, 길들여지지 않는 야수의 공격성을 지닌 들개를 기르는 것이 금지될 수도 있을 것이다.

④ 인근에서 잡힌 희귀한 개구리를 관상용으로 키우는 것이 허용되었다면, '야생동물'의 언어적 의미를 주거에 두고 감상하기에 적합하지 않은 동물로 보았을 것이다.

⑤ 여러 종류의 야생동물의 유전자를 조합하여 실험실에서 창조한 동물을 기르는 것이 금지되었다면, '야생동물'의 언어적 의미를 자연에서 태어나 살아가는 동물로 보았을 것이다.

* 확인 사항
○ 문제지와 답안지의 해당란에 필요한 내용을 정확하게 표기했는지 확인하십시오.

※ 시험이 시작되기 전에는 표지를 넘기지 마십시오.

______학년도 법학적성시험 답안지

①교시 **언어이해** / ②교시 **추리논증**

성 명	
수 험 번 호	

0	0	0	0	0	0	0
1	1	1	1	1	1	1
2	2	2	2	2	2	2
3	3	3	3	3	3	3
4	4	4	4	4	4	4
5	5	5	5	5	5	5
6	6	6	6	6	6	6
7	7	7	7	7	7	7
8	8	8	8	8	8	8
9	9	9	9	9	9	9

문제유형 표기란
⬯ 홀수형
⬯ 짝수형

※ 수험번호 끝자리가 홀수인 응시자는 반드시 홀수형 문제지를, 짝수인 응시자는 반드시 짝수형 문제지를 풀어야 함.

※결시자 표기 및 감독관 날인란		
결시자 표기	컴퓨터용 사인펜으로 수험번호와 옆란 표기	⬯
감독관 날인	본인확인 및 수험번호의 정확한 표기 확인	
	수험번호 끝자리와 문제유형 동일 확인	

문번	답				란
1	1	2	3	4	5
2	1	2	3	4	5
3	1	2	3	4	5
4	1	2	3	4	5
5	1	2	3	4	5
6	1	2	3	4	5
7	1	2	3	4	5
8	1	2	3	4	5
9	1	2	3	4	5
10	1	2	3	4	5
11	1	2	3	4	5
12	1	2	3	4	5
13	1	2	3	4	5
14	1	2	3	4	5
15	1	2	3	4	5

문번	답				란
16	1	2	3	4	5
17	1	2	3	4	5
18	1	2	3	4	5
19	1	2	3	4	5
20	1	2	3	4	5
21	1	2	3	4	5
22	1	2	3	4	5
23	1	2	3	4	5
24	1	2	3	4	5
25	1	2	3	4	5
26	1	2	3	4	5
27	1	2	3	4	5
28	1	2	3	4	5
29	1	2	3	4	5
30	1	2	3	4	5

문번	답				란
31	1	2	3	4	5
32	1	2	3	4	5
33	1	2	3	4	5
34	1	2	3	4	5
35	1	2	3	4	5
36	1	2	3	4	5
37	1	2	3	4	5
38	1	2	3	4	5
39	1	2	3	4	5
40	1	2	3	4	5

※ 아래 문구를 **'필적확인란'**의 빈칸에 정자로 기재하시오.

법학전문대학원은 여러분을 기다리고 있습니다.	
필 적 확인란	

답안 작성시 반드시 지켜야 하는 사항

아래 사항은 전 교시에 모두 해당되는 것입니다.

1. 답란은 반드시 컴퓨터용 사인펜만을 사용하여 "⬮"와 같이 검게 표기해야 합니다.

2. 수험번호란에는 아라비아숫자로 기록하고, 해당란에 "⬮"와 같이 검게 표기해야 합니다.

3. 수험번호 끝자리가 홀수인 응시자는 반드시 홀수형 문제지를, 짝수인 응시자는 반드시 짝수형 문제지를 배부받아 풀어야 합니다.

4. '필적확인란'을 반드시 기재해야 합니다.

5. 수정테이프를 이용하여 답란 수정은 가능하나, 수정테이프가 떨어지는 등 불완전한 수정처리로 인해 발생되는 모든 책임은 수험생에게 있으니 주의 바랍니다.

위 사항을 지키지 않아 발생하는 불이익은 응시자에게 있습니다.

______학년도
법학적성시험 답안지

①교시 언어이해 / ②교시 추리논증

성 명	
수 험 번 호	

0	0	0	0	0	0	0
1	1	1	1	1	1	1
2	2	2	2	2	2	2
3	3	3	3	3	3	3
4	4	4	4	4	4	4
5	5	5	5	5	5	5
6	6	6	6	6	6	6
7	7	7	7	7	7	7
8	8	8	8	8	8	8
9	9	9	9	9	9	9

문제유형 표 기 란
홀수형
짝수형

※ 수험번호 끝자리가 홀수인 응시자는 반드시 홀수형 문제지를, 짝수인 응시자는 반드시 짝수형 문제지를 풀어야 함.

※ 결시자 표기 및 감독관 날인란		
결시자 표 기	컴퓨터용 사인펜으로 수험번호와 옆란 표기	
감독관 날 인	본인확인 및 수험번호의 정확한 표기 확인	
	수험번호 끝자리와 문제유형 동일 확인	

문번	답			란	
1	1	2	3	4	5
2	1	2	3	4	5
3	1	2	3	4	5
4	1	2	3	4	5
5	1	2	3	4	5
6	1	2	3	4	5
7	1	2	3	4	5
8	1	2	3	4	5
9	1	2	3	4	5
10	1	2	3	4	5
11	1	2	3	4	5
12	1	2	3	4	5
13	1	2	3	4	5
14	1	2	3	4	5
15	1	2	3	4	5

문번	답			란	
16	1	2	3	4	5
17	1	2	3	4	5
18	1	2	3	4	5
19	1	2	3	4	5
20	1	2	3	4	5
21	1	2	3	4	5
22	1	2	3	4	5
23	1	2	3	4	5
24	1	2	3	4	5
25	1	2	3	4	5
26	1	2	3	4	5
27	1	2	3	4	5
28	1	2	3	4	5
29	1	2	3	4	5
30	1	2	3	4	5

문번	답			란	
31	1	2	3	4	5
32	1	2	3	4	5
33	1	2	3	4	5
34	1	2	3	4	5
35	1	2	3	4	5
36	1	2	3	4	5
37	1	2	3	4	5
38	1	2	3	4	5
39	1	2	3	4	5
40	1	2	3	4	5

※ 아래 문구를 **'필적확인란'**의 빈칸에 정자로 기재하시오.

법학전문대학원은 여러분을 기다리고 있습니다.	
필 적 확인란	

답안 작성시 반드시 지켜야 하는 사항

아래 사항은 전 교시에 모두 해당되는 것입니다.

1. 답란은 반드시 컴퓨터용 사인펜만을 사용하여 "▮"와 같이 검게 표기해야 합니다.

2. 수험번호란에는 아라비아숫자로 기록하고, 해당란에 "▮"와 같이 검게 표기해야 합니다.

3. 수험번호 끝자리가 홀수인 응시자는 반드시 홀수형 문제지를, 짝수인 응시자는 반드시 짝수형 문제지를 배부받아 풀어야 합니다.

4. '필적확인란'을 반드시 기재해야 합니다.

5. 수정테이프를 이용하여 답란 수정은 가능하나, 수정테이프가 떨어지는 등 불완전한 수정처리로 인해 발생되는 모든 책임은 수험생에게 있으니 주의 바랍니다.

위 사항을 지키지 않아 발생하는 불이익은 응시자에게 있습니다.

______학년도
법학적성시험 답안지

①교시 언어이해 / ②교시 추리논증

성 명						
수 험 번 호						
0	0	0	0	0	0	0
1	1	1	1	1	1	1
2	2	2	2	2	2	2
3	3	3	3	3	3	3
4	4	4	4	4	4	4
5	5	5	5	5	5	5
6	6	6	6	6	6	6
7	7	7	7	7	7	7
8	8	8	8	8	8	8
9	9	9	9	9	9	9

문제유형 표 기 란
⬯ 홀수형
⬯ 짝수형

※ 수험번호 끝자리가 홀수인 응시자는 반드시 홀수형 문제지를, 짝수인 응시자는 반드시 짝수형 문제지를 풀어야 함.

※ 결시자 표기 및 감독관 날인란		
결시자 표 기	컴퓨터용 사인펜으로 수험번호와 옆란 표기	⬯
감독관 날 인	본인확인 및 수험번호의 정확한 표기 확인	
	수험번호 끝자리와 문제유형 동일 확인	

문번	답				란
1	1	2	3	4	5
2	1	2	3	4	5
3	1	2	3	4	5
4	1	2	3	4	5
5	1	2	3	4	5
6	1	2	3	4	5
7	1	2	3	4	5
8	1	2	3	4	5
9	1	2	3	4	5
10	1	2	3	4	5
11	1	2	3	4	5
12	1	2	3	4	5
13	1	2	3	4	5
14	1	2	3	4	5
15	1	2	3	4	5

문번	답				란
16	1	2	3	4	5
17	1	2	3	4	5
18	1	2	3	4	5
19	1	2	3	4	5
20	1	2	3	4	5
21	1	2	3	4	5
22	1	2	3	4	5
23	1	2	3	4	5
24	1	2	3	4	5
25	1	2	3	4	5
26	1	2	3	4	5
27	1	2	3	4	5
28	1	2	3	4	5
29	1	2	3	4	5
30	1	2	3	4	5

문번	답				란
31	1	2	3	4	5
32	1	2	3	4	5
33	1	2	3	4	5
34	1	2	3	4	5
35	1	2	3	4	5
36	1	2	3	4	5
37	1	2	3	4	5
38	1	2	3	4	5
39	1	2	3	4	5
40	1	2	3	4	5

※ 아래 문구를 **'필적확인란'**의 빈칸에 정자로 기재하시오.

법학전문대학원은 여러분을 기다리고 있습니다.	
필 적 확인란	

답안 작성시 반드시 지켜야 하는 사항

아래 사항은 전 교시에 모두 해당되는 것입니다.

1. 답란은 반드시 컴퓨터용 사인펜만을 사용하여 "⬮"와 같이 검게 표기해야 합니다.

2. 수험번호란에는 아라비아숫자로 기록하고, 해당란에 "⬮"와 같이 검게 표기해야 합니다.

3. 수험번호 끝자리가 홀수인 응시자는 반드시 홀수형 문제지를, 짝수인 응시자는 반드시 짝수형 문제지를 배부받아 풀어야 합니다.

4. '필적확인란'을 반드시 기재해야 합니다.

5. 수정테이프를 이용하여 답란 수정은 가능하나, 수정테이프가 떨어지는 등 불완전한 수정처리로 인해 발생되는 모든 책임은 수험생에게 있으니 주의 바랍니다.

위 사항을 지키지 않아 발생하는 불이익은 응시자에게 있습니다.

______학년도
법학적성시험 답안지

①교시 **언어이해** / ②교시 **추리논증**

성 명						
수 험 번 호						
0	0	0	0	0	0	0
1	1	1	1	1	1	1
2	2	2	2	2	2	2
3	3	3	3	3	3	3
4	4	4	4	4	4	4
5	5	5	5	5	5	5
6	6	6	6	6	6	6
7	7	7	7	7	7	7
8	8	8	8	8	8	8
9	9	9	9	9	9	9

문제유형 표 기 란
▯ 홀수형
▯ 짝수형

※ 수험번호 끝자리가 홀수인 응시자는 반드시 홀수형 문제지를, 짝수인 응시자는 반드시 짝수형 문제지를 풀어야 함.

※ 결시자 표기 및 감독관 날인란		
결시자 표기	컴퓨터용 사인펜으로 수험번호와 옆란 표기	▯
감독관 날인	본인확인 및 수험번호의 정확한 표기 확인	
	수험번호 끝자리와 문제유형 동일 확인	

문번	답				란
1	1	2	3	4	5
2	1	2	3	4	5
3	1	2	3	4	5
4	1	2	3	4	5
5	1	2	3	4	5
6	1	2	3	4	5
7	1	2	3	4	5
8	1	2	3	4	5
9	1	2	3	4	5
10	1	2	3	4	5
11	1	2	3	4	5
12	1	2	3	4	5
13	1	2	3	4	5
14	1	2	3	4	5
15	1	2	3	4	5

문번	답				란
16	1	2	3	4	5
17	1	2	3	4	5
18	1	2	3	4	5
19	1	2	3	4	5
20	1	2	3	4	5
21	1	2	3	4	5
22	1	2	3	4	5
23	1	2	3	4	5
24	1	2	3	4	5
25	1	2	3	4	5
26	1	2	3	4	5
27	1	2	3	4	5
28	1	2	3	4	5
29	1	2	3	4	5
30	1	2	3	4	5

문번	답				란
31	1	2	3	4	5
32	1	2	3	4	5
33	1	2	3	4	5
34	1	2	3	4	5
35	1	2	3	4	5
36	1	2	3	4	5
37	1	2	3	4	5
38	1	2	3	4	5
39	1	2	3	4	5
40	1	2	3	4	5

※ 아래 문구를 **'필적확인란'**의 빈칸에 정자로 기재하시오.

법학전문대학원은 여러분을 기다리고 있습니다.	
필 적 확인란	

답안 작성시 반드시 지켜야 하는 사항

아래 사항은 전 교시에 모두 해당되는 것입니다.

1. 답란은 반드시 컴퓨터용 사인펜만을 사용하여 "▮"와 같이 검게 표기해야 합니다.

2. 수험번호란에는 아라비아숫자로 기록하고, 해당란에 "▮"와 같이 검게 표기해야 합니다.

3. 수험번호 끝자리가 홀수인 응시자는 반드시 홀수형 문제지를, 짝수인 응시자는 반드시 짝수형 문제지를 배부받아 풀어야 합니다.

4. '필적확인란'을 반드시 기재해야 합니다.

5. 수정테이프를 이용하여 답란 수정은 가능하나, 수정테이프가 떨어지는 등 불완전한 수정처리로 인해 발생되는 모든 책임은 수험생에게 있으니 주의 바랍니다.

위 사항을 지키지 않아 발생하는 불이익은 응시자에게 있습니다.

______학년도
법학적성시험 답안지

①교시 **언어이해** / ②교시 **추리논증**

성 명						
수 험 번 호						
0	0	0	0	0	0	0
1	1	1	1	1	1	1
2	2	2	2	2	2	2
3	3	3	3	3	3	3
4	4	4	4	4	4	4
5	5	5	5	5	5	5
6	6	6	6	6	6	6
7	7	7	7	7	7	7
8	8	8	8	8	8	8
9	9	9	9	9	9	9

문제유형 표 기 란
⬯ 홀수형
⬯ 짝수형

※ 수험번호 끝자리가 홀수인 응시자는 반드시 홀수형 문제지를, 짝수인 응시자는 반드시 짝수형 문제지를 풀어야 함.

※ 결시자 표기 및 감독관 날인란		
결시자 표 기	컴퓨터용 사인펜으로 수험번호와 옆란 표기	⬯
감독관 날 인	본인확인 및 수험번호의 정확한 표기 확인	
	수험번호 끝자리와 문제유형 동일 확인	

문번	답				란
1	1	2	3	4	5
2	1	2	3	4	5
3	1	2	3	4	5
4	1	2	3	4	5
5	1	2	3	4	5
6	1	2	3	4	5
7	1	2	3	4	5
8	1	2	3	4	5
9	1	2	3	4	5
10	1	2	3	4	5
11	1	2	3	4	5
12	1	2	3	4	5
13	1	2	3	4	5
14	1	2	3	4	5
15	1	2	3	4	5

문번	답				란
16	1	2	3	4	5
17	1	2	3	4	5
18	1	2	3	4	5
19	1	2	3	4	5
20	1	2	3	4	5
21	1	2	3	4	5
22	1	2	3	4	5
23	1	2	3	4	5
24	1	2	3	4	5
25	1	2	3	4	5
26	1	2	3	4	5
27	1	2	3	4	5
28	1	2	3	4	5
29	1	2	3	4	5
30	1	2	3	4	5

문번	답				란
31	1	2	3	4	5
32	1	2	3	4	5
33	1	2	3	4	5
34	1	2	3	4	5
35	1	2	3	4	5
36	1	2	3	4	5
37	1	2	3	4	5
38	1	2	3	4	5
39	1	2	3	4	5
40	1	2	3	4	5

※ 아래 문구를 **'필적확인란'**의 빈칸에 정자로 기재하시오.

법학전문대학원은 여러분을 기다리고 있습니다.	
필 적 확인란	

답안 작성시 반드시 지켜야 하는 사항

아래 사항은 전 교시에 모두 해당되는 것입니다.

1. 답란은 반드시 컴퓨터용 사인펜만을 사용하여 "⬮"와 같이 검게 표기해야 합니다.

2. 수험번호란에는 아라비아숫자로 기록하고, 해당란에 "⬮"와 같이 검게 표기해야 합니다.

3. 수험번호 끝자리가 홀수인 응시자는 반드시 홀수형 문제지를, 짝수인 응시자는 반드시 짝수형 문제지를 배부받아 풀어야 합니다.

4. '필적확인란'을 반드시 기재해야 합니다.

5. 수정테이프를 이용하여 답란 수정은 가능하나, 수정테이프가 떨어지는 등 불완전한 수정처리로 인해 발생되는 모든 책임은 수험생에게 있으니 주의 바랍니다.

위 사항을 지키지 않아 발생하는 불이익은 응시자에게 있습니다.

______학년도
법학적성시험 답안지

①교시 언어이해 / ②교시 추리논증

성 명						
수 험 번 호						
0	0	0	0	0	0	0
1	1	1	1	1	1	1
2	2	2	2	2	2	2
3	3	3	3	3	3	3
4	4	4	4	4	4	4
5	5	5	5	5	5	5
6	6	6	6	6	6	6
7	7	7	7	7	7	7
8	8	8	8	8	8	8
9	9	9	9	9	9	9

문제유형 표 기 란
▯ 홀수형
▯ 짝수형

※ 수험번호 끝자리가 홀수인 응시자는 반드시 홀수형 문제지를, 짝수인 응시자는 반드시 짝수형 문제지를 풀어야 함.

※결시자 표기 및 감독관 날인란		
결시자 표기	컴퓨터용 사인펜으로 수험번호와 옆란 표기	▯
감독관 날 인	본인확인 및 수험번호의 정확한 표기 확인	
	수험번호 끝자리와 문제유형 동일 확인	

문번	답				란
1	1	2	3	4	5
2	1	2	3	4	5
3	1	2	3	4	5
4	1	2	3	4	5
5	1	2	3	4	5
6	1	2	3	4	5
7	1	2	3	4	5
8	1	2	3	4	5
9	1	2	3	4	5
10	1	2	3	4	5
11	1	2	3	4	5
12	1	2	3	4	5
13	1	2	3	4	5
14	1	2	3	4	5
15	1	2	3	4	5

문번	답				란
16	1	2	3	4	5
17	1	2	3	4	5
18	1	2	3	4	5
19	1	2	3	4	5
20	1	2	3	4	5
21	1	2	3	4	5
22	1	2	3	4	5
23	1	2	3	4	5
24	1	2	3	4	5
25	1	2	3	4	5
26	1	2	3	4	5
27	1	2	3	4	5
28	1	2	3	4	5
29	1	2	3	4	5
30	1	2	3	4	5

문번	답				란
31	1	2	3	4	5
32	1	2	3	4	5
33	1	2	3	4	5
34	1	2	3	4	5
35	1	2	3	4	5
36	1	2	3	4	5
37	1	2	3	4	5
38	1	2	3	4	5
39	1	2	3	4	5
40	1	2	3	4	5

※아래 문구를 **'필적확인란'**의 빈칸에 정자로 기재하시오.

법학전문대학원은 여러분을 기다리고 있습니다.	
필 적 확인란	

답안 작성시 반드시 지켜야 하는 사항

아래 사항은 전 교시에 모두 해당되는 것입니다.

1. 답란은 반드시 컴퓨터용 사인펜만을 사용하여 "▮"와 같이 검게 표기해야 합니다.

2. 수험번호란에는 아라비아숫자로 기록하고, 해당란에 "▮"와 같이 검게 표기해야 합니다.

3. 수험번호 끝자리가 홀수인 응시자는 반드시 홀수형 문제지를, 짝수인 응시자는 반드시 짝수형 문제지를 배부받아 풀어야 합니다.

4. '필적확인란'을 반드시 기재해야 합니다.

5. 수정테이프를 이용하여 답란 수정은 가능하나, 수정테이프가 떨어지는 등 불완전한 수정처리로 인해 발생되는 모든 책임은 수험생에게 있으니 주의 바랍니다.

위 사항을 지키지 않아 발생하는 불이익은 응시자에게 있습니다.

______학년도
법학적성시험 답안지

①교시 **언어이해** / ②교시 **추리논증**

성 명						
수 험 번 호						
0	0	0	0	0	0	0
1	1	1	1	1	1	1
2	2	2	2	2	2	2
3	3	3	3	3	3	3
4	4	4	4	4	4	4
5	5	5	5	5	5	5
6	6	6	6	6	6	6
7	7	7	7	7	7	7
8	8	8	8	8	8	8
9	9	9	9	9	9	9

문제유형 표 기 란
홀수형
짝수형

※ 수험번호 끝자리가 홀수인 응시자는 반드시 홀수형 문제지를, 짝수인 응시자는 반드시 짝수형 문제지를 풀어야 함.

※ 결시자 표기 및 감독관 날인란		
결시자 표 기	컴퓨터용 사인펜으로 수험번호와 옆란 표기	
감독관 날 인	본인확인 및 수험번호의 정확한 표기 확인	
	수험번호 끝자리와 문제유형 동일 확인	

문번	답 란	문번	답 란	문번	답 란
1	① ② ③ ④ ⑤	16	① ② ③ ④ ⑤	31	① ② ③ ④ ⑤
2	① ② ③ ④ ⑤	17	① ② ③ ④ ⑤	32	① ② ③ ④ ⑤
3	① ② ③ ④ ⑤	18	① ② ③ ④ ⑤	33	① ② ③ ④ ⑤
4	① ② ③ ④ ⑤	19	① ② ③ ④ ⑤	34	① ② ③ ④ ⑤
5	① ② ③ ④ ⑤	20	① ② ③ ④ ⑤	35	① ② ③ ④ ⑤
6	① ② ③ ④ ⑤	21	① ② ③ ④ ⑤	36	① ② ③ ④ ⑤
7	① ② ③ ④ ⑤	22	① ② ③ ④ ⑤	37	① ② ③ ④ ⑤
8	① ② ③ ④ ⑤	23	① ② ③ ④ ⑤	38	① ② ③ ④ ⑤
9	① ② ③ ④ ⑤	24	① ② ③ ④ ⑤	39	① ② ③ ④ ⑤
10	① ② ③ ④ ⑤	25	① ② ③ ④ ⑤	40	① ② ③ ④ ⑤
11	① ② ③ ④ ⑤	26	① ② ③ ④ ⑤		
12	① ② ③ ④ ⑤	27	① ② ③ ④ ⑤		
13	① ② ③ ④ ⑤	28	① ② ③ ④ ⑤		
14	① ② ③ ④ ⑤	29	① ② ③ ④ ⑤		
15	① ② ③ ④ ⑤	30	① ② ③ ④ ⑤		

※ 아래 문구를 **'필적확인란'**의 빈칸에 정자로 기재하시오.

법학전문대학원은 여러분을 기다리고 있습니다.	
필 적 확인란	

답안 작성시 반드시 지켜야 하는 사항

아래 사항은 전 교시에 모두 해당되는 것입니다.

1. 답란은 반드시 컴퓨터용 사인펜만을 사용하여 "●"와 같이 검게 표기해야 합니다.

2. 수험번호란에는 아라비아숫자로 기록하고, 해당란에 "●"와 같이 검게 표기해야 합니다.

3. 수험번호 끝자리가 홀수인 응시자는 반드시 홀수형 문제지를, 짝수인 응시자는 반드시 짝수형 문제지를 배부받아 풀어야 합니다.

4. '필적확인란'을 반드시 기재해야 합니다.

5. 수정테이프를 이용하여 답란 수정은 가능하나, 수정테이프가 떨어지는 등 불완전한 수정처리로 인해 발생되는 모든 책임은 수험생에게 있으니 주의 바랍니다.

위 사항을 지키지 않아 발생하는 불이익은 응시자에게 있습니다.

메가로스쿨

______학년도
법학적성시험 답안지

①교시 언어이해 / ②교시 추리논증

성 명						
수 험 번 호						
0	0	0	0	0	0	0
1	1	1	1	1	1	1
2	2	2	2	2	2	2
3	3	3	3	3	3	3
4	4	4	4	4	4	4
5	5	5	5	5	5	5
6	6	6	6	6	6	6
7	7	7	7	7	7	7
8	8	8	8	8	8	8
9	9	9	9	9	9	9

문제유형 표 기 란
⬯ 홀수형
⬯ 짝수형

※ 수험번호 끝자리가 홀수인 응시자는 반드시 홀수형 문제지를, 짝수인 응시자는 반드시 짝수형 문제지를 풀어야 함.

※ 결시자 표기 및 감독관 날인란		
결시자 표기	컴퓨터용 사인펜으로 수험번호와 옆란 표기	⬯
감독관 날 인	본인확인 및 수험번호의 정확한 표기 확인	
	수험번호 끝자리와 문제유형 동일 확인	

문번	답			란	
1	①	②	③	④	⑤
2	①	②	③	④	⑤
3	①	②	③	④	⑤
4	①	②	③	④	⑤
5	①	②	③	④	⑤
6	①	②	③	④	⑤
7	①	②	③	④	⑤
8	①	②	③	④	⑤
9	①	②	③	④	⑤
10	①	②	③	④	⑤
11	①	②	③	④	⑤
12	①	②	③	④	⑤
13	①	②	③	④	⑤
14	①	②	③	④	⑤
15	①	②	③	④	⑤

문번	답			란	
16	①	②	③	④	⑤
17	①	②	③	④	⑤
18	①	②	③	④	⑤
19	①	②	③	④	⑤
20	①	②	③	④	⑤
21	①	②	③	④	⑤
22	①	②	③	④	⑤
23	①	②	③	④	⑤
24	①	②	③	④	⑤
25	①	②	③	④	⑤
26	①	②	③	④	⑤
27	①	②	③	④	⑤
28	①	②	③	④	⑤
29	①	②	③	④	⑤
30	①	②	③	④	⑤

문번	답			란	
31	①	②	③	④	⑤
32	①	②	③	④	⑤
33	①	②	③	④	⑤
34	①	②	③	④	⑤
35	①	②	③	④	⑤
36	①	②	③	④	⑤
37	①	②	③	④	⑤
38	①	②	③	④	⑤
39	①	②	③	④	⑤
40	①	②	③	④	⑤

※ 아래 문구를 **'필적확인란'**의 빈칸에 정자로 기재하시오.

법학전문대학원은 여러분을 기다리고 있습니다.	
필 적 확인란	

답안 작성시 반드시 지켜야 하는 사항

아래 사항은 전 교시에 모두 해당되는 것입니다.

1. 답란은 반드시 컴퓨터용 사인펜만을 사용하여 "⬮"와 같이 검게 표기해야 합니다.

2. 수험번호란에는 아라비아숫자로 기록하고, 해당란에 "⬮"와 같이 검게 표기해야 합니다.

3. 수험번호 끝자리가 홀수인 응시자는 반드시 홀수형 문제지를, 짝수인 응시자는 반드시 짝수형 문제지를 배부받아 풀어야 합니다.

4. '필적확인란'을 반드시 기재해야 합니다.

5. 수정테이프를 이용하여 답란 수정은 가능하나, 수정테이프가 떨어지는 등 불완전한 수정처리로 인해 발생되는 모든 책임은 수험생에게 있으니 주의 바랍니다.

위 사항을 지키지 않아 발생하는 불이익은 응시자에게 있습니다.

______학년도
법학적성시험 답안지

①교시 **언어이해** / ②교시 **추리논증**

성 명						
수 험 번 호						
0	0	0	0	0	0	0
1	1	1	1	1	1	1
2	2	2	2	2	2	2
3	3	3	3	3	3	3
4	4	4	4	4	4	4
5	5	5	5	5	5	5
6	6	6	6	6	6	6
7	7	7	7	7	7	7
8	8	8	8	8	8	8
9	9	9	9	9	9	9

문제유형 표 기 란
홀수형
짝수형

※ 수험번호 끝자리가 홀수인 응시자는 반드시 홀수형 문제지를, 짝수인 응시자는 반드시 짝수형 문제지를 풀어야 함.

※ 결시자 표기 및 감독관 날인란		
결시자 표 기	컴퓨터용 사인펜으로 수험번호와 옆란 표기	
감독관 날 인	본인확인 및 수험번호의 정확한 표기 확인	
	수험번호 끝자리와 문제유형 동일 확인	

문번	답				란
1	1	2	3	4	5
2	1	2	3	4	5
3	1	2	3	4	5
4	1	2	3	4	5
5	1	2	3	4	5
6	1	2	3	4	5
7	1	2	3	4	5
8	1	2	3	4	5
9	1	2	3	4	5
10	1	2	3	4	5
11	1	2	3	4	5
12	1	2	3	4	5
13	1	2	3	4	5
14	1	2	3	4	5
15	1	2	3	4	5

문번	답				란
16	1	2	3	4	5
17	1	2	3	4	5
18	1	2	3	4	5
19	1	2	3	4	5
20	1	2	3	4	5
21	1	2	3	4	5
22	1	2	3	4	5
23	1	2	3	4	5
24	1	2	3	4	5
25	1	2	3	4	5
26	1	2	3	4	5
27	1	2	3	4	5
28	1	2	3	4	5
29	1	2	3	4	5
30	1	2	3	4	5

문번	답				란
31	1	2	3	4	5
32	1	2	3	4	5
33	1	2	3	4	5
34	1	2	3	4	5
35	1	2	3	4	5
36	1	2	3	4	5
37	1	2	3	4	5
38	1	2	3	4	5
39	1	2	3	4	5
40	1	2	3	4	5

※ 아래 문구를 **'필적확인란'**의 빈칸에 정자로 기재하시오.

법학전문대학원은 여러분을 기다리고 있습니다.	
필 적 확인란	

답안 작성시 반드시 지켜야 하는 사항

아래 사항은 전 교시에 모두 해당되는 것입니다.

1. 답란은 반드시 컴퓨터용 사인펜만을 사용하여 "▮"와 같이 검게 표기해야 합니다.

2. 수험번호란에는 아라비아숫자로 기록하고, 해당란에 "▮"와 같이 검게 표기해야 합니다.

3. 수험번호 끝자리가 홀수인 응시자는 반드시 홀수형 문제지를, 짝수인 응시자는 반드시 짝수형 문제지를 배부받아 풀어야 합니다.

4. '필적확인란'을 반드시 기재해야 합니다.

5. 수정테이프를 이용하여 답란 수정은 가능하나, 수정테이프가 떨어지는 등 불완전한 수정처리로 인해 발생되는 모든 책임은 수험생에게 있으니 주의 바랍니다.

위 사항을 지키지 않아 발생하는 불이익은 응시자에게 있습니다.

______학년도
법학적성시험 답안지

①교시 **언어이해** / ②교시 **추리논증**

성 명						
수 험 번 호						
0	0	0	0	0	0	0
1	1	1	1	1	1	1
2	2	2	2	2	2	2
3	3	3	3	3	3	3
4	4	4	4	4	4	4
5	5	5	5	5	5	5
6	6	6	6	6	6	6
7	7	7	7	7	7	7
8	8	8	8	8	8	8
9	9	9	9	9	9	9

문제유형 표 기 란
홀수형
짝수형

※ 수험번호 끝자리가 홀수인 응시자는 반드시 홀수형 문제지를, 짝수인 응시자는 반드시 짝수형 문제지를 풀어야 함.

※ 결시자 표기 및 감독관 날인란		
결시자 표 기	컴퓨터용 사인펜으로 수험번호와 옆란 표기	
감독관 날 인	본인확인 및 수험번호의 정확한 표기 확인	
	수험번호 끝자리와 문제유형 동일 확인	

문번	답				란
1	1	2	3	4	5
2	1	2	3	4	5
3	1	2	3	4	5
4	1	2	3	4	5
5	1	2	3	4	5
6	1	2	3	4	5
7	1	2	3	4	5
8	1	2	3	4	5
9	1	2	3	4	5
10	1	2	3	4	5
11	1	2	3	4	5
12	1	2	3	4	5
13	1	2	3	4	5
14	1	2	3	4	5
15	1	2	3	4	5

문번	답				란
16	1	2	3	4	5
17	1	2	3	4	5
18	1	2	3	4	5
19	1	2	3	4	5
20	1	2	3	4	5
21	1	2	3	4	5
22	1	2	3	4	5
23	1	2	3	4	5
24	1	2	3	4	5
25	1	2	3	4	5
26	1	2	3	4	5
27	1	2	3	4	5
28	1	2	3	4	5
29	1	2	3	4	5
30	1	2	3	4	5

문번	답				란
31	1	2	3	4	5
32	1	2	3	4	5
33	1	2	3	4	5
34	1	2	3	4	5
35	1	2	3	4	5
36	1	2	3	4	5
37	1	2	3	4	5
38	1	2	3	4	5
39	1	2	3	4	5
40	1	2	3	4	5

※ 아래 문구를 **'필적확인란'**의 빈칸에 정자로 기재하시오.

법학전문대학원은 여러분을 기다리고 있습니다.	
필 적 확인란	

답안 작성시 반드시 지켜야 하는 사항

아래 사항은 전 교시에 모두 해당되는 것입니다.

1. 답란은 반드시 컴퓨터용 사인펜만을 사용하여 "▮"와 같이 검게 표기해야 합니다.

2. 수험번호란에는 아라비아숫자로 기록하고, 해당란에 "▮"와 같이 검게 표기해야 합니다.

3. 수험번호 끝자리가 홀수인 응시자는 반드시 홀수형 문제지를, 짝수인 응시자는 반드시 짝수형 문제지를 배부받아 풀어야 합니다.

4. '필적확인란'을 반드시 기재해야 합니다.

5. 수정테이프를 이용하여 답란 수정은 가능하나, 수정테이프가 떨어지는 등 불완전한 수정처리로 인해 발생되는 모든 책임은 수험생에게 있으니 주의 바랍니다.

위 사항을 지키지 않아 발생하는 불이익은 응시자에게 있습니다.

2026학년도 LEET 대비

메가로스쿨

5개년 기출문제 실전 연습

언어이해 | 해설집

메가로스쿨

성공을 위한 러닝메이트,
메가로스쿨

메가로스쿨은 2008년부터 현재까지
로스쿨 수험생들과 함께
합격의 꿈을 이뤄가고 있습니다.

2026학년도 대비

LEET 5개년 기출문제 실전 연습을
반드시 풀어야 하는 이유 !

LEET 학습에 기본이 되는 기출문제,
전개년 분석과 유형별 학습이
모두 끝났다면, 이제 실전처럼 연습해야 합니다.

01
본고사를
그대로 재현한
시험지

본고사를 그대로 재현한 최근 5개년 기출문제 시험지
본고사 시험지의 크기, 폰트, 여백까지 재현한
기출문제로 실전 감각 완성

02
약점을
보완하는
해설집

메가로스쿨 언어논리연구소의 친절하고 상세한 해설
18년간 LEET만을 연구해온 언어논리연구소의
노하우가 집약된 해설로 기출 완성

03
실전 연습을
위한
OMR 카드

시간 안배와 마킹 연습이 가능한 OMR 카드 10회분
실전 연습을 할 수 있도록
기본 5회분 + 추가 5회분 제공

"**기출문제**를 **실전**처럼 **연습**하면
본고사에서도 탄탄한 실전 감각 그대로
LEET 고득점을 완성할 수 있습니다 !"

LEET 5개년 기출문제 실전 연습 **언어이해**

교재 구성

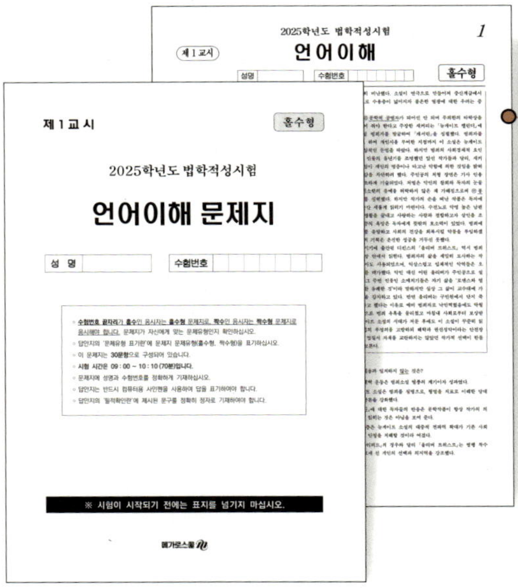

POINT 1

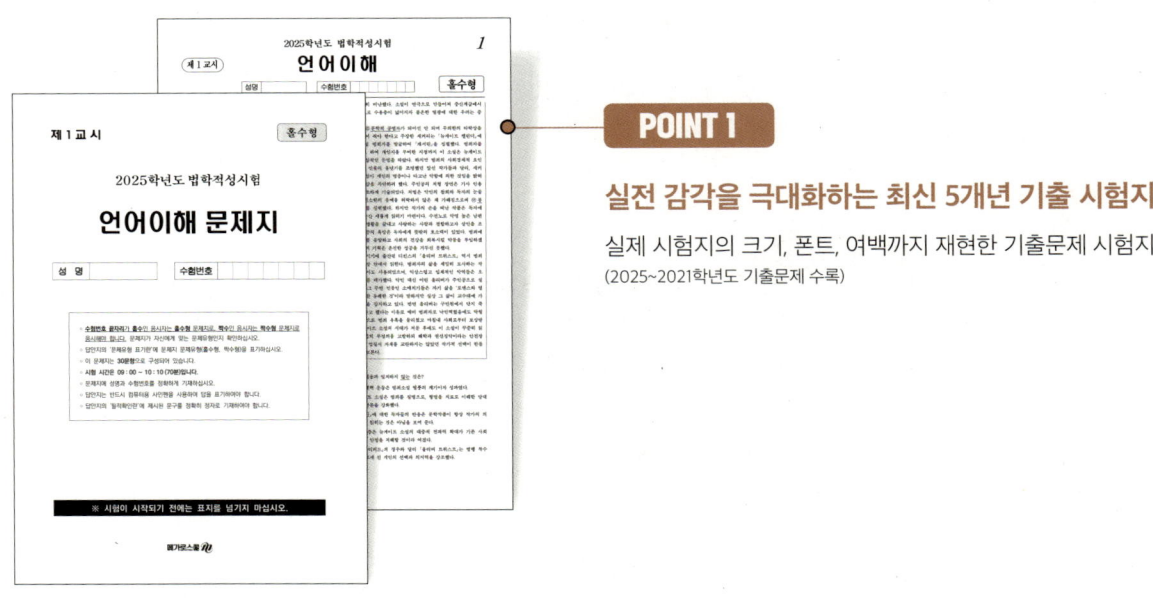

실전 감각을 극대화하는 최신 5개년 기출 시험지

실제 시험지의 크기, 폰트, 여백까지 재현한 기출문제 시험지
(2025~2021학년도 기출문제 수록)

POINT 2

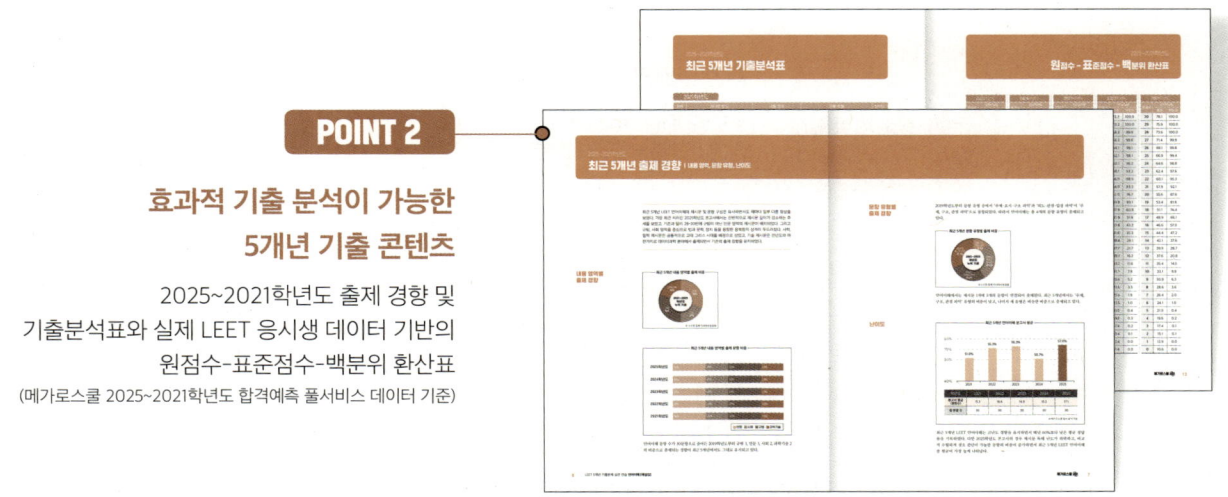

효과적 기출 분석이 가능한 5개년 기출 콘텐츠

2025~2021학년도 출제 경향 및
기출분석표와 실제 LEET 응시생 데이터 기반의
원점수-표준점수-백분위 환산표
(메가로스쿨 2025~2021학년도 합격예측 풀서비스 데이터 기준)

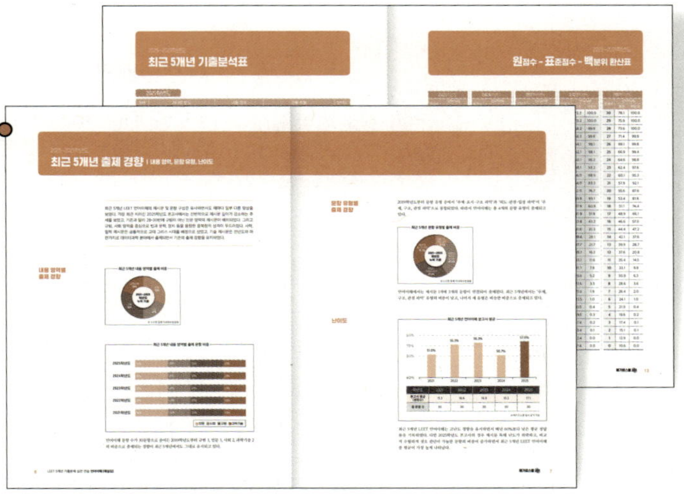

POINT 3

약점을 보완하는 상세한 해설

제시문별 제재 및 난이도, 정답률 등의 문항 정보와 정·오답 선택지에 대한 메가로스쿨 언어논리연구소의 상세한 해설

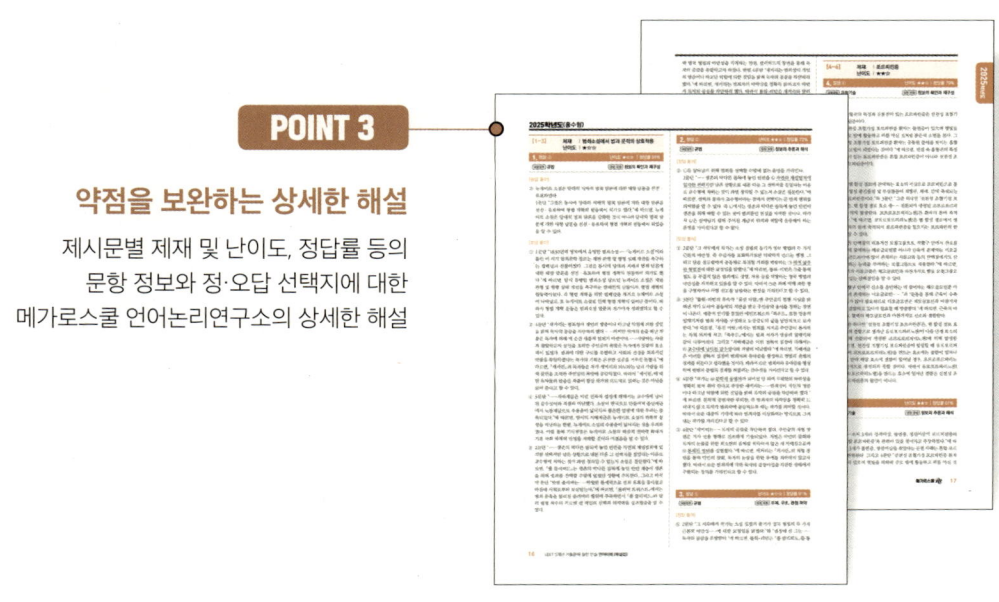

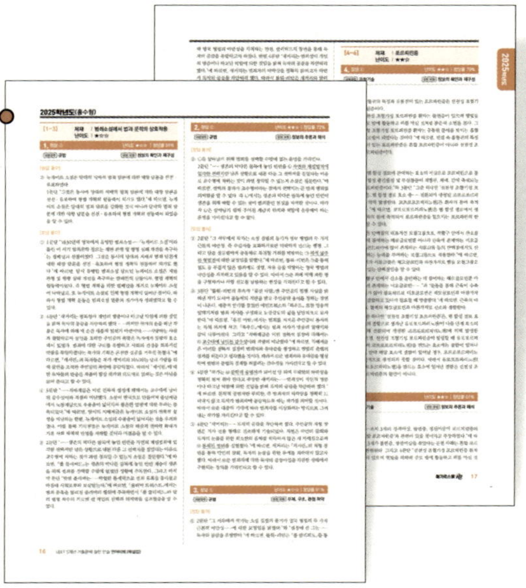

POINT 4

본고사와 동일한 구성의 OMR 카드

시간 안배와 답안 작성 훈련이 가능한 OMR 카드(10회분 수록)

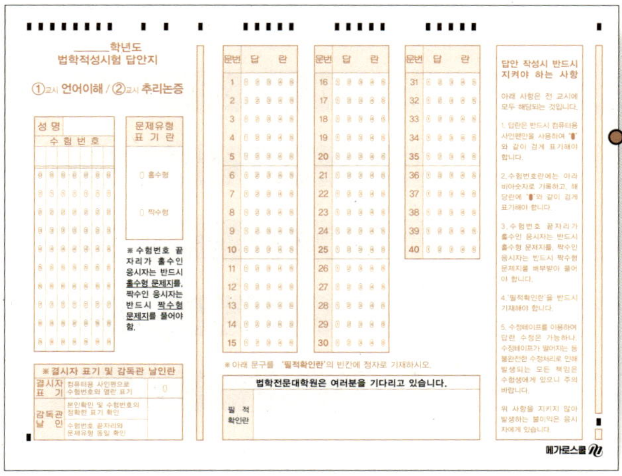

2025~2021학년도

최근 5개년 출제 경향 | 내용 영역, 문항 유형, 난이도

최근 5개년 LEET 언어이해의 제시문 및 문항 구성은 유사하면서도 해마다 일부 다른 양상을 보였다. 가장 최근 치러진 2025학년도 본고사에서는 전반적으로 제시문 길이가 감소하는 추세를 보였고, 기존과 달리 28-30번에 규범이 아닌 인문 영역의 제시문이 배치되었다. 그리고 규범, 사회 영역을 중심으로 법과 문학, 정치 등을 융합한 융복합적 성격이 두드러졌다. 사학, 철학 제시문은 공통적으로 고대 그리스 시대를 배경으로 삼았고, 기술 제시문은 전년도와 마찬가지로 데이터과학 분야에서 출제되면서 기존의 출제 경향을 유지하였다.

내용 영역별 출제 경향

최근 5개년 내용 영역별 출제 비중

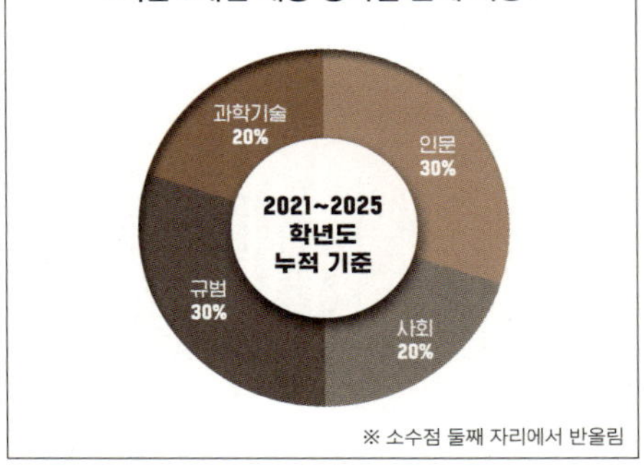

최근 5개년 내용 영역별 출제 문항 비중

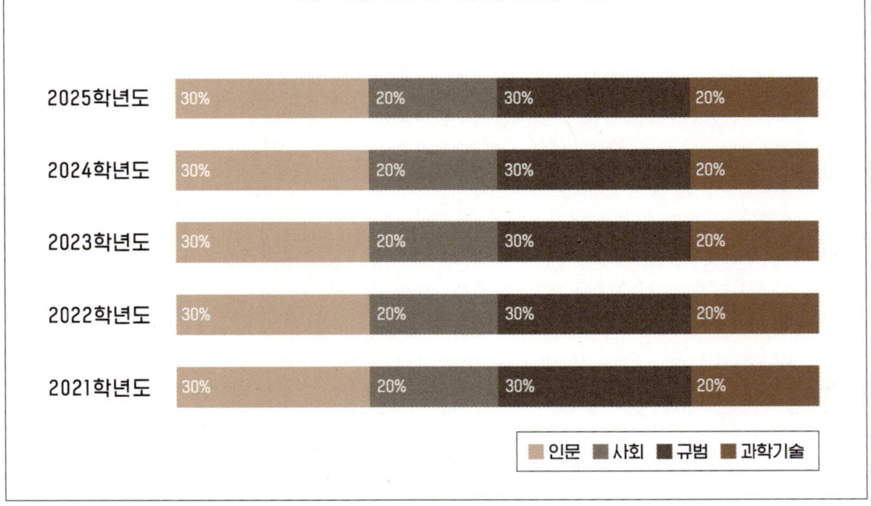

언어이해 문항 수가 30문항으로 줄어든 2019학년도부터 규범 3, 인문 3, 사회 2, 과학기술 2의 비중으로 출제되는 경향이 최근 5개년에서도 그대로 유지되고 있다.

문항 유형별 출제 경향

2019학년도부터 문항 유형 중에서 '주제·요지·구조 파악'과 '의도·관점·입장 파악'이 '주제, 구조, 관점 파악'으로 통합되었다. 따라서 언어이해는 총 4개의 문항 유형이 출제되고 있다.

최근 5개년 문항 유형별 출제 비중

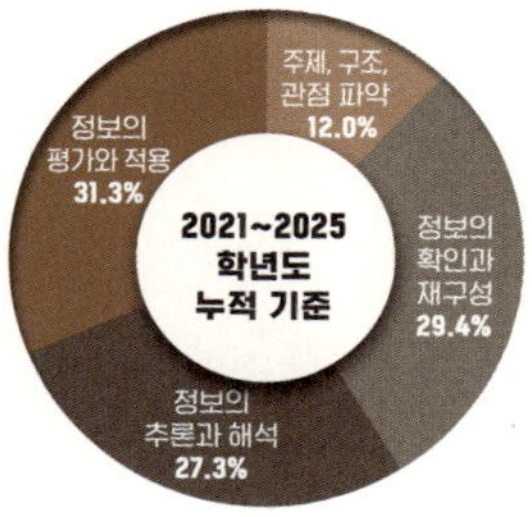

※ 소수점 둘째 자리에서 반올림

언어이해에서는 제시문 1개에 3개의 문항이 연결되어 출제된다. 최근 5개년에서는 '주제, 구조, 관점 파악' 유형의 비중이 낮고, 나머지 세 유형은 비슷한 비중으로 출제되고 있다.

난이도

최근 5개년 언어이해 본고사 평균

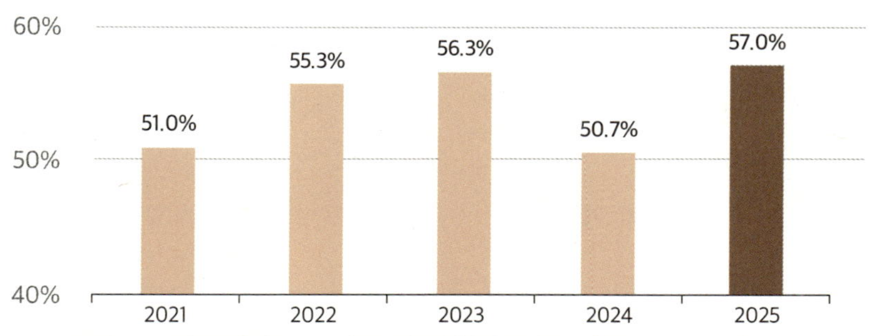

학년도	2021	2022	2023	2024	2025
본고사 평균 (원점수)	15.3	16.6	16.9	15.2	17.1
총 문항 수	30	30	30	30	30

※ 메가로스쿨 입시 분석 기준

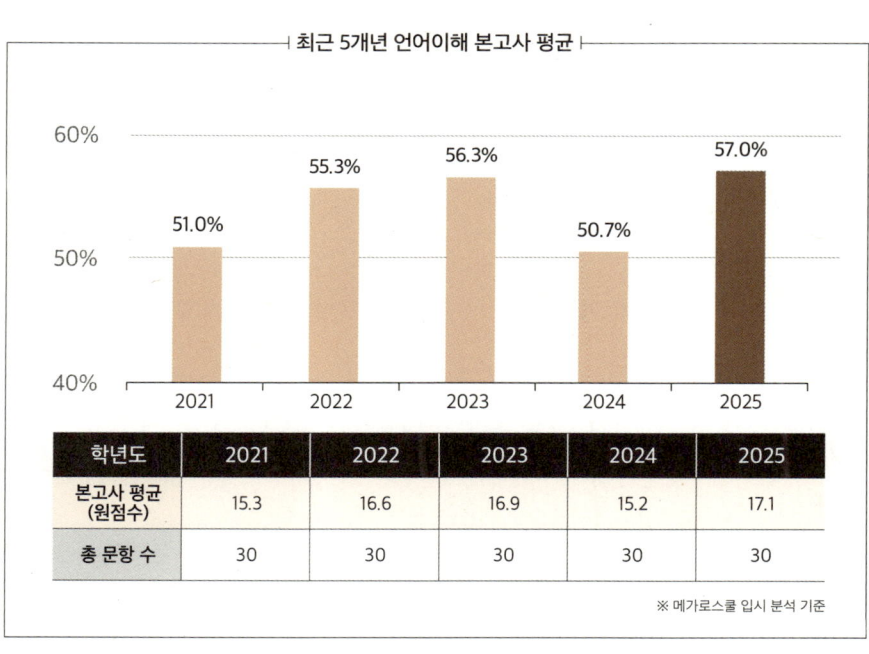

최근 5개년 LEET 언어이해는 고난도 경향을 유지하면서 매년 60%보다 낮은 평균 정답률을 기록하였다. 다만 2025학년도 본고사의 경우 제시문 독해 난도가 하락하고, 비교적 수월하게 정오 판단이 가능한 문항의 비중이 증가하면서 최근 5개년 LEET 언어이해 중 평균이 가장 높게 나타났다.

2025~2021학년도

최근 5개년 기출분석표

2025학년도

문번	제시문 분석	내용 영역		문항 유형	난이도
1	범죄소설에서 법과 문학의 상호작용	규범	법학	정보의 확인과 재구성	하
2				정보의 추론과 해석	중
3				주제, 구조, 관점 파악	하
4	포르피린증	과학기술	생물	정보의 확인과 재구성	중
5				정보의 추론과 해석	중
6				정보의 평가와 적용	상
7	고대 그리스 로마의 소년애	인문	사학	주제, 구조, 관점 파악	하
8				정보의 확인과 재구성	하
9				정보의 평가와 적용	중
10	사법심사와 여론의 관계	사회	정치	정보의 확인과 재구성	하
11				정보의 추론과 해석	하
12				정보의 평가와 적용	중
13	공리주의와 반공리주의	규범	윤리	정보의 확인과 재구성	중
14				정보의 추론과 해석	상
15				정보의 평가와 적용	중
16	솔로우 성장모형	사회	경제	정보의 확인과 재구성	중
17				정보의 추론과 해석	중
18				정보의 평가와 적용	상
19	배아에 관한 법령	규범	법학	정보의 확인과 재구성	하
20				정보의 추론과 해석	중
21				정보의 평가와 적용	상
22	「변론」과 「크리톤」 해석	인문	철학	정보의 확인과 재구성	중
23				정보의 평가와 적용	중
24				정보의 추론과 해석	중
25	데이터베이스 트랜잭션	과학기술	기술	정보의 확인과 재구성	상
26				정보의 추론과 해석	상
27				정보의 평가와 적용	상
28	희곡과 공연의 관계	인문	문학비평	정보의 확인과 재구성	중
29				정보의 추론과 해석	중
30				정보의 평가와 적용	상

2024학년도

문번	제시문 분석	내용 영역		문항 유형	난이도
1	법학의 학문성에 관한 논쟁	규범	법철학	주제, 구조, 관점 파악	상
2				정보의 확인과 재구성	하
3				정보의 추론과 해석	중
4	개인정보 비식별화 기술	과학기술	기술	정보의 확인과 재구성	중
5				정보의 추론과 해석	중
6				정보의 평가와 적용	중
7	투표 비용과 투표 참여	사회	정치	정보의 확인과 재구성	하
8				정보의 평가와 적용	하
9				정보의 추론과 해석	중
10	아퀴나스의 진리론과 그에 대한 비판	인문	철학	정보의 확인과 재구성	중
11				정보의 추론과 해석	상
12				주제, 구조, 관점 파악	중
13	사회적 가치와 사회성과	사회	경제	정보의 확인과 재구성	중
14				정보의 추론과 해석	중
15				정보의 평가와 적용	상
16	문학적 언어와 시적 진실	인문	문학비평	정보의 확인과 재구성	중
17				정보의 추론과 해석	중
18				정보의 평가와 적용	중
19	박세당 「예송변」	인문	사학	정보의 확인과 재구성	상
20				주제, 구조, 관점 파악	중
21				정보의 평가와 적용	상
22	광역학 치료 기전	과학기술	생물	정보의 확인과 재구성	중
23				정보의 평가와 적용	상
24				정보의 추론과 해석	상
25	흄의 도덕 판단에 대한 해석	규범	윤리	정보의 확인과 재구성	중
26				정보의 추론과 해석	중
27				정보의 평가와 적용	중
28	미성년 자녀 반환에 관한 국제 협약	규범	법학	정보의 확인과 재구성	중
29				정보의 추론과 해석	중
30				정보의 평가와 적용	중

2025~2021학년도

최근 5개년 기출분석표

2023학년도

문번	제시문 분석	내용 영역		문항 유형	난이도
1	판사의 진솔함에 대한 논의	규범	법철학	정보의 확인과 재구성	중
2				정보의 추론과 해석	하
3				정보의 평가와 적용	하
4	식물인간의 도덕적 고려	규범	윤리	정보의 확인과 재구성	중
5				정보의 추론과 해석	하
6				정보의 평가와 적용	하
7	단백질 합성과 신호서열 이론	과학기술	생물	정보의 확인과 재구성	중
8				정보의 추론과 해석	중
9				정보의 평가와 적용	중
10	미국 역사학의 흐름	인문	사학	정보의 확인과 재구성	하
11				주제, 구조, 관점 파악	중
12				정보의 평가와 적용	중
13	나이의 정치적 효과	사회	정치	정보의 확인과 재구성	중
14				정보의 추론과 해석	중
15				정보의 평가와 적용	중
16	김자림 「이민선」과 근대화 여성 담론	인문	문학비평	정보의 확인과 재구성	중
17				주제, 구조, 관점 파악	중
18				정보의 평가와 적용	중
19	제도가능곡선 모델	사회	경제	정보의 확인과 재구성	상
20				정보의 추론과 해석	상
21				정보의 평가와 적용	중
22	헤겔의 '낭만적인 것' 의미	인문	철학	주제, 구조, 관점 파악	상
23				정보의 추론과 해석	중
24				정보의 평가와 적용	중
25	중력파 검출 실험의 원리	과학기술	물리	정보의 확인과 재구성	중
26				정보의 추론과 해석	상
27				정보의 평가와 적용	중
28	법정립적 폭력과 법보존적 폭력	규범	법철학	정보의 확인과 재구성	중
29				정보의 추론과 해석	중
30				정보의 평가와 적용	중

2022학년도

문번	제시문 분석	내용 영역		문항 유형	난이도
1	부랑인 정책	규범	법사학	정보의 확인과 재구성	중
2				정보의 평가와 적용	중
3				정보의 평가와 적용	하
4	환경 위기와 철학적 근대 담론	인문	철학	정보의 확인과 재구성	하
5				정보의 추론과 해석	하
6				정보의 추론과 해석	중
7	소설의 화자에 대한 논의	인문	문학비평	정보의 확인과 재구성	하
8				주제, 구조, 관점 파악	중
9				정보의 평가와 적용	중
10	망막의 신호 처리	과학기술	생물	정보의 확인과 재구성	중
11				정보의 추론과 해석	상
12				정보의 평가와 적용	상
13	파시즘의 정의에 대한 견해	인문	일반	정보의 확인과 재구성	중
14				정보의 추론과 해석	중
15				정보의 평가와 적용	중
16	클러스터링	과학기술	기술	정보의 확인과 재구성	중
17				정보의 추론과 해석	상
18				정보의 평가와 적용	중
19	소유와 지배의 분리	사회	경제	주제, 구조, 관점 파악	중
20				정보의 추론과 해석	상
21				정보의 평가와 적용	중
22	미국 민주주의 규범	사회	정치	정보의 확인과 재구성	하
23				정보의 추론과 해석	하
24				정보의 평가와 적용	중
25	인공 지능과 인공 감정	규범	윤리	정보의 확인과 재구성	중
26				정보의 평가와 적용	중
27				정보의 평가와 적용	중
28	칸트의 법규범 설명 체계	규범	법철학	주제, 구조, 관점 파악	상
29				정보의 추론과 해석	상
30				정보의 평가와 적용	상

2025~2021학년도

최근 5개년 기출분석표

2021학년도

문번	제시문 분석	내용 영역		문항 유형	난이도
1	프로세스 마이닝	과학기술	기술	정보의 확인과 재구성	중
2				정보의 추론과 해석	중
3				정보의 평가와 적용	상
4	고진의 풍경론	인문	문학비평	정보의 확인과 재구성	중
5				정보의 추론과 해석	중
6				정보의 평가와 적용	중
7	롤스의 평등론에 대한 싱어의 비판	규범	윤리	주제, 구조, 관점 파악	하
8				정보의 추론과 해석	중
9				정보의 평가와 적용	하
10	윤기, 「논형법」	규범	법사학	주제, 구조, 관점 파악	상
11				정보의 추론과 해석	중
12				정보의 평가와 적용	상
13	권리와 권력의 관계에 대한 르포르의 견해	사회	정치	정보의 확인과 재구성	중
14				주제, 구조, 관점 파악	중
15				정보의 평가와 적용	중
16	수피즘이 제국주의에 저항할 수 있었던 원동력	인문	일반	정보의 확인과 재구성	하
17				주제, 구조, 관점 파악	하
18				정보의 평가와 적용	상
19	귀신 개념에 대한 성리학적 논쟁	인문	철학	정보의 확인과 재구성	중
20				정보의 추론과 해석	중
21				주제, 구조, 관점 파악	중
22	빈곤의 원인에 대한 경제학자들의 다양한 견해	사회	경제	정보의 확인과 재구성	중
23				주제, 구조, 관점 파악	중
24				정보의 평가와 적용	상
25	바르부르크 효과	과학기술	과학	정보의 확인과 재구성	중
26				정보의 추론과 해석	상
27				정보의 평가와 적용	중
28	법률 문언 해석에 관한 법학방법론적 논의와 법철학적 논의	규범	법철학	주제, 구조, 관점 파악	상
29				정보의 추론과 해석	상
30				정보의 평가와 적용	중

2025~2021학년도

원점수 - 표준점수 - 백분위 환산표

2025학년도		
원점수	언어이해	
	표준	백분위
30	73.5	100.0
29	71.3	100.0
28	69.1	99.9
27	66.9	99.7
26	64.7	99.1
25	62.5	98.0
24	60.3	96.2
23	58.1	93.3
22	55.9	89.0
21	53.7	83.1
20	51.5	75.5
19	49.3	66.8
18	47.1	57.3
17	44.9	47.8
16	42.7	38.7
15	40.5	30.1
14	38.3	22.6
13	36.1	16.5
12	33.9	11.5
11	31.7	7.7
10	29.5	5.0
9	27.3	3.2
8	25.1	1.8
7	22.9	1.0
6	20.7	0.5
5	18.5	0.3
4	16.3	0.1
3	14.1	0.1
2	11.9	0.0
1	9.7	0.0
0	7.5	0.0

2024학년도		
원점수	언어이해	
	표준	백분위
30	80.9	100.0
29	78.4	100.0
28	76.0	100.0
27	73.6	100.0
26	71.1	99.9
25	68.7	99.8
24	66.3	99.4
23	63.8	98.6
22	61.4	97.1
21	59.0	94.5
20	56.5	90.3
19	54.1	84.3
18	51.7	76.4
17	49.3	67.0
16	46.8	56.7
15	44.4	46.0
14	42.0	35.9
13	39.5	26.9
12	37.1	19.0
11	34.7	12.8
10	32.2	8.5
9	29.8	5.3
8	27.4	3.0
7	24.9	1.6
6	22.5	0.8
5	20.1	0.4
4	17.7	0.2
3	15.2	0.1
2	12.8	0.1
1	10.4	0.1
0	7.9	0.0

2023학년도		
원점수	언어이해	
	표준	백분위
30	72.5	100.0
29	70.4	100.0
28	68.3	99.8
27	66.2	99.5
26	64.1	98.7
25	62.0	97.3
24	59.9	95.3
23	57.8	92.3
22	55.7	87.9
21	53.6	82.3
20	51.5	75.7
19	49.3	67.8
18	47.2	58.8
17	45.1	49.8
16	43.0	40.7
15	40.9	32.1
14	38.8	24.5
13	36.7	18.0
12	34.6	13.0
11	32.5	8.9
10	30.4	5.7
9	28.3	3.6
8	26.2	2.2
7	24.1	1.1
6	22.0	0.6
5	19.9	0.3
4	17.8	0.2
3	15.6	0.1
2	13.5	0.1
1	11.4	0.0
0	9.3	0.0

2022학년도		
원점수	언어이해	
	표준	백분위
30	72.3	100.0
29	70.2	100.0
28	68.2	99.9
27	66.2	99.6
26	64.1	99.1
25	62.1	98.1
24	60.1	96.2
23	58.1	93.2
22	56.0	88.9
21	54.0	83.3
20	52.0	76.7
19	49.9	69.1
18	47.9	60.8
17	45.9	51.9
16	43.8	43.2
15	41.8	35.3
14	39.8	28.1
13	37.7	21.7
12	35.7	16.2
11	33.7	11.6
10	31.7	7.8
9	29.6	5.2
8	27.6	3.3
7	25.6	1.9
6	23.5	1.0
5	21.5	0.4
4	19.5	0.3
3	17.4	0.2
2	15.4	0.1
1	13.4	0.0
0	11.4	0.0

2021학년도		
원점수	언어이해	
	표준	백분위
30	78.1	100.0
29	75.9	100.0
28	73.6	100.0
27	71.4	99.9
26	69.1	99.8
25	66.9	99.4
24	64.6	98.8
23	62.4	97.6
22	60.1	95.3
21	57.9	92.1
20	55.6	87.6
19	53.4	81.6
18	51.1	74.4
17	48.9	66.1
16	46.6	57.0
15	44.4	47.2
14	42.1	37.6
13	39.9	28.7
12	37.6	20.8
11	35.4	14.5
10	33.1	9.9
9	30.9	6.3
8	28.6	3.6
7	26.4	2.0
6	24.1	1.0
5	21.9	0.4
4	19.6	0.2
3	17.4	0.1
2	15.1	0.1
1	12.9	0.0
0	10.6	0.0

※ 백분위 환산표는 당해년도 메가로스쿨 합격예측 풀서비스 데이터 기준입니다.

LEET 5개년 기출문제 실전 연습 **언어이해**

Contents

언어이해

Quick Answers

2025학년도

01	②	02	②	03	⑤	04	④	05	④	06	③	07	②	08	③	09	②	10	③
11	③	12	②	13	①	14	⑤	15	④	16	①	17	①	18	②	19	④	20	①
21	②	22	⑤	23	④	24	⑤	25	①	26	⑤	27	④	28	③	29	④	30	③

2024학년도

01	③	02	④	03	③	04	②	05	⑤	06	③	07	⑤	08	②	09	⑤	10	④
11	①	12	③	13	①	14	④	15	③	16	③	17	②	18	①	19	⑤	20	④
21	①	22	④	23	②	24	②	25	⑤	26	④	27	①	28	②	29	②	30	④

2023학년도

01	③	02	①	03	⑤	04	②	05	④	06	③	07	⑤	08	⑤	09	③	10	④
11	①	12	②	13	②	14	⑤	15	④	16	①	17	①	18	⑤	19	①	20	③
21	①	22	②	23	②	24	④	25	③	26	⑤	27	③	28	⑤	29	⑤	30	③

2022학년도

01	③	02	⑤	03	⑤	04	④	05	①	06	②	07	①	08	④	09	③	10	③
11	④	12	⑤	13	①	14	①	15	②	16	④	17	④	18	②	19	④	20	①
21	⑤	22	⑤	23	③	24	③	25	②	26	②	27	⑤	28	⑤	29	③	30	②

2021학년도

01	①	02	④	03	⑤	04	⑤	05	⑤	06	③	07	④	08	①	09	④	10	①
11	②	12	⑤	13	③	14	②	15	④	16	⑤	17	⑤	18	①	19	④	20	①
21	①	22	③	23	②	24	②	25	④	26	⑤	27	③	28	②	29	②	30	③

[1~3] 제재 | 범죄소설에서 법과 문학의 상호작용
난이도 | ★☆☆

1. 정답 ② 난이도 ★☆☆ | 정답률 91%

내용영역 규범 문항 유형 정보의 확인과 재구성

[정답 풀이]

② 뉴게이트 소설은 당대의 지배적 범죄 담론에 대한 대항 담론을 선전·유포하였다.
1문단 "그것은 동시에 당대의 지배적 범죄 담론에 대한 대항 담론을 선전·유포하여 형법 개혁의 원동력이 되기도 했다."에 따르면, 뉴게이트 소설은 당대의 범죄 담론을 강화한 것이 아니라 당대의 범죄 담론에 대한 대항 담론을 선전·유포하여 형법 개혁의 원동력이 되었음을 알 수 있다.

[오답 풀이]

① 1문단 "1830년대 영국에서 유행한 범죄소설 …… '뉴게이트 소설'이라 불린 이 시기 범죄문학 장르는 재판 관행 및 행형 실태 개선을 촉구하는 캠페인의 산물이었다. 그것은 동시에 당대의 지배적 범죄 담론에 대한 대항 담론을 선전·유포하여 형법 개혁의 원동력이 되기도 했다."에 따르면, 당시 유행한 범죄소설 장르인 뉴게이트 소설은 재판 관행 및 행형 실태 개선을 촉구하는 캠페인의 산물이자, 형법 개혁의 원동력이었다. 즉 형법 개혁을 위한 캠페인을 계기로 뉴게이트 소설이 나타났고, 또 뉴게이트 소설로 인해 형법 개혁이 일어난 것이다. 따라서 형법 개혁 운동은 범죄소설 열풍의 계기이자 성과였다고 할 수 있다.

③ 4문단 "새커리는 범죄성이 개인의 병증이나 타고난 악함에 의한 것임을 밝혀 독자의 공감을 차단하려 했다. …… 하지만 작가의 손을 떠난 작품은 독자에 의해 매 순간 새롭게 읽히기 마련이다. …… 사랑하는 사람과 결합하고자 살인을 조력한 주인공의 욕망은 독자에게 뜻밖의 호소력이 있었다. 범죄에 대한 구토를 유발하고 사회의 건강을 회복시킬 약물을 투입하겠다는 작가의 기획은 온전한 성공을 거두진 못했다."에 따르면, 『캐서린』의 독자들은 작가 새커리의 의도와는 달리 사랑을 위해 살인을 조력한 주인공의 욕망에 공감하였다. 따라서 『캐서린』에 대한 독자들의 반응은 작품이 항상 작가의 의도대로 읽히는 것은 아님을 보여 준다고 할 수 있다.

④ 3문단 "……지배계급은 이런 전복적 설정에 대해서는 교수대에 낭비된 감수성이라 격렬히 비난했다. 소설이 연극으로 만들어져 중산계급에서 노동계급으로 수용층이 넓어지자 불온한 열광에 대한 우려는 증폭되었다."에 따르면, 당시의 지배계급은 뉴게이트 소설의 전복적 설정을 비난하는 한편, 뉴게이트 소설의 수용층이 넓어지는 것을 우려하였다. 이를 통해 기득권층은 뉴게이트 소설의 대중적 전파력 확대가 기존 사회 체제의 안정을 저해할 것이라 여겼음을 알 수 있다.

⑤ 2문단 "……생존의 막다른 골목에 놓인 빈민을 자연의 제일법칙에 입각한 선택지만 남은 상황으로 내몬 다음 그 선택지를 집었다는 이유로 교수형에 처하는 것이 과연 정의일 수 있는지 소설은 질문한다."에 따르면, 『폴 클리퍼드』는 생존의 막다른 골목에 놓인 빈민 계층이 생존을 위해 범죄를 선택할 수밖에 없었던 상황에 주목한다. 그리고 마지막 문단 "반면 올리버는 …… 탁월한 통제력으로 범죄 유혹을 물리쳤고 마침내 사회로부터 보상받는다."에 따르면, 『올리버 트위스트』에서는 범죄 유혹을 물리친 올리버의 행위에 주목하면서 『폴 클리퍼드』와 달리 범행 착수의 기로에 선 개인의 선택과 의지력을 강조했음을 알 수 있다.

2. 정답 ② 난이도 ★★☆ | 정답률 73%

내용영역 규범 문항 유형 정보의 추론과 해석

[정답 풀이]

② ㉡은 살아남기 위해 범죄를 선택할 수밖에 없는 운명을 가리킨다.
2문단 "……생존의 막다른 골목에 놓인 빈민을 ㉡ 자연의 제일법칙에 입각한 선택지만 남은 상황으로 내몬 다음 그 선택지를 집었다는 이유로 교수형에 처하는 것이 과연 정의일 수 있는지 소설은 질문한다."에 따르면, 선택의 결과가 교수형이라는 점에서 선택지는 곧 범죄 행위를 의미함을 알 수 있다. 즉 ㉡에서는 생존의 막다른 골목에 놓인 빈민이 생존을 위해 택할 수 있는 것이 범죄뿐인 현실을 지적한 것이다. 따라서 ㉡은 살아남기 위해 주어진 계급적 위치와 역할에 순응해야 하는 운명을 가리킨다고 할 수 없다.

[오답 풀이]

① 2문단 "그 서두에서 작가는 소설 집필의 동기가 영국 형법의 두 가지 근본적 야만성, 즉 수감자를 교화하기보단 타락하게 만드는 행형, 그리고 단순 절도범마저 공동체로 복귀할 기회를 박탈하는 ㉠ 피에 굶주린 형법전에 대한 교정임을 밝혔다."에 따르면, 불워-리턴은 ㉠을 통해 절도 등 무겁지 않은 범죄에도 생명, 자유 등을 박탈하는 영국 형법의 야만성을 지적하고 있음을 알 수 있다. 따라서 ㉠은 죄에 비해 과한 형을 구형하거나 사형 선고를 남발하는 현상을 가리킨다고 할 수 있다.

③ 3문단 "불워-리턴의 후속작 『유진 아람』엔 주인공의 범행 사실을 밝혀낸 자가 도리어 공동체의 지탄을 받고 주인공의 용서를 청하는 장면이 나온다. 대중적 인기를 끌었던 에인즈워스의 『룩우드』 또한 영웅의 일대기처럼 범죄 서사를 구성하고 노상강도의 삶을 낭만적으로 묘사한다."에 따르면, 『유진 아람』에서는 범죄를 저지른 주인공이 용서하는 자의 위치에 서고, 『룩우드』에서는 범죄 서사가 영웅의 일대기와 같이 다루어진다. 그리고 "지배계급은 이런 전복적 설정에 대해서는 ㉢ 교수대에 낭비된 감수성이라 격렬히 비난했다."에 따르면, 지배계급은 이러한 전복적 설정이 범죄자와 유대감을 형성하고 범법과 준법의 경계를 허문다고 생각했을 것이다. 따라서 ㉢은 범죄자와 유대감을 형성하여 범법과 준법의 경계를 허물려는 감수성을 가리킨다고 할 수 있다.

④ 4문단 "작가는 ㉣ 문학적 공범자가 되어선 안 되며 무뢰한의 타락상을 정확히 보여 줘야 한다고 주장한 새커리는 …… 범죄성이 개인의 병증이나 타고난 악함에 의한 것임을 밝혀 독자의 공감을 차단하려 했다."에 따르면, 문학적 공범자란 무뢰한, 즉 범죄자의 타락상을 정확히 드러내지 않고 독자가 범죄자에 공감하도록 하는 작가를 의미할 것이다. 따라서 ㉣은 대중의 기대에 따라 범죄자를 이상화하는 방식으로 그려내는 작가를 가리킨다고 할 수 있다.

⑤ 4문단 "새커리는 …… 독자의 공감을 차단하려 했다. 주인공의 처형 장면은 기사 인용 형태로 건조하게 기술되었다. 처벌은 악인의 참회와 독자의 눈물을 위한 최소한의 유예를 허락하지 않은 채 가해짐으로써 ㉤ 봉쇄된 정의를 실현했다."에 따르면, 새커리는 『캐서린』의 처형 장면을 통해 악인의 참회, 독자의 눈물을 위한 유예를 허락하지 않고자 했다. 따라서 ㉤은 범죄자에 대한 독자의 감정이입을 차단한 상태에서 구현되는 정의를 가리킨다고 할 수 있다.

3. 정답 ⑤ 난이도 ★☆☆ | 정답률 91%

내용영역 규범 문항 유형 주제, 구조, 관점 파악

[정답 풀이]

⑤ 2문단 "그 서두에서 작가는 소설 집필의 동기가 영국 형법의 두 가지 근본적 야만성 …… 에 대한 교정임을 밝혔다."와 "법정에 선 그는 …… 독자의 공감을 유발한다."에 따르면, 불워-리턴은 『폴 클리퍼드』를 통

해 영국 형법의 야만성을 지적하는 한편, 클리퍼드의 항변을 통해 독자의 공감을 유발하고자 하였다. 반면 4문단 "새커리는 범죄성이 개인의 병증이나 타고난 악함에 의한 것임을 밝혀 독자의 공감을 차단하려 했다."에 따르면, 새커리는 범죄자의 타락상을 정확히 밝히고자 하면서 독자의 공감을 차단하려 했다. 따라서 불워-리턴은 새커리와 달리 범죄자에 대한 독자의 공감을 유발하면서 범죄자와 독자 대중의 심정적 거리를 좁히고자 했음을 알 수 있다.

[오답 풀이]

① 디킨스는 법의 부조리에 대한 비판과 범죄의 해악에 대한 훈계를 한 작품에서 동시에 수행할 수 있다고 보았을 것이다.
마지막 문단 "……이 소설이 꾸준히 읽힌 데엔 법의 부정의를 고발하되 해학과 권선징악이라는 안전장치를 두어 법질서 자체를 교란하지는 않았던 작가적 선택이 한몫했을지도 모른다."에 따르면, 디킨스는 『올리버 트위스트』를 통해 법의 부정의를 고발하여 법의 부조리를 비판하는 동시에, 권선징악이라는 안전장치를 두어 범죄의 해악에 대한 훈계를 수행하고 있다. 따라서 디킨스는 법의 부조리에 대한 비판과 범죄의 해악에 대한 훈계를 한 작품에서 동시에 수행할 수 있다고 보았을 것이다.

② 불워-리턴은 디킨스와 달리 뉴게이트 소설의 작법에 따라 범죄자에게 자기 정당화의 기회를 많이 주었을 것이다.
2문단 "그 서두에서 작가는 소설 집필의 동기가 영국 형법의 두 가지 근본적 야만성 …… 에 대한 교정임을 밝혔다."와 "생존의 막다른 골목에 놓인 빈민을 자연의 제일법칙에 입각한 선택지만 남은 상황으로 내몬 다음 그 선택지를 집었다는 이유로 교수형에 처하는 것이 과연 정의일 수 있는지 소설은 질문한다."에 따르면, 불워-리턴은 당대 영국 형법의 문제점을 비판하고, 클리퍼드가 범죄를 저지를 수밖에 없었던 상황을 강조했다는 점에서 자기 정당화의 기회를 많이 주었다고 볼 수 있다. 하지만 마지막 문단 "반면 올리버는 …… 범죄 유혹을 물리쳤고 마침내 사회로부터 보상받는다."에 따르면, 디킨스 소설의 등장인물은 범죄의 유혹을 물리쳤다는 점에서 디킨스가 범죄자에게 자기 정당화의 기회를 주었다고 보기 어렵다.

③ 에인즈워스와 새커리 모두 범죄소설의 목적은 범죄자의 교화나 참회를 통해 독자에게 교훈을 주는 것이라고 보지 않았을 것이다.
3문단 "대중적 인기를 끌었던 에인즈워스의 『룩우드』 또한 영웅의 일대기처럼 범죄 서사를 구성하고 노상강도의 삶을 낭만적으로 묘사한다."에 따르면, 에인즈워스의 소설에 범죄자의 교화나 참회는 드러나 있지 않다. 그리고 4문단 "처벌은 악인의 참회와 독자의 눈물을 위한 최소한의 유예를 허락하지 않은 채 가해짐으로써 봉쇄된 정의를 실현했다."에 따르면, 새커리 역시 범죄자의 교화나 참회가 아닌 범죄자의 타락상을 정확히 보여 주고자 하였다. 따라서 둘 다 범죄자의 교화나 참회를 통해 독자에게 교훈을 주는 것에 범죄소설의 목적을 두었다고 볼 수 없다.

④ 불워-리턴과 에인즈워스 모두 범죄의 사회경제적 요인을 찾기 위해 범죄자의 유년기를 다루었을 것이다.
2문단 "범죄자가 들끓는 술집에서 유년기를 보낸 클리퍼드는 소매치기 누명으로 체포되어 수감 생활을 거듭한다."에 따르면, 클리퍼드의 유년기가 다루어진 것은 클리퍼드가 어린 시절부터 범죄에 많이 노출되었음을 설명할 뿐, 개인의 잠재된 범죄 성향을 찾기 위함이라고는 보기 어렵다. 그리고 3문단 "……에인즈워스의 『룩우드』 또한 영웅의 일대기처럼 범죄 서사를 구성하고……."에 따르면, 에인즈워스가 영웅적 면모를 강조하기 위해 범죄자의 유년기를 다루었는지는 제시된 내용으로부터 확인할 수 없다. 한편 4문단 "하지만 범죄의 사회경제적 요인을 찾고자 인물의 유년기를 조명했던 앞선 작가들과 달리……."에 따르면, 새커리 이전에 제시된 '앞선 작가들'인 불워-리턴과 에인즈워스 모두 범죄의 사회경제적 요인을 찾고자 인물의 유년기를 다루었을 것임을 알 수 있다.

[4~6] 제재 | 포르피린증
난이도 | ★★☆

4. 정답 ④ 난이도 ★★☆ | 정답률 79%

내용영역 과학기술 문항 유형 정보의 확인과 재구성

[정답 풀이]

④ 전설 속 흡혈귀의 특징과 공통점이 있는 포르피린증은 선천성 조혈기성 포르피린증이다.
4문단 "선천성 조혈기성 포르피린증 환자는 불면증이 있으며 햇빛을 피하려 주로 밤에 활동하고 피를 마신 것처럼 붉은색 소변을 본다. 그래서 선천성 조혈기성 포르피린증 환자는 공통된 증세를 보이는 흡혈귀 전설의 모델이 되었다는 것이다."에 따르면, 전설 속 흡혈귀의 특징과 공통점이 있는 포르피린증은 혼합 포르피린증이 아니라 선천성 조혈기성 포르피린증이다.

[오답 풀이]

① 1문단 "이 헴 합성 경로에 관여하는 효소의 이상으로 포르피린으로 통칭되는 헴 합성 중간물질 및 부산물들이 적혈구, 체액, 간에 축적되는 질환이 포르피린증이다."와 3문단 "그중 하나인 '선천성 조혈기성 포르피린증'은, 헴 합성 경로 효소 중 …… 전환되어 생성된 코프로포르피리노겐I에 의해 발생한다. 코프로포르피리노겐I은 환자의 몸에 축적되는데……."에 따르면, 코프로포르피리노겐I은 헴 합성 경로에서 생성되고 환자의 몸에 축적되어 포르피린증을 일으키는 포르피린의 한 종류임을 알 수 있다.

② 2문단 "헴은 단백질의 대표적인 보철그룹으로, 적혈구 안에서 산소를 운반하는 데 참여하는 헤모글로빈뿐 아니라 근육에 존재하는 미오글로빈, 미토콘드리아에 많이 존재하는 시토크롬 등의 단백질에서도 산소와 결합하는 능력을 부여하는 보철그룹으로 작용한다."에 따르면, 미오글로빈과 시토크롬은 헤모글로빈과 마찬가지로 헴을 보철그룹으로 가지고 있는 단백질임을 알 수 있다.

③ 2문단 "적혈구 안에서 산소를 운반하는 데 참여하는 헤모글로빈뿐 아니라 근육에 존재하는 미오글로빈……."과 "운동을 통해 근육이 수축될 때 산소가 많이 필요하므로 미오글로빈은 헤모글로빈과 마찬가지로 산소를 결합하고 있다가 필요할 때 방출한다."에 따르면, 근육의 미오글로빈도 혈액의 헤모글로빈과 마찬가지로 산소와 결합한다.

⑤ 3문단 "그중 하나인 '선천성 조혈기성 포르피린증'은, 헴 합성 경로 효소 중 하나의 결함으로 생겨난 유로포르피리노겐I이 다음 단계 효소의 작용을 통해 전환되어 생성된 코프로포르피리노겐I에 의해 발생한다."에 따르면, 선천성 조혈기성 포르피린증이 발생할 때 유로포르피리노겐I에서 코프로포르피리노겐I을 만드는 효소에는 결함이 일어나지 않는다. 만약 해당 효소에 결함이 일어날 경우, 코프로포르피리노겐I이 정상적으로 생성되지 못할 것이다. 따라서 유로포르피리노겐I에서 코프로포르피리노겐I을 만드는 효소에 일어난 결함은 선천성 조혈기성 포르피린증의 원인이 아니다.

5. 정답 ④ 난이도 ★★☆ | 정답률 61%

내용영역 과학기술 문항 유형 정보의 추론과 해석

[정답 풀이]

④ 5문단 "……조지 3세의 성격이상, 불면증, 정신이상이 포르피린증의 하나인 '혼합 포르피린증'과 관련이 있을 것이라고 주장하였다."에 따르면, 조지 3세가 불면증, 정신이상을 겪었다는 문헌 사례는 혼합 포르피린증과 관련된다. 그리고 4문단 "선천성 조혈기성 포르피린증 환자는 불면증이 있으며 햇빛을 피하려 주로 밤에 활동하고 피를 마신 것

처럼 붉은색 소변을 본다."에 따르면, 붉은색 소변을 보는 것은 혼합 포르피린증 및 조지 3세의 증상과는 구별되는 선천성 조혈기성 포르피린증만의 증상이다. 따라서 조지 3세는 불면증과 정신이상을 보였지만 붉은색 소변은 보지 않았을 것임을 추론할 수 있다.

[오답 풀이]

① 미오글로빈은 적혈구 안에서 산소를 운반하는 데 참여하지 않을 것이다.
2문단 "헴은 단백질의 대표적인 보철그룹으로, 적혈구 안에서 산소를 운반하는 데 참여하는 헤모글로빈뿐 아니라 근육에 존재하는 미오글로빈……."에 따르면, 적혈구 안에서 산소를 운반하는 데 참여하는 단백질은 미오글로빈이 아니라 헤모글로빈임을 알 수 있다.

② 미토콘드리아의 시토크롬에 존재하는 헴은 산소와 결합할 수 있을 것이다.
2문단 "헴은 단백질의 대표적인 보철그룹으로 …… 미토콘드리아에 많이 존재하는 시토크롬 등의 단백질에서도 산소와 결합하는 능력을 부여하는 보철그룹으로 작용한다."에 따르면, 헴은 미토콘드리아에 존재하는 시토크롬에 산소와 결합하는 능력을 부여한다. 따라서 미토콘드리아의 시토크롬에 존재하는 헴은 산소와 결합할 수 있을 것이다.

③ 비소가 헴의 대사를 저해한다는 사실이 매캘파인과 헌터의 연구 결과에 의해 밝혀진 것은 아니다.
5문단 "매캘파인과 헌터는 문헌 사례 조사를 통해 발표한 연구에서 조지 3세의 성격이상, 불면증, 정신이상이 포르피린증의 하나인 '혼합 포르피린증'과 관련이 있을 것이라고 주장하였다."에 따르면, 매캘파인과 헌터의 연구는 비소와 헴의 대사의 연관성을 다루고 있지 않다. 그리고 마지막 문단 "하지만 그는 모발에서 고농도의 비소를 발견하였고, 비소가 헴 대사를 저해한다는 사실에 착안하여 다시 조지 3세의 포르피린증 관련 논란을 촉발시켰다."에 따르면, 콕스 역시 비소가 헴 대사를 저해한다는 사실을 활용하였을 뿐, 본인의 연구를 통해 비소가 헴의 대사를 저해한다는 사실을 밝힌 것은 아니다.

⑤ 콕스는 조지 3세의 모발에서 헴 합성과 관련된 효소 유전자의 결함을 찾고자 하였을 것이다.
마지막 문단 "……콕스는 조지 3세의 모발을 분석하여 헴 합성과 연관된 유전자의 결함을 찾으려고 하였으나 유전자 분석에 성공하지는 못했다. 하지만 그는 모발에서 고농도의 비소를 발견하였고, 비소가 헴 대사를 저해한다는 사실에 착안하여 다시 조지 3세의 포르피린증 관련 논란을 촉발시켰다."에 따르면, 콕스가 모발에서 고농도 비소를 발견함으로써 포르피린증 관련 논란을 촉발시킨 것은 맞다. 하지만 콕스가 조지 3세의 모발을 분석함으로써 헴 합성과 연관된 유전자의 결함을 찾으려고 하였음을 고려할 때, 조지 3세의 모발에서 발견하고자 한 것이 비소 대사와 관련된 효소 유전자의 결함이라고 보기는 어렵다.

6. 정답 ③ 난이도 ★★★ | 정답률 42%

내용영역 **과학기술** 문항 유형 **정보의 평가와 적용**

[정답 풀이]

〈보기〉 "……특정 효소가 저해되면 다단계 효소 촉매 과정에서 특정 효소의 기질이 축적되어 전체 반응이 저해될 수 있다."에 따르면, 각 효소에 이상이 생겼을 경우 해당 효소의 기질이 축적됨으로써 포르피린증이 발병한다. 그리고 "단, 효소 ㉢에 이상이 생겨 효소 ㉢의 기질인 포르피린 B가 포르피린 C로 전환되지 못하면, 축적된 포르피린 B는 자발적인 반응을 통해 유로포르피리노젠I로 바뀐다."와 3문단 "그중 하나인 '선천성 조혈기성 포르피린증'은, 헴 합성 경로 효소 중 하나의 결함으로 생겨난 유로포르피리노젠I이 다음 단계 효소의 작용을 통해 전환되어 생성된 코프로포르피리노젠I에 의해 발생한다."에 따르면, 선천성 조혈기성 포르피린증의 경우 포르피린 B가 효소 ㉢의 결핍으로 유로포르피리노젠I로 전환된 뒤, 유로포르피리노젠I이 효소 ㉣의 정상 작용을 통해 전환되어 생성된 코프로포르피리노젠I에 의해 발생한다. 이를 바탕으로 포르피린증의 종류에 따른 발병 과정을 효소의 결핍과 기질의 축적을 중심으로 다음과 같이 정리할 수 있다.

포르피린증	발병 과정
도스포르피린증	㉠ 결핍 → 델타아미노레불린산(㉠의 기질) 축적
급성 간헐성 포르피린증	㉡ 결핍 → 포르피린 A(㉡의 기질) 축적
선천성 조혈기성 포르피린증	㉢ 결핍 → 포르피린 B(㉢의 기질) 축적 → 포르피린 B가 유로포르피리노젠I로 전환 → ㉣ 작용으로 코프로포르피리노젠I 생성 · 축적
만발성 피부 포르피린증	㉣ 결핍 → 포르피린 C(㉣의 기질) 축적
유전성 코포르피린증	㉤ 결핍 → 포르피린 D(㉤의 기질) 축적
혼합 포르피린증	㉥ 결핍 → 포르피린 E(㉥의 기질) 축적
조혈기성 프로토포르피린증	㉦ 결핍 → 포르피린 F(㉦의 기질) 축적

③ 4문단 "그래서 선천성 조혈기성 포르피린증 환자는 공통된 증세를 보이는 흡혈귀 전설의 모델이 되었다는 것이다."에 따르면, 흡혈귀와 공통점이 있는 포르피린증은 선천성 조혈기성 포르피린증이다. 그리고 3문단 "……유로포르피리노젠I이 다음 단계 효소의 작용을 통해 전환되어 생성된 코프로포르피리노젠I에 의해 발생한다."와 〈보기〉의 (나)에 따르면, 효소 ㉣ 결핍 시 코프로포르피리노젠I이 정상적으로 생성되지 못할 것이다. 그리고 효소 ㉤의 결핍은 유전성 코포르피린증을 발병시키며, 코프로포르피리노젠I의 생성 및 선천성 조혈기성 포르피린증의 발병과는 무관하다. 따라서 효소 ㉣과 ㉤이 결핍되어도 흡혈귀와 공통점이 있는 선천성 조혈기성 포르피린증의 원인 물질이 만들어지지 않을 것이다.

[오답 풀이]

① 효소 ㉠의 기질은 도스포르피린증 환자의 체내에 축적될 것이다.
〈보기〉에 따르면, 도스포르피린증은 효소 ㉠의 결핍으로 ㉠의 산물이 생성되지 못하고 ㉠의 기질인 델타아미노레불린산이 축적되어 발병한다. 이때 ㉠의 산물은 ㉡의 기질이므로 도스포르피린증 환자라면 효소 ㉡의 산물 역시 생성되지 못할 것이다. 따라서 효소 ㉠, ㉡의 산물이 아니라 효소 ㉠의 기질이 도스포르피린증 환자의 체내에 축적될 것이다.

② 효소 ㉢의 산물이 포르피린 D로 전환되는 반응은 만발성 피부 포르피린증 환자의 체내에서 원활히 이루어지지 않을 것이다.
〈보기〉에 따르면, 효소 ㉢의 산물인 포르피린 C는 코프로포르피리노젠I이 아니라 포르피린 D로 전환된다. 그리고 만발성 피부 포르피린증은 효소 ㉣의 결핍으로 포르피린 C가 축적되어 발병하므로, 만발성 피부 포르피린증 환자의 체내에서는 효소 ㉢의 산물인 포르피린 C가 포르피린 D로 전환되는 반응이 원활히 이루어지지 않을 것이다.

④ 효소 ㉥의 산물은 조혈기성 프로토포르피린증 환자의 체내에 축적될 것이다.
〈보기〉에 따르면, 효소 ㉥의 산물인 포르피린 F는 효소 ㉦의 기질이다. 그리고 효소 ㉦이 부족하면 포르피린 F가 축적되어 조혈기성 프로토포르피린증이 발병한다. 따라서 효소 ㉥의 산물은 조혈기성 프로토포르피린증 환자의 체내에 축적될 것이다.

⑤ 효소 ㉥의 기질은 매캘파인과 헌터가 조지 3세가 앓았을 것으로 추정한 포르피린증 환자의 몸에 많이 축적될 것이다.
5문단 "매캘파인과 헌터는 문헌 사례 조사를 통해 발표한 연구에서 조지 3세의 성격이상, 불면증, 정신이상이 포르피린증의 하나인 '혼합 포

르피린증'과 관련이 있을 것이라고 주장하였다."에 따르면, 매캘파인과 헌터가 조지 3세가 앓았을 것으로 추정한 포르피린증은 혼합 포르피린증이다. 그리고 〈보기〉에 따르면, 혼합 포르피린증은 효소 ㉥의 결핍으로 효소 ㉥의 기질이 축적되어 발병한다. 따라서 매캘파인과 헌터가 조지 3세가 앓았을 것으로 추정한 혼합 포르피린증 환자의 몸에 많이 축적되는 것은 효소 ㉦의 기질이 아니라 효소 ㉥의 기질이다.

[7~9] 제재 | 고대 그리스 로마의 소년애
난이도 | ★☆☆

7. 정답 ②

난이도 ★☆☆ | 정답률 83%

내용영역 인문 　 문항 유형 주제, 구조, 관점 파악

[정답 풀이]

② 크세노폰은 에라스테스를 소년의 육체를 차지하려는 불명예스러운 자로 한정하지 않았다.
3문단 "크세노폰은 남성과 소년이 친구가 될 수는 있지만 "남성이 명백히 소년의 육체에 매혹되었다면, 이는 불명예스러운 것"이라고 비판했다."에 따르면, 크세노폰은 에라스테스와 에로메노스가 친구와 같은 관계인 것을 바람직하게 여기고 에라스테스가 에로메노스의 육체에 매혹되는 것을 비판하였다. 즉 크세노폰이 에라스테스를 소년의 육체를 차지하려는 불명예스러운 자로 한정한 것은 아니다.

[오답 풀이]

① 2문단 "고전기 아테네 사람들은 소년을 육체적 아름다움의 추구 대상이자 동시에 지적 대화의 동반자라고 생각했다. 플라톤도 "소년을 사랑하는 사람들은 아무 소년이나 사랑하는 것이 아니라 이성(理性)을 갖기 시작한 나이의 소년들만을 사랑한다."라고 서술한다."에 따르면, 플라톤은 파이데라스티아의 대상을 일정한 지적 성장 단계의 소년으로 한정했음을 알 수 있다.

③ 3문단 "플루타르코스도 에라스테스와 에로메노스 사이의 관계는 교육적이며, 정신적 사랑의 의미가 더 크다고 보았다."에 따르면, 플루타르코스는 성년 남자와 자유민 소년 간의 관계, 즉 에라스테스와 에로메노스 간의 관계에서 정신적인 것을 중시했음을 알 수 있다.

④ 4문단 "호라티우스의 시구에 등장하는 "난 준비된 손쉬운 사랑을 좋아하거든"이라는 표현은 상류층의 노예주가 노예 남녀를 성욕 충족의 도구로 삼는 데 아무런 장애가 없었음을 보여 준다. 이 경우 노예주들은 종종 미소년을 찾는 경향을 보였는데, 그러한 소년 노예는 델리카투스라 불렸다."에 따르면, 호라티우스의 시구에는 로마 공화정 후기에 로마인 노예주가 소년 노예인 델리카투스를 성욕 충족의 도구로 삼는 성풍속이 암시되어 있음을 알 수 있다.

⑤ 마지막 문단 "……로마에는 그리스의 생활 방식을 숭상하는 헬레니즘이 번져 있었다. 그 일환으로 소년애가 로마에 흘러든 것은 결코 놀라운 일이 아니다. 당대의 지식인 키케로가 "이 우정의 사랑이란 대체 무엇인가? 내가 보기에 이 습속은 그리스인들의 김나시움에서 생겨난 듯하다."라고 논평했듯이, 로마의 지식인들은 …… 의심에 찬 눈초리로 바라보았다."에 따르면, 헬레니즘을 통해 확산된 소년과의 그리스적 우정은 곧 소년애이며, 키케로를 비롯한 로마의 지식인들은 이에 의구심을 갖고 비판적인 태도를 견지하였다. 따라서 키케로는 헬레니즘을 통해 확산된 소년과의 그리스적 우정에 대해 비판적이었다고 볼 수 있다.

8. 정답 ③

난이도 ★☆☆ | 정답률 86%

내용영역 인문 　 문항 유형 정보의 확인과 재구성

[정답 풀이]

③ 2문단 "소년애 관계에서 사랑의 대상인 자유민 소년은 에로메노스로 불리며, 이들의 나이는 17세 이하였다."에 따르면, 그리스의 소년애 관계에서 사랑의 대상은 자유민 소년이었다. 그리고 4문단 "하지만 기원전 6~5세기의 아테네와 달리 기원전 2세기의 로마는 성인 남성과 자유민 소년과의 관계를 처벌하고 있었다."와 "나아가 미셸 푸코는 소년애를 억제한 결과 신분에 구애받을 필요가 없는 젊은 노예들과의 동성애가 로마에서 널리 행해졌다고 주장하였다."에 따르면, 공화정 후기의 로마에서는 자유민 소년과의 소년애가 억제되었고, 그에 따라 젊은 노예와의 동성애가 널리 행해졌다. 따라서 그리스에서와 달리 공화정 후기의 로마에서는 자유민 소년과의 소년애가 억제되었다고 할 수 있다.

[오답 풀이]

① 아테네와 달리 스파르타에서는 이십 대 청년이 에로메노스에서 배제되지 않았다.
2문단 "소년애 관계에서 사랑의 대상인 자유민 소년은 에로메노스로 불리며, 이들의 나이는 17세 이하였다."와 3문단 "스파르타에서는 에로메노스의 역할이 30세까지 지속되었다."에 따르면, 아테네에서 이십 대 청년은 에로메노스에서 배제되었지만, 스파르타에서 이십 대 청년은 에로메노스에서 배제되지 않았다.

② 아테네에서와 마찬가지로 스파르타에서의 에라스테스는 소년과의 육체적 관계를 거부하지 않았을 것이다.
2문단 "고전기 아테네 사람들은 소년을 육체적 아름다움의 추구 대상이자 동시에 지적 대화의 동반자라고 생각했다."에 따르면, 아테네의 에라스테스는 소년과의 육체적 관계를 거부하지 않았을 것임을 알 수 있다. 그리고 "실제로 그리스인들은 소년을 대상으로 한 교육과 육체적 쾌락이 양립할 수 있다고 믿었다."와 3문단 "플루타르코스도 에라스테스와 에로메노스 사이의 관계는 교육적이며, 정신적 사랑의 의미가 더 크다고 보았다."에 따르면, 스파르타에서의 에라스테스가 소년과의 정신적 사랑에 더 주목했다고는 볼 수 있지만, 육체적 관계 자체를 거부했을 것이라고 보기는 어렵다.

④ 그리스에서와 달리 제정 초기의 로마에서는 소년애가 수행하는 사회화 기능에 주목하지 않았다.
2문단 "그렇기에 파이데라스티아는 육체적 탐미와 사회적 교육, 우정의 조합이라 간주되었다."에 따르면, 그리스에서는 소년애가 수행하는 사회적 교육 기능에 주목하는 모습이 드러났다. 그런데 마지막 문단 "소년들을 육체적으로 정복하고자 하는 욕망의 충족이 소년애의 궁극적 목표였으며, 이는 잠재적 시민의 명예에 대한 배려와는 거리가 멀었다."에 따르면, 제정 초기의 로마에서는 소년애가 수행하는 사회화 기능에 주목하지 않고 육체적 정복이라는 목표에만 주목했음을 알 수 있다. 따라서 제정 초기의 로마에서 소년애가 수행하는 사회화 기능에 주목했다고 볼 수 없다.

⑤ 공화정 후기의 로마에서와 마찬가지로 제정 초기의 로마에서 소년애는 소년의 명예를 배려하지 않았다.
4문단 "……상류층의 노예주가 노예 남녀를 성욕 충족의 도구로 삼는 데 아무런 장애가 없었음을 보여 준다. 이 경우 노예주들은 종종 미소년을 찾는 경향을 보였는데, 그러한 소년 노예는 델리카투스라 불렸다."에 따르면, 공화정 후기의 로마에서 소년애는 성욕 충족을 위해 이루어졌다. 그리고 마지막 문단 "소년들을 육체적으로 정복하고자 하는 욕망의 충족이 소년애의 궁극적 목표였으며, 이는 잠재적 시민의 명예에 대한 배려와는 거리가 멀었다."에 따르면, 제정 초기 로마의 소년애는 잠재적 시민인 소년들의 명예에 대한 배려와는 거리가 멀었다고 하였다. 따라서 공화정 후기의 로마에서와 마찬가지로 제정 초기의 로마에서 소년애는 소년의 명예를 배려하지 않았다고 볼 수 있다.

9. 정답 ② 난이도 ★★☆ | 정답률 78%

내용영역 인문 문항 유형 정보의 평가와 적용

[정답 풀이]

② 〈보기〉 "고대 그리스 도자기에 묘사된 소년애 장면은 …… 자유민 소년이 성적 권력관계에서 욕망의 대상으로만 인식되는 것에 대해 그리스 사회가 지닌 거부감을 보여 준다."에 따르면, 그리스 사회에서는 자유민 소년이 성적 권력관계에서 욕망의 대상으로만 인식되는 것에 대한 거부감을 갖고 있었다. 그리고 3문단 "역사가 카틀리지는 소년애가 지녔던 정치적 엘리트 충원 역할에 주목했다. 그에 따르면, 세력 있는 집안 출신인 소년의 에라스테스가 된다는 것은 소년의 가장 가깝고 믿을 만한 조언자, 동료가 된다는 것을 뜻하였다."에 따르면, 카틀리지 역시 에라스테스와 에로메노스의 관계를 성적 권력관계라는 관점이 아닌 조언자, 동료 관계로 설명한다. 따라서 그리스 도자기의 소년애 장면은 소년애를 정치 엘리트 충원 기능과 연결하는 카틀리지의 해석과 상충하지 않는다고 평가할 수 있다.

[오답 풀이]

① 도자기에 그려진 장면은 에로메노스와 에라스테스 관계에 대한 골든의 해석과 상충하지 않겠군.
〈보기〉 "고대 그리스 도자기에 묘사된 소년애 장면은 …… 자유민 소년이 성적 권력관계에서 욕망의 대상으로만 인식되는 것에 대해 그리스 사회가 지닌 거부감을 보여 준다."와 2문단 "아테네의 노예제와 동성애를 연구한 골든이 주장하듯이, 에라스테스와 에로메노스의 육체적 관계도 소년의 명예와 존엄을 배려하는 성격을 띠고 있었다."에 따르면, 그리스 사회에서의 인식과 골든의 해석은 모두 에라스테스와 에로메노스의 육체적 관계에서 자유민 소년을 배려하는 성격을 띠고 있다. 따라서 도자기에 그려진 장면은 에로메노스와 에라스테스 관계에 대한 골든의 해석과 상충하지 않을 것이다.

③ 그리스인이 느낀 '거부감'과 로마인이 지닌 결벽적 태도는 상충한다고 보기 어렵겠군.
〈보기〉 "고대 그리스 도자기에 묘사된 소년애 장면은 …… 자유민 소년이 성적 권력관계에서 욕망의 대상으로만 인식되는 것에 대해 그리스 사회가 지닌 거부감을 보여 준다."에 따르면, 그리스 사회에서는 자유민 소년이 성적 권력관계에서 욕망의 대상으로만 인식되는 것에 대한 거부감을 갖고 있었다. 그리고 4문단 "……기원전 2세기의 로마는 성인 남성과 자유민 소년과의 관계를 처벌하고 있었다. 이에 대해 로마사가 폴 벤느는 로마인이 시민의 능동성과 남성성에 대해 결벽적이었기 때문에 장차 시민이 될 소년과의 관계를 거부한 것이라고 설명했다."에 따르면, 소년과의 육체적 관계는 그 소년의 시민으로서의 능동성과 남성성에 대한 침해로 여겨졌다고 볼 수 있다. 따라서 벤느의 해석을 고려할 때 그리스인이 느낀 '거부감'과 로마인이 지닌 결벽적 태도가 상충한다고 보기 어렵다.

④ 젊은 노예의 법적 지위는 소년애를 억제한 결과 노예를 상대로 한 동성애가 확산되었다는 푸코의 주장을 뒷받침할 수 있겠군.
〈보기〉 "한편, 기원전 2세기 로마의 상류사회에서 노예는 성적 대상이기도 했다. 법적 보호를 받을 수 없었던 노예 소년과의 관계를 즐기는 문화가 확산되자……."와 4문단 "나아가 미셸 푸코는 소년애를 억제한 결과 신분에 구애받을 필요가 없는 젊은 노예들과의 동성애가 로마에서 널리 행해졌다고 주장하였다."에 따르면, 젊은 노예가 법적 보호를 받을 수 없었던 사실은 신분에 구애받을 필요가 없는 젊은 노예들과의 동성애가 로마에서 널리 행해졌다는 푸코의 주장을 뒷받침한다. 하지만 푸코는 소년애가 억제되었기 때문에 노예를 상대로 한 동성애가 확산되었다고 주장하였지, 노예를 상대로 한 동성애가 확산되었기 때문에 소년애가 줄어들었다고 주장하지 않았다.

⑤ 제정 초기 로마의 연가는 소년애가 그리스로부터 유입된 것이 아니라는 윌리엄스의 주장을 뒷받침하지 않겠군.
마지막 문단 "로마사 연구자 윌리엄스는 로마인이 그리스인에게 소년애를 배울 필요가 없었다고 하지만……."에 따르면, 윌리엄스는 로마의 소년애가 그리스로부터 유입된 것이 아니라고 주장한다. 그런데 〈보기〉 "공화정이 붕괴하고 평화의 시기가 도래하자 그리스적 사랑이 확산되었다. 로마의 현실을 일정하게 반영하고 있는 연가(戀歌) 역시 그리스적 사랑의 이식을 잘 보여 주었다."에 따르면, 제정 초기 로마의 연가는 로마의 소년애가 그리스로부터 확산되었음을 뒷받침한다.

[10~12] 제재 | 사법심사와 여론의 관계
난이도 | ★☆☆

10. 정답 ③ 난이도 ★☆☆ | 정답률 96%

내용영역 사회 문항 유형 정보의 확인과 재구성

[정답 풀이]

③ 4문단 "자신과 특별한 이해관계가 없는 한, 대중은 연방대법원의 결정을 수용하는 방향으로 여론을 형성……."에 따르면, 긍정적 반응 모델이 예상하는 반응이란 사법심사에 대한 연방대법원의 결정을 수용하는 방향으로 여론이 형성되는 것이다. 그리고 5문단 "'반발 모델'은 사법심사 결과에 불복하는 그룹들이 반대 의사를 적극 표출하고 이것이 전체 여론으로 확산하는 현상에 주목한다. …… 일시적 반발이 잠잠해지면 사법심사의 결과를 수용하는 방향으로 여론 변화가 나타나기 때문이다."에 따르면, 반발 모델이 예상하는 반응은 사법심사 결과에 불복하는 그룹들이 표출한 반대 의사가 전체 여론으로 확산하는 것인데, 이때 반발이 잠잠해진 뒤에는 사법심사의 결과를 수용하는 방향으로 여론 변화가 나타난다고 하였다. 따라서 반발 모델이 예상하는 반응은 시간이 지나면서 긍정적 반응 모델이 예상하는 반응으로 수렴되는 경향이 있다고 설명할 수 있다.

[오답 풀이]

① 긍정적 반응 모델은 연방대법원의 전문성과 공정성에 대한 대중의 신뢰를 반영한다.
4문단 "대중은 대체로 연방대법원의 전문성과 공정성을 신뢰하고, 그 결과 연방대법원의 결정은 미국 사회에서 안정적으로 수용된다."에 따르면, 긍정적 반응 모델은 대중이 연방대법원의 전문성과 공정성을 불신하는 것이 아니라 신뢰한다는 점을 반영하고 있음을 알 수 있다.

② 연방대법원의 결정을 여론이 즉각 수용할 경우, 반발 모델은 설득력이 줄어든다.
5문단 "'반발 모델'은 사법심사 결과에 불복하는 그룹들이 반대 의사를 적극 표출하고 이것이 전체 여론으로 확산하는 현상에 주목한다."에 따르면, 반발 모델은 연방대법원의 결정이 나온 뒤에 이에 불복하는 이들이 반대 의사를 표출하고 이것이 전체 여론으로 확산한다고 본다. 그런데 연방대법원의 결정을 여론이 즉각 수용한 것은, 반발 모델이 설명하는 현상과는 반대되는 양상으로 여론의 반응이 나타난 것이다. 따라서 이 경우 반발 모델의 설득력은 줄어들 것이다.

④ 낮았던 여론의 관심도가 사법심사 결정 이후 높아졌다면, 양극화 모델은 설득력이 커진다.
6문단 "'양극화 모델'은 여론의 주목을 받지 못하던 사안들이 사법심사를 계기로 본격적인 쟁점으로 전환되어 대중의 찬반 여론이 극명하게 갈리는 현상에 주목한다. 낙태 이슈에 대한 사법심사 결정이 오히려 미국 사회의 갈등을 증폭한 것이 그 예이다."에 따르면, 양극화 모델은 여론의 주목을 받지 못하던 사안들에 대한 여론의 관심도가 사법심사 결정 이후 높아진다고 본다. 따라서 낮았던 여론의 관심도가 사법심사

결정 이후 높아졌다면, 이는 양극화 모델을 지지하는 사례이므로 양극화 모델의 설득력이 커질 것이다.

⑤ 의회의 결정을 수용하는 연방대법원의 결정에 대해 여론의 관심이 높을 경우, 무반응 모델로 이를 설명하기 어렵다.
마지막 문단 "마지막으로 '무반응 모델'은 사법심사 결정 후에도 기존의 여론 지형도가 지속되는 무반응 현상에 주목한다. 사법심사가 의회의 결정을 지지하는 경우, 언론의 주목도나 여론의 관심도는 대체로 낮다."에 따르면, 무반응 모델은 연방대법원의 결정이 의회의 결정을 지지하는 경우 여론의 관심도가 대체로 낮다고 설명한다. 따라서 의회의 결정을 수용하는 연방대법원의 결정에 대해 여론의 관심이 높을 경우, 무반응 모델로는 이를 설명하기 어려울 것이다.

11. 정답 ③ 난이도 ★☆☆ | 정답률 90%

내용영역 **사회** 문항 유형 **정보의 추론과 해석**

[정답 풀이]

③ 소수자 보호에 적극적인 사람이라면, 사법심사와 입법 활동 모두 대중의 여론을 있는 그대로 반영해야 한다는 주장에 찬성하지 않을 것이다.
1문단 "사회적 약자에 해당하는 소수자 집단은 다수결 논리에 의해 형성되거나 해체되는 의회나 행정부로부터 보호받기 어렵다는 것이다."에 따르면, 소수자 보호에 적극적인 사람은 사법심사의 반다수주의적 성격이 소수자의 이익 보호에 기여한다고 볼 것이다. 그런데 2문단 "선출직 의원들은 재선 때문에 여론에 민감하게 반응하고 의회 내 입법 다수는 전국 여론의 축소판이어서, 이에 영향을 받는 사법심사는 원래 취지와 달리 소수의 이익을 보호하지 못하는 다수주의적 난제에 직면한다."에 따르면, 입법 활동이 여론을 반영하고 사법심사가 이에 영향을 받을 경우 기존의 취지와 달리 소수자의 이익을 보호하지 못하는 문제가 발생할 수 있다. 따라서 소수자 보호에 적극적인 사람이라면, 사법심사와 입법 활동 모두 대중의 여론을 있는 그대로 반영해야 한다는 주장에 찬성하지 않을 것이다.

[오답 풀이]

① 1문단 "사법심사는 다수주의의 예외로 간주되기도 한다. 민주적 절차로 선출된 의회나 행정부의 결정이 합헌 여부를 기준으로 무효화될 수 있기 때문이다. 게다가 사법심사의 주체가 임명직이라는 점에서 정통성 문제가 대두된다."와 "사회적 약자에 해당하는 소수자 집단은 다수결 논리에 의해 형성되거나 해체되는 의회나 행정부로부터 보호받기 어렵다는 것이다."에 따르면, 사법심사는 다수결 논리를 따르지 않고 그 주체인 사법심사권자가 임명직이라는 점에서 반다수주의적이다. 한편 사법심사 옹호론자들은 다수결 논리가 소수자 집단을 보호하기 어렵도록 만든다는 점을 우려하는데, 이를 고려할 때 반다수주의자들은 사법심사가 다수주의적 방향으로 변화하는 것에 찬성하지 않을 것이다. 따라서 반다수주의자들은 사법심사권자를 선거로 뽑는 것에 대해 우려를 제기할 것이다.

② 2문단 "이에 로버트 달은 미국의 연방대법원이 반다수주의를 추구하는 사법심사 기구가 아니라 …… 의회의 힘 있는 입법 다수가 최근에 제정한 법률을 연방대법원이 뒤집는 경우는 거의 없다는 것이다."에 따르면, 로버트 달은 연방대법원이 반다수주의를 추구하지 않는다는 견해를 제시한다. 그리고 "선출직 의원들은 재선 때문에 여론에 민감하게 반응하고 의회 내 입법 다수는 전국 여론의 축소판이어서……."에 따르면, 로버트 달은 의회 내 입법 다수는 전국 여론의 축소판이라는 점을 견해에 대한 근거 중 하나로 제시하고 있다. 따라서 로버트 달의 견해는 입법 다수가 대중 선호를 제대로 반영한다는 것을 전제로 도출되었을 것이다.

④ 2문단 "선출직 의원들은 재선 때문에 여론에 민감하게 반응하고 의회 내 입법 다수는 전국 여론의 축소판이어서, 이에 영향을 받는 사법심사는 원래 취지와 달리 소수의 이익을 보호하지 못하는 다수주의적 난제에 직면한다."에 따르면, 다수주의적 난제란 사법심사가 여론 및 입법 다수의 영향을 받아 원래 취지와 달리 소수자의 이익을 보호하지 못하게 되는 것을 뜻한다. 그리고 1문단 "사법심사는 다수주의의 예외로 간주되기도 한다. 민주적 절차로 선출된 의회나 행정부의 결정이 합헌 여부를 기준으로 무효화될 수 있기 때문이다."에 따르면, 의회 결정 무효화가 부당하다고 보는 사람은 민주적 절차, 즉 다수결 논리에 따른 결정이 유지되는 것이 바람직하다고 볼 것이다. 따라서 의회 결정 무효화가 부당하다고 보는 사람은, 사법심사로 인해 민주주의가 다수주의적 난제에 직면했다는 의견에 동의하지 않을 것이다.

⑤ 2문단 "의회의 힘 있는 입법 다수가 최근에 제정한 법률을 연방대법원이 뒤집는 경우는 거의 없다는 것이다."와 "그중에는 사법심사 결과와 여론조사 결과가 60% 이상 일치한다는 연구 결과도 있었다. …… 연방대법원 역시 대체로 의회나 대통령처럼 여론에 반응한다는 것이다."에 따르면, 입법 다수가 최근에 제정한 법률을 연방대법원이 뒤집는 경우가 거의 없다는 점은 연방대법원이 여론에 반응한다는 로버트 달의 주장을 뒷받침한다. 그렇다면 달의 주장을 고려할 때, 여론의 지지를 얻지 못하는 측에서 제정한 법률의 경우 연방대법원이 이를 뒤집을 가능성이 높아질 수 있을 것이다. 따라서 사법심사의 대상이 된 법률을 입법했던 의회 다수당이 선거에서 패배했다면, 달은 그 사안에 대한 연방대법원의 위헌 결정 가능성이 높아진다고 예상할 것이다.

12. 정답 ② 난이도 ★★☆ | 정답률 52%

내용영역 **사회** 문항 유형 **정보의 평가와 적용**

[정답 풀이]

② 반발 모델로는 (가)의 결정 직후 대중이 '선거법 개정'에 반발한 점도, 관여도가 낮았던 대중이 (나)의 결정 직후 입법 찬성으로 선회한 점도 설명할 수 없겠군.
5문단 "'반발 모델'은 사법심사 결과에 불복하는 그룹들이 반대 의사를 적극 표출하고 이것이 전체 여론으로 확산하는 현상에 주목한다."에 따르면, 반발 모델은 사법심사 결과에 대한 불복과 관계된다. 그런데 〈보기〉에 따르면, (가)의 결정 직후 대중이 '선거법 개정'에 반발하여 반대 여론이 60%에서 80%로 증가한 것은 오히려 사법심사를 통한 위헌 결정에 찬성하는 여론이 증가한 것이라고 볼 수 있다. 그리고 (나)의 결정 직후 국기법 개정 찬성 여론이 15%에서 45%로 증가한 것 역시 사법심사를 통한 합헌 결정에 찬성하는 여론이 증가한 것이라고 볼 수 있다. 즉 (가)의 결정 직후 대중이 '선거법 개정'에 반발한 것도, 관여도가 낮았던 대중이 (나)의 결정 직후 입법 찬성으로 선회한 것도 사법심사 이후 사법심사의 결정을 수용하는 방향으로 대중의 의견이 변화한 것이므로, 반발 모델로는 설명할 수 없을 것이다.

[오답 풀이]

① 4문단 "대중은 대체로 연방대법원의 전문성과 공정성을 신뢰하고, 그 결과 연방대법원의 결정은 미국 사회에서 안정적으로 수용된다."에 따르면, 긍정적 반응 모델은 대중의 연방대법원에 대한 신뢰가 대체로 높다고 설명한다. 그리고 〈보기〉에 따르면, '선거법 개정'과 관련하여 연방대법원이 위헌 결정을 내린 후 선거법 개정에 대한 찬성 여론은 30%에서 10%로 줄어들고 반대 여론은 60%에서 80%로 증가하였다. 이는 위헌 결정에 대한 X국 국민의 신뢰를 반영한 것이라고 볼 수 있다. 따라서 긍정적 반응 모델로 (가)에 대한 대중의 반응을 설명할 수 있을 것이다.

③ 6문단 "'양극화 모델'은 여론의 주목을 받지 못하던 사안들이 사법심사를 계기로 본격적인 쟁점으로 전환되어 대중의 찬반 여론이 극명하게 갈리는 현상에 주목한다. 낙태 이슈에 대한 사법심사 결정이 오히려 미국 사회의 갈등을 증폭한 것이 그 예이다."에 따르면, 양극화 모델은 사법심사 결정으로 인해 해당 사안에 대한 대중의 찬반 여론이 갈리는 현상이 발생하며, 사회적 갈등이 증폭된다고 본다. 그리고 〈보기〉에 따르면, 국기법 개정 관련 여론은 입법 후에는 모름 및 무응답이 60%를 차지했으나, 연방대법원의 합헌 결정 후 찬성과 반대가 각각 45%를 차지하면서 찬반 여론이 갈렸다. 따라서 '국기법 개정'에 대한 반응이 연방대법원 결정 이후에 팽팽한 찬반 대립으로 나타났다는 점에서, 양극화 모델로 X국의 사회적 갈등의 증폭을 설명할 수 있을 것이다.

④ 6문단 "……낙태 이슈는 사법심사 과정에서 대중에게 전달되는 관련 정보를 증가시켰고 이 정보에 노출된 대중은 기존의 모호한 태도를 버리고 특정 입장에 집결하고 세력화하였다."에 따르면, 양극화 모델은 낙태 이슈 사례를 통해 사법심사 과정에서 정보 제공량이 증가하는 것이 대중의 관심도를 높이고, 이것이 찬반 여론을 가른다고 설명한다. 이에 대하여 〈보기〉 "사법심사 결정의 전 단계에서 언론은 (가)의 법에 대해 집중 보도했고, 상대적으로 (나)의 법에 대해서는 주목하지 않았으나 결정 이후 보도량을 대폭 늘렸다."에 따르면, (가)의 법과 달리 (나)의 법은 사법심사 과정에서 대중에게 전달되는 정보 제공량이 증가하였음을 알 수 있다. 그리고 선거법 개정 관련 여론의 경우 연방대법원 결정 후에도 '모름 및 무응답' 비율의 변화가 없었지만, 국기법 개정의 경우 연방대법원 결정 후 '모름 및 무응답' 비율이 60%에서 10%로 감소하였다. 즉 (나)의 경우 정보 제공량의 증가로 대중의 관심도가 높아졌고, 그에 따라 '모름 및 무응답' 비율이 줄어든 것이다. 이처럼 (가)와 (나) 두 사안이 정보 제공량에 따라 '모름 및 무응답' 비율의 변화 추세가 달랐다는 점에서, 양극화 모델로 정보 제공량과 대중의 관심도 간의 양의 상관관계를 설명할 수 있을 것이다.

⑤ 마지막 문단 "마지막으로 '무반응 모델'은 사법심사 결정 후에도 기존의 여론 지형도가 지속되는 무반응 현상에 주목한다. 사법심사가 의회의 결정을 지지하는 경우, 언론의 주목도나 여론의 관심도는 대체로 낮다. 주로 폭넓은 사회적 합의가 있었거나 대중의 관심도가 낮았던 특정 사안이 의회에서 입법화되고 사법심사가 이를 추인한 것이기 때문이다."에 따르면, 무반응 모델은 폭넓은 사회적 합의가 있었던 특정 사안이 입법화되고 사법심사가 의회의 결정을 따르는 경우 언론과 여론의 관심도는 낮으며 기존의 여론이 지속된다고 설명한다. 이에 대하여 〈보기〉에 따르면, (가)의 경우 사법심사가 위헌 결정을 내림으로써 의회의 결정을 따르지 않았고, (나)의 경우 사법심사 결정 후 언론의 주목도가 높아졌고 찬반 여론이 갈렸다. 우선 (가)와 (나) 모두 기존의 여론이 지속되지 않았다는 점에서 무반응 모델로는 여론 추이를 설명하기 힘들다. 다만 무반응 모델에 따라 사회적 합의가 부족한 상태에서 입법 활동을 하였기 때문에 (가)에서는 사법심사가 입법 활동을 추인하지 않았고, (나)에서는 사법심사 이후 대중의 관심도가 높아지고 찬반 여론이 갈렸다고 지적할 수 있다. 따라서 무반응 모델로는 (가)와 (나)로 인한 여론 추이를 설명하기 힘들지만, 사회적 합의가 부족한 상태에서 의회가 입법 활동을 했음을 지적할 수는 있을 것이다.

[13~15] 제재 | 공리주의와 반공리주의
난이도 | ★★★

13. 정답 ① 난이도 ★★☆ | 정답률 64%

내용영역 **규범** 문항 유형 **정보의 확인과 재구성**

[정답 풀이]

① 3문단 "……내가 어떤 것을 할 권리를 가진다는 사실은 타인의 간섭에 반대하는 근거를 제공할 뿐만 아니라, 권리 침해를 옹호하는 논변이 넘어야 하는 '논증의 문턱'을 제공한다."에 따르면, '논증의 문턱'은 어떤 논변이 권리 침해를 옹호하기 위해 넘어야 하는 것이다. 따라서 '논증의 문턱'을 넘는 경우, 권리 침해는 용인될 것이다.

[오답 풀이]

② 행위 공리주의자는 '대략의 규칙'을 인정할 것이다.
마지막 문단 "이는 규칙을 과거의 경험에서 일반화한 일종의 '대략의 규칙'으로 보는 행위 공리주의의 생각과 다르다."에 따르면, 행위 공리주의자는 규칙을 과거의 경험에서 일반화한 '대략의 규칙'으로 본다. 따라서 행위 공리주의자는 '대략의 규칙'을 인정할 것이다.

③ 규칙 공리주의자는 개별적 행위의 옳고 그름을 판단할 것이다.
4문단 "……규칙 공리주의는 한 사회의 도덕률은 그것을 채택하지 않았을 때보다 채택했을 때 더 큰 공리를 산출하는 경우에만 옳으며, 어떤 개별 행위는 그 도덕률에 의해 정당화될 때 도덕적으로 옳다고 본다."에 따르면, 규칙 공리주의자는 개별적 행위의 옳고 그름을 그 사회의 도덕률에 의해 정당화되는지에 따라 판단한다. 따라서 규칙 공리주의자는 개별적 행위의 옳고 그름을 판단할 것이다.

④ '비판적 수준'에서 공리와 권리 간의 부정합성은 발생할 수 있을 것이다.
4문단 "……브란트는 공리주의와 권리 사이의 부정합성은 단지 행위 공리주의에만 있을 뿐, 규칙 공리주의에는 없다고 주장한다."에 따르면, 행위 공리주의에는 공리주의와 권리 사이의 부정합성이 발생한다고 여겨진다. 그리고 마지막 문단 "이에 견줘 비판적 수준의 사유는 행위 공리주의적으로 사유하는 것이다."에 따르면, '비판적 수준'의 사유는 곧 행위 공리주의적 사유를 뜻한다. 따라서 '비판적 수준'에서 공리와 권리 간의 부정합성은 발생할 수 있을 것이다.

⑤ 반공리주의자는 반자의적 장기 기증 시스템이 유발하는 공포를 인정할 수 있을 것이다.
2문단 "그러나 피시킨은, 무작위 추첨에 의한 반자의적 장기 기증 시스템에서는 사람들이 강제 기증자가 될 위험에 대한 공포보다 자신들도 수혜자가 될 수 있다는 기대가 더 크다면 공리주의자는 공리 극대화의 한 방법으로 그 시스템을 승인할 것이라고 비판한다."에 따르면, 반공리주의자인 피시킨이 제시한 반자의적 장기 기증 시스템에서, 공포는 기대와 맞물려 공리주의자들이 공리 극대화를 판단하는 요소로 언급된다. 즉 피시킨은 공리주의 반대 논변을 제시하면서 반자의적 장기 기증 시스템이 유발하는 공포의 존재를 전제하고 있다. 따라서 반공리주의자가 반자의적 장기 기증 시스템이 유발하는 공포를 인정하지 않는다고 보기 어렵다.

14. 정답 ⑤ 난이도 ★★★ | 정답률 37%

내용영역 **규범** 문항 유형 **정보의 추론과 해석**

[정답 풀이]

⑤ 헤어의 주장에서, 권리가 가지는 논증의 문턱이 직관적 수준에서는 규범적 힘을 발휘할 수 있다고 평가받을 것이다.

마지막 문단 "직관적 수준의 사유란 우리가 이미 주어진 것으로 간주하고 의문을 제기하지 않는 마음의 습관이나 원리 등을 개별적 사안에 적용할 때의 사유로서, 규칙 공리주의적으로 사유하는 것을 가리킨다."와 "헤어는 직관적 사유를 이끄는 간단하고 일반적인 도덕 원리는……"과 "헤어에 의하면 권리는 일반적 도덕 원리의 일종이다."에 따르면, 직관적 수준의 사유는 규칙 공리주의적 사유이며, 이때 권리는 일반적 도덕 원리의 일종으로서 개별적 사안에 적용된다. 즉 직관적 수준의 사유에서 권리는 개별 행위의 옳고 그름을 판단하는 데 적용되므로 규범적 힘이 인정된다. 또한, 4문단 "한편, 반공리주의 논변에 맞서 브란트는 공리주의와 권리 사이의 부정합성은 단지 행위 공리주의에만 있을 뿐, 규칙 공리주의에는 없다고 주장한다."에 따르면, 공리주의를 옹호하는 관점에서 규칙 공리주의는 권리의 규범적 힘을 수용할 수 있다고 여겨진다. 이를 종합하면, 헤어의 주장에서 권리가 가지는 논증의 문턱은 직관적 수준에서 규범적 힘을 발휘할 수 있을 것이다.

[오답 풀이]

① 2문단 "도덕적 권리들이 존재하는 것이 틀림없다고 전제하는 피시킨은 이 권리들을 인정하지 않는 윤리 이론은 거부되어야 한다고 주장한다. '무엇이 공리를 극대화하는 결과를 낳을 것인가'는 경험적인 문제이므로……"에 따르면, 피시킨은 경험과 결과에 의존한다는 점을 근거로 공리주의를 비판하지만, 도덕적 권리들이 틀림없이 존재한다는 전제에 대해서는 근거를 제시하지 않고 있다. 따라서 피시킨은 경험이나 결과에 의존하지 않고도 권리가 존재한다고 전제할 수 있느냐고 비판받을 수 있을 것이다.

② 2문단 "'무엇이 공리를 극대화하는 결과를 낳을 것인가'는 경험적인 문제이므로, 권리에 적대적인 행위가 권리를 존중하는 것보다 더 많은 공리를 산출한다는 이유로 지지되는 공리주의는 권리의 확실한 토대를 제공할 수 없다고 주장한다."에 따르면, 피시킨은 공리의 극대화는 경험에 의존하여 판단된다는 점에서 권리의 확실한 토대를 제공할 수 없다고 주장한다. 그렇다면 같은 맥락에서 경험적인 근거로 지지되는 것은 권리의 확실한 토대를 제공할 수 없다고 볼 것이다. 따라서 피시킨은 권리를 보호하는 규칙의 효용성이 경험적으로 드러나더라도 그 규칙은 권리의 확실한 토대를 제공할 수 없다고 주장할 것이다.

③ 4문단 "한편, 반공리주의 논변에 맞서 브란트는 공리주의와 권리 사이의 부정합성은 단지 행위 공리주의에만 있을 뿐, 규칙 공리주의에는 없다고 주장한다."에 따르면, 브란트는 규칙 공리주의는 권리의 규범적 힘과 정합적이라고 주장한다. 즉 공리주의를 포기하지 않으면서도 권리의 규범적 힘을 인정할 수 있다는 것이다. 이에 대하여 "하지만 라이언스는 규칙 공리주의도 권리들의 규범적 힘을 수용하지 못한다고 주장한다. 공리주의에서는 공리에 대한 위협 없이 규칙을 위반하는 것이 가능하기에, 공리주의적 정당화는 공리주의자에게 규칙 유지의 이유를 제공할 수는 있어도 그 규칙을 준수해야 할 이유는 제시하지 못한다는 것이다."에 따르면, 라이언스는 규칙 공리주의 역시 어디까지나 공리주의인 이상 공리의 극대화를 위해 규칙을 위반할 수 있을 것이므로 권리의 규범적 힘을 수용하지 못한다고 본다. 이상의 주장과 비판을 통해, 라이언스의 브란트 비판을 받아들이는 사람이라면 공리주의와 권리 간의 부정합성은 해소될 수 없다고 볼 것임을 추론할 수 있다. 즉 개별 행위의 옳고 그름을 판단함에 있어 공리의 극대화를 추구하고 권리의 규범적 힘을 수용하지 않거나, 공리의 극대화를 포기하고 권리의 규범적 힘을 수용하게 된다는 것이다. 그러므로 이러한 관점에서는 규칙 공리주의가 규칙 준수의 이유를 제시한다는 것이, 개별 행위의 옳고 그름을 판단하는 기준으로서 공리의 극대화를 포기하는 것과 다르지 않다고 볼 것이다. 따라서 '규칙 준수의 이유를 제시하더라도 규칙 공리주의는 결과를 계산하지 않는 권리론과 다를 바 없다.'라고 주장하는 사람은 공리주의와 권리가 부정합적이라는 관점에서 라이언스의 브란트 비판에 동조할 것이다.

④ 3문단 "그런데 공리주의는 행위의 도덕적 평가에서 일관되게 공리의 극대화를 기준으로 삼기 때문에, 권리의 규범적 힘을 인정할 수 없다."에 따르면, 무언가의 규범적 힘을 인정한다는 것은 그것이 개별 행위의 도덕적 평가 기준이 된다는 것을 뜻한다. 그리고 4문단 "하지만 라이언스는 규칙 공리주의도 권리들의 규범적 힘을 수용하지 못한다고 주장한다. 공리주의에서는 공리에 대한 위협 없이 규칙을 위반하는 것이 가능하기에, 공리주의적 정당화는 공리주의자에게 규칙 유지의 이유를 제공할 수는 있어도 그 규칙을 준수해야 할 이유는 제시하지 못한다는 것이다."에 따르면, 라이언스는 브란트를 비판하면서 규칙 공리주의 역시 행위의 도덕적 평가 기준을 공리의 극대화에 두기 때문에 권리의 규범적 힘을 인정할 수 없으며 규칙을 준수해야 할 이유를 제시하지 못한다고 본다. 그런데 이때 만약 규칙의 규범적 힘을 공리의 극대화를 통해 수용할 수 있다면, 이는 규칙을 행위의 도덕적 평가 기준으로 삼는 것과 공리의 극대화를 도덕적 평가 기준으로 삼는 것이 상충하지 않으며, 둘 사이의 부정합성이 해소된다는 것을 의미한다. 다시 말해, 공리주의적 정당화를 통해 규칙 유지의 이유도, 규칙 준수의 이유도 제공할 수 있다는 것이다. 따라서 규칙의 규범적 힘을 공리의 극대화를 통해 수용할 수 있다면 규칙 유지는 결국 규칙 준수와 다르지 않다고 브란트는 주장할 수 있을 것이다.

15. 정답 ④ 난이도 ★★☆ | 정답률 58%

내용영역 **규범** 문항 유형 **정보의 평가와 적용**

[정답 풀이]

④ '아기'의 '행복'을 존중하는 규칙을 채택하는 것보다 채택하지 않는 것이 더 큰 공리를 산출한다면, 브란트는 '아기'의 권리가 침해될 수도 있다고 생각할 것이다.

〈보기〉 "그러나 작은 아기를 죽을 때까지 고문하고……."에 따르면, '아기'를 고문하는 것은 인간의 행복을 위해 '아기'의 권리를 침해하는 일이다. 이에 대하여 4문단 "……규칙 공리주의는 한 사회의 도덕률은 그것을 채택하지 않았을 때보다 채택했을 때 더 큰 공리를 산출하는 경우에만 옳으며, 어떤 개별 행위는 그 도덕률에 의해 정당화될 때 도덕적으로 옳다고 본다."에 따르면, 규칙 공리주의자인 브란트는 규칙이 채택됨에 있어 더 큰 공리를 산출하는 규칙이 채택되는 것이 옳으며, 개별 행위는 채택된 규칙에 의해 정당화되어야 한다고 본다. 즉 만약 '아기'의 '행복'을 존중하는 규칙을 채택하는 것보다 채택하지 않는 것이 더 큰 공리를 산출한다면, '아기'의 '행복'을 존중하는 규칙은 채택되지 않을 것이며 '아기'의 권리를 침해하는 행위는 도덕적 정당화를 요구받지 않을 것이다. 따라서 '아기'의 '행복'을 존중하는 규칙을 채택하는 것보다 채택하지 않는 것이 더 큰 공리를 산출한다면, 브란트는 '아기'의 권리가 침해될 수도 있다고 생각할 것이다.

[오답 풀이]

① 〈보기〉 "인간을 궁극적으로 행복하게 만들어서 최종적으로 인간에게 평화와 안식을 줄 목적으로 네가 인간 운명의 기본 구조를 만들고 있다고 상상해 봐."에 따르면, '상상'을 실현하는 것은 인간의 공리를 극대화하는 일이다. 이에 대하여 1문단 "공리주의에서 도덕적으로 옳은 것은 공리를 극대화하는 결과를 산출하는 것이다. 반인권적인 행위나 제도라도 결과적으로 더 많은 공리를 산출한다면, 공리주의는 그것을

지지해야 한다."에 따르면, 행위 공리주의에서는 공리의 극대화를 위해서라면 반인권적인 행위가 지지되어야 한다고 본다. 따라서 행위 공리주의자는 '상상'을 실현할 수 있다면 '아기'의 권리에 대한 침해에 동의할 것이다.

② 〈보기〉 "인간을 궁극적으로 행복하게 만들어서 최종적으로 인간에게 평화와 안식을 줄 목적으로……. 그러나 작은 아기를 죽을 때까지 고문하고 그 아기의 한 서린 눈물 위에 그 구조물을 세우는 것이 필수적이고 불가피하다고 상상해 봐."에 따르면, 〈보기〉에서는 '아기'의 고통과 인간들의 '평화와 안식' 중 무엇을 택하는 것이 옳은지 질문하고 있다. 그리고 2문단 "도덕적 권리들이 존재하는 것이 틀림없다고 전제하는 피시킨은……. '무엇이 공리를 극대화하는 결과를 낳을 것인가'는 경험적인 문제이므로, 권리에 적대적인 행위가 권리를 존중하는 것보다 더 많은 공리를 산출한다는 이유로 지지되는 공리주의는 권리의 확실한 토대를 제공할 수 없다고 주장한다."에 따르면, 피시킨은 도덕적 권리가 선험적으로 존재한다고 전제하며, 그 전제하에서 공리주의는 권리의 확실한 토대를 제공할 수 없다고 본다. 그렇다면 피시킨은 '아기'의 권리가 선험적으로 확실하며, '아기'의 고통과 인간들의 '평화와 안식' 중 무엇을 택해야 하는지는 경험적인 문제이므로 둘을 저울질하는 것이 무의미하다고 생각할 것이다.

③ 3문단 "그에 따르면 내가 어떤 것을 할 권리를 가진다는 사실은 타인의 간섭에 반대하는 근거를 제공할 뿐만 아니라, 권리 침해를 옹호하는 논변이 넘어야 하는 '논증의 문턱'을 제공한다. 그런데 공리주의는 행위의 도덕적 평가에서 일관되게 공리의 극대화를 기준으로 삼기 때문에, 권리의 규범적 힘을 인정할 수 없다."에 따르면, 라이언스는 공리주의가 권리의 규범적 힘을 인정할 수 없다는 점을 근거로 반공리주의 논변을 제시한다. 그리고 〈보기〉 "인간을 궁극적으로 행복하게 만들어서 최종적으로 인간에게 평화와 안식을 줄 목적으로……. 그러나 작은 아기를 죽을 때까지 고문하고 그 아기의 한 서린 눈물 위에 그 구조물을 세우는 것이 필수적이고 불가피하다고 상상해 봐."에 따르면, '아기'를 고문하는 것은 인간을 궁극적으로 행복하게 만들어서 최종적으로 인간에게 평화와 안식을 주는 공리의 극대화를 목적으로 '아기'의 권리를 침해하는 것이다. 따라서 '아기'를 고문함으로써 더 많은 이익이 생긴다고 할지라도, 라이언스는 '아기'가 '한 서린 눈물'을 흘리지 않도록 고문이 금지되어야 한다고 생각할 것이다.

⑤ 〈보기〉 "그러나 작은 아기를 죽을 때까지 고문하고 그 아기의 한 서린 눈물 위에 그 구조물을 세우는 것이 필수적이고 불가피하다고 상상해 봐."에 따르면, 〈보기〉에서 '구조물'의 건설은 '아기'의 권리를 침해하는 일이자, 공리의 극대화를 위해 필수불가결하다고 여겨지는 일이다. 이에 대하여 마지막 문단 "헤어에 의하면 권리는 일반적 도덕 원리의 일종이다."와 "그러나 여기서 헤어는 인간의 오류 가능성과 한계를 언급하면서, 신중한 공리주의자는 직관을 저버리기보다는 따르는 것이 최선이 될 가능성이 크다고 여길 것이라고 주장한다."에 따르면, 헤어는 권리는 일반적 도덕 원리의 일종이며, 인간의 오류 가능성과 한계를 고려했을 때 직관을 저버리고 행위 공리주의적으로 사유하는 것보다는 직관적 사유를 따르는 것이 최선일 가능성이 크다고 본다. 즉 헤어에 따를 때 '구조물'의 건설이 실제로 공리를 극대화할지 판단할 확실한 정보가 없다는 것은 판단에 대한 오류 가능성과 한계를 고려해야 한다는 것을 뜻하며, 직관을 따르는 것이 최선이라는 것은 '아기'의 권리를 보호해야 한다는 직관을 따라야 함을 뜻한다. 따라서 '구조물'의 건설이 실제로 공리를 극대화할지 판단할 확실한 정보가 없다면, 헤어는 '아기'의 권리를 보호해야 한다는 직관을 따라야 한다고 생각할 것이다.

[16~18] 제재 | 솔로우 성장모형
난이도 | ★★☆

16. 정답 ① 난이도 ★★☆ | 정답률 65%

내용영역 **사회** 문항 유형 **정보의 확인과 재구성**

[정답 풀이]

① 생산함수는 정태상태에 영향을 줄 수 있다.
4문단 "솔로우 성장모형에서 중요한 개념인 '정태상태'는 투자량과 감가상각량이 정확하게 일치하여 자본량의 변화가 없는 상태를 일컫는다."와 "경제가 도달하는 정태상태 자본량은 각 경제의 기초여건인 저축률 및 감가상각률 수준과 생산함수에 의해 결정된다."에 따르면, 생산함수는 정태상태에 해당하는 자본량을 결정하는 요인에 해당한다. 따라서 생산함수가 정태상태에 영향을 주지 않는다고 보기는 어렵다.

[오답 풀이]

② 4문단 "솔로우 성장모형에서 중요한 개념인 '정태상태'는 투자량과 감가상각량이 정확하게 일치하여 자본량의 변화가 없는 상태를 일컫는다."와 3문단 "솔로우 성장모형에 따르면 …… 신규 투자는 자본량을 늘리는 반면 감가상각은 자본량을 줄이는 방향으로 작용하게 된다."에 따르면, 투자와 감가상각은 자본량을 변화시키는 두 요인이며, 자본량의 변화가 발생하는 경우는 투자량과 감가상각량이 일치하지 않는 경우를 말한다. 따라서 투자와 감가상각이 다르다면 자본량은 변동한다.

③ 1문단 "인구와 기술 수준의 변동을 고려하지 않는 '단순한' 솔로우 성장모형에서 생산량(y)은 자본량(k)의 증가 함수이다."와 4문단 "자본량이 늘어나면 생산량이 늘어나고……"에 따르면, 자본량의 증가로 인해 생산량의 증가가 발생함을 알 수 있다. 따라서 자본량이 늘어나면 생산량은 필연적으로 증가한다.

④ 2문단 "생산에서 소비하지 않고 남은 부분, 즉 저축이 투자의 재원이 되므로 투자와 저축은 언제나 일치한다."에 따르면, 저축과 투자는 동일한 값이다. 따라서 저축이 투자를 상회하는 경우는 결코 발생할 수 없다.

⑤ 1문단 "자본이 한 단위 증가할 때 생산이 늘어나는 정도는 자본 수준이 높아질수록 작아진다고 가정한다."와 4문단 "……투자량의 증가 속도는 차츰 감소하는데, 이는 자본이 늘어남에 따라 생산이 늘어나는 속도가 줄어들기 때문이다."에 따르면, 자본이 증가할수록 생산이 늘어나는 정도가 점차 감소한다. 따라서 자본이 한 단계 증가할 때 생산 증가의 폭은 자본 수준이 높을수록 작아진다.

17. 정답 ① 난이도 ★★☆ | 정답률 56%

내용영역 **사회** 문항 유형 **정보의 추론과 해석**

[정답 풀이]

① 저축률을 비롯한 기초여건은 동일하지만 초기 생산량이 다른 두 국가 경제는 소비 격차가 좁혀질 수 있다.
4문단 "감가상각량의 증가 속도는 자본량의 변화 속도와 언제나 같은 반면 투자량의 증가 속도는 차츰 감소하는데, 이는 자본이 늘어남에 따라 생산이 늘어나는 속도가 줄어들기 때문이다."와 "어느 시점에서는 투자량과 감가상각량이 같아지면서 경제가 정태상태에 도달하게 되며, 이후에 다른 외생적인 변화가 없다면 경제는 이 정태상태를 그대로 유지하게 된다."에 따르면, 투자량(=저축량)의 증가 속도가 점차 줄어들면서 특정 자본량에서 투자량과 감가상각량이 같아져 생산량의 변동이 없는 시점이 나타난다. 이때 4문단 "'정태상태'는 …… 자본량의 변동이 없으므로 생산량의 변동도 없고 저축과 소비도 일정하게 유지된다."와 "정태상태 자본량은 각 경제의 기초여건인 저축률 및 감가

상각률 수준과 생산함수에 의해 결정된다."에 따르면, 두 국가 경제의 저축률을 비롯한 기초여건이 동일하다면 정태상태 자본량이 동일하다는 것을 의미하므로, 초기 생산량이 다르더라도 일정 수준의 생산량에 도달하는 과정에서 소비의 격차가 줄어들게 된다. 따라서 저축률을 비롯한 기초여건은 동일하지만 초기 생산량이 다른 두 국가 경제는 소비 격차가 좁혀지지 않는다고 보기 어렵다.

[오답 풀이]

② 마지막 문단 "저축률을 상승시키는 경제 정책 …… 의 결과로 새로운 정태상태에서 미래 세대는 정책 변경이 없었던 경우와 비교하여 더 높은 수준의 소비를 누릴 수 있으므로 효용이 증가한다."와 "반면 현재 세대, 특히 기대 잔여 수명이 얼마 남지 않은 고령층의 경우에는 미래 시점에서의 소비 증가 혜택을 얻을 가능성은 낮으나 현재의 소비 감소로 인한 효용 감소는 분명하므로 청년층에 비해 이와 같은 정책에 반대할 가능성이 높다."에 따르면, 저축률 상승에 따라 미래 세대의 효용은 증가하지만 현재 세대의 효용은 감소한다. 따라서 저축률을 변경시키는 정책에 대한 찬반 여부는 세대 간 기대 잔여 수명의 차이에 영향을 받는다.

③ 2문단 "감가상각은 자본 사용 정도에 비례하여 자본재의 일부가 마모되어 더 이상 사용할 수 없게 되는 것으로, 감가상각량은 자본량과 0과 1 사이의 값을 갖는 상수인 감가상각률(d)의 곱으로 결정된다."와 4문단 "감가상각량의 증가 속도는 자본량의 변화 속도와 언제나 같은 반면……"에 따르면, 자본 마모 속도가 빨라진다는 것은 자본량이 한 단계 증가할 때 감가상각량의 증가 정도가 커지는 것, 즉 감가상각률의 증가를 의미한다. 〈그림〉에서 감가상각률이 증가할 경우 감가상각량을 나타내는 그래프의 기울기가 커지고, 이에 따라 감가상각량 그래프와 저축량 그래프가 접하는 지점, 즉 저축량과 감가상각량이 일치하는 지점의 X축 값인 자본량이 작아진다. 따라서 〈그림〉에 의하면 자본 마모 속도가 빨라지는 경우 저축량과 감가상각량이 일치하는 자본량은 작아진다.

④ 2문단 "……투자와 저축은 언제나 일치한다. 저축률(s)은 저축이 생산에서 차지하는 비율로 정의되며 0과 1 사이의 값을 갖는 상수이다."에 따르면, 1문단의 '생산량 = 소비량 + 투자량' 식에서 투자(i)는 곧 저축량을 의미하며, 생산량(y)과 저축률(s)의 곱으로 정리할 수 있다. 이에 따르면, 〈그림〉에서 저축률이 상승하면 일정한 자본량에 대응하는 저축량은 상승하므로 그래프 위치 또한 상승한다. 4문단 "감가상각량의 증가 속도는 자본량의 변화 속도와 언제나 같은 반면……"에 따르면, 감가상각량을 나타내는 그래프의 기울기는 감가상각률이 동일한 한 일정하므로, 감가상각량 그래프와 저축량 그래프가 접하는 지점, 즉 저축량과 감가상각량이 일치하는 지점의 X축 값인 자본량은 커진다. 따라서 〈그림〉에 의하면 저축률의 상승은 투자량과 감가상각량이 일치하는 자본량을 확대시킨다.

⑤ 4문단 "'정태상태'는 투자량과 감가상각량이 정확하게 일치하여 자본량의 변화가 없는 상태를 일컫는다. 자본량의 변동이 없으므로 생산량의 변동도 없고 저축과 소비도 일정하게 유지된다."와 "결국 어느 시점에서는 투자량과 감가상각량이 같아지면서 경제가 정태상태에 도달하게 되며, 이후에 다른 외생적인 변화가 없다면 경제는 이 정태상태를 그대로 유지하게 된다."에 따르면, 정태상태에서는 생산량의 변동이 일어나지 않는다. 또한 마지막 문단 "솔로우 성장모형에서는 소비가 최대가 되는 정태상태 자본량 수준을 최선의 자본량이라는 의미에서 황금률 자본량이라고 부른다."에 따르면, 황금률 자본량은 정태상태의 일종에 속한다. 따라서 황금률 자본량을 보유하고 있는 경제의 생산량은 다른 조건의 변화가 없다면 변동하지 않는다.

18. 정답 ② 난이도 ★★★ | 정답률 28%

내용영역 **사회** 문항 유형 **정보의 평가와 적용**

[정답 풀이]

〈보기〉의 X국과 관련된 정보를 정리하면 다음과 같다.

○ 투자량과 감가상각량이 일치하며, 자본량이 황금률 수준을 상회함

○ 정부는 황금률 자본량을 달성하기 위해 국민의 소비를 장려하는 정책을 시행함

② 정책 시행 이후 새로운 정태상태에 도달할 때까지 소비가 점차 증가하는 것은 아니다.
4문단 "……'정태상태'는 투자량과 감가상각량이 정확하게 일치하여 자본량의 변화가 없는 상태를 일컫는다."에 따르면, X국의 상태는 투자량과 감가상각량이 일치하는 정태상태에 속한다고 볼 수 있다. 마지막 문단 "……정태상태에 있는 어느 경제의 자본량이 황금률 수준을 하회하고 있는 상태에서 저축률을 상승시키는 경제 정책이 시행되었다고 하자. 정책이 시행된 시점에는 저축률 상승으로 인해 소비가 즉각 줄어든다. 그러나 시간이 지나면서 투자와 자본량 증대가 생산 수준을 점차 더 높이게 된다. 따라서 생산의 일정 비율인 소비도 점차 증가하여 궁극적으로는 정책 변경 이전보다 높은 수준으로 수렴하게 된다."에 따르면, 어떤 경제가 정태상태에 있고 자본량이 황금률 수준을 하회하는 경우 저축률 상승 결과 소비가 줄어들었다가 투자와 자본량 증대를 통해 다시 소비가 증가하게 된다. 이를 정태상태에 있고 자본량이 황금률 수준을 상회하는 경우에 적용하면, 저축률을 낮춤으로써 투자와 자본량 모두 감소하게 되고, 이에 따라 소비가 감소할 것임을 예상할 수 있다. 따라서 정책 시행 이후 새로운 정태상태에 도달할 때까지 소비가 점차 증가한다고 보기는 어렵다.

[오답 풀이]

① 마지막 문단 "새로운 정태상태에서 미래 세대는 정책 변경이 없었던 경우와 비교하여 더 높은 수준의 소비를 누릴 수 있으므로 효용이 증가한다."에 따르면, 더 높은 수준의 소비를 누릴 수 있다면 효용이 증가함을 알 수 있다. 〈보기〉의 X국에서는 소비를 장려하는 정책을 시행했으므로, 현재의 소비 증가를 통해 고령층과 청년층 모두의 효용 수준이 높아질 것임을 예상할 수 있다. 따라서 정책 시행 이후 현재 세대 중 고령층과 청년층 모두의 효용 수준은 높아질 것이다.

③ 마지막 문단 "생산함수와 감가상각률이 고정되어 있다고 하면, 저축률 변동을 통해 경제가 황금률 수준의 자본량을 달성하거나 또는 황금률에 보다 가까운 수준의 자본량을 보유하도록 경제상태를 이동시킬 수 있다."에 따르면, 다른 조건이 동일한 경우 저축률을 높이거나 낮춤으로써 자본량을 변화시켜 소비가 최대가 되는 정태상태 자본량인 황금률 자본량에 도달할 수 있다. 〈보기〉의 X국은 황금률 수준을 상회하는 자본량을 보유하고 있으며, 저축률 하락을 통해 자본량을 줄여 황금률 자본량에 도달할 것이다. X국의 경우 국민의 소비를 장려하는 정책을 수행하여 일시적으로 소비가 증가하다가, 이 과정에서 투자와 자본량이 줄어들어 소비가 감소한다. 여기서 마지막 문단 "솔로우 성장모형에서는 소비가 최대가 되는 정태상태 자본량 수준을 최선의 자본량이라는 의미에서 황금률 자본량이라고 부른다."에 따르면, X국은 황금률 자본량에 도달하는 것을 목표로 하므로 시간이 흐르면서 소비가 최대가 되는 정태상태 자본량, 즉 황금률 자본량에 도달한다. 결과적으로 X국이 황금률 수준에 해당하는 새로운 정태상태 자본량에 도달한다면, 정책 시행 이전의 정태상태에 비해 소비가 증가한다고 볼 수 있다. 따라서 미래 세대는 정책 시행 전에 비해 더 높은 수준의 소비를 누릴 것이고, 효용 수준은 정책이 시행되지 않는 경우보다 높아질 것이다.

④ 4문단 "자본량이 늘어나면 생산량이 늘어나고 생산량의 일정 비율인 투자도 증가한다. 또한 자본량의 일정 비율인 감가상각량도 늘어난

다.”와 마지막 문단 “……저축률을 상승시키는 경제 정책이 시행되었다고 하자. 정책이 시행된 시점에는 저축률 상승으로 인해 소비가 즉각 줄어든다. 그러나 시간이 지나면서 투자와 자본량 증대가 생산 수준을 점차 더 높이게 된다.”에 따르면, 저축률 상승에 따라 자본량의 증대가 일어나고, 자본량의 일정 비율인 감가상각량 역시 늘어남을 알 수 있다. 이를 〈보기〉의 경우에 적용하면, 1문단의 ‘생산량 = 소비량 + 투자량’ 공식에 따라 저축률 하락으로 소비가 증가하고, 자본량의 감소가 일어난다. 이에 따라 자본량의 일정 비율인 감가상각량 역시 줄어들 것임을 예상할 수 있다. 따라서 감가상각량은 정책 시행 이전보다 낮은 수준으로 수렴한다.

⑤ 4문단 “자본량이 늘어나면 생산량이 늘어나고 생산량의 일정 비율인 투자도 증가한다.”와 마지막 문단 “……저축률을 상승시키는 경제 정책이 시행되었다고 하자. 정책이 시행된 시점에는 저축률 상승으로 인해 소비가 즉각 줄어든다. 그러나 시간이 지나면서 투자와 자본량 증대가 생산 수준을 점차 더 높이게 된다.”에 따르면, 저축률 상승에 따라 자본량의 증대가 일어남을 알 수 있다. 이를 〈보기〉의 경우에 적용하면, 1문단의 ‘생산량 = 소비량 + 투자량’ 공식에 따라 저축률 하락으로 소비가 증가하고, 자본량의 감소가 일어난다. 따라서 자본량은 정책 시행 이전보다 낮은 수준으로 수렴한다.

[19~21] 제재 | 배아에 관한 법령
난이도 | ★★☆

19. 정답 ④

난이도 ★☆☆ | 정답률 85%

내용영역 규범 문항 유형 정보의 확인과 재구성

[정답 풀이]

④ 3문단 “독일 법은 결국 한 번의 시술로 이식할 만큼만 수정하게 하고, …… 배아 보존 자체는 금지하지 않지만 보존될 배아가 애초에 거의 생기지 않게 하려는 것이다.”에 따르면, 독일 법은 배아를 보존하는 것 자체를 금지하지는 않지만 여러 기준을 통해 보존될 배아의 생성 가능성을 차단한다. 한편 마지막 문단 “한국 법에서도 …… 일단 배아가 생성되면, 이식 횟수의 결정, 배아의 보존 여부, 난치병 연구를 위한 사용 여부 등에 대해 배아 생성자에게 의사 결정을 맡긴다.”에 따르면, 한국 법에서는 배아 생성자가 배아 보존 여부를 결정하는 것을 허용한다. 이를 정리하면, 한국 법과 독일 법 모두 배아를 보존하는 것 자체를 금지하지는 않는다고 볼 수 있다.

[오답 풀이]

① 잔여 배아란, 착상된 후 의학적 판단에 따라 제거된 배아를 말하지 않는다.
3문단 “임신 성공률을 높이려면 가급적 많은 배아를 확보해야 하는 까닭에 잔여 배아가 생긴다. 그런데도 독일 법은 결국 한 번의 시술로 이식할 만큼만 수정하게 하고, 수정 후에는 남김없이 이식하게 하며, 배아를 회수할 목적으로 착상을 방해할 가능성마저 없애고 있다.”에 따르면, 수정 후 이식이 이루어지지 않거나, 이식하더라도 착상 전에 회수될 경우 잔여 배아가 생긴다는 것을 알 수 있다. 또한 4문단 “배아보호법으로 인해 오히려 배아가 죽게 되는 역설적 상황 …… 모든 배아를 일단 착상시킨 후 가장 건강한 하나만을 남기고 나머지 한두 개는 모체에서 제거하는 일이 종종 일어난다.”에 따르면, 착상된 배아를 모체에서 제거할 경우 배아는 죽게 된다. 따라서 착상된 후 의학적 판단에 따라 제거된 배아는 죽은 배아로, 잔여 배아에 대한 적절한 설명이 아니다.

② 독일학술원 성명에는 잔여 배아 발생을 장려하기 위한 제안이 담겨 있다.
4문단 “배아보호법으로 인해 오히려 배아가 죽게 되는 역설적 상황 …… 법제 개선을 촉구하는 독일학술원의 성명에서는 잔여 배아 보존이 가능하게 하고 배아 생성자가 그 기간을 결정하도록 하자고 제안하였다.”에 따르면, 독일학술원의 성명은 배아가 죽게 되는 상황을 막기 위해 잔여 배아 보존을 가능하게 하자는 내용이다.

③ 다배아 이식 시술은 선택적 단일 배아 이식 시술보다 임신 성공 확률이 높지 않을 수 있다.
4문단 “임신 확률을 높이려면 배아의 건강 상태, 산모의 나이, 다태아 출산의 위험성 등에 비추어 가장 적합한 시술 방식을 선택해야 한다.”에 따르면, 임신 확률을 높이는 시술 방식은 상황에 따라 달라질 수 있다. 그런데 4문단 “이 법(배아보호법)을 따르면 선택적 단일 배아 이식의 방식을 취하기가 어렵게 된다. 하나를 제외한 나머지 배아에 모두 결함이 있어 불가피하게 배제될 경우가 아니라면, 충분히 건강한 한두 개의 배아를 다음 시술 시기를 위해 남겨 두지 못하기 때문이다.”에 따르면, 배아보호법이 적용될 경우 선택적 단일 배아 이식 대신 다배아 이식을 택해야 하는데, 이때 배아를 남겨 두지 못하는, 즉 잔여 배아가 생길 수 없는 경우가 생겨 임신 성공 확률이 낮아질 수 있다. 이를 종합하면, 다배아 이식 시술은 선택적 단일 배아 이식 시술보다 임신 성공 확률이 높다고 볼 수 없다.

⑤ 잔여 배아를 무조건 폐기하도록 강제하는 것은 비윤리적이라는 데 견해가 일치되어 있지 않다.
1문단 “……시술 뒤에 남은 배아를 어떻게 처리할 것인지에 대한 윤리적 논란 …… 잔여 배아를 예외 없이 폐기해야 한다는 견해와, 난치병 연구를 위해 사용할 수 있게 해야 한다는 견해가 맞서고 있는 것이다.”에 따르면, 잔여 배아를 어떻게 처리할 것인지에 대한 의견이 대립하고 있다. 2문단 “배아보호법 …… 다른 나라의 입법례와는 달리 가급적 잔여 배아 자체가 만들어지지 않게 하는 것이 최선이라는 시각을 반영한……”과 4문단 “……법제 개선을 촉구하는 독일학술원의 성명에서는 잔여 배아 보존이 가능하게 하고 배아 생성자가 그 기간을 결정하도록 하자고 제안하였다.”에 따르면, 잔여 배아의 폐기에 관한 입장이 대립하고 있음을 알 수 있다. 따라서 잔여 배아를 무조건 폐기하도록 강제하는 것은 비윤리적이라는 데 견해가 일치되어 있다고 보기는 어렵다.

20. 정답 ①

난이도 ★★☆ | 정답률 68%

내용영역 규범 문항 유형 정보의 추론과 해석

[정답 풀이]

독일의 배아보호법에서 규정하는 엄격한 기준(㉠)을 정리하면 다음과 같다.

○ 1회의 시술 주기 내에 난자를 3개까지만 수정시킬 수 있음
○ 같은 시술 주기 내에 배아를 3개까지만 이식할 수 있음
○ 이식할 배아의 수보다 많은 난자를 수정시켜서는 안 됨
○ 이식 후 배아의 온전한 착상 전에 그것을 채취해서는 안 됨

① 2문단 “1회의 시술 주기 내에 난자를 3개까지만 수정시킬 수 있고, 같은 시술 주기 내에 배아를 3개까지만 이식할 수 있다. 게다가 1회의 시술 주기 내에 이식할 배아의 수보다 많이 난자를 수정시켜서는 안 되고……”에 따르면, 1회의 시술 주기 내에서 수정 가능한 난자의 수는 최대 3개이고, 수정할 난자의 수는 이식할 배아의 수와 일치해야 한다. 따라서 1회의 시술 주기 내에는 3개의 한도 내에서 이식할 배아의 수만큼만 난자를 수정시킬 수 있다.

[오답 풀이]

② 배아 생성자의 요청과 무관하게, 이미 착상된 배아를 모체에서 분리하는 것이 엄격히 금지되지는 않는다.
4문단 “이 법을 따르면 …… 모든 배아를 일단 착상시킨 후 가장 건강

한 하나만을 남기고 나머지 한두 개는 모체에서 제거하는 일이 종종 일어난다."에 따르면, 배아보호법이 적용되는 경우에서도 착상된 배아 중 하나만을 남기고 나머지를 모체에서 제거하는 일이 발생한다. 따라서 배아 생성자의 요청이 있어도 이미 착상된 배아를 모체에서 분리하는 것이 엄격히 금지되지는 않는다.

③ 생성한 배아를 동일 시술 주기 내에 이식할 수 없는 경우에는 반드시 폐기해야 하는 것은 아니다.
2문단 "1회의 시술 주기 내에 이식할 배아의 수보다 많이 난자를 수정시켜서는 안 되고……"에 따르면, 배아보호법에서는 수정된 난자의 수보다 이식하는 배아의 수가 적어서는 안 된다. 또한 4문단 "이 법을 따르면 선택적 단일 배아 이식의 방식을 취하기가 어렵게 된다. …… 모든 배아를 일단 착상시킨 후 가장 건강한 하나만을 남기고 나머지 한두 개는 모체에서 제거하는 일이 종종 일어난다."에 따르면, 배아보호법이 적용될 경우 다배아 방식을 채택하여 배아를 모두 착상시키는 절차를 거치게 된다. 따라서 생성한 배아를 동일 시술 주기 내에 이식할 수 없는 경우 반드시 폐기해야 하는 것은 아니다.

④ 생성할 배아의 수보다 더 많은 난자를 채취하여 보관하는 것을 금지하지는 않는다.
3문단 "독일 법은 결국 한 번의 시술로 이식할 만큼만 수정하게 하고, 수정 후에는 남김없이 이식하게 하며, 심지어 배아를 회수할 목적으로 착상을 방해할 가능성마저 없애고 있다. 배아 보존 자체는 금지하지 않지만 보존될 배아가 애초에 거의 생기지 않게 하려는 것이다."에 따르면, 독일의 배아보호법은 배아 보존을 명시적으로 금지하지 않되, 보존될 배아의 생성을 억제하는 것을 목표로 하는 법이다. 따라서 배아보호법의 내용은 생성할 배아의 수보다 더 많은 난자를 채취하여 보관하는 것을 금지하는 것과는 관련이 없다.

⑤ 생성한 배아의 수보다 적게 이식하는 것이 허용되는 경우도 있다.
4문단 "이 법을 따르면 선택적 단일 배아 이식의 방식을 취하기가 어렵게 된다. 하나를 제외한 나머지 배아에 모두 결함이 있어 불가피하게 배제될 경우가 아니라면, 충분히 건강한 한두 개의 배아를 다음 시술 시기를 위해 남겨 두지 못하기 때문이다."에 따르면, 배아보호법을 따를 경우 원칙적으로 수정을 통해 형성된 배아는 모두 모체에 이식되어야 하지만, 예외적으로 하나를 제외한 나머지 배아에 모두 결함이 있어 불가피하게 배제될 경우 결함이 있는 배아가 이식되지 않고 남을 수 있다. 따라서 배아보호법의 기준을 따르더라도 생성한 배아의 수보다 적게 이식하는 것이 허용되는 경우도 있다.

21. 정답 ② | 난이도 ★★★ | 정답률 46%

내용영역 **규범** | 문항 유형 **정보의 평가와 적용**

[정답 풀이]

〈보기〉의 갑과 을 부부와 관련된 정보를 정리하면 다음과 같다.

○ 자신들의 생식세포를 이용하여 배아를 인공적으로 생성 ⇒ 모체(을)에 배아 이식 시술을 1회 진행하였으나 착상에 이르지 못함

○ 시술은 정상적으로 진행되었으며, 배아에는 결함이 없었음

② 독일 법이 적용되는 경우도, 한국 법이 적용되는 경우와 같이 갑과 을은 출산을 목적으로 할 경우에 한하여 배아의 생성에 관한 문제에 대해 자기결정권을 행사할 수 있겠군.
2문단 "독일에서는 배아보호법을 제정 …… 이 법은 대다수 국가의 법령들처럼 임신을 목적으로 하지 않는 배아의 생성을 애초에 불허"와 마지막 문단 "한국 법에서도 출산을 목적으로 할 때만 생식세포를 제공하여 배아를 생성할 수 있다."에 따르면, 독일 법과 한국 법은 공통적으로 임신을 목적으로 하는 배아 생성을 허용한다. 따라서 독일 법이 적용되더라도 한국 법이 적용되는 경우와 같이 출산을 목적으로 할 경우 갑과 을은 배아의 생성에 관한 문제에 대해 자기결정권을 행사할 수 있을 것이다.

[오답 풀이]

① 2문단 "독일에서는 배아보호법을 제정 …… 이식 후 배아의 온전한 착상 전에 그것을 채취해도 안 된다."와 3문단 "독일 법은 …… 배아를 회수할 목적으로 착상을 방해할 가능성마저 없애고 있다."에 따르면, 독일 법이 적용되는 경우, 갑과 을의 의사와 상관없이 착상 전에는 배아를 채취할 수 없다. 그러나 마지막 문단 "한국 법에서 …… 일단 배아가 생성되면 …… 배아의 보존 여부 …… 등에 대해 배아 생성자에게 의사 결정을 맡긴다."에 따르면, 한국 법이 적용되는 경우, 배아 생성자가 배아의 보존 여부를 결정할 수 있기 때문에 착상 전에 배아 회수를 위해 채취하는 것도 허용될 것이다. 따라서 독일 법이 적용되는 경우, 한국 법이 적용되는 경우와 달리 갑과 을이 원하더라도 착상 전에는 배아가 채취되지 못했을 것이다.

③ 3문단 "독일 법은 결국 한 번의 시술로 이식할 만큼만 수정하게 하고, 수정 후에는 남김없이 이식하게 하며, 심지어 배아를 회수할 목적으로 착상을 방해할 가능성마저 없애고 있다."에 따르면, 독일 법이 적용되는 경우, 1회의 시술 주기 내에 배아를 이식한 뒤 추가로 이식 가능한 배아는 남아 있지 않으며, 착상이 이루어지지 않은 배아를 회수할 수도 없기 때문에 난자를 수정시키는 시술을 다시 진행해야 한다. 그러나 마지막 문단 "한국 법에서 …… 일단 배아가 생성되면 …… 이식 횟수의 결정, 배아의 보존 여부 …… 등에 대해 배아 생성자에게 의사 결정을 맡긴다."에 따르면, 한국 법이 적용되는 경우, 배아 생성자가 이식 횟수를 조절하여 배아를 남기는 것도, 착상 전에 배아 회수를 위해 채취하는 것도 허용되므로 반드시 난자를 수정시키는 시술을 다시 진행하지는 않아도 될 것이다. 따라서 독일 법이 적용되는 경우, 갑과 을이 다시 배아 이식 시술을 받으려면 한국 법이 적용되는 경우와 달리 난자를 수정시키는 시술을 다시 진행해야 할 것이다.

④ 2문단 "독일에서는 …… 가급적 잔여 배아 자체가 만들어지지 않게 하는 것이 최선이라는 시각을 반영 …… 하여 배아 생성자의 자기결정권을 제한한다."와 3문단 "독일 법은 결국 한 번의 시술로 이식할 만큼만 수정하게 하고, 수정 후에는 남김없이 이식하게 하며, 심지어 배아를 회수할 목적으로 착상을 방해할 가능성마저 없애고 있다."에 따르면, 독일 법이 적용되는 경우, 배아 생성자는 연구 목적을 위한 배아 사용을 결정할 수 없다. 그러나 마지막 문단 "한국 법에서 …… 일단 배아가 생성되면 …… 난치병 연구를 위한 사용 여부 등에 대해 배아 생성자에게 의사 결정을 맡긴다."에 따르면, 한국 법이 적용되는 경우, 배아 생성자가 연구 목적을 위한 배아 사용을 허용할 수 있다. 따라서 한국 법이 적용되는 경우, 독일 법이 적용되는 경우와 달리 갑과 을 부부의 남은 배아를 연구 목적을 위해 사용할 수 있을 것이다.

⑤ 2문단 "독일에서는 …… 가급적 잔여 배아 자체가 만들어지지 않게 하는 것이 최선이라는 시각을 반영 …… 하여 배아 생성자의 자기결정권을 제한한다."와 3문단 "독일 법은 결국 한 번의 시술로 이식할 만큼만 수정하게 하고, 수정 후에는 남김없이 이식하게 하며, 심지어 배아를 회수할 목적으로 착상을 방해할 가능성마저 없애고 있다. 배아 보존 자체는 금지하지 않지만 보존될 배아가 애초에 거의 생기지 않게 하려는 것이다."에 따르면, 독일의 배아보호법은 배아 생성자가 배아 보존 여부를 결정하는 것을 허용하지 않는다. 반면 마지막 문단 "한국 법에서도 …… 일단 배아가 생성되면, 이식 횟수의 결정, 배아의 보존 여부, 난치병 연구를 위한 사용 여부 등에 대해 배아 생성자에게 의사 결정을 맡긴다."에 따르면, 한국 법에서는 배아 생성자가 배아 보존 여부를 결정하는 것을 허용한다. 따라서 한국 법이 적용되는 경우, 독일 법이 적용되는 경우와 달리 갑과 을의 의사에 따라 남은 배아를 보존하지 않도록 결정할 수 있을 것이다.

[22~24] 제재 | 『변론』과 『크리톤』 해석
난이도 | ★☆☆

22. 정답 ⑤ 난이도 ★★☆ | 정답률 79%

내용영역 **인문** 문항 유형 **정보의 확인과 재구성**

[정답 풀이]

⑤ 1문단 "『변론』에서 …… 소크라테스는 국가권력에 대해 개인 양심이 우선함을 주장한 철학적 순교자이자 시민불복종 정신의 선례로 이해된다."와 2문단 "만약 국가의 명령에는 무조건 복종해야 한다는 권위주의적 주장을 『크리톤』의 소크라테스가 하는 것이라면, 『변론』의 소크라테스와는 상치된 주장을 하는 셈이다."에 따르면, 『변론』의 소크라테스는 국가권력에 대한 개인 양심의 우위를 주장하였고, 『크리톤』의 소크라테스는 국가의 명령을 우위에 두고 이에 복종해야 한다고 주장하였다는 해석이 가능하다. 따라서 『변론』과 『크리톤』에 대한 논란은 국가의 권위에 대한 소크라테스의 태도가 비일관적으로 보인다는 것에서 기인한다고 볼 수 있다.

[오답 풀이]

① 소크라테스의 작품 내 일관성에 대한 논란은 『크리톤』에 한정된다.
2문단 "만약 국가의 명령에는 무조건 복종해야 한다는 권위주의적 주장을 『크리톤』의 소크라테스가 하는 것이라면, 『변론』의 소크라테스와는 상치된 주장을 하는 셈이다." 와 3문단 "일관성의 문제는 『크리톤』 내부에 대해서도 제기될 수 있다. 전반부에 제시된 논증의 전제들이 소크라테스가 여러 대화편에서 일관되게 주창해왔던 원칙들인 반면, 후반부에는 권위주의적 주장으로 읽힐 내용이 많다."에 따르면, '일관성의 문제'는 『크리톤』에 나타난 소크라테스 주장이 『변론』에 나타난 동일 인물의 주장과 상치된다는 점 및 『크리톤』의 전반부와 후반부 주장이 일치하지 않는다는 점이다. 따라서 소크라테스의 작품 내 일관성에 대한 논란은 『변론』이 아닌 『크리톤』에서 나타난다.

② 『크리톤』의 후반부는 소크라테스가 의인화된 존재에게 말을 건네는 형식으로 진행되지 않는다.
3문단 "……소크라테스는 의인화된 아테네 법률을 등장시켜 그 입을 빌려 탈옥 반대 논증을 이어간다."에 따르면, 의인화된 아테네 법률이 소크라테스를 대신하여 논증을 진행한다는 점을 알 수 있다. 따라서 『크리톤』의 후반부는 소크라테스가 의인화된 존재에게 말을 건네는 형식이 아니라 의인화된 존재가 말을 하는 형식으로 진행된다.

③ 『크리톤』의 소크라테스는 법에 대한 복종의 근거를 법률의 구체적 내용에서 찾고 있지 않다.
2문단 "소크라테스는 부정의한 일을 하는 것이 어떤 상황에서도, 심지어 부정의한 일을 당한 경우에도 올바르지 않다는 원칙에 동의하는지 크리톤에게 묻고, 그 원칙에 따라 탈옥은 판결이 부당했더라도 부정의하다 …… 국가의 명령에 불복하는 것은 국가의 존립 근거를 해치는 부정의한 일이며, 따라서 국가의 명령이 비록 부당하더라도 복종하는 것이 옳다는 것이다."에 따르면, 소크라테스는 자신의 원칙에 따라 국가의 명령에 복종하는 것이 옳다는 결론을 내리고 있다. 또한 2문단 "여기서 국가의 명령이 부당하다는 것은 법률의 내용이 아니라 판결이 부당함을 뜻한다."에 따르면, 법률의 내용은 법에 복종해야 한다는 소크라테스의 논증에서 고려되지 않는다. 따라서 『크리톤』의 소크라테스는 법에 대한 복종의 근거를 법률의 구체적 내용이 아니라 자신이 세운 원칙에서 찾을 것이다.

④ 시민불복종을 지지하는 사람들은 일반적으로 『변론』의 소크라테스를 모범으로 삼는다.
1문단 "『변론』에서 …… 소크라테스는 국가권력에 대해 개인 양심이 우선함을 주장한 철학적 순교자이자 시민불복종 정신의 선례로 이해된다."에 따르면, 『변론』의 소크라테스는 개인 양심을 국가권력보다 우위에 두었고, 이후 시민불복종 정신의 형성에 영향을 주었다. 또한 4문단 "베트남 전쟁에 반대해 징집에 불복한 청년들을 옹호했던 하워드 진은 『변론』의 소크라테스가 영웅적으로 보여주었던 비판과 저항의 정신을 『크리톤』의 소크라테스는 포기했다고 주장하면서 우리는 전자를 본받아야 한다고 역설했다."에 따르면, 하워드 진과 같이 시민불복종을 지지하는 사람들은 『변론』의 소크라테스를 비판과 저항의 정신을 상징하는 존재로 보았고, 일반적으로 『크리톤』이 아니라 『변론』의 소크라테스를 모범으로 삼음을 알 수 있다.

23. 정답 ④ 난이도 ★★☆ | 정답률 73%

내용영역 **인문** 문항 유형 **정보의 평가와 적용**

[정답 풀이]

④ 그로트의 해석과 유벤의 해석 모두 새로운 근거가 추가 제시되지 않으면 단지 추측에 바탕을 둔 것이라고 비판될 수 있겠군.
5문단 "그로트는 텍스트상의 모순을 플라톤의 저술 동기를 통해 설명한다. …… 플라톤은 『크리톤』에서 소크라테스를 애국심에 대한 호소로 충만한 법의 수호자로 묘사하여 부정적 인상을 불식시키고자 했고, 바로 여기서 모순이 생겼다는 것이다."와 마지막 문단 "유벤도 『크리톤』이 『변론』과는 상충되는 권위주의적 주장을 대변하지 않고 오히려 철학과 정치 간의 갈등을 극적으로 드러낸다고 본다."에 따르면, 그로트는 저자의 저술 동기, 유벤은 갈등을 드러낸다는 텍스트의 목적을 언급하며 각자의 주장을 펼치는데, 구체적인 텍스트상의 근거가 언급되어 있지는 않다. 따라서 그로트의 해석과 유벤의 해석 모두 새로운 근거가 추가 제시되지 않으면 단지 추측에 바탕을 둔 것이라는 비판을 받을 수 있을 것이다.

[오답 풀이]

① 4문단 "베트남 전쟁에 반대해 징집에 불복한 청년들을 옹호했던 하워드 진은 『변론』의 소크라테스가 영웅적으로 보여주었던 비판과 저항의 정신을 『크리톤』의 소크라테스는 포기했다고 주장하면서 우리는 전자를 본받아야 한다고 역설했다."에 따르면, 하워드 진은 『크리톤』의 소크라테스를 부당한 권력에 저항하지 않은 인물로 평가하고 있다. 따라서 만약 『크리톤』의 소크라테스도 부당한 권력에 저항한 것으로 판명된다면, 하워드 진의 『크리톤』 해석은 출발점에서부터 철회되어야 할 것이다.

② 6문단 "개리 영은 소크라테스의 철학 방법론에 주목하여 모순을 설명한다. 소크라테스의 대화법에서 논의 수준은 대화 상대자에 따라 조절되는데, 철학적 영민함을 갖추지 못한 크리톤을 엄밀한 이성적 방식으로 설득하는 데 실패하자 소크라테스가 후반부에는 '법률'을 내세워 그를 단지 감동시키고 있다는 것이다."에 따르면, 크리톤은 철학적 영민함을 갖추지 못하여 소크라테스가 다른 대화 상대자보다 논의 수준을 낮추어 설명했다는 점을 알 수 있다. 따라서 다른 작품에 나오는 소크라테스의 대화 상대자들과 크리톤 사이에 철학적 능력 면에서 명확한 차이가 없다면 개리 영의 해석은 설득력을 잃을 것이다.

③ 7문단 "앨런은 『크리톤』에서의 소크라테스의 논증을 자세히 분석하면 『변론』과의 모순은 실제로는 존재하지 않는다고 주장한다."와 "'부정의를 저지르는 것', 즉 윤리적 원칙에 의거해 절대적으로 하지 말아야 하는 것과, '부정의를 감수하는 것', 예컨대 소크라테스의 경우 잘못된 판결의 해악을 감수하는 것을 개념적으로 구별하면서 텍스트를 읽으면, 『크리톤』 후반부도 권위주의적 주장과는 거리가 먼 것으로 해석될 수 있다는 것이다."에 따르면, 앨런은 부정의를 저지르는 것과 부정의를 감수하는 것이 개념적으로 동일하지 않다는 점을 들어 『크리톤』과 『변론』의 논증이 서로 모순되지 않는다고 주장한다. 하지만 '부정의를 감수하는 것'이 결국 '부정의를 저지르는 것'과 같다고 여기는 사람에게는 앨런의 해석은 설득력이 없을 것이다.

⑤ 5문단 "그로트는 텍스트상의 모순을 플라톤의 저술 동기를 통해 설명한다. …… 플라톤은 『크리톤』에서 소크라테스를 애국심에 대한 호소로 충만한 법의 수호자로 묘사하여 부정적 인상을 불식시키고자 했고, 바로 여기서 모순이 생겼다는 것이다."와 6문단 "개리 영은 …… 소크라테스의 대화법에서 논의 수준은 대화 상대자에 따라 조절되는데, 철학적 영민함을 갖추지 못한 크리톤을 엄밀한 이성적 방식으로 설득하는 데 실패하자 소크라테스가 후반부에는 '법률'을 내세워 그를 단지 감동시키고 있다는 것이다."에 따르면, 『변론』과 『크리톤』의 해석상 논란에 대해 그로트는 플라톤의 동기를, 개리 영은 소크라테스의 동기를 각각 언급하고 있다. 따라서 그로트는 텍스트 외부 인물의 동기에, 개리 영은 텍스트 내부 인물의 동기에 천착하여 각각 텍스트상의 모순을 설명할 방법을 제시하고 있다.

24. 정답 ⑤ 난이도 ★★☆ | 정답률 57%

내용영역 **인문** 문항 유형 **정보의 추론과 해석**

[정답 풀이]

⑤ 마지막 문단 "유벤도 『크리톤』이 『변론』과는 상충되는 권위주의적 주장을 대변하지 않고 오히려 철학과 정치 간의 갈등을 극적으로 드러낸다고 본다."와 "탈옥하지 않고 국가의 명령에 복종하여 사형을 감내하는 것이 불완전한 현실 국가에서 살아가는 철학자가 오히려 도덕적 우위에 서서 부당한 권력에 저항하는 방식이라는 것이다."에 따르면, 〈보기〉의 갑은 국가의 명령에 복종하여 구류를 감내함으로써 특별세를 부과하는 국가에 저항하였다. 따라서 유벤의 입장에서 특별세 납부는 거부했지만 순순히 구류를 산 갑의 결정은 불복종 행위의 도덕적 순수함을 보여 주었다는 평가를 받을 것이다.

[오답 풀이]

① 하워드 진은, 특별세 납부 대신 구류를 선택한 갑의 결정을 국가에 대한 저항 정신을 포기한 것이라고 비판하지 않을 것이다.
4문단 "베트남 전쟁에 반대해 징집에 불복한 청년들을 옹호했던 하워드 진은 『변론』의 소크라테스가 영웅적으로 보여주었던 비판과 저항의 정신을 『크리톤』의 소크라테스는 포기했다고 주장하면서 우리는 전자를 본받아야 한다고 역설했다."에 따르면, 하워드 진은 『변론』의 소크라테스를 부당한 권력에 저항한 인물로 평가하고 있다. 이에 따르면, 〈보기〉에서 특별세 납부 대신 구류를 선택한 갑은 국가의 부당한 명령에 저항한 이에 해당한다. 따라서 하워드 진의 입장에서 특별세 납부 대신 구류를 선택한 갑의 결정은 국가에 대한 저항 정신을 보여 준 행위일 것이다.

② 타인들에게 갑을 변호하기 위해 갑의 동기를 언급한 을은, 소크라테스를 변호하기 위해 플라톤의 동기를 언급하는 그로트에 비견된다.
5문단 "그로트는 텍스트상의 모순을 플라톤의 저술 동기를 통해 설명한다. 『변론』의 소크라테스는 자신을 아테네 법 위에 놓는 오만한 자라는 인상을 주는데, 이는 그가 국법을 무시하도록 조장했다는 고발의 내용을 확증해 주는 것이었다. 따라서 플라톤은 『크리톤』에서 소크라테스를 애국심에 대한 호소로 충만한 법의 수호자로 묘사하여 부정적 인상을 불식시키고자 했고……."에 따르면, 그로트는 소크라테스에 대한 부정적 인상을 불식시키고자 한 플라톤의 의도에 따라 『크리톤』의 소크라테스가 국법을 수호하는 자로 묘사되었다고 설명한다. 이에 따르면, 〈보기〉의 을과 그로트를 비교할 때 후자를 소크라테스의 변호를 위해 소크라테스의 동기를 언급하는 자라고 설명할 수는 없다.

③ 개리 영은, 경제적 손해를 감수하는 것이 애국심을 보여 주는 증거라는 을의 논증을 어리석은 사람을 설득하고자 노력하는 소크라테스의 논증과 대비된다고 보지 않을 것이다.
6문단 "개리 영은 소크라테스의 철학 방법론에 주목하여 모순을 설명한다. 소크라테스의 대화법에서 논의 수준은 대화 상대자에 따라 조절되는데, 철학적 영민함을 갖추지 못한 크리톤을 엄밀한 이성적 방식으로 설득하는 데 실패하자 소크라테스가 후반부에는 '법률'을 내세워 그를 단지 감동시키고 있다는 것이다."에 따르면, 개리 영의 설명은 대화 상대가 갖춘 철학적 영민함의 정도에 따라 소크라테스가 논의 수준을 조절한다는 점에 바탕을 두고 있다. 한편 〈보기〉의 을은 상대의 철학적 영민함을 고려하기보다는, 갑을 비난하는 우중에게 갑이 애국적 결정을 하였음을 설득하고 있다는 점에서 소크라테스의 방법론과는 무관하다. 따라서 개리 영은, 경제적 손해를 감수하는 것이 애국심을 보여 주는 증거라는 을의 논증을 어리석은 사람을 설득하고자 노력하는 소크라테스의 논증과 대비된다고 보지 않을 것이다.

④ 앨런은, 갑의 결정이 『변론』 및 『크리톤』에서의 소크라테스의 태도와 상치된다고 보지 않을 것이다.
7문단 "앨런은 『크리톤』에서의 소크라테스의 논증을 자세히 분석하면 『변론』과의 모순은 실제로는 존재하지 않는다고 주장한다."와 "'부정의를 저지르는 것', 즉 윤리적 원칙에 의거해 절대적으로 하지 말아야 하는 것과, '부정의를 감수하는 것', 예컨대 소크라테스의 경우 잘못된 판결의 해악을 감수하는 것을 개념적으로 구별하면서 텍스트를 읽으면, 『크리톤』 후반부도 권위주의적 주장과는 거리가 먼 것으로 해석될 수 있다는 것이다."에 따르면, 앨런의 입장에서 『변론』과 『크리톤』의 소크라테스는 '부정의를 감수'하였지만 '부정의를 저지르는' 잘못을 하지는 않았다. 이에 따르면, 〈보기〉에서 갑은 특별세 납부 대신 구류를 선택하여 '부정의를 감수'하였지만, 특별세 납부는 정의롭지 않은 전쟁에 간접적으로 참여하는 것과 같다는 자신의 윤리적 원칙을 저버리는 '부정의'를 저지르지는 않은 사람에 해당한다. 따라서 앨런의 입장에서 갑의 결정은 『변론』 및 『크리톤』에서의 소크라테스의 태도와 상치되지 않는다.

[25~27] 제재 | 데이터베이스 트랜잭션
난이도 | ★★★

25. 정답 ① 난이도 ★★★ | 정답률 20%

내용영역 **과학기술** 문항 유형 **정보의 확인과 재구성**

[정답 풀이]

① 2문단 "트랜잭션에는 SQL의 조회 · 삽입 · 삭제 · 갱신 등의 작업이 포함된다."에 따르면, 트랜잭션에서는 조회 · 삽입 · 삭제 · 갱신의 네 작업이 서로 구분된다는 것을 알 수 있다. 또한 4문단 "모순된 읽기에는 오염된 읽기 · 반복 불가능한 읽기 · 팬텀 읽기가 있다. 오염된 읽기는 두 트랜잭션이 동시에 같은 데이터에 접근할 때 한 트랜잭션이 데이터를 갱신한 후 이를 완료하기 전에 다른 트랜잭션이 이 데이터를 읽었으나 이후 데이터 갱신작업을 롤백할 경우 발생하는 문제이다. 반복 불가능한 읽기는 한 트랜잭션 내에서 같은 데이터를 여러 번 조회하는 도중에 다른 트랜잭션이 해당 데이터값을 갱신한 후 완료하면 같은 질의의 결과가 서로 달라지는 문제를 말한다. 팬텀 읽기는 한 트랜잭션에서 질의를 통해 레코드 세트를 읽었지만 다른 트랜잭션이 레코드를 삽입한 후 같은 질의를 반복할 때, 이전과 다른 레코드 세트를 조회하는 현상을 말한다."에 따르면, 오염된 읽기는 갱신 작업, 반복 불가능한 읽기는 조회 및 갱신 작업, 팬텀 읽기는 삽입 및 조회 작업 과정에서 발생하는 문제이다. 따라서 조회작업으로 구성된 두 트랜잭션이 동시에 진행되면 모순된 읽기는 발생하지 않는다.

[오답 풀이]

② 트랜잭션의 격리성 수준을 완료 읽기로 설정하더라도 트랜잭션의 원자성을 충족할 수 있는 것은 아니다.
4문단 "㉠ <u>트랜잭션의 동시성 제어</u>는 다중 사용자 환경에서 트랜잭션

의 일관성과 격리성을 보장하기 위해 DBMS가 제공하는 기능이다."와 마지막 문단 "SQL에서는 트랜잭션의 동시성 제어를 위한 네 단계의 격리성 수준을 정의한다. …… 다음으로 완료 읽기는……"에 따르면, 완료 읽기는 동시성 제어를 위해 설정되는 격리성 수준 중 하나로, 동시성 제어는 트랜잭션의 일관성과 격리성을 보장하기 위한 기능이다. 따라서 트랜잭션의 격리성 수준을 완료 읽기로 설정하는 것은 트랜잭션의 원자성을 충족하는 것과는 관련이 없다.

③ SQL 표준을 사용하여 형태가 정해진 대용량 데이터를 체계적으로 관리할 수 있다.
1문단 "최근 빅데이터, 소셜 네트워크 서비스 등 대용량 웹서비스를 제공하기 위해 비관계형 데이터베이스가 도입되고 있지만, 정형 데이터를 안정적으로 처리하기 위해서 가장 많이 활용되고 있는 것은 관계형 데이터베이스이다. 관계형 데이터베이스 및 정보시스템 개발 과정에서 …… 데이터를 관리할 수 있도록 표준 질의언어인 SQL이 활용되고 있다."에 따르면, SQL은 관계형 데이터베이스에서 데이터를 관리하기 위한 표준 질의언어로, 관계형 데이터베이스는 정형 데이터를 처리하기 위해 활용된다. 따라서 SQL 표준을 사용하여 형태가 정해지지 않은 데이터가 아니라, 형태가 정해진 대용량 데이터를 체계적으로 관리할 수 있다.

④ DBMS는 트랜잭션의 일관성을 보장하기 위해 제약조건을 위배하는 트랜잭션을 거부해야 한다.
3문단 "일관성은 트랜잭션의 실행 전과 후 모두 데이터베이스에 정의된 무결성 제약조건을 충족하여 논리적으로 일관된 상태를 유지해야 함을 의미한다."에 따르면, 제약조건은 데이터베이스의 일관성과 연관된 요소이다. 따라서 DBMS는 트랜잭션의 원자성이 아니라 일관성을 보장하기 위해 제약조건을 위배하는 트랜잭션을 거부해야 한다.

⑤ 두 트랜잭션이 동일 데이터 영역을 넘나들며 진행되어도 모순된 읽기 문제는 발생할 수 있다.
4문단 "오염된 읽기는 두 트랜잭션이 동시에 같은 데이터에 접근할 때 한 트랜잭션이 데이터를 갱신한 후 이를 완료하기 전에 다른 트랜잭션이 이 데이터를 읽었으나 이후 데이터 갱신작업을 롤백할 경우 발생하는 문제이다."와 "반복 불가능한 읽기는 한 트랜잭션 내에서 같은 데이터를 여러 번 조회하는 도중에 다른 트랜잭션이 해당 데이터값을 갱신한 후 완료하면 같은 질의의 결과가 서로 달라지는 문제를 말한다."에 따르면, 동일 데이터를 읽고 작업하는 중에도 모순된 읽기에 해당하는 오염된 읽기 및 반복 불가능한 읽기 현상이 나타날 수 있다. 따라서 두 트랜잭션이 동일 데이터 영역을 넘나들며 진행되어도 모순된 읽기 문제가 발생하지 않는 것은 아니다.

26. 정답 ⑤ 난이도 ★★★ | 정답률 22%

내용영역 과학기술 문항 유형 정보의 추론과 해석

[정답 풀이]

⑤ 데이터를 독점적으로 사용하는 잠금 기법을 적용함으로써 완전한 격리성을 보장할 수 없다.
마지막 문단 "……기본 방식의 잠금은 데이터의 독점적 사용으로 인해 동시성을 현저히 저해하며, 또한 트랜잭션의 직렬화 가능 실행을 보장하지 못한다."와 "이 두 문제를 해결하기 위해 등장한 2단계 잠금은 항상 직렬화 가능 트랜잭션 실행을 보장한다."에 따르면, 데이터를 독점적으로 사용하는 잠금 기법은 기본 방식의 잠금, 직렬화 가능 실행을 보장하는 잠금 기법은 2단계 잠금에 해당한다. 그리고 마지막 문단 "직렬화 가능 실행은 2단계 잠금과 같은 기법을 사용하여 트랜잭션의 순차적 실행을 보장함으로써 최고 수준의 격리성을 제공한다."에 따르면, 최고 수준의 격리성을 제공하는 잠금 기법은 2단계 잠금이다. 따라서 데이터를 독점적으로 사용하는 잠금 기법을 적용함으로써 완전한 격리성을 보장할 수 있다고 보기 어렵다.

[오답 풀이]

① 4문단 "두 트랜잭션이 동일 데이터를 동시에 갱신할 때 한 트랜잭션의 갱신이 다른 트랜잭션이 갱신한 내용을 덮어 쓸 수 있는데, 이를 갱신 분실이라 한다."에 따르면, 갱신 분실은 두 트랜잭션이 동일 데이터를 동시에 갱신하는 경우를 말한다. 그리고 마지막 문단 "마지막 단계인 직렬화 가능 실행은 2단계 잠금과 같은 기법을 사용하여 트랜잭션의 순차적 실행을 보장함으로써 최고 수준의 격리성을 제공한다."에 따르면, 격리성 수준 중 가장 높은 단계인 직렬화 가능 실행은 순차적 실행을 통해 복수의 트랜잭션이 동시에 실행되지 않도록 한다. 따라서 격리성 수준을 가장 높게 설정하면 갱신 분실 문제가 발생하지 않는다.

② 마지막 문단 "일반적으로 격리성 수준이 높을수록 트랜잭션의 독립성이 강해지지만, 성능 및 동시성은 저하된다."에 따르면, 격리성 수준이 낮을수록 동시성이 높다. 그리고 마지막 문단 "가장 낮은 단계인 미완료 읽기는 완료되지 않은 데이터도 읽을 수 있어 모든 유형의 모순된 읽기가 발생할 수 있다."에 따르면, 동시성이 가장 높은 단계는 미완료 읽기에 해당하고, 이 단계에서는 모든 유형의 모순된 읽기가 발생할 수 있다. 따라서 격리성 수준 중 동시성이 가장 높은 단계는 모순된 읽기를 방지할 수 없다.

③ 마지막 문단 "일반적으로 격리성 수준이 높을수록 트랜잭션의 독립성이 강해지지만, 성능 및 동시성은 저하된다."와 "가장 낮은 단계인 미완료 읽기 …… 마지막 단계인 직렬화 가능 실행"에 따르면, 격리성 수준 중 직렬화 가능 실행이 가장 독립성이 높고, 미완료 읽기가 가장 독립성이 낮다. 따라서 격리성 수준을 직렬화 가능 실행에서 미완료 읽기로 변경하면 독립성이 약해진다.

④ 4문단 "팬텀 읽기는 한 트랜잭션에서 질의를 통해 레코드 세트를 읽었지만 다른 트랜잭션이 레코드를 삽입한 후 같은 질의를 반복할 때, 이전과 다른 레코드 세트를 조회하는 현상을 말한다."에 따르면, 팬텀 읽기는 삽입과 조회 과정에서 발생하는 모순된 읽기 유형으로, 갱신작업과는 관련이 없다. 따라서 갱신작업으로만 구성된 두 트랜잭션이 동시에 진행할 경우 팬텀 읽기는 발생하지 않는다.

27. 정답 ④ 난이도 ★★★ | 정답률 29%

내용영역 과학기술 문항 유형 정보의 평가와 적용

[정답 풀이]

〈보기〉의 각 상황과 관련된 정보를 정리하면 다음과 같다.

〈상황 1〉

	수행 주체	특이사항	오류 유형
(1) 갱신	트랜잭션 B	'갑의 계좌잔액'을 100에서 200으로 갱신함	오염된 읽기(데이터 갱신작업을 롤백함)
(2) 조회	트랜잭션 A	갱신이 완료되기 전에 '갑의 계좌잔액 = 200' 데이터를 읽음	
(3) 롤백	트랜잭션 B	갱신을 아예 진행하지 않은 상태로 돌아감	
(4) 갱신	트랜잭션 C	'을의 계좌잔액'을 500에서 600으로 갱신함	
(5) 완료	트랜잭션 C		
(6) 조회	트랜잭션 A	갱신이 완료된 후 '을의 계좌잔액 = 600' 데이터를 읽음	

〈상황 2〉

	수행 주체	특이사항	오류 유형
(1) 조회	트랜잭션 A	'갑의 계좌잔액 = 100' 데이터를 읽음	반복 불가능한 읽기(같은 질의의 결과가 서로 달라짐)
(2) 갱신	트랜잭션 B	'갑의 계좌잔액'을 100에서 200으로 갱신함	
(3) 완료	트랜잭션 B		
(4) 조회	트랜잭션 A	갱신이 완료된 후 '갑의 계좌잔액 = 200' 데이터를 읽음	
(5) 조회	트랜잭션 A	'레코드 세트 = {갑, 을}' 데이터를 읽음	팬텀 읽기(이전과 다른 레코드 세트를 조회함)
(6) 삽입	트랜잭션 C	'병의 계좌잔액=700' 데이터를 삽입함	
(7) 완료	트랜잭션 C		
(8) 조회	트랜잭션 A	'레코드 세트 = {갑, 을, 병}' 데이터를 읽음	

④ 〈상황 2〉는 세 트랜잭션을 순차적으로 실행하여 발생한 모순된 읽기를 보여 주는 경우가 아닐 수 있다.

3문단 "격리성은 둘 이상의 트랜잭션을 동시에 실행할 때 상호 간섭에 의한 문제를 일으키지 않는 성질로, 이를 만족한다면 트랜잭션의 동시 실행의 결과는 트랜잭션을 순차적으로 실행하였을 때의 결과와 같다."와 마지막 문단 "직렬화 가능 실행은 2단계 잠금과 같은 기법을 사용하여 트랜잭션의 순차적 실행을 보장함으로써 최고 수준의 격리성을 제공한다."에 따르면, 직렬화 가능 실행을 통해 트랜잭션의 순차적 실행과 격리성이 확보될 수 있다. 4문단 "모순된 읽기에는 오염된 읽기 · 반복 불가능한 읽기 · 팬텀 읽기가 있다."에 따르면, 〈상황 2〉에서는 '반복 불가능한 읽기'와 '팬텀 읽기' 2종의 모순된 읽기가 나타났다는 점에서, 〈상황 2〉의 격리성 수준은 직렬화 가능 실행이 아님을 알 수 있다. 직렬화 가능 실행이 나타나지 않았다는 점에서 트랜잭션의 순차적 실행이 나타났다고도 단정할 수 없다. 따라서 〈상황 2〉는 A, B, C 세 트랜잭션을 순차적으로 실행하여 발생한 모순된 읽기라고 보기 어렵다.

[오답 풀이]

① 4문단 "오염된 읽기는 두 트랜잭션이 동시에 같은 데이터에 접근할 때 한 트랜잭션이 데이터를 갱신한 후 이를 완료하기 전에 다른 트랜잭션이 이 데이터를 읽었으나 이후 데이터 갱신작업을 롤백할 경우 발생하는 문제이다."에 따르면, 〈상황 1〉에서 트랜잭션 B가 갑의 계좌잔액 데이터를 갱신한 후, 이를 완료하기 전에 트랜잭션 A가 갑의 계좌잔액 데이터를 읽고 롤백이 수행되어 오염된 읽기가 발생하였다. 이와 달리 트랜잭션 C가 을의 계좌잔액 데이터를 갱신한 후에는 이를 완료한 뒤에 트랜잭션 A가 을의 계좌잔액 데이터를 읽었으므로 오염된 읽기가 발생하지 않았다. 따라서 〈상황 1〉에서 트랜잭션 A가 조회한 갑의 계좌잔액은 오염된 값이나, 을의 계좌잔액은 오염된 값이 아니다.

② 2문단 "입출금 작업이 모두 성공적으로 종료되어야 이를 완전한 거래로 승인하여 '완료'하고,……"와 4문단 "오염된 읽기는 두 트랜잭션이 동시에 같은 데이터에 접근할 때 한 트랜잭션이 데이터를 갱신한 후 이를 완료하기 전에 다른 트랜잭션이 이 데이터를 읽었으나 이후 데이터 갱신작업을 롤백할 경우 발생하는 문제이다."에 따르면, 오염된 읽기의 발생 원인은 한 트랜잭션이 데이터를 갱신하고 이를 완료하기 전에 다른 트랜잭션이 해당 데이터를 읽는 것이다. 따라서 〈상황 1〉의 모순성을 방지하려면 트랜잭션 A가 미완료 데이터를 조회하는 것을 허용해서는 안 된다.

③ 4문단 "오염된 읽기는 두 트랜잭션이 동시에 같은 데이터에 접근할 때 한 트랜잭션이 데이터를 갱신한 후 이를 완료하기 전에 다른 트랜잭션이 이 데이터를 읽었으나 이후 데이터 갱신작업을 롤백할 경우 발생하는 문제이다."에 따르면, 〈상황 1〉에서 갱신 완료 전 데이터를 트랜잭션 A가 읽은 이후 데이터 갱신작업이 롤백되는 오염된 읽기가 나타난다. 그리고 "반복 불가능한 읽기는 한 트랜잭션 내에서 같은 데이터를 여러 번 조회하는 도중에 다른 트랜잭션이 해당 데이터값을 갱신한 후 완료하면 같은 질의의 결과가 서로 달라지는 문제를 말한다."와 "팬텀 읽기는 한 트랜잭션에서 질의를 통해 레코드 세트를 읽었지만 다른 트랜잭션이 레코드를 삽입한 후 같은 질의를 반복할 때, 이전과 다른 레코드 세트를 조회하는 현상을 말한다."에 따르면, 〈상황 2〉에서 트랜잭션 A가 같은 질의를 하였음에도 결과가 서로 달라지는 반복 불가능한 읽기와 트랜잭션 A가 이전과 다른 레코드 세트를 조회하는 팬텀 읽기가 나타난다. 따라서 〈상황 1〉, 〈상황 2〉에서 확인할 수 있는 모순된 읽기의 유형은 모두 3가지이다.

⑤ 마지막 문단 "SQL에서는 트랜잭션의 동시성 제어를 위한 네 단계의 격리성 수준을 정의한다. …… 세 번째 단계인 반복 가능 조회는 한 트랜잭션에서 하나의 스냅숏만 사용하도록 하여 오염된 읽기와 반복 불가능한 읽기는 발생하지 않으나, 팬텀 읽기를 막을 수는 없다. 마지막 단계인 직렬화 가능 실행은 2단계 잠금과 같은 기법을 사용하여 트랜잭션의 순차적 실행을 보장함으로써 최고 수준의 격리성을 제공한다."에 따르면, 직렬화 가능 실행을 통해 팬텀 읽기를 포함한 모든 종류의 모순된 읽기를 막을 수 있다. 이를 〈보기〉에 적용하면, 〈상황 1〉에서 오염된 읽기가, 〈상황 2〉에서 반복 불가능한 읽기와 팬텀 읽기가 발생하므로 〈상황 2〉의 모순된 읽기를 막기 위해서는 격리성 수준을 직렬화 가능 실행으로 설정해야 한다. 따라서 〈상황 2〉의 모순성을 방지할 수 있도록 격리성 수준을 설정하면 〈상황 1〉의 모순성도 발생하지 않는다.

[28~30] 제재 | 희곡과 공연의 관계

난이도 | ★☆☆

28. 정답 ③

난이도 ★★☆ | 정답률 57%

내용영역 인문 | 문항 유형 정보의 확인과 재구성

[정답 풀이]

③ 아리스토텔레스는 볼거리가 창작술과 거리가 있으며, 플롯과는 별개의 요소로 보았다.

1문단 "아리스토텔레스는 비극은 단지 읽기만 해도 그 성질을 알 수 있다는 전제에서 비극의 창작술을 플롯을 중심으로 논했다. 다만 비극의 또 다른 요소인 '볼거리'는 비록 창작술과 거리가 멀지만 쾌감을 산출한다고 보았다."에 따르면, 아리스토텔레스는 플롯을 비극의 한 요소로 칭하며 이를 중심으로 창작술을 설명하고, 비극의 또 다른 요소인 볼거리는 창작술과 거리가 멀지만 쾌감을 산출한다고 설명한다. 따라서 아리스토텔레스는 볼거리가 창작술과 거리가 있음을 인정하나, 플롯을 구성하는 일부라 보지는 않는다.

[오답 풀이]

① 1문단 "고전주의 시대를 경과하면서 희곡의 대사는 작가의 사상과 플롯을 집약하는 공연의 중심 요소로 각인되었다."와 2문단 "이러한 위계는 연극학자 혼비가 희곡과 공연의 첫 번째 관계 유형으로 언급한 심포니 모델과 유사하다. …… 음표 · 선율 등을 지시한 악보의 존재는 절대적이다."에 따르면, 고전주의 시대 연극에는 대사에 플롯이 집약되어 있고, 이러한 특성은 혼비의 심포니 모델에서 악보에 제시된 지시가 절대적이라는 특성과 유사함을 알 수 있다. 이에 따르면, 고전주의 연극에서는 대사에 제시된 내용, 즉 플롯을 충실히 재현해야 했을

것이다. 따라서 고전주의 연극에서는 극사건의 전개를 효과적으로 재현하는 것이 중요시되었을 것이다.

② 3문단 "'글로 쓰인 자료'에서 출발하여 무대에 실제 구축되는 '기호들의 두께', 혹은 제스처 · 어조 · 공간의 간격 · 오브제 · 조명 등에 대한 총괄적 지각을 가리키는 '연극성'에 대한 바르트의 논의"에 따르면, 연극성은 희곡이라는 글에서 무대를 구성하는 요소들을 지각하는 것을 말한다. 한편 4문단 "일반적으로 대사는 몸짓 · 어투 · 말소리의 크기와 같은 다양한 표현 안에 놓여 있고, 무대 · 조명 · 음향 · 소품 등은 희곡 안에 응축되어 있다. 그런 까닭에 독자들은 희곡만 읽어도 연극성을 확인할 수 있다."에 따르면, 독자들은 희곡을 읽음으로써 연극성을 구성하는 무대 · 조명 · 음향 · 소품 등의 요소를 확인할 수 있다. 그리고 4문단 "앞의 연극성 논의는 극의 대사나 무대지시문이 불러일으키는 상상이 무대적 전이보다 우선되는 '문학성 풍부한 희곡'이나 사실주의 연극관과 마찰하면서 논의의 지평을 넓혔다."에 따르면, 연극성 논의가 사실주의 연극관과 대립되는 입장이면서도 희곡을 통해 무대 구성을 상상한다는 요소를 공통적으로 가지고 있음을 알 수 있다. 따라서 대사 전달을 중시한 희곡을 읽을 때에도 무대 구성의 상상은 존중되어야 한다고 볼 수 있다.

④ 3문단 "'글로 쓰인 자료'에서 출발하여 무대에 실제 구축되는 '기호들의 두께', 혹은 제스처 · 어조 · 공간의 간격 · 오브제 · 조명 등에 대한 총괄적 지각을 가리키는 '연극성'에 대한 바르트의 논의"에 따르면, 바르트는 글로 쓰인 희곡으로부터 기호들의 두께가 나타난다고 보았다. 따라서 바르트는 희곡 안의 언어도 연극성을 구현하는 기호의 두께를 드러내는 요소로 보았을 것이다.

⑤ 4문단 "아르토는 연극에서 발화와 대화 상황을 우선한 나머지 연극적 표현은 그동안 억압되어 왔다고 분석한 후 …… 대사 역시 무대효과와 무대적 규칙 등과 유기적으로 연결해야 한다고 주장하였다."에 따르면, 아르토는 발화와 대화 상황, 즉 대사뿐만 아니라 이를 제외한 연극의 표현들 또한 중시해야 한다고 본다. 따라서 아르토는 대사 행위와 연결되지 않은 공연 요소를 축소하려는 시도에 대해 부정적이었다고 볼 수 있다.

29. 정답 ④ 난이도 ★★☆ | 정답률 77%

내용영역 인문 | 문항 유형 정보의 추론과 해석

[정답 풀이]

④ 조각 모델에서 무대지시문에 기술된 '작가의 말'은 연출적 구상에서 확고한 지침이 되지 않는다.
2문단 "조각 모델에서 연출가는 조각가에 비유된다. 조각가는 작업장에 있는 대리석 덩어리를 염두에 두며 작품을 구상한다."에 따르면, 연출가가 참고하는 희곡의 무대지시문은 조각가의 최초 구상에 해당한다. 그리고 2문단 "영감은 과정 중에도 찾아온다. 조각가는 애초의 아이디어와 새로운 영감을 견주어 좋은 점을 선택하면서 작업해 나가며 …… 온전한 '작품'으로서의 희곡은 대본으로 대체되거나 단지 많은 공연 요소 중 하나로 취급되기도 하는 셈이다."에 따르면, 최초의 아이디어는 확고히 유지되는 것이 아니라 영감에 따라 교체될 수 있으며, 희곡 역시 대본으로 대체되거나 공연 요소 중 하나로 받아들여진다는 점에서 확고한 지침이 아니다. 따라서 조각 모델에서 무대지시문에 기술된 '작가의 말'은 연출적 구상에서 확고한 지침이 된다고 보기는 어렵다.

[오답 풀이]

① 1문단 "고전주의 시대를 경과하면서 희곡의 대사는 작가의 사상과 플롯을 집약하는 공연의 중심 요소로 각인되었다."와 2문단 "이러한 위계는 연극학자 혼비가 희곡과 공연의 첫 번째 관계 유형으로 언급한 심포니 모델과 유사하다. 지휘자와 연주자의 개성이 존중되며 매번 다른 연주가 펼쳐지지만, 음표 · 선율 등을 지시한 악보의 존재는 절대적이다."에 따르면, 연주에서 발휘되는 지휘자와 연주자의 개성은 악보를 바탕으로 발휘되며, 이를 공연에 적용한다면 희곡의 대사와 지시문에 따라 연기의 방향이 설정될 것이다. 따라서 심포니 모델에서 지시문에 기술된 인물의 감정은 연기 창조를 제약하는 요소라고 볼 수 있다.

② 2문단 "시네마 모델은 희곡과 공연의 관계를 영화 제작에 비유한다. 감독은 시나리오를 골격으로 삼되 이를 촬영 대본으로 고친다. 영화는 리허설 상황, 현장 여건, 스태프의 요구 등을 고려하여 대본을 조금씩 수정하며 제작된다."에 따르면, 희곡의 대사는 리허설 상황, 현장 여건, 스태프의 요구 등을 반영하여 촬영 대본으로 재구성된다. 따라서 시네마 모델에서 대사는 조명, 음향, 무대장치의 구성에 참조하는 요소라고 볼 수 있다.

③ 2문단 "시네마 모델은 희곡과 공연의 관계를 영화 제작에 비유한다. 감독은 시나리오를 골격으로 삼되 이를 촬영 대본으로 고친다. 영화는 리허설 상황, 현장 여건, 스태프의 요구 등을 고려하여 대본을 조금씩 수정하며 제작된다."에 따르면, 희곡을 바탕으로 대본이 구성될 때 현장 여건이 반영되기도 한다. 따라서 시네마 모델에서 고전 희곡은 극장 규모를 고려하여 내용을 각색하여 공연될 수 있다.

⑤ 2문단 "영감은 과정 중에도 찾아온다. 조각가는 애초의 아이디어와 새로운 영감을 견주어 좋은 점을 선택하면서 작업해 나가며 …… 온전한 '작품'으로서의 희곡은 대본으로 대체되거나 단지 많은 공연 요소 중 하나로 취급되기도 하는 셈이다."에 따르면, 최초의 아이디어는 영감에 따라 교체될 수 있으며, 희곡 역시 대본으로 재구성되는 과정에서 영감이 반영될 수 있다. 따라서 조각 모델에서 연출가에게 영감을 주는 배우의 즉흥적 몸짓은 공연용 대본의 재구성에 활용될 수 있다.

30. 정답 ③ 난이도 ★★★ | 정답률 44%

내용영역 인문 | 문항 유형 정보의 평가와 적용

[정답 풀이]

㉠과 ㉡의 특징을 정리하면 다음과 같다.

	㉠ 해석적 연출가	㉡ 창조적 연출가
공통점	현실을 모형화하거나 상황과 감정의 본질적 특성들을 압축시켜 일정한 형식으로 표현하는 '양식화'를 시도	
차이점	○ 희곡의 플롯에 대한 분석을 토대로 극작가가 제안한 메시지를 무대에 구현하는 방식을 우선 ○ 통합적 무대 기호의 사용을 우선	○ 플롯 이면의 숨겨진 의미나 이중의 메시지에도 관심 ○ 희곡의 지시 사항에서 다소 자유로운 표현에 대한 의견에 귀를 기울이며 공연 요소의 상호 작용도 검토 ○ 연극적 표현은 양식화의 원리와 충돌하지 않으면 일순 변형될 수 있고, 무대와 관객 간의 약속 또한 장면 안에서 재구축 ○ 특정한 무대 기호를 부각하거나 무대 기호들의 의미가 서로 충돌하여 연출가의 관점과 극작가의 관점이 긴장하는 장면이 시도될 수 있음

③ ㉠이라면 '다'의 '양철북' 소리를 기계 음향으로 대체하고, '손수레'가 등장할 때까지 점차 빨라지는 북소리를 연출하여 희곡 속의 불안과 긴장감을 고조하지 않겠군.
마지막 문단 "희곡의 플롯에 대한 분석을 토대로 극작가가 제안한 메

시지를 무대에 구현하는 방식을 우선하는 해석적 연출가……"에 따르면, 해석적 연출가(㉠)는 희곡을 무대화하면서 극작가가 제안한 메시지를 무대에 구현하는 방식을 우선적으로 선택한다. 〈보기〉에서 '다'의 행동을 지시하는 "나를 따라 양철북을 치다가 갑자기 겁에 질려서 나의 등 뒤에 숨는다"에 따르면, 희곡에는 양철북을 친다는 메시지만이 제시되어 있을 뿐, 기계 음향이나 북소리가 점차 빨라진다는 제안은 드러나 있지 않다. 따라서 ㉠의 입장에서는 '다'의 '양철북' 소리를 기계 음향으로 대체하지도, 점차 빨라지는 북소리를 연출하지도 않을 것이다.

[오답 풀이]

① 마지막 문단 "현대 연출가들은 현실을 모형화하거나 상황과 감정의 본질적 특성들을 압축시켜 일정한 형식으로 표현하는 '양식화'에 대해 깊이 고민한다."와 "두 부류의 연출가들은 연극적 표현을 구체화하기 위해 여타 무대 창작자들과 함께 희곡을 양식화 안에서 재차 분석한다."에 따르면, 해석적 연출가(㉠)와 창조적 연출가(㉡) 모두 희곡을 일정한 형식으로 양식화하여 표현하고자 한다. 〈보기〉의 희곡에서는 '나'가 등장하고 말하는 배경으로 "황야의 망루"와 "황혼"을 제시하고 있다. 따라서 ㉠과 ㉡은 모두 불그스름한 조명과 '나'의 대사, 황야의 바람 소리를 동시에 연출하여, 희곡에 등장하는 시공간을 풍요롭게 표현할 수 있을 것이다.

② 마지막 문단 "두 부류의 연출가들은 연극적 표현을 구체화하기 위해 여타 무대 창작자들과 함께 희곡을 양식화 안에서 재차 분석한다."에 따르면, 해석적 연출가(㉠)와 창조적 연출가(㉡) 모두 희곡의 대사와 지시문을 바탕으로 양식화를 진행한다. 〈보기〉에서 "나 : 그러면서도 넌 망루 위만 바라보는구나. 그렇게도 올라가고 싶으냐? / 다, 고개를 떨군다."와 같은 대사와 지시문을 통해 '다'는 망루 위를 쳐다보고 있고, '나'는 그런 '다'에게 양철북 치는 방법을 배울 것을 설득하고 있음을 알 수 있다. 따라서 ㉠과 ㉡은 모두 '침묵'을 무대화할 때 '망루'를 보는 '다'와 '다'를 보는 '나'의 시선을 어긋나게 배치하여, 인물의 지향이 서로 어긋나 있음을 보여줄 수 있을 것이다.

④ 마지막 문단 "창조적 연출가는 플롯 이면의 숨겨진 의미나 이중의 메시지에도 관심을 둔다."와 "창조적 연출가의 작업에서 …… 무대와 관객 간의 약속 또한 장면 안에서 재구축할 수 있다."에 따르면, 창조적 연출가(㉡)는 〈보기〉에서 해설자가 하늘에 초승달을 거는 행위를 재구축하는 시도를 할 수 있다. 따라서 ㉡이라면 '해설자'가 관객을 인도하여 '초승달'을 걸게 하는 장면을 연출하여, 공연은 관객과 배우 사이의 약속된 놀이라는 관점을 드러낼 수 있을 것이다.

⑤ 마지막 문단 "창조적 연출가의 작업에서 플롯의 전개와 호응하는 연극적 표현은 양식화의 원리와 충돌하지 않으면 일순 변형될 수 있고, ……"와 "특정한 무대 기호를 부각하거나 무대 기호들의 의미가 서로 충돌하여 연출가의 관점과 극작가의 관점이 긴장하는 장면 역시 시도될 수 있다."에 따르면, 창조적 연출가(㉡)는 〈보기〉에서 해설자가 이리 껍질을 쓰고 손수레를 밀며 들어오는 장면을 변형하여 기호를 부각하거나, 무대 기호들의 의미가 서로 충돌하는 효과를 낼 수 있다. 따라서 ㉡이라면 '손수레'를 고급 승용차처럼 꾸며 무대 위에 연출하여, 희곡에서 다루지 않았던 새로운 의미망을 조직할 수 있을 것이다.

[1~3] 제재 | 법학의 학문성에 관한 논쟁
난이도 | ★★☆

1. 정답 ③ 난이도 ★★★ | 정답률 36%

내용영역 **규범** 문항 유형 **주제, 구조, 관점 파악**

[정답 풀이]

5문단 "결국 알베르트가 제안하는 법학은 ㉠ 일정한 가치적 관점에 정향된 사회공학이다."에 따르면, ㉠을 이해한다는 것은 곧 법학에 대한 알베르트의 관점을 이해하는 것이라고 볼 수 있다. 따라서 1문단에서 5문단에 거쳐 제시된 알베르트의 관점을 이해한 것으로 적절하지 않은 내용이 무엇인지 파악해야 한다.

③ 법의 해석 · 변형 · 형성에 관한 제안을 가설적으로 전제된 관점에서 합리적으로 작성하는 것을 목표로 삼는다.
5문단 "이는 가설적으로 전제된 관점 밑에서 …… 제안을 합리적으로 작성하는 것을 목표로 삼는다."에 따르면, 알베르트가 제안하는 법학은 법체계에 제도화된 가치적 관점이 아니라 가설적으로 전제된 관점 하에서 법의 해석 · 변형 · 형성에 관한 제안을 합리적으로 작성하는 것을 목표로 한다. 나아가 1문단 "……알베르트는 경험적 반증가능성을 강조하는 비판적 합리주의에 입각하여 법학의 학문성을 새롭게 이해하고자 한다."에 따르면, 알베르트는 절대성을 갖는 규범교의적 학문이 아니라, 검증 · 평가 가능한 가설적 관점을 취하는 학문으로서 법학을 바라보고자 하였음을 추론할 수 있다.

[오답 풀이]

① 2문단 "법학은 당국의 고시(告示)에서 진리를 얻어내는 점에서 신학과 구조적 유사성을 가지기 때문이다."에 따르면, 알베르트는 법학의 규범교의적 학문으로서의 특징을 신학과의 구조적 유사성에서 발견한다. 이에 대하여 "신학이 경전의 해석을 통해 권위를 확보하듯, 법학은 법전을 확인하고 문제 해결과 관련하여 이를 해석한다. 이때 경전이나 법전은 학문적 비판이나 성찰의 대상이 아니라 해석적 권위의 원천이자 근거가 될 따름이다."에 따르면, 법학과 신학의 구조적 유사성은 법전이 마치 경전과 같이 해석적 권위의 원천이자 근거로, 진리와도 같은 것으로 여겨지는 데서 포착된다. 이에 따를 때, 알베르트는 법전의 의심할 수 없는 권위를 인정하는 한 법학이 규범교의적 학문에서 벗어나지 못한다고 비판했음을 알 수 있다.

② 2문단 "알베르트는 법을 인간의 문화적 성취로 간주하고, 사회적 삶의 사실 중 사회 구성원의 상호 행위 조종의 영역에 속하는 것으로 본다."에 따르면, 알베르트는 법을 인간의 문화적 성취로 간주하고 사회적 삶의 사실 중 사회 구성원의 상호 행위 조종의 영역에서 바라보았음을 알 수 있다.

④ 4문단 "법형성에서 …… 목적을 가리키면서 가치적 관점을 내세울 때, 그는 이를 반대하지 않는다. 하지만 알베르트는 그 목적이나 가치적 관점은 일반적인 평가가 가능하도록 명시되어야 한다고 요구한다."에 따르면, 알베르트는 법형성 과정에서 목적이나 가치적 관점에 반대하지 않지만, 이를 반드시 명시하여 일반적인 판단을 가능하게 해야 한다고 보았음을 알 수 있다.

⑤ 3문단 "알베르트는 법을 사회적 사실로, 법학을 경험과학으로 볼 것을 주장한다. 그에 따르면 규범에 관한 법학적 언명은 규범 자체와 다르게 규범성이 없으며……."에 따르면, 알베르트는 법을 사회적 사실로 법학을 경험과학으로 보고, 규범 자체와 규범에 관한 법학적 언명을 구분하였다. 그리고 3문단 "……법을 현실주의적으로 보느냐, 규범주의적으로 보느냐의 문제는 남는다."와 4문단 "법학에 대한 알베르트의 현실주의적 파악에는……."에 따르면, 이러한 구분이 법학에 대하여 현실주의적 관점을 취한 결과임을 알 수 있다. 따라서 알베르트는 현실주의적 관점에서 법을 사회적 사실로 법학을 경험과학으로 보고, 규범 자체와 규범에 관한 법학적 언명을 구분했다고 볼 수 있다.

2. 정답 ④ 난이도 ★☆☆ | 정답률 90%

내용영역 **규범** 문항 유형 **정보의 확인과 재구성**

[정답 풀이]

④ 사비니는 법학이 규범주의를 포기할 수 없다고 본다.
3문단 "그에 따르면 규범에 관한 법학적 언명은 규범 자체와 다르게 규범성이 없으며……."에 따르면, 알베르트는 법학을 현실주의적으로 바라보면서 규범에 대한 법학적 언명에는 규범성이 없다고 본다. 이에 대하여 7문단 "법학적 언명의 권위성에 관해서도 …… 규범성을 완전히 박탈하는 것이 가능한지에 의문을 표하는 동시에……."에 따르면, 사비니는 법학적 언명으로부터 규범성을 박탈하는 것이 불가능하다고 지적한다. 즉 사비니는 법학적 언명에는 규범성이 없다는 데서 근거한 알베르트의 현실주의적 관점을 비판함으로써 법학은 규범주의를 포기할 수 없다는 입장을 드러낸 것이다. 따라서 법학이 규범주의를 포기할 수밖에 없다는 것은 사비니에 대한 설명으로 적절하지 않다.

[오답 풀이]

① 2문단 "법학은 …… 신학과 구조적 유사성을 가지기 때문이다."와 "이때 경전이나 법전은 학문적 비판이나 성찰의 대상이 아니라 해석적 권위의 원천이나 근거가 될 따름이다."에 따르면, 알베르트는 법전과 경전이 학문적 비판이나 성찰의 대상이 아니라 해석의 근거와 원천이 된다는 점에서 법학과 신학의 구조적 유사성을 찾을 수 있다고 보았다.

② 2문단 "그가 보기에 법학이 신학과의 구조적 유사성을 탈피하려면, 해석에서 자연법이냐 사회학이냐의 양자택일을 감수해야 한다. 선택의 결과는 자명하다. 절대성을 가진 규범적 현실에 의해 실정법이 구성되고 또 구속된다고 보는 견해는……."에 따르면, 알베르트는 법학이 신학과의 구조적 유사성을 탈피하려면 법의 해석에서 절대성을 가진 규범적 현실을 전제하는 자연법적 관점 대신 사회학을 선택해야 한다고 본다. 그리고 3문단 "물론 이 경우에도 법을 현실주의적으로 보느냐, 규범주의적으로 보느냐의 문제는 남는다."에 따르면, 알베르트는 법의 해석에서 사회학을 선택하더라도 법을 현실주의적으로 볼 것인지 규범주의적으로 볼 것인지의 문제는 여전히 남는다고 보았다.

③ 4문단 "……사회생활에 미칠 작용에 관한 고려에 대해서도 마찬가지이다. 법률이나 그 해석은 규범 체계에 작용하기에 법형성 과정에는 규범 체계의 논리적 지식도 동원해야 한다고 알베르트는 본다."에 따르면, 알베르트는 법률이나 그 해석은 규범 체계에 작용하여 변화를 가져오기 때문에 법형성 과정에는 규범 체계의 논리적 지식도 동원해야 한다고 보았다.

⑤ 6문단 "요컨대 규범적 교의는 법체계 수립에 필수적이며……."에 따르면, 사비니는 규범적 교의가 필수적이라고 보았으므로 자연법의 이념에 따른 법해석을 옹호하였을 것이라고 추론할 수 있다. 그리고 7문단 "자연법과 사회학의 해석적 양자택일에 관해서는 법학의 모든 논의가 자연법적인 것도 아니고, 모든 자연법적 논의가 비합리적인 것도 아니라고 응수한다."에 따르면, 사비니는 법학의 모든 논의가 자연법적인 것은 아니며, 모든 자연법적 논의가 비합리적인 것도 아니라고 보았다.

3. 정답 ④ 난이도 ★☆☆ | 정답률 61%

내용영역 **규범** 문항 유형 **정보의 추론과 해석**

[정답 풀이]

ㄱ. 6문단 "요컨대 …… 법학도 전통적이고 직관적인 학문 개념을 충족시킨다고 사비니는 주장한다."에 따르면, 사비니는 전통적이고 직관적인 학문이론의 관점에서 규범교의적 법학의 학문성을 옹호하였다. 그리고 마지막 문단 "사비니는 경험적 인식만을 과학적 인식으로 보면서 규범적 인식을 학문 세계에서 배척하는 태도를 문제로 지적하고……."

와 "……비판적 합리주의에 대하여 성찰을 요구하는 것이기도 하다."에 따르면, 사비니는 또한 규범교의적 법학의 학문성을 옹호함과 동시에 경험적 인식만을 과학적 인식으로 보는 비판적 합리주의에 대하여 성찰을 요구하고 있다고 추론할 수 있다.

ㄷ. 6문단 "그에 따르면, 규범적 교의는 …… 법률과 함께 법체계를 형성한다."와 "요컨대 규범적 교의는 법체계 수립에 필수적이며……."에 따르면, 사비니는 법률만이 아니라 규범적 교의를 법체계의 필수적 구성 요소로 인정하고 있다. 그리고 7문단 "법학적 언명의 권위성에 관해서도 법률에 관련된 메타 언명으로부터 …… 왜 법학으로부터 수락할 만한 해석의 제안권을 박탈해야 하느냐고 반문한다."에 따르면, 사비니는 법학적 언명으로부터 법해석에 대한 제안권을 박탈하는 것에 반대한다. 따라서 사비니는 법률에 관한 메타 언명으로서 법학적 언명에는 법률에 관한 수락할 만한 해석의 제안권이 있음을 주장한다고 추론할 수 있다.

[오답 풀이]

ㄴ. 법률의 해석을 위해서 결정의 근거지움에 사용하는 법률 바깥의 법명제로 규범적 교의를 이해하면서, 이를 통해 법학이 법률과 함께 법체계를 형성하면서 비판적 검토를 법체계 안으로 수용한다고 본다.
6문단 "규범적 교의는 법률의 해석을 위해서 결정의 근거지움에 사용하는 법률 바깥의 법명제이며, 법률과 함께 법체계를 형성한다."와 7문단 "……법학이 규범적 교의를 가지고 어떻게 하면 최선에 이를 수 있을지를 모색하면서 비판적 검토를 법체계 안으로 수용한다고 해명한다."에 따르면, 법학이 법체계 바깥에서 비판적 검토를 수행한다고 보는 것은 사비니의 입장에 대한 추론으로 적절하지 않다.

[4~6] 제재 | 개인정보 비식별화 기술
난이도 | ★★☆

4. 정답 ② 난이도 ★★☆ | 정답률 71%

내용영역 **과학기술** 문항 유형 **정보의 확인과 재구성**

[정답 풀이]

② 민감속성은 범주화와 마스킹으로 비식별 처리를 하지 않는다.
2문단 "데이터 집합에서 정보를 표현하는 최소 단위를 속성이라고 하고 …… 비식별화 기술은 속성을 식별자, 준식별자, 일반속성, 민감속성으로 구분한다."에 따르면, 민감속성은 데이터 집합을 구성하는 속성의 하나이다. 그리고 3문단 "……원본 데이터 집합의 식별자나 준식별자 속성에 대해서만 마스킹, 범주화 등을 수행하여……."에 따르면, 마스킹, 범주화 처리는 식별자나 준식별자 속성에만 수행되고, 민감속성에는 수행되지 않는다.

[오답 풀이]

① 2문단 "주민번호와 같이 그 자체만으로도 누구인지 식별 가능한 속성이 식별자이다."에 따르면, 식별자는 각자가 고유한 값을 가져 각 값의 보유자들을 식별 가능하게 한다. 따라서 휴대전화 번호 또한 각기 고유한 값을 가진다는 점에서 식별자임을 알 수 있다.

③ 마지막 문단 "비식별화 기술은 개인 식별 가능성은 낮출 수 있지만 …… 빅데이터를 활용하는 측에서는 데이터의 가치가 낮아진다."에 따르면, 개인 식별 가능성이 낮은 경우 데이터의 활용성이 낮아진다는 점을 알 수 있다. 또한 "원본 유사도는 비식별 데이터 집합의 활용성을 나타내는 지표이며 …… 이 지표는 레코드 잔존율과 레코드 유사도로 측정한다."에 따르면, 레코드 유사도가 높으면 데이터 집합의 활용성이 높아진다는 점도 알 수 있다. 따라서 레코드 유사도가 높을수록 데이터 집합의 활용성이 높아지고, 개인정보 식별 가능성이 커진다고 볼 수 있다.

④ 2문단 "……성별, 연령, 주소와 같이 개인에 대한 직접적인 식별은 불가능하지만 이들 속성이 결합하면 개인에 대한 식별이 가능해지는 속성을 준식별자라고 한다."와 "일반적으로 개인정보는 개인의 여러 속성과 결합하여 사용된다. 익명 데이터라도 여러 속성과 결합하면 유일한 속성값 조합이 새로 생기게 되며 이에 따라 특정 개인이 재식별되는 불완전한 비식별 데이터 집합이 된다."에 따르면, 준식별자에 해당하는 속성들이 모일 경우 개인에 대한 식별이 가능해질 수 있다. 개인정보에는 개인의 여러 속성이 결합할 수 있으므로, 준식별자들의 조합만으로 특정 개인이 식별되는 경우가 있을 것이다.

⑤ 2문단 "데이터 집합에서 정보를 표현하는 최소 단위를 속성이라고 하고 다양한 속성들의 조합으로 표현된 하나의 정보를 레코드라고 한다. …… 비식별화 기술은 속성을 식별자, 준식별자, 일반속성, 민감속성으로 구분한다."에 따르면, 레코드에 포함되는 속성에는 식별자, 준식별자 외에도 일반속성, 민감속성이 존재한다. 따라서 레코드는 식별자, 준식별자 외에도 다양한 속성으로 구성된다.

5. 정답 ⑤ 난이도 ★★☆ | 정답률 64%

내용영역 **과학기술** 문항 유형 **정보의 추론과 해석**

[정답 풀이]

⑤ 3문단 "k-익명성은 비식별 처리로 만들어진 동질집합의 크기가 k개 미만인 동질집합을 모두 삭제하여 동질집합의 크기가 k개 이상 될 수 있도록 만든다."에 따르면, k를 높이면 변경 전에 비해 동질집합의 수가 줄어들 수 있고, k를 낮추면 변경 전에 비해 동질집합의 수가 늘어날 수 있다. 이에 따르면, 동질집합의 레코드 수가 갖는 최솟값의 증가는 k가 높아졌음을, 감소는 k가 낮아졌음을 의미한다. 그리고 마지막 문단 "레코드 잔존율은 원본 데이터 집합의 총 레코드 수 대비 비식별 데이터 집합의 총 레코드 수를 백분율로 나타낸 지표이다."에 따르면, k를 변경했더니 레코드 잔존율이 증가했다는 것은 k를 변경하기 전에 비해 비식별 데이터 집합의 총 레코드 수가 늘어났음을, 즉 k를 변경하기 전에 비해 k가 낮아져 동질집합의 수가 늘어났음을 의미한다. 따라서 k를 변경했더니 레코드 잔존율이 증가했다면, 동질집합의 크기들 중 최솟값이 작아진다고 볼 수 있다.

[오답 풀이]

① k를 낮추면 재식별 가능성과 레코드 잔존율 모두 증가할 수 있다.
3문단 "k-익명성은 특정 개인을 추정할 가능성을 1/k 이하로 낮추는 비식별화 기술로……."에 따르면, k를 낮추면 1/k의 값은 커지므로 개인을 추정할 가능성, 즉 재식별 가능성은 증가할 것이다. 또한 마지막 문단 "레코드 잔존율은 원본 데이터 집합의 총 레코드 수 대비 비식별 데이터 집합의 총 레코드 수를 백분율로 나타낸 지표이다."에 따르면, k를 낮추면 비식별 데이터 집합의 총 레코드 수가 늘어날 수 있으므로 레코드 잔존율이 증가할 수 있다.

② k를 낮추면 동질집합의 수가 증가할 수 있지만, 동질집합의 크기가 같아진다고는 볼 수 없다.
3문단 "k-익명성은 비식별 처리로 만들어진 동질집합의 크기가 k개 미만인 동질집합을 모두 삭제하여 동질집합의 크기가 k개 이상 될 수 있도록 만든다."에 따르면, k를 낮추면 동질집합의 크기가 갖는 최솟값은 k를 낮추기 전에 비해 작아질 수 있다. 이 경우 동질집합의 수는 증가할 수 있지만, 이러한 값의 변경이 각 동질집합의 크기를 동일하게 만드는지는 알 수 없다.

③ k를 높이면 재식별 가능성이 감소하고, 동질집합의 레코드 수가 갖는 최솟값이 증가할 수 있다.
3문단 "k-익명성은 특정 개인을 추정할 가능성을 1/k 이하로 낮추는 비식별화 기술로……"에 따르면, k를 높이면 1/k의 값은 작아지므로

개인을 추정할 가능성, 즉 재식별 가능성은 감소할 것이다. 또한 3문단 "……비식별 데이터 집합에서 준식별자 속성값들이 모두 동일한 레코드들의 집합을 동질집합이라고 하며 이때 레코드들의 수를 동질집합의 크기라고 한다. k-익명성은 비식별 처리로 만들어진 동질집합의 크기가 k개 미만인 동질집합을 모두 삭제하여 동질집합의 크기가 k개 이상 될 수 있도록 만든다."에 따르면, k를 높이면 동질집합의 최소 크기가 증가하여 동질집합의 레코드 수가 갖는 최솟값이 증가할 수 있지만, 레코드 수가 감소한다고 볼 수는 없다.

④ k를 높이면 동질집합의 수는 감소할 수 있지만, 동질집합의 민감속성값이 모두 같아진다고는 볼 수 없다.
3문단 "k-익명성은 비식별 처리로 만들어진 동질집합의 크기가 k개 미만인 동질집합을 모두 삭제하여 동질집합의 크기가 k개 이상 될 수 있도록 만든다."에 따르면, k를 높이면 변경 전에 비해 동질집합의 수가 감소할 수 있다. 또한 3문단 "k-익명성은 …… 원본 데이터 집합의 식별자나 준식별자 속성에 대해서만 마스킹, 범주화 등을 수행하여……."에 따르면, k-익명성을 적용할 때는 민감속성값에 변화를 주지 않는다. 따라서 이 경우 동질집합의 민감속성값이 모두 같아진다고는 볼 수 없다.

6. 정답 ③ 난이도 ★★☆ | 정답률 45%

내용영역 **과학기술** 문항 유형 **정보의 평가와 적용**

[정답 풀이]

〈보기〉에 제시된 방식에 따라 비식별화 기술을 적용한 결과는 다음과 같다.

(a) 방식

동질집합	No.	우편번호	연령	성별	구매 수준
I	1	1509*	40세 미만	*	상
	4				중
II	5	1385*	40세 이상	*	하
	6				상
III	2	1500*	40세 미만	*	상
	3				중

이에 따르면, 총 3개의 동질집합이 생성되고, 각 동질집합의 크기는 2로 동일하다. 민감속성에 해당하는 '구매 수준'은 각 동질집합에서 2개의 값을 가지므로 ℓ 값이 3 이상이면 모든 동질집합이 삭제되고, 레코드 잔존율은 0%가 된다. 따라서 ℓ 값이 2인 경우여야만 동질집합이 삭제되지 않는다.

(b) 방식

동질집합	No.	우편번호	연령	성별	구매 수준
I	1	150**	40세 미만	*	상
	2				상
	3				중
	4				중
II	5	138**	40세 이상	*	하
	6				상

이에 따르면, 총 2개의 동질집합이 생성되고, 각 동질집합의 크기는 I의 경우 4, II의 경우 2이다. 민감속성에 해당하는 '구매 수준'은 각 동질집합에서 2개의 값을 가지므로 ℓ 값이 2인 경우여야만 동질집합이 삭제되지 않는다.

제시문에 따르면,

$$\text{레코드 잔존율} = \frac{\text{비식별 데이터 집합의 총 레코드 수}}{\text{원본 데이터 집합의 총 레코드 수}}$$

이고, (a)와 (b) 모두 원본 데이터 집합의 총 레코드 수는 6개로 동일하므로 레코드 잔존율은 비식별화 기술 적용에 따른 비식별 데이터 집합의 총 레코드 수를 비교하여 결정된다.

ㄱ. (a)와 (b)의 k 값과 ℓ 값이 같은 상태에서 (a)보다 (b)의 레코드 잔존율이 크다면 (a)에서 삭제된 동질집합의 수가 (b)에서 삭제된 동질집합의 수보다 더 많다는 것을 의미한다. k 값이 2일 경우 (a)와 (b)의 모든 동질집합이 보존되고, 4보다 클 경우 (a)와 (b)의 모든 동질집합이 삭제된다. 따라서 이 경우 k 값은 3 또는 4이고, 이때 (a)의 모든 동질집합은 삭제되어 그 수는 0이 된다.

ㄷ. 레코드 잔존율이 (a)의 경우 100%, (b)의 경우 50% 이상 100% 미만이라면 (a)가 (b)보다 비식별 데이터 집합의 총 레코드 수가 더 많다. 여기서 (a)와 (b) 모두 k 값이 2로 동일할 경우 두 방식에 따라 형성된 모든 동질집합이 보존되어 두 방식의 레코드 잔존율은 100%로 동일해진다. k 값이 5 이상으로 동일할 경우 두 방식에 따라 형성된 모든 동질집합이 삭제되어 두 방식의 레코드 잔존율은 0%로 동일해진다. 따라서 (a)의 경우 k 값이 2로 지정되어 모든 동질집합이 보존되는 경우 100%의 레코드 잔존율이, (b)의 경우 k 값이 3 또는 4로 지정되어 크기가 2인 동질집합 II가 삭제되는 경우 50% 이상 100% 미만의 레코드 잔존율이 나타날 것이다. 그리고 두 경우 모두 모든 동질집합이 삭제된 경우에 해당하지 않기 때문에 ℓ 값은 2로 동일하다.

[오답 풀이]

ㄴ. (a)와 (b)의 레코드 잔존율이 100%라면, (a)와 (b)는 k 값이 같고 ℓ 값도 같지만 동질집합의 수는 같지 않다.
(a)와 (b) 모두 k 값이 2일 때 두 방식에 따라 형성된 모든 동질집합이 보존되어 두 방식의 레코드 잔존율은 100%로 동일해진다. 이 경우 모든 동질집합이 보존되기 때문에 ℓ 값도 2로 동일하다. 하지만 동질집합의 수는 (a) 방식을 따를 경우 3개, (b) 방식을 따를 경우 2개이므로 (a)와 (b)의 동질집합 수가 같다고 볼 수 없다.

[7~9] 제재 | 투표 비용과 투표 참여

난이도 | ★☆☆

7. 정답 ⑤ 난이도 ★☆☆ | 정답률 83%

내용영역 **사회** 문항 유형 **정보의 확인과 재구성**

[정답 풀이]

⑤ 사전투표제를 도입한 취지는 투표 참여에 소요되는 기회비용을 절감하려는 데 있다.
4문단 "투표와 관련된 비용에는 투표에 참여하는 데 필요한 직접비용뿐 아니라, 투표에 참여하느라 다른 선택을 포기하는 데서 오는 기회비용도 포함된다. …… 투표 참여를 위해 근무 중 자리를 비워야 한다면, 근무하지 못하는 데서 발생하는 손해가 투표의 기회비용이 된다. …… 선거일을 공휴일로 지정하거나 사전투표제를 도입하는 것은 이러한 비용을 낮춰 투표율을 진작하려는 대표적인 제도이다."에 따르면, 사전투표제 도입은 투표 참여로 인해 발생하는 손해, 즉 기회비용을 낮추기 위해 도입된 제도이다. 즉 사전투표제는 투표 참여에 소요되는 직접비용이 아니라 기회비용을 절감하려는 취지의 제도에 해당한다.

[오답 풀이]

① 6문단 "공화당과 민주당이 경쟁하는 미국 선거에서 "공화당원은 선거일에 비가 내리게 기도해야 한다."는 말이 종종 언급되곤 한다. 선거일에 비가 내리면 전체 투표율이 하락하는데, 이러한 참여 감소가 주로 주변부 유권자들(peripheral voters)의 기권에 기인하기 때문이다." 에 따르면, 주변부 유권자들의 선거 참여는 공화당의 득표율 상승에 기여하지 않는다는 것을 알 수 있다. 이를 고려하면 전체 투표율이 상승하여 주변부 유권자들이 선거에 참여한다면 민주당의 득표율이 증가할 수 있을 것이다.

② 1문단 "투표 참여 비용의 큰 부분을 차지하는 것이 선거와 후보에 대한 정보를 획득하고 처리하는 비용이다. 일반적으로 사회경제적 지위가 높은 유권자들이 그렇지 않은 유권자들에 비해 더 열심히 투표에 참여하는 이유는 전자가 이러한 비용을 더 낮게 체감하기 때문이다." 에 따르면, 사회경제적 지위가 높은, 즉 고소득층에 해당하는 유권자가 그렇지 않은 이들보다 더 열심히 투표에 참여한다.

③ 마지막 문단 "세대에 따라 정치적 지지가 엇갈리는 최근 한국의 선거에서는 연령대에 따라 선거 당일 날씨에 대한 반응이 다를 수 있다. 우선 궂은 날씨로 인한 투표의 직접비용 증가는 나이 든 유권자에게 더 큰 영향을 미칠 가능성이 크다. 나이 든 유권자일수록 젊은 유권자에 비해 이동에 더 큰 제약을 받기 때문이다."와 "……궂은 날씨로 인한 투표의 기회비용 감소는 젊은 세대에서 투표율의 증가로 나타날 가능성이 크다."에 따르면, 한국 선거에서 선거일에 비가 오면 나이 든 유권자의 경우 이동에 제약을 받아 투표율이 감소할 것이고, 젊은 세대의 경우 기회비용이 감소하여 투표율이 증가할 것이다. 즉, 선거일에 비가 오면 나이 든 세대가 지지하는 정당에 불리하게 작용할 수 있다.

④ 1문단 "투표 참여 비용의 큰 부분을 차지하는 것이 선거와 후보에 대한 정보를 획득하고 처리하는 비용이다."에 따르면, 정보 획득, 처리 비용이 낮으면 투표에 참여할 가능성이 더 높다. 언론이 주요 후보의 공약을 비교하여 공개하는 것은 유권자의 입장에서 선거와 후보에 대한 정보 획득, 처리 비용을 줄이는 것이다. 따라서 이러한 정보 공개는 투표율 상승에 기여할 수 있다.

8. 정답 ② 　 난이도 ★☆☆ | 정답률 82%

내용영역 **사회** 　 문항 유형 **정보의 평가와 적용**

[정답 풀이]

ㄱ. 1문단 "투표 참여 비용의 큰 부분을 차지하는 것이 ㉠ 선거와 후보에 대한 정보를 획득하고 처리하는 비용이다."에 따르면, 정보 획득, 처리 비용이 낮으면 투표에 참여할 가능성이 더 높다. 다른 조건이 같다면, 현역 의원이 같은 지역구에서 재선에 도전할 경우 해당 지역구 유권자의 입장에서는 의원에 관한 정보를 이미 알고 있을 것이므로 의원이 처음 출마했을 때에 비해 정보 획득, 처리 비용이 낮아지는 효과를 볼 것이다. 따라서 이 경우 정보 획득, 처리 비용의 감소로 인해 투표율이 높아질 수 있다.

ㄴ. 3문단 "미국 대통령선거를 대상으로 한 최근 연구에 따르면 주 단위에서 강수량과 투표율을 비교했을 때, 강수량이 평년보다 1인치 증가할 때 투표율은 약 2.4% 포인트 감소했다. 다만 이 연구는 ㉡ 주별 강수량을 측정하기 위해 그 주에서 가장 큰 도시의 선거 당일 강수량을 대리지표(proxy)로 활용했다는 점에서 비판의 대상이 되었다."에 따르면, 주에서 가장 큰 도시의 선거 당일 강수량으로부터 주 단위 강수량을 이끌어냈다는 점을 알 수 있다. 그렇다면 지리적으로 큰 주일수록 가장 큰 도시의 선거 당일 강수량이 그 주의 강수량을 대표하기 어려울 수 있다. 따라서 ㉡은 지리적으로 큰 주일수록 날씨의 영향력에 대한 예측에 더 큰 왜곡을 가져올 수 있다.

[오답 풀이]

ㄷ. 직장인들의 투표율과 시간당 임금 사이에 음의 상관관계가 발견된다면 투표율 예측에서 ㉢을 고려할 필요가 더 커진다.
4문단 "……㉢ 투표에 참여하느라 다른 선택을 포기하는 데서 오는 기회비용……"에 따르면, 직장인들의 투표율과 시간당 임금 사이에 음의 상관관계가 발견된다는 것은 투표에 참여하느라 근무를 하지 못할수록 투표 참여로 인해 포기하는 임금, 즉 기회비용이 더 커진다는 것을 의미한다. 따라서 투표율 예측에서 기회비용을 고려할 필요가 더 커질 것이다.

9. 정답 ⑤ 　 난이도 ★★☆ | 정답률 76%

내용영역 **사회** 　 문항 유형 **정보의 추론과 해석**

[정답 풀이]

⑤ 일반적으로 미국에서 $DC_{비}-DC_{맑음}$은 흑인 유권자가 백인 유권자보다 크게 느낀다.
6문단 "선거일에 비가 내리면 전체 투표율이 하락하는데, 이러한 참여 감소가 주로 주변부 유권자들의 기권에 기인하기 때문이다. 즉 선거일의 우천은 청년층, 유색 인종, 저소득층 등과 같이 애초에 투표 참여를 위한 비용을 지불할 의지와 능력이 약한 주변부 유권자들의 투표 장벽을 높이는 경향이 있다."에 따르면, 비가 내리면 유색 인종의 투표율이 낮아진다고 볼 수 있다. 비가 올 때 투표에 참여하기 위해 드는 비용은 직접비용에 해당하므로, 〈보기〉의 식을 적용하면, 백인 유권자에 비해 흑인 유권자가 느끼는 $DC_{비}$와 $DC_{맑음}$의 차이가 더 클 것이다. 따라서 $DC_{비}-DC_{맑음}$은 흑인 유권자가 백인 유권자보다 더 크게 느낄 것이다.

[오답 풀이]

① 2문단 "기존 연구들은 궂은 날씨가 유권자가 투표하러 가는 것을 망설이게 한다는 데 동의한다."에 따르면, 기존 연구들은 $DC_{비}$가 $DC_{맑음}$보다 더 크다는 데 동의함을 알 수 있다. 따라서 이러한 견해는 $DC_{비}-DC_{맑음}$이 양(+)의 값을 갖는다고 볼 것이다.

② 1문단 "투표소가 거주지와 가깝거나 이동하기 쉬운 곳에 있을수록 유권자들이 더 쉽게 투표할 수 있다."와 4문단 "투표와 관련된 비용에는 투표에 참여하는 데 필요한 직접비용뿐 아니라……"에 따르면, 거주지 근처에 투표소가 설치되는 것은 투표에 참여하는 데 필요한 직접비용을 줄이는 결과를 가져온다. 이에 따르면, 거주지 근처에 투표소가 추가로 설치된다면 설치 이전에 비해 비가 올 때 투표소까지 가는 직접비용, 즉 $DC_{비}$는 감소한다.

③ 〈보기〉에 따르면, $R_{맑음}$과 $R_{비}$는 각각 날씨가 맑을 때와 비가 올 때 개인이 투표 참여로부터 얻을 수 있는 보상을 말하므로, $R_{맑음}-R_{비}>0$은 $R_{맑음}$이 $R_{비}$보다 더 크다는 것을, 다시 말해 맑을 때 투표 참여를 통해 얻는 보상이 비가 올 때 투표 참여를 통해 얻는 보상보다 더 크다는 것을 의미한다. R이 증가할수록 투표할 확률이 높아진다는 점을 고려하면, $R_{비}$가 $R_{맑음}$에 비해 낮은 경우 선거일에 비가 오면 투표할 가능성이 낮아진다.

④ 5문단 "선거일이 공휴일로 지정된 한국에서는 …… 날씨가 맑을 경우 야외 여가 활동을 계획하고 있는 유권자를 생각해 보자. 이들에게는 투표 참여로 인해 여가 활동에 제약을 받을수록 투표의 기회비용이 증가하게 된다."에 따르면, 선거일이 공휴일로 지정된 상황에서 여가 활동을 한다는 선택을 포기하는 데서 발생하는 손해가 기회비용이 된다. 비 오는 날보다 맑은 날일 경우 여가 활동 가능성이 더 크다는 점에서 기회비용이 더 클 수 있으므로, $OC_{맑음}$이 $OC_{비}$보다 더 큰 경우가 생길 수 있다. 이러한 경우 $OC_{비}-OC_{맑음}$은 음(-)의 값을 가질 수 있다.

[10~12] 제재 | 아퀴나스의 진리론과 그에 대한 비판
난이도 | ★★★

10. 정답 ④ 난이도 ★★☆ | 정답률 59%

내용영역 인문 문항 유형 정보의 확인과 재구성

[정답 풀이]

④ 1문단 "토마스 아퀴나스를 통해 보편화된 고전적 정식에 따르면 '진리'는 '사물과 지성의 일치'인데……"와 3문단 "이후 토마스 아퀴나스가 제시한 '사물과 지성의 일치'로서의 베리타스는 '지성에 사물이 일치함'과 '사물에 지성이 일치함', 즉 서로 대칭적 방향성을 지닌 사태적 진리와 명제적 진리로 나뉘는데, 존재론적 차원의 진리와 인식론적 차원의 진리가 함께 거론된다는 점에서……"에 따르면, 고전적 정식에서 존재론적 차원의 진리는 '지성에 사물이 일치함', 인식론적 차원의 진리는 '사물에 지성이 일치함'에 대응된다. 이때 '지성'은 '지성에 사물이 일치함'에서는 사물이 '지성에' 일치하느냐를 판정하므로 진리의 판정 기준이라고 볼 수 있으며, '사물에 지성이 일치함'에서는 '지성이' 사물에 일치하느냐를 판정하므로 판정 대상이라고 볼 수 있다. 따라서 고전적 정식에서, 진리의 존재론적 차원에서 판정 기준이 되는 '지성'은 인식론적 차원에서는 판정 대상이 된다고 볼 수 있다.

[오답 풀이]

① 진리에 관한 고전적 정식은 플라톤에 의해 그 최초의 맹아가 마련되었다.
1문단 "토마스 아퀴나스를 통해 보편화된 고전적 정식에 따르면 '진리'는 '사물과 지성의 일치'인데, 그 맹아는 이미 플라톤에게서 보인다."에 따르면, 진리에 관한 고전적 정식은 토마스 아퀴나스를 통해서 보편화된 것이지, 토마스 아퀴나스에 의해 그 최초의 맹아가 마련된 것은 아니라고 볼 수 있다.

② 말의 진위 여부에 관한 플라톤의 입장은 일관적이지 않았다.
1문단 "명제뿐 아니라 하나의 단어도 이미 참 또는 거짓일 수 있다고 한 『크라튈로스』에서와 달리 『소피스테스』에서 플라톤은 말은 그것이 명제일 때 …… 진릿값을 가질 수 있다고 본다."에 따르면, 『크라튈로스』에서 플라톤은 명제뿐 아니라 하나의 단어에서도 참 거짓 여부를 논할 수 있다고 보았다. 따라서 말의 진위 여부가 명제의 차원에 한정된 문제라는 것이 플라톤의 일관된 입장이었다고 볼 수 없다.

③ 플라톤의 진리관에서 좋음의 이데아는 이데아들의 가지성과 인간의 인식 능력을 연결한다.
2문단 "좋음의 이데아 덕분에 비로소 이데아들은 인식될 수 있다. …… 좋음의 이데아는 이데아들의 가지성과 우리의 인식 능력을 연결한다."에 따르면, 플라톤의 진리관에서 좋음의 이데아는 인간의 이성만으로는 인식할 수 없는 이데아들의 가지성과 인간의 인식 능력을 연결하는 것이지, 이데아들과 인간의 인식 능력이 일치한 결과로 나타나는 것이 아니다.

⑤ 사태적 진리가 진리 담론에서 경시되는 철학사적 과정은 철학의 향도적 기능을 약화한다고 비판받는다.
3문단 "……베리타스는 …… 사태적 진리와 명제적 진리로 나뉘는데……"와 "이후의 철학사에서는 베리타스의 두 차원 중 명제적 진리가 담론의 주된 논제가 되는 경향이 종종 보인다. …… 진리의 그러한 의미 한정은 철학 본연의 향도적 기능의 제한으로 이어진다는 비판이 제기될 수 있다."에 따르면, 제시문에서는 진리가 명제적 진리로 의미가 한정되는 것이 철학의 향도적 기능의 제한으로 이어진다는 비판이 제기될 수 있다고 하였다. 따라서 사태적 진리가 진리 담론에서 경시되는 철학사적 과정은 철학의 향도적 기능이 점차 강조되어 왔음을 보여 준다고 할 수 없다.

11. 정답 ① 난이도 ★★★ | 정답률 34%

내용영역 인문 문항 유형 정보의 추론과 해석

[정답 풀이]

① 3문단 "……베리타스는 '지성에 사물이 일치함'과 '사물에 지성이 일치함', 즉 서로 대칭적 방향성을 지닌 사태적 진리와 명제적 진리로 나뉘는데……"에 따르면, '지성에 사물이 일치함'을 성취하지 못하는 사물은 사태적 진리, 즉 존재론적 차원의 진리를 성취하지 못하였다고 볼 수 있다. 이에 대하여 1문단 "오르토테스란 명제가 참임으로써 성립하는 진리를 가리킨다."와 3문단 "……참과 거짓의 문제가 발생하는 장은 주로 인간 지성의 영역이기에 진리는 결국 인간의 참 인식에서 완전히 성취된다는 세계관에서 기인하는 것이다."에 따르면, 명제의 참/거짓 여부와 관계되는 진리 개념인 오르토테스는 사태적 진리가 아니라 명제적 진리, 즉 인식론적 차원의 진리에 속한다고 볼 수 있다. 그리고 1문단 "……참 명제에서는 …… 존재하지 않는 연결이 존재하지 않는 것으로 언표된다."에 따르면, 존재하지 않는 연결이 존재하지 않는 것으로 언표될 때, 그 명제가 참임으로써 오르토테스가 성립할 수 있다고 하였다. 따라서 참 명제로서 존재하지 않는 연결이 존재하지 않는 것으로 언표될 때, '지성에 사물이 일치함'을 성취하지 못하는 사물도 오르토테스를 성취하는 명제의 주어가 될 수 있을 것이다.

[오답 풀이]

② '국가의 이데아'는 우리의 이성 자체의 힘만으로 인식될 수 없으며, 좋음의 이데아를 통해 알레테이아를 성취할 수 있다.
2문단 "『국가』에서 플라톤은 알레테이아 곧 '비은폐성'을 진리의 또 다른 국면으로 제시한다.", "……우리 이성은 그것들을 인식할 수 없다. 좋음의 이데아 덕분에 비로소 이데아들은 인식될 수 있다.", "즉 좋음의 이데아는 이데아들의 알레테이아와 그것들에 대한 우리 인식의 오르토테스를 가능케 한다."에 따르면, '국가의 이데아'는 우리의 이성 자체의 힘만으로 인식될 수 없으며, 알레테이아는 좋음의 이데아에 의해 성취된다. 따라서 우리의 이성 자체의 힘만으로 이데아가 인식될 수 있다는 것은 알레테이아에 대한 설명으로 적절하지 않다.

③ '삼각형의 꼭짓점은 네 개이다.'라는 말은 존재하지 않는 연결을 존재하는 것으로 언표하므로 오르토테스일 수 없다.
1문단 "……거짓 명제에서는 ('테아이테토스'와 '난다'의) 존재하지 않는 연결이 존재하는 것으로, 또는 존재하는 연결이 존재하지 않는 것으로 언표된다. 오르토테스란 명제가 참임으로써 성립하는 진리를 가리킨다."에 따르면, 거짓 명제인 '삼각형의 꼭짓점은 네 개이다.'에서는 '삼각형의 꼭짓점'과 '네 개이다'의 존재하지 않는 연결이 존재하는 것으로 언표된다. 따라서 존재하는 연결을 존재하지 않는 것으로 언표했다는 설명은 적절하지 않다.

④ '이 몸이 새라면 어떻게 될까.'라는 말은 사실성을 주장하는 언표가 아니므로 오르토테스 여부를 판별하는 대상일 수 없다.
1문단 "……주어-술어 연결을 통해 사실성을 주장하는 언표일 때 비로소 진릿값을 가질 수 있다고 본다."와 "오르토테스란 명제가 참임으로써 성립하는 진리를 가리킨다."에 따르면, 오르토테스 여부를 판별하는 대상이려면 주어와 술어의 연결을 포함하는 동시에 사실성을 주장하는 언표여야 한다. 그런데 '이 몸이 새라면 어떻게 될까.'라는 말은 사실성을 주장하는 언표가 아니므로, 오르토테스 여부를 판별하는 대상일 수 없다.

⑤ '지고의 신적 지성의 설계에 따라 만들어진 완벽한 이 세계'는 '지성에 사물이 일치함'의 경우이므로 베리타스를 성취할 수 있다.
3문단 "이는 사물이 신의 지성의 실천적 현시이기에 원칙적으로 이 세계에서 참되지 못한 것은 없으며, 참과 거짓의 문제가 발생하는 장은 주로 인간 지성의 영역이기에……"에 따르면, 신적 지성의 실천적 현시인 사물은 참되지 않은 것이 없다고 하였다. 즉 신적 지성에 따른 것은 참과 거짓의 여부를 논할 판정 대상이 아니며 그 자체로 참되다. 이

에 따를 때, '지고의 신적 지성의 설계에 따라 만들어진 완벽한 이 세계'는 신적 지성의 설계에 따른 것이라고 하였으므로 그 자체로 참된 존재론적 차원의 진리, 즉 '지성에 사물이 일치함'의 경우라고 추론할 수 있다. 따라서 '지고의 신적 지성의 설계에 따라 만들어진 완벽한 이 세계'는 베리타스를 성취할 수 있을 것이다.

12. 정답 ③ 난이도 ★★☆ | 정답률 44%

내용영역 **인문** 문항 유형 **주제, 구조, 관점 파악**

[정답 풀이]

③ 1문단 "……『소피스테스』에서 플라톤은 말은 그것이 명제일 때, 즉 주어-술어 연결을 통해 사실성을 주장하는 언표일 때 비로소 진릿값을 가질 수 있다고 본다."에 따르면, 『소피스테스』에서 플라톤은 말의 진리 여부를 논할 수 있으려면 그것이 명제로서 주어-술어 연결을 통해 사실성을 주장하는 언표여야 한다고 보았다. 이에 대하여 마지막 문단 "칸트에 따르면 …… 이때 불가피한 무한소급이 발생한다."와 "……진리의 기준으로서의 '객관적 사실'에는 영원히 다다를 수 없다. 칸트는 이 무한소급의 근원을 우리 인식의 불가피한 순환 구조, 즉 주관성으로부터의 이탈 불가능성에서 찾는다."에 따르면, 칸트는 명제와 객관적 사실을 비교하여 명제 즉 인식의 참 거짓 여부를 따질 때, 그 기준이 되는 객관적 사실에는 다다를 수 없고, 명제에 대한 진위 판단은 주관성에서 벗어날 수 없다고 보았다. 이를 고려할 때, 칸트는 『소피스테스』에서 개진된 플라톤의 진리관, 즉 사실성이라는 것이 언표로 주장될 수밖에 없다는 점을 두고 인식과 사물의 비교에서 나타나는 필연적 결과가 발견되는 경우라고 판단할 것이다.

[오답 풀이]

① 『국가』에서 플라톤이 제시한 '진리의 또 다른 국면'에 대해서는 진위 판별이 불가능하다고 생각할 것이다.
2문단 "『국가』에서 플라톤은 알레테이아 곧 '비은폐성'을 진리의 또 다른 국면으로 제시한다."와 "……좋음의 이데아는 이데아들의 가지성과 우리의 인식 능력을 연결한다."에 따르면, 플라톤이 제시한 '진리의 또 다른 국면'은 좋음의 이데아를 통해 가지계의 이데아들이 인식되는 것을 의미한다. 그런데 마지막 문단 "……인식의 참 또는 거짓을 따지려면 …… 이때 불가피한 무한소급이 발생한다."에 따르면, 칸트는 인식의 참 또는 거짓은 따질 수 없는 것이라고 보았다. 따라서 칸트는 '진리의 또 다른 국면'에 대해서 진위 판별이 불가능하다고 생각할 것이다.

② 토마스 아퀴나스의 정식에 대해 '사물에 지성이 일치함'으로서의 진리는 그 성취 여부를 판별할 수 없다고 여길 것이다.
3문단 "……베리타스는 '지성에 사물이 일치함'과 '사물에 지성이 일치함', 즉 서로 대칭적 방향성을 지닌 사태적 진리와 명제적 진리로 나뉘는데……."에 따르면, '사물에 지성이 일치함'으로서의 진리는 인식론적 차원의 진리이다. 그런데 마지막 문단 "칸트에 따르면 명제 즉 인식의 참 또는 거짓을 따지려면 …… 불가피한 무한소급이 발생한다."에 따르면, 칸트는 인식론적 차원의 진리는 판단할 수 없다고 여긴다. 따라서 칸트는 '사물에 지성이 일치함'으로서의 진리는 그 성취 여부를 판별할 수 없다고 여길 것이다.

④ 고전적 정식의 중대한 구조적 난점이 자연법칙에 대한 탐구를 통해 해결될 것이라고 여기지 않을 것이다.
마지막 문단 "칸트에 따르면 어떤 명제 즉 인식의 참 또는 거짓을 따지려면 …… 불가피한 무한소급이 발생한다."와 "칸트는 이 무한소급의 근원을 우리 인식의 불가피한 순환 구조, 즉 주관성으로부터의 이탈 불가능성에서 찾는다."에 따르면, 고전적 정식의 중대한 구조적 난점인 무한소급의 문제는 주관성으로부터의 이탈 불가능성으로 인해 발생한다. 그리고 "……과학이 밝히는 자연법칙도 자연 자체의 법칙이 아니라 경험의 조건으로서의 우리 심성의 내적 구조일 뿐이라는 것이다."에 따르면, 칸트는 자연법칙 역시 주관성으로부터 벗어날 수 없다고 본다. 따라서 칸트는 무한소급의 문제가 자연법칙에 대한 탐구를 통해서 해결될 수 있다고 여기지 않을 것이다.

⑤ 인간과는 다른 감각 능력을 지닌 생명체에게는 동일한 사물이 전혀 다른 방식으로 지각된다는 사실은 인식의 순환 구조에 대한 주장을 약화시킨다고 평가하지 않을 것이다.
마지막 문단 "칸트는 이 무한소급의 근원을 우리 인식의 불가피한 순환 구조, 즉 주관성으로부터의 이탈 불가능성에서 찾는다."에 따르면, 칸트는 우리의 인식은 주관성으로부터 벗어날 수 없는 순환 구조를 띤다고 보았다. 그리고 "우리가 '사물'이라고 부르는 모든 것은 '우리'가 경험하는 바의 사물, 즉 '현상'일 뿐, 결코 존재하는 그대로의 '사물 자체'가 아니며……."에 따르면, 인식이 주관성으로부터 벗어날 수 없다는 것은 우리가 존재하는 그대로의 '사물'이라고 생각하는 것이 기실 주관적 경험에 불과함을 의미한다. 그런데 이때 인간과는 다른 감각 능력을 지닌 생명체에게 동일한 사물이 전혀 다른 방식으로 지각된다는 사실은, 사물에 대한 인식이 각자 경험하는 바에 따라 다르게 지각됨을 의미하며 이는 우리의 인식이 주관성으로부터 벗어날 수 없다는 주장에 부합한다. 따라서 칸트의 주장을 약화시키지 않을 것이다.

[13~15] 제재 | 사회적 가치와 사회성과
난이도 | ★★☆

13. 정답 ① 난이도 ★★☆ | 정답률 50%

내용영역 **사회** 문항 유형 **정보의 확인과 재구성**

[정답 풀이]

① 1문단 "고전학파 경제학자들은 …… 가격이 결정된다는 '객관적 가치론'을 주창했다. 이러한 가치론은 노동의 존엄과 생산적 활동을 중시하는 당대의 가치 규범 위에 세워졌다."에 따르면, '객관적 가치론'은 가격 결정이 노동의 존엄과 생산의 활동을 중시하는 당대의 가치 규범을 바탕으로 이루어진다고 본다. 그리고 2문단 "……가격이 가치 규범과 괴리를 보이고 그 규범에 부정적 영향을 미치는 현상까지 빚어진다. 투기적 활동이 높은 가격을 부여받는다면……."에 따르면, 가격이 가치 규범에 부정적 영향을 미치는 현상은 생산적 기여 없이 돈을 버는 행위를 꺼리지 않고, 가격이 매겨지지 않는 덕목들을 무가치한 것으로 인식하는 상황과 관계된다. 즉 가격에 의한 가치 규범의 변화는 노동의 존엄과 생산적 활동을 무가치한 것으로 인식할 우려를 낳는다. 따라서 '객관적 가치론'은 가격에 의한 가치 규범의 변화에 대해 비판적 입장을 취할 것이다.

[오답 풀이]

② '주관적 가치론'은 공급자의 비용을 부차적인 문제로 취급하지 않을 것이다.
1문단 "그러나 오늘날에는 가치의 핵심을 소비자의 욕구 충족에서 찾고 …… '주관적 가치론'이 대세가 되었다."에 따르면, '주관적 가치론'에서 가치의 핵심은 소비자의 욕구 충족이다. 하지만 "이는 시장에 의해 수요자의 욕구 및 공급자의 비용에 관한 정보가 가격으로 표출되고……."에 따르면, 수요자의 욕구와 공급자의 비용에 관한 정보 모두 시장 참여자의 의사결정 과정에 영향을 미친다. 따라서 '주관적 가치론'이 공급자의 비용을 부차적인 문제로 취급했다고 볼 수 없다.

③ '사회학적 관점'은 가치의 문제를 사람들의 욕구 충족이라는 측면에서 판단하지 않을 것이다.
3문단 "'사회학적 관점'에서는 가치를 인간의 삶에서 궁극적으로 바람직한 것으로 이해하며 규범으로서의 가치를 강조한다."와 1문단 "그러나 오늘날에는 가치의 핵심을 소비자의 욕구 충족에서 찾고 …… '주관적 가치론'이 대세가 되었다."에 따르면, '사회학적 관점'이 아니라 '주

관점 가치론'에서 가치의 문제를 사람들의 욕구 충족이라는 측면에서 판단하고 있다.

④ '경제학적 관점'은 가치와 가격의 괴리 현상이 존재한다고 볼 것이다.
2문단 "이러한 시장실패에 더해 시장의 힘이 커지면서 가격이 가치 규범과 괴리를 보이고 그 규범에 부정적 영향을 미치는 현상까지 빚어진다."와 3문단 "반면, '경제학적 관점'에서는 시장실패 현상에 주목해……."에 따르면, '경제학적 관점'에서 주목하는 시장실패 현상은 가격과 가치 규범의 괴리를 일으키는 데 영향을 준다. 따라서 '경제학적 관점'은 가격과 가치 규범의 괴리 현상이 존재한다고 볼 것이다.

⑤ 취약계층을 고용하는 기업에 제공되는 고용지원금은 '외부성'을 약화해 '사회적 가치'를 제고할 것이다.
2문단 "시장 거래 과정에는 거래 쌍방의 편익과 비용에 더해 제3자의 편익과 비용도 발생하는 '외부성'이 존재한다."와 3문단 "……외부성으로 인해 누군가의 욕구를 충족시켰으나 그 비용이 회수되지 못한 편익……."과 4문단 "이때, 사회성과는 …… 시장의 가격기구에 반영되지 않거나 비용이 회수되지 못한 편익에 초점을 맞추고……."에 따르면, 기업이 취약계층을 고용함으로써 창출한 사회적 가치는 취약계층 및 사회 전체(제3자)의 편익을 발생시키는 동시에 기업 입장에서는 비용이 회수되지 못한 편익이라는 점에서 외부성에 해당한다. 그런데 5문단 "이에 따르면 정부 · 공익재단 · 시민 등이 사회 문제를 해결하는 다양한 형태의 경제 활동 조직에 제공한 지원금은 이들 조직의 비용을 보전시켜 주므로……."에 따르면, 정부가 지급하는 고용지원금은 편익을 창출한 기업의 비용을 보전시켜 준 것이라고 볼 수 있다. 따라서 고용지원금은 외부성을 약화해 '사회적 가치'를 제고할 것이다.

14. 정답 ④

난이도 ★★☆ | 정답률 72%

내용영역 **사회** 문항 유형 **정보의 추론과 해석**

[정답 풀이]

④ 마지막 문단 "……화폐화된 성과에 대한 평가를 토대로 기존 이해관계자들을 통해 회수되지 못한 부분에 대한 금전적 보상, 즉 '사회성과 보상'이 다양한 수단들로 활성화된다면……."에 따르면, 사회성과 보상은 화폐화된 성과에 대한 평가를 토대로 주어지는 보상이다. 그런데 3문단 "'사회학적 관점'에서는 가치를 인간의 삶에서 궁극적으로 바람직한 것으로 이해하며 규범으로서의 가치를 강조한다. 이 관점에서는 공정 · 평등 · 삶의 질 · 지속가능성 등의 가치 규범에 비춰……."에 따르면, '사회학적 관점'에서는 가격이 매겨지지 않는 요소인 가치 규범을 사회적 가치의 핵심으로 이해한다. 즉 가치 규범은 사회적 가치임에도 가격을 매길 수 없는 요소이므로 사회성과로 측정되지 않을 것이다. 다시 말해 사회성과 보상은 사회적 가치에 대하여 '경제학적 관점'을 반영하지만, '사회학적 관점'을 반영하지 못하고 있다. 따라서 사회성과 보상이 사회적 가치 제고라는 본연의 목적에 충실하기 위해서는 화폐화된 성과로 측정할 수 없는 편익인 가치 규범을 평가할 수 있는 보완책이 필요할 것이라고 추론할 수 있다.

[오답 풀이]

① 정부 지원금은 이해관계자를 통해 회수되는 비용이므로 사회성과 보상에 포함되지 않을 것이다.
마지막 문단 "……기존 이해관계자들을 통해 회수되지 못한 부분에 대한 금전적 보상, 곧 '사회성과 보상'이……."에 따르면, 사회성과 보상은 사회적 가치 창출에 대하여 이해관계자들을 통해 회수되지 못한 부분에 대한 보상과 관계된다. 그런데 5문단 "이에 따르면 정부 · 공익재단 · 시민 등이 사회 문제를 해결하는 다양한 형태의 경제 활동 조직에 제공한 지원금은 이들 조직의 비용을 보전시켜 주므로……."에 따르면, 정부 지원금은 기존 이해관계자를 통해 보전되는 비용에 속한다. 따라서 정부 지원금은 사회성과 보상에 포함되지 않을 것이다.

② 영리기업이 사회성과 보상의 대상이 될 수 없을 것이라고 보기 어렵다.
4문단 "사회성과란 기업 활동의 경제적 결과인 '재무성과'에 상응해 기업이 창출한 사회적 가치를 측정하기 위한 개념이다."에 따르면, 사회성과는 기업이 창출한 사회적 가치를 측정하기 위한 개념이다. 따라서 영리기업이라고 하여 사회성과 보상의 대상이 될 수 없을 것이라고 보기 어렵다.

③ '경제학적 관점'에서는 사회성과 보상이 가격기구에 영향을 줄 수 있다고 여길 것이다.
4문단 "……시장의 가격기구에 반영되지 않거나 비용이 회수되지 못한 편익에 초점을 맞추고 화폐 단위로 측정가능한 결과와 인센티브를 강조한다는 점에서 '경제학적 관점'을 반영한다."에 따르면, '경제학적 관점'은 가격기구에 반영되지 않은 편익에 관심을 둔다. 그리고 마지막 문단 "……곧 '사회성과 보상'이 다양한 수단들로 활성화된다면, 사회적 가치를 달성하는 활동들은 가격을 본격적으로 부여받게 된다."에 따르면, 사회성과 보상은 사회적 가치를 달성한 활동에 가격을 부여하고자 한다. 따라서 '경제학적 관점'에서는 사회성과 보상이 가격기구에 영향을 줄 수 있다고 여길 것이다.

⑤ '사회학적 관점'에서는 사회성과 측정에 기초한 사회적 가치 촉진 정책에 반대하지 않을 것이다.
4문단 "사회성과란 …… 기업이 창출한 사회적 가치를 측정하기 위한 개념이다. 이때, 사회성과는 사회 문제를 해결하려 한다는 점에서 '사회학적 관점'을 반영하고……."에 따르면, 사회성과는 사회적 가치를 측정하기 위한 개념이며, 사회 문제를 해결하려 한다는 점에서 '사회학적 관점'을 반영한다. 그리고 마지막 문단 "이 과정에서 …… 가격과 사회의 가치 규범도 다시 정렬될 것이다."에 따르면, 사회성과 측정에 기초한 사회적 가치 촉진 정책은 사회구성원들이 중요시하는 가치 규범을 반영하고 가격과 사회의 가치 규범을 재정렬하고자 할 것이다. 따라서 가치 규범을 강조하는 '사회학적 관점'에서는 사회성과 측정에 기초한 사회적 가치 촉진 정책에 반대하지 않을 것이다.

15. 정답 ③

난이도 ★★★ | 정답률 29%

내용영역 **사회** 문항 유형 **정보의 평가와 적용**

[정답 풀이]

5문단 "사회성과의 구체적인 측정 방법에는 기업활동으로부터 편익을 제공받거나 그 활동 비용을 부담한 이해관계자별로 계정을 만든 후, 각자의 편익과 비용을 기입하고 합산하는 방법이 있다."에 따르면, 〈보기〉의 병원 활동과 관련된 이해관계자는 A 병원으로부터 편익을 얻고 가격을 지불한 '취약계층 노인들'과, 후원금을 지원한 '지방자치단체', '지역의 뜻있는 주민들', '기업들'이다. 그리고 5문단 "……조직의 비용을 보전시켜 주므로 해당 이해관계자 계정에서 비용으로 처리해 사회성과 계산에서 차감한다."와 "이때 사회성과는 두 이해관계자의 비용과 편익을 합산한 순편익으로……."에 따르면, A 병원이 창출한 사회성과는 병원이 창출한 편익에서 나머지 이해관계자들의 비용을 차감한 값임을 알 수 있다. 이를 바탕으로 〈보기〉의 병원 활동에 대한 편익, 비용, 사회성과를 아래와 같이 정리할 수 있다.

연도		2021년	2022년
편익	취약계층 노인	10×100=1,000	10×150=1,500
비용	취약계층 노인	2×100=200	2×150=300
	지방자치단체	3×100=300	3×150=450
	지역주민	-	1×150=150
	기업	-	3×150=450
사회성과	A 병원	1,000-500=500	1,500-1,350=150

(단위 : 만 원)

③ 2021년부터 2년 동안 이해관계자 계정의 비용 총액은 1,850만 원이다.
〈보기〉 "……회당 2만 원을 받고 총 100회를 제공하였다. 이때 지방자치단체는 회당 3만 원을 지원하였다."에 따르면, 2021년 이해관계자 계정의 비용은 500만 원이다. 그리고 "한편, 2022년에는 …… 주민들과 기업들도 동참해, 각각 회당 1만 원과 3만 원의 후원금을 지원했고, 이 병원의 취약계층 노인 대상 진료 서비스는 총 150회로 늘어났다."에 따르면, 2022년 이해관계자 계정의 비용은 1,350만 원이다. 따라서 2021년부터 2년 동안 이해관계자 계정의 비용 총액은 1,850만 원이다.

[오답 풀이]

① 5문단 "……150만 원의 편익이 발생한다. 이는 근로자의 삶의 질이 개선된 효과를 나타낸다."와 〈보기〉 "A 병원은 2021년에 취약계층의 삶의 질 개선을 목적으로……"에 따르면, A 병원이 제공한 진료 서비스는 사회적기업의 고용에 대응하므로 곧 취약계층 노인들이 병원을 통해 얻은 편익에 해당한다. 그리고 2021년과 2022년에 취약계층 노인들이 얻은 편익은 각각 1,000만 원과 1,500만 원이다. 따라서 2022년에 취약계층 노인들이 이 병원을 통해 얻은 편익은 전년도에 비해 500만 원 증가했다.

② 4문단 "이때, 사회성과는 …… 시장의 가격기구에 반영되지 않거나 비용이 회수되지 못한 편익에 초점을 맞추고……"에 따르면, 〈보기〉에서 취약계층 노인들이 진료 서비스에 회당 지불한 가격인 2만 원은 A 병원이 창출한 편익 중 가격기구를 통해 그 비용을 회수한 금액에 해당한다고 볼 수 있다. 그러므로 2021년과 2022년에 가격기구를 통해 비용을 회수한 금액은 각각 200만 원과 300만 원이다. 따라서 2022년에 이 병원이 취약계층 노인을 위해 창출한 편익 중 가격기구를 통해 그 비용을 회수한 금액은 전년도에 비해 100만 원 증가했다.

④ 〈보기〉에 따르면, 2021년에 병원이 창출한 편익은 1,000만 원, 이해관계자 계정의 비용은 500만 원, 병원이 창출한 사회성과는 500만 원이다. 그리고 2022년에 병원이 창출한 편익은 1,500만 원, 이해관계자 계정의 비용은 1,350만 원, 병원이 창출한 사회성과는 150만 원이다. 따라서 2022년에 이 병원이 창출한 사회성과는 전년도에 비해 350만 원 감소했다.

⑤ 마지막 문단 "……기존 이해관계자들을 통해 회수되지 못한 부분에 대한 금전적 보상, 곧 '사회성과 보상'이……"에 따르면, A 병원의 사회성과를 보상하기 위해서는 병원이 창출한 편익에서 이해관계자들을 통해 비용이 회수된 부분을 뺀 만큼의 금전적 보상이 주어져야 한다. 이에 대하여 2021년에 이해관계자를 통해 비용이 회수된 편익은 취약계층 노인들이 지불한 가격인 200만 원과 지방자치단체가 지원한 300만 원이다. 따라서 2021년의 사회성과를 보상하기 위해서는 2021년 병원이 창출한 편익에서 비용이 회수된 편익을 뺀 500만 원이 필요하다.

[16~18] 제재 | 문학적 언어와 시적 진실
난이도 | ★★☆

16. 정답 ③ 난이도 ★★☆ | 정답률 43%

내용영역 **인문** 문항 유형 **정보의 확인과 재구성**

[정답 풀이]

③ 근대 초기 유럽소설은 허구에 대한 통념을 비판했다고 보기 어렵다.
1문단 "실제 일어난 사실과 들어맞지 않는 것은 진실일 수 없다는 통념이 여전했기 때문이다. 유럽의 초기 근대소설 작가들이 자기들의 작품을 실화나 역사라고 주장하곤 했던 사실은……"에 따르면, 근대 초기 유럽소설 작가들은 뿌리 깊은 통념하에서 자신들의 작품을 소설이 아닌 실화나 역사라고 주장하였다. 따라서 근대 초기 유럽소설이 허구에 대한 통념을 비판했다고 보기 어렵다.

[오답 풀이]

① 2문단 "이들은 명제의 진위는 논리 법칙에 의한 증명 또는 경험적 검증으로 판단될 수 있으며……"와 3문단 "이때 과학적으로 사용된 언어의 진실성은 증명이나 검증을 통해 판정되지만……"에 따르면, 과학적으로 사용된 언어의 진실성은 실증주의와 유사하게 증명이나 검증의 방법을 통해 판단될 수 있다.

② 5문단 "역설은 표면적으로 모순적인 것처럼 보이지만 실은 진실을 새롭게 드러내는 진술이다."와 "……역설을 통해서만 드러날 수 있음은 시적 진실의 또 다른 가능성을 잘 보여 준다."에 따르면, 신비평 이론가들은 역설이라는 문학의 언어를 통해서만 드러낼 수 있는 진실이 있다고 생각했음을 알 수 있다.

④ 1문단 "문학은 개연성을 가진 사건, 즉 세상의 이치에 따라 일어날 법한 일을 그리지만, 역사는 우연적이고 일회적으로 일어난 사실을 다룬다."와 "그럼에도 작가들은 오랫동안 역사가들 앞에서 자격지심을 느끼곤 했었던 것 같다."에 따르면, 허구적인 문학은 오랫동안 역사와 대비되었다. 그리고 2문단 "20세기에 들어와 시적 진실의 개념은 실증주의 추종자들에게 다시 의심을 받았다."와 3문단 "그는 언어의 '과학적 사용'과 '정서적 사용'을 구분한다."에 따르면, 근대 이후에는 허구적인 문학이 과학과도 대비되었음을 알 수 있다.

⑤ 1문단 "문학은 개연성을 가진 사건 …… 역사는 우연적이고 일회적으로 일어난 사실을 다룬다."에 따르면, 문학은 허구이며, 역사는 사실이라는 점이 대립하고 있다. 이에 대하여 "따라서 문학이 역사보다 더 보편적인 진실을 이야기한다는 것은 …… 고전적 관점이다."에 따르면, 문학의 허구성에 대한 고전적 옹호론은 허구와 사실을 대립시키되 문학이 더 개연성 있는 보편적인 진실을 이야기한다는 점으로부터 문학의 허구성을 옹호한다. 반면 "실제 일어난 사실과 들어맞지 않는 것은 진실일 수 없다는 통념이 여전했기 때문이다."에 따르면, 문학의 허구성에 대한 비판적 통념은 허구와 사실을 대립시키면서 문학은 허구일 뿐이고 사실에 들어맞는 것은 역사라고 주장한다. 따라서 문학의 허구성에 대한 고전적 옹호론과 비판적 통념 모두 허구와 사실을 대립시켜 주장을 펼쳤다고 볼 수 있다.

17. 정답 ② 난이도 ★★☆ | 정답률 73%

내용영역 **인문** 문항 유형 **정보의 추론과 해석**

[정답 풀이]

② ㉡은 경험적으로 검증할 수 있는 판단 가능성을 갖지 못하기 때문에 무의미한 것으로 여겨지는 진술을 의미한다.
2문단 "이들은 명제의 진위는 논리 법칙에 의한 증명 또는 경험적 검증으로 판단될 수 있으며, 판단 가능성을 가지지 못한 명제는 의미가 없다고 보았다. 이 입장에서 문학적 진술은 대개 거짓이거나 무의미한 진술에 불과하다."에 따르면, 문학적 진술이 무의미한 것으로 여겨진다는 것은 실증주의에 따를 때 판단 가능성을 갖지 못한다는 것을 뜻한다. 이에 따를 때 '보여 주지도 못하면서 그저 있다고 우겨대는 ㉡ 헛소리'는 판단 가능성을 갖지 못하는 무의미한 진술을 비유적으로 이르는 말이다. 따라서 ㉡은 반증할 수 있는 사례를 찾을 수 있는 진술이 아니라, 경험적으로 검증할 수 있는 판단 가능성을 갖지 못하기 때문에 무의미한 것으로 여겨지는 진술을 의미한다고 볼 수 있다.

[오답 풀이]

① 1문단 "따라서 문학이 역사보다 더 보편적인 진실을 이야기한다는 것은 …… 시적 진실을 옹호하는 고전적 관점이다. 그럼에도 작가들은 오랫동안 역사가들 앞에서 ㉠ 자격지심을 느끼곤 했었던 것 같다."와 "유럽의 초기 근대소설 작가들이 자기들의 작품을 실화나 역사라고 주장하곤 했던 사실은……"에 따르면, 작가들은 시적 진실을 옹호하는 관

점을 지녔음에도 불구하고, 역사가들에 대한 자격지심으로 인해 자기 들의 작품을 실화나 역사라고 주장하곤 하였다. 이를 고려할 때, ㉠은 당대의 풍조 속에서 시적 진실에 대한 자기 확신을 가지지 못했던 작가들의 태도를 나타낸다고 볼 수 있다.

③ 3문단 "……정서적으로 사용된 언어의 진실성은 수용자의 주관적 정서와 태도에 미치는 효과에 의해 결정된다. 리처즈는 시의 언어는 정서적 사용의 언어이며……"에 따르면, 리처즈는 문학적 언어는 정서적으로 사용된 언어이므로 수용자들의 주관적 정서와 태도에 미치는 효과에 의해 그 진실성이 결정된다고 보았다. 이에 대하여 4문단 "리처즈의 견해는 …… 문학 언어의 특수성에 주목하여 시적 진실에 대한 ㉢ 알리바이를 제공한다."에 따르면, ㉢은 문학적 진술이 과학적 진술과는 다른 방법, 즉 수용자들의 주관적 정서와 태도에 미치는 효과를 판단하는 방법을 통해 진실성을 인정받을 근거가 있음을 비유하는 말이라고 볼 수 있다.

④ 4문단 "시적 허용은 운율과 같은 특정한 미적 효과를 위해 …… 역사적·지리적 사실에도 적용되었다. 작가는 악의 없는 거짓말에 대한 일종의 ㉣ 면책특권을 누렸던 셈이다."에 따르면, 시적 허용은 미적 효과를 위해서 문학작품이 역사적 사실에서 벗어나는 것을 용인한다. 따라서 ㉣은 분명한 예술적 효과를 가진 경우, 문학작품과 역사적 사실의 불일치가 시적 허용을 통해 용인될 수 있음을 말한다고 볼 수 있다.

⑤ 1문단 "문학은 개연성을 가진 사건, 즉 세상의 이치에 따라 일어날 법한 일을 그리지만……."과 6문단 "시적 진실은 일종의 맥락적 진실이며, 문학적 진술의 진실성은 작품 전체의 맥락에서 가지는 일관성과 설득력에 의해 판단된다."와 마지막 문단 "……두 관점이 각각 추려내는 좋은 작품의 목록은 상당히 큰 ㉤ 교집합을 이루기 때문이다."에 따르면, 시적 진실에 대한 고전적 관점과 맥락적 진실에 대한 설명 모두를 만족시키는 교집합에 속하는 문학작품은 사건이 개연성을 가지며, 진술이 작품 전체 맥락에서 일관성과 설득력을 가져야 한다. 따라서 ㉤은 진술이나 사건들이 작품의 전체적인 구조 속에서 충분한 개연성을 가지고 제시되는 작품들로 구성된다고 볼 수 있다.

18. 정답 ① 난이도 ★★☆ | 정답률 59%

내용영역 **인문** 문항 유형 **정보의 평가와 적용**

[정답 풀이]

① 두 인물이 '부자 관계'라는 점은 서사 진행을 통해 암시되었으므로 예상할 수 없는 결말이라고 보기 어렵겠군.

3문단 "……정서적으로 사용된 언어의 진실성은 수용자의 주관적 정서와 태도에 미치는 효과에 의해 결정된다."와 "……시의 진술은 '우리의 충동과 태도를 방출하거나 조직함에 있어 그 효과에 의해 정당화되는 말의 형태'로서의 의사(疑似) 진술이라고 말한다."에 따르면, 의사 진술이란 수용자의 주관적 정서와 태도에 미치는 효과에 의해 진실성이 인정되는 진술을 의미한다고 볼 수 있다. 그렇다면 「메밀꽃 필 무렵」의 결말은 독자의 정서와 태도에 어떤 효과를 유발하였는지에 따라 일종의 의사 진술로 파악될 수는 있을 것이다. 하지만 〈보기〉 "「메밀꽃 필 무렵」은 장돌뱅이 허 생원과 그가 우연히 마주친 동이가 사실 부자 관계라는 점을 서사 진행을 통해 조금씩 암시한다."에 따르면, 두 사람이 부자 관계라는 점은 서사 진행을 통해 암시되었으므로 예상할 수 없는 결말이라고 보기 어렵다.

[오답 풀이]

② 〈보기〉 "이러한 결말은 왼손잡이의 유전 여부와 관련하여 약간의 논란이 있지만, 헤어진 아들과의 상봉을 감동적으로 그려내는 한편……." 에 따르면, 「메밀꽃 필 무렵」의 결말은 '왼손잡이의 유전'과 관련하여 과학적 사실에 부합하는지에 대한 논란이 있지만, 동시에 '헤어진 아들과의 상봉'을 감동적으로 그려낸다. 이에 대하여 3문단 "……정서적으로 사용된 언어의 진실성은 수용자의 주관적 정서와 태도에 미치는 효과에 의해 결정된다."와 4문단 "시적 허용은 운율과 같은 특정한 미적 효과를 위해 …… 역사적·지리적 사실에도 적용되었다."에 따르면, 문학작품의 진실성은 수용자의 정서에 미치는 영향에 의해 결정될 수 있으며, 시적 허용은 미적 효과를 위해서라면 어법뿐만 아니라 실제 사실에도 적용될 수 있었다. 따라서 '왼손잡이의 유전'은 과학적 사실과 맞지 않는 것일지라도 독자에게 감동을 불러일으킨다면 시적 허용의 대상이 될 수 있을 것이다.

③ 〈보기〉 "……달밤의 서정적 풍경은 허 생원의 스산한 삶을 아름다운 것으로 재발견하는 동시에……."에 따르면, '달밤의 서정적 풍경'은 '허 생원의 스산한 삶'을 아름다운 것으로 재발견한다는 점에서 역설적이다. 그리고 5문단 "우리의 복잡다단한 경험과 …… 역설을 통해서만 드러날 수 있음은 시적 진실의 또 다른 가능성을 잘 보여 준다."에 따르면, 역설은 모순적 언어를 통해 인간의 복잡다단한 삶과 감정을 드러냄으로써 시적 진실의 가능성을 보여 준다. 따라서 '달밤의 서정적 풍경'은 '허 생원의 스산한 삶'을 역설적인 아름다움으로 드러낸다는 점에서 시적 진실의 가능성을 보여주는 사례라고 할 수 있을 것이다.

④ 6문단 "시적 진실은 일종의 맥락적 진실이며, 문학적 진술의 진실성은 작품 전체의 맥락에서 가지는 일관성과 설득력에 의해 판단된다."와 마지막 문단 "……작품이 제시하는 허구적인 세계의 내적 정합성이라는 맥락 아래 승인되는 맥락적 진실을 획득할 것이다."에 따르면, 허구적 세계의 내적 정합성이라는 맥락 아래 승인되는 맥락적 진실은 작품 전체의 맥락에서 가지는 일관성과 설득력에 의해 판단된다. 이에 대하여 〈보기〉 "……부자 관계라는 점을 서사 진행을 통해 조금씩 암시한다."와 "……작품 전체의 치밀한 구성을 통해 드러난다. 특히 작품 후반부에서 섬세한 문체로 …… 두 인물의 관계를 밝히기 위한 적절한 배경으로서 기능한다."에 따르면, 허 생원과 동이가 부자 관계라는 점을 드러내는 서사 진행에 있어 작품 전체의 '치밀한 구성'은 둘의 관계에 대한 암시에 영향을 주고, '섬세한 묘사'는 두 인물의 관계를 밝히기 위한 배경으로서 기능한다. 이는 작품 전체의 맥락에 일관성과 설득력을 부여한다고 볼 수 있으므로, 이를 통해 작가가 창조한 세계의 내적 정합성이 확인된다고 할 수 있다.

⑤ 〈보기〉 "이러한 결말은 …… 벗어나기 어려운 혈연적 숙명이라는 인간적 진실을 형상화한다."에 따르면, 작가는 장돌뱅이 허 생원의 삶에 대한 허구적 이야기를 통해 '혈연적 숙명'이라는 보편적 주제를 제시한다. 이에 대하여 1문단 "문학은 개연성을 가진 사건, 즉 세상의 이치에 따라 일어날 법한 일을 그리지만……."과 "따라서 문학이 역사보다 더 보편적인 진실을 이야기한다는 것은 …… 시적 진실을 옹호하는 고전적 관점이다."에 따르면, 「메밀꽃 필 무렵」의 작가는 개연성을 갖는 사건을 통해 드러나는 보편적인 진실을 시적 진실로 추구하였을 것이라고 짐작해볼 수 있다.

[19~21] 제재 | 박세당, 「예송변」
난이도 | ★★★

19. 정답 ⑤ 난이도 ★★★ | 정답률 32%

내용영역 **인문** 문항 유형 **정보의 확인과 재구성**

[정답 풀이]

⑤ 2문단 "효종이 세상을 떠나니 당시 대왕대비인 인조의 계비(繼妃) 자의대비는 어머니로서의 상복을 입어야 했다."에 따르면, 당시의 논쟁은 대왕대비가 '어머니로서' 상복을 몇 년 입어야 하는지에 관한 논쟁이었고, 이는 자신이 낳은 아들이 죽더라도 동일하게 적용되었을 것이다. 또한 2문단 "ⓐ 갑설은 "……삼년복(三年服)을 입어야 한다."라고

하였다. ⓑ 을설은 "……기년복(朞年服)을 입어야 한다."라고 하였다."에 따르면, 대왕대비가 상복을 입어야 하는 기간은 1년에서 3년 사이임을 알 수 있다. 이를 정리하면, 대왕대비는 자신이 낳은 아들이 죽으면 종통에 상관없이 1년 이상 상복을 입어야 한다.

[오답 풀이]

① 장자가 아니면서 종통을 계승할 수 있는지에 대하여 찬반이 갈린다고 볼 수는 없다.
3문단 "효종은 인조의 차자로서 적통을 이어 만백성에 군림하고 온 세대에 종통을 드리웠으니,……"와 마지막 문단 "대왕대비가 기년복을 입어도 효종은 결국 인조의 종통을 이은 것이고, 대왕대비가 삼년복을 입어도 효종은 역시 결국 인조의 종통을 이은 것이기 때문이다."에 따르면, 글쓴이는 효종이 선왕의 종통을 이은 왕임을 인정하고 있다. 그리고 3문단 "그저 효종이 인조의 차자라는 이유로 이렇듯 어지러이 다투는 결론 없는 분쟁이 있는 것이다."에 따르면, 대왕대비가 상복을 입는 기간을 결정할 때 장자가 죽은 경우를 적용할지를 두고 찬반이 갈리고 있다. 따라서 장자가 아니면서 종통을 계승할 수 있는지에 대하여 찬반이 갈린다고 볼 수는 없다.

② 전해 오는 예법에 규정되지 않은 차장자 관련 복제에 대한 해석에 논란이 있다.
5문단 "고례(古禮)에도 그에 관한 정문(正文)이 없어서 주석들도 같고 다름이 있으니, 한때의 예(禮)는 실정을 참작하여 정하면 된다."에 따르면, 차장자 관련 복제가 고례에 규정되어 있지는 않음을 알 수 있다.

③ 장자가 사망하였을 때 그 어머니의 상복은 삼년복이라는 데 대해서는 다툼이 없다.
2문단 "ⓐ 갑설은 "차장자라 함은 …… 장자가 됨으로써 그 명칭이 붙은 것이니, 삼년복(三年服)을 입어야 한다."라고 하였다. ⓑ 을설은 "……원래 장자가 아니므로, 중자의 기년복(朞年服)을 입어야 한다."라고 하였다."에 따르면, 제시문의 논쟁은 효종을 장자로 보아 대왕대비가 삼년복을 입을지, 중자로 보아 기년복을 입을지에 대한 것이다. 이에 따르면, 어머니의 상복이 장자가 사망하였을 때 삼년복, 중자가 사망하였을 때 일년복이라는 점은 논자들이 동의하고 있다.

④ 측실 소생이라는 사실은 황제로서의 종통 승계에 흠이 되는 요소가 아니다.
4문단 "옛날 한(漢)의 문제(文帝)는 …… "짐은 황제의 측실에서 난 아들이다."라고 말하였고, …… 당시에는 위에서도 스스로 서자(庶子)였던 사실을 숨기지 않았고 아래에서도 임금을 위해 숨기려 하지 않았다. 하물며 문제는 그 후사가 수십 대에 이어졌고 당 태종처럼 지금까지도 성군으로 칭송되는데, 누가 그런 것을 문제 삼는가."에 따르면, 글쓴이는 문제가 황제의 측실 소생임에도 후사가 수십 대에 이어졌다는 점에서 측실 소생이라는 사실이 종통 승계에 흠이 되는 요소가 아님을 주장하고 있다.

20. 정답 ④ 난이도 ★★☆ | 정답률 67%

내용영역 **인문** 문항 유형 **주제, 구조, 관점 파악**

[정답 풀이]

글쓴이는 ㉠의 사례를 인용하여 무왕이 문왕의 장자가 아님에도 성공적으로 주나라의 대통을 이었다는 점을 강조하며, 효종의 사례도 이와 유사하다고 주장한다. 무왕이 붕어할 때 어머니가 상복을 3년 입었든, 2년도 안 입었든 그러한 사실은 종통이 불명하다는 주장과 관련이 없다는 입장을 편다.

④ 4문단 "우리 효종과 인조는 주(周)의 ㉠ 무왕과 문왕에 비견되는데, 무왕이 문왕의 장자가 아니라는 것은 어린아이들도 안다. 그리하여 후세 사람들은, 문왕은 자식을 가리는 밝음이 있고 무왕은 뜻을 잇는 효가 있어서 주나라 팔백 년을 여는 대업을 이루고 대통을 전하였다고 여긴다."에 따르면, 효종과 인조의 관계가 무왕과 문왕의 관계에 비유되고 있다. 그리고 5문단 "인조가 효종에게 물려주고 효종이 인조를 이은 것은 충분히 주나라 무왕과 문왕의 경우와 같으니, 복제가 오르고 내리거나 가볍고 무겁거나 하는 것은 무슨 상관이겠는가."와 마지막 문단 "대왕대비가 기년복을 입어도 효종은 결국 인조의 종통을 이은 것이고, 대왕대비가 삼년복을 입어도 효종은 역시 결국 인조의 종통을 이은 것……."에 따르면, 무왕이 문왕의 뒤를 이어 대통을 이었듯, 효종은 인조의 종통을 이어 나라를 통치했으니 종통이 뚜렷하지 못함을 따지고 복을 올리고 내리는 논쟁을 하는 것이 적절하지 않다는 것이 글쓴이의 주장이다. 따라서 인조가 밝은 덕으로 보위를 튼튼히 하고 후대에 이어가도록 한 것을 강조하여 종통의 본질을 환기하는 것이 글쓴이의 의도라고 볼 수 있을 것이다.

[오답 풀이]

① ㉠의 사례에서는 무왕이 문왕의 장자가 아님에도 성공적으로 주나라의 대통을 이었다는 점이 강조되고 있기 때문에, 해당 사례는 국왕이 된 이상 장자의 지위는 자연스럽게 따라붙게 된다는 원리를 설명하는 것과는 관련이 없다.

② 5문단 "무왕이 붕어하고 그 어머니인 태사가 아직 살아 있다고 가정할 때 무왕을 위해 상복을 꼭 3년 입었을지 2년도 안 입었을지는 아무도 모른다. 그러나 복을 입지 않았다고 해서 무왕을 깎아 먹겠으며 복을 입었다고 해서 그 빛을 더하겠는가. 당시에 종통이 불명하다는 따위의 이야기가 있었을까."에 따르면, 글쓴이는 무왕의 어머니가 어떤 복제를 입었든 무왕의 종통과는 관련이 없다는 주장을 펼치고 있다. 따라서 무왕의 어머니인 태사의 복제를 따짐으로써 효종의 어머니가 입을 상복의 종류를 결정하는 것이 글쓴이의 의도라고는 볼 수 없다.

③ 4문단 "우리 효종과 인조는 주(周)의 무왕과 문왕에 비견되는데, 무왕이 문왕의 장자가 아니라는 것은 어린아이들도 안다. 그리하여 후세 사람들은, 문왕은 자식을 가리는 밝음이 있고 무왕은 뜻을 잇는 효가 있어서 주나라 팔백 년을 여는 대업을 이루고 대통을 전하였다고 여긴다."에 따르면, 글쓴이는 효종을 문왕의 아들인 무왕에 견주고 있다. 그리고 1문단 "적자(嫡子)로서 종통(宗統)을 잇는 …… 효종은 차자여서 차장자(次長子)라고들 한다."에 따르면, 효종이 적자임에는 변함이 없다. 즉 글쓴이는 효종이 적자가 되어 적법하게 종통을 계승하였다고 설명하지 않는다. 따라서 효종을 주의 문왕에 견주는 것도, 효종이 적자가 되어 적법하게 종통을 계승하였음을 밝히는 것도 글쓴이의 의도라고는 보기 어렵다.

⑤ 1문단 "적자(嫡子)로서 종통(宗統)을 잇는 맏아들이 장자(長子)이니 효종은 차자여서 차장자(次長子)라고들 한다."와 4문단 "무왕이 문왕의 장자가 아니라는 것은 어린아이들도 안다."에 따르면, 무왕이 문왕의 장자가 아님을 알 수 있다. 또한 마지막 문단 "대왕대비가 기년복을 입어도 효종은 결국 인조의 종통을 이은 것이고, 대왕대비가 삼년복을 입어도 효종은 역시 결국 인조의 종통을 이은 것……"에 따르면, 글쓴이는 효종이 인조의 종통을 이은 왕임을 주장하고 있으므로 종통을 확고히 해야 한다는 입장이라고는 보기 어렵다. 따라서 차장자로서 종묘사직의 기초를 닦은 중국의 실례를 들어 국가의 종통을 확고히 해야 한다는 지향을 드러내는 것이 글쓴이의 의도라고는 보기 어렵다.

21. 정답 ① 난이도 ★★★ | 정답률 21%

내용영역 인문 문항 유형 정보의 평가와 적용

[정답 풀이]

① 〈보기〉는 종통 승계를 우선하는 원칙을 강조하고 있지만, 정해지는 기준이 나라 안 모든 질서에서 일관된다고 보지 않는다.
2문단 "ⓐ 갑설은 "차장자라 함은 …… 장자의 죽음으로 말미암아 차자가 후사를 이어 장자가 됨으로써 그 명칭이 붙은 것이니, 삼년복(三年服)을 입어야 한다."라고 하였다."에 따르면, ⓐ는 효종의 사례를 차자가 장자가 된 경우로 해석한다. 〈보기〉에 따르면, 집안의 적자 가운데 첫째 아들로서 종통을 이어받을 사람만을 장자라 하는 것은 변함없는 원칙이다. 중자 중에서 종통을 잇도록 정한 경우에는 아버지나 어머니가 삼년복을 입지 않지만, 왕가에서는 서자라도 세자로 책봉되면 임금이 될 때까지는 장자와 같이 대우해야 한다. 따라서 〈보기〉에서는 종통 승계를 우선하는 원칙에 따른 기준이 나라 안 모든 질서에서 일관된다고 보지 않는다.

[오답 풀이]

② 2문단 "ⓑ 을설은 "차장자가 중자라는 사실은 어쩔 수 없으니, …… 원래 장자가 아니므로, 중자의 기년복(朞年服)을 입어야 한다."라고 하였다."에 따르면, ⓑ는 효종은 중자로서 세자가 되었다는 사실이 정해져 있으므로 장자가 아니라고 주장한다. 〈보기〉에 따르면, 집안의 적자 가운데 첫째 아들로서 종통을 이어받을 사람만을 장자라 하므로, 이러한 원칙에 따를 때 효종은 장자가 아니다. 따라서 ⓑ와 〈보기〉 모두 효종은 중자로서 세자가 되었다는 사실이 바뀔 수 없기 때문에 장자일 수 없다고 본다.

③ 2문단에 따르면, ⓒ는 글쓴이의 입장에 해당한다. 5문단 "무릇 인조가 효종에게 물려주고 효종이 인조를 이은 것은 충분히 주나라 무왕과 문왕의 경우와 같으니, 복제가 오르고 내리거나 가볍고 무겁거나 하는 것은 무슨 상관이겠는가."에 따르면, 글쓴이는 효종이 인조의 뒤를 이어 임금이 되었으니 그를 장자로 볼지, 중자로 볼지 논의하는 것은 무의미하다고 본다. 〈보기〉에 따르면, 누구든 대통을 계승하는 보위에 올랐다면 임금으로 대우해야 한다고 본다. 따라서 ⓑ와 〈보기〉 모두 임금이 된 효종에 대해서 장자인지를 문제 삼을 필요가 없다고 본다.

④ 2문단 "ⓐ 갑설은 "차장자라 함은 …… 장자의 죽음으로 말미암아 차자가 후사를 이어 장자가 됨으로써 그 명칭이 붙은 것이니, 삼년복(三年服)을 입어야 한다."라고 하였다. ⓑ 을설은 "……원래 장자가 아니므로, 중자의 기년복(朞年服)을 입어야 한다."라고 하였다."에 따르면, ⓐ의 입장에서는 소현세자의 죽음으로 세자가 된 효종은 장자의 대우를 받아야 하고, ⓑ의 입장에서는 첫째 아들만이 장자에 해당한다. 〈보기〉에서는 집안의 적자 가운데 첫째 아들로서 종통을 이어받을 사람만을 장자라 하는 것이 원칙이지만, 왕가에서는 세자로 책봉되면 임금이 될 때까지는 장자와 같이 대우해야 마땅하다고 주장한다. 이를 종합하면 〈보기〉의 견해는 세자 시절의 효종이 장자의 대우를 받아야 한다고 본다는 점에서 ⓐ와 일치하고, 첫째 아들만이 장자에 해당한다고 본다는 점에서 ⓑ와 일치한다.

⑤ 1문단 "적자(嫡子)로서 종통(宗統)을 잇는 맏아들이 장자(長子)이니 효종은 차자여서 차장자(次長子)라고들 한다."에 따르면, 적자, 즉 적실의 소생임은 장자 또는 차장자를 결정하는 필수 조건 중 하나이다. ⓐ, ⓑ, ⓒ의 논쟁은 효종이 적실의 소생이라는 사실을 인정하는 바탕에서 그를 어떻게 대우해야 하는지에 관한 것이다. 또한 〈보기〉에 따르면, 집안의 적자 가운데 첫째 아들로서 종통을 이어받을 사람만을 장자라 하는 것은 변함없는 원칙이므로, 차장자 역시 다른 조건은 동일하고 둘째 아들이라는 점만 다르다는 점에서 적실 소생이어야 한다. 그러므로 〈보기〉 역시 어떤 아들이 차장자인지 여부를 논하려면 그가 적실의 소생이어야 한다고 볼 것이다. 이를 종합하면, 효종이 적실의 소생이 아니라면 차장자라 할 여지가 없다고 보는 점에서는 ⓐ, ⓑ, ⓒ, 〈보기〉 모두 일치한다.

[22~24] 제재 | 광역학 치료 기전
난이도 | ★★☆

22. 정답 ④ 난이도 ★★☆ | 정답률 55%

내용영역 과학기술 문항 유형 정보의 확인과 재구성

[정답 풀이]

④ 2문단 "감광제에 빛을 쪼여 발생한 활성산소종은 반감기가 약 0.05 ㎲ 이하이기 때문에 …… 감광제와 매우 가까운 주변부에서만 국소적 반응을 일으킨다."와 마지막 문단 "……감광제는 암 조직에만 선택적으로 축적되고 빛을 쪼여 준 부위에서만 국소적인 독성을 나타내므로 대안적 암 치료법으로 고려되고 있다."에 따르면, 광역학 치료를 통한 암 치료 시 발생하는 활성산소종은 반감기와 유효거리가 짧을 것이며, 암 조직에만 선택적으로 축적되므로 암세포와 멀리 떨어져 위치한 정상세포에 미치는 영향이 적을 것이다.

[오답 풀이]

① 포르피린을 합성하는 여드름균 때문에 생긴 여드름을 치료하려면 여드름균만 사멸시키는 특정 파장의 빛을 쪼여야 한다.
3문단 "여드름균은 포르피린을 스스로 합성하는데 이 때문에 특정 파장의 빛을 쪼이면 여드름균만 사멸되어 효과적인 치료를 할 수 있다."에 따르면, 포르피린을 합성하는 여드름균 때문에 생긴 여드름을 치료하려면 빛을 차단하는 것이 아니라 여드름균만 사멸시키는 특정 파장의 빛을 쪼여야 한다.

② 빛이 없이 세포독성을 유발하는 형광시약은 감광제로 적합하지 않으므로 광역학 치료에 사용하지 않을 것이다.
3문단 "많은 형광 염색 시약들도 활성산소종 방출 능력을 가지고 있어 감광제로 사용할 수 있지만 …… 빛이 없을 경우에는 독성이 낮아야 하며……."에 따르면, 형광시약을 감광제로 사용할 수 있으려면 빛이 없을 때 독성이 낮아야 한다. 따라서 빛이 없이 세포독성을 유발하는 형광시약은 감광제로 적합하지 않으므로 광역학 치료에 사용하지 않을 것이다.

③ 감광제가 정상 피부 조직에 잔류하고 외부 빛이 체내 깊숙이 투과되지 않더라도 알레르기가 발생할 수 있다.
3문단 "높은 농도의 감광제를 주입할 경우 알레르기를 유발할 수 있고 완전히 분해 혹은 배출되지 않은 감광제가 잔류되었을 경우 햇빛 노출에 의해 피부세포가 손상될 수 있기 때문에……."에 따르면, 알레르기는 높은 농도의 감광제가 주입되는 경우 발생한다. 따라서 감광제가 정상 피부 조직에 잔류하고 외부 빛이 체내 깊숙이 투과되었는지와 관계없이 높은 농도의 감광제가 주입되었다면 알레르기가 발생할 수 있을 것이다.

⑤ 감광제를 이용한 암 치료 시 감광제는 LDL과의 결합을 통해 암 조직에 선택적으로 축적된다.
마지막 문단 "암 치료 시에는 감광제가 암 조직에 선택적으로 축적되는 기전을 이용한다. 정맥 주사로 투여되는 감광제는 …… 저밀도 지질단백질(LDL)과 강하게 결합한다. 암세포의 세포막에는 LDL과 결합하는 LDL 수용체가 많이 존재하기 때문에 정상세포에 비해 암세포에 감광제가 다량으로 축적된다."에 따르면, 감광제를 이용한 암 치료 시 감광제는 LDL과 결합함으로써 LDL 수용체가 많이 존재하는 암세포에 선택적으로 축적된다.

23. 정답 ② 난이도 ★★★ | 정답률 28%

내용영역 과학기술 문항 유형 정보의 평가와 적용

[정답 풀이]

1문단 "……㉠ 아크리딘 색소가 침착된 원생동물이 번개에 노출되자 죽는 현상을 우연히 관찰했고, 이어 피부 종양에 형광물질의 하나인 에오신을 바르고 빛을 쪼여 종양에 반응이 있음을 확인했다."에 따르면, 〈보기〉의 실험은 빛이 차단된 환경에서 감광제를 투여한 뒤 빛을 쪼이는 순서로 진행되었을 것임을 알 수 있다. 그러므로 순서를 고려하여 빛이 없는 상황에서 먼저 감광제가 투여되었을 때 어떤 변화가 발생했을지, 그 후에 빛을 쪼이고 항산화제를 투여했을 때 활성산소종 발생 양상이 어떻게 나타났을지 구분하여 파악해야 한다.

② A는 적색 빛보다 녹색 빛에 의해 더 많은 양의 활성산소종을 발생시킨다.
〈보기〉에 따르면, 감광제 A를 투여하고 녹색 빛을 쪼인 경우(감광제 A, 광원 녹색 빛), 항산화제를 투여하지 않으면 원생동물의 생존율이 0%로 나타났고, 적색 빛을 쪼인 경우(감광제 A, 광원 적색 빛), 항산화제 투여 여부와 무관하게 원생동물의 생존율은 80%로 나타났다.

광원	감광제	항산화제	생존율(%)
녹색 빛	A	-	0
		+	80
적색 빛	A	-	80
		+	80

이에 대하여 2문단 "특정 감광제는 특정 파장의 빛에 가장 효율적으로 반응하기 때문이다."에 따르면, 특정 감광제는 어떤 색깔의 빛을 받느냐에 따라 활성산소종을 생성시키는 양상이 달라진다는 점을 알 수 있다. 그런데 녹색 빛을 쪼였을 때 원생동물의 생존율이 더 낮았다는 것은 감광제 A에 대하여 적색 빛과 녹색 빛에 의한 활성산소종 발생 양상이 달랐으며, 녹색 빛에 의해 더 많은 활성산소종이 발생했음을 의미한다. 따라서 A는 적색 빛보다 녹색 빛에 의해 더 많은 양의 활성산소종을 발생시킨다고 볼 수 있다.

[오답 풀이]

① 〈보기〉에 따르면, 감광제를 투여하지 않고 빛을 쪼이지 않은 경우(감광제 -, 광원 -), 항산화제 투여 여부와 무관하게 원생동물의 생존율은 100%로 나타났다. 그리고 감광제 A를 투여하고 빛을 쪼이지 않은 경우(감광제 A, 광원 -), 항산화제 투여 여부와 무관하게 원생동물의 생존율은 80%로 나타났다.

광원	감광제	항산화제	생존율(%)
-	-	-	100
		+	100
	A	-	80
		+	80

이때 둘의 차이는 감광제 A 투여 여부뿐이므로 A를 투여한 것이 원생동물의 생존율이 80%인 원인이라고 볼 수 있다. 이에 대하여 3문단 "많은 형광 염색 시약들도 …… 빛이 없을 경우에는 독성이 낮아야 하며……."에 따르면, 감광제는 빛이 없는 경우에 자체 독성을 가질 수 있다. 그리고 2문단 "감광제가 어떤 파장의 빛에 의해 활성화되면 …… 활성산소종을 생성시킨다."에 따르면, 감광제는 빛에 반응하여야 활성산소종을 생성시킬 수 있으므로, 빛을 쪼이지 않은 상황에서 감광제에 의한 활성산소종의 발생은 일어나지 않았을 것이다. 그렇다면 감광제 A를 투여하고 빛을 쪼이지 않은 원생동물의 생존율이 80%인 것은 감광제 A의 자체 독성이 원인이 되었을 것이다. 따라서 A는 활성산소종과의 생성과는 무관한 독성을 가지고 있다고 볼 수 있다.

③ 〈보기〉에 따르면, 감광제 B를 투여하고 녹색 빛과 적색 빛을 각각 쪼인 경우(감광제 B, 광원 녹색 빛/적색 빛), 항산화제를 투여하지 않으면 원생동물의 생존율이 각각 70%, 0%로 나타났고, 항산화제를 투여하면 원생동물이 죽지 않았다.

광원	감광제	항산화제	생존율(%)
녹색 빛	B	-	70
		+	100
적색 빛	B	-	0
		+	100

이에 대하여 2문단 "……활성산소종을 짧은 시간 안에 국소적으로 발생시키고 …… 세포를 사멸시킨다."와 "……활성산소종을 제거하는 항산화제의 투여가 필요한 경우도 있다."에 따르면, 항산화제는 활성산소종을 제거하는 역할을 하므로, 항산화제를 투여하지 않았을 때 원생동물이 죽은 것은 활성산소종이 원인이 되었을 것임을 알 수 있다. 따라서 B는 적색 빛뿐 아니라 녹색 빛에 의해서도 활성산소종을 발생시킨다고 볼 수 있다.

④ 〈보기〉에 따르면, 감광제 A와 B를 각각 투여하고 빛을 쪼이지 않은 경우(감광제 A/B, 광원 -), 항산화제 투여 여부와 무관하게 원생동물의 생존율이 각각 80%, 100%로 나타났다.

광원	감광제	항산화제	생존율(%)
-	A	-	80
		+	80
	B	-	100
		+	100

즉 빛이 존재하지 않는 경우, 항산화제 투여 여부가 원생동물의 생존율에 영향을 미치지 않았다. 이에 대하여 2문단 "……활성산소종을 제거하는 항산화제의 투여가 필요한 경우도 있다."에 따르면, 항산화제는 활성산소종을 제거하는 역할을 하므로 항산화제 투여 여부가 원생동물 생존에 영향을 미치지 않았다는 것은 활성산소종이 생성되지 않았음을 뜻한다. 따라서 A와 B는 빛이 존재하지 않으면 활성산소종을 발생시키지 않는다고 볼 수 있다.

⑤ 〈보기〉에 따르면, 감광제를 투여하지 않거나 감광제 B를 투여하고 자외선을 쪼인 경우(감광제 -/B, 광원 자외선), 모두 항산화제를 투여하지 않으면 원생동물의 생존율이 0%로, 항산화제를 투여하면 원생동물의 생존율이 40%로 나타났다. 즉 두 경우 모두 자외선을 쪼이고 항산화제를 투여하면 40%의 원생동물이 생존한다. 그리고 감광제 A를 투여하고 자외선을 쪼인 경우(감광제 A, 광원 자외선), 항산화제를 투여하지 않으면 원생동물의 생존율이 0%로, 항산화제를 투여하면 원생동물의 생존율이 32%로 나타났다.

광원	감광제	항산화제	생존율(%)
자외선	-	-	0
		+	40
	A	-	0
		+	32
	B	-	0
		+	40

이에 대하여 ①에 따르면, A는 빛이 차단된 환경에서 자체 독성으로 20%의 원생동물을 사멸시킨다는 사실을 확인할 수 있다. 즉 32%라는 생존율은 빛을 쪼이기 전에 A의 자체 독성으로 인해 원생동물의 80%만이 생존한 상황에서, 자외선을 쪼이고 항산화제를 투여한 뒤 그중에서 40%가 생존한 결과이다(100%×80%×40%). 달리 말하면, 이는

감광제를 투여하지 않은 경우와 투여한 경우의 활성산소종 발생 양상 자체에는 차이가 없었을 것임을 의미한다. 따라서 자외선에 의하여 유발되는 활성산소종은 A나 B로부터 발생한 것은 아닐 것이다.

24. 정답 ② 　난이도 ★★★ | 정답률 17%

내용영역 **과학기술** 　문항 유형 **정보의 추론과 해석**

[정답 풀이]

〈보기〉 "X, Y, Z 사이에 빛, 활성산소종, 항산화제를 매개하지 않는 직접적인 상호작용은 없었다."에 따르면, 특정 신물질이 포함된 각 혼합용액은 〈보기〉에 제시되지 않은 작용은 일으키지 않으면서, 포함하고 있는 신물질의 효과를 모두 가질 것이다. 이를 바탕으로 혼합용액에 빛을 쪼인 결과 및 신물질을 암세포에 가하고 빛을 쪼인 결과를 다음과 같이 정리할 수 있다.

		녹색 빛	적색 빛
X, Z	활성산소종	-	-
	형광 방출	적색 형광(X)	-
	암세포 사멸	100%(X)	100%(X)
Y, Z	활성산소종	-	발생(Y) &50% 제거(Z)
	형광 방출	-	-
	암세포 사멸	-	100%(Y)
X, Y, Z	활성산소종	발생 (X 간섭효과+Y) &50% 제거(Z)	발생(Y) &50% 제거(Z)
	형광 방출	적색 형광(X)	-
	암세포 사멸	100%(X)	100%(X, Y)

② 〈보기〉에 따르면, Y, Z 혼합용액에 녹색 빛을 쪼이는 경우, 적색 형광은 방출되지 않고 활성산소종도 발생하지 않는다. 반면 X, Y, Z 혼합용액에 녹색 빛을 쪼이면, 먼저 X의 영향으로 적색 형광이 방출된다. 그리고 3문단 "또한 세포 안에는 특정 파장의 빛을 받고 그보다 긴 파장의 빛을 내어 놓는 형광물질이 존재할 수 있으므로……"에 따르면, 적색 형광의 방출로 인하여 Y가 적색 빛에 노출될 것이며, 그 결과 활성산소종이 발생할 것이다. 따라서 Y, Z 혼합용액에 녹색 빛을 쪼이면 X, Y, Z 혼합용액에 녹색 빛을 쪼인 경우보다 적색 형광이 적게 방출되고 활성산소종도 적게 발생할 것이다.

[오답 풀이]

① X, Z 혼합용액에 녹색 빛을 쪼이면 Y, Z 혼합용액에 적색 빛을 쪼인 경우보다 적색 형광은 많이 방출되고 활성산소종은 적게 발생하겠군.
〈보기〉에 따르면, X, Z 혼합용액에 녹색 빛을 쪼이면 X의 영향으로 적색 형광은 방출되지만 활성산소종은 발생하지 않는다. 그리고 Y, Z 혼합용액에 적색 빛을 쪼이면 형광은 방출되지 않지만 Y의 영향으로 활성산소종은 발생한다. 따라서 X, Z 혼합용액에 녹색 빛을 쪼이면 Y, Z 혼합용액에 적색 빛을 쪼인 경우보다 적색 형광은 많이 방출되지만 활성산소종은 적게 발생할 것이다.

③ X, Z 혼합용액에 녹색 빛을 쪼이면 X, Y, Z 혼합용액에 적색 빛을 쪼인 경우보다 적색 형광은 많이 방출되고 활성산소종은 적게 발생하겠군.
〈보기〉에 따르면, X, Z 혼합용액에 녹색 빛을 쪼이면 X의 영향으로 적색 형광은 방출되지만 활성산소종은 발생하지 않는다. 그리고 X, Y, Z 혼합용액에 적색 빛을 쪼이면 형광은 방출되지 않지만 Y의 영향으로 활성산소종은 발생한다. 따라서 X, Z 혼합용액에 녹색 빛을 쪼이면 X, Y, Z 혼합용액에 적색 빛을 쪼인 경우보다 적색 형광은 많이 방출되고 활성산소종은 적게 발생할 것이다.

④ X, Z를 동시에 암세포에 가하고 녹색 빛을 쪼이면 Y, Z를 동시에 가하고 녹색 빛을 쪼인 경우보다 적색 형광은 많이 방출되고 암세포도 많이 사멸하겠군.
〈보기〉에 따르면, X, Z를 동시에 암세포에 가하고 녹색 빛을 쪼이면 X의 영향으로 적색 형광이 방출되고 암세포는 100% 사멸할 것이다. 그리고 Y, Z를 동시에 가하고 녹색 빛을 쪼이면 형광은 방출되지 않고 암세포 역시 사멸되지 않는다. 따라서 X, Z를 동시에 암세포에 가하고 녹색 빛을 쪼이면 Y, Z를 동시에 가하고 녹색 빛을 쪼인 경우보다 적색 형광은 많이 방출되고 암세포도 많이 사멸할 것이다.

⑤ Y, Z를 동시에 암세포에 가하고 적색 빛을 쪼이면 X, Z를 동시에 가하고 녹색 빛을 쪼인 경우보다 적색 형광은 적게 방출되지만, 암세포가 더 많이 사멸하지는 않겠군.
〈보기〉에 따르면, Y, Z를 동시에 암세포에 가하고 적색 빛을 쪼이면 형광은 방출되지 않지만, Y의 영향으로 암세포는 사멸할 것이다. 그리고 X, Z를 동시에 가하고 녹색 빛을 쪼이면 X의 영향으로 적색 형광이 방출되고 암세포는 100% 사멸할 것이다. 따라서 Y, Z를 동시에 암세포에 가하고 적색 빛을 쪼이면 X, Z를 동시에 가하고 녹색 빛을 쪼인 경우보다 적색 형광은 적게 방출되지만, 암세포가 더 많이 사멸하지는 않을 것이다.

[25~27] 제재 | 흄의 도덕 판단에 대한 해석
난이도 | ★★☆

25. 정답 ⑤ 　난이도 ★★☆ | 정답률 61%

내용영역 **규범** 　문항 유형 **정보의 확인과 재구성**

[정답 풀이]

⑤ 정서주의는 인간 정서가 솔직하게 표현되더라도 이를 근거로 존재 명제에서 당위 명제를 이끌어낼 수는 없다고 본다.
마지막 문단 "정서주의에서는 …… 도덕 판단을 시인과 부인의 표현으로 간주하기 때문이다. 이 입장에서 도덕 판단은 정서적 의미를 지닐 뿐이고 단지 발화자의 태도를 표현하는 것에 불과하며……."와 "도덕 판단이 정서의 표현이라면, 그 판단은 참이거나 거짓일 수는 없고 …… 흄은 존재 명제에서의 당위 명제 도출을 부정하고 도덕적 지식의 불가능성을 주장하는 정서주의자로 해석될 수 있다."에 따르면, 정서주의는 도덕 판단을 시인과 부인의 표현으로 보며, 존재 명제에서의 당위 명제 도출을 부정한다. 따라서 정서주의는 인간 정서가 솔직하게 표현되는지와 관계없이 존재 명제에서 당위 명제를 이끌어내는 것이 불가능하다고 본다.

[오답 풀이]

① 1문단 "당위 명제는 존재 명제에서 도출될 수 없다는 흄의 주장은 …… 도덕 판단이 사실에 관한 참/거짓인 명제임을 부정하며 도덕적 지식은 존재할 수 없다고 주장하는 도덕철학자들에게 흄의 주장은 성서처럼 여겨진다."에 따르면, 도덕철학에서 도덕적 지식의 불가능성을 주장하는 철학자들이 흄의 주장을 받아들이고 있음을 알 수 있다. 따라서 흄의 주장은 도덕철학에서 도덕적 지식의 불가능성을 주장하는 철학자들에게 주된 근거로 활용되고 있다.

② 2문단 "매킨타이어는 흄의 주장이 모든 존재 명제가 아니라 일부의 존재 명제만을 겨냥하고 있다고 본다. 흄은 도덕 판단이 영원한 합목적성이나 신의 의지에 대한 신학적 명제에서 도출되는 것에 대해서만 그 불가능성을 인정한다는 것이다. …… 매킨타이어는 인간의 필요나 이익과 진정으로 관련되는 존재 명제에서만 당위 명제를 도출할 수 있다고 보는 것이 흄의 진의라고 생각했다."에 따르면, 매킨타이어의 해석에서 흄이 말하는 존재 명제가 '영원한 합목적성이나 신의 의지에 대한 신학적 명제'와 '인간의 필요나 이익과 진정으로 관련되는 존재 명

제'로 분류되고 있음을 알 수 있다. 따라서 매킨타이어는 흄이 영원한 합목적성이나 신의 의지에 대한 신학적 명제를 존재 명제로 보았다고 해석한다.

③ 4문단 "헌터도 흄이 존재 명제에서의 당위 명제 도출을 전적으로 부정하지는 않았다고 해석한다. 흄은 도덕 판단을 존재 명제처럼 사실적 주장으로 인식했고 따라서 사실적 주장으로서의 도덕 판단은 다른 사실적 주장에서 도출될 수 있다고 생각했다는 것이다."에 따르면, 헌터의 해석에서 흄이 말하는 존재 명제와 도덕 판단은 모두 사실적 주장에 해당한다. 따라서 헌터는 흄이 존재 명제와 당위 명제를 모두 사실적 주장으로 보았다고 이해한다.

④ 마지막 문단 "정서주의에서는 흄처럼 사실의 기술과 정서의 표현을 구별하며, 도덕 판단을 시인과 부인의 표현으로 간주하기 때문이다. 이 입장에서 도덕 판단은 정서적 의미를 지닐 뿐이고 단지 발화자의 태도를 표현하는 것에 불과하며, 사실의 기술에서 도출될 수 없다."에 따르면, 정서주의자로 분류되는 플류와 허드슨의 해석에서 흄이 말하는 인간 정서는 사실적 진술과는 구별되는 개념으로 사실적 진술로부터 도출될 수 없다. 따라서 플류와 허드슨은 흄이 인간 정서를 사실적 진술의 대상이 아니라고 보았다고 해석한다.

26. 정답 ④ 난이도 ★★☆ | 정답률 68%

내용영역 **규범** 문항 유형 **정보의 추론과 해석**

[정답 풀이]

ㄱ. 2문단 "매킨타이어는 …… 흄이 정서에 관해 논의할 때 사회적 규칙이 어떻게 공공의 이익을 증진하는가의 문제와 관련해서 수많은 인류학적, 사회학적 사실을 인용했던 점을 제시한다."와 3문단 "이런 맥락에서 매킨타이어는 '연결 개념'을 제안한다. 이 개념에는 욕구와 필요, 쾌락 등이 포함되는데, 이것들은 사실적인 것인 동시에 도덕적 개념과 밀접하게 연결된 인간 본성의 여러 측면과도 관련된다."에 따르면, 쾌락은 연결 개념의 하나로 공공의 이익을 증진하는 사회적 규칙에 관한 사실 및 도덕적 개념과 관련된 것이다. 그리고 3문단 "매킨타이어는 연결 개념이 사실들을 그것들과 관련된 도덕적 요구에 연결한다고 보고……."에 따르면, 사실들을 그것들과 관련된 도덕적 요구에 연결하는 것이 연결 개념이다. 따라서 매킨타이어에 따르면, 공익을 증진하는 사회적 규칙은 우리에게 쾌락을 유발한다면 도덕성을 지닌다는 것이 흄의 생각이다.

ㄷ. 마지막 문단 "정서주의는 도덕적 논증의 타당성이나 도덕적 지식이 존재할 수 없다고 주장한다. 도덕 판단이 정서의 표현이라면, 그 판단은 참이거나 거짓일 수는 없고 …… 흄은 존재 명제에서의 당위 명제 도출을 부정하고 도덕적 지식의 불가능성을 주장하는 정서주의자로 해석될 수 있다."에 따르면, 도덕 판단은 정서의 표현에 해당하며 도덕적 지식은 존재할 수 없다. 이를 정리하면, 플류와 허드슨에 따르면, 도덕 판단은 정서의 표현이기 때문에 도덕적 지식이 될 수 없다는 것이 흄의 생각이다.

[오답 풀이]

ㄴ. 헌터에 따르면, 인간 정서에 대한 사실적 진술에서 도출된 도덕 판단은 도덕적 지식이 될 수 있다는 것이 흄의 생각이다.
5문단 "헌터의 해석에 따르면, 흄의 당위 명제는 …… 인간 정서와 관련된 사실적 진술로서의 존재 명제에서는 도출될 수 있다. 이 입장에서는 만일 도덕 판단이 정서의 기술이라면, 그것은 참이거나 거짓이 되며 도덕적 지식을 산출할 수 있을 것이라고 볼 수 있다. 이러한 지식의 내용이 주관적인 것이라 해도 그렇다."에 따르면, 인간 정서와 관련된 사실적 진술에서 도덕 판단이 도출된다면 지식의 내용이 주관적이더라도 그로부터 도덕적 지식 또한 산출될 수 있다. 따라서 헌터에 따를 때 인간 정서는 주관적이기 때문에 인간 정서에 대한 사실적 진술에서 도출된 도덕 판단이 도덕적 지식이 될 수 없다는 점이 흄의 생각이라고는 보기 어렵다.

27. 정답 ① 난이도 ★★☆ | 정답률 40%

내용영역 **규범** 문항 유형 **정보의 평가와 적용**

[정답 풀이]

① 4문단 "헌터는 "당신이 어떤 행위나 특성을 사악하다고 말할 때, 이는 당신이 당신의 본성에 의해 그것에 대한 비난 또는 경멸의 느낌이나 정서를 가지게 된다는 사실을 의미할 뿐이다."라는 흄의 언급에 주목한다. 흄의 이 언급은 인간 정서의 사실적 진술에 관한 것이며, 이 사실적 진술은 어떤 행위나 특성에 대한 관찰과 그것에 대한 느낌 간의 인과적 연결을 기술하는 것이다."에 따르면, 고의적 살인에 대한 관찰(검토)과 그것이 사악하다는 부정적 느낌이 인과적으로 연결되어 '고의적 살인이 사악하다는 진술', 즉 인간 정서의 사실적 진술이 나타나는 것이다. 그리고 5문단 "헌터의 해석에 따르면, 흄의 당위 명제는 …… 인간 정서와 관련된 사실적 진술로서의 존재 명제에서는 도출될 수 있다."에 따르면, 헌터는 고의적 살인이 사악하다는 부정적 정서의 진술로부터 고의적 살인에 대한 도덕 판단이 도출된 것이라고 생각할 것이다.

[오답 풀이]

② '악덕'이라는 도덕 판단의 근거를 매킨타이어는 인간의 타고난 성질에서 찾겠지만, 헌터는 인간 정서에 관한 사실적 진술에서 찾겠군.
3문단 "매킨타이어는 '연결 개념'을 제안한다. 이 개념에는 욕구와 필요, 쾌락 등이 포함되는데, 이것들은 사실적인 것인 동시에 도덕적 개념과 밀접하게 연결된 인간 본성의 여러 측면과도 관련된다. 매킨타이어는 연결 개념이 사실들을 그것들과 관련된 도덕적 요구에 연결한다고 보고……."에 따르면, 인간 본성의 여러 측면이 연결 개념으로 작용하여 사실들과 도덕적 요구가 연결된다. 따라서 매킨타이어는 도덕 판단의 근거를 인간의 본성, 즉 타고난 성질에서 찾을 것이다. 하지만 5문단 "헌터의 해석에 따르면, 흄의 당위 명제는 …… 인간 정서와 관련된 사실적 진술로서의 존재 명제에서는 도출될 수 있다."에 따르면, 헌터는 도덕 판단의 근거를 시인과 부인의 표현이 아니라 인간 정서에 관한 사실적 진술에서 찾을 것이다.

③ 플류와 허드슨은 '악덕'에 대해 '고의적 살인'이 어떤 사람에게 유발한 불쾌감을 기술한 것으로 간주하지 않겠군.
4문단 "사실적 진술은 어떤 행위나 특성에 대한 관찰과 그것에 대한 느낌 간의 인과적 연결을 기술하는 것이다."에 따르면, '고의적 살인'이 어떤 사람에게 유발한 불쾌감을 기술한 것은 헌터가 설명하는 '인간 정서의 사실적 진술'에 해당한다. 그런데 마지막 문단 "플류와 허드슨은 …… 흄은 도덕 판단을 인간 정서에 관한 사실적 진술이 아니라 정서의 표현으로 보았다고 주장한다."에 따르면, 플류와 허드슨은 '악덕'이라는 도덕 판단을 인간 정서에 관한 사실적 진술로 간주하지 않을 것이다.

④ 매킨타이어와 달리 헌터는 '거부의 감정'이 사실적 측면과 도덕적 요구를 연결하는 개념이라고 생각하지 않겠군.
3문단 "매킨타이어는 '연결 개념'을 제안한다. 이 개념에는 욕구와 필요, 쾌락 등이 포함되는데, 이것들은 사실적인 것인 동시에 도덕적 개념과 밀접하게 연결된 인간 본성의 여러 측면과도 관련된다. 매킨타이어는 연결 개념이 사실들을 그것들과 관련된 도덕적 요구에 연결한다고 보고……."에 따르면, 도덕적 개념과 밀접하게 연결된 인간 본성의 여러 측면이 연결 개념으로 작용할 수 있다. 따라서 매킨타이어는 '거부의 감정'이 사실적 측면과 도덕적 요구를 연결하는 개념이라 생각할 수 있을 것이다. 하지만 5문단 "헌터의 해석에 따르면, 흄의 당위 명제는 …… 인간 정서와 관련된 사실적 진술로서의 존재 명제에서는 도출될 수 있다."에 따르면, 헌터는 도덕 판단과 인간 정서와 관련된 사실적 진술을 연결 짓지만, 사실적 측면과 도덕적 요구를 연결하는 개념이 있다고 설명하지는 않는다. 따라서 헌터가 '거부의 감정'이 사실적 측면과 도덕적 요구를 연결하는 개념이라 생각할 수는 없을 것이다.

⑤ 매킨타이어는 '당신 자신 안에 있는 것'을 도덕 판단으로 간주하겠지만, 플류와 허드슨은 '대상에 있는 것'을 도덕 판단으로 간주하지 않겠군.
3문단 "……'연결 개념' …… 에는 욕구와 필요, 쾌락 등이 포함되는데, 이것들은 사실적인 것인 동시에 도덕적 개념과 밀접하게 연결된 인간 본성의 여러 측면과도 관련된다. 매킨타이어는 연결 개념이 사실들을 그것들과 관련된 도덕적 요구에 연결한다고 보고……."에 따르면, 연결 개념에 의해 사실과 도덕적 요구가 연결될 때 도덕 판단이 가능해질 것이다. 이를 〈보기〉에 적용하면 매킨타이어는 '당신 자신 안에 있는 것'을 인간에게 정념이나 정서를 불러일으키는 필요나 이익과 관련된 도덕 판단으로 간주할 수 있을 것이다. 하지만 마지막 문단 "플류와 허드슨은 …… 흄은 도덕 판단을 인간 정서에 관한 사실적 진술이 아니라 정서의 표현으로 보았다고 주장한다."에 따르면, 〈보기〉에서 '대상에 있는 것'을 정서의 표현이라고 보기는 어려우므로 플류와 허드슨이 '대상에 있는 것'을 도덕 판단으로 간주할 수는 없다.

[28~30] 제재 | 미성년 자녀 반환에 관한 국제 협약
난이도 | ★☆☆

28. 정답 ② 난이도 ★★☆ | 정답률 75%

내용영역 **규범** 문항 유형 **정보의 확인과 재구성**

[정답 풀이]

② 4문단 "위법한 국제적 이동이 발생한 경우, 자녀를 반환시키려면 양육친은 재판에서 승소하여 강제집행 절차까지 마쳐야 한다."에 따르면, 자녀 반환이 실현되려면 양육자가 반환재판에서 승소한 후 강제집행 절차까지 이루어져야 한다. 따라서 양육친이 반환재판에서 승소하더라도 그것만으로는 자녀의 반환이 실현되지 않는다.

[오답 풀이]

① 전담기관 제도와 반환재판 제도 모두 효과적으로 작동하고 있다.
3문단 "이 협약에 특유한 전담기관 제도와 반환재판 제도가 모두 효과적으로 작동하므로 이 협약은 성공적으로 운영되고 있다고 평가된다."에 따르면, 자녀 반환에 관한 국제 협약에서 전담기관 제도와 반환재판 제도가 모두 효과적으로 작동하고 있다.

③ 법원의 재판으로 양육권자가 정해지더라도 그 나라의 재판을 통해 이를 번복할 수 없는 것은 아니다.
5문단 "협약에 따르면 …… 부모 중 누가 양육권자로서 더 적합한지는 판단하지 못하도록 하고 있다. 이는 반환재판의 지연을 방지하고 자녀가 원래 살던 나라에서 양육권자를 정하는 재판을 하도록 하기 위해서이다."에 따르면, 반환재판은 양육권자 결정과는 관련이 없으며, 양육권자를 정하는 재판은 반환재판이 끝난 후 자녀가 원래 살던 나라에서 실시될 것이다. 만약 법원의 재판으로 양육권자가 정해지는 경우 그 나라의 재판으로 번복할 수 없는지는 제시문에서 설명하지 않는다. 따라서 법원의 재판으로 양육권자가 정해지는 경우 그 나라의 재판으로는 이를 번복할 수 없다고 단정할 수 없다.

④ 양육친과 비양육친의 합의로 반환 방법이 정해지더라도 전담기관이 상황에 개입하는 경우가 있다.
4문단 "전담기관은 자녀의 소재 탐지, 반환재판 진행, 승소 후의 강제집행 절차에 이르는 전반적인 과정에서 양육친을 지원한다. 또한 양육친과 비양육친이 합의로 자녀의 반환 방법을 결정하도록 주선하고, 합의가 성립하면 그 실행을 지원한다."에 따르면, 자녀의 반환 방법에 관한 합의가 이루어진 뒤에도 전담기관이 실행 지원과 같은 방식으로 상황에 개입할 수 있다.

⑤ 양육친과 비양육친의 국적이 서로 다르더라도 전담기관이 타국 국민에 대해 지원을 제공해야 하는 경우가 있다.
4문단 "협약에는 가입국들의 전담기관들 간 공조 체계도 마련되어 있어서 양육친은 자국 전담기관을 매개로 비양육친과 자녀가 머무는 외국의 전담기관의 지원을 받거나 외국 전담기관에 직접 지원을 신청할 수 있다."에 따르면, 양육친은 자국 전담기관을 매개로 외국 전담기관의 지원을 받거나 직접 외국 전담기관에 지원을 신청할 수 있다. 이 경우 전담기관이 타국 국민에 대해 지원을 제공해야 할 것이다.

29. 정답 ② 난이도 ★★☆ | 정답률 74%

내용영역 **규범** 문항 유형 **정보의 추론과 해석**

[정답 풀이]

② 마지막 문단 "반환재판 사례가 축적되면서 협약 제정 당시 예상하지 못했던 현상이 나타났다. 비양육친이 양육친의 가정폭력으로 인해 양육친 몰래 자녀를 데리고 외국으로 도피하는 사례가 많아졌다."에 따르면, 해당 상황에서 자녀가 본국으로 반환될 경우 양육친의 폭력에 노출될 위험이 있다. 이처럼 협약 제정 당시의 예상과 달리 신속한 반환을 통해 자녀가 원래 살던 나라에서 그대로 살 수 있게 해 주는 것이 자녀의 복리에 부합한다고 보기 어려운 사례가 늘고 있음을 확인할 수 있다.

[오답 풀이]

① 협약의 목적은 16세 미만인 자녀에 대한 위법한 국제적 이동이 발생한 경우에 자녀를 신속하게 반환시키는 것이다.
3문단 "협약은 16세 미만인 자녀에 대한 위법한 국제적 이동이 발생한 경우에 자녀를 신속하게 반환시키는 것을 목적으로 한다."에 따르면, 협약의 목적은 양육권자 결정에 관한 재판이 어디서 진행되는지와는 관련이 없다. 그리고 5문단 "……자녀가 원래 살던 나라에서 양육권자를 정하는 재판을 하도록 하기 위해서이다."에 따르면, 협약에서는 양육권자 결정에 관한 재판이 자녀가 원래 살던 나라에서 이루어질 수 있도록 하고 있지만, 이 역시 협약의 목적과 관계된다고 보기는 어렵다. 따라서 양육권자 결정이 자녀가 현재 머무는 나라에서 진행되게 하는 것은 협약의 목적에 해당하지 않는다.

③ 양육친과 비양육친의 국적이 같더라도 비양육친이 위법하게 자녀를 국제적으로 이동시킬 경우 협약이 적용될 것이다.
2문단 "이 협약은 양육친과 비양육친의 국적이 같은 경우나 비양육친이 자신의 본국 아닌 제3국으로 자녀를 데려간 경우에도 적용되는데……."와 3문단 "양육친의 의사에 반해 자녀를 다른 나라로 이동시키면 양육권을 침해하여 위법한 행위가 된다."에 따르면, 위법하게 자녀를 국제적으로 이동시킬 경우 협약에서 규정한 위법한 행위에 해당하며 이때 협약은 양육친과 비양육친의 국적이 같은 경우에도 적용될 것이다.

④ 비양육친의 본국만 협약에 가입한 경우 양육친은 비양육친의 본국에서 협약상의 지원 신청과 반환재판 청구를 할 수 없다.
3문단 "이 협약에 특유한 전담기관 제도와 반환재판 제도가 …… 다만 양육친과 비양육친의 본국이 모두 협약 가입국이어야만 적용되며……."에 따르면, 전담기관에의 지원 신청과 반환재판 청구는 양육친과 비양육친의 본국이 모두 협약 가입국이어야만 가능하다.

⑤ 비양육친이 양육친의 동의하에 자녀를 외국으로 데려간 경우라도 상황에 따라 위법한 국제적 이동으로 인정될 수 있다.
3문단 "비양육친이 양육친의 동의하에 귀국을 전제로 자녀를 국제적으로 이동시킨 후 자녀를 반환하기를 거부하는 경우 위법성이 인정된다."에 따르면, 비양육친이 양육친의 동의하에 자녀를 외국으로 데려간 경우라도 자녀를 반환하기를 거부하는 경우 위법한 국제적 이동에 해당한다.

30. 정답 ④ 난이도 ★★☆ | 정답률 65%

내용영역 **규범** 문항 유형 **정보의 평가와 적용**

[정답 풀이]

〈보기〉의 인물들에 관한 정보를 정리하면 다음과 같다.

	갑	을	병
국적	X국	Y국	-
신분	양육친	비양육친	갑과 을의 자녀
행사 권리	양육권	면접교섭권	-

○ X국, Y국은 모두 협약 가입국이다.

④ 을이 방학을 맞은 병을 Y국으로 데려가려 했으나 갑이 병의 소재를 알려주지 않는 경우, 을은 면접교섭권 행사에 대해 Y국에서 전담기관의 지원을 받을 수 있다.
3문단 "이 협약에 특유한 전담기관 제도와 반환재판 제도가 …… 다만 양육친과 비양육친의 본국이 모두 협약 가입국이어야만 적용되며, 면접교섭권이 침해되는 경우에는 전담기관의 지원을 받을 수 있을 뿐……."에 따르면, X국과 Y국은 모두 협약 가입국이므로 을은 면접교섭권 행사와 관련하여 Y국에서 전담기관의 지원을 받을 수 있다.

[오답 풀이]

① 3문단 "양육친의 의사에 반해 자녀를 다른 나라로 이동시키면 양육권을 침해하여 위법한 행위가 된다."에 따르면, 을이 갑의 동의 없이 병을 제3국인 Z국으로 데려간 행위는 위법한 행위이다. 또한 2문단 "이 협약은 …… 비양육친이 자신의 본국 아닌 제3국으로 자녀를 데려간 경우에도 적용되는데……", 4문단 "직접 외국의 법원에 반환재판을 청구할 수도 있다."와 5문단 "협약에 따르면, 자녀에 대한 위법한 국제적 이동 사실이 인정되면 법원은 자녀를 돌려보내도록 결정한다."에 따르면, Z국 역시 협약 가입국이므로 갑이 Z국에서 반환재판을 청구할 수 있으며, 위법한 국제적 이동임이 인정되면 Z국 법원은 병을 X국으로 돌려보내도록 결정할 수 있다.

② 5문단 "협약에 따르면 …… 부모 중 누가 양육권자로서 더 적합한지는 판단하지 못하도록 하고 있다. 이는 반환재판의 지연을 방지하고 자녀가 원래 살던 나라에서 양육권자를 정하는 재판을 하도록 하기 위해서이다."에 따르면, 반환재판은 양육권자 결정과는 관련이 없다. 따라서 갑이 Y국에서 반환재판을 청구하는 경우, 을이 양육권자 변경을 주장하더라도 Y국 법원은 누가 양육권자로 더 적합한지 판단할 권한이 없다.

③ 5문단 "협약에 따르면, 자녀에 대한 위법한 국제적 이동 사실이 인정되면 법원은 자녀를 돌려보내도록 결정한다. …… 다만 반환 예외 사유가 인정되면 법원은 반환청구를 받아들이지 않을 수 있다. 자녀가 1년 이상 체류 중인 나라에서의 생활에 적응한 경우나……."에 따르면, 병이 Y국에서 3년 이상 체류했음에도 생활 적응에 실패한 상황은 반환 예외 사유에 해당하지 않는다. 따라서 갑이 Y국 법원에 반환청구를 하는 경우, Y국 법원은 갑의 반환청구를 받아들일 수 있다.

⑤ 마지막 문단 "비양육친이 양육친의 가정폭력으로 인해 양육친 몰래 자녀를 데리고 외국으로 도피하는 사례가 많아졌다. 이 경우 법원은 중대한 위험이 인정됨을 이유로 반환청구를 받아들이지 않을 수 있지만, 협약의 입법 취지가 무의미해지는 것을 방지하기 위해 자녀 보호에 필요한 조치를 명하면서 반환청구를 인용할 수도 있다."에 따르면, 갑의 폭력 성향 때문에 을이 병을 Y국으로 데려간 직후 갑이 Y국에서 반환재판을 청구하는 경우, 중대한 위험이 인정되어도 Y국 법원은 자녀 보호에 필요한 조치를 명하면서 갑의 반환청구를 받아들일 수 있다.

[1~3] 제재 | 판사의 진솔함에 대한 논의
난이도 | ★★☆

1. 정답 ③ 난이도 ★★☆ | 정답률 62%

내용영역 **규범** 문항 유형 **정보의 확인과 재구성**

[정답 풀이]

③ 법-도덕 딜레마 상황에서 거짓말하기를 선택한 판사는 법에 충실한 선택을 위해 행동하는 듯하지만, 사실은 자신의 도덕적 양심을 위한 선택을 한 것이다.
2문단 "즉, 판사는 …… 다른 합법적인 법해석을 만들어내고는 …… 은밀하게 곤경에서 벗어나는 것이다."에 따르면, 법-도덕 딜레마 상황에서 거짓말하기를 선택한 판사는 법적 권리를 부정하는 것이 법해석의 결과인 것처럼 꾸며냄으로써 자신이 지지하는 도덕적 권리를 옹호한다. 즉 거짓말하기를 선택한 판사는 법에 충실한 선택을 한 것처럼 판결 이유를 밝히지만, 그것은 자신의 생각과 다르며 실제로는 자신의 도덕적 양심에 따른 선택을 한 것이라고 볼 수 있다.

[오답 풀이]

① 1문단 "……사법권의 행사에 민주적 통제가 미치도록 판결에 이유를 밝힐 것을 요구한다. 이때 판사는 판결의 핵심적인 근거에 관해 허위나 감춤 없이……."와 "이런 반대론은 …… 민주주의 원리에 반하므로 동의하기 어렵다."에 따르면, 판사에게 진솔함이 요구되는 이유는 거짓말을 선택하는 것이 민주주의 원리에 반하는 것이기 때문이다. 다시 말해 판사가 진솔 의무를 지키는 것이 민주주의 원리에 부합한다. 그리고 3문단 "하지만 법-도덕의 딜레마와 진솔 의무는 …… 완전히 사라지지 않았다."와 "여기서 판사의 선택은 정의와 민주주의, 사법의 정당성에 지속적으로 영향을 미친다."에 따르면, 법-도덕 딜레마 상황에서 판사의 선택은 민주주의에 영향을 미치게 된다. 판사가 판결과 그 근거를 진솔하게 드러내는 것이 민주주의 원리에 합한 것임을 고려할 때, 판사의 진솔함이 법-도덕 딜레마와 민주주의를 서로 연결 짓고 있다고 볼 수 있다.

② 4문단 "……판단이 매우 어려운 사안에서 창의적인 법해석을 한 경우에도 그런 사정을 감춘다."와 "더 심각한 것은 판사가 법 외적인 사정에 무관심하고 오직 법의 문언에 충실한 결과인 듯 판결 이유를 제시하지만……."에 따르면, 판사의 진솔 의무를 지지하는 견해에서는 판사들이 오직 법의 문언에만 충실한 것처럼 판결 이유를 제시하는 방식으로 거짓말을 하고 있음을 비판한다. 달리 말하면 진솔 의무를 지지하는 견해에서는 법 외적인 사정을 고려하여 창의적인 법해석을 한 경우라도 판결 근거에 대해 자신이 믿는 바와 판단 과정을 분명히 드러낼 것을 요구하고 있다고 볼 수 있다. 따라서 진솔 의무를 지키기 위해 법 외적인 요소를 고려하는 것을 허용할 것이다.

④ 4문단 "먼저 판사의 진솔함은 사법의 정당성을 수호하는 중요한 방책이 된다."와 마지막 문단 "이런 인식을 바탕으로 법-도덕 딜레마 상황에서 거짓이 정당화된다는 견해도 재검토되고 있다. 거짓으로 이룰 수 있는 것은 진솔함으로도 이룰 수 있다."에 따르면, 판사의 진솔함이 사법의 정당성을 뒷받침한다는 견해에서는 법-도덕 딜레마 상황에서 거짓이 정당화된다는 견해를 재검토할 것을 제안하면서 진솔함의 중요성을 강조한다. 따라서 판사의 진솔함이 사법의 정당성을 뒷받침한다는 견해에 의하면 법-도덕 딜레마 상황에서 판사가 거짓말하기를 선택해서는 안 된다고 볼 것이다.

⑤ 1문단 "……사법권의 행사에 민주적 통제가 미치도록 판결에 이유를 밝힐 것을 요구한다. 이때 판사는 판결의 핵심적인 근거에 관해 허위나 감춤 없이……."에 따르면, 판사가 판결 이유를 밝혀야 한다는 것과 판결 이유를 진솔하게 작성해야 한다는 것은 별개이며, 판사가 판결 이유를 밝혀야 한다는 것은 사법권의 행사에 민주적 통제가 미치도록 하는 데 근거를 두고 있음을 알 수 있다. 또한 "이런 반대론은 …… 민주주의 원리에 반하므로 동의하기 어렵다."에 따르면, 판결 이유를 진솔하게 작성해야 한다는 것은 판결 이유를 거짓으로 드러내는 것이 민주주의 원리에 반한다는 데 근거를 두고 있다. 따라서 둘은 별개이지만 모두 민주주의 원리에서 공통의 근거를 찾을 수 있다.

2. 정답 ① 난이도 ★☆☆ | 정답률 92%

내용영역 **규범** 문항 유형 **정보의 추론과 해석**

[정답 풀이]

① 4문단 "㉠ 어떤 판사는 법이 모호하고 선례도 없어 판단이 매우 어려운 사안에서 창의적인 법해석을 한 경우에도 그런 사정을 감춘다. 이때 판사는 자신이 진정으로 믿는 법해석을 근거로 판결한 것이지만, 패소한 당사자를 설득하기 위해 판사들 사이의 상투적 표현법을 써서……."에 따르면, 법적 판단이 어렵다는 사정 때문에 판사가 상당한 재량을 행사하여 창의적인 법해석을 한 경우, 판사는 그런 사정을 감추기 위해 판사들 사이의 상투적 표현법을 사용하여 법에 따른 판결일 뿐이라고 말한다. 따라서 판사의 법해석은 법적 판단의 어려움으로 상당한 재량이 행사된 결과이지만 공식적으로는 그렇게 말하지 않을 것이라는 진술이 ㉠에 대한 설명으로 가장 적절하다.

[오답 풀이]

② 판사의 법해석은 기존 판례가 없어 새로운 해석을 통해 이루어졌으나, 판사는 공식적으로 그렇게 말하지 않을 것이다.
4문단 "……법이 모호하고 선례도 없어……."와 "……판사들 사이의 상투적 표현법을 써서 이렇게 말하는 편이 더 좋다고 생각한다."에 따르면, 판사는 기존 판례를 답습한 것이 아니라 해당 사안에 대한 기존 판례가 없어 새로운 해석을 한 것이지만, 공식적으로는 그렇게 말하지 않을 것이다.

③ 판사의 법해석은 합법적인 해석 권한을 벗어난다고 볼 수 없다. ㉠에서는 판사의 법해석이 합법적인 해석 권한을 벗어난 것이라고 서술하고 있지 않다. 마지막 문단 "판사의 거짓말은 …… 사법의 권위와 정당성은 실추될 것이다."에 따르면, ㉠에서 판사가 창의적인 법해석을 감추고자 거짓말을 하는 것은 사법적 판단 과정의 정당성과 결부되어 문제시되는 것이지, 법해석이 합법적인 해석 권한을 벗어났음을 의미하지 않는다.

④ 판사의 법해석은 도움이 될 만한 선례가 없어 창의적인 법해석을 통해 이루어졌으나, 판사는 공식적으로 그렇게 말하지 않을 것이다.
4문단 "……법이 모호하고 선례도 없어……."와 "판사는 법을 만들지 않으며, 법을 발견하고, 법률을 기계적으로 적용할 뿐이다."에 따르면, ㉠에서 판사의 법해석은 도움을 줄 만한 선례가 없는 경우의 창의적인 법해석에 해당하지만, 그런 사정을 감추기 위해 공식적으로는 법을 발견하여 기계적으로 적용한 것처럼 판결을 제시할 것이다.

⑤ 판사의 법해석은 법률을 기계적으로 적용한 결과가 아니지만, 판사는 공식적으로 그렇게 말하지 않을 것이다.
4문단 "……창의적인 법해석을 한 경우에도 그런 사정을 감춘다."와 "……이렇게 말하는 편이 더 좋다고 생각한다. ……법률을 기계적으로 적용할 뿐이다."에 따르면, 판사의 법해석은 법률을 기계적으로 적용한 결과가 아니지만, 공식적으로는 법률을 기계적으로 적용한 결과일 뿐이라고 말할 것이다.

3. 정답 ⑤ 난이도 ★☆☆ | 정답률 92%

내용영역 **규범** 문항 유형 **정보의 평가와 적용**

[정답 풀이]

⑤ 비판론자는 타당한 결과를 도출했더라도 이를 감추기 위해 거짓을 선택하는 것을 수긍하지 않을 것이다.
2문단 "……법적 결론이 지극히 부정의한 결과를 초래하는 상황에서는…….."과 "즉, 판사는 …… 다른 합법적인 법해석을 만들어내고는 …… 은밀하게 곤경에서 벗어나는 것이다."에 따르면, 타당한 결과를 도출했더라도 이를 감추기 위해 거짓을 선택하는 것은 법-도덕 딜레마 상황에서 도덕적 권리를 지지하기 위해 판결의 이유를 사실대로 말하지 않는 상황에 해당한다고 볼 수 있다. 이에 대하여 〈보기〉 "……'비판론자'는 판사들이 실제 사법적 판단 과정을 사실대로 말한 것이 아니라는 점을 …… 비판한다."에 따르면, 비판론자는 사법적 판단 과정이 사실대로 드러나지 않도록 하는 판사의 거짓말이 잘못되었음을 지적한다. 따라서 비판론자는 타당한 결과를 도출했을지라도 판사가 거짓을 선택하는 것을 수긍하지 않을 것이다.

[오답 풀이]

① 1문단 "……사법권의 행사에 민주적 통제가 미치도록 판결에 이유를 밝힐 것을 요구한다."와 〈보기〉 "판사의 진솔함이 판사의 권력 남용을 저지하는 필수불가결한 요소라고 보는 '비판론자' …….."에 따르면, 사법적 판단 과정도 민주적 통제의 대상이 된다고 보는 입장은 〈보기〉에서 판사의 권력 남용을 저지함으로써 사법적 판단 과정이 민주적 통제의 대상이 되어야 한다고 보는 비판론자의 입장이라고 할 수 있다. 비판론자가 판사의 진솔함을 권력 남용을 저지하는 필수불가결한 요소로 여기고 있음을 고려할 때, 비판론자는 판사의 진솔 의무를 지지할 것이며 따라서 대중이 사법적 판단 과정의 실체를 정확하게 알아야 한다고 생각할 것이다.

② 4문단 "……실제로는 어떤 결과를 도출할 것인지 먼저 선택한 다음에 자신이 선호하는 결과를 보장하는 해석론을 개발해 제시하는 경우이다."에 따르면, 판사는 특정한 사건에 대하여 자신이 선호하는 결과를 미리 선택한 후 그에 맞는 법해석을 제시하기도 한다. 그리고 〈보기〉 "후자에 의하면 법은 곧 정치이고 판사는 법복 입은 정치인이다. 판사는 재판 중에 법 외적 고려에 따라 자신이 만든 법을 적용한다."에 따르면, 법현실주의자는 법을 곧 정치로 간주하면서 판사가 판결에 있어 법 외적인 요소를 고려할 수 있다고 본다. 즉 법현실주의자는 특정한 정치적 성향이 밝혀진 판사가 자신의 정치 성향을 고려하여 선호하는 결과를 미리 선택함으로써 어떤 판결이 내려질지 예상되는 것을 자연스럽게 여길 것이라고 추론할 수 있다.

③ 2문단 "판사는 도덕적 양심에 반해 법률을 적용하거나……."와 〈보기〉 "전자에 의하면 판사는 중립적 심판자로서 사안에 법을 그대로 적용할 뿐이다. ……판사에게는 엄격하게 법을 적용할 의무만 있다."에 따르면, 법을 그대로 적용하는 것이 판사의 의무라고 여기는 법형식주의자라면 법과 도덕이 충돌하는 상황에서 도덕이 아니라 법의 지배에 따라 판결이 이루어져야 한다고 보는 견해를 지지할 것이다.

④ 4문단 "……오직 법의 문언에 충실한 결과인 듯 판결 이유를 제시하지만, 실제로는 어떤 결과를 도출할 것인지 먼저 선택한 다음에 자신이 선호하는 결과를 보장하는 해석론을 개발해 제시하는 경우이다."에 따르면, 결과를 먼저 선택한 다음 이를 지지하는 법해석을 찾아내는 판사는 오직 법의 문언에 충실한 결과인 듯한 판결 이유를 제시한다. 이에 대하여 〈보기〉 "……'비판론자'는 판사들이 실제 사법적 판단 과정을 사실대로 말한 것이 아니라는 점을 지적하기 위해 그런 문구를 '고상한 거짓말'이라고 비판한다."에 따르면, 비판론자는 법의 문언에 충실한 것처럼 표현 문구를 사용하는 것을 '고상한 거짓말'이라고 비판할 것임을 알 수 있다.

[4~6] 제재 | 식물인간의 도덕적 고려
난이도 | ★☆☆

4. 정답 ② 난이도 ★★☆ | 정답률 70%

내용영역 **규범** 문항 유형 **정보의 확인과 재구성**

[정답 풀이]

② 도덕 피동자는 능동적인 주의력이 있다.
3문단 "반면 감응력은 수동적인 측면을 넘어서 그런 정보를 바라거나 피하고 싶다는 능동적인 측면을 포함한다."에 따르면, 감응력은 능동적인 측면을 포함하므로 감응력이 있는 존재에게는 능동적인 주의력이 있다. 그리고 1문단 "반면에 도덕 피동자는 …… 도덕적 행동을 할 수 없는 존재이다. 그럼에도 …… 감응력이 있기 때문이다."에 따르면, 도덕 피동자는 감응력이 있는 존재이다. 따라서 도덕 피동자에게는 수동적인 의식적 상태를 넘어선 능동적인 주의력이 있다.

[오답 풀이]

① 1문단 "도덕 공동체의 구성원은 도덕적 고려의 대상이 되는 존재로서 도덕 행위자와 도덕 피동자로 구분된다."와 "반면에 도덕 피동자는 …… 도덕적 행동을 할 수 없는 존재이다."에 따르면, 도덕 피동자는 도덕적 행위를 할 수 없는 존재이지만 도덕적 고려의 대상이 되는 존재로서 도덕 공동체의 구성원이 될 수 있다. 따라서 도덕 피동자의 경우를 통해 도덕적 행위를 할 수 없는 존재라도 도덕 공동체에 들어올 수 있음을 알 수 있다.

③ 4문단 "도덕적 고려는 …… 도덕적 행위자가 그 존재와 맺는 구체적 관계에 의해 결정된다는 주장도 있다."와 "……구체적 관계의 여부에 따라 도덕 공동체에 속하기도 하고 속하지 않기도 하는 문제도 생긴다."에 따르면, 관계론적 접근에서는 도덕적 행위자가 어떠한 존재와 맺는 구체적 관계의 여부에 따라 그 존재가 도덕 공동체에 속하여 도덕적 고려의 대상이 될 수 있는지가 결정된다. 따라서 관계론적 접근에서는 도덕적 행위자가 동물과 어떤 관계를 맺고 있는지에 따라 동물을 도덕적 고려의 대상으로 삼지 않을 수도 있다.

④ 1문단 "……쾌락이나 고통을 느끼는 감응력이 있기 때문이다."와 3문단 "……식물인간이 어떤 자극에도 반응하지 못한다는 행동주의적 관찰 때문이다. 이런 관찰은 식물인간이 그 자극에 대한 질적 느낌, 곧 현상적 의식을 가지지 않는다고 결론 내린다. 어떤 사람이 현상적 의식이 없는 경우 그는 감응력이 없을 것이다."에 따르면, 행동주의적 관찰은 식물인간이 자극에 반응하지 않으므로 현상적 의식을 가지지 않는다고 결론을 내린다. 그런데 현상적 의식이 없으면 고통을 느끼는 감응력이 없다. 즉 식물인간이 고통을 느끼지 못한다고 판단하는 것은 자극에 반응이 없으므로 현상적 의식이 없고, 현상적 의식이 없으므로 고통을 느끼는 감응력이 없다고 판단하였기 때문이다.

⑤ 1문단 "도덕 행위자는 도덕 행위의 주체로서 자신의 행위에 따른 결과에 책임질 수 있는 존재이다."와 2문단 "식물인간은 고차원적 의식은 물론이고 감응력도 없다고 생각되는데……?"에 따르면, 식물인간은 자신의 행위에 따른 결과에 대해 책임질 수 있는 능력은 물론 도덕 피동자가 갖추었다고 여겨지는 감응력도 갖추지 못한 존재이다. 따라서 식물인간은 도덕 공동체의 구성원이 되어도 스스로 책임질 수 있는 존재는 아니다.

5. 정답 ④ 난이도 ★☆☆ | 정답률 81%

내용영역 **규범** 문항 유형 **정보의 추론과 해석**

[정답 풀이]

④ 3문단 "그런데 거꾸로 감응력이 없다고 해서 꼭 현상적 의식을 가지지 못하는 것은 아니다."에 따르면, 감응력이 없어도 현상적 의식은 가질 수 있다. 그리고 2문단 "반면에 커루더스는 고차원적 의식을 감응력의 기준으로 보아……."에 따르면, 커루더스는 고차원적 의식이 있는 존재에게는 감응력이 있고, 고차원적 의식이 없는 존재에게는 감응력이 없다고 여기고 있다. 즉 감응력이 없는 존재에게는 고차원적 의식이 없다고 본 것이다. 따라서 커루더스는 현상적 의식이 있지만 감응력이 없는 존재를 두고 고차원적 의식이 없다고 생각할 것이다.

[오답 풀이]

① '감응력 마비자'는 현상적 의식을 가질 수 있다.
3문단 "감응력이 없다고 해서 꼭 현상적 의식을 가지지 못하는 것은 아니다. …… 외부 자극에 좋고 싫은 적극적인 의미가 없어도 어떠한 감각 정보가 접수된다는 수동적인 질적 느낌을 가질 수 있기 때문이다."와 마지막 문단 "이 사람은 …… 외부의 자극에 대한 정보가 최소한 접수되는 정도의 수동적인 의식적 상태에 있다고 해야 할 것이다."에 따르면, 감응력이 없는 '감응력 마비자'라도 외부 자극에 대한 정보가 접수되는 수동적인 질적 느낌인 현상적 의식을 가질 수 있다.

② 감응력은 정보 접수적 측면과 능동적 측면을 모두 가진다.
3문단 "……어떠한 감각 정보가 접수된다는 수동적인 질적 느낌을 가질 수 있기 때문이다. 반면 감응력은 수동적인 측면을 넘어서 그런 정보를 바라거나 피하고 싶다는 능동적인 측면을 포함한다."에 따르면, 감응력은 감각 정보가 접수된다는 현상적 의식의 수동적인 측면에 더해서 능동적인 측면을 포함한다. 따라서 감응력은 정보 접수적 측면과 능동적 측면을 모두 가진다고 볼 수 있다.

③ 감응력은 행동주의적 기준으로 포착될 것이다.
3문단 "……감응력을 도덕적 고려의 기준으로 삼는 철학자들은……. 행동주의적 기준으로 포착되지 않는 심적 상태는 도덕적 고려의 대상으로 여기지 않는 것이다."에 따르면, 감응력을 도덕적 고려의 기준으로 삼는 철학자들은 행동주의적 기준으로 포착되지 않는 심적 상태를 도덕적 고려의 대상으로 여기지 않는다. 달리 말해 도덕적으로 고려할 수 있는 존재의 경우, 그 심적 상태가 행동주의적 기준으로 포착되어야 할 것이다. 그렇다면 감응력을 도덕적 고려의 기준으로 삼는 철학자들은 감응력을 행동주의적 관찰로 포착할 수 있었을 것이다. 따라서 감응력은 행동주의적 기준으로 포착되는 요소일 것이라 추론할 수 있다.

⑤ 싱어는 감응력 없이 현상적 의식의 상태에 있는 대상에게 위해를 가하는 것을 비윤리적이라고 주장하지 않을 것이다.
2문단 "싱어와 …… 감응력을 도덕적 고려의 기준으로 삼는다. 싱어는 …… 감응력이 있으므로 동물도 도덕 공동체에 포함해야 한다고 주장한다."에 따르면, 싱어는 감응력이 있는 존재를 도덕적 고려의 대상으로 여긴다. 즉 감응력 없이 현상적 의식의 상태에 있는 대상이라면 도덕적 고려의 대상으로 여기지 않을 것이며, 따라서 위해를 가하는 것을 비윤리적이라고 주장하지 않을 것이다.

6. 정답 ③ 난이도 ★☆☆ | 정답률 86%

내용영역 **규범** 문항 유형 **정보의 평가와 적용**

[정답 풀이]

㉠의 내용은 식물인간이 고통을 느끼는 감응력은 없지만, 주관적 의식 상태인 현상적 의식을 가질 수 있다면 도덕적 고려의 대상으로서 도덕 공동체에 받아들여질 여지가 있다는 주장이다. 따라서 현상적 의식만을 가진 존재를 도덕적 고려 대상에 포함하는 것에 대한 문제 제기가 ㉠에 대한 비판으로 가장 적절할 것이다.

③ 3문단 "반면 감응력은 …… 능동적인 측면을 포함한다. 이것은 자신이 어떻게 취급받는지에 신경 쓸 수 있다는 뜻이므로……."에 따르면, 감응력이 없는 존재는 자신이 어떻게 취급받는지에 신경을 쓰지 않을 것이다. 즉 자신이 어떻게 취급받는지에 신경 쓰지 않는데 도덕적 고려를 할 필요가 있냐고 묻는 것은 감응력이 없는 존재를 도덕적으로 고려할 필요가 있는지에 대한 의구심을 드러낸 것이라 할 수 있다. 따라서 식물인간이 감응력이 없더라도 도덕적 고려 대상에 포함할 수 있다고 보는 ㉠에 대한 비판으로 가장 적절하다.

[오답 풀이]

① ㉠은 감응력이 없어도 도덕적으로 고려할 수 있다는 견해이므로, 감응력이 있는 존재만을 도덕적으로 고려하는 것이 차별을 일으킬 수 있다는 문제 제기는 ㉠에 대한 비판으로 적절하지 않다.

② 1문단 "반면에 도덕 피동자는 …… 도덕적 행동을 할 수 없는 존재이다. 그럼에도 …… 감응력이 있기 때문이다."에 따르면, 도덕 피동자는 감응력이 있는 존재이다. 그러므로 도덕 행위자가 감응력이 있는 존재인 도덕 피동자에게 도덕적 의무를 져야 한다는 주장은 감응력이 없는 존재에 대하여 논하고 있는 ㉠에 대한 비판으로 적절하지 않다.

④ 4문단 "그러나 이런 관계론적 접근은 …… 구체적 관계의 여부에 따라 도덕 공동체에 속하기도 하고 속하지 않기도 하는 문제도 생긴다. 결국 식물인간을 도덕적으로 고려하려면 식물인간에게서 도덕적으로 의미 있는 속성을 찾아야 한다."에 따르면, 글쓴이는 식물인간의 도덕적 고려 여부를 관계론적 접근으로 판단할 때 발생하는 문제점을 지적하면서 식물인간을 도덕적으로 고려할 만한 의미 있는 속성을 찾아야 한다고 주장한다. 그리고 마지막 문단 "이 사람은 …… 정보가 최소한 접수되는 정도의 수동적인 의식적 상태에 있다고 해야 할 것이다. …… 그 상태를 도덕적으로 고려할 수 없다는 주장은 설득력이 부족하다."에 따르면, 마지막 문단에서는 현상적 의식만을 가진 사람을 도덕적으로 고려할 수 없다는 주장을 반박하면서 식물인간이 현상적 의식을 가진다면 도덕 공동체에 받아들여질 수 있다고 본다. 따라서 식물인간의 도덕적 고려 여부를 관계론적 접근이 아니라 도덕적 속성을 가지고 판단해야 한다는 주장은 ㉠에 대한 비판이 아니라 ㉠에 동의하는 의견이라고 볼 수 있다.

⑤ 마지막 문단 "이 사람은 특별한 능동적인 주의력이 필요한 의식적 상태는 아니지만, 외부의 자극에 대한 정보가 최소한 접수되는 정도의 수동적인 의식적 상태에 있다고 해야 할 것이다."에 따르면, 감응력 마비자는 능동적인 주의력 없이 수동적인 의식적 상태에 있는 것으로 여겨진다. 그런데 일상에서 특별한 능동적인 주의력이 필요한 의식 상태가 알고 보면 외부 자극에 대한 정보가 최소한 접수되는 정도의 의식적 상태가 아니겠느냐는 것은 곧 감응력과 현상적 의식을 분리해서 볼 필요 없다는 견해를 담고 있다. 따라서 해당 견해는 ㉠에 대한 비판으로 적절하지 않다.

[7~9] 제재 | 단백질 합성과 신호서열 이론
난이도 | ★★☆

7. 정답 ⑤ 난이도 ★★☆ | 정답률 63%

내용영역 과학기술 문항 유형 정보의 확인과 재구성

[정답 풀이]

⑤ 미토콘드리아로 수송되는 단백질과 세포막에 위치하는 단백질은 다른 곳에 위치한 리보솜에서 합성된 것이다.

3문단 "세포질에서 독립적으로 존재하는 리보솜에서 완성된 단백질은 주로 세포질, 세포핵 · 미토콘드리아와 같은 세포 내 소기관으로 이동하여 기능을 수행한다."에 따르면, 미토콘드리아로 수송되는 단백질은 세포질에서 독립적으로 존재하는 리보솜에서 합성된다. 그런데 3문단 "반면 소포체 위의 리보솜에서 합성이 끝난 단백질은 세포 밖으로 분비되든지, 세포막에 위치하든지……"에 따르면, 세포막에 위치하는 단백질은 소포체 위의 리보솜에서 합성된 것이다. 따라서 미토콘드리아로 수송되는 단백질과 세포막에 위치하는 단백질은 같은 곳에 위치한 리보솜에서 합성된 것이 아니다.

[오답 풀이]

① 3문단 "반면 소포체 위의 리보솜에서 합성이 끝난 단백질은 세포 밖으로 분비되든지, 세포막에 위치하든지……"에 따르면, 세포막에 위치하는 단백질은 소포체 위의 리보솜에서 합성된 것이다. 따라서 세포막에서 수용체 역할을 하는 단백질은 소포체 위의 리보솜에서 합성된 것이다.

② 3문단 "세포질에서 독립적으로 존재하는 리보솜에서 완성된 단백질은 주로 세포질, 세포핵 · 미토콘드리아와 같은 세포 내 소기관으로 이동하여 기능을 수행한다."에 따르면, 세포질에서 사용되는 단백질은 세포질에서 독립적으로 존재하는 리보솜에서 합성된 것이다.

③ 4문단 "일부 소포체에서 기능하는 효소는 소포체 위의 리보솜에서 단백질 합성을 완료한 후 골지체로 이동하여 변형된 다음 소포체로 되돌아온 단백질이다."에 따르면, 골지체에서 변형된 후 소포체로 돌아온 단백질은 소포체 위의 리보솜에서 합성된 것이다.

④ 3문단 "세포질에서 독립적으로 존재하는 리보솜에서 완성된 단백질은 주로 세포질, 세포핵 · 미토콘드리아와 같은 세포 내 소기관으로 이동하여 기능을 수행한다."에 따르면, 세포핵으로 수송되는 단백질은 세포질에서 독립적으로 존재하는 리보솜에서 합성된 것이다. 그런데 "반면 소포체 위의 리보솜에서 합성이 끝난 단백질은 세포 밖으로 분비되든지……"에 따르면, 세포 밖으로 분비되는 단백질은 소포체 위의 리보솜에서 합성된 것이다. 따라서 세포핵으로 수송되는 단백질은 세포 밖으로 분비되는 단백질과 다른 곳에 위치한 리보솜에서 합성된 것이다.

8. 정답 ⑤ 난이도 ★★☆ | 정답률 50%

내용영역 과학기술 문항 유형 정보의 추론과 해석

[정답 풀이]

⑤ NLS와 NES를 모두 가졌으나 세포 외부에서 발견되는 단백질은 세포질에 독립적으로 존재하는 리보솜에서 합성된 단백질과 결합할 경우 세포 외부로 이동하지 않을 것이다.

마지막 문단 "……특정 장소로 수송하기 위한 신호서열을 가지고 있는 단백질과의 결합을 통해 신호서열이 지정하는 특정 장소로 이동할 수 있다는 결론……"에 따르면, 단백질은 특정 신호서열을 가지고 있는 단백질과의 결합을 통해 해당 신호서열이 지정하는 장소로 이동할 수 있다. 그런데 3문단 "세포질에서 독립적으로 존재하는 리보솜에서 완성된 단백질은 주로 세포질, 세포핵 · 미토콘드리아와 같은 세포 내 소기관으로 이동하여 기능을 수행한다."에 따르면, 세포질에 독립적으로 존재하는 리보솜에서 합성된 단백질의 경우 세포 외부로는 이동하지 않는다. 따라서 NLS와 NES를 모두 가졌으나 세포 외부에서 발견되는 단백질은 세포질에 독립적으로 존재하는 리보솜에서 합성된 단백질과 결합하여 세포 외부로 이동했다고 볼 수 없다.

[오답 풀이]

① 5문단 "예를 들어 KDEL 신호서열은 소포체 위의 리보솜에서 합성된 후……"와 "또한 NLS는 세포질에 독립적으로 존재하는 리보솜에서 합성되어……"에 따르면, KDEL 신호서열을 가진 단백질과 NLS 신호서열을 가진 단백질은 서로 다른 곳에 위치한 리보솜에서 합성된 것이다. 이처럼 단백질은 서로 다른 세포 내 두 장소에서 합성되어 각자 기능을 수행하며, 서로 중첩되지 않는다. 따라서 KDEL 신호서열을 가지고 있는 단백질은 NLS가 없을 것이다.

② 5문단 "예를 들어 KDEL 신호서열은 …… 골지체를 거쳐 추가 변형 과정을 거친 다음 소포체로 되돌아오는 단백질이 가지고 있는 신호서열이다."에 따르면, KDEL 신호서열을 가지고 있는 소포체로 최종 수송된 단백질은 골지체에서 변형을 거쳤을 것이다.

③ 마지막 문단 "……특정 장소로 수송하기 위한 신호서열을 가지고 있는 단백질과의 결합을 통해 신호서열이 지정하는 특정 장소로 이동할 수 있다는 결론을 얻었다."에 따르면, 세포 내 특정 장소로 가기 위한 신호서열을 가지고 있지 않은 단백질이라도 특정 신호서열을 가지고 있는 단백질과 결합하여 그 신호서열이 지정하는 장소로 이동할 수 있다. 그리고 5문단 "또한 NLS는 …… 세포핵으로 들어가는 단백질이 가지고 있는 신호서열이고……"에 따르면, NLS는 단백질을 세포핵으로 수송하는 신호서열이다. 따라서 NLS가 없는 단백질이 세포핵 안에 존재하고 있었다면, 그 단백질은 NLS가 있는 다른 단백질과 결합하여 세포핵 안으로 수송되었을 것이다.

④ 5문단 "또한 NLS는 세포질에 독립적으로 존재하는 리보솜에서 합성되어 세포핵으로 들어가는 단백질이 가지고 있는 신호서열이고……"에 따르면, NLS가 있으나 NES가 없는 단백질은 합성 후 세포핵에 위치할 것이다. 그리고 "NES는 반대로 세포핵 안에 존재하다가 세포질로 나오는 단백질이 가지고 있는 신호서열이다."에 따르면, NES가 있는 단백질은 세포질, 즉 세포핵 밖으로 나갈 수 있을 것이다. 마지막 문단 "……특정 장소로 수송하기 위한 신호서열을 가지고 있는 단백질과의 결합을 통해 신호서열이 지정하는 특정 장소로 이동할 수 있다는 결론을 얻었다."에 따르면, 세포 내 특정 장소로 가기 위한 신호서열을 가지고 있지 않은 단백질이라도 특정 신호서열을 가지고 있는 단백질과 결합하여 그 신호서열이 지정하는 장소로 이동할 수 있다. 따라서 NLS가 있으나 NES가 없는 단백질은 NES가 있는 단백질과 결합하면 다시 세포핵 밖으로 나갈 수 있을 것이다.

9. 정답 ③ 난이도 ★★☆ | 정답률 66%

내용영역 과학기술 문항 유형 정보의 평가와 적용

[정답 풀이]

a. ㉠은 KDEL이 소포체로의 단백질 수송을 결정하는 신호서열이라는 결론을 내리고 있다. 그렇다면, KDEL 신호서열이 있는 어떤 단백질의 KDEL 신호서열을 인위적으로 제거하면 소포체로 이동하지 않을 것이다. 따라서 이러한 실험 결과는 ㉠을 강화한다.

c. 5문단 "그리고 세포질에 독립적으로 존재하는 리보솜에서 만들어진 단백질을 미토콘드리아로 수송하기 위한 신호서열인 MTS도 있다."에 따르면, MTS는 단백질을 미토콘드리아로 수송하기 위한 신호서열이다. 그리고 ㉢은 특정 장소로 수송하기 위한 신호서열을 가지고 있는 단백질과의 결합을 통해 신호서열이 지정하는 특정 장소로 이동할 수 있다는 결론을 내리고 있다. 그에 따라 MTS가 없는 어떤 단백질이

2023학년도

MTS가 있는 단백질과 결합한다면 미토콘드리아에서 발견될 것이다. 따라서 이러한 실험 결과는 ㉢을 강화한다.

[오답 풀이]

b. NLS를 가진 어떤 단백질의 NLS를 인위적으로 제거하면 세포 밖으로 분비된다는 실험 결과는 ㉡의 결론을 강화하지 않는다.
5문단 "또한 NLS는 세포질에 독립적으로 존재하는 리보솜에서 합성되어 세포핵으로 들어가는 단백질이 가지고 있는 신호서열이고"에 따르면, NLS를 가진 단백질은 세포질에서 독립적으로 존재하는 리보솜에서 만들어진 것이다. 그런데 ㉡은 소포체에 부착한 리보솜에서 만들어진 단백질을 대상으로 한다. 따라서 선택지의 실험 결과는 ㉡의 결론을 강화하지 않는다.

[10~12] 제재 | 미국 역사학의 흐름 난이도 | ★☆☆

10. 정답 ④ 난이도 ★☆☆ | 정답률 91%

내용영역 인문 문항 유형 정보의 확인과 재구성

[정답 풀이]

④ 베트남전쟁은 미국인들이 경제적 자유주의에 대한 회의심을 갖게 만든 계기가 되었다.
마지막 문단 "1960년대 중반 이후 미국은 베트남전쟁과 민권운동으로 대변되는 …… 이 같은 현실은 합의사학이 제시했던 미국의 밝은 과거상과 현재상에 대해 회의심을 갖게 했다."에 따르면, 베트남전쟁은 합의사학이 미국사를 합의와 연속성의 시각에서 이해하고 경제적 자유주의에 대해 재평가했던 것에 회의심을 갖게 하였다. 따라서 베트남 전쟁은 미국인들이 경제적 자유주의에 대한 보편적 합의를 이루는 역사적 계기가 되지 않았다.

[오답 풀이]

① 1문단 "농업 중심의 사회를 벗어나면서 급속한 산업화와 도시화에 따른 갈등이 나타나고 있던 19세기 말 미국에서는 …… 대두했다."에 따르면, 19세기 말 미국은 농업 중심의 사회를 벗어나 급속한 산업화가 진행되고 있었다는 것을 알 수 있다.

② 마지막 문단 "……19세기 말엽 이후에는 제국주의적 팽창정책으로부터 거리를 두었다고 보면서 1898년 식민지를 둘러싼 미국-스페인 전쟁을 '거대한 일탈'이라고 규정했다."에 따르면, 합의사학은 19세기 말 미국의 정책을 제국주의적 팽창정책으로 보기 어렵다고 평가하면서도 미국-스페인 전쟁은 '일탈'이라고 규정하였다. 합의사학의 입장에서도 미국-스페인 전쟁은 제국주의적 팽창정책의 성격이 드러난다는 것이다. 또한 "윌리엄스는 …… 해외 팽창정책을 주도했다고 주장했다."에 따르면, 윌리엄스는 19세기 말 미국의 정치인들이 해외 팽창정책을 주도했다고 보고 있으므로 미국-스페인 전쟁 역시 해외 팽창정책의 결과라고 여기고 있음을 알 수 있다. 따라서 19세기 말 국외로 세력을 확장하려는 미국의 정책은 스페인과 무력 충돌을 일으켰다고 볼 수 있다.

③ 2문단 "제2차 세계대전 이후에 나치 독일의 인권 탄압과 공산주의의 팽창에 놀란 보수적 미국인들은 혁신주의 역사학이 비판했던 미국적 가치 …… 에 대해 재평가하기 시작했다. 게다가 냉전질서에서 미국의 정체성을 보존하기 위해서는 국민적 단결이 필요했다."에 따르면, 보수적 미국인들이 혁신주의 역사학이 비판했던 미국적 가치를 재평가함으로써 냉전질서에서 미국의 정체성을 보존하고 국민적 단결을 추구하고자 했음을 알 수 있다. 따라서 제2차 세계대전 직후에 보수 성향의 미국인들은 미국의 전통적 가치를 부활시키고자 했다.

⑤ 마지막 문단 "……다수의 신좌파 역사가들은 …… 민중의 역사와 권력관계에 주목했다. 흑인들의 민권운동과 소수민족인 아메리카 원주민, 여성, 빈민들의 운동을 배경으로 태동했던 신좌파 역사학은 …… 주의를 기울였다."에 따르면, 1960년대 이후 등장한 신좌파 역사학은 흑인, 소수민족, 여성들 또한 연구대상으로 삼았다. 따라서 1960년대 이후 미국에서는 다양한 소수집단과 관련된 연구가 대두되었다.

11. 정답 ① 난이도 ★★☆ | 정답률 79%

내용영역 인문 문항 유형 주제, 구조, 관점 파악

[정답 풀이]

① 1문단 "예컨대, 야만과 문명이 공존하는 프런티어야말로 미국 발전의 근원이라고 주장한 터너는……."과 2문단 "부어스틴은 미국의 관대함과 타협의 정신을 프런티어에서 찾기도 했다."에 따르면, 터너와 부어스틴 모두 미국의 발전에 프런티어가 기여했음을 인정하고 있다. 따라서 터너는 부어스틴과 마찬가지로 프런티어가 미국 역사 발전에서 긍정적인 역할을 하였다고 볼 것임을 알 수 있다.

[오답 풀이]

② 베커는 혁신주의적 개혁을 위한 '갈등'이 미국 역사의 원동력이라고 볼 것이다.
2문단 "이러한 배경에서 합의사학이 등장했는데, 그것의 특징은 미국사를 합의와 연속성의 시각에서 이해했다는 점이다."에 따르면, 합의사학의 경우 미국 역사의 원동력을 국민적 합의에서 찾고 있다. 따라서 하츠의 경우 합의사학자라는 점에서 미국 역사 발전의 원동력을 국민적 합의에서 찾을 것이다. 반면 1문단 "혁신주의 역사학의 특징은 역사의 핵심을 갈등이라고 본 점에 있다."와 "혁신주의 역사가 베커는 미국혁명이 …… 권력 다툼이었다는 사실을 밝혀냄으로써 이중혁명론을 제시했다."에 따르면, 베커는 하츠와 달리 미국 역사 발전의 원동력을 갈등에서 찾고 있다.

③ 호프스태터는 미국인들이 사회적 동질성을 유지함으로써 갈등이 극소화되었다고 볼 것이다.
2문단 "합의사학을 대변하는 호프스태터는 미국적 가치를 공동이념으로 삼은 미국인들은 사회적 동질성을 유지하면서 갈등을 극소화했다고 주장했다."에 따르면, 호프스태터는 갈등이 극소화된 원인을 미국인들이 사회적 동질성을 유지하고자 했기 때문이라고 보고 있다. 따라서 호프스태터는 유력 세력이 혁명에서 승리함으로써 갈등이 극소화되었다고 보지 않을 것이다.

④ 윌리엄스는 19세기 말 미국의 국제적 영향력 행사를 예외적 현상으로 파악하지 않을 것이다.
마지막 문단 "합의사학은 정책 결정자들이 19세기 말엽 이후에는 제국주의적 팽창정책으로부터 거리를 두었다고 보면서 …… 윌리엄스는 이런 해석을 비판하며 정치인들이 …… 문호개방이라는 이름으로 해외 팽창정책을 주도했다고 주장했다."에 따르면, 윌리엄스는 정치인들이 국내의 분열을 호도하거나 자본의 이익을 위해 미국-스페인 전쟁과 같은 해외 팽창정책을 주도하였다고 비판하였다. 따라서 윌리엄스는 19세기 말 미국의 국제적 영향력 행사는 예외적 현상이 아니라 일반적인 현상이라고 파악할 것이다.

⑤ 하워드 진과 윌리엄스는 역사적 분석범위를 넓히면서도 역사학의 정치화를 경계하지는 않을 것이다.
마지막 문단 "하워드 진과 같은 신좌파 역사가는 혁신주의 역사학에 동조하면서 역사학을 이데올로기적 요구에도 부응해야 하는 학문으로 보았다."에 따르면, 신좌파 역사가는 역사학의 정치화에 대해 부정적인 태도를 취하지 않고 있다. 또한 "미국혁명과 헌법에 대한 연구에서 다수의 신좌파 역사가들은 …… 갈등 이외에도 민중의 역사와 권력관계에 주목했다."에 따르면, 신좌파 역사가는 역사적 분석범위를 넓히

고 있음을 알 수 있다. 따라서 윌리엄스와 하워드 진은 신좌파 역사가라는 점에서 이들 모두 역사학의 분석범위를 넓히고 있으며 역사학의 정치화를 경계하지 않았을 것이라고 볼 수 있다.

12. 정답 ② 난이도 ★★☆ | 정답률 50%

내용영역 **인문** 문항 유형 **정보의 평가와 적용**

[정답 풀이]

② 합의사학자라면, 제1차 대륙회의와 요크타운 전투에 대해 봉건적 체제를 타파하는 시민혁명이라고 파악하지 않을 것이다.

2문단 "하츠가 미국에는 봉건적 과거가 없다는 토크빌의 지적에 공감하면서 주장하듯이 …… 굳이 혁명을 일으킬 필요는 없었기 때문이다."에 따르면, 하츠와 같은 합의사학자들은 미국에는 애초에 봉건적 과거가 존재하지 않는다고 보았다. 이처럼 봉건적 과거가 존재하지 않는다면 타파해야 할 봉건적 체제 역시 존재하지 않는다. 따라서 합의사학자라면, 제1차 대륙회의와 요크타운 전투가 봉건적 체제를 타파하는 것이라고 보지 않았을 것이며, 이를 시민혁명이라고 여기지도 않았을 것이다.

[오답 풀이]

① 1문단 "혁신주의 역사학은 헌법을 금융업자, 상인 등으로 구성된 동산소유집단과 채무에 시달리던 소농 출신의 부동산 소유집단 사이의 싸움에서 전자가 승리하면서 만들어진 비민주적 문서로 파악하였다."에 따르면, 혁신주의 역사학은 헌법이 각자의 이익을 수호하고자 하는 유산계급과 하층민 간의 권력 다툼에서 유산계급이 승리한 결과물이라고 보았다. 따라서 혁신주의 역사학자라면, 필라델피아 제헌의회는 새로운 헌법에 의해 경제적 이익을 받을 수 있는 집단이 지배하고 있었다는 사실을 덧붙이려 할 것이다.

③ 2문단 "이러한 배경에서 합의사학이 등장했는데, 그것의 특징은 미국사를 합의와 연속성의 시각에서 이해했다는 점이다."와 "합의사학은 헌법 제정이 중산층의 합의를 통해 이루어졌다는 데 보다 많은 주의를 기울였다."에 따르면, 합의사학은 계급적인 갈등을 강조한 혁신주의 역사학과 달리 구성원 간의 합의를 강조하였고 헌법 제정 또한 합의의 결과물이라고 보았다. 따라서 합의사학자라면 헌법 제정에 대하여 연방주의자들이 승리라기보다는 정치적 합의를 도출한 사건으로 볼 것이다.

④ 마지막 문단 "흑인들의 민권운동과 소수민족인 아메리카 원주민, 여성, 빈민들의 운동을 배경으로 태동했던 신좌파 역사학은 이러한 피지배집단이 혁명전쟁과 헌법 제정 과정에서 행한 능동적인 행위를 복원하는 데 주의를 기울였다."에 따르면, 신좌파 역사학은 혁명전쟁에서 여성과 같은 피지배집단이 차지한 역할을 복원하고자 한다. 따라서 신좌파 역사학자들이라면, 독립전쟁 당시 하층민들의 급진주의적 정치에서 여성이 차지한 역할을 새롭게 규명할 필요성을 제기할 것이다.

⑤ 1문단 "혁신주의 역사가 베커는 미국혁명이 …… 상층 상인과 지주를 비롯한 보수적이고 봉건적인 식민지 유력자와 하층 수공업자 및 노동자 사이에 벌어진 권력 다툼이었다는 사실을 밝혀냄으로써 이중혁명론을 제시했다."에 따르면, 혁신주의 역사학은 독립혁명에서 계급 갈등을 주요하게 취급했을 것임을 알 수 있다. 그리고 마지막 문단 "미국혁명과 헌법에 대한 연구에서 다수의 신좌파 역사가들은 유산계급과 무산계급 사이의 갈등 이외에도 민중의 역사와 권력관계에 주목했다."에 따르면, 신좌파 역사가들은 미국혁명에서 유산계급과 무산계급 사이의 갈등에 주목한 것에 그치지 않고 그 외의 민중의 역사와 권력관계 또한 연구 대상으로 삼았음을 알 수 있다. 즉, 신좌파 역사학 또한 미국혁명에서 계급 간의 대립을 주요하게 취급하고 있는 것이다. 따라서 혁신주의 역사학자나 신좌파 역사학자라면 독립혁명에서 식민지 뉴욕의 상층 부르주아지와 하층 수공업자들의 대립을 주요하게 취급하는 데 대하여 반대하지는 않을 것이다.

[13~15] 제재 | 나이의 정치적 효과

난이도 | ★★☆

13. 정답 ② 난이도 ★★☆ | 정답률 72%

내용영역 **사회** 문항 유형 **정보의 확인과 재구성**

[정답 풀이]

② 트루엣의 연구에 따르면 생애주기 효과는 개인의 사회경제적 배경과 무관하지 않다.

2문단 "그에 따르면 성별, 거주지별, 교육 수준별로 약간의 차이는 있지만……."에 따르면, 트루엣의 연구에서는 성별, 거주지, 교육 수준 등 개인의 사회경제적 배경이 보수주의 점수로 측정되는 생애주기 효과에 일부 영향을 미치고 있음을 밝히고 있다. 따라서 트루엣의 연구에 따르면 생애주기 효과는 개인의 사회경제적 배경과 무관하지 않다.

[오답 풀이]

① 마지막 문단 "일반적으로 연령 집단은 조사 당시 나이, 기간 효과는 조사 연도, 코호트는 출생 연도와 같은 변수들로 측정된다."와 "즉, 셋 중 두 정보로부터 다른 항의 값이 자동 도출되므로 ……."에 따르면, 코호트를 측정할 수 있는 변수인 출생 연도는 조사 당시 연령과 조사 시기를 알면 자동으로 도출된다. 따라서 조사 시기와 조사 당시 연령을 알면 코호트 집단을 특정할 수 있게 된다.

③ 마지막 문단 "그러나 연구의 난관은 …… 식별 문제에 직면하게 된다는 것이다."와 "대부분 추정 모형에 일정한 제약을 가해서 문제를 피해 갔다."에 따르면, 추정 모형에 제약 조건을 적용하는 것이 식별 문제를 해결하는 방편으로 활용되었음을 알 수 있다.

④ 마지막 문단 "그러나 연구의 난관은 …… 식별 문제에 직면하게 된다는 것이다."와 "그 밖에도 세 변수 중 하나를 다른 대리변수로 대체하는 방법도 있다."에 따르면, 나이의 정치적 효과를 분석할 때 발생하는 문제를 해결하고자 세 변수 중 하나를 다른 대리변수로 대체하는 방법을 사용하기도 함을 알 수 있다.

⑤ 마지막 문단 "……3개의 개별 효괏값으로 명확하게 구분해 내기 어렵다. 이러한 한계가 나이와 정치 성향의 관계에 대한 경험적 연구를 오랜 기간 가로막아 왔다. 기술적으로 완전한 극복 방안은 없으며……."에 따르면, 나이와 정치 성향의 관계 연구에서 APC의 개별 효과를 각각 구분해 내는 방법은 없음을 알 수 있다.

14. 정답 ⑤ 난이도 ★★☆ | 정답률 50%

내용영역 **사회** 문항 유형 **정보의 추론과 해석**

[정답 풀이]

ㄱ. 2문단 "생애주기 효과가 말하는 보수화에는 …… 권위주의적 성향의 증가도 포함된다."에 따르면, 권위주의 성향 점수는 얼마나 보수화되었느냐에 따라 결정되는 것임을 알 수 있다. 그리고 5문단 "……동일 시점에서 정치 세대 간의 태도 차이를 측정하는 횡단면 디자인……."에 따르면, 해당 조사는 2022년 7월 24일이라는 동일 시점에 X세대와 전후세대 간 정치의식 차이를 조사하는 횡단면 디자인의 조사임을 알 수 있다. 이는 기간 효과는 조사 결과에 영향을 미치지 않음을 의미한다. 그리고 2문단 "……30~40대를 거치면서 이 점수가 급격히 높아지며, 50세 이후부터 생애주기의 끝까지 높은 보수주의 점수가 유지된다."와 4문단 "한편 국내 선행 연구에 따르면, 한국전쟁 이후 등장한 소위 전후세대는 여타 코호트 집단에 비해 권위주의적 성향과 보수적 정치 성향이 더 강하다고 알려져 있으며, …… X세대의 경우 나이가 들어서도 보수화되는 경향이 상대적으로 완만한 것으로 나타났다."에 따르면, 코호트 효과로 인해 전후세대의 보수적 성향이 X세대보다 강하게 나타날 것이다. 따라서 X세대가 전후세대보다 덜 보수화되었

다는 조사 결과가 나올 것이며, 권위주의 점수 역시 X세대가 전후세대보다 낮게 측정될 것이다.

ㄴ. 5문단 "……다른 시점의 동일 연령대 집단의 태도 차이를 측정하는 시차 연구 디자인……."과 2문단 "……50세 이후부터 생애주기의 끝까지 높은 보수주의 점수가 유지된다."에 따르면, 해당 조사는 다른 시점 동일 연령대 집단의 태도 차이를 조사한 것이므로 생애주기 효과는 통제됨을 알 수 있다. 그리고 4문단 "예컨대, 영국에서 2차 세계대전 이후 노동당 지지 성향이 강한 진보적 코호트가 등장하였다면 1980년대에는 대처 총리 집권기의 영향을 받아 보수적 코호트가 형성되었다는 연구들이 존재한다."에 따르면, 코호트 효과를 기준으로는 대처 세대가 더 보수적 정치 성향을 드러내야 한다. 그런데 대처 세대가 평균적으로 더 진보적 정치 성향을 드러내는 조사 결과가 존재한다면, 이것은 1980년대와 2010년대라는 조사 시점이 결과에 영향을 주었다고 보아야 한다. 따라서 기간 효과가 주요하게 작용했다고 판단해 볼 수 있다.

ㄷ. 5문단 "……동일 코호트의 시간 흐름에 따른 태도 차이를 측정하는 종단면 디자인……."에 따르면, 해당 조사는 동일 코호트인 영국의 대처 세대의 정치의식 변화를 조사한 것이므로 코호트 효과는 통제됨을 알 수 있다. 그리고 2문단 "……30~40대를 거치면서 이 점수가 급격히 높아지며, 50세 이후부터 생애주기의 끝까지 높은 보수주의 점수가 유지된다."에 따르면, 생애주기 효과를 기준으로는 2010년 조사에서 이념적으로 더 보수적이라는 결과가 나와야 한다. 그런데 2010년 조사에서 이념적으로 덜 보수적이라는 결과가 나왔다면, 조사 시점의 기간 효과가 조사 결과에 영향을 주었다고 추론할 수 있다. 이때 3문단 "……전 연령 집단의 사고방식이나 인식에 포괄적, 보편적 영향을 미치는 효과이다."에 따르면, 기간 효과는 전 연령 집단에게 영향을 미친다. 따라서 다른 정치 코호트들 또한 진보적 분위기의 시대적 영향을 받았을 수 있다.

15. 정답 ④ 난이도 ★★☆ | 정답률 63%

내용영역 사회 | 문항 유형 정보의 평가와 적용

[정답 풀이]

5문단 "APC의 합성 효과를 구분해 개별 효과를 비교하기 위해서는 동일 코호트의 시간 흐름에 따른 태도 차이를 측정하는 종단면 디자인, 동일 시점에서 정치 세대 간의 태도 차이를 측정하는 횡단면 디자인, 다른 시점의 동일 연령대 집단의 태도 차이를 측정하는 시차 연구 디자인의 조합이 필요하다."와 마지막 문단 "위의 연구 디자인을 적용하여 APC 효과를 통제된 하나의 개별 효과와 나머지 두 개가 이루는 합성 효과로 나누어 파악할 수는 있지만……."에 따르면, 각 연구 디자인마다 통제된 개별 효과와 합성 효과로 나타나는 나머지 두 효과를 다음과 같이 정리할 수 있다.

연구 디자인	종단면 디자인	횡단면 디자인	시차 연구 디자인
고정된 변수	코호트 (출생 연도)	조사 시점	조사 당시 나이
통제된 개별 효과	코호트 효과	기간 효과	생애주기 효과
합성 효과	기간 효과 생애주기 효과	코호트 효과 생애주기 효과	기간 효과 코호트 효과

그리고 〈보기〉의 연구 집단은 다음과 같이 정리할 수 있다.

A(t1)	A(t2)
t1 시기 청년 코호트 A	t2 시기 중년 코호트 A
B(t1)	B(t2)
t1 시기 중년 코호트 B	t2 시기 노년 코호트 B

④ B(t1)와 A(t2)의 차이는 다른 시점에 서로 다른 두 중년 세대 집단에 나타나는 태도 차이이므로 시차 연구 디자인을 적용하여 알 수 있으며, 이때 연령대가 같으므로 생애주기 효과는 통제된다. 그리고 나머지 두 효과인 기간 효과와 코호트 효과는 합성 효과로 나타나므로 개별 효과로 구분하기 어려울 것임을 알 수 있다.

[오답 풀이]

① A(t1)와 A(t2)의 차이는 코호트를 고정한 채 도출해 낸, 기간 효과와 생애주기 효과의 합성 효과이다.
동일 코호트인 A의 t1과 t2 시기의 차이는 동일 코호트의 시간 흐름에 따른 태도 차이를 측정하는 종단면 디자인을 적용하여 알 수 있다. 이때 둘의 차이는 기간 효과와 생애주기 효과가 이루는 합성 효과로, 코호트 효과는 통제된다.

② A(t1)와 B(t1)의 차이는 동일 시간대의 다른 코호트 간 차이를 측정하는 횡단면적 연구 디자인을 적용하여 알 수 있다.
A(t1)와 B(t1)의 차이는 동일 시점에 서로 다른 청년 세대와 중년 세대 간의 태도 차이를 측정하는 횡단면 디자인을 적용하여 알 수 있다. 종단면 디자인은 동일 코호트를 대상으로 하므로 서로 다른 코호트인 A와 B의 차이를 측정하는 데 적용될 수 없다.

③ A(t2)와 B(t2)의 차이는 조사 시점을 고정하여 얻은 코호트 간 차이로서 기간 효과의 개입이 통제되고 있다.
A(t2)와 B(t2)의 차이는 조사 시점을 고정한 횡단면 디자인을 통해 알 수 있는데, 횡단면 디자인에서는 조사 시점을 고정하므로 개입이 통제되는 효과는 생애주기 효과가 아니라 기간 효과이다. A(t2)와 B(t2)는 각각 중년 세대와 노년 세대이므로, 생애주기 효과의 개입이 통제되지 않는다.

⑤ B(t1)와 B(t2)의 차이는 동일 코호트의 시간 흐름에 따른 태도 차이를 측정하는 종단면 디자인을 적용하여 알 수 있다.
동일 코호트인 B의 t1과 t2 시기의 차이는 동일 코호트의 시간 흐름에 따른 태도 차이를 측정하는 종단면 디자인을 적용하여 알 수 있다. B(t1)와 B(t2)는 각각 중년 세대와 노년 세대이므로, 동일 연령대 집단의 태도 차이를 측정할 수 없다.

[16~18] 제재 | 김자림 「이민선」과 근대화 여성 담론
난이도 | ★★☆

16. 정답 ① 난이도 ★★☆ | 정답률 63%

내용영역 인문 | 문항 유형 정보의 확인과 재구성

[정답 풀이]

① 보비는 이민에 소극적인 태도를 지녔다가 변화하지만, 만세는 적극적인 이민 의지로 일관하지 않았다.
(가) 2문단 "피양댁의 친딸 보비도 이민단에 동참하나 조국에서 추방되는 듯하여 소극적이다."와 3문단 "그동안 보비는 만세의 포부에 감동하고 그의 연인이자 이민의 지지자가 된다."에 따르면, 보비는 이민에 대하여 소극적인 태도를 지녔다가 만세의 연인이 된 후 이민을 지지하게 된다. 그러나 3문단 "……소라는 그녀를 백치로 여기던 물개에게 겁탈당한 뒤 바다에 투신한다. 이에 이민을 포기하려 했던 만세는 …… 보비의 독려로 의지를 회복하지만……."에 따르면, 만세는 소라의 투신 이후 적극적이었던 이민 의지를 잃었다가 다시 회복하게 된다. 따라서 만세가 적극적인 이민 의지로 일관했다고 볼 수 없다.

[오답 풀이]

② (나) "우리의 이민선 쨍카호를 타고 신천지를 향해 저 푸른 바다를 뚫구 나가는 거야."와 (가) 2문단 "창수에게 브라질은 사탕무를 심어 부

를 일구는 미래다."에 따르면, 창수는 이민의 목적지인 브라질에 대한 환상이 있으며, 이민이 자신에게 부를 가져다줄 것으로 생각하는 낙관적 태도를 보인다. 반면 덕보가 (나)에서 "유쾌한 거지 떼지 뭡니까?"라고 말하는 데서 덕보는 이민단을 '거지 떼'에 비유하면서 이민을 떠나는 현실을 비판적으로 묘사하고 있음을 알 수 있다.

③ (가) 2문단 "딸 소라는 …… 이민을 '속일 줄도 속을 줄도 모르는 그대로의' 존재인 인형의 고향에 가는 여정으로 생각한다. 창수의 처남 덕보는 제대 후 실업자로 있다가 속이고 미워하는 아수라장 같은 이 땅에 지쳐 이민을 결심한다."에 따르면, 소라는 '속일 줄도 속을 줄도 모르는 그대로의' 순수함을 동경하며 이민에 접근했으며, 덕보는 속이고 미워하는 사회의 비정함을 비관하며 이민에 접근했음을 알 수 있다.

④ (가) 2문단 "창수에게 브라질은 사탕무를 심어 부를 일구는 미래다."와 "아들 만세는 농업에는 관심이 없고 이민을 통해 예술로 세계 속에 한국을 이해시키는 정신적 지주가 되기를 바란다."에 따르면, 창수는 경제적인 성공이, 만세는 예술을 통한 국위 선양이 이민의 목표임을 알 수 있다.

⑤ (가) 2문단 "득찬은 실업 상태를 견디다 못해 아내와 자식, 아버지와 동생까지 데리고 왔다. 월남민 피양댁은 이민을 위해 깡패 물개와 복덕방 영감을 끌어들여 가족을 급조하고 돈으로 좌지우지한다."에 따르면, 피양댁은 이민을 위해 가족을 새로 구성한 반면 득찬은 기존의 가족들을 데리고 이민을 가려고 함을 알 수 있다.

17. 정답 ①

난이도 ★★☆ | 정답률 80%

내용영역 **인문** 문항 유형 **주제, 구조, 관점 파악**

[정답 풀이]

① 피양댁은 경제적 이해타산을 중시하는 인물이나, 극작가는 피양댁을 통해 남성중심적 근대화가 요구하는 '좋은' 여성상을 형상화하지 않았다.
(가) 2문단 "월남민 피양댁은 …… 돈으로 좌지우지한다."와 3문단 "창수는 피양댁의 요구대로 헐값에 땅을 팔려 하나 무산되었다."에 따르면, 피양댁은 경제적 이해타산을 중시하는 인물임을 알 수 있다. 그런데 마지막 문단 "여성인물들은 전쟁을 거치며 요구되었던 가정과 국가에 헌신하는 '좋은' 여성의 상과……."에 따르면, 남성중심적 근대화가 요구하는 '좋은' 여성상은 가정과 국가에 헌신하는 여성이다. 그런데 경제적 이해타산을 중시하는 피양댁의 모습을 가정과 국가에 헌신하는 모습으로 보기 어려우며, 따라서 피양댁이 남성중심적 근대화가 요구하는 '좋은' 여성상을 형상화했다고 볼 수 없다.

[오답 풀이]

② (가) 3문단 "……소라는 그녀를 백치로 여기던 물개에게 겁탈당한 뒤 바다에 투신한다."에 따르면, 소라는 물개의 폭력으로 인해 목숨을 잃게 된다. 그리고 마지막 문단 "「이민선」은 근대화를 이민으로 은유하면서도 여성에 대한 억압과 배제의 모습을 출항하는 이민선의 얼룩처럼 남겨둔다."에 따르면, 「이민선」의 극작가는 남성중심적 근대화가 여성에게 폭력이자 억압으로 작용하는 현실을 작중 여성 인물을 통해 드러내고자 했음을 알 수 있다. 이를 고려할 때, 물개에게 폭력을 당한 소라는 남성중심적 근대화에서 희생된 전후 여성의 현실을 형상화한 것이라고 볼 수 있다.

③ (가) 1문단 "1960년대 근대화 담론은 …… 경세성장의 동력으로 동원한다."에 따르면, 근대화 담론이 성장 지향적이었음을 알 수 있다. 그리고 마지막 문단 "「이민선」은 근대화를 이민으로 은유하면서도 여성에 대한 억압과 배제의 모습을 출항하는 이민선의 얼룩처럼 남겨둔다."와 "……소라의 인형 등이 얼룩처럼 남지만……."에 따르면, 죽음으로 인해 소라가 이민을 함께 하지 못했으며 소라의 인형만 이민선에 남겨졌다는 사실은 얼룩처럼 남겨져 있으면서 여성에 대한 배제의 모습을 형상화한다. 따라서 이민을 함께 하지 못하게 된 소라를 통해 성장 지향적인 근대화에서 낙오된 전후 여성의 일면을 형상화했다고 볼 수 있다.

④ (가) 3문단 "그동안 보비는 만세의 포부에 감동하고 그의 연인이자 이민의 지지자가 된다."에 따르면, 보비는 민족적 열정을 가진 남성 주체인 만세와 관계를 맺고 있으면서 그 민족적 열정을 수용하고 있음을 알 수 있다. 그리고 마지막 문단 "……미래의 환상을 내세워 이민을 이끌어가는 남성들의 강박이 암시되는 것이다."와 "……한편으로 그에 대한 회의를 접어두고 근대화 논리에 수긍하는 여성 극작가의 모순된 정체성을 읽을 수 있다."에 따르면, 극작가는 남성 인물을 지지하는 보비의 모습으로부터 이민을 이끌어가는 남성들의 근대화 논리에 수긍하는 여성의 양상을 형상화했을 것이라고 추론할 수 있다.

⑤ (가) 2문단 "……창수댁은 이민으로 고향을 떠나야 하는 회한에서 쉽게 벗어나지 못한다."에 따르면, 창수댁은 이민을 원하지 않는 인물이라고 볼 수 있다. 그리고 마지막 문단 "……미래의 환상을 내세워 이민을 이끌어가는 남성들의 강박이 암시되는 것이다."와 "창수댁의 정신 착란이나 …… 이민선은 가족을 태우고 출항한다."에 따르면, 정신 착란에 빠진 채 이민선에 타게 되는 창수댁의 모습은 이민선이 상징하는 근대화에 자신의 의지와 무관하게 참여하게 되는 여성의 모습을 그려낸다. 따라서 창수댁을 통해 근대화 과정에 강제로 참여할 수밖에 없었던 전후 여성의 모습을 형상화하고 있다고 볼 수 있다.

18. 정답 ⑤

난이도 ★★☆ | 정답률 44%

내용영역 **인문** 문항 유형 **정보의 평가와 적용**

[정답 풀이]

⑤ (나) "영찬, 장타령을 하며 신나게 엉덩이춤을 춘다. 모두들 손뼉으로 박자를 맞춘다."에 따르면, 장타령은 이민을 기념하는 파티에 참여한 등장인물들이 미래에 대한 환상에 매몰되어 낙관적인 기대에 부풀어 있는 모습을 드러낸다. 그 후 "그, 그만들 하슈, 그만. (괴로운 듯 머리를 움켜쥐며) …… 유쾌한 거지 떼지 뭡니까?"라는 덕보의 발언이 이어진다. '동냥하는 사람이 돌아다니며 구걸을 할 때 부르는 노래'라는 장타령의 의미를 고려할 때, '장타령'은 이민에 참여하는 등장인물들의 은폐되어 있던 현재 상황을 드러내며 각자의 어려운 처지를 환기하도록 하는 계기로 작용한다고 볼 수 있다.

[오답 풀이]

① '한쪽이 빠진 트렁크'는 과거의 경험에 대한 등장인물들의 상반된 태도를 보여주는군.
(나) "인젠 제에발 그 구질구질한 짐짝을 끌구 다니지 말자구 했잖소."와 "(트렁크를 뺏으며) 안 돼요. 하나두 버릴 수 없어요. 이것들은 지난 세월을 말해 주는 웃음과 울음과 한숨이 섞여 부서진 감정의 파편들이에요."에 따르면, '한쪽이 빠진 트렁크'를 창수는 버려야 하는 '구질구질한 짐짝'으로 인식하고, 창수댁은 '지난 세월'이 담긴 '감정의 파편'으로 인식한다. 이는 과거를 버려야 하는 것으로 인식하는 창수와, 고향을 떠나는 회한에서 벗어나지 못하는 창수댁의 과거 경험에 대한 상반된 태도를 보여주는 것이라 할 수 있다.

② '바다'는 등장인물이 과거를 잊고 미래로 나아가기를 꿈꾸는 공간이군.
(나) "바다 깊이 때 묻은 과거를 수장해 버리란 말요."와 "예수가 죽음에서 부활하듯이 우리도 다시 사는 거야. (돌아보며) 그러니 그 구질구질한 과거는 저 바다에 처넣으란 말이야."에 따르면, 창수는 '과거를 수장'하고 이민이라는 미래로 나아가는 일을 예수의 죽음과 부활에 비유한다. 즉 미래로 나아가기 위해 과거는 잊자는 것을 '바다'에 묻어버리라는 식으로 표현한 것이다. 따라서 '바다'는 육체적 죽음을 극복하고 정신의 재생을 꿈꾸는 공간이 아닌, 창수가 과거를 잊고 미래로 나아가기를 꿈꾸는 공간이라고 할 수 있다.

③ '이민선'은 미래에 대한 환상 속의 '신천지'로 등장인물을 인도하는 상징이군.
(나) "우리의 이민선 쨍카호를 타고 신천지를 향해 저 푸른 바다를 뚫구 나가는 거야. ……이 번쩍이는 소망에 행운이 있으라."에 따르면, '이민선'이나 '신천지'는 격정적인 기억 등 과거와 관련된 요소에 대응되는 것이 아니라, 미래에 대한 환상과 대응된다. 따라서 '이민선'은 격정적인 기억 속의 '신천지'로 등장인물을 인도하는 상징이 아니라, 미래에 대한 환상 속의 '신천지'로 창수를 비롯한 등장인물을 인도하는 상징이라고 볼 수 있다.

④ '노끈'은 등장인물의 파편화된 기억을 원래대로 복원하려는 의지를 보여주는 요소가 아니군.
(나)에서 "만세야, 이 노끈으로 같이 얽어매 보자."를 비롯한 창수댁의 대사와 (가) 2문단 "……창수댁은 이민으로 고향을 떠나야 하는 회한에서 쉽게 벗어나지 못한다."에 따르면, 창수댁이 '노끈'으로 무언가 얽어매려는 행위는 과거를 간직하려는 의지를 비유적으로 보여준다고 할 수 있다. 따라서 '노끈'은 창수댁이 과거의 기억을 간직하려는 의지를 보여주는 것이지, 파편화된 기억을 원래대로 복원하려는 의지를 보여준다고 할 수 없다.

[19~21] 제재 | 제도가능곡선 모델
난이도 | ★★☆

19. 정답 ①
난이도 ★★★ | 정답률 39%

내용영역 사회 문항 유형 정보의 확인과 재구성

[정답 풀이]

① 2문단 "바람직한 제도에 대한 전통적인 생각은 시장과 정부 가운데 어느 것을 선택해야 할 것인가를 중심으로 이루어졌다. 그러나 제도가능곡선 모델은 자유방임에 따른 무질서의 비용과 국가 개입에 따른 독재의 비용을 통제하는 데에는 기본적으로 상충관계가 존재한다는 점에 착안한다."와 3문단 "이 곡선은 한 사회의 제도적 가능성, 즉 국가 개입을 점진적으로 증가시키는 제도의 변화를 통해……."에 따르면, 제도가능곡선 모델은 무질서의 비용과 독재의 비용의 상충적인 관계를 토대로 한 사회의 제도적 가능성, 즉 국가 개입을 점진적으로 증가시키는 제도의 변화를 통해 얼마나 많은 무질서를 감소시킬 수 있는지를 나타낸다. 이처럼 제도가능곡선 모델은 제도의 선택을 점진적으로 이해한다는 점에서 시장과 정부를 이분법적으로 파악하는 전통적인 생각에서 벗어나 있다. 따라서 제도가능곡선 모델은 기존의 전통에서 탈피하여 제도의 선택을 이해한다고 할 수 있다.

[오답 풀이]

② 제도가능곡선 모델에 따르면 어떤 제도가 효율적인지는 문제의 특성이나 사회의 특성에 의해 결정된다.
1문단 "이런 난점들을 극복하려는 제도가능곡선 모델은, 해결하려는 문제에 따라 동일한 사회에서 다른 제도가 채택되거나 또는 동일한 문제를 해결하기 위해 사회에 따라 다른 제도가 선택되는 이유를 효율성 시각에서도 설명할 수 있게 해준다."에 따르면, 제도가능곡선은 어떤 제도가 효율적인지는 문제의 특성에 의해서도 결정된다고 보고 있다.

③ 제도가능곡선 모델 제안자들은 항상 효율적 제도가 선택된다고 보지 않는다.
마지막 문단 "제도가능곡선 모델의 제안자들은 효율적 제도가 선택되지 않는 경우도 많다는 것을 인정한다."에 따르면, 제도가능곡선 모델 제안자들은 항상 효율적 제도가 선택된다고 보는 것은 아님을 알 수 있다.

④ 제도가능곡선 모델은 제도가 채택되는 일반적인 체계에 대한 설명을 제시한다.
1문단 "효율성 시각은 …… 전통적으로는 특정한 제도가 한 사회에 가장 이익이 되는 이유를 제시하는 설명에 그치고 체계적인 모델을 제시하지 못했다고 할 수 있다."와 "이런 난점들을 극복하려는 제도가능곡선 모델은 …… 사회에 따라 다른 제도가 선택되는 이유를 효율성 시각에서도 설명할 수 있게 해준다."에 따르면, 제도가능곡선 모델은 제도의 선택에 대해 체계적인 설명을 제시하지 못하는 기존의 효율성 시각의 한계를 극복하기 위해 제시된 것이며, 문제나 사회에 따라 달라지는 제도의 선택을 효율성 시각에서 설명할 수 있도록 하였다. 따라서 제도가능곡선 모델은 제도가 채택되는 일반적인 체계에 대한 설명을 제시하는 이론임을 알 수 있다.

⑤ 제도가능곡선 모델은 사회 전체적으로 가장 이익이 되는 제도가 선택된다고 설명한다.
1문단 "제도의 선택에 대한 설명에는, 합리적인 주체인 사회 구성원들이 사회 전체적으로 가장 이익이 되는 제도를 채택한다고 보는 효율성 시각과……."에 따르면, 효율성 시각이란 사회 전체적으로 가장 이익이 되는 제도가 선택된다고 설명하는 것이다. 제도가능곡선 모델 또한 효율성 시각에서 제도의 선택을 이해하므로 사회 전체적으로 가장 이익이 되는 제도가 선택된다는 입장이다. 따라서 제도가능곡선 모델이 사회 전체적으로 가장 이익이 되는 제도가 선택된다고 설명하지 않는다는 것은 제도가능곡선 모델에 대한 진술과 일치하지 않는다. 다만, 마지막 문단 "제도가능곡선 모델의 제안자들은 효율적 제도가 선택되지 않는 경우도 많다는 것을 인정한다."에 따르면, 제도가능곡선 모델 자체는 효율성 시각에 근거해 있을지라도 실제로 모든 상황에 예외 없이 적용되는 것은 아니라는 점을 제도가능곡선 모델의 제안자들이 인정하고 있을 뿐이다.

20. 정답 ③
난이도 ★★★ | 정답률 42%

내용영역 사회 문항 유형 정보의 추론과 해석

[정답 풀이]

③ 정부에 대한 언론의 감시 및 비판 기능이 잘 작동하여 개인의 자유에 대한 침해 가능성이 낮은 사회에서는 그렇지 않은 사회보다 곡선상의 더 오른쪽에 위치한 제도가 효율적일 것이다.
2문단 "그러나 제도가능곡선 모델은 자유방임에 따른 무질서의 비용과 국가 개입에 따른 독재의 비용을 통제하는 데에는 기본적으로 상충관계가 존재한다는 점에 착안한다. 힘세고 교활한 이웃이 개인의 안전과 재산권을 침해할 가능성을 줄이려면 국가 개입에 의한 개인의 자유 침해 가능성이 증가하는 것이 일반적이라는 것이다."에 따르면, '힘세고 교활한 이웃이 개인의 안전과 재산권을 침해할 가능성'은 '무질서로 인한 사회적 비용'에, '국가 개입에 의한 개인의 자유 침해 가능성'은 '독재로 인한 사회적 비용'에 대응시킬 수 있다. 그리고 자유방임에 따른 무질서의 비용과 국가 개입에 따른 독재의 비용이 상충관계라는 점에서, 무질서로 인한 사회적 비용을 감소시키기 위해서는 독재로 인한 사회적 비용이 증가하게 됨을 알 수 있다.
그렇다면 정부에 대한 언론의 감시 및 비판 기능이 잘 작용하여 개인의 자유에 대한 침해 가능성이 낮은 사회에서는 그렇지 않은 사회보다 같은 수준의 무질서 비용을 감소시키기 위해 증가하는 독재 비용이 더 적을 것이다. 다시 말해, 같은 수준의 독재 비용이 증가했을 때 무질서 비용이 더 많이 감소할 것이다. 제시문에 따르면, 국가 개입이 동일한 정도로 증가했을 때 무질서 비용이 더 많이 감소하는 국가는 제도가능곡선 A에 해당하며, 제도가능곡선 A는 B에 비해 곡선의 모양이 더 가파르고 곡선상의 더 오른쪽에 접점이 형성되어 있다. 그리고 3문단 "……제도가능곡선의 접점에 해당하는 제도가 선택되는 것이 효율적 제도의 선택이다."에 따르면, 접점에 해당하는 제도가 곧 효율적 제도이다. 따라서 개인의 자유에 대한 침해 가능성이 낮은 사회에서는 그렇지 않은 사회보다 곡선상의 더 오른쪽에서 접점이 형성될 것이며, 곡선상의 더 오른쪽에 위치한 제도가 효율적일 것이다.

[오답 풀이]

① 2문단 "이런 상충관계에 주목하여 이 모델은 무질서로 인한 사회적 비용과 독재로 인한 사회적 비용을 합한 총비용을 최소화하는 제도를 효율적 제도라고 본다."에 따르면, 효율적 제도란 무질서와 독재로 인한 사회적 총비용을 최소화한 것이다. 따라서 민사소송과 정부 규제가 혼합된 제도가 효율적 제도라면, 그 외에 나머지 제도는 민사소송과 정부 규제가 혼합된 제도보다 사회적 총비용이 더 많이 들 것이다.

② 5문단 "따라서 불평등이 강화되거나 갈등 해결 능력이 약화되는 역사적 변화를 경험하면 이 곡선이 원점에서 멀어지는 방향으로 이동한다."에 따르면, 시민적 자본이 부족한 사회에서는 시민적 자본이 풍부한 사회보다 제도가능곡선이 원점에서 멀어지기 때문에 동일한 제도라도 사회적 총비용이 더 커진다. 따라서 시민적 자본이 풍부한 사회에서 비효율적인 제도보다 시민적 자본의 수준이 낮은 사회에서 효율적인 제도의 제도가능곡선이 원점에서 더 먼 상태에 있을 수 있으며, 그 결과 무질서와 독재로 인한 사회적 총비용이 더 클 수 있다.

④, ⑤ 5문단 "예컨대 국가 개입이 동일한 정도로 증가했을 때, 개입의 효과가 큰 정부를 가진 국가(A)는 그렇지 않은 국가에 비해 무질서 비용이 더 많이 감소한다. 그러므로 전자가 후자에 비해 곡선의 모양이 더 가파르고 곡선상의 더 오른쪽에서 접점이 형성된다."에 따르면, 국가 개입의 효과가 큰 국가에서는 곡선의 모양이 가팔라서 접점의 곡선의 오른쪽에서 형성되기 쉽다.
그런데 교도소 운영을 국가가 아니라 민간이 맡았을 때 재소자의 권리가 유린되거나 처우가 불공평해질 위험이 너무 커진다는 것은 바꿔 말하면, 민간이 아닌 국가가 맡았을 때 개입의 효과가 크다는 것을 보여준다고 할 수 있다. 따라서 이는 제시문의 곡선 A에 해당한다고 볼 수 있으므로, 곡선이 가팔라지고 접점이 곡선의 오른쪽에서 형성되기 쉬울 것이다.(④) 한편, 경제주체들이 교활하게 사적 이익을 추구함으로써 평판이 나빠져 장기적인 이익이 줄어들 것을 염려해 스스로 바람직한 행위를 선택할 가능성이 큰 산업의 경우, 개인들이 자체적으로 무질서 비용을 줄이고 있으므로 국가가 개입한다고 해서 무질서 비용이 급격하게 감소하지는 않을 것이다. 즉, 국가 개입의 효과가 다른 사회에 비해 떨어지는 곡선 B에 해당한다고 볼 수 있다. 따라서 이 경우 기울기는 완만하게 감소하고 접점이 곡선의 왼쪽에서 형성되기 쉽다.(⑤)

21. 정답 ① 난이도 ★★☆ | 정답률 57%

내용영역 **사회** 문항 유형 **정보의 평가와 적용**

[정답 풀이]

① 철도회사와 대기업이 발달하면서 제도가능곡선이 원점에서 멀어지는 방향으로 이동했군.
5문단 "따라서 불평등이 강화되거나 갈등 해결 능력이 약화되는 역사적 변화를 경험하면 이 곡선이 원점에서 멀어지는 방향으로 이동한다."에 따르면, 제도가능곡선은 불평등이 심화된 사회에서는 원점으로부터 멀어진다는 것을 알 수 있다. 그런데 〈보기〉에 따르면, 철도회사와 대기업이 발달하면서 소송 당사자들 사이에 불평등이 심화되는 문제가 발생하였다. 따라서 제도가능곡선은 철도회사와 대기업이 발달하면서 원점에서 멀어지는 방향으로 이동하였을 것이다.

[오답 풀이]

② 1문단 "제도가능곡선 모델은 …… 효율성 시각에서도 설명할 수 있게 해준다."에 따르면, 제도가능곡선 모델 또한 효율성 시각에서 제도의 선택을 이해한다. 이때, 효율성 시각이란 어떤 제도가 선택된다는 것은 그것이 가장 이익이 되는 즉, 효율성 있는 제도임을 전제하고 있다. 〈보기〉에 따르면, 철도회사와 대기업이 발달하기 전에는 소송 당사자들 사이에 불평등이 심하지 않아 정부의 통제나 규제 대신 민사소송이 많은 문제의 해결을 담당하였다. 이는 민사소송이 효율적인 당시 상황에서는 가장 이익이 되는 제도임을 보여준다. 따라서 철도회사와 대기업이 발달하기 전에는 많은 문제의 해결을 민사소송에 의존하는 것이 효율적이었다고 볼 수 있다.

③ 〈보기〉에 따르면, 규제국가는 철도회사와 대기업이 발달하면서 불평등이 심해지자 이를 해결하기 위한 방안으로 탄생한 것이다. 따라서 규제국가의 탄생으로 소송 당사자들 간의 불평등은 완화되었을 것임을 알 수 있다. 5문단 "따라서 불평등이 강화되거나 갈등 해결 능력이 약화되는 역사적 변화를 경험하면 이 곡선이 원점에서 멀어지는 방향으로 이동한다."에 따르면, 불평등이 강화되거나 갈등 해결 능력이 약화되는 상황에서는 제도가능곡선이 원점에서 멀어지므로 그 결과 사회적 총비용은 증가할 것이다. 그런데 규제국가의 탄생으로 불평등이 19세기 후반보다 완화되고 갈등 해결 능력이 강화되었으므로, 이 경우 제도가능곡선은 원점에 가까워지고 사회적 총비용 또한 줄어들 것이다.

④ 5문단 "따라서 불평등이 강화되거나 갈등 해결 능력이 약화되는 역사적 변화를 경험하면 이 곡선이 원점에서 멀어지는 방향으로 이동한다."와 "이러한 능력이 일종의 제약 조건이라면, 어떤 제도가 효율적일 것인지는 제도가능곡선의 모양에 의해 결정된다."에 따르면, 사회의 시민적 자본의 수준에 따라 제도가능곡선의 위치가 결정되고 그 결과 효율적인 제도 또한 사회에 따라 다르게 나타날 것임을 알 수 있다. 그렇다면, 〈보기〉와 같이 철도회사와 대기업의 발달로 소송 당사자들 사이에 불평등이 심화된 경우 제도가능곡선의 위치는 원점에서 멀어질 것이다. 그리고 〈보기〉에 따르면, 소송 당사자들 사이에 불평등을 해소하고자 민사소송이 담당했던 많은 문제들에 대한 사회적 통제를 연방정부와 주정부의 규제당국들이 담당하게 되었다. 이는 국가개입이 강화된 제도가 효율적 제도로 선택되었음을 의미한다. 이 경우 제도가능곡선의 모양은 가팔라지고 정부 규제에 가까운 부분에서 접점이 형성될 것이다. 따라서 규제국가는 많은 문제에서 제도가능곡선의 모양과 위치가 변화한 것에 대응하여 효율적 제도를 선택한 결과라 할 수 있다.

⑤ 5문단 "예컨대 국가 개입이 동일한 정도로 증가했을 때, 개입의 효과가 큰 정부를 가진 국가는 그렇지 않은 국가에 비해 무질서 비용이 더 많이 감소한다. 그러므로 전자가 후자에 비해 곡선의 모양이 더 가파르고 곡선상의 더 오른쪽에서 접점이 형성된다."에 따르면, 국가 개입의 효과가 큰 국가에서는 곡선의 모양이 가팔라진다. 〈보기〉에 따르면, 철도회사와 대기업이 발달한 이후에 소송 당사자들 사이의 불평등과 사법부의 부패가 심해짐에 따라 이를 해결하고자 규제국가가 탄생하였다. 이때, 규제국가의 탄생은 곧 사회 문제 해결에 정부 개입의 효과가 큼을 전제하고 있다. 따라서 철도회사와 대기업이 발달한 이후에 소송 당사자들 사이의 불평등과 사법부의 부패가 심해짐에 따라 제도가능곡선의 모양이 더욱 가팔라졌음을 알 수 있다.

[22~24] 제재 | 헤겔의 '낭만적인 것' 의미
난이도 | ★★★

22. 정답 ② 난이도 ★★★ | 정답률 38%

내용영역 **인문** 문항 유형 **주제, 구조, 관점 파악**

[정답 풀이]

② 3문단 "반면 기독교는 자연적 대상의 숭배 또는 매개를 넘어섰다는 점에서 기독교적인 것이기는 하지만 …… 기독교적인 것의 불완전 단계로 평가된다."에 따르면, 기독교는 기독교적인 것에 속한다. 그런데 3문단 "……그가 몇몇 지점에서 낭만적인 것을 기독교적인 것과 같은 의미로 사용되고 있다는 점에 유의해야 한다."와 "……기독교적인 것은 비록 언어적으로 종교적 색채를 풍기기는 하지만 …… 정신철학적 범주이다."에 따르면, 헤겔은 정신철학적 범주에서 낭만적인 것과 기독교적인 것을 동일한 의미로 보고 있다. 따라서 기독교적인 것에 속하는 기독교는 정신적 작동 방식의 측면에서 낭만적인 것에 속한다고 할 수 있다.

[오답 풀이]

① 낭만주의와 기독교는 서로 바꾸어 쓸 수 있는 동의어가 아니다.
3문단 "……그가 몇몇 지점에서 낭만적인 것을 기독교적인 것과 같은 의미로 사용되고 있다는 점에 유의해야 한다."에 따르면, 헤겔이 규정한 낭만적인 것과 기독교적인 것은 정신철학적 범주에서 동일한 의미라 할 수 있다. 그렇다고 해서 낭만주의와 기독교가 동의어인 것은 아니다. 3문단에 따르면, 기독교는 엄연히 "제도화된 신앙 및 교리 체계"로서의 의미를 지니는 것이다. 그런데 낭만주의는 4문단에서 알 수 있듯이 "감성과 상상력의 무제한적 발산, 가슴 속의 모든 것을 표출할 수 있는 자유"를 지향하는 것으로, 기독교의 의미와는 분명한 차이를 보인다.

③ 낭만주의와 기독교는 완전한 형태의 내면적 지성성을 획득하지 못한다.
3문단 "반면 기독교는 …… 개념적 반성을 필요조건으로 하는 지성의 완전한 순수 내면성에는 미치지 못하기에, 기독교적인 것의 불완전한 단계로 평가된다."에 따르면, 기독교는 내면적 지성성을 의미하는 기독교적인 것에는 미치지 못하는 단계이다. 그리고 마지막 문단 "그러나 낭만주의가 달성하는 정신의 내면성은 개념적 반성성에 의거한 철학적 사유의 내면성에는 아직 이르지 못한 열등한 것이며……."에 따르면, 낭만주의 또한 완전한 형태의 내면적 지성성에 도달하지 못하는 불완전한 단계이다.

④ 최고도의 기독교적인 것은 예술사조로서의 낭만주의를 통해 성취되지 않는다.
3문단 "따라서 가장 완전한 의미에서 기독교적인 것은 순수한 개념적 반성을 통해 진리를 인식하는 철학에서 달성된다."에 따르면, 최고도의 기독교적인 것은 철학을 통해 성취되는 것이다. 그런데 2문단 "……무한한 상상력과 감수성이 핵심인 낭만주의는 응당 극복되어야 할 전형적인 지적 미성숙의 상태이다."에 따르면, 낭만주의는 오히려 극복되어야 할 지적 미성숙의 상태를 의미한다. 이는 이성적 사유를 토대로 하는 정신의 고급 단계와는 거리가 멀다. 따라서 최고도의 기독교적인 것은 예술사조로서의 낭만주의를 통해 성취되는 것이 아니라 이성적 사유를 통해 성취될 수 있는 것이다.

⑤ 낭만적인 것과 기독교적인 것은 '정신의 가장 고급한 단계'에서 순수한 개념적 반성을 통해 수행되는 것이다.
3문단 "……낭만적인 것을 기독교적인 것과 같은 의미로 사용하고 있다는 점에 유의해야 한다."와 마지막 문단 "진정으로 낭만적인 것은 철학적 사유에서 비로소 성취된다."에 따르면, 낭만적인 것과 기독교적인 것은 철학적 사유를 통해 성취되는 것이다. 그런데 3문단 "그에 따르면 정신의 가장 저급한 단계는 객체에 대한 주체의 의존성이 가장 지배적인 감각적 지각의 단계이며, 가장 고급한 단계는 그러한 대상 의존성을 완전히 극복한 정신적 주체의 순수하고 내면적인 재귀적 작동인 반성, 즉 이성적 사유이다."에 따르면, 철학적 사유, 즉 이성적 사유는 정신의 가장 고급한 단계에서 이루어지는 것이다. 따라서 낭만적인 것과 기독교적인 것은 모든 단계에서 순수한 개념적 반성을 통해 수행되는 것이 아니라 정신의 가장 고급한 단계에서 수행되는 것이다.

23. 정답 ② 난이도 ★★☆ | 정답률 48%

내용영역 **인문** 문항 유형 **정보의 추론과 해석**

[정답 풀이]

② 3문단 "……가장 고급한 단계는 그러한 대상 의존성을 완전히 극복한 정신적 주체의 순수하고 내면적인 재귀적 작동인 반성, 즉 이성적 사유이다."와 "이는 절대자, 곧 '신'이 어떤 인격체가 아니라 세계의 근본적 존재 구조 내지는 원리로서의 이성이라고 보는 그의 절대적 관념론에 의거한다."에 따르면, 헤겔의 정신철학적 범주에서 정신의 가장 고급 단계는 이성적 사유이다. 이는 헤겔이 세계의 근본적 존재 구조를 이성이라고 본 것에 근거한다. 그리고 3문단 "절대자 그 자체가 완전한 이성적 구조, 즉 개념의 엄밀하고도 완전한 자기 운동 체계이므로, 그것에 호응하는 인간 지성의 형식 역시 개념적 사유 능력인 이성이어야 한다는 것이다."에 따르면, 헤겔은 세계의 근본적 존재 구조가 이성이기에 인간 지성의 형식 역시 이러한 존재 구조에 호응하는 이성이어야 한다는 인식을 드러낸다. 따라서 참된 인식의 수행 방식은 인식의 궁극적 대상의 존재 구조에 대응해야 한다고 생각하는 것은 ㉠을 추론한 것으로 가장 적절하다고 할 수 있다.

[오답 풀이]

① 정신의 재귀적 작동이 최고도로 이루어지는 것은 신앙과 예술의 영역이 아니다.
3문단 "……가장 고급한 단계는 그러한 대상 의존성을 완전히 극복한 정신적 주체의 순수하고 내면적인 재귀적 작동인 반성, 즉 이성적 사유이다."에 따르면, 정신의 재귀적 작동이란 곧 이성적 사유를 의미한다. 이때 이성적 사유는 내면적 지성성이라 할 수 있다. 그런데 3문단 "내면적 지성성에는 여러 단계가 있고 그 완전한 단계는 개념적 사유를 통한 철학인 한에서……."에 따르면, 내면적 지성성의 완전한 단계는 철학에 한정된다. 따라서 정신의 재귀적 작동은 신앙과 예술의 영역이 아니라 철학 영역에서 최고도로 이루어지는 것이다.

③ 구체적 현실에 대한 체험보다는 개념의 연쇄를 통한 논리적 추론을 인식의 출처로 평가할 것이다.
1문단 "헤겔에게서 낭만은 …… 그 실질적 내용 면에서는 그의 정신철학 전체의 핵심을 적확하게 드러내는 개념이라 할 수 있다."에 따르면, 헤겔이 낭만의 최고 단계라고 생각하는 것이 곧 헤겔 정신철학 전체의 핵심이라 할 수 있으며, 그 최종 단계로 성취되는 것이 곧 낭만적인 것이다. 그런데 마지막 문단 "……낭만주의가 주어진 경험 세계를 넘어서는 지적 주체의 내면적 작동을 중심 원리로 하는 것은 분명하기에 낭만주의는 의심할 바 없이 낭만적인 것의 하나이다."에 따르면, 주어진 경험 세계를 넘어선다는 것은 낭만적인 것의 속성이라 할 수 있다. 따라서 구체적 현실에 대한 체험을 인식의 출처로 평가하는 것은 ㉠을 추론한 것이라 할 수 없다.

④ 절대적 진리에 대한 최고의 인식은 인격화된 절대자의 존재를 증명하는 데서 이루어지지 않는다.
3문단 "이는 절대자, 곧 신이 어떤 인격체가 아니라 세계의 근본적인 존재 구조 내지 원리로서의 이성이라고 보는 그의 절대적 관념론에 의거한다."에 따르면, 헤겔은 절대자를 이성으로 규정하였지, 인격화된 어떤 것으로 규정하지 않았다. 따라서 인격화된 절대자의 존재를 증명함으로써 절대적 진리에 대한 최고의 인식에 도달하고자 하는 것은 ㉠을 추론한 것이라 할 수 없다.

⑤ 정신 내면의 자유로운 상상력의 작동으로는 최고의 지적 탁월성이 달성될 수 없다.
2문단 “헤겔의 관점에서 볼 때 무한한 상상력과 감수성이 핵심인 낭만주의는 응당 극복되어야 할 전형적인 지적 미성숙의 상태이다.”에 따르면, 정신 내면의 자유로운 상상력의 작동, 즉 낭만은 지적 미성숙의 상태이다. 따라서 정신 내면의 자유로운 상상력의 작동에서 최고의 지적 탁월성이 달성된다고 여기는 것은 ㉠을 추론할 것이라 할 수 없다.

24. 정답 ④ 난이도 ★★☆ | 정답률 71%

내용영역 인문 / 문항 유형 정보의 평가와 적용

[정답 풀이]

④ 마지막 문단 “……낭만주의가 주어진 경험 세계를 넘어서는 지적 주체의 내면적 작동을 중심 원리로 하는 것은 분명하기에 낭만주의는 의심할 바 없이 낭만적인 것의 하나이다.”에 따르면, 낭만적인 것은 곧 지적 주체의 내면적 작동을 중심 원리로 한다. 따라서 회화를 낭만적 장르로 분류하는 방식은 회화적 표현이 근본적으로 주체의 정신적 내면성에 의거한다는 점에 근거해 있는 것이라 할 수 있다.

[오답 풀이]

① ‘낭만적’ 예술 장르는 철학적 사변의 한계를 넘어서지 않으며, 이로써 낭만적인 것을 더욱 높이 추동시키지도 않는다.
마지막 문단 “진정으로 낭만적인 것은 철학적 사유에서 비로소 성취된다.”에 따르면, 낭만적인 것은 철학적 사유의 내면성에 도달한 것이지, 철학적 사변의 한계를 넘어선 것이라고 할 수 없다. 따라서 어떤 예술 장르를 ‘낭만적’이라고 부르는 것은 예술이 철학적 사변의 한계를 넘어섰다고 본 것이 아니며, 이로써 낭만적인 것을 더욱 높이 추동시킨다는 생각에서 비롯된 것도 아니다.

② 인간의 본질을 세속의 미시적 현실에서 찾아야 한다는 인식의 전환을 보여주지 않는다.
〈보기〉에 따르면, 네덜란드 장르화에 형상화된 인간적인 것 그 자체는 “네덜란드인들 고유의 자기 확신과 자기 지향성”을 근간으로 하고 있다. 이는 마지막 문단 “지적 주체의 내면적 작동”에 대응시킬 수 있으며, 세속의 미시적 현실을 의미하지 않는다. 따라서 네덜란드의 장르화에서 인간적인 것 그 자체가 형상화된다는 진술은 인간의 본질을 세속의 미시적 현실에서 찾아야 한다는 인식의 전환을 사상적 토대로 한다고 볼 수 없다.

③ 양식상 사실주의로 분류되는 장르화를 낭만적인 것으로 부르는 것은 일상의 사실적 묘사 속에서 정신의 내면성이 함축되어 있다는 판단에서 비롯된다.
3문단 “……기독교적인 것은 비록 언어적으로 종교적 색채를 풍기기는 하지만, 제도화된 신앙 및 교리 체계로서의 기독교를 넘어서는 정신철학적 범주이다.”에 따르면, 헤겔이 기독교적인 것을 낭만적인 것과 동일한 의미로 사용하고 있는 이유는 기독교적인 것이 종교적 의미를 뛰어넘는, 즉 순수한 내면적 정신성을 성취하는 것이기 때문이다. 따라서 양식상 사실주의로 분류되는 장르화를 낭만적인 것으로 부르는 것은 일상의 사실적 묘사 속에 기독교의 교리가 함축되어 있기 때문이 아니라, 그 묘사 속에 정신의 내면성이 함축되어 있기 때문이다.

⑤ 네덜란드 장르화를 낭만적인 것으로 설명하는 것은 개념적 반성성에 의거한 철학적 사유의 내면성이 가장 모범적으로 작용하고 있다는 평가에 바탕을 둔다.
마지막 문단 “감성과 상상력의 무제한적 발산, 즉 가슴 속의 모든 것을 표출할 수 있는 자유를 지향하는 …… 낭만주의는 의심할 바 없이 낭만적인 것의 하나이다.”와 “그러나 낭만주의가 …… 열등한 것이며, 이에 낭만주의는 낭만적인 것의 완전한 전형이 될 수 없다.”에 따르면, 상상력의 무제한적 발산을 추구하는 낭만주의의 미적 전략은 낭만적인 것의 완전한 전형이 될 수 없다. 그렇다면, 이와 같이 낭만주의의 전략을 구사하는 회화 작품 역시 낭만적인 것이라 볼 수 없을 것이다. 마지막 문단 “진정으로 낭만적인 것은 철학적 사유에서 비로소 성취된다.”에 따르면, 네덜란드 장르화를 낭만적인 것으로 설명하는 것은 그 작품에 개념적 반성성에 의거한 철학적 사유의 내면성이 함축되어 있기 때문임을 알 수 있다.

[25~27] 제재 | 중력파 검출 실험의 원리
난이도 | ★★★

25. 정답 ③ 난이도 ★★☆ | 정답률 49%

내용영역 과학기술 / 문항 유형 정보의 확인과 재구성

[정답 풀이]

③ 산탄 잡음에 의한 신호대잡음비는 레이저 출력이 클수록 커진다.
4문단 “따라서 광자의 개수를 늘리면 산탄 잡음에 의한 신호대잡음비를 증가시킬 수 있는데 공진기는 그 안에 레이저 빛을 가둠으로써 간섭계 내부의 광자 개수를 증가시키는 역할도 한다. 하지만 이 정도로는 원하는 신호대잡음비를 얻기에 부족하고 레이저의 출력을 높이는 데에 한계가 있다.”와 “……출력 재활용 거울(M5)을 설치하여 간섭계에 사용되는 유효 레이저 출력을 원하는 수준으로 높인다.”에 따르면, 공진기와 출력 재활용 거울은 유효 레이저 출력을 높이고 간섭계 내부 광자 개수를 증가시키는 역할을 한다. 그리고 광자의 개수를 늘리면 산탄 잡음에 의한 신호대잡음비가 증가한다. 따라서 산탄 잡음에 의한 신호대잡음비는 레이저 출력이 클수록 커질 것이다.

[오답 풀이]

① 2문단 “……간섭계가 놓인 면을 중력파가 통과하며 …… 빛이 지나는 두 경로의 길이 차가 시간에 따라 변화하고 광검출기에서 측정되는 빛의 세기가 그에 따라 변화한다. 이를 측정하면 중력파의 세기와 진동수를 알아낼 수 있다.”에 따르면, 레이저 간섭계의 경로 길이 변화로 경로 간 길이 차이에 변화가 일어나면, 광검출기에서 측정되는 빛의 세기가 그에 따라 변화한다. 그리고 이를 측정하면 중력파를 감지할 수 있다. 따라서 중력파는 레이저 간섭계의 경로 길이 변화를 통해 감지된다고 할 수 있다.

② 4문단 “……이때 빛의 세기는 광자의 개수에 비례한다.”와 “……공진기는 그 안에 레이저 빛을 가둠으로써 간섭계 내부의 광자 개수를 증가시키는 역할도 한다.”에 따르면, 빛의 세기가 광자의 개수에 비례하므로 공진기는 간섭계 내부 빛의 세기를 증가시키는 역할을 한다고 볼 수 있다.

④ 마지막 문단 “……광자가 거울에 충돌하며 ‘복사압’이라는 힘을 작용하여 거울이 미세하게 움직이기 때문이다. 광자 개수의 요동이 거울의 요동과 그에 따른 간섭계 경로 길이의 요동을 유발하여 간섭신호의 잡음으로 나타나는데,…….”에 따르면, 광자 개수의 요동이 거울의 요동을 일으키고 그에 따른 간섭계 경로 길이의 요동을 유발하면 나타나는 잡음이 복사압 잡음이다. 따라서 복사압 잡음이 광자 개수의 요동 때문에 발생한다고 할 수 있다.

⑤ 마지막 문단 “……복사압 잡음에 의한 신호대잡음비는 진동수가 작을수록 급격히 감소하며…….”에 따르면, 복사압 잡음에 의한 신호대잡음비는 진동수가 작을수록 급격히 작아진다. 따라서 진동수가 클수록 복사압 잡음에 의한 신호대잡음비는 커질 것이다.

26. 정답 ⑤ 난이도 ★★★ | 정답률 22%

내용영역 **과학기술** 문항 유형 **정보의 추론과 해석**

[정답 풀이]

ㄴ. 마지막 문단 “빛의 입자적 성질은 간섭신호에 ‘복사압 잡음’이라고 불리는 또 다른 잡음을 일으키는데, 광자가 거울에 충돌하며 ‘복사압’이라는 힘을 작용하여 거울이 미세하게 움직이기 때문이다.”에 따르면, 광자가 거울에 충돌하면 결과적으로 복사압 잡음이 발생한다. 그리고 3문단 “……투과율을 갖도록 하여 빛이 출입할 수 있도록 하였다. 이 경우 공진기 밖으로 나온 빛은…….”에 따르면, 거울의 반사율을 감소시키면 거울에 충돌하여 반사되지 않고 간섭계를 빠져나가는 광자의 개수가 증가한다고 추론할 수 있다. 즉 출력 재활용 거울의 반사율을 감소시키면 거울에 충돌하는 광자의 개수가 감소하며, 따라서 복사압 잡음이 감소하게 될 것이다.

ㄷ. 3문단 “중력파는 공간을 일정한 비율로 변형시키므로 간섭계의 경로 길이를 되도록 크게 하는 것이 길이의 변화량을 크게 할 수 있어…….”에 따르면, 간섭계의 경로 길이가 늘어나면 중력파에 의한 경로 길이 변화량이 늘어난다. 그리고 “……각 공진기의 두 거울 사이를 빛이 여러 번 왕복하도록 함으로써 유효 경로 길이를 늘리는 방법을 사용하였다.”에 따르면, 공진기는 기본적으로 거울 사이의 왕복 횟수를 늘려서 간섭계의 유효 경로 길이를 늘리기 위해 사용된다. 이때 각 공진기를 구성하는 두 거울 사이의 거리를 늘리면 간섭계의 경로 길이는 더 증가할 것이며, 따라서 중력파에 따른 경로 길이 변화량 역시 늘어날 것이다.

[오답 풀이]

ㄱ. 중력파가 검출될 때, 광검출기에서 측정되는 빛의 세기는 일정하지 않을 것이다.
2문단 “……간섭계가 놓인 면을 중력파가 통과하며 공간의 수축과 팽창이 반복되면 빛이 지나는 두 경로의 길이 차가 시간에 따라 변화하고 광검출기에서 측정되는 빛의 세기가 그에 따라 변화한다. 이를 측정하면 중력파의 세기와 진동수를 알아낼 수 있다.”에 따르면, 중력파가 간섭계가 놓인 면을 통과함으로써 공간의 수축과 팽창이 반복되면 광검출기에서 측정되는 빛의 세기가 변화한다. 따라서 중력파가 검출될 때, 광검출기에서 측정되는 빛의 세기는 일정하지 않고 변화할 것이라고 추론할 수 있다.

27. 정답 ③ 난이도 ★★☆ | 정답률 43%

내용영역 **과학기술** 문항 유형 **정보의 평가와 적용**

[정답 풀이]

〈보기〉 “……민감도(1/신호대잡음비)를 진동수에 따라 나타낸 것이다.”에 따르면, 〈보기〉의 그래프를 다음과 같이 진동수와 신호대잡음비에 대한 그래프로 변환할 수 있다.

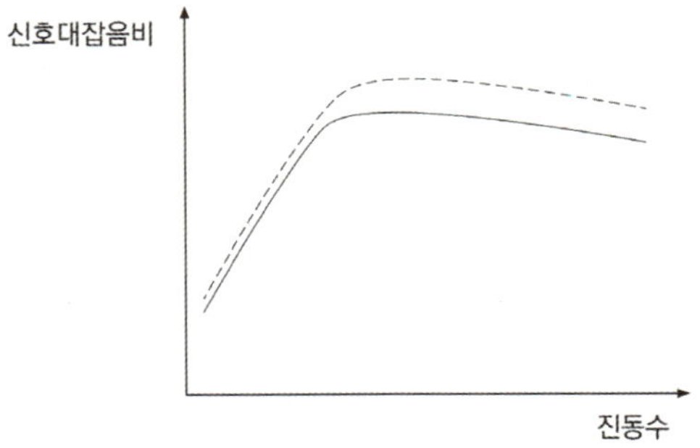

즉 〈보기〉에서는 특정한 물리량을 증가시킴으로써 실선으로 나타난 신호대잡음비를 점선과 같은 신호대잡음비로 개선하고자 하는 것이다. 그리고 〈보기〉 “여기서 신호대잡음비는 산탄 잡음과 복사압 잡음 모두에 의한 것이다.”와 제시문 마지막 문단 “따라서 두 잡음의 합으로 결정되는 신호대잡음비…….”에 따르면, 변환된 그래프의 신호대잡음비는 다음과 같다.

$$\text{신호대잡음비} = \frac{\text{신호크기}}{\text{산탄 잡음} + \text{복사압 잡음}}$$

그리고 마지막 문단 “……복사압 잡음에 의한 신호대잡음비는 진동수가 작을수록 급격히 감소하며, 산탄 잡음에 의한 신호대잡음비는 진동수가 클수록 완만히 감소한다.”에 따르면, 그래프에서 진동수 증가에 따른 신호대잡음비의 증가 추세는 복사압 잡음에 의한 신호대잡음비의 변화에 더 크게 영향을 받은 것이고, 감소 추세는 산탄 잡음에 의한 신호대잡음비의 변화에 더 크게 영향을 받은 것이라고 할 수 있다. 따라서 실선 대비 점선 위치를 고려할 때, 특정한 물리량의 증가가 신호대잡음비에 어떻게 영향을 미치는지를 판단해야 한다고 볼 수 있다.

ㄱ. 마지막 문단 “……거울의 질량이 클수록 거울의 요동이 작아진다.”에 따르면, 거울의 질량이 클수록 거울의 요동이 작아져 복사압 잡음이 줄어든다. 따라서 거울의 질량을 증가시키면 복사압 잡음이 감소하는 만큼 신호대잡음비가 증가하여 그래프가 점선의 모양으로 개선될 것이다.

ㄴ. 4문단 “……광자의 개수를 늘리면 산탄 잡음에 의한 신호대잡음비를 증가시킬 수 있는데 공진기는 그 안에 레이저 빛을 가둠으로써 간섭계 내부의 광자 개수를 증가시키는 역할도 한다.”와 “……출력 재활용 거울(M5)을 설치하여 간섭계에 사용되는 유효 레이저 출력을 원하는 수준으로 높인다.”에 따르면, 레이저 출력을 증가시키면 간섭계 내부 광자 개수가 증가할 것이라고 추론할 수 있다. 그리고 “신호의 크기는 광자의 개수 N에 비례하고, 광자 개수의 요동에 의한 잡음은 N의 제곱근($\sqrt{N}$)에 비례한다.”에 따르면, 신호크기는 광자 개수에, 산탄 잡음은 광자 개수의 제곱근에 비례한다. 따라서 광자 개수가 증가하면 산탄 잡음 대비 신호크기가 더 많이 증가하므로, 산탄 잡음에 의한 신호대잡음비의 영향을 더 많이 받는 진동수 대역에서 신호대잡음비가 증가하여 그래프가 점선의 모양으로 개선될 것이다.

[오답 풀이]

ㄷ. 출력 재활용 거울의 투과율이 증가하면 그래프가 점선의 모양대로 개선되지 않을 것이다.
3문단 “……투과율을 갖도록 하여 빛이 출입할 수 있도록 하였다.”와 4문단 “따라서 광자의 개수를 늘리면 산탄 잡음에 의한 신호대잡음비를 증가시킬 수 있는데 …… 간섭계 내부의 광자 개수를 증가시키는 역할도 한다.”에 따르면, 출력 재활용 거울의 투과율을 높이면 빛이 빠져나간 만큼 간섭계 내부 광자 개수가 감소하여 신호크기가 작아지므로 산탄 잡음에 의한 신호대잡음비는 감소할 것이다. 그리고 마지막 문단 “광자가 거울에 충돌하며……. 광자 개수의 요동이 거울의 요동과 …… 간섭신호의 잡음으로 나타나는데…….”에 따르면, 투과율을 높였을 때 거울에 충돌하는 광자 개수는 감소할 것이므로 복사압 잡음은 줄어들 것이다. 그러나 신호대잡음비가 점선과 같이 개선되려면, 신호대잡음비가 감소 추세를 보이는 진동수 대역, 즉 산탄 잡음에 의한 신호대잡음비의 영향이 더 큰 진동수 대역에서의 신호대잡음비가 증가해야 한다. 그런데 출력 재활용 거울의 투과율을 높이는 것은 산탄 잡음에 의한 신호대잡음비가 감소하는 결과를 낳는다. 이를 고려할 때, 복사압 잡음이 감소하더라도 산탄 잡음에 의한 신호대잡음비의 감소로 인해 그래프의 모양은 개선되지 않을 것이다.

[28~30] 제재 | 법정립적 폭력과 법보존적 폭력
난이도 | ★★☆

28. 정답 ⑤

난이도 ★★☆ | 정답률 80%

내용영역 **규범** 　문항 유형 **정보의 확인과 재구성**

[정답 풀이]

⑤ 마지막 문단 "또한 법보존적 폭력은 법정립적 폭력에 이미 내재되어 있다고 보았다. 정립은 자기보존적인 반복에 대한 요구를 내포하며 …… 때문이다."에 따르면, 데리다는 법보존적 폭력이 법정립적 폭력에 내재되어 있으며 정립은 자기보존적인 반복에 대한 요구를 내포하고 있다고 보았다. 따라서 데리다는 법을 보존하기 위한 반복적이고 제도화된 폭력들이 법정립적 폭력에 포함되어 있다고 이해한다.

[오답 풀이]

① 벤야민은 법정립적 폭력과 법보존적 폭력 모두 신화적 폭력에 속하는 것으로 규정한다.
4문단 "더 나아가 그는 법 정립과 법 보존의 이러한 순환 회로를 신화적 폭력이라 명명하면서 그것을 신적 폭력과 구별 짓는다."에 따르면, 벤야민은 법보존적 폭력을 신적 폭력에 속하는 것으로 규정하지 않았다.

② 벤야민은 신적 폭력이 도래함으로써 법 정립과 법 보존의 순환 회로가 폭파될 것으로 보았다.
4문단 "신적 폭력은 법을 허물어뜨리는 순수하고 직접적인 폭력이다. 벤야민은 이것이 신화적 폭력의 순환 회로를 폭파하고……."에 따르면, 벤야민은 신적 폭력이 법 정립과 법 보존의 순환 회로, 즉 신화적 폭력의 순환 회로를 폭파한다고 보았다. 그리고 이러한 신적 폭력이 새로운 질서로 나아가게끔 하는 적극적 동력이라고 보아 신적 폭력을 긍정적으로 평가하였다. 따라서 벤야민은 신적 폭력이 도래함으로써 법 정립과 법 보존의 순환 회로가 더 강고해질 수 있다고 보지 않았으며, 신적 폭력에 대해 우려하는 태도를 보이지는 않는다.

③ 벤야민은 법의 수단으로 사용되는 폭력이 자신의 목적을 달성하는 순간 힘을 상실하여 소거되는 것이 아니라고 보았다.
4문단 "여기서 폭력은 법 제정의 수단으로 복무하지만, 목적한 바가 법으로 정립되는 순간 퇴각하는 것이 아니라 자신의 도구적 성격을 넘어서 힘 자체가 된다."에 따르면, 벤야민은 법 제정의 수단이 되는 폭력이 목적을 달성하는 순간 소거되는 것이 아니라고 보았다. 오히려 폭력은 법 정립의 목적을 달성한 후에는 자신의 도구적 성격을 넘어서 힘 자체가 된다고 보았다.

④ 데리다는 폭력의 적법성이 법 언어 행위를 통해 사후적으로 정립된다고 본다.
마지막 문단 "데리다는 「법의 힘」에서 합법화된 폭력을 소급적으로 정립하는 법의 발화수반적 힘을 분석했다. 그는 법 언어 행위를 통해 적법한 권력과 부정의한 폭력 사이의 경계가 비로소 그어진다고 설명했다."에 따르면, 데리다는 적법한 권력과 부정의한 폭력이 처음에는 경계 없이 있다가 법 언어 행위를 통해 그 경계가 생겨난다고 보았다. 즉, 데리다에 의하면 폭력의 적법성이란 법 언어 행위를 통해 사후적으로 정립되는 것이다.

29. 정답 ⑤

난이도 ★★☆ | 정답률 56%

내용영역 **규범** 　문항 유형 **정보의 추론과 해석**

[정답 풀이]

⑤ ㉠과 ㉡ 모두 법적으로 승인된 폭력이 자신을 법 바깥의 폭력들과 차등화하는 문제에 충분한 관심을 두지 않았다.
3문단 "또한 법이 스스로 저지르는 폭력만을 정당한 강제력으로 상정하고 다른 모든 형태의 폭력적인 것들을 폭력으로 치부하는 문제에 관해 양편 모두 충분한 관심을 두지 않아 왔음을 지적했다."에 따르면, 벤야민은 자연법론(㉠)과 법실증주의(㉡) 모두 법적으로 승인된 폭력만을 정당한 강제력으로 상정하고 그 외의 폭력적인 것들은 그저 폭력으로 치부하는 것에 대해 충분한 관심을 두지 않았다고 지적하고 있다. 따라서 법실증주의(㉡) 또한 자연법론(㉠)과 마찬가지로 법적으로 승인된 폭력이 자신을 법 바깥의 폭력들과 차등화하는 문제에 주목한다고 볼 수 없다.

[오답 풀이]

① 2문단 "벤야민에 따르면, 고전적인 자연법론은 법 창출과 존속의 근거를 …… 외부적인 실체의 권위로부터 구한다."에 따르면, 고전적 자연법론은 법 창출과 존속의 근거 즉, 정당성 판단의 준거가 될 법적 권위를 외부적인 실체의 권위로부터 구한다. 따라서 자연법론(㉠)은 정당성 판단의 준거가 될 법적 권위를 법 바깥에서 구한다고 볼 수 있다.

② 2문단 "반면 법실증주의는 폭력을 수단으로 사용하기 위한 절차적 정당성이 확보되었는지 여부에 주목한다."에 따르면, 법실증주의(㉡)는 절차적 정당성의 확보 여부가 법적 폭력을 수단으로 사용하는 것을 판단하는 데 중요한 기준이 된다고 보았다. 따라서 법실증주의(㉡)는 수단의 절차적 정당화 여부에 따라 법의 폭력성을 판단해야 한다고 주장한다.

③ 3문단 "정당화된 수단이 목적의 정당성을 보증한다고 보는 경우든 정당한 목적을 통해 수단이 정당화될 수 있다고 보는 경우든, 목적과 수단의 상호지지적 관계를 전제로 폭력의 정당성을 판단한다."에 따르면, 정당화된 수단이 목적의 정당성을 보증한다고 보는 경우(법실증주의)와 정당한 목적을 통해 수단이 정당화될 수 있다고 보는 경우(자연법론) 모두 목적과 수단의 상호지지적 관계를 전제하고 있다. 따라서 자연법론(㉠)과 법실증주의(㉡) 모두 목적이나 수단 중 어느 한쪽이 정당화되면 다른 쪽의 정당성도 보증된다고 전제한다.

④ 2문단 "벤야민은 자연법론보다는 법실증주의가 폭력 비판의 가설적 토대로 더 적합하다고 판단했다. …… 법실증주의는 법체계의 자기 정초적 성격을 강조함으로써 법 제정 과정의 폭력을 읽어낼 단서를 제공해 주어……."에 따르면, 법실증주의는 법체계의 자기 정초적 성격을 강조함으로써 법 제정 과정의 폭력을 읽어낼 단서를 제공해 주며, 이러한 특징으로 인해 폭력 비판의 가설적 토대로 자연법론보다 더 적합하다는 평가를 받는다. 이때 법 제정 과정의 폭력이란 곧 법의 정립과 보존 과정에 내재된 폭력이라 할 수 있다. 따라서 자연법론(㉠)보다 법실증주의(㉡)가 법의 정립과 보존 과정에 내재된 폭력을 발견하는 데 더 유용하다고 할 수 있다.

30. 정답 ③ 난이도 ★★☆ | 정답률 70%

내용영역 **규범** 문항 유형 **정보의 평가와 적용**

[정답 풀이]

③ 4문단 "신적 폭력은 …… 벤야민은 이것이 신화적 폭력의 순환 회로를 폭파하고 새로운 질서로 나아가게끔 하는 적극적 동력임을 주장한다."에 따르면, 벤야민은 법과 폭력의 순환 고리를 끊어낼 순수하고 직접적인 폭력, 즉 신적 폭력에 대해 새로운 질서로 나아가게끔 하는 적극적 동력이라고 주장하며 이러한 폭력에 대해 긍정적으로 평가하였다. 그리고 〈보기〉의 B 또한 신화적 폭력을 넘어서 국가법 자체를 탈정립할 신적 폭력을 지지할 필요가 있다고 보아, 신적 폭력을 지지한 벤야민과 입장을 같이한다.

[오답 풀이]

① A는 법 정립 과정에 폭력이 개입하지 않는다고 본 데서 벤야민과 관점을 달리한다.
1문단 "벤야민은 폭력이 모든 합법적 권력의 탄생과 구성 과정에 개입함을 …… 법 자체를 제정하고 부과하며 유지하는 방식으로도 작동함을 밝히고자 했다."와 4문단 "벤야민은 …… 법의 내재적 폭력성을 설명하기 위해 법정립적 폭력과 법보존적 폭력을 새롭게 개념화했다."에 따르면, 벤야민은 법 정립 과정에 폭력이 개입한다고 주장하였다. 반면 A는 국가법이 제정되고 유지되는 과정에 폭력이 난입할 여지는 없다고 보아 법 정립 과정에 폭력이 개입하지 않는다고 보았다. 따라서 A와 벤야민은 법 정립 과정에 폭력이 개입하는지 여부에 대해 서로 입장을 달리한다.

② A는 벤야민, 데리다 모두와 견해를 달리한다.
3문단 "또한 법이 스스로 저지르는 폭력만을 정당한 강제력으로 상정하고 다른 모든 형태의 폭력적인 것들을 폭력으로 치부하는 문제에 관해 양편 모두 충분한 관심을 두지 않아 왔음을 지적했다."에 따르면, 벤야민은 법에 의한 폭력만을 정당한 강제력으로 상정하고 그 외의 것은 폭력이라고 층위를 달리하는 것을 문제라고 보았고, 이를 비판하였다. 이를 통해 벤야민은 적법한 강제력과 적법하지 않은 폭력이 처음부터 다른 기원을 가진다고 보지는 않았음을 알 수 있다. 그리고 마지막 문단 "그는 법 언어 행위를 통해 적법한 권력과 부정의한 폭력 사이의 경계가 비로소 그어진다고 설명했다."에 따르면, 데리다는 법 언어 행위를 통해 적법한 강제력과 적법하지 않은 폭력이 비로소 경계 지어진다고 보아, 적법한 강제력과 적법하지 않은 폭력이 처음부터 다른 기원을 가진다고 보지 않았다. 반면 A는 강제적 힘에 의해 정초된 법은 처음부터 불법이라고 보아 정치적 자유의 행사를 통해 구성된 권력, 즉 적법한 폭력과는 그 기원이 다르다고 보고 있다.

④ B는 신적 폭력과 신화적 폭력의 구분을 전제한 데서 벤야민과는 견해를 같이하고 데리다와는 견해를 달리한다.
4문단 "더 나아가 그는 법 정립과 법 보존의 이러한 순환 회로를 신화적 폭력이라 명명하면서 그것을 신적 폭력과 구별 짓는다."에 따르면, 벤야민은 신화적 폭력과 신적 폭력을 분명히 구분하고 있다. 그리고 B 또한 〈보기〉에서 "신화적 폭력을 넘어서 국가법 자체를 탈정립할 신적 폭력"이라고 하여 신적 폭력과 신화적 폭력의 구분을 전제하고 있다. 반면 마지막 문단 "더 나아가 그는 법을 정립하고 보존하는 신화적 폭력과 법을 허물어뜨리는 신적 폭력이 뚜렷이 구분될 수 없으며……."에 따르면, 데리다는 신적 폭력과 신화적 폭력을 분명하게 구분하기 어렵다고 보았다. 따라서 데리다는 벤야민, B와 달리 신적 폭력과 신화적 폭력의 구분을 전제하고 있지 않다.

⑤ A와 B는 모두 법 정립 권력을 입법 권력에만 한정 지은 데서 벤야민과 입장을 달리한다.
4문단 "전자의 사례로 …… 이들이 각각 근대 국가의 입법 권력과 행정 권력에 대응하는 한정된 개념으로 사용되었다고 보기 어렵다."에 따르면, 벤야민은 법정립적 폭력이 입법 권력에 한정된 것으로 보지 않았다. 반면 A는 "법 제정 권력을 다룰 때, 논의 대상은 의회의 입법권으로 좁혀져야 한다."라고 보아 법 정립 권력을 입법 권력에 한정 짓고 있다. 그리고 B 또한 "법의 정립을 입법권의 자장 안에서 고민하기보다는 …… 국가법 자체를 탈정립할 신적 폭력을 지지할 필요가 있다."고 보아, 법 정립 권력은 입법 권력에 한정 짓는 한편, 그것을 탈정립할 신적 폭력을 긍정하고 있다. 따라서 A와 B 모두 법 정립 권력을 입법 권력에만 한정 지은 데서 벤야민과 입장을 달리한다.

[1~3] 제재 | 부랑인 정책
난이도 | ★★☆

1. 정답 ③ 난이도 ★★☆ | 정답률 51%

내용영역 **규범** 문항 유형 **정보의 확인과 재구성**

[정답 풀이]

③ 4문단 "신원이 확실하지 않은 자들을 마구잡이로 잡아들임에 따라 수용자 수가 급증한 국영 또는 사설 복지기관들은 국가보조금과 민간 영역의 후원금으로 운영됨으로써……"에 따르면, 국가는 마구잡이로 잡아들인 부랑인들을 사설 복지기관에 수용하게 했다. 즉 국가는 부랑인 수용에 있어 사설 복지기관의 협력을 얻은 것이다. 또한 사설 복지기관은 국가보조금을 받음으로써 부랑인 수용에 있어 국가의 협력을 얻었다. 따라서 부랑인 수용에서 행정당국인 국가와 민간 복지기관은 상호 협력적인 관계였다고 할 수 있다.

[오답 풀이]

① 부랑인 정책은 격리 중심에서 갱생 중심으로 초점이 옮겨갔다.
3문단 "1950년대 부랑인 정책이 일제 단속과 시설 수용에 그쳤던 것과 달리, 이 시기부터 국가는 부랑인을 과포화 상태의 보호시설에 단순히 수용하기보다는 저렴한 노동력으로 개조하여 국토 개발에 활용하고자 했다."에 따르면, 부랑인 정책은 처음에 단순히 부랑인을 격리하는 것에서 부랑인을 노동력으로 개조하는 것으로 변했다. 따라서 부랑인 정책은 갱생 중심에서 격리 중심으로 초점이 옮겨간 것이 아니라, 격리 중심에서 갱생 중심으로 초점이 옮겨갔다.

② 법령에는 부랑아의 시설 수용 기간에 한도를 두는 규정이 있었다.
4문단 "〈아동복지법 시행령〉은 부랑아 보호시설의 목적을 '부랑아를 일정 기간 보호하면서 개인의 상황을 조사·감별하여 적절한 조치를 취함'이라 규정했으나, …… 규정된 보호 기간이 임의로 연장되기도 했다."에 따르면, 〈아동복지법 시행령〉에는 부랑아의 보호시설에 보호되는 기간이 규정되어 있었다. 따라서 부랑아의 시설 수용 기간에 한도를 두는 규정이 법령에 결여되어 있지 않았다.

④ 개척 터전으로 떠난 부랑인은 많은 경우 개척지를 떠났다. 4문단 "개척의 터전으로 총진군했던 부랑인 가운데 상당수는 …… 중도에 탈출했다. …… 토지를 분배 받은 경우라도 부랑아 출신이라는 딱지 때문에 헐값에 땅을 팔고 해당 지역을 떠났다."에 따르면, 개척지로 향했던 부랑인 가운데 상당수는 중도 탈출했으며, 토지 개간으로 조성된 농지를 받은 부랑인들도 헐값에 땅을 팔고 개척지를 떠났다. 따라서 개척단원이 되어 도시를 떠난 부랑인은 대체로 개척지에 안착하지 않고 떠났다고 할 수 있다.

⑤ 부랑인 정책은 사회복지 제공의 성격을 가지고 있었다.
1문단 "부랑인에 대한 사회복지 법령들도 이 무렵 마련되기 시작했는데, ……"에 따르면, 부랑인 정책은 사회복지 법령들에 의거하여 수행되기도 했다. 따라서 부랑인 정책은 사회복지 제공의 성격을 갖지 않았다고 할 수 없다.

2. 정답 ⑤ 난이도 ★★☆ | 정답률 80%

내용영역 **규범** 문항 유형 **정보의 평가와 적용**

[정답 풀이]

⑤ 〈내무부 훈령 제410호〉(㉠)가 위반한 것은 상급 행정기관의 지침이 아니라 헌법이다.
2문단 "훈령은 상급 행정기관이 하급 기관의 조직과 활동을 규율할 목적으로 발하는 것으로서, …… 국회에서 제정한 법률로써 제한하도록 규정한 헌법에 위배되는 것이기도 하다."에 따르면, 〈내무부 훈령 제410호〉(㉠)는 부랑인 단속을 담당하는 하급 행정기관이 훈령을 발한 상급 행정기관의 규율을 따르게 하기 위해 만든 것이지, 상급 행정기관의 지침을 위반하도록 만든 것이 아니다. 오히려 〈내무부 훈령 제410호〉(㉠)가 위반한 것은 헌법이다.

[오답 풀이]

① 2문단 "헌법, 법률, 명령, 행정규칙으로 내려오는 위계에서 행정규칙에 속하는 훈령은 …… 국회에서 제정한 법률로써 제한하도록 규정한 헌법에 위배되는 것이기도 하다."에 따르면, 〈내무부 훈령 제410호〉(㉠)는 규범의 위계 중 가장 하위에 속하는 행정규칙에 해당하고, 헌법은 규범의 위계 중 가장 상위에 속하는 것이다. 그런데 〈내무부 훈령 제410호〉(㉠)는 헌법에 위배되는 것이었다. 따라서 〈내무부 훈령 제410호〉(㉠)가 상위 규범과 하위 규범 사이의 위계를 교란시켰다고 비판할 수 있다.

② 2문단 "위 훈령은 복지 제공을 목적으로 한 〈사회복지사업법〉을 근거 법률로 하면서도 거기서 위임하고 있지 않은 치안 유지를 내용으로 한 단속 규범이다."에 따르면, 〈내무부 훈령 제410호〉(㉠)는 근거 법령의 목적 범위 안에 있지 않은 내용을 규정하였다. 따라서 〈내무부 훈령 제410호〉(㉠)가 근거 법령의 목적 범위를 벗어나는 사항을 규율했다고 비판할 수 있다.

③ 2문단 "행정규칙에 속하는 훈령은 …… 이를 통한 인신 구속은 국민의 자유와 권리를 필요한 경우 국회에서 제정한 법률로써 제한하도록 규정한 헌법에 위배되는 것이기도 하다."에 따르면, 〈내무부 훈령 제410호〉(㉠)는 국회에서 제정한 법률을 근거로 하면서도 법률에 벗어나는 사항을 규정하고 있어 헌법에 위배되는 것이다. 그런데 〈내무부 훈령 제410호〉(㉠)는 행정부에서 규정하는 행정규칙에 속한다. 따라서 〈내무부 훈령 제410호〉(㉠)가 법률을 제정하는 국회의 입법권을 행정부에서 침해하는 결과를 초래했다고 비판할 수 있다.

④ 2문단 "걸인, 껌팔이, 앵벌이를 비롯하여 '기타 건전한 사회 및 도시 질서를 저해하는 자'를 모두 '부랑인'으로 규정했다."에 따르면, 〈내무부 훈령 제410호〉(㉠)는 '부랑인'을 특정하지 않고 포괄적으로 정의했다. 또한 4문단 "신원이 확실하지 않은 자들을 마구잡이로 잡아들임에 따라……"에 따르면, 이러한 정책의 결과로 '부랑인'들을 마구잡이로 잡아들이는 현상이 나타나기도 했다. 따라서 〈내무부 훈령 제410호〉(㉠)가 부랑인을 포괄적으로 정의함으로써 과잉 단속의 근거로 사용될 여지가 있었다고 비판할 수 있다.

3. 정답 ⑤ 난이도 ★☆☆ | 정답률 85%

내용영역 **규범** 문항 유형 **정보의 평가와 적용**

[정답 풀이]

⑤ '순종적인 몸'을 만들어내는 기술과 '안전장치'는 배척 관계가 아니다.
〈보기〉 "국가는 …… 각종 '안전장치'를 통해 인구의 위험을 계산하고 조절한다. 그 과정에서 …… '순종적인 몸'을 만들어내는 기술이 동원된다."에 따르면, '안전장치'를 통해 인구의 위험을 조절하는 과정에서 '순종적인 몸'을 만들어내는 기술이 이용된다. 따라서 '순종적인 몸'을 만들어내는 기술과 '안전장치'는 배척 관계가 아니다.

[오답 풀이]

① 〈보기〉 "'건전 사회의 적'으로 상정된 존재는 사회로부터 배제된다. 이는 변형된 국가인종주의의 발현으로 이해할 수도 있다. …… 변형된 국가인종주의는 단일 사회가 스스로의 산물과 대립하며 끊임없이 '자기 정화'를 추구한다……."에 따르면, '자기 정화'는 변형된 국가인종주의에서 '건전 사회의 적'으로 상정된 존재와 대립하며 보이는 특징이다. 따라서 부랑인을 '우범 소질'을 지닌 잠재적 범죄자로 규정한 것은 '우범 소질자'를 '건전 사회의 적'으로 상정한 사회의 '자기 정화'를 보여준다고 할 수 있다.

② 〈보기〉 "국가는 …… 인구의 위험을 계산하고 조절한다. 그 과정에서 삶을 길들이고 훈련시켜 효용성을 최적화함으로써……."에 따르면, 국가는 삶을 길들이고 훈련시키는 기획을 한다. 국가가 부랑인을 개조하려 국토 개발에 동원하고자 한 것은 부랑인들로 규정된 자들의 삶을 국가가 길들이고자 한 것이라 볼 수 있다. 따라서 국가가 부랑인을 개조하려 국토 개발에 동원하고자 한 것은 국가가 삶을 길들이고 훈련시키는 기획을 보여준다고 할 수 있다.

③ 〈보기〉 "정상과 비정상, 건전 시민과 비건전 시민의 구분과 위계화가 이루어지고 …… 이는 변형된 국가인종주의의 발현으로 이해할 수도 있다."에 따르면, 변형된 국가인종주의에서는 정상과 비정상이라는 위계화가 이루어진다. 부랑인을 생산적 주체와 거기에 이르지 못한 주체로 구분 지은 것은 정상과 비정상이라는 위계화가 이루어진 것이라 볼 수 있다. 따라서 부랑인을 생산적 주체와 거기에 이르지 못한 주체로 구분 지은 것은 변형된 국가인종주의의 특징을 보여준다고 할 수 있다.

④ 〈보기〉 "정상과 비정상, 건전 시민과 비건전 시민의 구분과 위계화가 이루어지고 …… 이는 변형된 국가인종주의의 발현으로 이해할 수도 있다."에 따르면, 변형된 국가인종주의에서는 건전 시민과 비건전 시민이라는 위계화가 이루어진다. 따라서 치안관리라는 명분을 위해 부랑인의 존재를 이용한 것은 건전 시민과 비건전 시민의 구분과 위계화를 보여준다고 할 수 있다.

[4~6] 제재 | 환경 위기와 철학적 근대 담론
난이도 | ★☆☆

4. 정답 ④ 난이도 ★☆☆ | 정답률 84%

내용영역 인문 문항 유형 정보의 확인과 재구성

[정답 풀이]

④ 1문단 "저 숭고한 인본주의적 가치들은 무엇보다도 …… 철학적 근대를 통해 정초되었기 때문이다."에 따르면, 철학적 근대는 인본주의 사상의 기초가 되었다. 따라서 인본주의적 이념들의 사상적 태도를 제공한 것은 철학적 근대의 주목할 만한 성과라 할 수 있다.

[오답 풀이]

① 가장 강화된 이성주의는 자연과 인간 간에 우위를 정하지 않는다.
4문단 "……객관적 관념론은 어떤 노선보다도 강한 이성주의적 면모를 지니는……."과 "즉 '이성'은 …… 근본적으로는 존재론적 · 형이상학적 위상까지 지니는 최상위의 범주 또는 섭리를 가리킨다."에 따르면, 가장 강화된 이성주의인 객관적 관념론에서는 이성을 형이상학적 위상까지 지니는 최상위의 범주라고 보았다. 그리고 4문단 "……양자는 본질적으로 동근원적이라는 것이다."에 따르면, 자연과 인간은 형이상학적 위상을 지니는 절대적 이성에 따라 서로 다른 양태로 존재하는 이성으로서 우위를 정할 수 없다고 보았다. 따라서 가장 강화된 이성주의는 인간에 대한 자연의 형이상학적 우위를 정초하지 않았다.

② 현대의 환경 위기는 새로운 억압적 정치 체제와 함께 도래하지 않았다.
1문단 "……그것은 '생존'을 빌미로 하는 신유형의 독재나 제국주의를 유발함으로써……."에 따르면, 현대의 환경 위기는 독재나 제국주의 같은 억압적인 정치 체제를 유발할 위험이 있다. 즉 현대의 환경 위기가 먼저 나타난 뒤에 이것이 원인이 되어 그 결과 억압적 정치 체제가 도래할 수 있다는 것이다.(환경 위기 → 억압적 정치 체제) 따라서 현대의 환경 위기는 새로운 억압적 정치 체제의 대두와 함께 도래한 것이 아니다.

③ 철학적 근대의 딜레마를 이성에 근거하여 해소하고자 한 것은 객관적 관념론이다.
마지막 문단 "그 때문에 현대의 환경 철학 담론에서 근대를 원천적으로 거부하는 포스트모더니즘……."에 따르면, 포스트모더니즘은 현대의 환경 철학 담론에서 근대를 원천적으로 거부한다. 또한 마지막 문단 "객관적 관념론은 오히려 최고도로 강화된 이성주의를 통해 철학적 근대의 딜레마에 대한 해결을 모색할 수 있음을 보여준다."에 따르면, 철학적 근대의 딜레마를 이성에 근거하여 해소하고자 한 것은 객관적 관념론이다. 따라서 포스트모더니즘은 철학적 근대의 딜레마를 이성에 근거하여 해소하고자 하지 않았다.

⑤ 인간의 이성적 주체성을 옹호하는 철학사적 흐름은 억압적 자연관으로 귀결되지 않을 수 있다.
마지막 문단 "객관적 관념론은 오히려 최고도로 강화된 이성주의를 통해 철학적 근대의 딜레마에 대한 해결을 모색할 수 있음을 보여준다."에 따르면, 철학적 근대의 결정판인 객관적 관념론은 최고도로 강화된 이성에 근거하여 기존의 철학적 근대에서 야기되었던 억압적 자연관에서 벗어날 수 있는 근거를 제시한다. 이는 인간의 이성적 주체성을 옹호하는 철학사적 흐름이 억압적 자연관으로 귀결되지 않을 수 있음을 보여준다.

5. 정답 ① 난이도 ★☆☆ | 정답률 87%

내용영역 인문 문항 유형 정보의 추론과 해석

[정답 풀이]

① 데카르트주의(㉠)와 칸트주의(㉡) 모두 자연의 자기 목적을 이성적 인식의 기준으로 설정하지 않는다.
2문단 "……자연은 주체에 대해 근본적 타자로서, 그 어떤 자기 목적이나 내면도 없는 단적인 물질적 실체……."에 따르면, 데카르트주의(㉠)는 자연의 자기 목적이 애초에 존재하지 않는다고 본다. 그리고 3문단 "물론 이 세상에서 자연의 자기 목적이 중요한 화두로 제기되기도 하지만, 이 역시 세계를 대하는 인간의 심적 태도의 차원에서 상정될 뿐이다."에 따르면, 칸트주의(㉡)는 데카르트주의(㉠)와 달리 자연의 자기 목적은 인정하지만 그것을 단지 인간의 심적 태도와 연관 지을 뿐 이성적 인식의 기준으로는 보지 않는다. 따라서 데카르트주의(㉠)와 칸트주의(㉡) 모두 자연의 자기 목적을 이성적 인식의 기준으로 설정하지 않는다.

[오답 풀이]

②, ③ 3문단 "자연은 '인식'과 '사용'의 대상이던 것에서 나아가 '제작'의 대상으로까지 여겨지게 된다."와 "……지성의 대상인 자연 법칙 또한 그 입법권이 자율적 주체인 인간에게 부여되는 것이다."에 따르면, 칸트주의(㉡)는 자연을 인식과 사용의 대상으로 생각한 데카르트주의(㉠)의 자연관에서 더 발전하여 인간이 자연 법칙 또한 수립할 수 있다고 보았다. 따라서 데카르트주의(㉠)와 칸트주의(㉡) 모두 자연을 인식과 사용의 대상으로 생각한다고 볼 수 있다. 다만 칸트주의(㉡)는 데카르트주의(㉠)와 달리 인간을 자연 법칙을 수립하는 주체라고까지 보았다는 점에서 차이가 있다.

④ 2문단 "……이 사상 체계에서 자연은 주체에 대해 근본적 타자로서, …… 열등한 존재로 인식된다."에 따르면, 데카르트주의(㉠)는 자연을 이성적 주체인 인간보다 열등한 존재로 인식한다. 그리고 3문단 "자연은 한낱 조야한 질료로서 주어질 뿐, 그 구체적 존재 형식은 인식 주체로서의 인간의 지적 틀에 의해 결정된다는 것이다."에 따르면, 칸트주의(㉡)는 자연을 인간의 이성에 의해 결정되는 미천한 존재로 인식하였다. 따라서 데카르트주의(㉠)와 칸트주의(㉡) 모두 자연에 대한 인간 이성의 우위를 주장한다고 할 수 있다.

⑤ 1문단 "이 위기는 자연과 인간을 근본적으로 차별하는 세계관을 사상적 토대로 하고 …… 사상사적 맥락에서 가장 큰 책임을 져야 하는 것이 바로 철학적 근대라고 지적되기 때문이다."에 따르면, 현대의 환경 위기의 책임은 철학적 근대에 있다. 데카르트주의(㉠)와 칸트주의(㉡)는 이러한 철학적 근대를 대표하는 사상이다. 따라서 데카르트주의(㉠)와 칸트주의(㉡)는 모두 환경 위기에 대한 철학적 책임이 있는 것으로 평가된다고 할 수 있다.

6. 정답 ② 난이도 ★★☆ | 정답률 69%

내용영역 **인문** 문항 유형 **정보의 추론과 해석**

[정답 풀이]

② 이성의 위상을 지고의 형이상학적 차원까지 높임으로써 자연법칙을 인간의 이성과 동등한 사물 양태의 이성이라고 여겼다.
4문단 "즉 자연은 절대적 이성에 따라 존재하고 변화하는 사물 양태의 이성이고, 지성적 주체인 인간은 절대적 이성에 따라 사유하고 성숙하여 절대적 이성의 인식에 도달해 가는 의식 양태의 이성이기에, 양자는 본질적으로 동근원적……."에 따르면, 객관적 관념론은 자연 또한 사물 양태의 이성이라는 점에서 인간의 이성과 동등한 위치에 있다고 여겼다. 한편 3문단 "즉 의지의 규범인 도덕 준칙과 마찬가지로 지성의 대상인 자연 법칙 또한 그 입법권이 자율적 주체인 인간에게 부여되는 것이다."에 따르면, 자연 법칙을 인간 의식의 투영을 통해 만들어진 것으로 여긴 것은 기존의 철학적 근대의 자연관이다.

[오답 풀이]

① 4문단 "즉 자연은 절대적 이성에 따라 존재하고 변화하는 사물 양태의 이성이고, 지성적 주체인 인간은 절대적 이성에 따라 사유하고 성숙하여 절대적 이성의 인식에 도달해 가는 의식 양태의 이성……."에 따르면, 객관적 관념론은 자연과 인간을 각각 사물 양태의 이성과 의식 양태의 이성이라고 보았다. 따라서 객관적 관념론은 자연 법칙을 탐구하는 자연과학에 대해 의식 양태의 이성(인간)이 사물 양태의 이성(자연)을 인식하는 것이라고 여길 수 있을 것이라고 추론할 수 있다.

③ 4문단 "이성은 …… '삼라만상의 선험적인 논리적 구조 내지 원리'라는 절대적 위상을 지니며, 이에 모든 자연사와 인간사는 이러한 절대적 이성이 시공간의 차원으로 외화한 현상적 실재로 설명된다."에 따르면, 객관적 관념론은 삼라만상, 즉 우주에 존재하는 모든 것들을 이성의 영역에 포함시키고 있다. 따라서 객관적 관념론은 어떤 것이 반이성으로 보일지라도 결국 이 또한 절대적 이성이 시공간의 차원으로 외화된 현상적 실재이므로, 이성 영역에 포섭된다고 설명할 수 있을 것이라고 추론할 수 있다.

④ 4문단 "……이성은 '세계의 모든 것에 선행하면서 동시에 그 모든 것을 가능케 하는 조건' …… 절대적 위상을 지니며, 이에 모든 자연사와 인간사는 이러한 절대적 이성이 시공간의 차원으로 외화한 현상적 실재로 설명된다."에 따르면, 객관적 관념론은 인간사를 절대적 이성에 따라 존재하는 것이라고 보았다. 따라서 객관적 관념론은 이성이 절대적 진리치를 지닌다는 관점에 의거하여 모든 인간사, 즉 역사적 사건도 이성의 법칙에 따라 진행되는 것으로 이해할 수 있을 것이라고 추론할 수 있다.

⑤ 4문단 "……철학적 근대의 완성판이라 불리는 객관적 관념론은 …… 자연에 대한 억압적 지배를 정당화하는 궁극의 사조라는 죄명을 뒤집어쓸 개연성이 클 것이다."에 따르면, 철학적 근대는 인본주의적 가치를 지녔음에도 억압적 자연 지배에 대한 책임이 있다는 딜레마에 빠져 있다. 그런데 4문단 "……양자는 본질적으로 동근원적이라는 것이다."와 마지막 문단 "객관적 관념론은 오히려 최고도로 강화된 이성주의를 통해 철학적 근대의 딜레마에 대한 해결을 모색할 수 있음을 보여준다."에 따르면, 객관적 관념론은 이러한 철학적 근대의 딜레마를 강화된 이성주의를 통해 해결할 수 있음을 시사한다. 이는 객관적 관념론이 자연과 인간을 각각 서로 다른 양태의 이성이며, 본질적으로 동근원적이라고 본 것에서 기인한다. 따라서 억압적 자연 지배의 책임을 져야 한다는 비판이 제기된다면 자연과 인간의 동근원성을 강조하는 일원론적 관점을 근거로 반박할 수 있을 것이라고 추론할 수 있다.

[7~9] 제재 | 소설의 화자에 대한 논의
난이도 | ★★☆

7. 정답 ① 난이도 ★☆☆ | 정답률 89%

내용영역 **인문** 문항 유형 **정보의 확인과 재구성**

[정답 풀이]

① 1문단 "그래서 독자는 항상 화자의 목소리를 통해서 허구 세계에 대한 정보를 얻는다."에 따르면, 독자는 화자의 목소리를 통해 정보를 얻는다. 따라서 독자가 소설을 감상하고자 할 때, 독자와 접촉하며 정보를 제공하는 존재는 화자이다.

[오답 풀이]

② 소설이 진행되는 동안 하나의 시점을 유지하는 것은 작품이 예술적으로 성공하는 지름길이 아니다.
5문단 "그리고 개별 작품의 경우에도 하나의 시점을 처음부터 끝까지 유지한 작품을 찾는 것이 쉽지 않다. 우리가 훌륭하다고 손꼽는 작품들 또한 그러하다."에 따르면, 예술적으로 성공한 작품들의 대다수는 하나의 시점을 처음부터 끝까지 유지하지 않았다. 따라서 소설이 진행되는 동안 하나의 시점을 유지한다고 해서 그 작품이 예술적으로 성공하는 것은 아니다.

③ 소설에서 등장인물의 대화를 직접화법으로 묘사할 때에도 화자의 목소리가 개입한다.
1문단 "독자는 화자가 자신의 말로 바꾸었는가 혹은 그렇지 않았는가 상관없이 언제나 그의 목소리를 들을 뿐이다."에 따르면, 독자는 직접화법의 여부와 상관 없이 언제나 화자의 목소리를 듣게 된다. 따라서 소설에서 등장인물의 대화를 직접화법으로 묘사할 때에도 화자의 목소리가 개입한다.

④ 드라마에서는 통상 등장인물의 목소리가 '말하는 주체' 없이 관객에게 직접 전달된다.
1문단 "드라마가 화자 없이 등장인물의 대사로 진행된다는 점에서"에 따르면, 드라마에서는 통상 화자, 즉 '말하는 주체' 없이 등장인물의 목소리만 관객에게 직접 전달된다. 따라서 드라마에서는 통상 '말하는 주체'의 목소리가 관객에게 들릴 수 없다.

⑤ 이야기되는 사건이 같더라도 작가가 화자의 위치나 입장, 독자와의 관계를 변화시키면 다른 소설로 만들 수 있다.
3문단 "화자가 다른 공간적 위치에 서거나 다른 이념적 입장을 가질 때, 같은 사건도 다르게 인식되어 다르게 재현된다는 것이다."에 따르면, 같은 사건도 화자의 위치나 입장에 따라 다르게 재현될 수 있다. 따라서 이야기되는 사건이 같으면 작가가 화자의 위치나 입장, 독자와의 관계를 변화시켜도 다른 소설로 만들기 어렵다고 볼 수 없다.

8. 정답 ④ 난이도 ★★☆ | 정답률 60%

내용영역 **인문** 문항 유형 **주제, 구조, 관점 파악**

[정답 풀이]

④ 브룩스와 워렌(㉠)은 '말하는 주체'에 선행하는 '보는 주체'로서의 화자의 역할을 소설의 내용적 측면에서 분석하고 있지 않다.
2문단 "브룩스와 워렌은 순전히 화자가 보는 위치를 기준으로 일인칭과 삼인칭을 구분한 뒤, 목격자로서 사건을 관찰하는지 그렇지 않으면 탐구자로서 사건을 분석하는지에 따라……."에 따르면, 브룩스와 워렌(㉠)은 화자의 역할을 사건을 보는 위치에 국한하여 분석하고 있다. 반면 3문단 "'보는 주체'로서의 화자의 역할에 대한 또 다른 접근은 랜서에 의해 이루어졌다. 그는 화자의 역할을 이야기의 내용이나 주제와 결합시켰다."에 따르면, 랜서(㉡)는 브룩스와 워렌(㉠)과 달리 화자의

역할을 소설의 내용적 측면에서 분석하고 있다. 따라서 브룩스와 워렌(㉠)이 '말하는 주체'에 선행하는 '보는 주체'로서의 화자의 역할을 소설의 내용적 측면에서 분석하고 있다고 볼 수 없다.

[오답 풀이]

① 2문단 "그렇지만 이들의 논의는 삼인칭 시점에서 '화자'의 시점을 '작가'의 시점으로 치환하였고, …….."에 따르면, 브룩스와 워렌(㉠)은 삼인칭 시점에서 '화자'와 '작가'를 구분하지 않았다. 따라서 브룩스와 워렌(㉠)은 현실에 존재하는 작가와 작가가 창조한 화자를 개념적으로 구분하지 않고 있다고 볼 수 있다.

② 3문단 "그래서 랜서는 화자를 작가가 창조한 세계를 보여주는 인식틀이라고 언급했다. …… 독자가 바라볼 수 있는 시선과 들을 수 있는 목소리를 항상 화자에 의존한다는 것을 알려준 셈이다."에 따르면, 랜서(㉡)는 독자가 화자에 의존하여 이야기를 수용한다고 보았다. 따라서 랜서(㉡)는 화자에 대해 이야기를 수용하는 독자의 입장에 영향을 미치는 인식틀로 작용한다고 보고 있다고 할 수 있다.

③ 4문단 "화자의 개입을 최소화하여 독자들이 실재와 가상을 착각하게 만들수록 진정성을 의심한 반면, ……."에 따르면, 플라톤(㉢)은 독자들이 실재와 가상을 착각하게 만들수록 소설의 진정성은 떨어진다고 보았다. 이는 소설의 진정성을 의심받지 않기 위해서는 독자들이 실재와 가상을 혼동하지 않고 명확히 구분할 수 있도록 해야 한다는 것을 의미한다. 따라서 플라톤(㉢)은 독자들이 실재와 가상을 혼동하지 않도록 하는 것이 진정성 있는 태도라고 판단하고 있다고 볼 수 있다.

⑤ 3문단 "그래서 랜서는 화자를 작가가 창조한 세계를 보여주는 인식틀이라고 언급했다. …… 독자가 바라볼 수 있는 시선과 들을 수 있는 목소리는 항상 화자에 의존한다는 것……."에 따르면, 랜서(㉡)는 독자들이 화자에 의존하여 작가가 창조한 세계를 접한다고 보았다. 따라서 랜서(㉡)는 독자들이 화자를 통해서 작가의 입장이나 태도를 파악할 수 있다고 믿을 것이다. 그리고 4문단 "……주관적인 논평을 섞는 방식으로 화자를 떠올리게 할수록 좀 더 진정성을 지닌 것으로 평가했던 것이다."에 따르면, 플라톤(㉢)에게 진정성 있는 소설이란 소설 속에 드러나 있는 작가의 주관적인 논평을 통해 독자들이 화자를 떠올릴 수 있는 소설이다. 이때, 화자가 작가의 주관적인 논평을 통해 드러난다는 점에서 화자는 작가의 입장이나 태도를 대변하는 존재라 할 수 있다. 따라서 플라톤(㉢) 또한 독자들이 화자를 통해서 작가의 입장이나 태도를 파악할 수 있다고 믿을 것이다.

9. 정답 ③ 난이도 ★★☆ | 정답률 67%

내용영역 **인문** 문항 유형 **정보의 평가와 적용**

[정답 풀이]

〈보기〉의 화자는 주인공인 '나'로, 다른 등장인물과 함께 허구세계인 작품 속에 존재하고 있다. 독자는 화자에 의존하여 작품에 대한 정보를 얻는다는 점에서 〈보기〉의 독자들은 화자인 '나'와 동일한 정보를 공유한다. 그리고 독자는 화자인 '나'의 시선과 목소리에 의존하므로 다른 등장인물의 내면은 파악하기가 어려울 것이다.

③ 주인공과 화자와 독자의 정보가 일치한다고 해서 독자들이 주인공과 등장인물들에 대한 화자의 정보를 객관적 사실로 받아들일 수 있는 것은 아니다.

마지막 문단 "하지만 등장인물과 독자가 동일한 정보를 공유하는 경우, 독자는 인물과 같은 수준으로 작중의 상황을 이해하고……."에 따르면, 주인공과 화자와 독자의 정보가 일치하는 경우, 독자는 주인공이 가지고 있는 정보만을 한정적으로 취득하게 된다. 그런데 소설을 읽는 것을 등장인물, 화자, 독자가 정보량을 둘러싸고 벌이는 일종의 게임으로 보는 견해에 따르면, 등장인물, 화자, 독자가 지니는 정보량에 따라 동일한 사건도 전혀 다른 이야기로 변주될 수 있다. 따라서 독자는 주인공과 화자와 독자의 정보가 일치한다고 해서 화자의 정보를 객관적 사실로 받아들일 수 있다고 볼 수 없다.

[오답 풀이]

① 마지막 문단 "하지만 등장인물과 독자가 동일한 정보를 공유하는 경우, 독자는 인물과 같은 수준으로 작중의 상황을 이해하고 함께 퍼즐을 풀어나가는 기분으로 사건을 경험할 것이다."에 따르면, 〈보기〉와 같이 화자가 주인공과 동일한 인물인 경우, 독자들은 주인공과 같은 수준으로 사건을 경험하게 될 것이다. 이때, 〈보기〉는 주인공의 내면을 중심으로 사건이 진행되고 있다. 따라서 독자들은 주인공의 내면 변화를 파악할 수 있을 것이다.

②, ④ 5문단 "하지만 등장인물과 독자가 동일한 정보를 공유하는 경우, 독자는 인물과 같은 수준으로 작중의 상황을 이해하고 함께 퍼즐을 풀어나가는 기분으로 사건을 경험할 것이다"에 따르면, 〈보기〉의 경우 독자는 화자인 주인공과 같은 수준으로 작중 상황을 이해하게 될 것이다. 이때, 〈보기〉의 주인공은 자신을 둘러싼 상황을 명확히 파악하지 못하고 있다. 따라서 이러한 주인공과 동일한 정보를 공유하는 독자로서는 사건의 전모를 정확히 파악하는 데 한계가 있을 것이며, 사건이 발생할 때마다 긴장감을 경험할 수 있을 것이다. 그리고 〈보기〉의 등장인물 '은희'는 작중 상황에 대해 주인공과 전혀 다른 태도를 보이고 있는데, '나'가 치매환자라는 언급을 통해 '나'의 상황 인식이 온전하지 못한 정신 상태에 기인한 것일 수도 있다는 것을 알려준다. 따라서 독자들은 이렇듯 자신의 상황을 정확히 알지 못하는 주인공을 안타깝게 느낄 수 있을 것이다.

⑤ 5문단 "그리고 등장인물이 독자에게 공개하지 않은 비밀을 숨기고 있는 경우, 독자는 결말에 이르러서야 사건의 전모를 파악하면서 반전의 효과를 체험할 수도 있다."에 따르면, 독자가 가지고 있는 정보가 한정적일 경우, 새로운 정보가 제시되면 이야기는 다른 국면으로 전개될 수 있다. 〈보기〉에서 '은희'는 없어진 물건을 찾는 '나'의 모습을 치매 증상으로 일축하고 있으나 '나'는 그에 동의하지 않는다. 독자들은 화자이며 주인공인 '나'에 의존하여 상황을 한정적으로 파악할 수밖에 없기 때문에 객관적인 진실을 파악하기에 한계가 있다. 따라서 '은희'나 '나'에 대한 새로운 진실이 알려진다면 독자들은 이야기의 흐름 또한 달라질 것이라고 기대할 수 있을 것이다.

[10~12] 제재 | 망막의 신호 처리
난이도 | ★★☆

10. 정답 ③ 난이도 ★★☆ | 정답률 63%

내용영역 **과학기술** 문항 유형 **정보의 확인과 재구성**

[정답 풀이]

③ 2문단 "신경절세포 가운데 특정 종류는 …… 다른 경로를 따라 움직일 때만 신호를 발생한다."와 "안구의 움직임에 의한 상의 떨림은 망막 위에서 전체 이미지가 같은 방향으로 움직이는 변화를 만드는데……."에 따르면, 특정한 신경절세포의 경우 세포가 감지하는 부분과 상의 이동 경로가 다르지 않을 때에는 전기적 신호를 발생하지 않는다. 정지한 물체의 상을 감지하는 것은 세포가 감지하는 부분과 상의 이동 경로가 다르지 않은 경우이므로, 이와 같은 신경절세포에서는 전기적 신호가 발생하지 않을 것이다. 따라서 정지한 물체의 상에 대해 전기적 신호를 출력하지 않는 신경절세포가 존재한다.

[오답 풀이]

① 신경절세포는 광수용체에서 발생한 전기적 신호를 원래 세기대로 출력하지 않는 경우가 있다.

2문단 "망막에는 …… 광수용체세포에 연결되어 최종 신호를 출력하는 신경절세포가 존재한다."에 따르면, 신경절세포는 광수용체에서 발생한 전기적 신호를 출력하는 역할을 한다. 그런데 2문단 "신경절세포 가운데 특정 종류는 각 세포가 감지하는 부분이 이미지 전체의 이동 경로와 같은 경로를 따라 움직일 때는 전기적 신호를 발생하지 않고……"에 따르면, 특정한 신경절세포의 경우 상을 감지했음에도 전기적 신호를 발생하지 않는 경우가 있다. 그리고 5문단 "물체가 이동할 때 신경절세포는 물체의 이동 방향으로 가장 먼저 자극되는 광수용체의 신호를 크게 증폭하여 받아들이고……"에 따르면, 신경절세포는 물체가 이동할 때 광수용체에서 발생한 전기적 신호를 원래 세기가 아니라 더 증폭해서 출력하는 경우도 있다. 따라서 신경절세포는 광수용체에서 발생한 전기적 신호를 언제나 원래 세기대로 출력한다고 할 수 없다.

② 한곳을 가만히 응시할 때는 망막에 형성된 이미지의 떨림이 발생한다.
1문단 "나무는 움직이지 않으므로 …… 실제로는 가만히 한곳을 응시하더라도 안구가 끊임없이 움직이고 있어……"에 따르면, 한곳을 가만히 응시할 때에도 망막에 형성된 이미지의 떨림이 발생하고 있다.

④ 마이크로칩은 망막에서 발생한 전기적 신호를 관찰 가능하게 만든다.
1문단 "최근 미세전극이 …… 마이크로칩을 이용하여 망막에서 발생하는 전기적 신호를 실시간으로 관찰할 수 있게 되면서……"에 따르면, 마이크로칩은 망막에서 발생하는 전기적 신호 자체를 관찰 가능하게 만든다. 따라서 마이크로칩은 망막에 도달한 빛을 전기적 신호로 변환시키지 않는다.

⑤ 빛의 밝기가 일정할 때 하나의 신경절세포에서 발생하는 신호의 세기는 일정하지 않다.
5문단 "둘째 …… 물체가 이동할 때 신경절세포는 …… 광수용체의 신호를 크게 증폭하여 받아들이고 곧바로 증폭률을 떨어뜨려 신호의 세기를 줄여버린다."에 따르면, 물체가 이동함에 따라 신경절세포에서 발생하는 신호의 세기 역시 변한다. 따라서 물체가 이동하고 있을 경우에는 빛의 밝기가 일정하더라도 하나의 신경절세포에서 발생하는 신호의 세기는 일정하지 않을 수 있다.

11. 정답 ④ 　난이도 ★★★ | 정답률 39%

내용영역 **과학기술** 　문항 유형 **정보의 추론과 해석**

[정답 풀이]

ㄱ. 5문단 "즉, 밝기가 변화한 직후 신경절세포의 출력 신호가 최대가 되고, ……"와 "……출력 신호는, 그 형태가 상의 앞쪽 경계면 혹은 그보다 앞선 지점에 대응하는 위치에서 그 세기가 최대가 되는 비대칭적인 모양이 된다."에 따르면, 신경절세포의 신호 출력 기제가 정상적으로 잘 작동할 경우, 신호의 세기가 최대가 되는 곳은 망막에서 빛의 밝기가 변하는 경계이며, 상의 앞쪽임을 알 수 있다. 〈보기〉에서 상의 속력이 같은 그래프 b와 c의 모양을 상의 이동 방향에 따라 가정해 보면 다음과 같다.

i) 상이 오른쪽에서 왼쪽으로 이동할 경우
상의 앞쪽은 막대의 상에서 왼쪽이 되므로, 신호의 세기는 막대의 왼쪽 경계에서 최대가 될 것이다.

ii) 상이 왼쪽에서 오른쪽으로 이동할 경우
상의 앞쪽은 막대의 상에서 오른쪽이 되므로, 신호의 세기는 막대의 오른쪽 경계에서 최대가 될 것이다.

그래프 b를 보면, 상의 왼쪽 경계면에서 신호의 세기가 최대이다. 따라서 상은 오른쪽에서 왼쪽으로 이동하고 있다.

ㄴ. 5문단 "……출력 신호는, 그 형태가 상의 앞쪽 경계면 혹은 그보다 앞선 지점에 대응하는 위치에서 그 세기가 최대가 되는 비대칭적인 모양이 된다."와 마지막 문단 "……속력이 너무 커서 증폭률의 변화가 물체의 이동 속력에 맞추어 재빨리 이루어지지 못하면 …… 시간 지연에 대한 보상이 잘 이루어지지 않는다."에 따르면, 속력이 너무 빠를 경우, 시간 지연에 대한 보상이 잘 이루어지지 않아 신호의 세기는 상의 앞쪽 경계면이나 그보다 앞선 지점에서 최대가 되지 않을 것이다. 〈보기〉에서 a는 b와 달리 상의 앞쪽 경계면이 아니라 상의 뒤쪽에 가까운 곳에서 신호가 최대가 되고 있다. 이는 a가 b에 비해 시간 지연에 대한 보상이 잘 이루어지지 않고 있음을 보여준다. 따라서 상의 속력은 a가 b보다 크다.

[오답 풀이]

ㄷ. 상과 주변의 밝기 차는 b가 c보다 크다.
마지막 문단 "물체와 주변의 밝기 차이가 작거나 속력이 너무 커서 …… 이러한 기제가 잘 작동하지 못하여 시간 지연에 대한 보상이 잘 이루어지지 않는다."에 따르면, 신호의 세기에 영향을 미치는 것은 1) 물체와 주변의 밝기 차이, 2) 속력임을 알 수 있다. 따라서 속력이 동일할 때 시간 지연에 대한 보상은 물체와 주변의 밝기 차이가 작을 때보다 물체와 주변의 밝기 차이가 클 때에 잘 이루어질 것이다. 〈보기〉에서 b와 c를 비교해 보면, b는 상의 앞쪽 경계면에서 신호의 세기가 최대가 되었으나, c는 b보다 더 뒤쪽에서 신호의 세기가 최대가 되었다. 그리고 신호의 세기도 b가 c보다 더 크다. 이를 통해 b가 c보다 시간 지연에 대한 보상이 잘 이루어지고 있음을 알 수 있다. 따라서 상과 주변의 밝기 차는 b가 c보다 크다.

12. 정답 ⑤ 　난이도 ★★★ | 정답률 34%

내용영역 **과학기술** 　문항 유형 **정보의 평가와 적용**

[정답 풀이]

⑤ 4문단 "……상의 밝기와 이동 속도 등을 변화시켜가며 망막에서 발생하는 신호를 측정하였다."와 "……막대 모양의 상을 1/60초 동안만 맺히게 한 후에 …… 광수용체에서 전기 신호가 발생하고 여러 신경세포를 거치는 과정에서 시간 지연이 일어나므로, 상이 맺힌 순간부터 약 1/20초 후에 신경절세포에서 신호가 발생하기 시작하여 약 1/20초 동안 지속되었다."에 따르면, 상의 밝기를 1/60초 동안 변화시켰을 때 신경절세포에서는 약 1/20초 후에 신호가 발생하고, 그 신호는 약 1/20초 동안 지속된다는 것을 알 수 있다. 그런데 도롱뇽이 정지한 파리를 응시하고 있는 상황에서 눈을 깜박여 파리의 상이 1/60초 동안 사라졌다면, 이는 상의 밝기를 1/60초 동안 변화시킨 것과 같은 경우라 할 수 있다. 그러므로 도롱뇽이 눈을 깜박일 때, 정지한 파리의 상이 1/60초 동안 사라지면 파리의 상이 있던 위치의 신경절세포에서는 약 1/20초 동안 신호가 지속될 것이다. 따라서 파리의 상이 있던 위치의 신경절세포에서는 1/60초보다 오래 신호가 지속된다.

[오답 풀이]

① 날아가는 파리가 속력을 줄이면 상이 맺힌 위치의 개별 신경절세포에서의 시간 지연은 감소하지 않는다.
4문단 "광수용체에서 전기 신호가 발생하고 여러 신경세포를 거치는 과정에서 시간 지연이 일어나므로, ……"에 따르면, 시간 지연이 일어나는 원인은 광수용체에서 발생한 신호가 신경세포를 거치기까지 시간이 걸리기 때문이다. 즉 시간 지연은 신경세포 사이에서 일어나는 것이므로 상의 속력의 변화는 시간 지연에 영향을 주지 않는다. 따라서 날아가는 파리가 속력을 줄여도 상이 맺힌 위치의 개별 신경절세포에서의 시간 지연에는 변함이 없을 것이다.

② 아래위로 천천히 움직이는 물체 위에 앉아 있는 도롱뇽은 수평으로 날아가는 파리의 움직임을 알아차린다.
2문단 "신경절세포 가운데 특정 종류는 …… 다른 경로를 따라 움직일 때만 신호를 발생한다."에 따르면, 상의 이동 경로가 세포가 감지하는

부분과 다를 때에는 상의 움직임을 잘 포착할 수 있다. 아래위로 천천히 움직이는 물체 위에 앉아 있는 도롱뇽과 수평으로 날아가는 파리는 수직과 수평으로 이동 경로가 다르다. 따라서 도롱뇽은 파리의 움직임을 잘 알아차릴 수 있을 것이다.

③ 배경이 밝고 파리의 색이 어두울수록 상의 위치와 신경절세포의 출력 신호가 최대가 되는 위치 사이의 오차는 작다.
마지막 문단 "물체와 주변의 밝기 차이가 작거나 …… 이러한 기제가 잘 작동하지 못하여 시간 지연에 대한 보상이 잘 이루어지지 않는다."에 따르면, 물체와 주변의 밝기 차이가 작을수록 상을 인식하는 데 어려움이 있다. 이처럼 상을 인식하기 어려운 환경일수록 신호 출력 기제가 제대로 작동하지 못하므로 상의 위치와 신경절세포의 출력 신호가 최대가 되는 위치 사이의 오차 또한 커질 것이다. 그런데 배경이 밝고 파리의 색이 어두울수록 물체와 주변의 밝기 차이는 커지므로 파리의 색이 밝을 때보다 상을 더 잘 인식할 수 있을 것이다. 따라서 이 경우 상의 위치와 신경절세포의 출력 신호가 최대가 되는 위치 사이의 오차는 작을 것이다.

④ 망막에 맺힌 날아가는 파리의 상에서 머리 부분에서 발생하는 신호의 증폭률은 몸통 부분에서 발생하는 신호의 증폭률보다 크다.
4문단 "상의 앞쪽 경계와 같은 위치 혹은 이보다 앞선 위치에서 신호가 최대가 되었다."에 따르면, 신호의 증폭률은 상의 앞쪽 경계나 그보다 앞선 위치에서 최대가 된다. 망막에 맺힌 날아가는 파리의 상의 경우 상의 앞쪽은 몸통 부분이 아니라 머리 부분이다. 따라서 이 경우 파리의 머리 부분에서 발생하는 신호의 증폭률이 최대가 되므로, 몸통 부분에서 발생하는 신호의 증폭률보다 크다.

[13~15] 제재 | 파시즘의 정의에 대한 견해
난이도 | ★★☆

13. 정답 ① 난이도 ★★★ | 정답률 55%

내용영역 인문 문항 유형 정보의 확인과 재구성

[정답 풀이]

① 마르크스주의적 해석은 계급 간 대립을 부인하지 않는다.
2문단 "기본적으로 계급투쟁 개념에 바탕을 둔 마르크스주의적 해석인데, 대표적인 것은 '코민테른 테제'이다. …… 그들에 따르면, 자본과 노동이 대립하면서 어느 한쪽이 절대 우위를 갖추지 못하면 제3의 세력이 등장하는데, 파시즘이 그 예라는 것이다."에 따르면, 마르크스주의적 해석은 기본적으로 계급투쟁 개념에 바탕을 두고 있으며, 코민테른 테제를 따르지 않는 톨리아티나 탈하이머와 바이다 또한 자본과 노동이 대립한다고 보았으므로 계급 간 대립은 인정했다고 할 수 있다. 따라서 마르크스주의자들의 해석 중에는 계급 간 대립을 부인하면서 파시즘을 해석하는 경우가 없다.

[오답 풀이]

② 3문단 "냉전의 분위기 속에서 이탈리아의 파시즘, 독일의 나치즘, 소련의 스탈린주의를 뭉뚱그려 전체주의로 범주화하는 경향이 나타났다."에 따르면, 냉전 상황에서는 이탈리아와 독일, 소련의 억압적 체제를 전체주의라는 하나의 범주로 파악했다. 따라서 이탈리아와 독일, 소련의 억압적 체제들을 하나의 범주로 파악한 것은 냉전 상황을 배경으로 하고 있다고 할 수 있다.

③ 1문단 "본디 파시즘은 1919년에서 1945년까지 무솔리니가 이끈 정치 운동, 체제, 이념만을 지칭하는 용어였다. …… 점차 그 용어가 가리키는 대상도 다양해져 갔다."에 따르면, 파시즘은 본래 무솔리니의 정치 현상을 가리키는 용어였다가 점차 그 지시 대상이 다양해졌다. 또한 3문단 "이탈리아의 파시즘, ……."에 따르면, 이러한 무솔리니의 정치 현상을 가리키는 파시즘은 이탈리아에서 나타난 것이다. 따라서 파시즘이라는 용어는 이탈리아에서 특정 시기에 있었던 정치 현상을 가리켰지만, 지시 대상이 점차 확장되었다고 할 수 있다.

④ 3문단 "……이 이론은 전체주의의 특징을 메시아 이데올로기, 유일 정당, 비밀경찰의 테러, 대중 매체의 독점, 무력 장악, 경제의 통제로 꼽았다. …… 파시즘과 스탈린주의는 전혀 다른 계급적 토대 위에서 서로 다른 목표를 추구하므로 동일한 범주로 묶일 수 없다는 비판이 제기되었다."에 따르면, 전체주의이론을 비판하는 입장에서는 전체주의이론이 파시즘과 스탈린주의가 서로 다른 기반과 목적을 추구한다는 점을 간과했다고 비판했다. 이들의 입장에서 전체주의의 특징인 메시아 이데올로기, 유일 정당, 비밀경찰의 테러, 대중 매체의 독점, 무력 장악, 경제의 통제는 표면적 특징에 해당한다고 볼 수 있다. 따라서 전체주의 이론은 파시즘과 스탈린주의의 서로 다른 기반과 목적을 간과하고 표면적 특징만을 추출했다는 비판을 받았다고 할 수 있다.

⑤ 2문단 "대표적인 것은 '코민테른 테제'이다. 이에 따르면, 파시즘이란 "금융 자본의 가장 반동적이고 국수주의적이며 제국주의적인 분파의 공공연한 테러 독재."이다. 즉, 파시즘이 자본주의의 도구이며, 대자본의 대리인이라고 파악한 것이다."에 따르면, 코민테른 테제에서 자본주의는 국수주의적이며 제국주의적인 성향을 지니고 있으며, 파시즘은 자본주의의 정치 체제이다. 따라서 마르크스주의의 대표적 해석인 코민테른 테제는 파시즘을 국수주의적이며 제국주의적인 성향의 대자본이 폭력을 수단으로 정권을 유지하려 한 정치 체제로 본다고 할 수 있다.

14. 정답 ① 난이도 ★★☆ | 정답률 51%

내용영역 인문 문항 유형 정보의 추론과 해석

[정답 풀이]

① 파시즘의 최종 목표는 '파시즘적 인간'을 완성하는 것이 아니라 혁명적인 변화이다.
4문단 "그(㉠)에 따르면, 파시즘은 …… 공동체의 정치 문화와 사회 문화에 대한 혁명적인 변화를 목적으로 삼는다. 그리고 '신화'를 수단으로 삼아……."와 "신화가 실현되기 위해서는 …… '파시즘적 인간'으로 거듭 나는 것이 필요했다."에 따르면, 그리핀(㉠)은 파시즘의 최종 목표를 공동체의 정치, 사회 문화에 대한 혁명적인 변화로 보고, '파시즘적 인간'을 통해 실현되는 '신화'는 그 수단이라고 파악했다. 따라서 그리핀(㉠)은 파시즘의 최종 목표를 '파시즘적 인간'을 완성해 내는 것이라 보지 않았다.

[오답 풀이]

② 4문단 "'신화'를 수단으로 삼아 내적 응집력과 대중의 지지라는 추동력을 얻어낸다. 그 '신화'란 자유주의 몰락 이후의 질서라는 고난 속에서 쇠퇴의 위기에 처한 민족공동체가 새로운 엘리트의 지도 아래 부활한다는 것이다."에 따르면, 그리핀(㉠)은 '신화'를 자유주의 몰락이라는 역사적 상황의 변화로 인해 쇠퇴의 위기를 맞이한 민족적 고난을 새로운 엘리트의 지도로 극복하여 부활하는 것이라고 파악했다. 그리고 이러한 '신화'를 내적 응집력과 대중의 지지를 얻는 수단으로 삼았다고 보았다. 이때 내적 응집력은 세력의 단결을 뜻하고, 대중의 지지를 얻는 것은 곧 체제를 유지하기 위함이라고 볼 수 있다. 따라서 그리핀(㉠)은 파시즘이 역사적 상황의 변화로 인해 맞이한 민족적 고난을 지도적 엘리트에 의해 극복한다는 '신화'를 세력의 단결과 체제 유지의 수단으로 삼았다고 보았다고 할 수 있다.

③ 마지막 문단 "팩스턴(㉡)에 따르면, 파시즘 정권은 형식적 관료주의와 독단적 폭력이 혼합된 기묘한 형태였다. …… 특권 국가가 결국 우위를 점한 나치와 달리, 무솔리니는 표준 국가의 영역에 더 큰 권력을 허용

2022학년도

하였다."에 따르면, 팩스턴(㉡)은 독일은 당의 동형 기구로 만들어진 독단적 특권 국가가 우위를 점한 반면, 이탈리아는 합법성에 따라 관료적으로 움직이는 표준 국가의 영역에 더 큰 권력이 주어졌다고 파악했다. 따라서 팩스턴(㉡)은 독일 나치즘에서는 독단적 폭력이, 이탈리아 파시즘에서는 형식적 관료주의가 두드러졌다고 보았다고 할 수 있다.

④ 마지막 문단 "팩스턴(㉡)은 …… 파시즘을 전통적인 권위주의적 독재의 변종으로 규정한다. …… 그는 '이중 국가' 개념을 파시즘 체제 분석에 적용시켰다. '이중 국가'는 …… '표준 국가'가 …… '특권 국가'와 갈등을 빚으면서도 협력 속에 공존한다는 개념이다."에 따르면, 팩스턴(㉡)은 전통적인 권위주의적 독재에서 파시즘이 파생되었고, 이중 국가에서는 '표준 국가'와 '특권 국가'가 갈등 속에서도 병존하는 현상이 나타난다고 보았다. 따라서 팩스턴(㉡)은 파시즘 치하에서 이중적 권력 기구가 갈등 속에서도 병존하는 현상을 권위주의적 독재에서 파생한 것이라고 파악하였다고 할 수 있다.

⑤ 4문단 "근대적 성격을 보여준 것에 주목하여 파시즘을 일종의 '근대적 혁명'이라고 보았다."에 따르면, 그리핀(㉠)은 파시즘에서 나타난 근대적 성격에 주목하여 파시즘을 일종의 혁명이라고 파악했다. 그리고 마지막 문단 "팩스턴(㉡)은 파시즘이 근대적 혁명이라는 주장을 거부하면서, …… 그는 혁명으로 보이는 파시즘이 실은 기성 제도 및 전통적 엘리트 계층과 연합했다는 점을 중시하기 때문이다."에 따르면, 팩스턴(㉡)은 파시즘이 혁명으로 보이지만 사실은 기성 세력인 엘리트 계층과 연합했으므로 혁명이 아니라고 하였다. 따라서 그리핀(㉠)은 파시즘에서 나타난 근대적 성격에 주목하여 혁명적 성격을 가졌다고 파악했고, 팩스턴(㉡)은 기득권층과의 연합에 주목하여 혁명적 성격을 가지지 않았다고 파악했다고 할 수 있다.

15. 정답 ② 난이도 ★★☆ | 정답률 54%

내용영역 인문 문항 유형 정보의 평가와 적용

[정답 풀이]

② 4문단 "신화가 실현되기 위해서는 구성원이 오직 역동성과 민족에 대한 헌신으로만 무장한 '파시즘적 인간'으로 거듭 나는 것이 필요했다."에 따르면, 그리핀은 대중의 역동성에 주목하여 파시즘을 설명하고자 했다. 즉 대중의 자발적 동의하에 파시즘이 일어났다는 것이다. 그런데 〈보기〉에서 (가)는 파시즘이 전통문화와 타협하며 대중의 수동적 동의를 확보하려고 한다는 점에서 '문화 혁명'에도 한계가 있다고 주장한다. 즉 (가)는 그리핀과 달리, 파시즘을 규정할 때 대중의 수동적 동의를 강조하였다. 따라서 (가)는 '전통문화와 타협'하는 대중의 '수동적 동의'를 강조하여 그리핀의 주장을 비판하는 입장을 보일 것이라고 추론할 수 있다.

[오답 풀이]

① (가)는 탈하이머와 바이다의 주장에 동의하지 않을 것이다.
〈보기〉에서 (가)는 파시즘 치하에서 소유 관계와 계급 구조가 바뀌지 않았기 때문에 혁명이라고 볼 수 없다는 입장이다. (가)는 파시즘에서 혁명적 성격을 굳이 찾자면 문화이지만, 그 역시 한계가 뚜렷하다고 주장하고 있다. 그런데 2문단 "탈하이머와 바이다는 파시즘이 계급으로부터 상대적으로 자유로운 현상이라고 보았다."에 따르면, 탈하이머와 바이다는 파시즘이 계급에서 상대적으로 벗어났음을 주장하고 있다. 즉 탈하이머와 바이다와 (가)는 파시즘과 계급의 관계를 바라보는 관점에서 대립하고 있다. 따라서 (가)는 탈하이머와 바이다의 주장에 동의하는 입장을 보이지 않을 것이다.

③ (나)는 그리핀의 주장에 동의하지 않을 것이다.
(나)는 투쟁과 경쟁을 통해 사회 개혁이 이루어지는 것이라고 보며, 파시즘을 사회 개혁, 즉 혁명의 실패로 보았다. 이러한 견해는 계급투쟁을 강조한 마르크스주의적 해석에 가까운 것이라 할 수 있다. 반면 4문단 "그는 …… 자본주의 경제 질서를 수용하고 …… 파시즘을 일종의 '근대적 혁명'이라고 보았다."에 따르면, 그리핀은 파시즘을 자본주의 경제 질서를 수용한 근대적 혁명이라고 보았다. 즉 (나)는 파시즘이 혁명에 실패한 것이라 본 반면, 그리핀은 파시즘이 혁명을 이루었다고 본 것이다. 따라서 (나)는 그리핀의 입장에 동의하는 입장을 보이지 않을 것이다.

④ (다)는 팩스턴의 주장에 동조하지 않을 것이다.
〈보기〉에서 (다)는 파시즘을 소부르주아의 '정치적 육화'로 간주하고, 소부르주아가 의회와 부르주아 국가를 파괴한다고 보는 입장이다. 즉 소부르주아의 수단인 파시즘은 폭력적인 형태를 띤다는 것이다. 그런데 마지막 문단 "팩스턴은 …… 전통적인 권위주의적 독재의 변종으로 규정한다. …… 합법성에 따라 관료적으로 움직이는 '표준 국가'가 …… 무솔리니는 표준 국가의 영역에 더 큰 권력을 허용하였다는 점이다."에 따르면, 팩스턴은 파시즘이 폭력적인 형태보다는 합법성을 가지는 관료적 성격이 더 강하다고 파악하였다. 따라서 (다)는 팩스턴의 주장에 동조하는 입장을 보이지 않을 것이다.

⑤ (다)는 소부르주아를 파시즘의 수단이라고 보지 않으며, 톨리아티의 주장을 비판하지도 않을 것이다.
〈보기〉에서 (다)는 파시즘을 소부르주아의 '정치적 육화'로 간주하고, 소부르주아가 의회와 부르주아 국가를 파괴한다고 보는 입장이다. 즉 '소부르주아'가 파시즘의 수단이라고 강조하는 것이 아니라, 소부르주아의 성격이 정치적으로 나타난 것이 파시즘이라고 본 것이다. 또한 2문단 "톨리아티는 파시즘이 소부르주아적 성격의 대중적 기반 위에 있었다고 파악했으며, ……."에 따르면, 톨리아티는 파시즘을 소부르주아 성격의 대중적 기반 위에 있다고 파악했다. 따라서 〈보기〉의 (다)와 톨리아티 모두 파시즘이 소부르주아적 성격을 가지고 있다고 인정하고 있으므로 (다)는 톨리아티의 주장을 비판하는 입장을 보이지도 않을 것이다.

[16~18] 제재 | 클러스터링
난이도 | ★★☆

16. 정답 ④ 난이도 ★★☆ | 정답률 74%

내용영역 과학기술 문항 유형 정보의 확인과 재구성

[정답 풀이]

④ 마지막 문단 "계층법은 클러스터 개수를 사전에 정하지 않아도 되는 장점이 있다."에 따르면, 계층법은 사전에 클러스터 개수를 정하지 않는다. 따라서 계층법으로 계통도를 산출할 때 클러스터 개수는 미리 정하지 않는다.

[오답 풀이]

① 클러스터링 기법은 유사한 개체들을 묶어 한 개의 클러스터로 생성하는 기법이 아니다.
2문단 "클러스터링은 데이터의 특성에 따라 유사한 개체들을 묶는 기법이다."와 3문단 "분할법은 전체 데이터 개체를 사전에 정한 개수의 클러스터로 구분하는 기법으로, ……."에 따르면, 클러스터링 기법은 유사한 개체들을 묶어 사전에 정한 개수의 클러스터로 구분할 수 있다. 따라서 클러스터링 기법에서는 개체들을 묶어서 여러 개의 클러스터로 생성할 수 있다.

② 분할법에서는 클러스터 중심점을 임의의 위치에 배치한다.
3문단 "사전에 K개로 정한 클러스터 중심점을 임의의 위치에 배치하여 초기화한다."에 따르면, 분할법에서 알고리즘의 첫 단계는 클러스터 중심점을 임의의 위치에 배치하는 것이다. 따라서 분할법에서는 클러스터링 수행자가 정확한 계산을 통해 초기 중심점을 찾아내는 것이 아니라, 임의로 중심점을 배치하는 것이다.

③ 분할법에서는 한 개체가 여러 클러스터에 속할 수 없다.
3문단 "분할법은 …… 모든 개체는 생성된 클러스터 가운데 어느 하나에 속한다."에 따르면, 분할법에서는 한 개체가 생성된 클러스터 중 하나에 속한다. 따라서 분할법에서는 한 개체가 여러 클러스터에 속할 수 없다.

⑤ 계층법의 계통도에서 수평선을 아래로 내릴 경우 추상화 수준이 낮아진다.
마지막 문단 "모든 개체가 하나로 묶일 때까지 추상화 수준을 높여가는 상향식으로 알고리즘이 진행되어 …… 계통도에서 점선으로 표시된 수평선을 아래위로 이동해 가면서 클러스터링의 추상화 수준을 변경할 수 있다."에 따르면, 계층법의 계통도에서 수평선이 위로 이동할수록 추상화 수준이 높아진다. 따라서 계층법의 계통도에서 수평선을 내릴 경우 추상화 수준은 낮아진다.

17. 정답 ④ 난이도 ★★★ | 정답률 38%

내용영역 과학기술 | 문항 유형 정보의 추론과 해석

[정답 풀이]

④ 초기화를 다르게 하면서 알고리즘을 여러 번 수행해도 전체 최적해가 결정되지 않을 수 있다.
5문단 "K-민즈 클러스터링에서 …… '전체 최적해'는 확정적으로 보장되지 않는다. 알고리즘의 첫 번째 단계인 초기화를 어떻게 하느냐에 따라 …… 좋은 결과를 찾는 데 실패할 수도 있다."에 따르면, K-민즈 클러스터링은 초기화를 어떻게 하느냐에 따라 전체 최적해를 얻을 수도, 얻지 못할 수도 있다. 따라서 초기화를 다르게 하면서 알고리즘을 여러 번 수행하더라도 전체 최적화가 결정되는 것은 아니다.

[오답 풀이]

① 4문단 "두 개체가 인접해 있더라도 가장 가까운 중심점이 서로 다르면 두 개체는 상이한 클러스터에 배정된다."에 따르면, 특성이 유사하여 서로 인접한 개체들도 중심점이 다르면 서로 다른 클러스터에 배정될 수 있다. 따라서 특성이 유사한 두 개체가 서로 다른 클러스터에 배치될 수 있다고 추론할 수 있다.

② 5문단 "K-민즈 클러스터링의 경우 품질 지표는 개체와 그 개체가 해당하는 클러스터의 중심점 간 거리의 평균이다. …… 알고리즘의 첫 번째 단계인 초기화를 어떻게 하느냐에 따라 클러스터링 결과가 달라질 수 있으며, ……."에 따르면, 초기에 클러스터 중심점을 어느 위치에 배치하느냐에 따라 클러스터링 결과인 품질 지표가 달라질 수 있다.

③ 5문단 "K-민즈 클러스터링의 경우 품질 지표는 개체와 그 개체가 해당하는 클러스터의 중심점 간 거리의 평균이다."와 "클러스터의 개수인 …… K가 커질수록 각 개체와 해당 중심점 간 거리의 평균은 감소한다."에 따르면, 클러스터의 개수가 커질수록 개체와 해당 중심점 간 거리의 평균인 품질 지표 값은 감소한다. 따라서 클러스터 개수를 감소시키면 클러스터링 결과의 품질 지표 값은 증가한다고 추론할 수 있다.

⑤ 3문단 "2)와 3)의 과정을 반복해서 수행하여 더 이상 변화가 없는 상태에 도달하면 알고리즘이 종료된다."에 따르면, K-민즈 클러스터링에서는 K개로 정한 클러스터 중심점을 다시 구하는 과정을 반복해서 더 이상 좌표 평균을 계산하여 변화가 없는 중심점이 나오면 알고리즘을 종료한다. 따라서 K-민즈 클러스터링은 K를 정하여 알고리즘을 진행하면 각 클러스터의 중심점은 결국 고정된 점에 도달한다고 추론할 수 있다.

18. 정답 ② 난이도 ★★☆ | 정답률 56%

내용영역 과학기술 | 문항 유형 정보의 평가와 적용

[정답 풀이]

② 고객 특성은 계층법이 효과적이지 않다.
마지막 문단 "따라서 계층법은 개체들 간에 위계 관계가 있는 경우에 효과적으로 적용할 수 있다."에 따르면, 계층법은 위계 관계에 있는 개체들에 효과적으로 적용된다. 그런데 〈보기〉의 사례에서 고객 특성인 성별, 거주지, 소득 수준 등은 위계 관계에 있지 않다. 따라서 고객 특성은 계층법이 효과적이지 않을 것이다.

[오답 풀이]

① 2문단 "범주형 특성에 거리 개념을 적용하려면 이를 수치형 특성으로 변환해야 한다."에 따르면, 범주형 특성은 수치형 특성으로 변환해야 거리 개념에 적용이 가능하다. 〈보기〉에서 고객 정보 중 고객의 거주지나 성별 등은 범주형에 해당한다. 따라서 고객 정보에는 수치형이 아닌 것도 있어 특성의 유형 변환이 요구된다고 할 수 있다.

③ 3문단 "K-민즈 클러스터링에서는 …… 사전에 K개로 정한 클러스터 중심점을……."에 따르면, K-민즈 클러스터링 알고리즘은 사전에 클러스터 중심점을 K개로 정한 후에 실행된다. 〈보기〉의 사례에서 클러스터링 중심점은 세분화할 시장이 된다. 따라서 K-민즈 클러스터링 알고리즘을 실행하려면 세분화할 시장의 개수를 먼저 정해야 할 것이다.

④ 2문단 "거리를 계산할 때 특성들의 단위가 서로 다른 경우가 많은데, 이런 경우 특성 값을 정규화할 필요가 있다."에 따르면, 특성들의 단위가 서로 다른 경우 특성 값을 정규화해야 한다. 〈보기〉에서 고객 정보에 해당하는 나이, 소득 수준 등은 서로 다른 단위를 가지고 있는 특성들이다. 따라서 나이와 소득 수준과 같이 단위가 다른 특성을 기준으로 시장을 세분화할 경우 정규화가 필요할 것이다.

⑤ 5문단 "극단적으로 모든 개체를 클러스터로 구분할 경우 개체가 곧 중심점이므로 이들 사이의 거리의 평균값은 0으로 최소화되지만, ……."에 따르면, 모든 개체를 클러스터로 구분할 경우 품질 지표 값은 0이 된다. 〈보기〉의 사례에서 모든 고객을 별도의 세분화된 시장들로 구분하여 1:1 마케팅을 하는 것은 모든 개체를 클러스터로 구분하는 경우에 해당한다. 따라서 이 경우 K-민즈 클러스터링의 품질 지표 값은 0이 될 것이다.

[19~21] 제재 | 소유와 지배의 분리
난이도 | ★★★

19. 정답 ④ 난이도 ★★☆ | 정답률 47%

내용영역 사회 | 문항 유형 주제, 구조, 관점 파악

[정답 풀이]

④ 벌리는 경영자의 신인의무의 대상을 주주로 한정해야 한다고 보았다.
마지막 문단 "……경영자의 신인의무의 대상, 즉 회사를 자신에게 믿고 맡긴 사람의 이익을 자신의 이익보다 우선해야 하는 의무의 대상을 주주가 아닌 다른 이해 관계자들로 확장해서는 안 된다고 벌리는 주장했다."에 따르면, 벌리는 경영자의 신인의무 대상은 주주로 한정되어야 한다고 보았다.

[오답 풀이]

① 1문단 "오늘날 교과서적 견해에서 '소유와 지배의 분리'라는 개념은 …… 주주의 이익보다 자신들의 이익을 앞세우는 문제의 심각성을 강조하는 개념이다."에 따르면, '소유와 지배의 분리'에 대한 오늘날 교과서적 견해는 주주의 이익을 앞세워야 한다고 보는 입장이다. 그리고

2022학년도

3문단 "……전통적인 법학의 논리에 입각한다면 회사가 오로지 주주의 이익을 위해서만 운영되어야 한다는 견해가 도출될 수밖에 없다."에 따르면, 전통적인 법학의 논리에서는 회사가 오직 주주의 이익을 위해서 운영되어야 한다. 따라서 소유와 지배의 분리에 대한 오늘날 교과서적 견해는 전통적인 법학 논리에 입각한 견해를 받아들이고 있다고 볼 수 있다.

② 5문단 "결국 회사체제에서 회사는 공동체의 이익을 위해 운영되어야 한다는 것이 벌리의 결론이다."에 따르면, 벌리는 회사가 공동체의 이익을 위해 운영되어야 한다고 보았다. 이는 회사의 사회적 책임을 의미한다. 그런데 마지막 문단 "회사법에서 주주 이외에 주인을 인정하지 않아야 한다고 그가 주장한 이유는 주인이 여럿이면 …… 회사 지배자들의 사회적 권력을 키워주는 결과를 낳을 것이라고 보았기 때문이다."에 따르면, 벌리는 회사법에서 회사의 주인이 여럿임을 인정하게 되면 회사 지배자들의 사회적 권력을 키워주는 결과를 낳는다고 보았다. 이때 회사의 주인이 여럿임을 인정한다는 것은 곧 회사가 공동체의 이익을 위해 운영된다는 것과 같다. 즉 벌리는 회사법에서 공동체의 이익을 강조하면 회사 지배자들의 권력이 커질 것이라고 본 것이다. 따라서 벌리는 회사법에서 회사의 사회적 책임을 강조할 경우 회사 지배자들의 권력을 키워 주는 결과를 낳는다고 보았다.

③ 4문단 "전통적인 경제학의 논리에 입각하면 …… 재산권의 보호를 사회적으로 바람직한 목적을 위한 수단으로 보기 때문이다."에 따르면, 전통적인 경제학에서는 사회적으로 바람직한 목적, 다시 말해 사회적으로 가장 좋은 결과를 위해서 재산권을 보호해야 한다고 보았다. 따라서 전통적인 경제학의 논리에 따르면 사회적으로 가장 좋은 결과를 낳을 수 있도록 재산권이 인정되는 것이 바람직하다.

⑤ 1문단 "오늘날 교과서적 견해에서 '소유와 지배의 분리'라는 개념은 …… 창업자 가족이나 대주주의 영향력이 약해져 …… 주주의 이익보다 자신들의 이익을 앞세우는 문제의 심각성을 강조하는 개념이다."에 따르면, 오늘날 교과서적 견해에서는 소유와 지배가 분리됨에 따라 대주주의 영향력이 약해져서 문제가 발생한다고 보았다. 이러한 입장에서는 대주주의 영향력이 강해지면 소유와 지배의 분리에 따른 문제를 해결할 수 있다고 볼 것이다. 그런데 마지막 문단 "그는 …… 지배에 의한 회사의 약탈로부터 비활동적 재산권을 보호하는 것이 회사가 공동체의 이익을 위해 운영되도록 하기 위한 출발점이라고 보았다."에 따르면, 벌리는 지배자로부터 비활동적 재산권, 즉 주식을 보호해야 한다고 주장했다. 이때 지배자는 창업자나 그 후손, 대주주, 경영자 등이 해당될 수 있다. 따라서 벌리는 대주주의 영향력이 강해지면 주주의 이익을 보장할 수 없다고 보므로 소유와 지배의 분리에 따른 문제를 해결하는 데 도움이 되지 않는다고 볼 것이다.

20. 정답 ①

난이도 ★★★ | 정답률 43%

내용영역 **사회** 문항 유형 **정보의 추론과 해석**

[정답 풀이]

① 벌리(㉠)에게 있어 '지배'는 준공공회사에서 공동체의 이익을 위해 반드시 수행되는 기능이 아니다.

2문단 "벌리는 소유와 지배가 분리된 현대 회사를 준공공회사라고 불렀다."에 따르면, 벌리에게 있어 준공공회사는 현대 회사를 가리킨다. 그리고 1문단 "그에게 있어서 '소유', '지배', '경영'은 각각 …… 사업체에 대한 권력을 갖는 기능 …… 기능을 지칭하는 개념이지……."와 마지막 문단 "……지배에 의한 회사의 약탈로부터 비활동적 재산권을 보호하는 것이 회사가 공동체의 이익을 위해 운영되도록 하기 위한 출발점이라고 보았다."에 따르면, 벌리(㉠)는 '소유', '지배', '경영'이 사업체에 대한 행위를 하는 기능이며, 이러한 기능들이 결과적으로는 공동체의 이익을 위해 수행되어야 한다고 보았다. 그런데 지배에 의한 회사의 약탈이 일어나는 경우에는 지배자의 이익을 위해 회사가 운영될 것이므로 공동체의 이익을 위해 운영되는 것이 어렵다. 따라서 벌리(㉠)에게 있어 '지배'는 공동체의 이익을 위해 수행되어야 하는 기능이지만, 반드시 수행되는 기능이라고 할 수는 없다.

[오답 풀이]

② 2문단 "벌리에 따르면 산업혁명 이전에는 …… 19세기에 많은 사업체들에서 소유자가 (1)과 (2)를 수행하고……."와 "……회사라는 생산 도구는 전통적인 사유재산으로서의 의미를 잃게 되었다."에 따르면, 벌리(㉠)는 20세기 이전까지의 전통적인 사유재산에서는 소유자가 소유와 지배의 기능을 수행한다고 보았다. 따라서 벌리(㉠)는 '지배'를 전통적인 의미에서의 사유재산에서 소유자가 수행하는 기능이라고 생각했을 것이다.

③ 2문단 "사기업에서는 통합되어 있던 위험 부담 기능과 회사 지배 기능이 분리되어 주주와 지배자에게 각각 배치됨으로써……."에 따르면, 벌리(㉠)는 주주는 위험 부담 기능을, 지배자는 회사 지배 기능을 부담한다고 보았다. 따라서 벌리(㉠)는 회사체제의 회사에서 지배 기능의 담당자는 위험을 부담하지 않는다고 생각할 것이다.

④ 2문단 "(2)는 …… 즉 활동적 재산의 점유가 되었다."에 따르면, 벌리는 '지배'가 활동적 재산의 점유가 된다고 보았다. 즉 '지배'의 기능을 담당하는 자는 곧 활동적 재산을 점유한 자이다. 따라서 벌리(㉠)는 회사체제의 회사에서 '지배'는 활동적 재산을 점유한 자가 수행하는 기능이라고 생각할 것이다.

⑤ 1문단 "그에게 있어서 '소유', '지배', '경영'은 …… 기능을 지칭하는 개념이지 각 기능의 담당 주체를 지칭하는 것이 아니다."에 따르면, 벌리(㉠)는 '소유', '지배,' '경영'을 다른 개념으로 생각한다. 그리고 2문단 "(2)는 창업자나 그 후손, 대주주, 경영자 …… 등 이사를 선출할 힘을 가진 다양한 주체에 의해 수행될 수 있다."에 따르면, 벌리(㉠)는 '지배'가 '경영'의 담당 주체인 경영자에 의해서도 수행될 수 있다고 보았다. 따라서 벌리(㉠)는 '지배'가 '경영'의 담당자에 의해 수행될 수도 있다고 인정하지만 '경영'과 동일시하지 않는다고 할 수 있다.

21. 정답 ⑤

난이도 ★★☆ | 정답률 46%

내용영역 **사회** 문항 유형 **정보의 평가와 적용**

[정답 풀이]

⑤ 〈보기〉에서 1차 뉴딜과 2차 뉴딜의 대상은 이미 준공공회사에 해당한다. 2문단 "벌리는 소유와 지배가 분리된 현대 회사를 준공공회사라고 불렀다."에 따르면, 준공공회사는 소유와 지배가 분리된 현대 회사를 가리킨다. 〈보기〉에서 1차 뉴딜이 경영자들과 지배자들로부터 주주의 재산권을 보호하는 원칙을 확립한 것으로 볼 때, 〈보기〉의 회사는 소유와 지배가 분리된 형태의 회사라는 것을 알 수 있다. 벌리(㉠)에 따르면, 이러한 회사는 준공공회사에 해당한다. 따라서 〈보기〉에서 1차 뉴딜과 2차 뉴딜의 대상은 이미 준공공회사에 해당하므로 1차 뉴딜과 2차 뉴딜이 준공공회사로의 변화를 추구한다고 볼 수 없다.

[오답 풀이]

① 마지막 문단 "그는 회사법 영역에서 주주에 대한 신인의무를 경영자뿐 아니라 지배자에게도 부과하여 지배에 의한 약탈로부터 비활동적 재산권을 보호하는 것이……."에 따르면, 벌리(㉠)는 회사법 영역에서 주주에 대한 신인의무를 경영자뿐 아니라 지배자에게도 부과하여 지배에 의해 회사가 약탈되는 것을 막아야 한다고 보았다. 〈보기〉에서 1차 뉴딜은 금융개혁에 초점을 맞춰 경영자들과 지배자들에게 주주에 대한 신인의무를 부과함으로써 주주의 재산권을 엄격하게 보호하는 원칙을 확립했다. 따라서 벌리(㉠)는 〈보기〉의 1차 뉴딜을 지배에 의해 회사가 약탈되는 것을 막기 위한 회사법 영역의 개혁이라고 볼 것이다.

② 마지막 문단 "하지만 이를 뒷받침할 법적 근거가 마련되지 않거나, 이를 실현할 합리적인 계획들을 공동체가 받아들일 준비가 안 된 상황에서는, …… 그는 회사법 영역에서 주주에 대한 신인의무를 경영자뿐 아니라 지배자에게도 부과하여 …… 비활동적 재산권을 보호하는 것이 회사가 공동체의 이익을 위해 운영되도록 하기 위한 출발점이라고 보았다."에 따르면, 벌리(㉠)는 공동체의 이익을 위해 회사가 운영되는 것을 뒷받침할 법적 근거가 마련되지 않거나, 실현할 합리적인 계획들을 공동체가 받아들일 준비가 안 된 상황에서는 주주의 이익을 보호하는 것이 회사가 공동체의 이익을 위해 운영되도록 하기 위한 출발점이라고 보았다. 〈보기〉에서 1차 뉴딜은 주주의 재산권을 엄격하게 보호하는 원칙을 확립했다. 따라서 벌리(㉠)는 〈보기〉의 1차 뉴딜이 회사가 공동체의 이익을 위해 운영되도록 하기 위한 출발점으로서 주주의 이익을 위해 회사가 운영되도록 하는 원칙을 확립한 개혁이라고 볼 것이다.

③, ④ 마지막 문단 "……회사법 바깥의 영역에서 공동체에 대한 회사의 의무를 이행하도록 하는 현실적인 시스템을 마련하고 정착시킴으로써 사회의 이익에 비활동적 재산권이 자리를 양보하도록 만들 수 있다고 보았다."에 따르면, 벌리(㉠)는 회사법 바깥의 영역에서 공동체의 이익에 주주의 재산권이 자리를 양보하도록 만들 수 있다고 보았다. 〈보기〉에서 2차 뉴딜은 노사관계와 사회보장 등 회사법 바깥의 분야로 개혁을 확장한 정책이다. 따라서 벌리(㉠)는 〈보기〉의 2차 뉴딜이 주주의 재산권이 사회의 이익에 자리를 양보하도록 만드는 개혁이자 회사가 공동체의 이익을 위해 운영되도록 하기 위한 회사법 바깥 영역의 개혁이라고 보았을 것이다.

[22~24] 제재 | 미국 민주주의 규범
난이도 | ★☆☆

22. 정답 ⑤

난이도 ★☆☆ | 정답률 83%

내용영역 사회 | 문항 유형 정보의 확인과 재구성

[정답 풀이]

⑤ 2문단 "민주주의 규범이 무너지면 민주주의도 위태로워진다. 민주주의 유지에 핵심적 역할을 하는 규범은 민주주의보다 오랜 전통을 가진 '상호 관용'과 '제도적 자제'이다."에 따르면, 민주주의는 민주주의 규범을 통해 유지될 수 있다. 이러한 민주주의 규범은 '상호 관용'과 '제도적 자제'로 대표되며, 견제와 균형의 원리를 지니고 있다. 따라서 견제와 균형의 원리를 통해 민주주의를 보호하고자 한 헌법의 목적을 실현 가능하게 한 것은 민주주의 규범이라고 할 수 있다.

[오답 풀이]

① 상호 관용이 강화되면 제도적 자제도 강화되고, 상호 관용이 약화되면 제도적 자제도 약화된다.
3문단 "이 두 가지 규범은 상호 연관되어 있다. 상대를 경쟁자로 받아들일 때, 제도적 자제도 기꺼이 실천한다."에 따르면, 상호 관용이 실천될 때 제도적 자제도 실천된다. 즉, 제도적 자제는 상호 관용이 전제되어 있을 때 실천 가능한 것이다. 따라서 상대를 적이 아니라 나와 동등한 경쟁자로 볼수록(상호 관용↑), 제도적으로 허용된 권력을 신중하게 행사하게 될 것이다(제도적 자제↑). 반면 상대를 나에게 위협적인 적으로만 인식할수록(상호 관용↓) 제도적으로 허용된 권력을 최대한으로 사용하여 상대를 공격하고자 할 것이다(제도적 자제↓).

② 대통령과 입법부의 권력 행사가 합법적이라도 민주주의 정치 체제 보호에 부정적으로 작용할 수 있다.
2문단 "합법적 권력 행사라도 자제되지 않을 경우 기존 체제를 위태롭게 할 수 있다."에 따르면, 합법적 권력을 신중하게 행사해야만 민주주의 정치 체제가 보호될 수 있다. 따라서 대통령과 입법부의 권력 행사가 합법적이더라도, 그것이 절제된 것이 아니라면 민주주의 정체 체제 보호에 긍정적으로 작용할 수 없다.

③ 민주주의 이념을 유지하는 핵심인 민주주의 규범은 민주주의 이념보다 오래되었다.
2문단 "민주주의 유지에 핵심적 역할을 하는 규범은 민주주의보다 오랜 전통을 가진 '상호 관용'과 '제도적 자제'이다."에 따르면, 민주주의 규범은 민주주의 이념보다 더 오래된 것이다. 따라서 민주주의 규범이 민주주의의 이념으로부터 탄생한 것이라 볼 수 없으며, 민주주의 제도의 확립을 통해 발전되는 것도 아니다.

④ 민주주의 규범은 헌법이나 법률에 성문화된다고 해서 효과가 극대화된다고 보기 어렵다.
1문단 "여기에는 헌법이나 법률에 명문화되지 않은 민주주의 규범도 중요한 역할을 해왔다."에 따르면, 민주주의 규범은 애초에 헌법이나 법률에 성문화되어 있지 않은 상태에서 민주주의 체제를 유지하는 데 기여하였다. 또한 제시문에서는 민주주의 규범이 헌법이나 법률로 성문화될 때, 민주주의 정치 체제에 어떠한 영향을 미칠 것인지는 언급하고 있지 않다.

23. 정답 ③

난이도 ★☆☆ | 정답률 83%

내용영역 사회 | 문항 유형 정보의 추론과 해석

[정답 풀이]

③ 마지막 문단 "이후 양당 간 경쟁은 '당파적 양극화'로 치달았다. …… 이러한 상황에서 인종 차별에 의존한 기존의 민주주의 규범은 한계를 보이면서 붕괴했다."에 따르면, 민주주의 확대에서 비롯된 당파적 양극화가 결국 민주주의를 붕괴시켰다. 따라서 민주주의 확대로 촉발된 양극화가 두 번째 위기(㉡)의 원인이 되었다고 할 수 있다.

[오답 풀이]

① 첫 번째 위기(㉠)를 거치면서 상호 관용과 제도적 자제의 규범이 건국 이후 '다시' 형성되었다.
5문단 "민주주의 규범이 다시 형성되기 시작한 것은……"에 따르면, 첫 번째 위기(㉠)를 극복하는 과정에서 민주주의 규범은 다시 형성되었다. 따라서 첫 번째 위기(㉠)를 거치면서 상호 관용과 제도적 자제의 규범이 건국 이후 처음으로 형성된 것이 아니다.

② 첫 번째 위기(㉠) 이후 형성된 민주주의 규범은 인종 차별에 의존함으로써 정치 체제를 안정시켰다.
5문단 "역설적이게도 남북 전쟁 이후의 민주주의 규범은 인종 차별을 묵인한 비민주적인 타협의 산물이었다. 그리고 오랜 기간 백인 중심으로 작동했던 민주주의를 유지하는 데 기여했다."에 따르면, 공화당과 민주당이 인종 차별에 대해 상호 타협함으로써 첫 번째 위기(㉠)를 극복할 수 있었다. 그리고 두 번째 위기가 오기까지 민주주의 체제는 오랜 기간 안정적으로 유지되었다. 따라서 첫 번째 위기(㉠) 이후 형성된 민주주의 규범은 인종 차별적 특성을 토대로 정치 체제를 안정화시키는 역할을 하였다.

④ 두 번째 위기(㉡)는 다양한 집단의 정치 참여를 제도적으로 보장하는 방향으로 민주주의가 확대되면서 심화되었다.
마지막 문단 "흑인의 참정권이 제도적으로 보장되었고, 대규모 이민으로 다양한 민족과 인종이 정치 체제로 유입되었다."와 "이러한 상황에서 인종 차별에 의존한 기존의 민주주의 규범은 한계를 보이면서 붕괴했다."에 따르면, 다양한 집단의 정치 참여가 제도적으로 보장되면서 인종 차별에 의존한 기존의 민주주의 규범은 한계를 보일 수밖에 없었다. 그리고 그 결과 민주주의 규범은 붕괴하였다. 따라서 두 번째 위기(㉡)는 완화된 것이 아니라 심화되었다.

⑤ 첫 번째 위기(㉠)와 두 번째 위기(㉡) 모두 정당별 지지 집단이 뚜렷이 구분되는 현상이 나타났다.
5문단 “노예제를 찬성한 남부의 백인 농장주들, 그리고 그들과 입장을 같이한 민주당은 당시 노예제 폐지를 주장한 공화당을 심각한 위협으로 인식했다.”에 따르면, 첫 번째 위기(㉠)에서 민주당과 공화당은 노예제의 찬반 여부에 따라 지지 집단이 뚜렷이 구분되었음을 알 수 있다. 그리고 마지막 문단 “공화당과 민주당은 각기 다른 집단의 이익과 가치를 대변하게 되었다. 이후 양당 간 경쟁은 ‘당파적 양극화’로 치달았다.”에 따르면, 두 번째 위기(㉡)에서 민주당과 공화당은 당파적 양극화에 치달을 정도로 지지 집단이 뚜렷이 구분되어 있다. 따라서 첫 번째 위기(㉠)와 두 번째 위기(㉡) 모두 정당별 지지 집단이 뚜렷이 구분되는 현상이 나타났다.

24. 정답 ③

난이도 ★★☆ | 정답률 70%

내용영역 사회 | 문항 유형 정보의 평가와 적용

[정답 풀이]

③ ⓒ로 볼 때, 아옌데 대통령은 제도적 자제 규범을 실천하고 있지 않다.
3문단 “반면 서로를 적으로 간주할 때 상호 관용의 규범은 무너진다. 이러한 상황에서 정치인은 제도가 부여한 법적 권력을 최대한 활용하려 하며, …….”에 따르면, 상호 관용이 무너진 상태에서는 헌법적 권력을 최대한 신중하게 사용하는 제도적 자제는 이루어지지 않는다. 〈보기〉에서 아옌데 대통령의 좌파 여당은 야당을 위협적인 적으로 간주하고 있다. 이는 상호 관용이 무너진 상태이다. 따라서 ⓒ는 제도적 자제 규범을 실천한 것이 아니라 여당의 적인 야당을 무너뜨리기 위해 국민투표라는 헌법적 권력을 공격적으로 활용하고 있는 것이라 할 수 있다.

[오답 풀이]

① 마지막 문단 “보수와 진보 간 정책적 차이뿐만 아니라 인종과 종교, 삶의 방식을 기준으로 첨예하게 나뉘어 정당 간 경쟁이 적대적 갈등으로까지 확대되었다.”에 따르면, 1960년대 이후 미국에서 심화된 당파적 양극화는 좌 · 우 이념뿐만 아니라 다양한 차원에서 양극화를 보이고 있다. 따라서 이러한 미국의 당파적 양극화는 좌 · 우 이념을 중심으로 심화된 ⓐ와는 성격이 다르다고 할 수 있다.

② 3문단 “반면 서로를 적으로 간주할 때 상호 관용의 규범은 무너진다.”에 따르면, 상대를 위협적인 적으로 인식하는 것은 상호 관용의 규범이 붕괴되는 요인으로 작용한다. 따라서 ⓑ로 인해 1960년대 이후 칠레에서는 상호 관용의 규범이 붕괴되는 과정이 일어났음을 알 수 있다.

④ 4문단 “첫 번째 상황은 야당이 입법부를 장악하면서 …… 이 경우 야당은 대통령을 공격하기 위해 헌법에서 부여한 권력을 최대한 휘두른다.”에 따르면, 민주주의 규범이 붕괴된 상황에서 여당이 의회에서 소수당일 경우, 야당은 헌법에서 부여된 권력을 최대한 활용하여 권력을 장악하고자 한다. 〈보기〉에서 의회의 다수당인 야당은 헌법에서 극히 예외적인 상황에서 사용하도록 규정된 의회의 불신임 결의를 여당을 공격하기 위해 사용하고 있다. 따라서 ⓓ로 볼 때, 민주주의 규범이 붕괴된 상황에서 대통령 소속 정당이 의회 소수당인 경우 야당이 헌법적 권력을 공격적으로 활용할 가능성이 높음을 알 수 있다.

⑤ 2문단 “합법적 권력 행사라도 자제되지 않을 경우 기존 체제를 위태롭게 할 수 있다.”에 따르면, 제도적 자제가 지켜지지 않을 경우 민주주의가 붕괴될 수 있다. 〈보기〉에서 의회가 불신임 결의안을 사용한 것은 제도적 자제가 실천되지 않은 것이다. 제도적 자제는 상호 관용의 규범이 실천되었을 때 가능한 것이므로, 결국 〈보기〉의 상황은 상호 관용과 제도적 자제가 이루어지지 않음으로써 민주주의가 붕괴된 사례라 할 수 있다. 그런데 ⓔ를 통해 1970년 이전까지는 이러한 상호 관용과 제도적 자제가 지켜져 왔음을 알 수 있다. 민주주의는 상호 관용과 제도적 자제가 실천되었을 때 유지되는 것이다. 따라서 1970년 이전의 칠레 정치인들은 민주주의 규범을 존중함으로써 민주주의 정착에 기여했다고 할 수 있다.

[25~27] 제재 | 인공 지능과 인공 감정
난이도 | ★★☆

25. 정답 ②

난이도 ★★☆ | 정답률 75%

내용영역 규범 | 문항 유형 정보의 확인과 재구성

[정답 풀이]

인공 지능과 인공 감정은 다음과 같이 비교할 수 있다.

	실현 방식	한계 및 평가
인공 지능	주어진 인지적 과제 수행	의미를 이해하지 못함 → 인간의 지능과 다름
인공 감정	입력 자극에 대한 적절한 출력을 내놓는 행동 패턴	내적인 감정 경험이 아님 → 인간의 감정과 다름

② 인공 지능에서 행동이 하는 역할은 인공 감정에서 입력 자극에 대한 적절한 출력을 내놓는 행동들의 패턴에 해당한다.
4문단 “철학자들은 인공 지능이 인간과 똑같은 인지적 과제를 수행했다고 하더라도 그것은 의미를 이해하지 못하기 때문에 …… 인공 감정에 대해서도 마찬가지로, 감정을 입력 자극에 대한 적절한 출력을 내놓는 행동들의 패턴이 아니라 내적인 감정 경험으로 이해한다면 …… 인간의 감정이라고 말할 수 없다.”에 따르면, 인공 지능에서 인지적 과제를 수행하는 행동은 인공 감정에서 입력 자극에 대한 적절한 출력을 내놓는 행동 패턴에 대응된다. 그리고 의미를 이해하는 것은 내적인 감정 경험에 대응된다. 따라서 인공 지능에서 행동이 하는 역할은 인공 감정에서 내적인 감정 경험이 맡는 것이라 할 수 없다.

[오답 풀이]

① 2문단 “인공 지능의 연구도 그렇지만, 인공 감정의 연구도 …… 인간의 감정을 더 깊이 이해하는 과정이기도 하다.”에 따르면, 인공 지능과 인공 감정을 연구하면 인간의 지능과 감정까지 더 잘 알게 됨을 알 수 있다.

③ 4문단 “철학자들은 인공 지능이 …… 의미를 이해하지 못하기 때문에 진정한 지능이 아니라고 주장했다.”에 따르면, 인공 지능을 진정한 지능이 아니라고 보는 철학자들은 인공 지능이 의미를 이해하지 못한다는 점을 근거로 제시하였다. 따라서 인공 지능에 회의적인 철학자는 의미의 이해가 지능의 본질적인 요소라고 생각한다는 것을 알 수 있다.

④ 1문단 “이 물음에 선뜻 동의하지 못하는 사람들은 인간성의 핵심을 …… 감정적인 부분에서 찾으려 한다.”에 따르면, 인간성의 핵심을 감정적인 부분에서 찾고자 하는 사람들의 경우 인공 지능을 지닌 로봇을 도덕적 고려의 대상으로 인정하지 않는다. 즉, 로봇은 인간성의 핵심을 갖추지 못했기 때문에 도덕적 고려의 대상으로 볼 수 없다고 본 것이다. 따라서 인간성의 핵심이 로봇에게도 있다면 로봇을 도덕적 고려의 대상으로 인정해야 한다고 볼 것이다.

⑤ 마지막 문단 “로봇이 감정을 가지기 위해서는 …… 그러나 거기에는 현실적으로 상당히 어려운 전제 조건이 만족되어야 한다.”에 따르면, 인공 감정을 만들기 위한 전제 조건을 만족하기란 현실적으로 어렵다. 그리고 4문단 “그러나 로봇이 정말로 이러한 감정 경험을 하는지 판단하기는 쉽지 않다.”에 따르면, 설령 인공 감정이 만들어진다고 하더라도 인공 감정이 인간과 같은지 판단하기가 어렵다는 것을 알 수 있다.

26. 정답 ② 난이도 ★★☆ | 정답률 74%

내용영역 규범 문항 유형 정보의 평가와 적용

[정답 풀이]

② A의 기쁨을 진정한 감정이라고 말할 수 있으려면 A의 기쁨이 내적인 감정 경험이어야 한다.
4문단 "감정을 입력 자극에 대한 적절한 출력을 내놓는 행동들의 패턴이 아니라 내적인 감정 경험으로 이해한다면 인공 감정이 곧 인간의 감정이라고 말할 수 없다."에 따르면, 인공 감정을 진정한 인간의 감정이라고 규정하기 위해서는 해당 감정이 내적인 감정 경험이어야 한다. 따라서 A의 기쁨이 적절한 입력 자극과 출력에 의한 것이라면 A의 기쁨은 진정한 감정이라고 말할 수 없다.

[오답 풀이]

① 마지막 문단 "첫째, 감정을 가진 개체는 기본적인 충동이나 욕구를 가진다고 전제된다. 목마름, 배고픔, 피로감 등의 본능이나 성취욕, 탐구욕 등이 없다면 감정도 없다."에 따르면, 로봇이 진정한 감정을 갖기 위한 첫 번째 전제조건은 기본적인 충동이나 욕구가 있어야 한다는 것이다. 그리고 그 욕구에는 시합에서 승리하고자 하는 성취욕 또한 포함되어 있다. 따라서 A에게 성취욕으로 대변되는 누군가를 이기려는 욕구가 있다면 A의 기쁨이 진정한 감정일 가능성이 있다고 볼 수 있다.

③ 마지막 문단 "둘째, 인간과 사회적으로 상호작용하기 위해 인간이 가지는 것과 같은 감정을 가지려면 …… 생명체들처럼 복잡하고 예측 불가능한 환경에 적응할 수 있어야 한다."에 따르면, 로봇이 진정한 감정을 갖기 위한 두 번째 전제조건은 로봇이 다양한 영역에서 적응하고 그 환경에 맞게 행위할 수 있어야 한다는 것이다. 따라서 A가 바둑 이외의 다양한 영역에서도 인간처럼 업무를 잘 수행한다면 A의 기쁨은 진정한 감정일 가능성이 있다고 볼 수 있다.

④ 4문단 "인간만 보더라도 행동의 동등성은 심성 상태의 동등성을 함축하지 않기 때문에……."에 따르면, 인간의 경우 같은 행동을 한다고 해서 감정까지 동일하다고 볼 수 없다. 이는 곧 기쁨을 표현하는 행동을 하더라도 실제로는 기쁘지 않을 수 있음을 의미한다. 따라서 B는 기쁘지 않으면서도 겉으로는 기뻐하는 행동을 보일 수 있다. 또한 4문단 "로봇의 경우에는 행동의 동등성이 곧 심성 상태의 존재성조차도 함축하지 않는다."에 따르면, 로봇의 경우 심성 상태, 즉 감정 자체가 애초에 존재한다고 볼 수 없다. 즉 감정이 존재하지 않음에도 특정한 행동을 할 수 있다는 것이다. 따라서 로봇인 A의 경우 기쁨이라는 감정이 없더라도 기뻐하는 행동을 보일 수 있을 것이다.

⑤ 3문단 "우리는 사회적 상호작용에서 서로의 신체 반응이나 표정을 통해 미묘한 감정을 읽어내고……."에 따르면, 인간은 상대의 신체 반응이나 표정을 통해 그 감정을 인식할 수 있다. 따라서 B가 A의 기쁨을 알게 된 것은 A의 신체 반응이나 표정 때문이라고 할 수 있다.

27. 정답 ⑤ 난이도 ★★☆ | 정답률 69%

내용영역 규범 문항 유형 정보의 평가와 적용

[정답 풀이]

⑤ 마지막 문단 "로봇이 감정을 가지기 위해서는 감정을 인식하고 표현하는 데 그쳐서는 안 되고 내적인 감정을 생성할 수 있어야 한다."에 따르면, 결국 ㉠에서 말하는 진정한 감정이란 인간이 가지는 것과 같은 감정을 의미한다. 그런데 로봇의 경우 인간과 같은 감정을 가질 수 없으므로 ㉠은 로봇이 진정한 감정이 없으며, 이러한 로봇을 도덕 공동체에 받아들일 수 없다고 본 것이다. 이처럼 ㉠은 인간의 내적 감정 체계에 비추어 로봇의 감정 유무를 판단하고 있다. 그런데 로봇이 인간과 다른 방식으로 감정의 핵심 역할을 수행할 수 있다면, 인간의 내적 감정 체계에만 비추어 로봇의 감정의 유무를 판단하는 것은 신뢰하기 어려울 것이다. 따라서 ㉠에 대한 문제 제기로 적절하다.

[오답 풀이]

① ㉠은 로봇에게는 진정한 감정이 없다고 보았다. 따라서 로봇이 감정에 휩싸일 경우에 발생할 수 있는 문제점을 지적하는 것은 ㉠에 대한 문제 제기로 적절하지 않다.

② 인공 감정 연구가 상당한 수준에 올라와 있다는 것이 곧 로봇에게 진정한 감정이 있음을 함축하는 것은 아니다. 따라서 로봇에게 진정한 감정이 없다고 본 ㉠에 대한 문제 제기로 적절하지 않다.

③ 1문단 "우리는 이제 …… 인공 지능도 도덕적 고려의 대상으로 인정해야 하느냐는 물음에 직면하는 것이다."에 따르면, 논의의 출발점은 인간이 인공 지능을 도덕적 고려의 대상으로 볼 수 있는가이지, 인공 지능이 도덕적 고려를 하는가가 아니다. 따라서 ㉠에 대한 문제 제기로 적절하지 않다.

④ ㉠에서 로봇을 도덕 공동체에 받아들일 수 없다고 평가한 것은 로봇에게 진정한 감정이 없다고 판단했기 때문이다. 이는 내적 감정이 없는 대상은 도덕 공동체에 포함시킬 수 없다는 것을 의미한다. 즉, 어떠한 대상이 도덕 공동체에 포함되기 위해서는 내적 감정이 필요하다는 것이다. 이를 정리하면 다음과 같다.

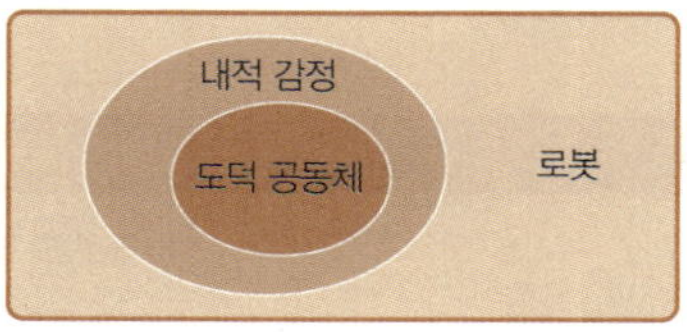

그런데 '도덕 공동체에 있으면 내적 감정을 갖겠지만, 내적 감정을 갖는다고 해서 꼭 도덕 공동체에 포함해야 할까?'는 어떠한 대상이 도덕 공동체에 포함되기 위해서는 내적 감정이 필요하다는 ㉠에 부합하는 내용으로, ㉠을 반박하는 것이 아니다. 따라서 ㉠에 대한 문제 제기로 적절하지 않다.

[28~30] 제재 | 칸트의 법규범 설명 체계
난이도 | ★★★

28. 정답 ⑤ 난이도 ★★★ | 정답률 31%

내용영역 규범 문항 유형 주제, 구조, 관점 파악

[정답 풀이]

⑤ 윤리규범도 법칙 수립 과정에서 의무 강제와 결합한다.
마지막 문단 "윤리규범과 법규범의 차이를 오로지 법칙 수립 형식 내지 의무 강제 방식에서의 자율성과 타율성에서 찾는 칸트의 설명체계에서……."에 따르면, 윤리규범은 의무 강제 방식이 자율적이고, 법규범은 타율적이라는 차이가 있다. 즉 윤리규범은 의무 강제와 자율적으로 결합하는 것이다. 따라서 외면성 명제와 상관없이 윤리규범은 법칙 수립 과정에서 의무 강제와 자율적으로 결합하게 된다.

[오답 풀이]

① 마지막 문단 "이렇듯 외면성이 법규범의 핵심적 징표를 이루고 있는 한, ……."에 따르면, 외면성 명제는 법규범에만 존재하는 핵심적 징표이다. 따라서 외면성 명제는 윤리규범과 법규범의 차이를 나타내는 것이라 할 수 있다.

② 6문단 "법규범이 어떤 행위가 요구되고 어떤 행위가 금지되는지를 단순히 기술하는 수준에 머물지는 않는다 하더라도, 역설적이게도 그에

따라 행하도록 지시·명령·요구할 수는 없게 된다는 것이다."에 따르면, 규정성 명제와 무조건성 명제 외에 외면성 명제를 도입하는 순간, 법규범은 단순히 기술하는 수준에 머물지 않지만, 그에 따라 행하도록 지시·명령·요구할 수도 없게 된다는 문제점이 있다. 이를 통해 외면성 명제에 따른다 해도 법규범이 기술적 명제로 바뀌는 것은 아니라는 점을 알 수 있다. 따라서 외면성 명제가 법규범을 기술적 명제로 환원시키는 것은 아니라고 할 수 있다.

③ 5문단 "법규범은 강제와 형벌의 위험을 피하고자 하는 사람들에 대해서만 그것이 지시하는 바를 행하게 할 뿐이어서, 앞에서 살펴본 무조건성 명제에 반하게 되기 때문이다."에 따르면, 규정성 명제와 외면성 명제가 성립하는 가언 명령의 상황에서는 무조건적 명제에 반하게 되어 법규범이 발하여지지 않는다. 따라서 외면성 명제와 규정성 명제를 유지하는 한 무조건성 명제를 유지하기 어렵다고 할 수 있다.

④ 6문단 "규정성 명제와 무조건성 명제 외에 법규범에 특유한 외면성 명제를 도입하는 순간, …… 종국적으로는 법규범에 한하여 규정성 명제를 인정할 수 없게 되는 역설적인 결과를 낳는다."에 따르면, 규정성 명제와 무조건성 명제 외에 외면성 명제를 도입하는 순간 규정성 명제를 인정할 수 없게 된다. 즉 외면성 명제와 무조건성 명제가 유지된다면 규정성 명제는 받아들여질 수 없게 되는 것이다. 따라서 외면성 명제와 무조건성 명제를 유지하는 한 규정성 명제를 유지하기 어렵다고 할 수 있다.

29. 정답 ③ 난이도 ★★★ | 정답률 40%

내용영역 **규범** 문항 유형 **정보의 추론과 해석**

[정답 풀이]

③ 정언 명령에 부합하는 행위는 아무 이유 없이 할 수도 있다.
4문단 "정언 명령에 복종하는 유일한 방식은 그것이 명령하고 있다는 이유에서 그것을 따르는 것이다. 명령이기 때문에 하는 행위와 그저 명령에 부합하는 행위는 구별되어야 한다."에 따르면, 정언 명령에 부합하는 행위라고 해서 모두 정언 명령에 복종하는 행위는 아니다. 이를 통해 정언 명령에 부합하는 행위 중에는 정언 명령이 명령하고 있다는 이유로 정언 명령에 복종하는 행위, 다른 내적 동기로 인해 정언 명령에 부합하는 행위, 아무 이유 없이 정언 명령에 부합하는 행위 등이 포함된다는 것을 알 수 있다. 따라서 정언 명령에 부합하는 행위는 아무 이유 없이 할 수 있다고 추론할 수 있다.

[오답 풀이]

① 6문단 "윤리규범과 법규범에 대해 일견 통용되는 것으로 보이는 규정성 명제와 무조건성 명제 외에……."에 따르면, 윤리규범과 법규범은 규정성 명제와 무조건성 명제라는 점에서 공통점이 있다. 또한 마지막 문단 "윤리규범과 법규범의 차이를 오로지 법칙 수립 형식 내지 의무 강제 방식에서의 자율성과 타율성에서 찾는……."에 따르면, 법규범은 의무 강제가 타율적이라는 점에서 윤리규범과 차이가 있다. 즉 규정을 따르는 데 있어 자율적인지 타율적인지에 따라 법규범과 윤리규범으로 나뉘는 것이지, 규정의 내용 자체가 다르다는 것이 아니다. 따라서 윤리규범과 법규범의 내용은 서로 동일할 수 있을 것이라고 추론할 수 있다.

② 2문단 "첫째, 법규범은 사람들에게 무엇을 해야 하고 무엇을 하지 말아야 하는지를 지시해 주는 처방을 담고 있다는 규정성 명제……."에 따르면, 규정성 명제는 사람들에게 지시하는, 즉 명령하는 형태를 지닌다. 따라서 규범의 규정적 성격은 명령의 형태로 표현되어야 할 것이라고 추론할 수 있다.

④ 4문단 "법규범은 그것을 따르는 내면의 동기까지 요구하지는 않는다는 점에서 윤리규범과 달라야 하기 때문이다."에 따르면, 법규범과 달리 윤리규범은 내면의 동기를 요구한다. 즉 내면의 동기로 규범을 준수하는 것은 윤리적 이유에 해당한다. 반면, 마지막 문단 "……법규범에 관해서도 모종의 동기 자체는 제시될 수 있어야 한다. 그리고 그가 말하는 법규범에 어울리는 동기란 바로 타율적 강제라는 외적인 동기이다."에 따르면, 법규범은 내면의 동기가 아니라 타율적 강제라는 외적인 동기가 제시된다. 따라서 법규범은 윤리적 이유가 아닌 타율적 강제라는 이유에서 준수할 수 있어야 할 것이라고 추론할 수 있다.

⑤ 2문단 "셋째, 법규범은 특정한 목적을 공유하는 사람만이 아니라 그 관할 아래 놓여 있는 모든 사람을 구속한다는 무조건성 명제……."에 따르면, 무조건성 명제는 규범의 관할 아래 놓여 있는 모든 사람, 즉 공동체의 모든 구성원을 구속한다. 그리고 이러한 무조건성 명제는 윤리규범에도 통용된다. 따라서 윤리규범과 법규범은 공동체의 모든 구성원에 대하여 효력을 지닐 것이라고 추론할 수 있다.

30. 정답 ② 난이도 ★★★ | 정답률 31%

내용영역 **규범** 문항 유형 **정보의 평가와 적용**

[정답 풀이]

② 3문단 "우선 법규범은 …… 오로지 외적인 자유만을 전제로 한다는 점에서 무조건적이며 단적으로 효력을 지닌다."에 따르면, 칸트는 법규범이 오로지 외적인 자유만을 전제한다고 보았다. 이를 볼 때, 〈보기〉에서 칸트가 외면성 명제를 법규범의 개념에 내재한 필연성을 밝히는 분석적 진리로서 의도했다는 것은 곧 사람들에게 법규범을 따르는 것 자체가 행위의 이유가 될 것까지 요구하는 것이 아니라 오로지 외적으로 법규범에 부합하게끔 행동할 것을 요구한다는 것을 의미한다. 즉 칸트는 법규범이 내면적 동기는 요구하지 않고 오로지 외적인 동기만을 가진다는 것을 밝히고자 했던 것이다. 이와 같이 내면의 자유를 전제하지 않는다는 조건은 〈보기〉에서 정당한 국가 권력의 실질적 조건에 해당한다. 따라서 칸트의 외면성 명제는 정당한 국가 권력의 실질적 조건이 될 수 있다는 점에서 국가 권력이 사람들의 내면의 자유에 개입하려 해서는 안 된다는 것을 함의한다고 할 수 있다.

[오답 풀이]

① 칸트의 외면성 명제는 국가 권력의 정당성 기반을 약화시키지 않았다.
〈보기〉에서 외면성 명제는 정당한 국가 권력이 갖춰야 할 실질적 조건을 의미하게 되었다. 즉 국가 권력의 정당성을 확보하기 위해서는 외면성 명제를 갖춰야 한다는 것이다. 이는 국가 권력의 정당성 기반을 약화시켰다는 것으로 볼 수 없다. 따라서 칸트의 외면성 명제는 법적 명령의 역설을 초래함으로써 국가 권력의 정당성 기반을 약화시켰다는 것은 〈보기〉를 설명한 것으로 적절하지 않다.

③ 칸트는 법규범을 국가 권력의 정당성을 확보하기 위한 정치적 지도 원리로 삼고자 하지 않았다.
〈보기〉에서 칸트의 본래 의도는 외면성 명제를 법규범에 관한 실용적 지식이 아니라 법규범의 개념에 내재한 필연성을 밝히는 분석적 진리로서 파악하는 것이었다. 그러나 이러한 칸트의 의도와 달리, 전체주의 체제에 대한 역사적 경험에 비추어 외면성 명제를 실질적 조건으로 파악하고 국가 권력의 정당성을 확보하기 위해 사용했다. 따라서 칸트는 법규범을 국가 권력의 정당성을 확보하기 위한 정치적 지도 원리로 삼고자 하지 않았다고 할 수 있다.

④ 칸트는 사람들이 법에 대한 심정적 지지가 없는 법에 부합하는 행위를 하더라도 위험으로 간주하지 않을 것이다.
2문단 "법규범은 사람들에게 오로지 외적으로 그것에 부합하게끔 행동할 것을 요구할 뿐……."과 4문단 "법규범은 그것을 따르는 내면의 동기까지 요구하지는 않는다는 점에서 윤리규범과 달라야 하기 때문이다."에 따르면, 칸트는 법규범이 외적으로 법규범에 부합하는 행위

를 요구할 뿐 내면의 동기까지 요구하지 않는다고 보았다. 즉 칸트는 법에 부합하는 행위와 사람들의 심정적 지지의 유무는 관련이 없다고 본 것이다. 따라서 칸트에 의거할 때 법에 대한 심정적 지지가 없는 법에 부합하는 행위를 외면성 명제에 부합하는 행위라고 볼 것이므로 전체주의 체제가 도래할 위험이 있다고 보지 않을 것이다.

⑤ 칸트는 사람들이 실제로 어떠한 이유에서 법을 준수하거나 위반하는지를 파악할 필요가 없다고 볼 것이다.
3문단 "우선 법규범은 그것을 따르는 사람들의 실질적 목적이나 필요를 전제로 하지 않으며……."에 따르면, 칸트는 사람들이 법규범을 따르는 실질적 목적을 파악할 필요가 없다고 보았다. 따라서 칸트에 의거할 때 국가 권력의 행사는 사람들이 실제로 어떠한 이유에서 법을 준수하거나 위반하는지를 정확히 파악한 토대 위에서 이루어질 필요가 없다고 볼 것이다.

[1~3] 제재 | 프로세스 마이닝
난이도 | ★★★

1. 정답 ① 난이도 ★★☆ | 정답률 81%

내용영역 과학기술 문항 유형 정보의 확인과 재구성

[정답 풀이]

① 2문단 "이벤트 로그란 …… 이것이 프로세스 마이닝의 출발점이 된다."에 따르면, 이벤트 로그는 프로세스 마이닝의 출발점이다. 그리고 "이벤트 로그는 사용자에게 도움이 되는 정보를 직접 제공할 수 없는 원데이터이므로"에 따르면, 이벤트 로그는 사용자에게 직접적으로 유용한 정보를 제공하지 못한다. 따라서 이벤트 로그는 프로세스 마이닝의 출발점이지만 그 자체로는 유용한 정보라 할 수 없다.

[오답 풀이]

② 업무 전문가의 충분한 지식이 없어도 이벤트 로그로부터 프로세스 모델을 도출할 수 있다.
3문단 "프로세스 발견이란 프로세스 분석가가 알고리즘을 통해 이벤트 로그로부터 프로세스 모델을 도출하는 것을 말하는데, 이때 분석가는 별다른 업무 지식 없이도 작업을 수행할 수 있다."에 따르면, 분석가는 별다른 업무 지식이 없어도 프로세스 모델을 도출할 수 있다. 따라서 업무 전문가의 충분한 지식이 없어도 이벤트 로그로부터 프로세스 모델을 도출할 수 있다.

③ 프로세스 발견은 프로세스 모델을 이벤트 로그로부터 도출하는 것이다.
3문단 "프로세스 발견이란 프로세스 분석가가 알고리즘을 통해 이벤트 로그로부터 프로세스 모델을 도출하는 것"에 따르면, 프로세스 발견은 프로세스 모델 자체를 도출하는 것이지, 프로세스에 내재된 업무 관련 규정을 도출하는 것이 아니다.

④ 클러스터링은 복잡한 프로세스 모델일 경우 유사한 사례들을 같은 그룹으로 묶어주는 기법이다.
3문단 "만일 도출된 프로세스 모델이 복잡하여 유의미한 분석이 곤란할 경우, 퍼지 마이닝이나 클러스터링 기법을 활용할 수 있다. …… 클러스터링은 특성이 유사한 사례들을 같은 그룹으로 묶어주는 기법이다."에 따르면, 클러스터링은 프로세스 모델이 복잡하여 유의미한 분석이 곤란한 경우, 특성이 유사한 사례들을 같은 그룹으로 묶어주는 기법이다. 따라서 복잡한 프로세스 모델을 여러 개의 세부 프로세스 모델로 구분해 주는 기법이라 볼 수 없다.

⑤ 기존의 프로세스 모델에 활동과 경로를 추가하는 것은 프로세스 확장이다.
5문단 "업무 수행 시간 및 담당자 등 이벤트 로그 분석에서 얻은 부가적 정보를 추가하여 발견된 프로세스 모델을 '확장'하는 것이다."에 따르면, 기존의 프로세스 모델에 부가적 정보를 추가하는 것은 프로세스 모델을 확장하는 과정에서 발생한다. 따라서 기존의 프로세스 모델에 활동과 경로를 추가하는 것은 프로세스 수정이 아니라 프로세스 확장이다.

2. 정답 ④ 난이도 ★★☆ | 정답률 49%

내용영역 과학기술 문항 유형 정보의 추론과 해석

[정답 풀이]

④ 프로세스 마이닝은 예상된 이벤트 로그에 적용하는 것이 아니라 이벤트 로그에서 정보를 추출하는 기법이고, 프로세스 모델 중심의 기법이 아니라 프로세스 모델 중심 분석기법과 데이터 중심 분석기법을 연결하는 역할을 하는 기법이다.
1문단 "프로세스 마이닝은, …… 프로세스 모델 중심 분석기법과, …… 데이터 중심 분석기법을 연결하는 역할을 한다."와 2문단 "프로세스 마이닝은 …… 이벤트 로그에서 프로세스에 관련된 가치 있는 정보를 추출하는 것이다."에 따르면, 프로세스 마이닝은 이벤트 로그에서 정보를 추출하는 기법으로, 프로세스 모델 중심 분석기법과 데이터 중심 분석기법을 연결하는 역할을 한다. 따라서 예상된 이벤트 로그에 적용할 프로세스 모델 중심의 기법이 아니다.

[오답 풀이]

① 4문단 "먼저 기존의 프로세스 모델이 적절함에도 불구하고 업무 담당자가 이를 준수하지 않는 경우를 들 수 있다."에 따르면, 프로세스 마이닝을 통해 업무 담당자의 규정 준수 여부를 파악할 수 있다. 따라서 프로세스 마이닝을 도입하면 내부 규정의 준수 여부에 대한 감독이 용이해질 것이다.

② 4문단 "적합성 검증이란 기존의 프로세스 모델과 이벤트 로그 분석에서 도출된 결과를 비교하여 어느 정도 일치하는지를 확인하는 것이다."에 따르면, 프로세스 마이닝의 유형 중 하나인 적합성 검증은 기존의 프로세스 모델을 도출 결과와 비교하여 일치 정도를 확인하는 것이다. 따라서 프로세스 마이닝을 통해 기존의 프로세스 모델이 실제로 어떻게 수행되는가를 파악할 수 있을 것이다.

③ 3문단 "(프로세스 발견을 통해) 도출된 프로세스 모델이 복잡하여 유의미한 분석이 곤란할 경우, 퍼지 마이닝이나 클러스터링 기법을 활용할 수 있다."와 "퍼지 마이닝은 …… 프로세스 모델을 단순화해 주는 기법이다." 그리고 "클러스터링은 …… 프로세스 모델의 복잡도가 줄어든다."에 따르면, 프로세스 마이닝은 업무 처리 과정이 비정형적이어서 프로세스 모델이 복잡한 경우에도 퍼지 마이닝이나 클러스터링 기법을 활용하여 업무 분석을 할 수 있다.

⑤ 5문단 "프로세스 향상에는 두 유형이 있다. …… 다른 하나는 업무 수행 시간 및 담당자 등 이벤트 로그 분석에서 얻은 부가적 정보를 추가하여 발견된 프로세스 모델을 '확장'하는 것이다."에 따르면, 프로세스 향상의 유형에 해당하는 '확장'은 프로세스 마이닝을 통해 발견된 프로세스 모델을 확장하는 것이다. 프로세스 향상은 프로세스 마이닝의 유형 중 하나이므로, 프로세스 마이닝은 기존의 프로세스 모델뿐 아니라 발견으로 도출된 프로세스 모델을 향상하는 데에도 활용된다고 볼 수 있다.

3. 정답 ⑤ 난이도 ★★★ | 정답률 22%

내용영역 과학기술 문항 유형 정보의 평가와 적용

[정답 풀이]

⑤ 외래 환자의 대기 시간을 분석하기 위해서는 외래 환자의 진료 업무가 수행되는 시간에 대한 정보가 필요하다. 그런데 2문단 "(이벤트 속성으로) 필수적인 것은 사례 ID, 활동명, 발생 시점이며, 다양한 분석을 위해 그 외 속성들도 추가될 수 있다."에 따르면, 업무 시간에 대한 정보는 필수적인 정보가 아니고 추가되어야 하는 정보이다. 그리고 5문단 "다른 하나는 업무 수행 시간 및 담당자 등 이벤트 로그 분석에서 얻은 부가적 정보를 추가하여 발견된 프로세스 모델을 '확장'하는 것이다."에 따르면, 업무 수행 시간 등의 정보를 추가하는 것은 프로세스 모델의 확장이라고 할 수 있다. 즉 외래 환자의 대기 시간 분석을 위해서는 업무 수행 시간이라는 속성이 추가되는 프로세스 확장이 필요하다.

[오답 풀이]

① 필수적 속성만으로는 연령 및 질환을 기준으로 클러스터링을 할 수 없다.
3문단 "클러스터링은 특성이 유사한 사례들을 같은 그룹으로 묶어주는 기법이다."에 따르면, 클러스터링은 전체 이벤트 로그를 세분화하여 특성이 유사한 사례들끼리 묶어주는 방법이다. 연령 및 질환을 기준으로 클러스터링하기 위해서는 연령 및 질환이 이벤트 로그의 속성

이 되어야 한다. 그런데 2문단 "(이벤트 속성으로) 필수적인 것은 사례 ID, 활동명, 발생 시점이며"에 따르면, 연령 및 질환은 필수적인 정보가 아니다. 따라서 필수적 속성만으로는 연령 및 질환을 기준으로 클러스터링을 할 수 없다.

② 기존의 프로세스 모델과 이벤트 로그 분석 결과가 불일치한다고 하여 반드시 업무 담당자의 업무 수행 실태를 교정해야 하는 것은 아니다.
4문단 "기존의 프로세스 모델과 이벤트 로그에서 도출된 결과물이 불일치하는 경우가 발생하는데, …… 이와 달리 이벤트 로그의 분석 결과물이 더 적절한 것으로 판단되는 경우에는 기존의 프로세스 모델을 수정할 필요가 있다."에 따르면, 기존의 프로세스 모델과 도출 결과가 불일치할 경우, 기존의 프로세스 모델이 적절하면 업무 담당자의 업무 수행 실태를 교정한다. 그러나 분석 결과물이 더 적절하면 기존 프로세스 모델을 수정한다. 따라서 이벤트 로그 분석 결과물이 더 적절한 경우에는 업무 수행 실태를 교정하지 않아도 되므로 의료진에 대한 제재 조치나 지침 재교육이 필수적인 것은 아니다.

③ 임곗값 조절은 복잡한 프로세스 모델을 단순화하여 분석 가능한 프로세스 모델을 도출하기 위한 것이다.
3문단 "퍼지 마이닝은 …… 프로세스 모델을 단순화해 주는 기법이다. 이때 프로세스 모델에 나타난 활동과 경로에 대한 임곗값을 설정하여 모델의 복잡도를 조절할 수 있다."에 따르면, 프로세스 마이닝에서 임곗값을 설정하는 것은 복잡한 프로세스 모델에서 실행 빈도가 낮은 활동을 제거하여 프로세스 모델을 단순화하기 위한 것이다. 즉 임곗값 조절은 이벤트 속성에서 분석이 가능한 프로세스 모델을 도출하기 위한 방법이지, 빈번하게 수행되는 진료 프로세스 수행 패턴을 가려내기 위한 것이 아니다.

④ 사례 ID는 이벤트 로그에서 필수적인 속성이므로 제외할 수 없다.
2문단 "이때 기록되는 속성으로 필수적인 것은 사례 ID, 활동명, 발생 시점이며"에 따르면, 사례 ID는 이벤트 로그의 필수 속성이다. 따라서 환자의 개인정보 보호가 필요하더라도 프로세스 마이닝을 적용할 때, 사례 ID는 이벤트 로그에서 제외할 수 없다.

[4~6] 제재 | 고진의 풍경론
난이도 | ★★☆

4. 정답 ⑤ 난이도 ★★☆ | 정답률 74%

내용영역 인문 문항 유형 정보의 확인과 재구성

[정답 풀이]

⑤ 구니키다 돗포의 소설에 나오는 주인공은 사적 관계를 기피하는 인물이다.
3문단 "가령, 작가 구니키다 돗포의 소설에는 외로움을 느끼지만 정작 자기 주변의 이웃과 사귀지 않고 …… 그들에게 자신의 감정을 일방적으로 투사하는 주인공이 등장한다."와 "실제 이웃과의 관계 맺기를 기피한 채, …… 인간마저도 하나의 풍경으로 취급해 버리는 주인공"에 따르면, 주인공은 이웃과 사적 관계 맺기를 기피하고 자신의 감정을 투영하여 이들을 하나의 풍경으로 취급해 버리는 인물이다. 따라서 구니키다 돗포 소설의 주인공은 사적 관계에 몰두하는 인물이라고 볼 수 없다.

[오답 풀이]

① 1문단 "15세기 초 브루넬레스키가 제안한 선원근법은 서양의 풍경화에 큰 변화를 가져왔다. 고정된 한 시점에서 대상을 통일적으로 배치하는 기하학적 투시도법으로 인간의 눈에 보이는 대로 자연을 화폭에 담을 수 있게 된 것이다."에 따르면, 선원근법은 인간의 눈에 보이는 대로 자연을 그릴 수 있도록 해 준 기법이다. 이때 눈에 보이는 대로 그릴 수 있게 되었다는 것은 풍경화에 사실감을 부여할 수 있게 되었다는 의미이다. 따라서 브루넬레스키가 제안한 선원근법은 풍경화에 사실감을 부여했음을 알 수 있다.

② 4문단 "리얼리즘의 본질을 '낯설게 하기'에서 찾는 러시아 형식주의의 견해 또한 마찬가지이다. 너무 익숙해서 실은 보고 있지 않은 것을 보게 만들어야 한다는 이 견해"에 따르면, 러시아 형식주의자들은 너무 익숙해서 실은 보고 있지 않은 것을 보게 만들어야 한다고 주장했다. 그런데 너무 익숙해서 실은 보고 있지 않은 것을 보게 만드는 것은 익숙한 세계를 새롭게 인식하는 것이다. 따라서 러시아 형식주의자들은 익숙한 세계를 새롭게 인식해야 한다고 주장했음을 알 수 있다.

③ 1문단 "고정된 한 시점에서 대상을 통일적으로 배치하는 기하학적 투시도법으로 인간의 눈에 보이는 대로 자연을 화폭에 담을 수 있게 된 것이다."에 따르면, 풍경화는 기하학적 투시도법을 적용하여 인간의 눈에 보이는 대로 대상을 재현한다. 반면 마지막 문단 "기하학적 투시도법을 따르지 않는 산수화에는 그야말로 자연이 있는 그대로 재현된 것처럼 보이니 말이다. 그러나 산수화의 소나무조차도 화가의 머릿속에 있는 소나무라는 관념을 묘사한 것이지 특정 시공간에 실재하는 소나무가 아니다."에 따르면, 산수화는 기하학적 투시도법을 적용하지 않고 대상에 대한 관념을 재현한다. 즉 기하학적 투시도법을 적용하는 풍경화는 인간의 눈에 보이는 대로 대상을 재현하고, 기하학적 투시도법을 적용하지 않는 산수화는 관념에 따라 대상을 재현한다는 점에서 대상의 재현 양상이 대비된다고 할 수 있다.

④ 5문단 "작가 나쓰메 소세키는 '문학이란 무엇인가'라는 질문을 던졌을 때, 자신이 참고해 온 문학책들이 자신의 통념을 만들고 강화했을 뿐이라는 사실을 깨닫고는 책들을 전부 가방에 넣어 버렸다."에 따르면, 나쓰메 소세키는 문학책을 참고하여 문학을 연구하였고, 이때 참고한 문학 서적들이 자신의 통념을 만들고 강화했을 뿐이라는 사실을 깨달았다. 이때 자신의 통념을 만들고 강화한 것은 자기 반복이다. 따라서 나쓰메 소세키는 문학 서적을 통해서 문학을 연구하는 작업이 자기 반복이라고 보았음을 알 수 있다.

5. 정답 ⑤ 난이도 ★★☆ | 정답률 70%

내용영역 인문 문항 유형 정보의 추론과 해석

[정답 풀이]

3문단 "고진은 인간마저도 하나의 풍경으로 취급해 버리는 주인공으로부터, 전도된 시선을 통해 풍경을 발견하는 '내적 인간'의 전형을 읽는다."와 4문단 "이미 풍경에 익숙해진 사람은 주관에 의해 배열된 세계를 벗어나지 못하고 …… 만일 이러한 믿음에서 나온 외부 세계의 모사를 리얼리즘이라 부른다면 그것이 곧 전도된 시선에서 비롯된 것임을 알아야 한다고 말한다."에 따르면, 전도된 시선은 주관에 의해 배열된 세계를 벗어나지 못하고, 눈에 보이는 것이 본래적인 세계의 모습이라 믿는 것이다. 이때 눈에 보이는 것이 본래적인 세계의 모습이라 믿는 것은 주관적 시각을 통해 구성된 세계를 객관적 현실이라 믿는 것이다. 따라서 전도된 시선은 주관적 시각을 통해 구성된 세계를 객관적 현실이라 믿는 것이라 볼 수 있다.

6. 정답 ③ 난이도 ★★☆ | 정답률 46%

내용영역 인문 문항 유형 정보의 평가와 적용

[정답 풀이]

〈보기〉에서 최재서는 내면성과 자아의 실험적 표현을 추구하는 이상의 소설을 사실적 묘사라는 관점에서 '리얼리즘의 심화'라고 비평한다. 이는 내면성이나 자아라는 관점(주관의 재현)과 대상의 사실적 묘사라는 관점(객관의 재현)이 서로 얽혀 있다는 고진의 풍경론과 유사한 관점이다. 나아가 작품의 해석에 미리 확정된 관점이나 범주가 없다는 최재서의 결론은 풍경 안에 갇혀 있다는 사실을 자각하고 고정된 시점을 의심해야 한다는 고진의 결론과 유사한 것으로 파악할 수 있다.

③ "내면성과 자아의 실험적 표현을 추구하는 작품도 리얼리즘에 속할 수 있다는 의견"은 〈보기〉에서 이상의 소설에 대한 최재서의 의견이다. 그리고 4문단 "고진의 풍경론은 한쪽에서는 내면성이나 자아라는 관점을, …… 주관의 재현과 객관의 재현을 내세우기에 마치 상반된 듯 보이지만 사실 두 관점은 서로 얽혀 있다는 것이다."와 5문단 "고진은 소세키야말로 자신이 풍경에 갇혀 있다는 사실을 자각했던 것이라 본다. …… 이른바 '풍경 속의 불안'이 시작되는 것이다."에 따르면, 리얼리즘은 전도된 시선에서 비롯된 것이며, 이렇게 자신이 전도된 시선으로 보는 풍경 안에 갇혀 있다는 사실을 자각하는 이는 자신의 고정된 시점 자체에 질문을 던지며 회의한다. 〈보기〉에서 최재서는 이상의 「날개」는 특정 대상의 내면까지도 '주관의 막을 제거한 카메라'를 들이대어 투명하게 조망한 사례라고 하였으므로, 고진의 관점에서는 특정 대상의 내면을 사실적 묘사라는 관점으로 바라본 이상의 「날개」에 대해 풍경 안에 갇혀 있음을 자각한 것이라 해석될 것이다.

[오답 풀이]

① 대상에 따라 관점이 이동할 수 있는 것은 고진에게는 자신이 풍경 안에 갇혀 있다는 사실을 자각한 것이라 해석될 것이다.
5문단 "고진은 소세키야말로 자신이 풍경에 갇혀 있다는 사실을 자각했을 것이라 본다. …… 결국 자신의 고정된 시점 자체에 질문을 던지며 회의할 수밖에 없다."에 따르면, 시점은 고정되어 있으며, 자신이 풍경에 갇혀 있다는 사실을 자각한 작가는 고정된 시점에 회의한다. 따라서 대상에 따라 관점이 이동할 수 있다는 최재서의 의견은, 고진에게는 작가의 머릿속에 있는 관념이 서양 풍경화의 방식으로 재현되는 것이라 해석되는 것이 아니라, 풍경 안에 갇혀 있다는 사실을 자각한 것이라 해석될 것이다.

② 고진에게는 주관이 외부를 적극적으로 파악하는 것은 풍경 속의 불안을 벗어난 것이 아니다.
5문단 "일단 고정된 시점이 생기면 그에 포착된 모든 것은 좌표에 따라 배치되며 …… 결국 자신의 고정된 시점 자체에 질문을 던지며 회의할 수밖에 없다."에 따르면, 작품 해석에 미리 확정된 범주란 없다는 의견은 곧 고정된 시점 자체에 질문을 던지며 회의하는 이른바 '풍경 속의 불안'을 인식한 것이라 할 수 있다. 그런데 마지막 문단 "요컨대 질문을 던지며 회의한들 …… 막연한 불안이 생기는 사태를 막을 수는 없다."에 따르면, '풍경 속의 불안'은 애초에 벗어날 수 없는 것이다. 따라서 고진에게는 주관이 외부를 적극적으로 파악하는 것은 풍경 속의 불안을 벗어난 것이 아님을 알 수 있다.

④ 「날개」가 대상의 내면에 주관의 막을 제거한 카메라를 들이댔다는 의견은, 고진에게는 주관의 재현과 객관의 재현이 서로 얽혀 있는 것이라 해석될 것이다.
4문단 "고진의 풍경론은 한쪽에서는 내면성이나 자아라는 관점을, …… 주관의 재현과 객관의 재현을 내세우기에 마치 상반된 듯 보이지만 사실 두 관점은 서로 얽혀 있다는 것이다."에 따르면, 고진은 내면성이나 자아가 사실적 묘사와 관계있다고 보고 있다. 이를 봤을 때, 〈보기〉에서 "「날개」는 특정 대상의 내면까지도 '주관의 막을 제거한 카메라'를 들이대어 투명하게 조망한 사례이다."라는 최재서의 의견은, 고진에게는 주관의 재현과 객관의 재현이 상반되는 것이 아니라 얽혀 있는 것이라 해석될 것이라 볼 수 있다.

⑤ 고진이 말하는 '내적 인간'은 풍경에 갇혀 있다는 사실을 자각하지 못할 뿐이지, 풍경을 지각하지 못하는 것이 아니다.
3문단 "고진은 인간마저도 하나의 풍경으로 취급해 버리는 주인공으로부터, 전도된 시선을 통해 풍경을 발견하는 '내적 인간'의 전형을 읽는다."에 따르면, '내적 인간'이란 주관적 시각을 통해 구성된 세계를 객관적 현실이라 믿는, 즉 전도된 시선을 통해 풍경을 발견하는 인물이다. 즉 고진이 말하는 '내적 인간'은 풍경에 갇혀 있다는 사실을 자각하지 못할 뿐이지, 풍경을 지각하지 못하는 것이 아니다. 따라서 이상이 「날개」에서 자폐적으로 자기 세계에 갇혀 지내는 사내를 그렸다는 의견은, 고진에게는 풍경을 지각하지 못하는 인물을 그린 것이라고 해석될 수 없다.

[7~9]	제재	롤스의 평등론에 대한 싱어의 비판
	난이도	★☆☆

7. 정답 ④ — 난이도 ★☆☆ | 정답률 87%

내용영역 규범 — 문항 유형 주제, 구조, 관점 파악

[정답 풀이]

④ 1문단 "모든 인간은 평등하다고 말하는데, 이 말은 무슨 뜻일까? 그리고 그 근거는 무엇인가? 일단 이 말을 모든 인간을 모든 측면에서 똑같이 대우하는 절대적 평등으로 생각하는 이는 없다. 인간은 저마다 가지고 태어난 능력과 소질을 똑같게 만들 수 없기 때문이다."에 따르면, 평등하다는 것이 결과를 평등하게 만든다는 것은 아니다. 그리고 3문단 "그는 어떤 규칙이 공평하고 일관되게 운영되며, 그 규칙에 따라 유사한 경우는 유사하게 취급된다면 형식적 정의는 실현된다고 본다."에 따르면, 규칙에 따라 유사한 경우는 유사하게 취급하는 것이 형식적 정의에 해당한다. 따라서 형식적 정의가 실현되어도 결과는 불평등할 수 있다.

[오답 풀이]

① 형식적 정의에서도 차별적 대우가 허용된다.
2문단 "평등에 대한 요구는 모든 불평등을 악으로 보는 것이 아니라 …… 차별적 대우를 하는 것을 허용한다."에 따르면, 평등은 차별적 대우를 허용한다. 그리고 3문단 "롤스는 기존의 자연권 사상에 의존하지 않는 방식으로 …… 그 규칙에 따라 유사한 경우는 유사하게 취급된다면 형식적 정의는 실현된다고 본다."에 따르면, 형식적 정의는 평등의 근거에 대한 설명에 해당한다. 이때 형식적 정의 역시 평등이 허용하는 것은 인정할 것이다. 따라서 형식적 정의에서도 차별적 대우가 허용된다고 볼 수 있다.

② 절대적 평등이 결과적인 평등을 가져온다고 볼 수 없다.
1문단 "모든 인간을 모든 측면에서 똑같이 대우하는 절대적 평등"에 따르면, 절대적 평등은 모든 인간을 모든 측면에서 똑같이 대우하는 것이다. 그러나 1문단 "인간은 저마다 다르게 가지고 태어난 능력과 소질을 똑같게 만들 수 없기 때문이다."에 따르면, 인간의 능력과 소질은 똑같지 않다. 따라서 능력과 소질의 차이가 있기 때문에 모든 인간을 절대적으로 평등하게 대우한다고 해서 결과적으로 모든 인간이 똑같이 평등한 상황을 만들어 낸다고 할 수 없다.

③ 불평등도 평등의 이념에 부합할 수 있다.
2문단 "평등에 대한 요구는 모든 불평등을 악으로 보는 것이 아니라 충분한 이유가 제시되지 않은 불평등을 제거하는 데 목표를 두고 있다."에 따르면, 불평등도 충분한 이유가 제시된다면 평등에 대한 요구에 부합할 수 있다. 따라서 불평등은 충분한 이유가 있더라도 평등의 이념에 부합하지 않는다고 볼 수 없다.

⑤ 인간의 능력은 절대적으로 평등하게 만들 수 없다.
1문단 "(모든 인간은 평등하다는) 이 말을 모든 인간을 모든 측면에서 똑같이 대우하는 절대적 평등으로 생각하는 이는 없다. 인간은 저마다 다르게 가지고 태어난 능력과 소질을 똑같게 만들 수 없기 때문이다. 절대적 평등은 개인의 개성이나 자율성 등의 가치와 충돌하기도 한다."에 따르면, 인간의 능력을 모두 동일하게 만드는 것은 불가능하다. 즉 인간의 능력을 절대적으로 평등하게 만들 수 없음을 알 수 있다.

8. 정답 ① 난이도 ★★☆ | 정답률 52%

내용영역 **규범** 문항 유형 **정보의 추론과 해석**

[정답 풀이]

① 롤스에서 평등의 근거가 되는 특성을 가지지 못한 존재는 도덕과 무관하다.

4문단 "그는 평등한 대우를 받기 위한 영역 성질로서 '도덕적 인격'을 제시한다."와 "도덕적 인격이라고 해서 도덕적으로 훌륭하다는 뜻이 아니라 도덕과 무관하다는 말과 대비되는 뜻으로 쓰고 있다."에 따르면, 도덕적이라는 말과 대비되는 말은 도덕과 무관하다는 말이다. 따라서 평등의 근거가 되는 특성을 가지지 못한 존재인 도덕적이지 않은 존재는 부도덕한 존재(도덕적으로 나쁜 존재)가 아니라 도덕과 무관한 존재임을 알 수 있다.

[오답 풀이]

② 4문단 "그는 평등한 대우를 받기 위한 영역 성질로서 '도덕적 인격'을 제시한다. …… 이 능력을 최소치만 갖고 있다면 평등한 대우에 대한 권한을 갖게 된다."에 따르면, 롤스는 최소한의 능력만 갖추고 있다면 평등한 대우에 대한 권한을 인정한다. 따라서 롤스에서 영역 성질은 정도의 차를 감안하지 않는 동일함을 가리킨다고 볼 수 있다.

③ 마지막 문단 "그에 따르면 어떤 존재가 이익, 즉 이해관계를 갖기 위해서는 기본적으로 고통과 쾌락을 느낄 수 있는 능력을 갖고 있어야 한다. 그리고 그 능력을 가진 존재는 이해관계를 가진 존재이기 때문에 평등한 도덕적 고려의 대상이 된다."에 따르면, 싱어는 인간이 아니라 고통과 쾌락을 느낄 수 있는 능력을 갖는 존재라면 평등한 도덕적 고려의 대상이 된다고 보았다. 따라서 싱어는 인간이 아닌 존재가 느끼는 고통과 쾌락도 도덕적으로 고려해야 한다고 볼 것이다.

④ 마지막 문단 "그 능력을 가진 존재는 이해관계를 가진 존재이기 때문에 평등한 도덕적 고려의 대상이 된다. 이때 이해관계가 강한 존재를 더 대우하는 것이 가능하다."에 따르면, 싱어는 이해관계를 가진 도덕적 고려의 대상 사이에서도 이해관계가 강한 존재에 대해 차별적 대우를 하는 것이 가능하다고 본다. 따라서 싱어는 도덕적으로 평등한 사람들도 이해관계가 강한 존재를 더 대우함으로써 차별적 대우를 받을 수 있다고 본 것이라 할 수 있다.

⑤ 마지막 문단 "도덕에 대한 민감성의 수준은 사람에 따라 다르다. …… 그것을 갖춘 정도에 따라 도덕적 위계를 다르게 하지 말아야 할 이유가 분명하지 않다고 말한다."에 따르면, 싱어는 도덕에 대한 민감성이 사람마다 다르며, 그로 인해 도덕적 인격의 능력도 사람마다 다르다는 것을 인정한다. 또한 4문단 "도덕적 인격이란 도덕적 호소가 가능하고 그런 호소에 관심을 기울이는 능력이 있다는 것인데, 이 능력을 최소치만 갖고 있다면 평등한 대우에 대한 권한을 갖게 된다."에 따르면, 롤스에게 도덕적 인격은 도덕적 호소에 관심을 기울이는 능력이다. 따라서 이는 도덕에 대한 민감성의 수준이라고 할 수 있다. 롤스는 이 능력을 최소치 이상 가질 수 있다고 보고 있으므로 도덕에 대한 민감성의 수준도 사람마다 차이가 있을 수 있음을 인정한다고 할 수 있다.

9. 정답 ④ 난이도 ★☆☆ | 정답률 81%

내용영역 **규범** 문항 유형 **정보의 평가와 적용**

[정답 풀이]

④ 병에 대해 롤스는 그 질병에 걸리지 않은 사람과 마찬가지로 평등하다고 생각할 것이다.

4문단 "롤스는 도덕적 인격을 규정하는 최소한의 요구 조건은 잠재적 능력이지 그것의 실현 여부가 아니기에 어린 아이도 평등한 존재라고 말한다."에 따르면, 롤스는 평등의 근거인 도덕적 인격의 실현 여부가 아니라 잠재적 능력이 중요하다고 보았다. 〈보기〉에서 병이 질병으로 인해 도덕적 능력을 상실한 것은 일시적인 것이므로 잠재적 능력을 가지고 있다고 볼 수 있다. 따라서 병에 대해 롤스는 그 질병에 걸리지 않은 사람과 마찬가지로 평등하다고 생각할 것이다.

[오답 풀이]

① 마지막 문단 "싱어는 평등의 근거로 …… 기본적으로 고통과 쾌락을 느낄 수 있는 능력을 갖고 있어야 한다. 그리고 그 능력을 가진 존재는 …… 평등한 도덕적 고려의 대상이 된다."에 따르면, 싱어는 고통과 쾌락을 느낄 수 있는 존재는 도덕적 고려의 대상이 된다고 본다. 〈보기〉에서 갑은 고통을 느끼는 능력을 회복 불가능하게 상실하였다. 따라서 갑에 대해 싱어는 도덕적 고려의 대상이 아니라고 볼 것이다.

② 마지막 문단 "싱어는 평등의 근거로 …… 기본적으로 고통과 쾌락을 느낄 수 있는 능력을 갖고 있어야 한다. 그리고 그 능력을 가진 존재는 …… 이때 이해관계가 강한 존재를 더 대우하는 것이 가능하다."에 따르면, 싱어는 고통과 쾌락을 느낄 수 있는 능력이 더 강한 존재를 더 대우할 수 있다고 본다. 이때 싱어는 도덕적 능력은 고려하지 않는다. 〈보기〉에서 을은 도덕적 능력을 선천적으로 결여했지만 고통을 느낄 수 있으므로 이해관계를 가지는 존재이다. 따라서 싱어는 고통과 쾌락을 느낄 수 있는 능력이 더 강한 존재를 더 대우할 수 있다고 보므로, 을이 도덕적 능력이 있는 사람보다 더 고통을 느낀다면, 더 대우를 받아야 한다고 생각할 것이다.

③ 마지막 문단 "한편 롤스에서는 …… 이는 통상적인 평등 개념과 어긋난다. 그래서 싱어는 평등의 근거로…… 평등한 도덕적 고려의 대상이 된다."에 따르면, 싱어는 도덕적인 능력으로 평등한 존재임을 구분하는 것은 통상적인 평등 개념에 어긋난다고 보며, 평등의 근거로 고통과 쾌락을 느낄 수 있는 능력의 유무로 평등한 존재임을 구분할 수 있다고 본다. 〈보기〉에서 을은 고통을 느낄 수 있는 존재이므로 도덕적 고려의 대상이 된다. 따라서 싱어는 을이 도덕적 고려의 대상임을 설명할 수 있다는 점에서 자신의 설명이 통상적인 평등 개념에 부합한다고 생각할 것이다.

⑤ 마지막 문단 "한편 롤스에서는 도덕적 능력을 태어날 때부터 가지고 있지 않거나 …… 이는 통상적인 평등 개념과 어긋난다."에 따르면, 싱어는 롤스가 도덕적 능력이 선천적으로 결여되었거나 영구적으로 상실된 사람에게 도덕적 지위가 있다고 설명하지 못한다고 본다. 〈보기〉에서 갑은 도덕적 능력을 회복 불가능하게 상실하였고, 을은 도덕적 능력을 선천적으로 결여했다. 따라서 싱어는 롤스가 갑과 을에 대해 도덕적 인격임을 설명하지 못할 것이라고 볼 것이다.

[10~12] 제재 | 윤기, 「논형법」
난이도 | ★★☆

10. 정답 ① 난이도 ★★★ | 정답률 25%

내용영역 **규범** 문항 유형 **주제, 구조, 관점 파악**

[정답 풀이]

① 2문단 "형법은 선왕들이 통치에서 전적으로 믿고 의지하는 도구는 아니었지만 교화를 돕는 수단이었고, 백성들이 그른 짓을 하지 않도록 역할을 해 왔다."와 마지막 문단 "지금은 교화가 쇠퇴하여 인심이 거짓을 일삼으며, 저마다 자신의 잇속만 챙기면서 풍속도 모두 무너졌다."에 따르면, 글쓴이는 형법은 교화를 돕는 수단이어야 한다고 주장한다. 그리고 2문단 "그렇다고 해서 그보다 더 무거운 형벌로 과도하게 적용하면 죽이지 않아도 될 범죄자를 죽일 수 있어 적당하지 않다."에 따르면, 글쓴이는 죄보다 더 무거운 형벌로 과도하게 적용하는 것은 적당하지 않다고 본다. 따라서 글쓴이는 교화를 중시하고 형벌의 과도한 적용을 삼가야 한다고 생각한다고 볼 수 있다.

[오답 풀이]

② 글쓴이는 살인자의 유배가 가능하다고 주장한다.
3문단 "살인자가 …… 변방으로의 유배를 그대로 집행하는 것이 양쪽을 모두 보전하는 일이다."에 따르면, 글쓴이는 살인을 저지른 중죄인이 유배되는 일이 없어야 한다고 주장하고 있는 것이 아니다.

③ 글쓴이는 사형과 같은 형벌에 찬성한다.
6문단 "만약 무고한 사람이 살해되었다면, …… 반드시 목숨으로 갚도록 해야 한다."에 따르면, 글쓴이는 살인자에게 사형을 내려야 한다는 입장이므로 사형의 폐지를 주장하지 않음을 알 수 있다.

④ 글쓴이는 형벌로 보복을 대신하려고 하는 응보적인 경향에 대해 찬성한다.
6문단 "만약 무고한 사람이 살해되었다면, …… 이로써 죽은 자의 원통한 혼령을 위로할 뿐 아니라, 과부와 고아가 된 이가 원수 갚고자 하는 마음을 위로할 수 있으며, 또한 천리를 밝히고 나라의 기강을 떨치는 일이다. 보는 이들의 마음을 통쾌하게 할 뿐 아니라 후대의 징계도 되니, 또한 좋지 않겠는가."에 따르면, 살인자를 사형이라는 형벌로 보복을 대신하는 것이 통쾌하다고 본다. 따라서 글쓴이는 형벌로 보복을 대신하려고 하는 응보적인 경향에 대해 찬성하는 입장이라고 볼 수 있다.

⑤ 글쓴이는 무고하게 살해된 피해자를 고려하면 사형이 합당한 처벌이라고 본다.
6문단 "만약 무고한 사람이 살해되었다면, …… 반드시 목숨으로 갚도록 해야 한다."에 따르면, 글쓴이는 무고하게 살해된 피해자를 고려하면 사형이 합당한 처벌이라고 본다. 따라서 글쓴이는 무고하게 살해된 피해자를 고려하면 의형은 합당한 처벌이 아니라고 볼 것이다.

11. 정답 ② 난이도 ★★☆ | 정답률 69%

내용영역 규범 문항 유형 정보의 추론과 해석

[정답 풀이]

② 1문단 "상고 시대 법에서 오형은 중죄인에 대하여 이마에 글자를 새기고(묵형) 코나 팔꿈치, 생식기를 베어 내고(의형, 비형, 궁형), 죽이는(대벽) 형벌이었다."와 4문단 "신체에 가하는 형벌인 육형(肉刑)으로 오형만 있었던 상고 시대에 순임금이 그 참혹함을 차마 볼 수 없어서 유배, 속전, 채찍, 회초리의 형벌을 만들었다고 한다."에 따르면, 상고 시대 법(㉠)에서 중죄인에 대한 형벌이었던 오형은 신체에 가하는 형벌인 육형에 해당한다. 따라서 상고 시대 법(㉠)에서 중죄에 대한 형벌을 육형으로 하는 것이 원칙이었다고 볼 수 있다.

[오답 풀이]

① 상고 시대 법(㉠)에서는 경미한 죄에 오형을 적용하지 않았다.
1문단 "상고 시대 법에서 오형은 중죄인에 대하여 …… 형벌이었다. …… 나머지 경죄는 채찍이나 회초리를 쳤는데……."에 따르면, 상고 시대 법(㉠)에서 오형은 중죄인에 대한 형벌이었고, 나머지 경죄는 채찍이나 회초리로 벌을 내렸다. 따라서 상고 시대 법(㉠)에서는 경미한 죄에 오형을 적용하지 않았다고 볼 수 있다.

③ 지금의 법(㉡)에서 유배형도 속전의 대상이 된다.
2문단 "지금의 법을 보면, 유배형과 노역형이 간악한 이를 효과적으로 막지 못하고 있다."에 따르면, 유배형은 정식 형벌이다. 그리고 3문단 "지금은 살인과 상해에 대하여도 속전할 수 있도록 하여, 재물 있는 이들이 사람을 죽이거나 다치게 하도록 만드니, …… 변방으로의 유배를 그대로 집행하는 것이 양쪽을 모두 보전하는 일이다."에 따르면, 유배형에 해당하는 형벌도 속전의 대상이었다. 따라서 지금의 법(㉡)에서 유배형도 속전의 대상이 된다고 볼 수 있다.

④ 유배형처럼 상고 시대 법(㉠)에서 오형에 해당하지 않는 형벌은 지금의 법(㉡)에서도 집행된다.
1문단 "오형(五刑)은 …… 정상이 애처롭거나 신분과 공로가 높은 경우에는 예외적으로 오형 대신 유배형을 적용하였다. 나머지 경죄는 채찍이나 회초리를 쳤는데 따져볼 여지가 있는 경우에는 돈으로 대속할 수 있도록, 곧 속전(贖錢)할 수 있도록 하였다."에 따르면, 오형에 해당하지 않는 형벌은 유배형, 채찍이나 회초리, 속전 등이었다. 2문단 "지금의 법을 보면, 유배형과 노역형이 간악한 이를 효과적으로 막지 못하고 있다."와 3문단 "지금은 살인과 상해에 대하여도 속전할 수 있도록 하여, 재물 있는 이들이 사람을 죽이거나 다치게 하도록 만드니 ……."에 따르면, 지금의 법(㉡)에도 유배형과 속전이라는 형벌이 존재한다. 따라서 상고 시대 법(㉠)에서 오형에 해당하지 않는 유배형, 속전 등의 형벌은 지금의 법(㉡)에서도 집행된다고 할 수 있다.

⑤ 지금의 법(㉡)에서도 상고 시대 법(㉠) 중 오형에 해당하는 죽이는 형벌이 남아 있다.
1문단 "오형(五刑)은 중죄인에 대하여 이마에 글자를 새기고(묵형) 코나 팔꿈치, 생식기를 베어 내고(의형, 비형, 궁형), 죽이는(대벽) 형벌이었다."에 따르면, 오형은 묵형, 의형, 비형, 궁형, 대벽으로 나뉜다. 이때 대벽은 죽이는 형벌, 즉 참형에 해당한다. 그리고 2문단 "그렇다고 해서 그보다 더 무거운 형벌로 과도하게 적용하면 죽이지 않아도 될 범죄자를 죽일 수 있어 적당하지 않다."에 따르면, 지금의 법에서도 범죄자를 죽이는 형벌이 남아 있다. 따라서 상고 시대 법(㉠)에서의 오형이 지금의 법(㉡)에서 모두 사라진 것이 아니다.

12. 정답 ⑤ 난이도 ★★★ | 정답률 37%

내용영역 규범 문항 유형 정보의 평가와 적용

[정답 풀이]

⑤ 유배의 효과가 없을 때 의형이나 비형을 되살릴 수 있다는 것에 대해서는 두 글이 다른 태도를 보일 것이다.
2문단 "지금의 법을 보면, 유배형과 노역형이 간악한 이를 효과적으로 막지 못하고 있다. 따라서 예전처럼 의형, 비형을 적용한다면, …… 선왕의 뜻과 시의에 알맞은 일이다."에 따르면, 제시문은 유배의 효과가 없을 때 의형이나 비형을 되살릴 수 있다는 것에 대해서 찬성하는 입장임을 알 수 있다. 반면 <보기> "……육형으로 끊어진 팔꿈치를 다시 붙일 수 없는 참혹함을 받아들이지 못하는 어진 정치에서 비롯한 것임을 알 수 있다."에 따르면, 속전은 의형의 참혹함을 받아들이지 못하는 데에서 비롯된 어진 정치이다. 즉 의형을 참혹한 형벌로, 속전을 어진 정치로 받아들인 것이다. 따라서 <보기>는 유배의 효과가 없다고 하여 의형을 되살릴 수 있다는 데 반대할 것이라고 추론할 수 있다.

[오답 풀이]

① 5문단 "지금의 사법관들은 죄수를 신중히 살핀다는 흠휼(欽恤)을 잘못 이해하여서, …… 참형에 해당하는 것이 유배형이 되고, 유배될 것이 노역형이 되고, 노역할 것이 곤장형이 되고, 곤장 맞을 것을 회초리로 맞게 되니, 이는 뇌물을 받아 법을 가지고 논 것이지 어찌 흠휼이겠는가?"에 따르면, 제시문은 법을 집행할 때 엄격하게 해야 한다는 입장이다. 그리고 <보기> "죽여야 할 사람을 끝없이 살리려고만 한다면 어찌 덕이 되겠는가. 흠휼은 …… 살리기만 좋아하는 것이 아니다."에 따르면, <보기> 또한 법을 집행할 때 엄격해야 한다는 점을 이야기하고 있다. 따라서 법을 엄격하게 집행해야 한다고 보는 점에서 두 글은 같은 태도를 보인다.

② 5문단 "지금의 사법관들은 죄수를 신중히 살핀다는 흠휼(欽恤)을 잘못 이해하여서, 사람의 죄를 관대하게 다루어 법 적용을 벗어나도록 해 주는 것으로 안다. …… 이는 뇌물을 받아 법을 가지고 논 것이지 어찌 흠휼이겠는가?"에 따르면, 지금의 사법관들은 흠휼을 잘못 이해하고 관대한 처벌을 내리려 함을 지적하고 있으며, 속전의 남용도 이로 인한 것이라고 할 수 있다. <보기> "지금의 법에서 속전은 …… 그에 해당

하는 경우가 아니라면 부유함으로 처벌을 요행히 면해서는 안 되며, …… 흠휼은 한 사람이라도 죄 없는 자를 죽이지 않으려는 것이지 살리기만 좋아하는 것이 아니다."에 따르면, 〈보기〉는 속전의 남용을 잘못된 것으로 지적하며, 흠휼은 살리기만 좋아하는 것이 아님을 강조한다. 따라서 제시문과 〈보기〉 모두 속전의 남용에 대해 흠휼을 오해한 소치로 보고 있음을 알 수 있다.

③ 1문단 "상고 시대 법에서 오형(五刑)은 …… 나머지 경죄는 채찍이나 회초리를 쳤는데 따져볼 여지가 있는 경우에는 돈으로 대속할 수 있도록, 곧 속전(贖錢)할 수 있도록 하였다."에 따르면, 상고 시대 법에서는 경죄 중에서 따져볼 여지가 있는 경우에 속전을 할 수 있었다. 그런데 〈보기〉에서는 상고 시대에 속전은 꼭 가벼운 형벌이 아니어도 의심스러운 경우에 적용한 것이라고 본다. 즉 중죄에도 의심스러운 경우에는 속전할 수 있다고 본 것이다. 따라서 상고 시대에 중죄를 속전할 수 있었는지에 대해서는 두 글이 서로 달리 보고 있다.

④ 3문단 "지금은 살인과 상해에 대하여도 속전할 수 있도록 하여, …… 무고한 피해자에게는 이보다 더 큰 불행이 있겠는가?"와 마지막 문단 "권문세가에는 너그럽고 한미한 집에는 각박하다. 똑같은 일에 법을 달리하고 똑같은 죄에 논의를 달리하여, 간사한 관리들이 법조문을 농락하고 기회를 잡아 장사하니, …… 이 통탄스러움을 이루 말로 다할 수 있겠는가."에 따르면, 현재 중죄에 대한 속전은 권문세가, 즉 부자들의 전유물이며, 고쳐야 하는 일이다. 따라서 제시문은 중죄에 대한 속전이 부자들의 전유물이므로 폐지하자는 것에 찬성할 것이다. 반면 〈보기〉는 지금의 법에서 속전은 정황이 의심스럽거나 사면에 해당하는 경우에만 비로소 허용된다고 본다. 즉 〈보기〉는 중죄의 경우라도 정해진 기준에 따라 속전이 허용될 수 있다는 입장이므로 자의적으로 속전이 적용된다고 여기지 않는다. 따라서 〈보기〉는 중죄에 대한 속전의 폐지에 반대할 것이므로, 중죄에 대한 속전을 폐지하자는 것에 대해서는 두 글이 다른 태도를 보일 것이다.

[13~15] 제재 | 권리와 권력의 관계에 대한 르포르의 견해
난이도 | ★★☆

13. 정답 ③ 난이도 ★★☆ | 정답률 65%

내용영역 **사회** 문항 유형 **정보의 확인과 재구성**

[정답 풀이]

③ 민주주의를 개인의 권리들의 관계가 만들어 내는 쟁의의 공간으로 이해하는 인물은 르포르이다.
마지막 문단 "결국 르포르는 권력이 제어할 수 있는 틀을 넘어 쟁의가 발생하는 장소로서 민주주의 국가를 제시함으로써……."에 따르면, 르포르는 쟁의가 발생하는 장소로서의 민주주의 국가를 제시하였다. 즉 민주주의를 개인의 권리들의 관계가 만들어 내는 쟁의의 공간으로 이해한 것이다. 따라서 민주주의를 개인의 권리들의 관계가 만들어 내는 쟁의의 공간으로 이해한 것은 자유주의자들이 아니라 르포르라고 할 수 있다.

[오답 풀이]

① 1문단 "아렌트가 고대 아테네의 시민적 덕성의 복원을 통한 정치적인 것의 활성화를 제기했다면, 르포르는 근대 민주주의 자체의 긴장에 주목하면서 '인권의 정치'를 통한 정치적인 것의 부활을 시도하였다."에 따르면, 아렌트는 시민적 덕성의 복원을 통해, 르포르는 '인권의 정치'를 통해 정치적인 것의 활성화를 시도하였다. 5문단 "공적 영역에서 실현되는 정치적 자유는, …… 정치적인 것의 활성화를 통해 공론장과 같은 민주적 공간을 구성한다."에 따르면, 정치적인 것의 활성화는 공적 공간의 민주화를 의미한다. 따라서 아렌트는 시민적 덕성의 복원을 통해, 르포르는 인권의 정치를 통해 공적 공간의 민주화에 대해 사유한다고 볼 수 있다.

② 1문단 "르포르는 자유주의가 …… 결국 민주주의를 개인과 국가의 표상관계를 통해 개인들의 이익의 총합으로서 국가의 단일성을 확보하기 위한 수단으로 볼 뿐이라고 비판한다."에 따르면, 자유주의자들은 개인과 국가의 표상관계를 통해 국가의 단일성을 이해한다. 여기서 국가의 단일성은 국가권력의 단일성을 의미한다. 그리고 5문단 "국가권력은 상징적으로는 단일하지만 실제적으로는 민주적으로 공유되어야 함에도, 이를 오해한 것이 전체주의이다."에 따르면, 르포르는 국가권력이 상징적으로 단일하다고 이해한다. 따라서 르포르는 근대 국가권력의 상징적 측면에서, 자유주의자들은 개인과 국가의 표상관계를 통해 권력의 단일성을 이해한다고 볼 수 있다.

④ 4문단 "근대 민주주의의 속성인 인민과 대표의 동일시에 따른 대표의 절대화를 통해 '하나로서의 인민'과 '사회적인 것의 총체로서의 당'에 대한 표상의 일치, 당과 국가의 일치, 결국 '일인' 통치로 귀결된 전체주의가 그 예라고 르포르를 비판한다."에 따르면, 근대 민주주의에서 피통치자인 인민과 통치자인 대표가 동일시되어 절대성을 갖게 되면서 전체주의로 귀결된다. 즉 피통치자로서의 인민과 통치자로서의 대표를 동일시하는 경향이 극단화되면 전체주의가 나타난다고 볼 수 있다.

⑤ 마지막 문단 "나아가 '권리들을 가질 수 있는 권리'라는 관념은 인간의 권리의 실현 조건으로서 국가권력이라는 틀 자체를 거부하면서, 자신이 거주하는 곳에서 권리의 실현을 요구하는 급진적 흐름으로서 세계시민주의의 가능성을 보여준다."에 따르면, 세계시민주의의 가능성은 인간의 권리의 실현 조건으로서 국가권력이라는 틀 자체를 거부하는 데에서 출발한다. 이때 국가권력이라는 틀 자체를 거부하는 것은 국민국가의 성원이라는 전제를 거부하는 것을 의미한다. 따라서 세계시민주의는 인간의 권리가 실현되는 조건으로 국민국가의 성원이라는 전제를 거부할 필요가 있음을 주장한다고 볼 수 있다.

14. 정답 ② 난이도 ★★☆ | 정답률 60%

내용영역 **사회** 문항 유형 **주제, 구조, 관점 파악**

[정답 풀이]

② 상징적 및 실제적 권력의 단일성에 근거하는 것은 전체주의이며, 근대의 민주적 권력이 권리를 확장시켜 온 것도 아니다.
5문단 "국가권력은 상징적으로는 단일하지만 실제적으로는 민주적으로 공유되어야 함에도, 이를 오해한 것이 전체주의이다."에 따르면, 르포르가 볼 때, 실제적 권력의 단일성에 근거하는 것은 전체주의이기 때문에 민주적 권력이라고 할 수 없다. 또한 마지막 문단 "역사적으로 다양한 권리들이 권력이 정한 경계를 넘어서 생성되어 왔다는 점을 강조한다."에 따르면, 르포르는 권력이 권리를 확장시켜 온 것이 아니라, 권력이 정한 권리들의 한계를 넘어설 때 권리가 확장되어 왔다는 입장임을 알 수 있다.

[오답 풀이]

① 3문단 "하지만 르포르가 제기하는 것은 권력이 권리에 순응해야 한다는 점이다. 특히 저항권은 시민 고유의 것이지 결코 국가에게 그것의 보장을 요구할 수 없는 것이다. 그것은 권력에 대한 권리의 선차성이며, 권력이 권리에 어떤 영향도 미칠 수 없다는 것을 의미한다."에 따르면, 저항권은 시민 고유의 권리이다. 그리고 시민 고유의 권리는 국가권력이 보장할 수 없는 권리이다. 따라서 르포르는 권리와 권력의 관계(㉠)에 대해서 국가권력이 보장할 수 없는 시민 고유의 권리가 존재할 수 있다고 본다.

③ 3문단 "근대에 '인간의 권리'는 '시민의 권리'로서 존재해 왔다. 인간은 특정 국민국가의 성원으로서 국가권력에 의해 인정될 때, 즉 이방인이었던 아렌트가 포착했던 '권리들을 가질 수 있는 권리'가 전제될 때 비로소 권리를 향유할 수 있다."에 따르면, 르포르는 근대국가에서 인간

2021학년도

은 국가권력이 특정 국민국가의 성원으로서 권리를 인정해야만 권리를 향유할 수 있었다고 본다. 즉 국가권력이 개인을 국민이라는 성원으로 인정해야만 권리를 누릴 수 있었던 것이다. 따라서 르포르는 근대국가에서는 국가권력이 개인을 국민이라는 성원으로 인정하는 한에서 권리를 부여해 왔다고 본다.

④ 마지막 문단 "결국 르포르는 …… 법이 인정하는 한에서 권리를 사유하는 자유주의적 법치국가의 한계를 넘어서고자 하며, 역사적으로 다양한 권리들이 권력이 정한 경계를 넘어서 생성되어 왔다는 점을 강조한다."에 따르면, 국가권력이 정한 한계를 극복하면서 다양한 권리, 즉 기존에 인정되지 않았던 권리가 인정되었음을 알 수 있다.

⑤ 5문단 "공적 영역에서 실현되는 정치적 자유는, 시민들의 관계를 표현하는 장치이자 권력에 대한 통제 수단으로서 정치적인 것의 활성화를 통해 공론장과 같은 민주적 공간을 구성한다. …… 따라서 권리의 근원은 그 누구에 의해서도 독점되지 않는 권력이어야 한다."에 따르면, 권리는 시민들의 관계를 표현하는 장치이자 민주적 공간을 구성하는 권력에 대한 통제 수단으로서, 그 누구에 의해서도 독점되지 않아야 한다. 즉 르포르는 권리를 사회적 관계의 산물로 이해한 것이다. 따라서 르포르는 권리를 사회적 관계로 이해함으로써 권리는 누구도 독점할 수 없는 민주적 공간을 구성하는 동력이 된다고 본다.

15. 정답 ④

난이도 ★★☆ | 정답률 78%

내용영역 사회 | 문항 유형 정보의 평가와 적용

[정답 풀이]

④ 마지막 문단 "역사적으로 다양한 권리들이 권력이 정한 경계를 넘어서 생성되어 왔다는 점을 강조한다. 이때 인권의 정치는 차별과 배제에 대한 저항과 새로운 주체들의 자유를 위한 무기가 된다."에 따르면, 르포르는 권리가 권력이 정한 경계를 넘어 생성되어 왔음을 강조하며 새로운 권리의 주체들이 자유를 얻어야 함을 주장한다. 즉 권력의 경계를 넘어 권리의 주체를 형성해야 한다고 주장한 것이다. 반면 〈보기〉 "개인이 권력의 시선, 즉 규율을 내면화함으로써 권력이 만들어 낸 주체가 되어간다는 점에서, …… 국가권력이 생산적 권력임을 강조한다."에 따르면, 푸코는 개인이 국가권력의 시선을 내면화함으로써 권력이 만들어 낸 주체가 되어간다는 점에 주목하여 국가권력이 주체를 생산하고 관리하는 모습을 강조한다.

[오답 풀이]

① 르포르는 권리에 대한 권력의 종속을 주장했다.
3문단 "하지만 르포르가 제기하는 것은 권력이 권리에 순응해야 한다는 점이다."에 따르면, 르포르는 권력이 권리에 종속되어야 한다고 본다. 따라서 르포르는 권리에 대한 권력의 종속을 비판하지 않았다.

② 푸코는 권리에 대한 요구를 통해서 권력을 제한할 수 있다고 보지 않는다.
〈보기〉 "근대에 개인의 권리의 확대는 …… 국가가 더 깊이 개인의 삶에 침투하는 권력으로 전환되는 역설을 낳았다. …… 근대의 자율적 주체는 사라져 버렸다."에 따르면, 푸코는 개인의 권리가 확대되면서 오히려 국가권력이 개인의 삶에 침투하여 자율적 주체를 사라지게 만들었다는 점을 지적한다. 즉 푸코는 권리의 확대나 권리에 대한 요구가 국가권력을 강화했다는 입장이므로 이를 통해 국가권력을 제한하려 하지 않을 것이다.

③ 푸코는 자율적 주체에 의한 권리의 확장을 주장하지 않았다.
5문단 "물론 르포르도 새로운 권리의 발생이 국가권력을 강화시킬 수 있음을 인정한다. 따라서 국가권력에 대한 제어와 감시가 필요하며, 억압에 대한 저항으로서 정치적 자유가 강조된다."에 따르면, 르포르는 권리의 확장이 가져오는 권력의 확장을 방지해야 한다는 입장임을 알 수 있다. 그러나 〈보기〉 "근대에 개인의 권리의 확대는 …… 그것은 동시에 국가가 더 깊이 개인의 삶에 침투하는 권력으로 전환되는 역설을 낳았다. …… 근대의 자율적 주체는 사라져 버렸다."에 따르면, 푸코는 권리의 확대로 인해 근대의 자율적 주체가 사라졌음을 지적하고 있다. 즉 푸코에게 권리의 확대는 자율적 주체를 사라지게 한 원인이지, 자율적 주체가 추구해야 하는 목적이 아니다.

⑤ 르포르는 전체주의가 될 위험에서 벗어나기 위한 해결책을 근대 민주주의를 벗어나는 것에서 찾으려 했다.
5문단 "르포르도 새로운 권리의 발생이 국가권력을 강화시킬 수 있음을 인정한다. 따라서 국가권력에 대한 제어와 감시가 필요하며, 억압에 대한 저항으로서 정치적 자유가 강조된다."에 따르면, 르포르는 권리의 발생이 전체주의로 이어질 위험을 벗어나기 위해 정치적 자유를 강조한다. 그리고 마지막 문단 "쟁의가 발생하는 장소로서 민주주의 국가를 제시함으로써 법이 인정하는 한에서 권리를 사유하는 자유주의적 법치국가의 한계를 넘어서고자 하며"와 "인간의 권리의 실현 조건으로서 국가권력이라는 틀 자체를 거부하면서"에 따르면, 르포르는 정치적 자유를 이루기 위해서 국가권력이라는 근대 민주주의의 틀을 벗어나야 함을 주장한다. 즉 르포르는 근대 민주주의의 틀을 벗어나는 것에서 전체주의가 될 위험에서 벗어나기 위한 해결책을 찾으려 한 것이다.

[16~18]

제재 | 수피즘이 제국주의에 저항할 수 있었던 원동력

난이도 | ★☆☆

16. 정답 ⑤

난이도 ★☆☆ | 정답률 93%

내용영역 인문 | 문항 유형 정보의 확인과 재구성

[정답 풀이]

⑤ 개인적 구원의 희구와 지도자에 대한 추종은 수피즘의 결과적 쇠락을 초래한 주요 원인이 아니다.
2문단 "수피즘은 신과의 영적 합일을 통한 개인적 구원을 추구한다. …… 수피가 걷는 개인적인 영적 도정은 길을 잃을 수도, 자아도취에 빠져 버릴 수도 있었기에 위험하기도 했다. 그 때문에 그들은 영적 선배들을 스승으로 모시게 되었고, 거의 맹목적으로 스승을 따라야 했다. 10세기 말 수피들은 종단을 구성하기 시작했다. 수피 종단은 지역과 시기에 따라 성쇠를 거듭했지만, 점차 많은 동조자를 얻었다."에 따르면, 수피즘은 개인적 구원을 추구하면서 스승을 추종하는 종교 집단이었다. 수피즘은 성쇠를 거듭하면서 점차 많은 동조자들을 얻었으므로, 개인적 구원을 추구하면서 스승, 즉 지도자를 추구하는 수피즘이 점차 커져 갔음을 알 수 있다. 따라서 개인적 구원의 희구와 지도자에 대한 추종 간의 모순이 수피즘의 결과적 쇠락을 초래한 주요 원인이라고 할 수 없다.

[오답 풀이]

① 1문단 "그중 눈에 띄는 것은 수피 종단들이 여러 지역에서 군사적 저항을 주도했다는 점이다. 대표적인 것이 알제리, 리비아, 수단에서의 항쟁이었다."에 따르면, 수피 종단들이 알제리, 리비아, 수단에서 항쟁을 벌였다. 그리고 3문단 "북아프리카의 경우, 수피 종단들은 한동안 쇠락하다가 18세기 이후 강력하게 재조직되어 선교와 교육기관의 역할도 담당했고, 지역 밀착을 통해 생활 공동체를 형성하는 구심점이 되면서 항쟁에 필요한 기반을 이미 갖추고 있었다."에 따르면, 북아프리카에서 수피 종단들은 선교와 교육기관의 역할을 담당하면서 생활 공동체를 형성하는 구심점이 되었다. 즉 북아프리카에서 수피 종단들이 행한 선교 활동이 성공한 것이다. 그런데 알제리, 리비아, 수단은 북아프리카에 해당하는 나라이다. 따라서 수피 종단이 행했던 선교 활동은 알제리와 리비아, 수단에서 성공을 거두었다고 할 수 있다.

② 4문단 "수니파에서 가장 엄격한 와하비즘은 성인을 인정하지 않고, 심지어 은사를 받기 위해 예언자 무하마드의 묘소에서 기도하는 것도 알라 외의 신성을 인정하는 것이라고 보아 배격했다."에 따르면, 와하비즘은 알라 외의 신성을 인정하지 않는 일신교적 원칙을 고수하며, 예언자 무하마드의 묘소에서 기도하는 것 역시 배격했다. 이는 무하마드의 묘소에서 기도하는 것 역시 무하마드를 알라와 같은 특별한 존재로 받드는 것이라고 보았기 때문이다. 따라서 와하비즘 신봉자들은 예언자 무하마드를 특별한 존재로 받들면 일신교적 원칙을 어긴다고 보았다고 할 수 있다.

③ 2문단 "8세기 초에 수피즘이 싹텄고, 9세기에는 독특한 신비주의 의식이 나타났다."와 마지막 문단 "더불어 수피즘의 의식에 참여한 이들 간에 생기는 형제애는 초국가적 조직망의 형성과 상호 협조를 가능하게 했다."에 따르면, 수피들은 독특한 신비주의 의식을 지니며, 수피즘의 의식에 참여한 이들 간에 형제애가 초국가적 조직망의 형성을 가능하게 했다. 즉 수피들은 고유한 영적 의식에 참여하였고, 참여자들 간 형제애, 즉 연대 의식이 국제적인 조직망을 만들 수 있는 원동력이 되었던 것이다. 따라서 수피들은 고유한 영적 의식의 참여를 통해 만들어진 연대 의식을 바탕으로 국제적 조직망을 구성했다고 볼 수 있다.

④ 2문단 "수피즘을 따르는 이들인 수피는 속세의 욕심에서 벗어나 모든 것을 신께 의탁하며, 금욕적으로 살고자 했다."에 따르면, 수피즘은 세속을 떠나 신에게 모든 것을 맡기는 삶을 추구했다. 그리고 3문단 "수피 종단들은 한동안 쇠락하다가 18세기 이후 강력하게 재조직되어 선교와 교육기관의 역할도 담당했고, 지역 밀착을 통해 생활 공동체를 형성하는 구심점이 되면서 항쟁에 필요한 기반을 이미 갖추고 있었다."에 따르면, 수피 종단들은 지역 공동체를 형성하는 구심점이 되었다. 따라서 수피즘은 세속을 떠나 신에게 모든 것을 맡기는 삶을 추구하면서도 지역 공동체와의 협조를 중시했다고 볼 수 있다.

17. 정답 ⑤ 난이도 ★☆☆ | 정답률 89%

내용영역 인문 | 문항 유형 주제, 구조, 관점 파악

[정답 풀이]

⑤ 6문단 "이슬람교에서 마흐디란 종말의 순간 인류를 올바른 길로 인도하고 정의와 평화의 시대를 가져오는 구원자이다. 또한 마흐디는 부정의를 제거하고 신정주의 국가를 건설하는 개혁적 지도자이기도 하다."에 따르면, 수피즘에서 마흐디는 종말의 순간 인류를 인도하는 구원자이자 신정주의 국가를 건설하는 개혁적 지도자이다. 다시 말해, 마흐디는 종말의 순간에 나타나는 구원자인 것이다. 따라서 무함마드 아흐마드가 마흐디로 인정받은 것은 당시가 종말의 시대로 여겨지고 있었음을 알려준다고 볼 수 있다.

[오답 풀이]

① 수단의 수피즘에서 마흐디는 무하마드의 후손으로 받아들여지는 구원자를 의미하지 않는다.
6문단 "북동 아프리카에서 일어난 수단 항쟁의 주역인 무함마드 아흐마드의 경우는 달랐다. 그는 성인 가문 출신은 아니었지만, 당시 만연한 마흐디의 도래에 대한 기대감을 충족시켜 종교적 권위를 얻고 이를 다시 정치적 권위로 전환시킴으로써 항쟁의 중심이 되었다."에 따르면, 수단 항쟁의 주역인 무함마드 아흐마드는 마흐디의 도래에 대한 기대감을 충족시켜 종교적 권위를 얻었다. 즉 무함마드 아흐마드는 예언자 무함마드의 후손이 아님에도 마흐디로서 인정을 받을 수 있었던 것이다. 따라서 수단의 수피즘에서 마흐디는 무하마드의 후손으로 받아들여지는 구원자를 의미하지 않는다.

② 마흐디는 신비주의적 의식을 통해 알라와 하나가 되는 경지에 이르렀을 때 완성되는 것이 아니다.
6문단 "이슬람교에서 마흐디란 종말의 순간 인류를 올바른 길로 인도하고 정의와 평화의 시대를 가져오는 구원자이다. 또한 마흐디는 부정의를 제거하고 신정주의 국가를 건설하는 개혁적 지도자이기도 하다."에 따르면, 수피즘에서 마흐디는 인류의 구원자이자 개혁적 지도자이다. 즉 마흐디는 종단의 지도자이며, 이때 마흐디는 신이 아니라 성인에 가까운 지위라고 볼 수 있다. 따라서 마흐디는 신비주의적 의식을 통해 알라와 하나가 되는 경지에 이르렀을 때 완성되는 것이 아니다.

③ 마흐디는 인류를 올바른 길로 인도하고, 부정의를 제거하는 종교적 지도자이다.
6문단 "이슬람교에서 마흐디란 종말의 순간 인류를 올바른 길로 인도하고 정의와 평화의 시대를 가져오는 구원자이다. 또한 마흐디는 부정의를 제거하고 신정주의 국가를 건설하는 개혁적 지도자이기도 하다."에 따르면, 마흐디는 인류를 올바른 길로 인도하고, 부정의를 제거하는 종교적 지도자이지, 군사적 능력을 지녀 외세를 막아 내는 국가 지도자가 아니다.

④ 마흐디가 신정주의 국가를 건설할 것이라는 개혁적 개념은 민간 신앙에서 그 기원을 찾을 수 있다.
6문단 "마흐디는 부정의를 제거하고 신정주의 국가를 건설하는 개혁적 지도자이기도 하다. 마흐디 사상은 민간 신앙에서 출발하여 퍼진 것이었고, 특히 토속 신앙의 영향을 많이 받았던 수피들은 종단 지도자를 마흐디로 쉽게 받아들였다."에 따르면, 신정주의 국가를 건설하는 개혁적 개념을 가진 마흐디 사상은 민간 신앙에서 출발하였다. 따라서 마흐디가 신정주의 국가를 건설할 것이라는 개혁적 개념은 이슬람 경전이 아니라 민간 신앙에서 그 기원을 찾을 수 있을 것이다.

18. 정답 ① 난이도 ★★★ | 정답률 39%

내용영역 인문 | 문항 유형 정보의 평가와 적용

[정답 풀이]

① 초월적 능력을 지니지 않으면 무라비트가 될 수 없었을 것이다.
〈보기〉 "성인은 인류와 알라를 가로막는 욕망에서 초탈한 인물이어서 알라와 인류의 중재자로서 권능을 지닌다고 여겨졌고, 사후에도 권위가 남아 있었다."에 따르면, 성인은 알라와 인류의 중재자로서 권능, 즉 초월적 능력을 지녔음을 알 수 있다. 5문단 "무라비트는 신의 은총인 바라카를 가졌다고 여겨져 존경을 받았다. 무라비트는 특정 가문 출신 중 영적으로 선택된 소수만이 될 수 있었는데, 대표적으로는 예언자 무하마드의 후손인 샤리프 가문이 있다."에 따르면, 무라비트는 신의 은총을 가졌다고 여겨졌고, 예언자 무하마드의 후손인 가문 중에서도 영적으로 선택된, 즉 초월적 능력을 지닌 소수만이 무라비트가 될 수 있었다. 따라서 초월적 능력을 지니지 않으면 예언자 무하마드의 혈통이더라도 무라비트가 될 수 없었을 것이다.

[오답 풀이]

② 〈보기〉 "왈리를 추앙하는 사상인 윌라야가 나타났다. 성인은 인류와 알라를 가로막는 욕망에서 초탈한 인물이어서 알라와 인류의 중재자로서 권능을 지닌다고 여겨졌고"에 따르면, 왈리가 중재자로서의 권능이라는 특별한 능력이 있다고 믿어졌던 것은 윌라야에 따라 알라와 인류의 중재자가 있다고 믿었기 때문이다.

③ 〈보기〉 "성인은 …… 사후에도 권위가 남아 있었다. 묘소는 중립 지대였으며, 적대적 부족들도 함께 모이는 장터 역할도 했다."와 4문단 "성인들의 묘소는 순례의 대상이 되었고, 이를 중심으로 설립된 수피즘 수도원은 지역 공동체의 중심이 되는 경우가 많았다."에 따르면, 성인은 사후에도 권위가 유지되었으며, 성인의 묘소는 중립 지대였기 때문에 성인들의 묘소를 중심으로 설립된 수피즘 수도원이 지역 공동체의 중심이 될 수 있었을 것이다.

④ 3문단 "알제리 항쟁을 이끌었던 압드 알 카디르와 리비아 항쟁 지도자였던 아흐마드 알 샤리프가 성인으로 존경받은 것은 정치적 권위를 확보하는 데 큰 도움이 되었다."에 따르면, 압드 알 카디르는 성인으로 존경받았기에 부족들 간 이견을 봉합하고 결집시킬 수 있었다. 그리고 〈보기〉 "성인은 인류와 알라를 가로막는 욕망에서 초탈한 인물이어서 알라와 인류의 중재자로서 권능을 지닌다고 여겨졌고"에 따르면, 성인은 욕망에 초탈한 인물로 여겨졌다. 따라서 압드 알 카디르가 부족 간의 이견을 통합하고 결집할 수 있었던 것은 성인으로 인정받았기 때문이며, 이는 그가 욕망에서 초탈한 인물이라고 여겨졌기 때문이라고 볼 수 있다.

⑤ 5문단 "무라비트는 신의 은총인 바라카를 가졌다고 여겨져 존경을 받았다. 무라비트는 특정 가문 출신 중 영적으로 선택된 소수만이 될 수 있었는데, 대표적으로는 예언자 무하마드의 후손인 샤리프 가문이 있다."에 따르면, 샤리프 가문이 바라카를 지닐 수 있다고 인정된 것은 예언자 무하마드의 후손이기 때문이다. 그리고 〈보기〉 "성인은 …… 알라와 인류의 중재자로서 권능을 지닌다고 여겨졌고, 사후에도 권위가 남아 있었다."와 "일부 사람들은 최후의 심판일에 예언자 무하마드가 중재자로서 신도들을 구원할 것이라고 믿었다."에 따르면, 예언자 무하마드가 성인으로 여겨진 것은 중재자의 권능을 지녔기 때문이다. 따라서 예언자 무하마드가 최후의 심판에서 중재자 역할을 맡을 수 있기 때문에 무하마드의 후손인 샤리프 가문도 바라카를 지닐 수 있다고 인정되었다고 볼 수 있다.

[19~20] 제재 | 귀신 개념에 대한 성리학적 논쟁
난이도 | ★★☆

19. 정답 ④ 난이도 ★★☆ | 정답률 60%

내용영역 **인문** 문항 유형 **정보의 확인과 재구성**

[정답 풀이]

④ 항구적인 감통의 능력을 가지는 것은 귀신의 기가 아니라 리이다.
4문단 "기가 완전히 소멸된 먼 조상에 대해서는 …… 영원한 리가 있기 때문에 자손과 감통이 있을 수 있다고 주장하였다."에 따르면, 항구적인 감통의 능력을 가진다는 것을 제사의 근거로 내세운 것은 이이의 견해이며, 항구적인 감통의 능력을 가지는 것은 리이다.

[오답 풀이]

① 2문단 "성리학의 논의가 본격화되기 전에는 대체적으로 귀신을 인간의 화복과 관련된 신령한 존재로 여겼다."에 따르면, 귀신은 신령으로서 이해가 되고 있었으며 성리학적 귀신론이 이를 대체했음을 알 수 있다.

② 2문단 "귀신의 존재는 유한할 수밖에 없었고, 이는 조상의 제사를 4대로 한정하는 근거가 되었다."와 3문단 "기의 유한성에 근거한 성리학의 귀신 이해는 먼 조상에 대한 제사와 관련하여 문제의 소지를 안고 있었기에 귀신의 영원성에 대한 근거 마련이 필요했다."에 따르면, 성리학의 입장에서는 먼 조상에 대한 제사도 귀신을 대상으로 한 것이었다. 따라서 조선 성리학자들은 먼 조상에 대한 제사가 단순한 추념이 아니라고 보았을 것이다.

③ 4문단 "불교에서 윤회한다는 마음은 …… 그 기가 한 번 흩어지면 더 이상의 지각 작용은 있을 수 없다고 지적하여 윤회 가능성을 부정하였다."에 따르면, 이이는 귀신의 존재가 지나치게 강조되면 불교의 윤회설로 흐를 수 있는 점에 주목하여, 기는 소멸하므로 윤회는 불가능하다고 주장한다. 따라서 생성 소멸하는 기를 통해 귀신을 이해하는 것은 윤회설을 반박하는 논거였다고 할 수 있다.

⑤ 1문단 "이들의 귀신 논의는 성리학의 자연철학적 귀신 개념에 유의하여"와 2문단 "귀신이란 리(理)와 기(氣)로 이루어진 자연의 변화 현상으로서 …… 성리학의 자연철학적 입장에서 귀신을 재해석하였다."에 따르면, 성리학자들은 귀신이 자연 현상과 관계된 것으로 인식했음을 알 수 있다.

20. 정답 ① 난이도 ★★☆ | 정답률 64%

내용영역 **인문** 문항 유형 **정보의 추론과 해석**

[정답 풀이]

① 3문단 "삶과 죽음 사이에는 형체를 이루는 기가 취산(聚散)하는 차이가 있을 뿐 그 기의 순수한 본질은 유무의 구분을 넘어 영원히 존재한다고 설명하였다. 기를 취산하는 형백(形魄)과 그렇지 않은 담일청허(湛一淸虛)로 구분"에 따르면, 서경덕(㉠)은 형체의 존재 여부를 기의 취산, 즉 형백의 취산으로 설명한다. 그리고 본질적인 기인 담일청허는 유무의 구분을 넘어 영원히 존재한다고 보았다.

[오답 풀이]

② 서경덕(㉠)은 형백과 담일청허를 삶과 죽음에 각각 대응하는 것으로 여기지 않았다.
3문단 "삶과 죽음 사이에는 형체를 이루는 기가 취산(聚散)하는 차이가 있을 뿐 그 기의 순수한 본질은 유무의 구분을 넘어 영원히 존재한다고 설명하였다. 기를 취산하는 형백(形魄)과 그렇지 않은 담일청허(湛一淸虛)로 구분"에 따르면, 서경덕(㉠)은 기를 형백과 담일청허로 이원화하였다. 그러나 삶과 죽음은 형백의 취산에 따른 것이고, 담일청허는 영원히 존재하는 것이므로 형백과 담일청허가 삶과 죽음에 각각 대응한다는 설명은 적절하지 않다.

③ 이이(㉡)는 기가 완전히 소멸된 먼 조상도 자손과 감통할 수 있다고 보았다.
4문단 "기가 완전히 소멸된 먼 조상에 대해서는 서로 감통할 수 있는 기는 없지만 영원한 리가 있기 때문에 자손과 감통이 있을 수 있다고 주장하였다."에 따르면, 이이(㉡)는 기가 흩어져 사라지더라도 제사의 주관자인 자손은 조상과 감통할 수 있다고 보았다.

④ 인간의 지각이 영원하다는 것은 이이(㉡)가 아니라 서경덕(㉠)의 주장이다.
4문단 "마음의 작용인 지각은 몸을 이루는 기의 작용이기 때문에 그 기가 한 번 흩어지면 더 이상의 지각 작용은 있을 수 없다고 지적"에 따르면, 이이(㉡)는 인간의 지각이 기의 작용이며 기가 흩어지면 더 이상의 지각 작용은 있을 수 없다고 보았다.

⑤ 서경덕(㉠)과 이이(㉡)가 귀신의 영원성에 대한 근거로 삼은 리는 물질성을 지니지 않는 보편 원리이다.
3문단 "서경덕은 기의 항구성을 근거로 귀신의 영원성을 주장하였다."와 "기의 순수한 본질은 유무의 구분을 넘어 영원히 존재한다고 설명하였다."에 따르면, 서경덕(㉠)은 불변하는 기의 본질을 근거로 귀신의 영원성을 주장하였다. 그런데 3문단 "서경덕의 기 개념은 우주자연의 보편 원리이자 도덕법칙인 불변하는 리와, …… 성리학의 이원적 요소를 포용한 것"에 따르면, 서경덕(㉠)이 말하는 기의 본질이란 결국 성리학에서 말하는 보편 원리인 리라는 요소를 포용한 것이므로 물질성을 지닌다고 보기 어렵다. 또한 4문단 "기가 완전히 소멸된 먼 조상에 대해서는 서로 감통할 수 있는 기는 없지만 영원한 리가 있기 때문에 자손과 감통이 있을 수 있다고 주장하였다."에 따르면, 이이(㉡)도 보편 원리인 리를 근거로 귀신의 영원성을 주장한다. 따라서 물질성을 지닌 근원적 존재에서 귀신의 영원성 근거를 찾았다고 할 수 없다.

21. 정답 ① 난이도 ★★☆ | 정답률 62%

내용영역 인문 문항 유형 주제, 구조, 관점 파악

[정답 풀이]

ㄱ. 마지막 문단 "송명흠도 …… 귀신을 리이면서 기인 것, 즉 형이상에 속하고 동시에 형이하에 속하는 것이라고 설명하였다."에 따르면, 귀신을 기로 말하면 형이하에 속하고, 리로 말하면 형이상에 속한다는 것은 낙론계 유학자들의 입장에 부합한다.

ㄴ. 마지막 문단 "김원행은 귀신이 리와 기 어느 것 하나로 설명될 수 없으며, 리와 기가 틈이 없이 합쳐진 묘처(妙處), 즉 양능(良能)에서 그 의미를 찾아야 한다고 주장하였다."와 "송명흠도 모든 존재는 리와 기가 혼융한 것이라고 전제"에 따르면, 리와 기가 혼융하여 떨어지지 않는다는 것은 낙론계 유학자들의 입장에 부합한다.

[오답 풀이]

ㄷ. 낙론계 유학자들은 기가 스스로 작용한다고 여기지 않고, 귀신의 존재를 부정하지도 않는다.
마지막 문단 "양능이란 기의 기능 혹은 속성이지만 기 자체의 무질서한 작용이 아니라 기에 원래 자재(自在)하여 움직이지 않는 리에 따라 발현하는 것"에 따르면, 기와 리가 혼융되지 않고 기가 스스로 작용한다고 설명하는 것은 낙론계 유학자들의 입장에 부합하지 않는다. 더구나 낙론계 유학자들은 귀신이 존재한다는 입장이다. 따라서 귀신이 없음에 의심이 있을 수 없다는 것은 귀신의 존재를 부정하는 입장이므로 낙론계 유학자들의 입장에 부합하지 않는다.

ㄹ. 낙론계 유학자들은 제사 때 귀신이 강림할 수 있는 것은 기 때문이며, 강림하는 것은 리라고 본다.
마지막 문단 "제사 때 귀신이 강림할 수 있는 것은 기 때문이지만 제사 주관자의 마음과 감통하는 주체는 리라고 설명하였다."에 따르면, 낙론계 유학자들은 제사 때 강림할 수 있게 하는 것은 기이며, 강림하는 것은 리라고 본다. 따라서 제사 때 강림할 수 있게 하는 것은 리이며, 강림하는 것은 기라는 설명은 낙론계 유학자들의 입장에 부합하지 않는다.

[22~24] 제재 | 빈곤의 원인에 대한 경제학자들의 다양한 견해
난이도 | ★★☆

22. 정답 ③ 난이도 ★★☆ | 정답률 74%

내용영역 사회 문항 유형 정보의 확인과 재구성

[정답 풀이]

③ 제도의 역할을 강조하는 경제학자 중 이스털리는 정치제도가 아니라 자유로운 시장이 잘 작동해야 한다고 본다.
제도의 역할을 강조하는 경제학자들에는 이스털리, 애쓰모글루 등이 포함된다. 그런데 2문단 "경제가 성장하려면 자유로운 시장이 잘 작동해야 한다"에 따르면, 이스털리는 자유로운 시장이라는 경제제도를 강조했으며, 정치제도 변화가 경제성장을 위한 전제조건이라고 주장하지 않았음을 알 수 있다.

[오답 풀이]

① 1문단 "빈곤의 원인으로 지리적 요인을 강조하는 삭스는 …… 외국의 원조에 기초한 초기 지원과 투자가 필요하다고 주장한다."에 따르면, 지리적 요인을 강조한 삭스가 외국의 원조에 긍정적이었음을 알 수 있다.

② 2문단 "경제가 성장하려면 자유로운 시장이 잘 작동해야 한다"에 따르면, 제도의 역할을 강조한 학자 중 한 명인 이스털리는 자유로운 시장이라는 경제제도를 강조했음을 알 수 있다.

④ 2문단 "이스털리는 외국의 원조에 대해서도 회의적인데, …… 부패를 더욱 악화시키는 결과만 초래한다고 본다."와 3문단 "애쓰모글루도 외국의 원조에 대해 회의적"에 따르면, 제도의 역할을 강조하는 이스털리와 애쓰모글루는 외국이 좋은 영향을 주지 못할 것이라는 입장이다. 따라서 제도의 역할을 강조하는 이스털리와 애쓰모글루가 외국이 성장에 미치는 역할을 중시하지 않는 경우임을 알 수 있다.

⑤ 4문단 "로머는 …… 불모지를 외국인들에게 내주고 좋은 제도를 갖춘 새로운 도시로 개발하도록 하는 프로젝트를 제안한다."에 따르면, 제도의 중요성을 강조하는 로머도 지리적 요인을 강조하는 삭스처럼 초기 지원이 필요하다고 생각함을 알 수 있다.

23. 정답 ② 난이도 ★★☆ | 정답률 59%

내용영역 사회 문항 유형 주제, 구조, 관점 파악

[정답 풀이]

② 마지막 문단 "처방에 대한 이들의 수요는 어떠한지 등을 파악해야 빈곤 퇴치에 도움이 되는 지식을 얻을 수 있다고 본다."에 따르면, 배너지와 뒤플로는 가난한 사람들의 수요 파악을 중요하게 생각하고 있음을 알 수 있다. 또한 2문단 "가난한 사람들이 …… 스스로 필요한 것을 선택하도록 해야 한다고 보기 때문이다."에 따르면, 이스털리도 가난한 사람들의 수요를 중시함을 알 수 있다.

[오답 풀이]

① 애쓰모글루는 제도보다 정책을 중시한다고 할 수 없다.
2문단 "제도의 역할을 강조하는 경제학자들의 견해는 삭스와 다르다."에 따르면, 삭스의 견해에 반대하는 경제학자들은 제도의 역할을 강조한다. 애쓰모글루도 이러한 경제학자들에 포함된다. 3문단 "빈곤의 원인이 나쁜 제도라고 생각하는 애쓰모글루도"와 "그는 …… 정치제도가 먼저 변화해야 한다고 주장한다."에 따르면, 애쓰모글루는 제도를 중시함을 알 수 있다.

③ 콜리어는 거대한 문제를 우선해서는 안 된다고 보지 않는다.
4문단 "콜리어는 경제 마비 상태에 이른 빈곤국들이 나쁜 경제제도와 정치제도의 악순환에 갇혀 있으므로 좋은 제도를 가진 외국이 군사 개입을 해서라도 그 악순환을 해소해야 한다고 주장한다."에 따르면, 콜리어는 나쁜 경제제도와 정치제도의 악순환이라는 거대한 문제를 해소해야 한다고 본다. 따라서 콜리어는 거대한 문제를 우선해서는 안 된다고 보지 않는다.

④ 배너지와 뒤플로는 정부가 부패해도 정책이 성과를 낼 수 있다고 보는 점에서 삭스에 동의한다.
2문단 "정부가 부패할 경우에 원조는 가난한 사람들의 처지를 개선하지는 못하고 …… 이에 대해 삭스는 가난한 나라 사람들의 소득을 지원해 …… 법치주의가 확립될 수 있다고 주장한다."에 따르면, 삭스 또한 배너지와 뒤플로와 마찬가지로 정부가 부패해도 정책이 성과를 낼 수 있다는 입장임을 알 수 있다.

⑤ 배너지와 뒤플로는 빈곤 문제를 해결하는 일반적인 해답이 있다고 보지 않는다.
마지막 문단 "배너지와 뒤플로는 일반적인 해답의 모색 대신 "모든 문제에는 저마다 고유의 해답이 있다."는 관점에서 빈곤 문제에 접근해야 한다고 주장하고"에 따르면, 배너지와 뒤플로는 로머와 달리 빈곤 문제를 해결하는 일반적인 해답이 있다고 보지 않는다.

2021학년도

24. 정답 ② 난이도 ★★★ | 정답률 30%

내용영역 **사회** 문항 유형 **정보의 평가와 적용**

[정답 풀이]

② 삭스는 b3에서 a1으로 이동해야 한다고 볼 것이다.
마지막 문단 "덫이 있다는 견해는 완만하다가 가파르게 오른 다음 다시 완만해지는 'S자 모양'이라고 생각한다"에 따르면, 〈보기〉의 S자 그래프는 빈곤의 덫이 있는 상황임을 알 수 있다. 또한 마지막 문단 "S자 곡선의 경우, 소득 수준이 낮은 영역에 속하는 사람은 시간이 갈수록 소득 수준이 '낮은 균형'으로 수렴하므로 지원이 필요하다."에 따르면, P점을 기준으로 그 왼쪽은 소득 수준이 낮은 영역이고, 이 영역에서는 b1에서 b3쪽으로 점점 수렴해 간다는 것을 알 수 있다. 삭스는 외국의 원조로 초기 지원을 해 주어야 빈곤의 덫을 벗어날 수 있다는 입장이다. 그런데 b3에서 b1으로 이동하면 다시 b3으로 수렴해 갈 것이므로 빈곤의 덫에서 벗어날 수 없다. 따라서 삭스는 b1이 아니라 소득 수준이 높은 영역인 P의 오른쪽, 예를 들어 a1으로 이동해야 한다고 볼 것이다.

[오답 풀이]

① 〈보기〉에서 S자 곡선이 45°선과 만나는 점 O, P, Q는 모두 균형점이다. 마지막 문단 "S자 곡선의 경우, 소득 수준이 낮은 영역에 속하는 사람은 시간이 갈수록 소득 수준이 '낮은 균형'으로 수렴하므로 지원이 필요하다."에 따르면, 이 O, P, Q 중 소득 수준이 낮은 점 O가 '낮은 균형'이라고 할 수 있다.

③ b3은 소득 수준이 낮은 지점으로, 빈곤의 덫에 빠져 있는 상황이라고 할 수 있다. 1문단 "이런 상황에서는, 초기 지원과 투자로 가난한 사람들이 빈곤의 덫에서 벗어나도록 해주어야만 생산성 향상이나 저축과 투자의 증대가 가능해져 소득이 늘 수 있다."에 따르면, 삭스는 b3과 같이 빈곤의 덫에 걸려있는 상황에서는 지원이 없는 경우 생산성이 늘어날 수 없다고 보는 입장이다.

④ 2문단에 따르면, 이스털리는 '빈곤의 덫' 같은 것은 없다는 입장이다. 마지막 문단 "덫이 없다는 견해는 이 곡선이 가파르게 올라가다가 완만해지는 '뒤집어진 L자 모양'이라고 생각"과 "뒤집어진 L자 모양의 곡선에 해당한다면 아무리 가난한 사람이라도 시간이 갈수록 점점 부유해진다."에 따르면, 뒤집어진 L자 모양의 곡선은 S자 곡선과 다르게 '낮은 균형'으로 수렴하는 부분이 없으므로 점 P의 왼쪽 영역이 없다. 따라서 덫이 없다는 입장인 이스털리는 점 P의 왼쪽 영역이 없고 P가 곡선의 원점이라고 볼 것이다.

⑤ 〈보기〉에 따르면, "'균형'이란 한 번 도달하면 거기서 벗어나지 않을 상태를 말한다. 물론 외부적 힘이 가해질 경우에는 균형에서 벗어날 수도 있다." 그러나 2문단에 따르면, "이스털리는 정부의 지원과 외국의 원조가 성장에 도움이 되지 않는다고 본다." 따라서 이스털리는 a1에서 지원이 이루어진다 해도 균형 상태의 소득, 즉 점 Q의 수준은 변하지 않는다고 볼 것이다.

[25~27] **제재** | **바르부르크 효과**
난이도 | ★★★

25. 정답 ④ 난이도 ★★☆ | 정답률 43%

내용영역 **과학기술** 문항 유형 **정보의 확인과 재구성**

[정답 풀이]

④ 5문단 "세포의 성장에 필요한 거대 분자를 동화작용을 통해 만들기 위해 해당작용의 중간 생성 물질을 동화작용의 재료로 사용하려고 해당작용에 집중한다는 것이다."에 따르면, 해당작용의 중간 생성 물질을 동화작용의 재료로 사용하여 동화작용을 통해 거대 분자를 만든다. 따라서 동화작용에서 거대 분자를 만들 때 해당작용의 중간 생성물이 사용된다고 할 수 있다.

[오답 풀이]

① NADH는 미토콘드리아에서 ATP를 추가로 생산하는 데 사용될 수 있다.
3문단 "해당작용에서 …… NADH가 2개 만들어지고, NADH 1개당 3개의 ATP를 산화적 인산화를 통해 만들 수 있는데, 젖산 발효를 하는 세포는 NADH를 에너지가 낮은 상태인 NAD^+로 전환하는 손해를 감수한다."에 따르면, NADH는 ATP를 생산하는 데 사용될 수 있으나, 젖산 발효가 일어나는 경우에는 ATP를 생산하지 못한다. 그런데 3문단 "세포 내부에 산소가 부족하면 산화적 인산화는 일어나지 못하고 해당작용만 진행되며, 이 경우에는 …… 젖산 발효가 일어난다."에 따르면, 젖산 발효는 산소가 부족한 경우에 일어난다. 다시 말해 산소가 충분하다면 젖산 발효가 일어나지 않고 산화적 인산화가 일어나므로 미토콘드리아에서는 NADH를 이용해서 ATP를 만들어 낼 수 있다.

② 해당과정 중 소비되는 NAD^+의 재생산은 해당작용의 지속적 수행에 필수적이다.
3문단 "젖산 발효 과정은 해당작용에 필요한 조효소 NAD^+의 재생산을 위해 필수적이다."에 따르면, 해당작용의 지속적 수행에 필수적인 것은 NAD^+의 재생산임을 알 수 있다. 또한 3문단 "NADH 1개당 3개의 ATP를 산화적 인산화를 통해 만들 수 있는데"에 따르면, NADH를 이용해 ATP가 생성되는 것은 산화적 인산화를 통해 이루어지므로 해당과정 중 소비된다고 할 수 없다.

③ 심폐기능에 비해 과격한 운동을 하면 근육에서 젖산은 늘어나고 NAD^+도 늘어난다.
3문단에 따르면, "심폐 기능에 비해 과격한 운동을 하였을 때 근육 세포에서 생성된 젖산이 근육에 축적된다." 그리고 3문단 "젖산 발효 과정은 해당작용에 필요한 조효소 NAD^+의 재생산을 위해 필수적이다."와 "젖산 발효를 하는 세포는 NADH를 에너지가 낮은 상태인 NAD^+로 전환하는 손해를 감수한다."에 따르면, 젖산 발효가 일어나는 경우 NAD^+가 줄어드는 것이 아니라 늘어난다고 할 수 있다.

⑤ 암 억제 유전자의 돌연변이에 의해 바르부르크 효과가 유발된다.
마지막 문단 "최근의 연구에서는 …… 바르부르크 효과는 암의 원인이라기보다는 그러한 돌연변이에 의한 결과로 발생하는 것으로 밝혀졌다."에 따르면, 바르부르크 효과에 의해 암 억제 유전자의 돌연변이가 유발되는 것이 아니라, 암 억제 유전자의 돌연변이에 의해 바르부르크 효과가 유발된다고 할 수 있다.

26. 정답 ③ 난이도 ★★★ | 정답률 19%

내용영역 **과학기술** 문항 유형 **정보의 추론과 해석**

[정답 풀이]

⑤ 유산소 해당작용 과정 중 포도당 1개당 암세포에서 생산되는 ATP의 개수는 정상세포에서 생산되는 NADH의 개수와 동일하다.
4문단 "유산소 해당작용을 수행하는 암세포는 포도당 1개당 ATP 2개만을 생산하는 효율이 떨어지는 해당작용에 에너지 생산을 대부분 의존하므로"에 따르면, 암세포의 유산소 해당작용 과정 중 포도당 1개당 생산되는 ATP의 개수는 2개이다. 그런데 3문단 "해당작용에서 포도당 1개가 2개의 피루브산으로 분해될 때 NADH가 2개 만들어지고"에 따르면, 정상세포의 산소가 있을 때 수행되는 해당작용의 과정 중 포도당 1개당 생산되는 NADH의 개수도 2개이다. 따라서 전자와 후자의 개수는 모두 2개로 동일하다.

[오답 풀이]

① 3문단 "NADH 1개당 3개의 ATP를 산화적 인산화를 통해 만들 수 있는데"에 따르면, 산화적 인산화는 NADH를 이용해 ATP를 생성한다. 그런데 2문단 "나머지는 미토콘드리아에서 대부분 산화적 인산화를 통해 만들어진다."에 따르면, 산화적 인산화는 미토콘드리아에서 수행된다. 따라서 미토콘드리아의 기능이 상실되면 산화적 인산화가 수행되지 못하여 NADH를 이용하여 ATP를 만들지 못한다.

② 4문단 "바르부르크 효과는 산소가 있어도 해당작용을 산화적 인산화에 비해 선호하는 암세포 특이적 대사 과정인 '유산소 해당작용'을 뜻한다."에 따르면, 유산소 해당작용을 수행하는 암세포는 산소가 충분히 존재할 때에도 해당작용만 진행함을 알 수 있다. 그리고 3문단 "산화적 인산화는 일어나지 못하고 해당작용만 진행되며, 이 경우에는 해당작용의 최종 산물인 피루브산이 젖산으로 바뀌는 젖산 발효가 일어난다."와 "젖산 발효를 하는 세포는 NADH를 에너지가 낮은 상태인 NAD^+로 전환하는 손해를 감수한다."에 따르면, 해당작용만 진행될 경우, 해당작용의 산물인 피루브산과 NADH는 각각 젖산과 NAD^+로 전환됨을 알 수 있다.

③ 2문단 "이론적으로 포도당 1개가 …… 36개 또는 38개의 ATP가 만들어진다. 이 중 2개의 ATP는 세포질에서 일어나는 해당작용을 통해, 나머지는 미토콘드리아에서 …… 만들어진다."에 따르면, 포도당 1개에서 생성되는 36~38개의 ATP 중에서 2개는 해당작용을 통해 만들어진다. 그리고 나머지 34~36개의 ATP는 미토콘드리아에서 만들어진다고 할 수 있다.

④ 2문단 "이론적으로 포도당 1개가 가지고 있는 에너지가 전부 ATP로 전환될 경우 …… 이 중 2개의 ATP는 세포질에서 일어나는 해당작용을 통해"에 따르면, 해당작용을 통해 만들어지는 ATP는 2개이다. 3문단 "해당작용에서 포도당 1개가 2개의 피루브산으로 분해될 때 NADH가 2개 만들어지고, NADH 1개당 3개의 ATP를 산화적 인산화를 통해 만들 수 있는데, 젖산 발효를 하는 세포는 NADH를 에너지가 낮은 상태인 NAD^+로 전환하는 손해를 감수한다."에 따르면, 포도당 1개가 피루브산 2개로 분해될 때 생성되는 조효소는 NADH 2개이다. 그리고 NADH 2개의 에너지는 미토콘드리아에서 산화적 인산화를 통해 6개의 ATP로 전환될 수 있다. 그런데 젖산 발효로 인해 ATP가 생성되지 않으므로 해당작용에서 생성되는 ATP는 2개인 것이다. 따라서 포도당 1개에서 생성되는 NADH의 에너지가 ATP로 모두 전환되었다면, 해당작용을 통해 생성된 ATP 2개에 NADH의 에너지가 전환된 ATP 6개가 더해져서 총 8개의 ATP가 된다.

27. 정답 ③ 난이도 ★★☆ | 정답률 47%

내용영역 **과학기술** 문항 유형 **정보의 평가와 적용**

[정답 풀이]

③ 3문단 "세포 내부에 산소가 부족하면 산화적 인산화는 일어나지 못하고 해당작용만 진행되며"와 4문단 "포도당 1개당 ATP 2개만을 생산하는 효율이 떨어지는 해당작용"에 따르면, 일반적으로 세포 내부의 산소가 줄어들어 생산 효율이 낮은 해당작용만 진행되기 때문에 이전에 비해 ATP의 생산량이 감소한다. 따라서 산소가 감소해도 동일한 양의 ATP를 생산하기 위해서는 이전에 비해 더 많은 포도당이 필요하다. 〈보기〉 "방사성 포도당 유도체는 포도당과 구조적으로 유사하여 암 조직과 같은 포도당의 흡수가 많은 신체 부위에 수송되어 축적되므로"에 따르면, 포도당의 흡수가 늘어난다는 것은 방사성 포도당 유도체의 축적이 늘어난다는 것을 의미한다. 따라서 산소가 감소해도 동일한 양의 ATP를 생산하기 위해서는 이전에 비해 더 많은 포도당이 필요하며, 그로 인해 방사성 포도당 유도체의 축적이 늘어날 것이다.

[오답 풀이]

① 피루브산이 젖산으로 전환되는 양이 증가하면 방사성 포도당 유도체의 축적이 늘어날 것이다.
3문단 "세포 내부에 산소가 부족하면 산화적 인산화는 일어나지 못하고 해당작용만 진행되며, 이 경우에는 해당작용의 최종 산물인 피루브산이 젖산으로 바뀌는 젖산 발효가 일어난다."에 따르면, 피루브산이 젖산으로 전환되는 양이 증가한다는 것은 해당작용만 진행되는 경우가 늘어난다는 것을 의미한다. 그런데 〈보기〉 "방사성 포도당 유도체는 포도당과 구조적으로 유사하여 암 조직과 같은 포도당의 흡수가 많은 신체 부위에 수송되어 축적되므로"에 따르면, 암세포의 경우처럼 산화적 인산화가 줄고 해당작용이 많이 늘어날 때 방사성 포도당 유도체의 축적이 늘어난다는 것을 알 수 있다. 따라서 피루브산이 젖산으로 전환되는 양이 증가하면 해당작용만 진행되는 경우가 늘어나므로 방사성 포도당 유도체의 축적이 오히려 늘어날 것이다.

② 포도당이 피루브산으로 전환되는 양이 감소하면 방사성 포도당 유도체의 축적이 줄어들 것이다.
3문단 "해당작용에서 포도당 1개가 2개의 피루브산으로 분해될 때"에 따르면, 포도당이 피루브산으로 전환되는 것은 해당작용의 결과이다. 따라서 포도당이 피루브산으로 전환되는 양이 감소한다는 것은 해당작용이 줄어든다는 것을 의미한다. 그런데 〈보기〉에 따르면, 암세포의 경우처럼 산화적 인산화가 줄고 해당작용이 많이 늘어나는 경우, 방사성 포도당 유도체의 축적이 늘어난다는 것을 알 수 있다. 따라서 포도당이 피루브산으로 전환되는 양이 감소하면 해당작용이 줄어드는 것이므로 방사성 포도당 유도체의 축적이 오히려 줄어들 것이다.

④, ⑤ 해당작용에 의존하면 방사성 포도당 유도체의 축적이 늘고, 산화적 인산화에 의존하면 방사성 포도당 유도체의 축적이 줄어들 것이다.
4문단 "바르부르크 효과는 산소가 있어도 해당작용을 산화적 인산화에 비해 선호하는 암세포 특이적 대사 과정인 '유산소 해당작용'을 뜻한다."에 따르면, 암세포는 산화적 인산화에 의존하지 않고 해당작용에 의존한다. 그런데 〈보기〉 "방사성 포도당 유도체는 포도당과 구조적으로 유사하여 암 조직과 같은 포도당의 흡수가 많은 신체 부위에 수송되어 축적되므로"에 따르면, 암세포의 경우처럼 산화적 인산화가 줄고 해당작용이 많이 늘어날 때 방사성 포도당 유도체의 축적이 늘어난다는 것을 알 수 있다. 즉 해당작용에 대한 의존도와 방사성 포도당 유도체의 축적은 비례하고, 산화적 인산화에 대한 의존도와 방사성 포도당 유도체의 축적은 반비례한다고 할 수 있다.

[28~30] 제재 | **법률 문언 해석에 관한 법학방법론적 논의와 법철학적 논의**
난이도 | ★★☆

28. 정답 ② 난이도 ★★★ | 정답률 36%

내용영역 **규범** 문항 유형 **주제, 구조, 관점 파악**

[정답 풀이]

② 3문단 "한편 종래 법철학적 논의에서는 …… 확정적인 의미의 중심부와 불확정적인 의미의 주변부를 지니며, 중심부의 사안에서는 문언에 엄격히 구속되어야 하지만 주변부의 사안에서는 해석자의 재량이 인정될 수밖에 없다"에 따르면, 선택지의 "종래의 법철학 학설 중 의미의 중심부와 주변부의 구별을 강조하는 입장"은 법철학적 논의를 의미한다. 그리고 이 법철학적 논의에서 중심부의 사안은 문언에 구속되고 주변부의 사안은 해석자의 재량에 맡기는 것을 알 수 있다. 또한 법철학적 논의에 대한 반론인 4문단 "주변부의 사안을 해석자의 재량에 맡기기보다는 규칙의 목적에 구속되게 해야 할 뿐 아니라, …… 반론이 제기되고 있다."에 따르면, 해설자의 재량에 맡기는 것은 법률의 목적

2021학년도

에 주목하는 것이 아님을 알 수 있다. 결국 법철학적 논의에서는 중심부와 주변부 모두 법률의 목적보다 문언에 주목한다고 할 수 있다.

[오답 풀이]

① 전통적인 법학방법론 학설의 입장에서는 문언을 넘은 해석과 문언에 반하는 해석을 구별한다.
2문단 "전통적인 법학방법론은 …… '법률의 문언을 넘은 해석'이나 '법률의 문언에 반하는 해석'을 …… '법률내재적 법형성'과 '초법률적 법형성'이라 부르며"에 따르면, 전통적인 법학방법론 학설은 이 둘을 구분해서 부르고 있음을 알 수 있다.

③ 민주주의의 본질을 강조하는 입장에서는 법률의 적용에 따른 부적절한 결과를 인정한다.
마지막 문단 "뻔히 부적절한 결과가 예상되는 경우에도 …… 문언을 강조하는 입장은 …… 민주주의의 본질에 대한 성찰을 배경으로 하는 것"과 "비록 부적절한 결과가 예상되는 경우라 하더라도 여전히 문언에 구속될 것을 요구하는 편"에 따르면, 민주주의의 본질을 강조하는 입장은 문언을 강조하는 입장이며, 부적절한 결과를 인정하고 있음을 알 수 있다.

④ 법률 적용 결과의 합당성을 강조하는 입장에서는 문언이 제공하는 답이 부적절한지 여부가 해석자의 주관에 따라 달라질 수 있다고 주장하지 않는다.
마지막 문단 "뻔히 부적절한 결과가 예상되는 경우에도 문언에 구속될 것을 요구하는 것은 일견 합리적이지 않아 보일 수 있다."에 따르면, 문언에 구속될 것을 요구하는 입장과 대립되는 것이 법률 적용 결과의 합당성을 강조하는 입장이다. 즉 법률 적용 결과의 합당성을 강조하는 입장은 문언이 제공하는 답이 부적절할 때 문언에 구속되지 말고 문언에 반하는 해석을 할 수 있다는 입장이다. 그런데 마지막 문단 "해석자에게 (법률 적용의 결과가 부적절하다고 결정할 수 있는) 그러한 권한을 부여하는 것이 바람직하지 않다고 생각하는 한, 비록 부적절한 결과가 예상되는 경우라 하더라도 여전히 문언에 구속될 것을 요구하는 편이 오히려 합리적일 수도 있는 것이다."에 따르면, 문언이 제공하는 답이 부적절한지 여부가 해석자의 주관에 따라 달라질 수 있다는 것은 문언에 구속될 것을 요구하는 입장에서 법률 적용 결과의 합당성을 강조하는 입장을 반박할 때 근거로 사용된다. 따라서 법률 적용 결과의 합당성을 강조하는 입장이 이러한 주장을 한다고 보기 어렵다.

⑤ 법률이 부적절한 답을 제공하는 사안은 언어적 불확정성으로 인해 발생하지 않는다.
5문단 "표준적 사안 외에 아무런 답을 제공하지 않는 사안이나 부적절한 답을 제공하는 사안도 있을 수 있는데"와 "전자를 판단하기 어려운 까닭은 문언의 언어적 불확정성에 기인하는 것인 반면, 후자는 문언이 언어적 확정성을 갖추었음에도 불구하고"에 따르면, 부적절한 답을 제공하는 사안은 문언이 언어적 확정성을 갖춘 경우이다. 따라서 언어적 불확정성으로 인해 법률이 부적절한 답을 제공하는 사안이라는 설명은 적절하지 않다.

29. 정답 ② 난이도 ★★★ | 정답률 42%

내용영역 **규범** 문항 유형 **정보의 추론과 해석**

[정답 풀이]

② 마지막 문단 "그렇다면 판단하기 어려운 사안에서는 더 이상 문언을 신경 쓰지 않아도 되는 것일까? 그렇지는 않다."와 "엄밀히 말해 오로지 법률의 문언 그 자체만이 민주적으로 결정된 것이며, 그 너머의 것에 대해서는, 심지어 입법 의도나 법률의 목적이라 해도 동등한 권위를 인정할 수 없다."에 따르면, 판단하기 어려운 사안에 해당하여 해석을 통한 보충이 필요한 경우라 해도 법률의 목적이 법률의 문언과 동등한 권위를 가지지 않는다. 따라서 판단하기 어려운 사안의 해석을 위해 법률의 목적에 구속되어야 하는 것은 아니라고 볼 수 있다.

[오답 풀이]

① 법률의 문언이 극도로 명확한 경우에도 판단하기 어려운 사안이 발생할 수 있다.
5문단 "전자를 판단하기 어려운 까닭은 문언의 언어적 불확정성에 기인하는 것인 반면, 후자는 문언이 언어적 확정성을 갖추었음에도 불구하고 그것이 제공하는 답을 올바른 것으로 받아들일 수 없어 보이는 탓에 판단하기 어려운 것이라는 점에서 서로 구별되어야 한다."에 따르면, 판단하기 어려운 사안은 언어적 불확정성에 기인한 사안과 언어적 확정성을 갖춘 문언이 제공하는 답을 올바른 것으로 판단하기 어려운 사안이다. 따라서 법률의 문언이 극도로 명확한 경우에도 판단하기 어려운 사안이 발생할 수 있다.

③ 문언을 넘어선 해석은 문언이 해석자를 이끌어 주는 경우라도 시도될 수 있다.
마지막 문단 "문언이 답을 제공하지 않기 때문에 해석을 통한 보충이 필요한 경우라 하더라도 규칙의 언어 그 자체가 해석자로 하여금 규칙의 목적을 가늠하도록 인도해 줄 수 있으며……."에 따르면, 문언이 답을 제공하지 않아 해석을 통한 보충이 필요한 경우라도 문언 자체가 법률의 목적을 가늠할 수 있도록 해석자를 인도해 준다. 즉 문언을 넘어선 해석에 해당하는 경우라도 문언이 해석자를 이끌어 줄 수 있는 것이다. 따라서 문언을 넘어선 해석은 문언이 해석자를 전혀 이끌어 주지 못할 때 비로소 시도될 수 있는 것이 아니다.

④ 문언에 반하는 해석은 법률의 흠결이 있을 때 이를 보충하기 위한 것이 아니다.
5문단 "문언이 …… 아무런 답을 제공하지 않는 사안이나 부적절한 답을 제공하는 사안도 있을 수 있는데, 이들이 바로 각각 문언을 넘은 해석과 문언에 반하는 해석이 시도되는 경우"와 "후자는 문언이 언어적 확정성을 갖추었음에도 불구하고"에 따르면, 문언에 반하는 해석은 언어적 확정성을 갖춘 경우이므로 법률의 흠결이 있는 경우라 할 수 없다. 따라서 문언에 반하는 해석은 법률의 흠결이 있을 때 이를 보충하기 위한 것이 아니므로 법률의 흠결을 보충하기 위한 경우에 정당화된다고 볼 수 없다. 덧붙여서 2문단 "'법률의 문언을 넘은 해석'이나 '법률의 문언에 반하는 해석'을 …… 전자를 특정 법률의 본래적 구상 범위 내에서 흠결 보충을 위해 시도되는 것으로, 후자를 전체 법질서 및 그 지도 원리의 관점에서 수행되는 것으로 파악하기도 한다."를 통해서도, 문언을 넘은 해석은 법률의 흠결이 있는 경우이고, 문언에 반하는 해석은 그렇지 않은 경우임을 알 수 있다.

⑤ 법률의 흠결이 형식상 드러나 있는 경우에는 전체 법질서를 고려한 해석이 필요하지 않다.
2문단 "형식상 드러나지 않는 법률적 결함에 대처하는 것도 일견 흠결 보충이라 할 수 있지만, 이는 또한 법률이 제시하는 결론을 전체 법질서의 입장에서 뒤집는 것과 별반 다르지 않기 때문이다."에 따르면, 형식상 드러나지 않는 법률적 결함에 대처하는 것은 전체 법질서의 입장을 고려한 해석이 필요할 수 있다. 그러나 이는 어디까지나 형식상 드러나지 않는 법률적 결함에 한정된 것이다. 형식상 드러나 있는 법률의 흠결을 보충하기 위해서도 전체 법질서를 고려한 해석이 필요하다고 볼 수는 없다.

30. 정답 ③ 　　난이도 ★★☆ | 정답률 63%

내용영역 **규범** 　　문항 유형 **정보의 평가와 적용**

[정답 풀이]

③ 4문단 "주변부의 사안을 해석자의 재량에 맡기기보다는 규칙의 목적에 구속되게 해야 할 뿐 아니라"에 따르면, [A]는 규칙의 목적에 맞게 주변부의 사안을 해석해야 한다고 본다. 따라서 ㉠의 목적이 주민의 안전을 확보하는 것이라면, [A]의 입장은 이러한 목적에 맞게 '야생동물'을 해석해야 한다. 즉 어떤 동물이 기르는 것이 금지된 '야생동물'에 해당하는지는 그 동물이 주민의 안전을 위협하는지에 따라 결정된다. 그런데 공격성을 지닌 들개는 주민의 안전을 위협할 수 있으므로 '야생동물'에 해당되어 기르는 것이 금지될 수 있다.

[오답 풀이]

① 규칙의 목적이 야생의 생물 다양성을 보존하기 위한 것이라면, 멸종 위기 품종의 길고양이를 입양하는 것이 허용되지 않을 것이다.
멸종 위기의 동물을 키워서 멸종되지 않게 하는 것과 야생의 생물 다양성을 보존하는 것은 다르다. 멸종 위기 품종의 길고양이를 입양하는 것은 오히려 야생의 생물 다양성을 감소시키는 행동이다. 따라서 규칙의 목적에 구속되어 해석해야 한다는 것이 [A]의 입장이므로, 야생의 생물 다양성 보존이라는 규칙의 목적에 구속된다면, 이러한 행동은 허용되지 않을 것이다.

② 사자가 '야생동물'의 언어적 의미에 부합한다는 것만으로는 허용 여부를 단정할 수 없다.
4문단 "중심부의 사안에서조차 규칙의 목적에 대한 조회 없이는 문언이 해석자를 온전히 구속할 수 없다"에 따르면, 확정적인 의미의 중심부도 해석을 위해서는 규칙의 목적이 필요하다는 것이 [A]의 입장이다. 즉, [A]는 개구리처럼 의미상 '야생동물'에 속하는 경우에도 규칙의 목적이 필요하다고 본다. 따라서 규칙의 목적을 알지 못하는 상황에서, 사람과 함께 산 사자가 '야생동물'의 언어적 의미에 부합한다는 것만으로는 기르는 것이 허용되지 않는다고 단정할 수 없다.

④ 인근에서 잡힌 희귀한 개구리를 관상용으로 키우는 것이 허용되었다 하더라도, 개구리는 '야생동물'에 해당할 수 있다.
4문단 "인근에서 잡힌 희귀한 개구리를 연구 · 보호하기 위해 발견 장소와 가장 유사한 환경의 주택가 시설에 둘 수 있을까? 이를 긍정하는 경우에도 그러한 개구리가 의미상 '야생동물'에 해당한다는 점 자체를 부인할 수는 없을 것이다."에 따르면, 희귀한 개구리를 연구 보호하기 위해 주택가에 두는 것이 허용될 때에도 개구리가 '야생동물'에 해당한다고 인정한다. 즉 [A]는 규칙의 목적에 따라 허용 여부가 결정되는 것이지만, 그 목적 때문에 야생동물의 언어적 의미가 바뀌는 것은 아니라는 입장이다. 따라서 인근에서 잡힌 희귀한 개구리를 관상용으로 키우는 것이 허용되었더라도, '야생동물'의 언어적 의미가 이에 따라 결정되는 것은 아니다.

⑤ 유전자 조합으로 창조된 동물을 기르는 것이 금지되었다고 해서, '야생동물'의 언어적 의미를 단정할 수 있는 것은 아니다.
4문단 "인근에서 잡힌 희귀한 개구리를 연구 · 보호하기 위해 …… 그러한 개구리가 의미상 '야생동물'에 해당한다는 점 자체를 부인할 수는 없을 것이다."에 따르면, [A]는 규칙의 목적에 따라 허용 여부가 결정되는 것이지만, 그 목적 때문에 야생동물의 언어적 의미가 바뀌는 것은 아니라는 입장임을 알 수 있다. 따라서 유전자 조합으로 창조된 동물을 기르는 것이 금지되었는지에 따라, '야생동물'의 언어적 의미가 결정되는 것은 아니다.

메가로스쿨